Der kleine

Johnson 2003

Informationen über 15.000 Weine, zu Jahrgängen und Trinkreife

Hallwag

Übersetzung aus dem Englischen:
Martin Waller, Wolfgang Kissel
Projektleitung: Marc Strittmatter
Herstellung: Maike Harmeier
Umschlaggestaltung: KMS, München
24., neu überarbeitete, ergänzte und aktualisierte Ausgabe, 2002,
auf der Grundlage der 26. Originalausgabe, 2002

Hallwag ist ein Unternehmen des Gräfe und Unzer Verlags,
München, Ganske Verlagsgruppe
hallwag-leserservice@graefe-und-unzer.de

Redaktion: Werkstatt München
Satz: Anja Dengler, Werkstatt München

Printed and bound by Toppan Printing Company, China

Die englische Originalausgabe ist unter dem Titel »Hugh Johnson's
Pocket Wine Book 2003« beim Verlag Mitchell Beazley, einem Imprir
von Octopus Publishing Group Ltd., London, erschienen.

First edition published 1977
Revised editions published 1978, 1979, 1980, 1981, 1982, 1983, 1984,
1985, 1986, 1987, 1988, 1989, 1990, 1991, 1992, 1993, 1994, 1995,
1996, 1997, 1998, 1999, 2000, 2001, 2002

ISBN 3-7742-0783-6

Hallwag

Inhalt

Dank

Die hier vorliegende Sammlung ausführlicher Empfehlungen stammt teilweise von mir, hauptsächlich aber von vielen guten Freunden. Ohne die großzügige Hilfe und Unterstützung so vieler Weinbaufachleute und Weinkenner hätte ich sie nicht zusammenstellen können. Ganz besonders danken möchte ich den nachstehend namentlich Genannten:

Gerard Basset MW
Dr. Ernö Péter Botos
Gregory Bowden
Bruce Cass
Michael Cooper
Rupert Dean
Michael Edwards
Jacqueline Friedrich
Denis Gastin
Rosemary George MW
James Halliday
Shirley Jones
Annie Kay
Andreas Keller
Chandra Kurt
Gabriel Lachmann
Gareth Lawrence
James Lawthwe MW
John Livingstone-Learmonth
Nico Manessis
Richard Mayson
Kathryn McWhirter
Charles Metcalfe
Adam Montefiori
Jasper Morris MW
Vladimir Moskvan
Stuart Pigott
John und Erica Platter
Carlos Read
Jan und Maite Read
Emma Rice
Daniel Rogov
Lisa Shara-Hall
Stephen Skelton
Paul Strang
Marguerite Thomas
Daniel Thomases
Simon Woods

Zur Ausgabe 2003

Dieses Buch auf den neuesten Stand zu bringen – und ich tue das immerhin schon zum 26. Mal – ist wie den wirbelnden Sand der Sahara kartographieren zu wollen. Hier und da gibt es Gott sei Dank Oasen, die jedesmal, wenn der Sand für einen Moment zur Ruhe kommt (das heißt, wenn wir den Ruhezustand postulieren, indem wir die neueste Ausgabe in den Druck geben), wieder auftauchen. Aber die Dünen ringsumher haben sich bewegt, die Landschaft ist anders, wenn auch nicht völlig unvertraut. Neue Hügel und neue Senken haben sich gebildet – und neue Wege, die beschritten sein wollen.

Seit mittlerweile zehn Jahren bestimmt nun die Neue Welt die Tagesordnung im Weingeschäft. Es ist schon aufregend mit anzusehen, wie in Ländern, die nicht das ganze Gepäck von Regulierungen und Traditionen mit sich herumschleppen, ohne Hemmungen herumexperimentiert wird. All die Beschränkungen, die Appellationen und die dazugehörige Gesetzgebung mit sich bringen, wirken aus deren Sicht vor allem einengend. Viele können den Aufwand nicht begreifen. »Wenn ihr Chardonnay anbaut, warum nennt ihr den Wein nicht auch so?«, ist eine Frage, die Winzer in Chablis oder Meursault immer noch fassungslos macht. Es gibt darauf auch nur eine mögliche Antwort: Weil das, was ein Erzeuger abfüllt, stets einzigartig ist.

Zwei heutzutage oft gehörte Argumente scheinen in gegensätzliche Richtungen zu weisen. Die eine Fraktion meint, dass der Wein viel zu kompliziert ist und nur große Marken mit flächendeckender Werbung und scharf kalkulierten Preisen den Verbraucher erreichen können. Auf der anderen Seite heißt es, dass es gerade der Touch des Rätselhaften, Unergründlichen ist, der das Wesen des Weins ausmacht. Entkleidet seines Mysteriums, seiner Komplexität, ja sogar seiner Möglichkeit, ein Risiko zu sein, bliebe nichts als irgendein x-beliebiges Getränk. Etliche Restaurants mit voluminösen Weinkarten, in denen auch allerlei absonderliche Gewächse verzeichnet sind, fahren sehr gut damit, dass sie Insiderwissen suggerieren. Selbst Erzeuger, die mit Erfolg einfache Weinmarken etablieren, geben sich in der Regel nicht damit zufrieden. Schon bald versuchen sie, ihre Marke mit »Premium«-Bezeichnungen aufzuwerten – und die schöne Einfachheit ist dahin.

Die Vorstellung von einem australischen Riesling oder einem kalifornischen Cabernet beinhaltet eben immer auch die Möglichkeit eines Clare-Rieslings und eines Napa-Cabernet, weil ein enger gefasster Fokus auch bessere Weine ergibt … bis man schließlich den Namen des Weinbergs nennt und Regeln für die Etikettierung aufstellt – und schwupp, da ist die Appellation.

Sind also alle alten Appellationen auch gute Appellationen? Es ist die Herausforderung der ökologischen Bewegung, der man sich hier stellen muss. Wenn das Einzigartige an Meursault (oder Margaux, Muscadet, Montalcino) sein Boden ist, dann sollte man nicht an ihm herumpfuschen. All die Düngemittel, die Nach- und Nebenwirkungen der Fungizide, das Gift, um die rote Spinne zu vernichten – all das verändert die subtile Biochemie eines Ortes, eben das, was man als *terroir* kennt. Mit dieser Frage müssen sich die Landwirte ernsthaft befassen. Viele legen sich bereits Selbstbeschränkungen auf, wenn sie nicht sogar zu biologischen oder biodynamischen Methoden übergehen – oder zumindest zu dem, was man in Frankreich *lutte raisonnée* nennt: die Übereinkunft, künstliche Methoden in der Landwirtschaft weitgehend zu vermeiden, ohne auf annehmbare Erträge verzichten zu müssen.

Was steht sonst auf der Tagesordnung? Für mich ist die steigende Alkoholstärke bei vielen Weinen ein Thema. Warum wird »stärker« als »besser« empfunden? Aus Sicht des Verkosters und sicherlich auch des professionellen Weinkritikers gibt es eine einfache Antwort: Ein höherer Alkoholgehalt kann einen Wein ansprechender, ansehnlicher, anspruchsvoller erscheinen lassen. Französische Weine, an denen sich die Konkurrenz noch immer messen lassen muss, können auf magische Weise voll entfaltete Aromen mit einem mäßigen Alkoholgehalt in Einklang bringen. In heißen Gegenden jedoch entwickelt sich der Zucker in der Traube wie von selbst, und entsprechend schwächer fällt das Tanningerüst aus. Wenn unter diesen Bedingungen Trauben voll ausreifen, mündet der Zuckergehalt unausweichlich in einen hohen Alkoholgrad, zumindest mit den neuen Hefezüchtungen, die ihm standhalten.

Das Ergebnis, vor allem in Teilen der Neuen Welt, wo sich allzu leicht ein hoher Zuckergehalt erreichen lässt – allen voran Kalifornien –, ist eine neue Norm von Kopfschmerzweinen, deren schiere Stärke einen schon erschlägt. In Verkostungen heben sie sich sofort hervor. Muskulös und glykolreich wie sie sind, wirken sie üppig, weich, reichhaltig ... eben bedeutend. Doch wer wünscht sich sofortiges Vergessen? Oder ist das eine dumme Frage?

Eine Dummheit sind auf jeden Fall vergleichende Verkostungen geworden. Das beste Beispiel dafür ist das jährliche Wettrennen, wer als Erster seinen Senf zum jeweils neuesten Bordeaux-Jahrgang geben darf. Jedes Frühjahr eilen Horden von Experten in die Stadt an der Garonne, verkosten hoffentlich repräsentative Proben von Weinen, die noch mindestens zwölf Monate bräuchten, um trinkreif zu werden, und veröffentlichen ihre Befunde. Der Erfolg eines kompletten Jahrgangs und der Gewinn vieler Weingüter können sich an der Meinung eines einzigen Herrn aufhängen. Das hat Robert Parker zuwege gebracht. Sein 100-Punkte-System hat Amerika mit der Autorität bedacht, die es offenbar braucht – eine einfache Lösung für die subtilen Unwägbarkeiten des Weins. Man gebe ihm Schulnoten! (Siehe dazu auch Seite 42).

Der Rest der Welt ist für solche Zahlenspielereien weniger empfänglich, kann aber die Macht eines Marktes von den Dimensionen der USA nicht ignorieren. Als trauriges Ergebnis hat sich eine Tendenz breit gemacht, Weine unbedingt nach dem Geschmack der US-Journalisten zu bereiten: dicht, eichenholzwürzig und – ja, stark. Das genaue Gegenteil des *claret,* des klassischen hellen Bordeaux.

Ein anderer Tagesordnungspunkt, der jedes Jahr an Bedeutung gewinnt, ist die Frage der Korken. Die traditionelle Weise, eine Weinflasche zu verschließen, ist ein Überbleibsel aus dem 17. Jahrhundert. Wenn unsere Vorfahren Schraubverschlüsse gehabt hätte, hätten sie sie benutzt, und wir sollten es erst recht tun. Schadhafte Korken verderben Weine in bedenklicher Anzahl mit einer bestimmten Schimmelart. Man vermutet, dass zwischen fünf und zehn Prozent aller Weine mehr oder weniger »korken«. Wenn die Öffentlichkeit auch nur die Hälfte davon reklamieren würde, wäre es das Ende für mehr als einen Winzer. Für die 90 Prozent der Weine, die innerhalb weniger Monate aufgemacht werden, gibt es ohnehin keinen Grund, einen durchlässigen Verschluss zu benutzen, höchstens Nostalgie. Aber wiegt die Romantik die Gefahr auf, unter zehn Flaschen eine fehlerhafte zu bekommen? Es ist Ihre Entscheidung. Kaufen Sie den Wein für Ihren täglichen Konsum dort, wo man den Mut hat, zeitgemäße Verschlüsse zu verwenden.

Doch lassen wir nun die allgemeinen Themen ruhen. Diese kleine Enzyklopädie nimmt die gegenwärtige Situation in einer sich rasch verändernden Welt genau unter die Lupe. Obwohl ich befürchte, dass viele nur jede zweite oder dritte Ausgabe kaufen, wird gerade der regelmäßige Leser jedes Jahr Tausende von kleinsten Änderungen, neue Gewichtungen und Bewertungen vorfinden.

Das Buch versteht sich als praktischer Ratgeber, für Theorie ist wenig Platz. Im Wesentlichen sind hier die nützlichen Informationen zusammengefasst, die man nicht im Kopf behalten kann – weder der Leser noch ich. Meine Informationen beziehe ich wie immer aus vielfältigen Quellen, aus Besuchen, Degustationen und unermüdlicher Korrespondenz. Alles ist im Fluss. Noch bevor Sie diese Worte lesen, werden mir schon die Änderungen für die nächste Ausgabe im Entwurf vorliegen.

Dieses Buch soll die Unsicherheit beim Kauf nehmen. Wenn Sie im Restaurant mit einer entmutigenden Weinliste oder an den Regalen der Geschäfte mit einer verwirrenden Angebotsvielfalt konfrontiert werden, schlagen Sie es ruhig auf. Überlegen Sie zunächst, was Sie essen wollen, und sehen Sie unter der Rubrik »Wein und Essen« nach. Oder stellen Sie fest, aus welchem Land ein Wein kommt. Dann lesen Sie im jeweiligen Länderkapitel den Eintrag zu dem betreffenden Wein nach. Sie werden ausreichend Informationen finden, um eine Wahl treffen zu können – oft sogar noch mehr, denn die Querverweise werden Sie dazu verleiten, im Buch zu schmökern. Sogar ich kann mich nach 26 Ausgaben noch stundenlang damit beschäftigen …

Hinweis in eigener Sache

Der Leser sollte wissen, dass ich Eigentumsanteile an der Royal Tokaji Wine Company in Ungarn besitze. (An den Weingütern vieler Freunde bin ich zu meinem Bedauern nicht beteiligt.)

Zum richtigen Gebrauch

Bei den meisten Stichwörtern besteht die erste Zeile aus folgenden Kurzinformationen:

① ③

Aglianico del Vulture Bas; r; tr (lbl); (sch) ☆☆☆ **88 90' 93' 94' 95** 97' 98 99 00

② ④

① **Weinname** und Gegend des betreffenden Landes, aus der der Wein stammt (Hinweise auf Landkarten im Buch).

② Welche Farbe der Wein hat; ob er trocken, lieblich oder süß ist; schäumend, in verschiedenen Formen vorkommt (und welcher die größte Bedeutung zukommt).

r	rot	**tr**	trocken*
rs	rosé	**lbl**	lieblich
w	weiß	**s**	süß
br	braun/bernsteingelb	**sch**	schäumend

( ) in Klammern gesetzte Angaben bedeuten relativ bescheidene Anbaumengen
* steht hier keine Angabe, wird von einem trockenen Wein ausgegangen

③ Allgemeiner Qualitätsstand; eine freilich nur grobe Einstufung aufgrund des derzeitigen Ansehens, wie es sich aus dem Preis ergibt.

☆	einfache Qualität für jeden Tag
☆☆	überdurchschnittlich
☆☆☆	bekannt, berühmt
☆☆☆☆	erstklassig, anspruchsvoll, teuer
★ usw.	in der betreffenden Klasse besonders gut und preiswert
( )	vorläufige Bewertung

④ Der Jahrgang: Angegeben sind die empfehlenswerten aus den *vielleicht* noch erhältlichen neueren Jahrgängen; davon wieder die jetzt trinkreifen sowie diejenigen, die sich bei weiterer Lagerung noch entfalten. Sind sowohl rote als auch weiße Weine angegeben, dann ist der Rotwein gemeint, wenn nicht ausdrücklich anders erwähnt.

95	usw.	allgemein erhältliche, empfohlene Jahrgänge
93'	usw.	nach Angaben der jeweiligen Erzeuger besonders gut ausgefallener Jahrgang
91	usw.	genussreifer Jahrgang (andere Jahrgänge sollten noch gelagert werden)
88	usw.	2003 bevorzugt zu genießender Jahrgang; er dürfte auf dem Höhepunkt sein. (Bedenken Sie, dass auch große Weine irgendwann ihre Trinkreife überschritten haben!)
(97)	usw.	vorläufige Bewertung

NB: Deutsche Weinjahrgänge werden nach einem anderen System geführt. Näheres siehe Seite 189.

Sonstige Abkürzungen:

BV	baldiger Verbrauch, d. h. möglichst jung zu trinken
oJ	ohne Jahrgangsangabe auf dem Etikett. Bei Champagner eine einheitlichen Geschmack garantierende Mischung mehrerer Jahrgänge
Ch.	Château (Weingut) bei französischen Weinen

Weitere, länderspezifische Abkürzungen befinden sich am Anfang des jeweiligen Kapitels.

Eine Übersichtstabelle über Weinjahrgänge finden Sie auf den Seiten 45 bis 47.

Der Jahrgang 2001

Das neue Jahrzehnt begann unter eher ruhigen Vorzeichen. 2001 stand klar im Schatten des vorangegangenen hochgejubelten Millennium-Jahrgangs. Erzeuger, die sich erneut einen großen Reibach erhofft hatten, waren gezwungen, der Realität ins Auge zu sehen. Viele angenehm unspektakuläre Weine sind 2001 entstanden, die wir binnen kurzem mit Genuss trinken können werden. Einige Kreszenzen, vor allem solche vom rechten Girondeufer, dürften sogar noch erheblich besser sein.

In Bordeaux ist die Schlacht zwischen den Erzeugern des Bordelais und den großen Handelseinkäufern voll ausgebrochen. Wer Partien vom 98er und 99er Jahrgang erworben hatte, ist desillusioniert worden. Den 2001er *en primeur* zu kaufen, besteht kein Grund – außer den, seinen Winzer bei Laune zu halten – und bei dem derzeitigen Angebotsüberhang sollte selbst davon ausreichend vorhanden sein. Die glorreiche Ausnahme ist Sauternes, wo viele herausragende Weine entstanden sind, die schon in diesem frühen Stadium wunderbar schmecken. Auch die trockenen Bordeaux-Weißweine sind sehr vielversprechend.

Überall sonst in Frankreich war der Jahrgang ordentlich, aber ohne besondere Höhepunkte. In Burgund, von Chablis über die Côte d'Or bis ins Beaujolais, herrschten im August zu kühle Temperaturen, um eine intensive Reifung der Trauben zu gewährleisten, dafür war es im September bis zum Zeitpunkt der Lese schön. Weißweine, einschließlich Chablis, sind generell besser geraten als die Roten – mit Ausnahme der Spitzenrotweine –, ganz so, wie es auch 2000 war. An der Loire ist ein perfekter Muscadet entstanden und auch in anderen Gegenden haben Erzeuger, die das Risiko einer späten Lese eingingen, etliche gute Weine produziert.

Die Champagne litt unter heftigem Regen zur Ernte und obwohl die Bedingungen für Chardonnay eigentlich recht gut waren, wird es wohl keinen Jahrgangs-Champagner geben. Von der nördlichen Rhône sind gute Weiß- wie Rotweine zu erwarten, an der südlichen Rhône ist das Bild weniger einheitlich.

In Italien hat der kühle September sowohl in der Toskana als auch im Piemont für durchschnittliche Qualität gesorgt; Ausnahmen sind eventuell Nebbiolo und Barbera. Für Spanien war es von Norden nach Süden durchwegs ein hervorragendes Jahr, und Portugal hielt einen guten Standard bei hohen Erträgen. Es dürfte aber wohl kein Jahrgang für Portwein deklariert werden.

Auch Deutschland erlebte ein gutes Jahr, allen voran die Mosel, wo herrliche Weine, auch Auslesen, entstanden sind. Im restlichen Mitteleuropa und weiter nach Osten war das Wetter dagegen nicht gut genug, um die Trauben voll ausreifen zu lassen. Nach den beiden exzellenten Jahrgängen 1999 und 2000 ist es diesmal in Tokaj nicht gelungen, guten Aszú zu produzieren. Lediglich Österreich hatte ähnlich gute Bedingungen wie Deutschland. Septemberregen sorgte zwar für einen Schreckmoment, der Altweibersommer, der folgte, machte aber alles wieder gut. Ich erwarte hier einige ausgezeichnete Weine.

Das nördliche Kalifornien und die Central Coast mussten mit völlig unberechenbarem Wetter zurechtkommen, das von Hitzewellen im Vorfrühling über Aprilfröste bis zu einem extrem heißen Sommer alles bot.

Als Jahrgang nicht immer einheitlich, aber generell von hoher Qualität. Im pazifischen Nordwesten werden die Weine dank eines geringeren Säuregehalts und niedrigerer Konzentration früher zugänglich sein als in den Jahren zuvor. Chile fuhr diesmal eine kleinere Ernte ein, was sich möglicherweise positiv auf die Qualität auswirkt. In Argentinien regnete es zum zweiten Mal hintereinander während der Lese. Das Resultat ist durchwachsen, es sind aber auch einige hervorragende Rotweine bereitet worden.

Die extremen Temperaturen des australischen Sommers waren in den südöstlichen Regionen des fünften Kontinents am deutlichsten zu spüren. Den etwas kühleren Gebieten Westaustraliens erging es besser, die günstigsten Bedingungen herrschten in Great Southern. Die Nordinsel von Neuseeland litt unter heftigen Regengüssen, was winzige Erträge für die Roten der Hawkes Bay und aus Gisborne zur Folge hatte. Auf der Südinsel sah es für Sauvignon blanc besser aus, aber auch hier ist die Qualität uneinheitlich – Pinot noir immerhin dürfte ausgezeichnet sein. Südafrika erlebte erneut ein großes Jahr für wuchtige Rotweine, die sich gut halten werden.

2000 unter der Lupe

Der Millennium-Jahrgang hatte große symbolische Bedeutung. All die Hoffnungen und Erwartungen der Weinerzeuger auf der ganzen Welt hingen an ihm. Jetzt, ein Jahr nachdem wir hier zum ersten Mal ein Fazit gezogen hatten, sind einige Enttäuschungen zu konstatieren – bei vielen Weinen aber hat sich die herausragende Qualität bestätigt.

In Bordeaux sind die Hoffnungen auf einen Jahrgang erfüllt worden, der es mit dem 1990er aufnehmen kann. Am linken Ufer haben fast alle Châteaux das Maximum herausgeholt; die wenigen Ausnahmen in Graves können das Ergebnis nicht schmälern. Die besten Resultate sind in den klassischen Bordeaux-Gemeinden St-Julien, Margaux und Pauillac erzielt worden. Am rechten Ufer waren die Bedingungen ein wenig komplizierter, was mehr Eingriffe in den Weinberg erforderlich machte. Ein dampfig-feuchter Frühling und Sommerbeginn ließ die Furcht vor Mehltau aufkommen, aber das heiße und trockene Wetter später brachte Rettung. Auch der Herbst zeigte sich freundlich, und so sind in St-Emilion außergewöhnliche Kreszenzen entstanden. Pomerol liegt gleich dahinter, den Weinen fehlt allerdings das gewisse Etwas ihrer Nachbarn. In Sauternes gab es leider nichts zu feiern, da schwere Stürme im Oktober alle Aussichten auf ein hervorragendes Jahr 2000 in Regenfluten ertränkten. Im direkten Vergleich mit 1999, das gut war, und 2001, das wahrscheinlich hervorragend sein wird, schmerzt die Pleite umso mehr.

Burgund hatte weniger Glück als Bordeaux, trotzdem ist der Jahrgang alles andere als schlecht. Die Côte de Nuits fuhr am besten; hier kommen einige Rote dem exzellenten 1999er Jahrgang gleich. An der Côte de Beaune tobten Stürme während der Lese (die auch die weiter südlich gelegene Côte Chalonnaise trafen), was im Verein mit dem schlechten Sommerwetter ein echtes Fäulnisproblem für Pinot noir ergab. Die Erzeuger retteten ihre Ernte durch sorgfältige Auslese, aber die Weine werden nicht lange halten – trinken Sie sie, so lange sie jung sind. Auch Chardonnay litt unter dem Wetter, aber da die Trauben dieser Sorte früher gelesen werden als Pinot noir, musste man hier die Fäulnis nicht so fürchten. Auch diese Weine werden wohl nicht alt, erfreulich sind sie aber auf jeden Fall. In Chablis sind einige gute Tropfen entstanden.

Nachdem das Wetter 1999 enttäuschend gewesen war, konnte man in der Champagne 2000 als Jahrgang deklarieren. Zur Lese war es schön, mit dem Resultat, dass einige gut ausgewogene Kreszenzen bereitet wurden. Die Süßweine von der Loire hatten zu viel Regen und zu wenig Sonne auszuhalten und sind deswegen recht unterschiedlich, selten aber besser als gut ausgefallen. Es gibt einige sehr anständige Rote von Cabernet franc, deren Aussehen jedoch täuschen kann: Die tiefe Farbe verspricht eine Fülle, die in Wirklichkeit nicht da ist. Trinken Sie sie jung, auch sie werden nicht lange halten.

Die Rhône erlebte eine bunte Mischung, mit den besten Ergebnissen in den südlichen Gebieten. Das soll nicht heißen, dass an der nördlichen Rhône keine guten Weine entstanden wären – viele Rote hier sind sauber und gut bereitet –, aber es fehlt ihnen die Üppigkeit, die man normalerweise mit den Gewächsen aus dieser Region verbindet. Die Rotweine der südlichen Rhône aber sind voll und reif und von guter Struktur. Auch die Weißen aus Châteauneuf-du-Pape glänzen mit ausgesuchter Eleganz. Weiter im Süden, in der Provence, dem Languedoc und dem Roussillon, konnte man sich überall an einem warmen Sommer und demzufolge auch an reifen, fruchtigen Weinen erfreuen. Südwestfrankreich wiederum hatte viel Regen spät in der Saison – nur wer früh erntete, konnte auf gute Weine hoffen. Die Süßweine der Region sind buchstäblich ins Wasser gefallen.

Auch Deutschland hatte im Jahrtausendjahr wenig zu jubeln. In den meisten Gebieten regnete es während der Ernte. Die spät reifende Riesling-Traube profitierte noch von einem späten Wetterumschwung und konnte an der Mosel einige feine Weine erbringen. In Italien führte das unberechenbare Wetter insgesamt zu einer kleinen Ernte. Das Piemont und Norditalien im Allgemeinen erlebten Perioden mit heftigen Regengüssen, denen eine Dürre folgte. Immerhin waren der Spätsommer und der Herbst trocken und warm, was den Trauben gut tat. Die Weißen sind schwach, aber es gibt einige herrliche Rotweine zu entdecken. In der Toskana und weiter im Süden brachte Mehltau Ertragseinbußen, alles in allem aber sind die Erzeuger dort mehr als zufrieden.

Die wichtigsten Portweinhäuser in Portugal haben 2000 als Jahrgang deklariert – die Konzentration und Struktur der Weine hat schon für einiges Aufsehen gesorgt. Der Mangel an Regen im Sommer und Herbst war auch für die anderen Rotweine von Vorteil; die Weißen allerdings litten unter Hitze und Stress und sind generell nicht auf der Höhe. Trockenheit herrschte auch im südlichen Spanien und minderte die Erträge, hob aber gleichzeitig die Qualität – die Reben blieben von Krankheiten verschont und gesunde Reben liefern guten Wein. In Nordspanien gab es mehr Regen. Rioja hatte kein gutes Jahr, der 2001er von dort wird in jedem Fall vorzuziehen sein.

Die erste enthusiastische Analyse des Jahrgangs in Mittel- und Osteuropa, die vergangenes Jahr in diesem Buch zu lesen war, hat sich voll und ganz bestätigt. In Bulgarien, Österreich, Ungarn und Rumänien ist man immer noch am Feiern. Natürlich ist es aber weiterhin Sache des Kellermeisters, aus dem hervorragenden Traubengut auch entsprechende Weine zu bereiten.

Den Weg in Nordamerika wies Kalifornien, wo es trotz alles andere als idealer Wetterbedingungen gelang, eine riesige Ernte von hervorragender Qualität einzufahren. Die Roten mögen nicht das Alterungspotenzial haben wie in den Jahren zuvor, aber sie werden trotzdem mit großem Genuss zu trinken sein. Im pazifischen Nordwesten führte das kühle Wetter zu mächtigen, tanninstarken Rotweinen mit enormer Struktur; für sie ist Geduld nötig. In Südamerika hatte Argentinien mit der dreifachen Regenmenge als normal zu kämpfen und hielt sich wacker – einige Weine sind großartig. Auch in Chile war das Wetter nicht wie sonst, aber auch hier sind einige ausgezeichnete Weine entstanden.

Die Ernte in Australien war deutlich kleiner als vorhergesagt; auch hier spielten Wetterkapriolen eine gewichtige Rolle. Über einen Mangel an australischen Weinen werden wir uns trotzdem nicht zu beklagen haben. Neue Rebflächen werden in Windeseile angelegt und die Gesamtproduktion wächst weiter an. Als in Neuseeland die Zeit der Lese kam, waren die Trauben auf dem Höhepunkt ihrer Reife und Ausgewogenheit. Aber Wetterprobleme im Frühling hatten zu Ertragseinbußen auf der Südinsel geführt – im Gegensatz dazu verzeichnete die Hawkes Bay auf der Nordinsel eine Rekordernte. Trockenheit in Südafrika verringerte die Ausbeute im Vergleich zum Jahr zuvor erheblich. Die Qualität aber ist viel besser, vor allem bei den gut strukturierten Roten.

Rebsorten

In den vergangenen zwei Jahrzehnten vollzog sich allenthalben ein grundlegender Wandel, von dem nur die Weinländer mit der längsten Tradition ausgenommen waren. Mit einem Schlag wurden die Namen einer Hand voll Rebsorten zur geläufigen Bezeichnung für die verschiedenen Weine. In den alten Weinländern dagegen, insbesondere in Frankreich und Italien, bezeichnet man alle seit langem renommierten Weine weiterhin mehr oder weniger genau nach ihrem Herkunftsgebiet, weniger nach der Traube, aus der sie gekeltert wurden.

Gegenwärtig liegen die beiden Bezeichnungsmöglichkeiten im Wettstreit miteinander. Am Ende dürfte sich die Herkunftsbezeichnung gegenüber der Rebsorte wieder durchsetzen, zumindest für Qualitätsweine. Im Augenblick allerdings ist die Traubensorte und ihr Geschmack für viele Weinfreunde der einfachste und wichtigste Bezugspunkt – ungeachtet der Tatsache, dass der Geschmack oft durch die Eichenholzkomponente nicht unerheblich verändert wird. Käme es nur auf das Traubenaroma an, dann wäre dieses Buch um einiges schmäler.

Gleichwohl spielt die Traubensorte eine wichtige Rolle, und darüber Bescheid zu wissen, kann helfen, neue Geschmacksnuancen zu entdecken und Vergleiche zwischen den Regionen anzustellen. Daher ist auch der zuerst in Kalifornien entstandene Begriff »sortenreiner Wein« sinnvoll, unter dem man Wein versteht, der grundsätzlich aus nur einer Traubensorte gekeltert wurde.

Bei mindestens sieben Sorten – Cabernet Sauvignon, Pinot noir, Riesling, Sauvignon blanc, Chardonnay, Gewürztraminer und Muskat – sind Geschmack und Duft so eindeutig, dass sie zu internationalen Unterscheidungskategorien geworden sind. Dasselbe gilt für Merlot, Malbec, Syrah, Sémillon, Chenin blanc, Pinot blanc, Pinot gris, Silvaner, Viognier, Nebbiolo, Sangiovese, Tempranillo ...

Hier folgen die besten bzw. beliebtesten Rebsorten:

Trauben für Weißwein

Albariño Spanischer Name der Alvarinho-Rebe aus Nordportugal; tritt in Galicien mit wunderbar frischem, duftigem Wein hervor.
Aligoté Die zweitwichtigste weiße Traube in Burgund. Frischer (oft scharfer) Wein, muss in 1 bis 3 Jahren getrunken werden. Mit Cassis (schwarzer Johannisbeerlikör) zum »Kir« gemischt, ist er hervorragend. Die Sorte ist auch in Osteuropa, v. a. in Russland, verbreitet.
Arinto Portugiesische Traube für frische, duftige, trockene Weißweine.
Blanc Fumé Synonym für Sauvignon blanc, so benannt nach dem »rauchigen« Duft, besonders an der Loire (Sancerre und Pouilly). In Kalifornien für eichenfassgereiften Sauvignon blanc gebräuchlich und zu Fumé blanc umgedreht (der »Rauch« besteht aus Eichenholzwürze).
Bual Liefert hochwertige süße Madeiraweine, weniger voll als Malmsey.
Chardonnay Die Traube für weißen Burgunder, die weiße Champagner-Traube und die Weißweintraube der Neuen Welt – z. T. auch weil sie so leicht anzubauen und zu verarbeiten ist. Sie wird inzwischen in allen Regionen erprobt, meist auch in Eichenfässern vergoren, um das Aroma des Burgunders heraufzubeschwören. In Australien und Kalifornien ent-

stehen die klassischen Tropfen, aber auch viel Ausschuss. Chardonnay-Weine aus Italien, Spanien, Neuseeland, Südafrika, dem Staat New York, Chile, Argentinien, Ungarn und Südfrankreich finden ebenfalls immer mehr Freunde. In Österreich heißt die Traube Morillon.

Chasselas Ertragreiche, früh reifende Sorte mit wenig Aroma; vorwiegend als Tafeltraube angebaut. Am bekanntesten als Fendant in der Schweiz (eine Köstlichkeit) und Gutedel in Deutschland.

Chenin blanc Die große weiße Traube an der mittleren Loire (Vouvray, Layon usw.). Ergibt trockenen bis lieblichen (sogar süßen) Wein, aber stets mit reichlich Säure, daher langlebig und auch im warmen Klima verbreitet, z. B. in Kalifornien oder Südafrika. Siehe auch Steen.

Clairette Schwach säurehaltige Sorte; in Südfrankreich früher meist als Grundlage für Wermut genutzt. Wird zurzeit wieder belebt.

Colombard Leicht fruchtige, angenehm säuerliche Traube; in Kalifornien ungemein populär, gewinnt in Südwestfrankreich, Südafrika, Kalifornien usw. ständig an Boden.

Fendant Siehe Chasselas.

Folle blanche Viel Säure, wenig Aroma, ideal für Branntwein. In der Bretagne als Gros Plant und in Armagnac als Picpoul bekannt. In Kalifornien brauchbar.

Furmint Eine Rebe von großem Charakter: das Gütezeichen Ungarns als Haupttraube, sowohl im Tokajer als auch in lebendigem, kräftigem Tafelwein. Mit apfelähnlichem Geschmack. In Slowenien unter der Bezeichnung Sipon. Auch in Österreich in kleinen Mengen angebaut.

Gewürztraminer (auch **Traminer**) Eine der ausdrucksvollsten Trauben, ausgesprochen würzig, erinnert an Rosen und Grapefruit. Die Weine sind oft voll und weich, selbst wenn sie trocken sind. Am besten im Elsass; auch gut in Deutschland, Osteuropa und der Neuen Welt.

Grauburgunder Siehe Pinot gris.

Grüner Veltliner Die Lieblingstraube Österreichs (belegt fast die Hälfte der Rebflächen); um Wien, in der Wachau und im Weinviertel (auch in Mähren); ihr Wein kann köstlich ausfallen: leicht, trocken, pfeffrig und lebendig. Als junger Wein exzellent, aber die besten Tropfen halten sich auch etwa 5 Jahre.

Hárslevelű Zweite wichtige Traubensorte im Tokajer (zusammen mit Furmint). Verleiht Weinen Weichheit und Körper.

Italienischer Riesling In Norditalien und Osteuropa angebaut. Dem Rheinriesling weit unterlegen, hat weniger Säuregehalt; lieblich am besten. Auch Welschriesling, Olaszriesling (darf nicht mehr einfach nur »Riesling« genannt werden).

Kéknyelű Wenig ergiebige, aromareiche Traube für einen der besten ungarischen Weißweine. Hohes Potenzial für feurigen, würzigen Wein.

Kerner Die erfolgreichste aus einer Reihe deutscher Neuzüchtungen, Kreuzung von Riesling x (roter) Trollinger. Frühreifer, blumiger Wein mit dem richtigen Säuregrad. Populär in der Pfalz, Rheinhessen usw.

Loureiro Die beste und duftigste Vinho-verde-Sorte in Portugal.

Macabeo Die häufigste weiße Traube Nordspaniens, heißt in Rioja Viura; wichtige Sorte für Cava in Katalonien. Gutes Qualitätspotenzial.

Malvasia In Madeira Malmsey, in Deutschland Malvasier, in Frankreich Malvoisie, auch Vermentino (v. a. auf Korsika). Wird auch in Griechenland, Spanien, Westaustralien und Osteuropa angebaut. Liefert volle, bernsteinfarbene oder weiche weiße Weine. Ihr überragendes Potenzial kommt nur selten zur Geltung. Große Lebensdauer.

Marsanne Neben Roussanne die Hauptweißweintraube an der nördlichen Rhône. Auch in Australien und (als Ermitage blanc) im Wallis mit Erfolg angebaut. Milde, volle Weine, die sehr schön altern.
Müller-Thurgau Am stärksten in Rheinhessen und der Pfalz vertreten, auch an der Mosel stark verbreitet. Kreuzung aus Riesling x Silvaner. Reift früh und liefert weiche, blumige, jung zu trinkende Weine. Die lieblichen Varianten sind gut, die trockenen dagegen oft nichts sagende, derbe Wässerchen. Nichts für Spitzenlagen.
Muscadelle Verleiht manchem weißen Bordeaux (v. a. Sauternes) besondere Würze. Auch Grundlage für den australischen Tokay. Anscheinend kein echter Muskat.
Muscadet (auch **Melon de Bourgogne**) Erbringt leichte, sehr trockene, erfrischende Weine mit einem frischen Meereshauch in der Gegend von Nantes (in Kalifornien als »Pinot blanc« bezeichnet).
Muskat (**Muskateller**) In vielen Varianten. Weit verbreitete, leicht erkennbare, ausdrucksvolle Traubensorte (am besten M. blanc à petits grains), meist zu bukettreichen, süßen Weinen verarbeitet, oft auch gespritet (z. B. Vin doux naturel in Frankreich). In Australien superb. Der dritte Bestandteil in Tokaji Aszú. Selten trocken ausgebaut (z. B. im Elsass).

Riesling Es ist eine Ironie des Schicksals, dass sich die Rückkehr des Rieslings auf die große Bühne – wie schon einmal – durch die Hintertür vollzieht. Kein ernsthafter Kommentator wird bestreiten, dass der Riesling es ohne weiteres mit dem Chardonnay aufnehmen kann. Diese beiden sind die besten Weißweinsorten der Welt, vertreten aber zwei völlig unterschiedliche Stile. Während Chardonnay körperreiche, im Aroma eher zurückhaltende Weine liefert, bietet Riesling eine Fülle von Duft- und Geschmacksnoten – die Bandbreite reicht von stahlig bis lasziv, hat aber immer einen eindeutig positiven Grundton. Zudem hat Riesling ein vielfach größeres Alterungspotenzial als Chardonnay.

Mit Abstand der bedeutendste Riesling-Erzeuger der Welt ist Deutschland, hier werden die großartigsten Weine in allen Stilrichtungen bereitet. Doch auch anderswo nimmt die Popularität zu. In Südaustralien gibt diese (an sich im kühlen Klima beheimatete) Sorte ihr Bestes, dem Chardonnay an Körperreichtum zumindest gleichzukommen. Die mittelschwere Lage wird von Österreich vertreten; hier entstehen kraftvolle Weine, die aber immer noch einen stahligen Grundton besitzen. Liebhaber von leichten und duftigen, manchmal beinahe durchdringend erfrischenden Weinen haben sich inzwischen die Mosel als alleinige Spielwiese ausgesucht. Sehr gut – meist trocken – auch im Elsass (aber seltsamerweise sonst nirgendwo in Frankreich), in Australien, im pazifischen Nordwesten, in Ontario, in Kalifornien und in Südafrika.

Palomino (auch **Listan**) Liefert den besten Sherry, doch ausdruckslosen Tafelwein.
Pedro Ximénez (**P. X.**) Liefert sehr starken Wein in Montilla und Malaga. Wird in süßen Sherry-Mischungen verwendet. Auch in Argentinien, Australien, Kalifornien, Südafrika und auf den Kanaren angebaut.
Pinot blanc Verwandter des Pinot noir. Mit Chardonnay nicht verwandt, jedoch ähnlich, aber milder im Charakter; leicht, frisch, fruchtig, aromaschwach, jung am besten. Wird im Elsass, in Norditalien (guter Schaum-

wein), Süddeutschland und Osteuropa angebaut. In Deutschland Weißburgunder. Siehe auch Muscadet.

Pinot gris Erbringt bestenfalls gehaltvolle, oft »dicke«, körperreiche Weißweine mit spezieller Würze. Im Elsass (früher) als Tokay, in Deutschland als Ruländer (lieblich) oder Grauburgunder (trocken), in Italien und Slowenien als Tocai oder Pinot grigio (jedoch dünnerer Wein) bezeichnet.

Pinot noir Hervorragende dunkle Traube (siehe unter Trauben für Rotweine), in der Champagne und gelegentlich auch andernorts (z. B. in Kalifornien und Australien) weiß oder als zartrosa »Vin gris« gekeltert sowie zu Schaumwein verarbeitet.

Ruländer Siehe Pinot gris.

Savagnin Die Traube des Vin jaune aus Savoyen. Vermutlich eine Verwandte des Gewürztraminers.

Sauvignon blanc Erbringt sehr ausdrucksvollen, aromatischen, grasigen – oder nach Stachelbeeren duftenden –, manchmal auch ein wenig ranzig riechenden Wein; am besten im Sancerre. Wird in Bordeaux mit Sémillon verschnitten. Kann herb ausfallen oder auch herzhaft. Ein Triumph in Neuseeland. Wird heute überall angebaut. Auch Fumé blanc oder Blanc Fumé genannt.

Scheurebe Kreuzung aus Silvaner x Riesling. In der Pfalz sehr beliebt, besonders für Auslesen. Als trockener Wein manchmal grasig.

Sémillon Verleiht dem Sauternes seine Fülle; unter richtigen Verhältnissen tritt Edelfäule auf. Grasig, wenn nicht voll ausgereift, kann aber weichen, trockenen Wein mit großem Alterungspotenzial liefern, daher zunehmend von Bedeutung für weißen Graves und Bordeaux. In Australien (wo man sie ohne Akzent schreibt) teilweise früher Riesling genannt; wird dort auch oft mit Chardonnay verschnitten. Alter Hunter-Valley-Semillon kann großartig sein.

Sercial Liefert den trockensten Madeira. Dort wird übrigens behauptet, dass es sich eigentlich um Riesling handle!

Seyval blanc In Frankreich gezüchtete Hybride zwischen französischen und amerikanischen Reben. Sehr widerstandsfähig, angenehm fruchtig. Im Osten der USA und in England recht erfolgreich, von den dogmatischen Richtlinien der Europäischen Union jedoch nicht für »Qualitätswein« zugelassen.

Silvaner (Sylvaner) Der Schwerarbeiter unter den deutschen Reben; der Wein gerät nur selten fein, außer in Franken, wo er viel Würze und Haltbarkeit erreicht, sowie in Rheinhessen und der Pfalz, wo die Traube eine Renaissance erlebt. Gut in Südtirol, neuerdings weniger gefragt im Elsass. Liefert im Wallis als »Johannisberg« sehr guten, kraftvollen Wein.

Steen Die populärste weiße Sorte Südafrikas; guter, lebhafter, fruchtiger Wein. Angeblich soll es sich um Chenin blanc von der Loire handeln und wird nun auch häufig so etikettiert.

Tokay Siehe Pinot gris. In Kalifornien auch als Tafeltraube und in Australien als angeblich ungarische Traube angebaut. Echter Tokajer wird dagegen von Furmint, Hárslevelű und Muskat gewonnen.

Torrontes Äußerst aromatische, Muskat-ähnliche Traube aus Argentinien, die meist trocken ausgebaut wird.

Traminer Siehe Gewürztraminer.

Trebbiano Verbreitete, aber mittelmäßige Traube in Mittelitalien, vor allem in Orvieto, Chianti, Soave usw. Auch in Südfrankreich als Ugni blanc und im Cognac als St-Emilion angebaut. Liefert meist dünnen, neutralen

Wein, gut als Verschnittgrundlage geeignet. Bräuchte erheblich mehr Sorgfalt beim Anbau.
Ugni blanc Siehe Trebbiano.
Verdejo Die Traube von Rueda in Kastilien kann feinen, langlebigen Wein erbringen.
Verdelho Rebensorte auf Madeira, liefert dort hervorragenden mittelsüßen und in Australien frischen, charaktervollen trockenen Wein.
Verdicchio Name für potenziell guten trockenen Wein im östlichen Mittelitalien.
Vermentino Ähnlich der Malvasia, ergibt jedoch spritzigere Weine, u.a. in Ligurien und der Toskana; dabei immer noch mit zufrieden stellender Struktur und Alterungsfähigkeit.
Vernaccia In Mittel- und Süditalien sowie auf Sardinien für starken, weichen, lebendigen, manchmal Sherry-ähnlichen Wein angebaut.
Viognier Seltene Traubensorte, im Rhônetal bei Condrieu angebaut, liefert sehr feinen und duftigen Wein, sehr jung zu trinken. Im Midi, in Kalifornien usw. groß in Mode, jedoch nur in winzigen Mengen vorhanden.
Viura Siehe Macabeo.
Weißburgunder Siehe Pinot blanc.
Welschriesling Siehe Italienischer Riesling.

Trauben für Rotwein

Agiorgitiko Vielseitige griechische (v.a. in der Nemea-Region) Sorte mit fruchtiger Schlehennote, samtigen Tanninen und genügend Struktur, um ansprechend zu altern.
Baga Die rote Standardtraube von Barraida in Zentralportugal. Dunkel, tanninreich – großes Potenzial, aber schwierig im Weinberg.
Barbera Sehr beliebte Rebsorte v.a. im Piemont, liefert dunklen, fruchtigen, scharfen Wein. Gewinnt in Kalifornien und Italien an Prestige.
Blaufränkisch Österreichischer Name für Gamay, ergibt aber im besten Fall (im Burgenland) einen beachtenswerten Rotwein. Heißt in Deutschland Lemberger, in Ungarn Kékfrankos.
Bourboulenc Ergibt, ebenso wie die rare Rolle-Rebe, einige der besten Weine des Midi.
Brunello Ein Verwandter des Sangiovese, in der Südtoskana angebaut.
Cabernet franc (auch **Bouchet**) Die geringere der beiden in Bordeaux angebauten Cabernet-Sorten; herrscht jedoch in St-Emilion (als »Bouchet«) vor. Die Traube der Loire für Chinon, Saumur und Roséwein. Wird verschnitten, in Kalifornien und Australien aber auch sortenrein gekeltert.
Cabernet Sauvignon Traube mit großem Charakter, würzig, kräuterduftig, gerbstoffreich, typisches Aroma von Schwarzen Johannisbeeren. Die erste Sorte im Médoc, liefert meist auch die besten kalifornischen, südamerikanischen und osteuropäischen Rotweine. Cabernet Sauvignon braucht immer Zeit zum Reifen und gewinnt in Verschnitten z.B. mit Merlot, Cabernet franc oder Syrah. Erbringt auch aromatischen Rosé.
Cannonau Sardische Form der Grenache: meist sehr gut und stark.
Carignan In Südfrankreich die weitaus verbreitetste Sorte. Sehr ertragreich, liefert flachen und harmlosen Wein. Am besten von alten Reben in Corbières. Auch in Nordafrika, Spanien und Kalifornien verbreitet.
Carmenère Eine alte Rebsorte aus Bordeaux, die inzwischen aus Europa praktisch verschwunden ist. In Argentinien, wo sie bis vor kurzem für Merlot gehalten wurde, sehr verbreitet.

Cinsaut In Südfrankreich verbreitete ertragreiche Rebe; in Südafrika für Pinotage mit Pinot noir gekreuzt. Blasser Wein, aber qualitätsträchtig.
Dolcetto Liefert in Piemont süffige, milde, trockene Rotweine. Heute groß in Mode (dennoch preisgünstig).
Gamay Die Beaujolais-Traube: leichter, sehr duftiger Wein, jung am besten. An der Loire, in der Schweiz und in Savoyen liefert sie noch leichteren Wein. In Kalifornien unter dem Namen Napa Gamay bekannt.
Grenache (auch **Garnacha, Alicante, Cannonau**) Brauchbare Sorte, liefert kräftigen, fruchtigen, aber blassen Wein: gut für Rosé und Vin doux naturel. Wird in Südfrankreich, Spanien und Kalifornien angebaut und meist in Verschnitten mitverarbeitet (v. a. im Châteauneuf-du-Pape).
Grignolino Liefert in Piemont guten Alltagswein.
Kadarka (auch **Gamza**) Erbringt in Ungarn, Bulgarien usw. kräftigen, robusten Rotwein.
Kékfrankos Ungarischer Blaufränkisch, angeblich mit Gamay verwandt, für ähnlich leichte Rotweine. Einige neuere Tropfen haben mehr Fülle.
Lambrusco Ertragreiche Sorte in der unteren Poebene, erbringt lebendigen, lieblichen, perlenden, ausgesprochen italienischen Rotwein.
Lemberger Württemberger Rotwein. Siehe Blaufränkisch.
Malbec (auch **Cot**) In Bordeaux in geringem Maß angebaut, in Cahors (als Auxerrois) und besonders in Argentinien verbreitet. Dunkler, dichter, gerbstoffreicher Wein mit echtem Qualitätspotenzial.
Merlot Vielseitige Rebe, liefert die großen, duftigen, pflaumenwürzigen Weine von Pomerol und (zus. mit Cabernet franc) von St-Emilion; wichtiges Element im roten Médoc. Merlot ergibt in Norditalien, in der italienischen Schweiz, in Slowenien, Argentinien usw. leichtere, in Kalifornien und Washington weiche und starke (Mode)Weine, und ist in Australien eine wohltuende Bereicherung. Grasig, wenn nicht voll ausgereift.
Montepulciano Name einer in Ost- und Mittelitalien verbreiteten, beliebten Traubensorte von hoher Qualität; auch Stadt in der Toskana.
Mourvèdre (auch **Mataro**) Die ausgezeichnete dunkle, würzige und gerbstoffreiche Traube wird in der Provence (jedoch nur in Bandol) und im Midi v. a. für Verschnitte verwendet. Erfreut sich auch in Südaustralien und Kalifornien wachsender Beliebtheit.
Nebbiolo (auch **Spanna** und **Chiavennasca**) Eine der besten roten Trauben Italiens für Barolo, Barbaresco, Gattinara und Valtellina. Edle Frucht, volles Bukett, aber viel Gerbstoff – gewinnt durch jahrelanges Altern.
Periquita In Portugal verbreitet für feste, aromatische Rotweine. Häufig Verschnitt mit Cabernet Sauvignon, auch bekannt als Castelão Francês.
Petit (und **Gros**) **Manseng** Haupttraube für Jurançon, wird aber auch andernorts im Südwesten Frankreichs immer häufiger verschnitten.
Petit Verdot Ausgezeichnete, aber schwierige Traube im Médoc, jetzt in anderen Teilen der Welt verbreitet.
Pinot noir Die große Burgundertraube der Côte d'Or hat in Bukett, Geschmack und Fülle nicht ihresgleichen. Gedeiht anderswo nicht so gut; bringt in Deutschland, der Schweiz und Österreich als Spät- oder Blauburgunder, aber auch in Ungarn leichte, selten anspruchsvollere Weine. Jüngst ausgezeichnete Ergebnisse in Sonoma, Carneros und an der Central Coast (Kalifornien), in Oregon, in Ontario, im Yarra Valley und in den Adelaide Hills (Australien), in Tasmanien und Neuseeland.
Pinotage Südafrikanische Traubenzüchtung (Pinot noir x Cinsaut). Manchmal sehr fruchtig und schön entwicklungsfähig, oft aber dicklich.

Refosco Eventuell nur italienischer Name für die Mondeuse aus Savoyen. Ergibt tiefe, aromareiche, lagerfähige Weine, v. a. in wärmerem Klima.

Saint-Laurent Dunkle, geschmeidige und hocharomatische österreichische Spezialität. Auch in der Pfalz anzutreffen.

Sangiovese (oder **Sangioveto**) Die wichtigste rote Chianti-Traube, im größten Teil Mittelitaliens anzutreffen. Brunello ist Sangiovese grosso. Ist jetzt auch in Kalifornien für Spitzenqualität gut.

Saperavi Liefert in Georgien, der Ukraine usw. guten, scharfen, langlebigen Wein; v. a. in Moldawien mit Cabernet Sauvignon verschnitten.

Spätburgunder Siehe Pinot noir.

Syrah (oder **Shiraz**) Die große Traube der Rhône bringt herben, pfeffrigen, purpurroten Wein, der sich superb entwickeln kann. In Australien als »Shiraz« von großer Bedeutung. Im Midi, in Südafrika und Kalifornien schnell wachsende Fan-Gemeinde.

Tannat Tanninreiche Traube mit Himbeerduft, die fest strukturierten Rotweinen aus Südwestfrankreich wie Madiran oder Tursan Kraft verleiht. In Uruguay jetzt ein Star. Auch für Rosé.

Tempranillo Die helle, würzige, feine Rioja-Traube wird in Katalonien Ull de Lebre und in La Mancha Cencibel genannt.

Touriga Nacional Traube für erstklassigen Port und Douro; allmähliche Ausbreitung in Portugal für körperreiche Rotweine.

Zinfandel Vielseitige, fruchtige Sorte mit (manchmal metallischem) Brombeeraroma; in Kalifornien beheimatet. Wird auch weiß gekeltert.

Wein und Essen

Das Dilemma ist in Restaurants am schlimmsten. Vier Gäste haben drei verschiedene Speisen gewählt. Der Gastgeber rechnet. Je eine Flasche Weiß- und Rotwein ist üblich, einer führt zum anderen, unabhängig vom Essen. Bis zu einem bestimmten Punkt geht die Rechnung auf. Aber man kann sie verfeinern oder durch etwas anderes ersetzen und so vielleicht beiden gerecht werden, sowohl dem Essen als auch dem Wein.

25 Jahre Experimentierfreude und die Ideen von vielen Freunden sind in diese Liste praktischer Vorschläge eingegangen. Vielleicht sind sie am sinnvollsten für das Menü zu Hause, aber zusammen mit den anderen Teilen des Buches können sie auch den Stress bei der Auswahl im Restaurant reduzieren. Auf jeden Fall erweitern sie den Horizont.

Vor dem Essen – einen Aperitif

Herkömmliche Aperitifs sind entweder Schaumweine (am besten: Champagner) oder gespritete Weine (z. B. Sherry in Großbritannien, Port in Frankreich, Wermut in Italien usw.). Heute ist es Mode, vor dem Essen ein Glas Weißwein oder Rosé zu trinken (in Frankreich auch Rotwein). Zu empfehlen ist ein leichter, appetitanregender, ziemlich trockener, aber nicht saurer Tropfen mit einem gewissen Charakter, eher ein Riesling oder Chenin blanc als ein Chardonnay.

Meiden Sie Erdnüsse, denn sie zerstören das Aroma des Weins. Auch Oliven sind für viele Weine zu pikant; sie verlangen nach Sherry oder einem Martini. Essen Sie stattdessen Mandeln, Pistazien oder Walnüsse, Kartoffelchips oder Käsegebäck.

Vorspeisen

Aïoli Zu so viel Knoblauch braucht man einen Durstlöscher. Weißer ☆→☆☆ Rhône- oder trockener weißer Schaumwein; Blanquette de Limoux, Provence-Rosé, Minervois oder Verdicchio. Vielleicht auch eine Grappa, zur Aufmunterung.

Antipasti Trockener oder lieblicher ☆☆ Weißwein aus Italien (Arneis, Soave, Pinot grigio, Prosecco, Vermentino) oder leichter Rotwein (z. B. Dolcetto, Franciacorta oder junger ☆☆ Chianti).

Artischocken *Mit Sauce vinaigrette:* ein ausdrucksvoller, trockener Weißwein, z. B. ein neuseeländischer Sauvignon blanc, ein Côtes de Gascogne oder ein moderner griechischer Wein. Oder ein junger roter ☆ Bordeaux bzw. Côtes du Rhône.

Mit Sauce hollandaise: Ein voller, etwas frischer, trockener ☆ oder ☆☆ Weißwein, z. B. Pouilly-Fuissé, Pfälzer Spätlese oder ein Carneros- oder Yarra-Valley-Chardonnay ☆☆.

Auberginen (Melitzanosalata) Frischer Sauvignon blanc aus der Neuen Welt, z. B. aus Chile oder Neuseeland, oder trockener griechischer bzw. sizilianischer Weißer. Alternativ roter Bardolino oder Chiaretto.

Austern *Roh:* ☆☆→☆☆☆ Weißwein, Champagner oJ, außerdem Chablis Premier cru, Muscadet, weißer Graves, Sancerre – oder Guinness. *Gegart:* Puligny-Montrachet oder guter Chardonnay aus der Neuen Welt. Champagner passt zu allen Austern.

Avocado *Mit Meeresfrüchten:* Trockener bis halbtrockener oder etwas säuerlicher ☆☆→☆☆☆ Weißwein, z. B. Pfälzer Kabinett, Sancerre, Pinot grigio, australischer oder Sonoma-Chardonnay bzw. Sauvignon blanc, Steen vom Kap oder ein trockener Rosé. Oder Chablis Premier cru.
Mit Sauce vinaigrette: Manzanilla Sherry.
Bouillabaisse und Fischsuppen Anregender, trockener ☆→☆☆ Weißwein, Marsanne aus dem Midi oder von der Rhône, auch Rosé von Korsika oder aus Spanien, oder Cassis, Verdicchio, kalifornischer Sauvignon blanc ohne Eichenholzaroma.
Caesar-Salat Kalifornischer Chardonnay (Central Coast) oder erstklassiger Chenin blanc.
Carpaccio *Rindfleisch:* Hierzu passt fast jeder Wein, sogar ☆☆☆ Rotwein oder bester Vino da Tavola aus der Toskana. Gut eignet sich auch ein feiner Chardonnay sowie ein Jahrgangs- oder Rosé-Champagner.
Lachs: ☆☆→☆☆☆ Chardonnay oder Champagner. Siehe auch unter Meeresfrüchte und Fischgerichte.
Ceviche Australischer Riesling oder Verdelho ☆☆; Sauvignon blanc aus Chile oder Neuseeland.
Consommé Halbtrockener Amontillado Sherry ☆☆→☆☆☆ oder Sercial Madeira.
Crostini Morellino di Scansano, Montepulciano d'Abruzzo, Valpolicella oder ein trockener Weißer aus Italien, z. B. Verdicchio oder Orvieto.
Dim-Sum Klassischerweise Tee (Oolong oder Bo-Li). Ausprobieren kann man aber auch Pinot grigio bzw. Riesling oder leichten Rotwein (Bardolino bzw. Beaujolais-Villages). Auch Champagner oJ oder guten Schaumwein aus der Neuen Welt.
Eierspeisen Siehe auch Soufflé. Mit den meisten Weinen vertragen sie sich nicht gut. Zu regionalen Gerichten einen regionalen Wein ☆→☆☆, damit liegt man nie verkehrt. Vielleicht Pinot blanc oder einfachen Chardonnay mit wenig Eichenaroma. Zu Rührei allenfalls Champagner.
Fischterrine Trockener Pfälzer Riesling Spätlese, Chablis Premier cru, Clare-Valley-Riesling oder Manzanilla.
Forelle, geräuchert Sancerre, kalifornischer oder südafrikanischer Sauvignon blanc, Rully oder Bourgogne Aligoté. Chablis oder Champagner.
Gänseleberpastete Weißwein ☆☆☆→☆☆☆☆. In Bordeaux trinkt man dazu Sauternes. Anderswo wird Pinot gris Spätlese, Riesling (auch aus der Neuen Welt), Vouvray, Montlouis, Jurançon Moelleux oder Gewürztraminer bevorzugt. Seit neuestem Tokaji Aszú 5 Puttonyos für Feinschmecker. Auch trockener Amontillado kann ganz gut sein. Jedoch auf keinen Fall Chardonnay oder Sauvignon blanc.
Garnelen, Krabben oder Scampi Feiner, trockener ☆☆→☆☆☆ Weißwein: Burgunder, Graves, Chardonnay, Washington Riesling – auch feiner, reifer Champagner.
Auf chinesische, indische oder Thai-Art: Gehaltvoller australischer Hunter-Valley-Chardonnay («Cocktailsauce» verträgt sich nicht mit Wein).
Gazpacho Ein Glas Fino vorher und nachher. Oder Sauvignon blanc.
Gemüseterrine Nicht gerade ein großartiger Partner für feinen Wein, aber kalifornischer, chilenischer oder südafrikanischer Chardonnay gilt als modische Begleitung; Chenin blanc oder Vouvray sind dagegen eine solide Sache.
Graved Lachs Aquavit oder Sake, eisgekühlt, oder Chablis Grand cru, ☆☆☆ kalifornischer, Washington- oder Margaret-River-Chardonnay; auch Mosel Spätlese (nicht trocken).

Guacamole Kalifornischer ☆☆ Chardonnay, Sauvignon blanc, trockener Muskat oder Champagner oJ. Auch mexikanisches Bier.

Haifischflossensuppe Einen Teelöffel Cognac hineingeben; als Getränk Amontillado.

Hering, grün oder Matjes Wacholder (jung), Aquavit aus Skandinavien oder kühles Bier. Wenn es unbedingt Wein sein soll: Muscadet.

Hommos Pikanter, würziger, trockener Weißwein, z. B. aus Ungarn, oder ein moderner griechischer Weißer.

Hors-d'œuvres Siehe auch Antipasti. Sauberer, fruchtiger, herber ☆→☆☆ Weißwein: Sancerre oder irgendein Sauvignon blanc, Grüner Veltliner, ungarischer Leányka, Chenin blanc vom Kap, englischer Weißwein oder junger, leichter roter Bordeaux, Corbières bzw. Fino Sherry.

Käsefondue Trockener ☆☆ Weißwein: Walliser Fendant oder ein anderer Schweizer Chasselas, Roussette de Savoie; Grüner Veltliner, Elsässer Riesling oder Pinot gris. Auch ein Beaujolais Cru.

Kaviar Eisgekühlter Wodka; Champagner, wenn es unbedingt sein muss, dann aber ein körperreicher (z. B. Bollinger, Krug).

Krabben (Konserve) Fino-Sherry, ☆☆☆ Chablis, weißer Rioja oder Long-Island-Chardonnay.

Lachs, geräuchert Trockener, aber ausdrucksvoller Weißwein, z. B. Fino Sherry, Jahrgangs-Champagner, Elsässer Pinot gris, Chablis Grand cru, Pouilly-Fumé, Pfälzer Riesling Spätlese. Vielleicht auch ein leichter Rotwein, z. B. Barbera. Wodka, Schnaps, Aquavit.

Makrelen, geräuchert Zu ölig für Wein. Manzanilla Sherry, trockener Vinho verde oder Schnaps, Wodka, Bier.

Mayonnaise-Vorspeisen Verlangen nach kräftigem Kontrast. Côte-Chalonnaise-Weißwein (z. B. Rully) eignet sich gut. Neuseeländer Sauvignon blanc, Verdicchio oder eine trockene Spätlese aus der Pfalz.

Meeresfrüchte-Salat Frischer Chardonnay oder Pinot grigio aus Norditalien; australischer Verdelho oder Clare Riesling.

Melonen Hierzu gehört (wenn überhaupt) ein starker süßer Wein: Alter ☆☆ Port, Bual-Madeira, Muscat de Frontignan oder Vin doux naturel; trockener, bukettreicher Viognier oder australischer Marsanne.

Minestrone ☆ Rotwein: Chianti, Zinfandel, Rhône-Syrah usw. Oder Fino Sherry.

Möweneier Reifer weißer Burgunder oder Jahrgangs-Champagner.

Omelette Siehe Eierspeisen.

Pasta ☆→☆☆ Rot- oder Weißwein, je nach Sauce oder Beilage.

Mit Fischsauce (z. B. Muscheln): Verdicchio, Soave, weißer Spitzen-Rioja, Ciró, Sauvignon blanc.

Mit Fleischsauce: Montepulciano d'Abruzzo, Salice Salentino, Merlot.

Mit Pesto: Barbera, Vermentino aus Ligurien, Neuseeländer Sauvignon blanc, ungarischer Hárslevelű oder Furmint.

Mit Rahmsauce: Orvieto, Frascati oder Südtiroler Chardonnay.

Mit Tomatensauce: Sauvignon blanc, Barbera, süditalienischer Rotwein; Zinfandel, südaustralischer Grenache.

Pimientos, geröstete Neuseeländischer Sauvignon blanc, spanischer Chardonnay oder Valdepeñas.

Pastete *Pâté de campagne:* Trockener ☆☆ Weißwein, z. B. guter Vin de pays, Graves, Blanc Fumé.

Hühnerleber: Ein pikanter Weißwein (Elsässer Pinot gris oder Marsanne) oder ein milder Rotwein (leichter Pomerol oder Volnay) oder auch Amontillado Sherry.

Ente: Châteauneuf-du-Pape, Cornas, Chianti Classico oder Franciacorta.
Fisch: Muscadet, Mâcon-Villages, australischer Chardonnay ohne Eichenholzwürze.

Peperonata Trockener australischer Riesling, Semillon aus Westaustralien oder Sauvignon blanc aus Neuseeland. Tempranillo oder Beaujolais.

Pipérade Rosado aus Navarra, Rosé aus der Provence oder Südfrankreich. Auch trockener australischer Riesling.

Pizza Beliebiger ☆☆ trockener italienischer Rotwein oder ☆☆ Rioja, australischer Shiraz oder kalifornischer Sangiovese. Corbières, Coteaux d'Aix-en-Provence oder roter Bairrada.

Prosciutto (auch mit Melonen, Birnen oder Feigen) Kräftiger trockener bis halbtrockener ☆☆→☆☆☆ Weißwein: Orvieto, Lugana, Sauvignon blanc, Grüner Veltliner, Furmint-Tokajer, weißer Rioja, australischer Semillon, Jurançon Sec.

Quiche Trockener, kräftiger ☆→☆☆ Weißwein (Elsässer, Graves, Sauvignon blanc, trockener Rheingauer) oder junger Rotwein, z. B. Beaujolais-Villages, chilenischer Pinot noir, je nach der Füllung; jedenfalls einfache Weine.

Ravioli Siehe Pasta.
Mit Pilzen: Dolcetto oder Nebbiolo d'Alba, Oregon-Pinot-noir, roter Rioja Crianza.

Risotto Friaulischer Pinot gris, Gavi, junger Sémillon, Dolcetto oder Barbera d'Alba.
Mit Champignons: Cahors, Madiran, Barbera oder ein Pinot noir aus der Neuen Welt.
Mit Steinpilzen: Feinster reifer Barolo oder Barbaresco.

Rohkost Leichter (höchstens ☆→☆☆) Rot- oder Roséwein: Côtes du Rhône, Minervois, Chianti, Pinot noir, Fino Sherry. Oder ein Sylvaner bzw. Pinot blanc aus dem Elsass.

Salade niçoise Sehr trockener, nicht zu leichter oder blumiger ☆☆ Weißwein oder Rosé, z. B. aus der Provence, von der Rhône oder aus Korsika; katalanischer Weißwein, Ferñao Pires, Sauvignon blanc oder trockener ungarischer Weißwein.

Salami Sehr kräftiger ☆→☆☆ Rot- oder Roséwein, z. B. Barbera, erstklassiger Valpolicella, echter Lambrusco, junger Zinfandel, Tavel oder auch Ajaccio rosé, Vacqueyras, junger Bordeaux, chilenischer Cabernet Sauvignon oder Gamay aus der Neuen Welt.

Salate Als Vorspeise, insbesondere mit einer Sauce aus Schimmelkäse, mit jedem trockenen und appetitanregenden Weißwein. Hinweis: Essig in Salatsaucen tötet das Aroma des Weins. Will man guten Wein zu einem Essen trinken, sollte man den Salat mit Wein oder etwas Zitronensaft anmachen.

Schellfisch, geräuchert, Mousse oder Brandade Hierzu passt gut ein körperreicher, ausdrucksvoller trockener Weißwein, u. a. Chablis Grand cru oder Chardonnay aus Sonoma/Kalifornien oder Neuseeland.

Schinken roh oder gebeizt Siehe auch Prosciutto. Elsässer Pinot gris Grand cru oder guter, frischer, weißer italienischer Collio zu spanischem Pata Negra oder Jamon. Fino Sherry oder Tawny Portwein.

Schnecken Rotweine von der Rhône wie z. B. Gigondas, Vacqueyras, St-Véran oder Aligoté. Im Midi Weiß-, Rosé- oder Rotwein der Gegend zu Petits gris. Im Elsass Pinot blanc oder Muskat.

Schüsselpastete Wie bei anderen Pasteten Rotwein: z. B. Mercurey, St-Amour oder Beaujolais-Villages, jüngerer ☆☆ St-Emilion, kalifornischer Syrah oder Sangiovese, bulgarischer oder chilenischer Cabernet Sauvignon.

Soufflé Hierzu gehört ein ☆☆→☆☆☆ Wein.

Fischsoufflé: Trockener Weißwein, z. B. ☆☆☆ Burgunder, Bordeaux, Elsässer, Chardonnay u. Ä.

Käsesoufflé: ☆☆☆ Roter Burgunder oder Bordeaux, aber auch Cabernet Sauvignon (nicht aus Chile oder Australien) usw.

Spinatsoufflé: Schwierig zum Wein – Mâcon-Villages, St-Véran oder Valpolicella. Zu allen Sorten Soufflé kann auch Champagner passen.

Spargel Schwierig zum Wein, wegen des leicht bitteren Geschmacks; am besten ein ausdrucksstarker Tropfen. Sauvignon blanc verstärkt den Geschmack. Australischer Semillon ist besser als Chardonnay, der wiederum besser zu zerlassener Butter passt; ansonsten Elsässer Pinot gris, trockener Muskat oder Jurançon Sec.

Spinat Eine Herausforderung. Kann Roten einen rostigen Geschmack verleihen. Guter Cabernet Sauvignon sollte das aber verkraften, ebenso ein neutraler Weißer wie Chardonnay ohne Eichenholzwürze.

Sprotten (gebraten) Lebhafte trockene Weißweine: Muscadet, Sauvignon blanc aus der Touraine, Verdicchio oder Fino Sherry.

Tapenade Manzanilla oder Fino oder jeder leicht herbe, trockene Weißwein oder Rosé.

Taramasalata Rustikaler, sehr markanter Weißwein aus dem Süden – es muss nicht unbedingt Retsina sein. Fino Sherry ist auch gut. Ebenso weißer Rioja oder ein Marsanne von der Rhône. Die einfache Supermarktversion passt gut zu feinen, delikaten Weißweinen oder Champagner.

Tomaten (in allen Gerichten) Tomaten sind wegen ihrer Säuerlichkeit keinem Wein freundlich gesonnen. Köche sollten das beherzigen und sie nicht einfach nur der Farbe wegen verwenden. An Weißweinen ist noch Sauvignon blanc am besten. Als Rotwein eventuell Chianti.

Tortilla Rioja Crianza, Fino Sherry oder weißer Mâcon-Villages.

Wachteleier Blanc-de-Blancs-Champagner.

Wurstwaren Junger Beaujolais-Villages oder ☆☆ Bordeaux Blanc, Rotweine von der Loire (z. B. Saumur), Pinot noir aus der Schweiz oder aus Oregon. Junge argentinische oder italienische Rote.

Ziegenkäse, gegrillt oder gebacken (in warmen Salaten) Sancerre, Pouilly-Fumé oder Sauvignon blanc aus der Neuen Welt. Chinon oder Saumur Champigny bzw. Rosé aus der Provence; kräftiger türkischer Rotwein oder Château Musar. Australischer Shiraz Schaumwein.

Meeresfrüchte und Fischgerichte

Aal *In Aspik:* Champagner oJ oder eine gute Tasse (Ceylon-)Tee.

Geräuchert: Starker oder säuerlicher Wein, z. B. Fino Sherry oder Bourgogne Aligoté; Kornschnaps.

Anchovis Robuster Wein – ob rot, weiß oder rosé – z. B. Rioja oder Muscadet.

Barbe Sehr anpassungsfähig; Weiß- oder Rotwein, v. a. Pinot noir.

Barsch (Fluss-, See-) Weißburgunder aus Baden oder der Pfalz, aber auch anderer delikater Weißwein eignet sich gut, z. B. trockener Coonawarra-Riesling und Chablis, weißer Châteauneuf-du-Pape.

Beurre blanc, Fisch in Bester Muscadet sur lie, ein Sémillon/Sauvignon-blanc-Verschnitt, Chablis Premier cru, Vouvray oder ein Rheingauer Charta-Wein.

Brandade Chablis Premier cru oder roter Sancerre.

Brasse (v. a. in Salzkruste gebacken) Körperreicher Weißwein oder Rosé; Rioja, Albariño, Costières de Nîmes, Côte du Luberon oder Minervois.

Carpaccio von Lachs oder Thunfisch Puligny-Montrachet, Condrieu, kalifornischer ☆☆☆ Chardonnay oder neuseeländischer Sauvignon blanc. Siehe auch Vorspeisen.

Fish and Chips, Fritto misto (oder Tempura) Chablis, weißer ☆☆ Bordeaux, Sauvignon blanc, Pinot blanc, Gavi, Fino, Montilla, Koshu, Tee oder Champagner oJ bzw. Cava.

Fischpastete (mit Rahmsauce) Albariño, Soave Classico, Pinot gris d'Alsace.

Forellen, Felchen Delikate Weißweine, z. B. ☆☆☆ Mosel-Saar-Ruwer, Elsässer Pinot blanc.

Geräuchert: Siehe unter Vorspeisen.

Glattbutt Sehr delikater Fisch, geeignet z. B. für feinen alten Puligny.

Heilbutt Siehe Steinbutt.

Heringe Ein Weißwein mit etwas Säure, der dem ausgeprägten Geschmack des Herings entgegenwirkt: Aligoté aus Rully oder Burgund, Gros Plant aus der Bretagne, trockener Sauvignon blanc oder auch Apfelwein.

Hummer *Salat:* Weißwein ☆☆→☆☆☆: Champagner oJ, Elsässer Riesling, Condrieu, Mosel Spätlese, Penedès Chardonnay oder Cava.

Mit Mayonnaise: Jahrgangs-Champagner, feiner weißer Burgunder oder Graves Cru classé, kalifornischer Chardonnay oder australischer Riesling, auch Pfälzer Spätlese.

Jakobsmuscheln Dazu am besten halbtrockenen Weißwein.

In Rahmsauce: Deutsche Spätlese, ☆☆☆ Montrachet oder erstklassigen australischen Chardonnay.

Gegrillt oder sautiert: Hermitage blanc, Grüner Veltliner, ☆☆ Entre-Deux-Mers, Jahrgangs-Champagner oder Pinot noir.

Mit asiatischem Dressing: Sauvignon blanc aus Neuseeland oder Südafrika, Verdelho, australischer Riesling, Gewürztraminer.

Kabeljau Gebraten eine gute, neutrale Grundlage für feine trockene bis liebliche Weißweine, z. B. ☆☆→☆☆☆ Chablis, Meursault, Corton-Charlemagne, Graves Cru classé, Spitzen-Muscadet; deutsche Kabinettweine, trockene Spätlesen oder gute, leichte Rotweine, z. B. Beaune.

Kedgeree (Reisgericht mit Fisch, Eiern und Zwiebeln) Volle Weißweine, auch Schaumweine: Mâcon-Villages, südafrikanischer Chardonnay oder (zum Frühstück) Champagner.

Kliesche Dieser exquisite Fisch verträgt Ihren vollmundigsten Chardonnay (aber ohne Eichenholzwürze).

Krebs *Kalt mit Salat:* Riesling aus dem Elsass oder dem Rheingau, trockener Riesling aus Kalifornien bzw. Australien, Condrieu.

Cioppino: Sauvignon blanc. An der amerikanischen Westküste schwört man auf Zinfandel. Auch kalifornischer Schaumwein.

Auf chinesische Art, mit Ingwer und Zwiebeln: Deutscher Riesling Kabinett oder Spätlese halbtrocken. Furmint-Tokajer, Gewürztraminer.

Mit schwarzen Bohnen: Kräftiger Barossa-Shiraz.

Lachs, sautiert oder gegrillt Feiner weißer ☆☆☆ Burgunder: Puligny- oder Chassagne-Montrachet, Meursault, Corton-Charlemagne, Chablis

Grand cru; Condrieu, Chardonnay aus Kalifornien, Idaho oder Neuseeland, Rheingauer Kabinett oder Spätlese, australischer Riesling. Auch junger Pinot noir ist oft sehr gut und Merlot oder ein leichter Bordeaux sind nicht schlecht. Lachsklößchen verlangen nach ähnlichen aber weniger großen Weinen.

Lamproie à la Bordelaise (Neunauge) 5-jähriger ☆☆→☆☆☆ St-Emilion oder Fronsac. In Portugal auch Esparão oder Bairrada.

Makrelen Harter oder säuerlicher ☆☆ Weißwein: Sauvignon blanc aus der Touraine, Gaillac, Gros Plant, Vinho verde, weißer Rioja, englischer Weißwein. Oder Guiness.

Muscheln Muscadet sur lie, Chablis Premier cru, ☆☆☆ Chardonnay.
Mit Knoblauch: Wie Schnecken.

Rochen in brauner Butter Würziger ☆☆ Weißwein, z. B. Elsässer Pinot gris, oder sauberer, einfacher Wein wie Muscadet oder Verdicchio.

Sardinen, frisch gegrillt Sehr trockener ☆→☆☆ Weißwein, z. B. Vinho verde, Soave, Muscadet, moderner griechischer Wein.

Sashimi Nur ohne Wasabi: Schaumwein, Washingtoner oder tasmanischer Chardonnay, Chablis Grand cru, halbtrockener Rheingau-Riesling oder englischer Seyval blanc. Ansonsten eiskalter Sake, Fino Sherry oder Bier. Ein Versuch kürzlich mit 5-Puttonyos-Tokajer zu fettem Thunfisch, Seeigel und Aal war erfolgreich.

Schalentiere Trockener ☆☆☆ Weißwein zu gekochten Schalentieren, vollere Weine zu gehaltvollen Saucen. Krebs und Riesling gehören einfach zusammen. Als Meeresfrüchteteller: Muscadet, Picpoul de Pinet.

Schellfisch Trockene, etwas vollere ☆☆→☆☆☆ Weißweine, z. B. Meursault, kalifornischer oder neuseeländischer Chardonnay, Marsanne oder Albariño.

Schnappbarsch Sauvignon blanc. Werden orientalische Gewürze verwendet: Weißweine von der Rhône mit mediterranem Aroma.

Seehecht Sauvignon blanc oder sonst ein frisch-fruchtiger Weißwein, z. B. Pacherenc, Tursan, weißer Navarra.

Seeschnecken Trockener bis lieblicher ☆☆→☆☆☆ Weißwein, z. B. Côte de Beaune blanc, Sauvignon blanc, Pinot grigio, Muscadet sur lie.
Chinesisch: Jahrgangs-Champagner.

Seeteufel Oft gebraten, was eher volle als zu magere Weine nahe legt. Versuchen Sie neuseeländischen Chardonnay, Pinot noir aus Oregon oder Neuseeland oder Merlot aus Chile.

Seezunge, Scholle u. Ä. *Gekocht, gegrillt oder gebacken:* Ideal zu feinen Weinen: ☆☆☆→☆☆☆☆ weißer Burgunder und Gleichrangige.
In Sauce: Säuerlich-trockene Weine bei Tomatensauce; ansonsten ziemlich reichhaltige Tropfen.

Schwertfisch Körperreicher, trockener ☆☆ Weißwein aus dem Heimatland des Gerichts, nichts Besonderes.

Steinbutt Bester reicher, trockener Weißwein, z. B. ☆☆☆ Meursault, Chassagne-Montrachet, reifer Chablis oder sein kalifornisches, australisches bzw. Neuseeländer Äquivalent; reife Rheingauer, Mosel- oder Nahe-Spätlese oder -Auslese (nicht trocken); Condrieu.

Sushi Scharfer Wasabi ist meist dabei. Trockener deutscher QbA oder einfacher Chablis passt gut, oder Champagne brut oJ; sonst Sake und Bier.

Thunfisch, gegrillt oder sautiert ☆☆ Weiß- oder Rotwein (auch Rosé) in recht fruchtiger Art; erstklassiger St-Véran, weißer Hermitage oder Côtes du Rhône machen sich gut. Bei den Rotweinen am besten Pinot noir und Merlot probieren.

Zander Exquisiter Fisch, verlangt feinsten Wein: weißer Spitzen-Burgunder, Elsässer Riesling Grand cru oder edler Mosel; erstklassiger Fendant oder Johannisberg aus der Schweiz.

Fleischgerichte

Bœuf Stroganoff Ausdrucksvoller ☆☆→☆☆☆ Rotwein: Barolo, Valpolicella Amarone, Cahors, Hermitage, Zinfandel Spätlese, sogar Negru de Purkar aus Moldawien.
Bries Zu einem besonderen Gericht gehört ein besonderer Wein, z. B. ☆☆☆ Riesling oder fränkische Silvaner-Spätlese, Elsässer Grand cru Pinot gris oder Condrieu, je nach der Sauce.
Boudin Blanc Chenin blanc von der Loire ☆☆→☆☆☆. Falls mit Äpfeln: trockener Vouvray, Saumur oder Savennières, ohne Äpfel: reifer roter Côtes de Beaune.
Cassoulet ☆☆ Rotwein aus dem Südwesten Frankreichs (z. B. Gaillac, Minervois, Corbières, St. Chinian oder Fitou), oder Shiraz. Am besten ist jedoch Beaujolais Cru oder junger roter Navarra.
Chili con carne Junger ☆→☆☆ Rotwein, z. B. Beaujolais, Navarra, Zinfandel, argentinischer Malbec.
Chinesische Speisen *Kanton oder Peking:* ☆☆→☆☆☆ Trockener bis halbtrockener Weißwein – Riesling Kabinett von der Mosel oder trockene Spätlese – ist oft für chinesische Menüs geeignet. Gewürztraminer wird häufig vorgeschlagen, passt aber selten. Bessere Alternativen: Chasselas und Pinot gris. Trockener oder halbtrockener Schaumwein (v. a. Cava) passt gut zu öligen Speisen und gleicht die Süße aus. Süß-saure Gerichte meiden; zu Ente ☆☆ St-Emilion (oder Le Pin?), St-Estèphe Cru bourgeois, Pinot noir aus der Neuen Welt oder Châteauneuf-du-Pape. Zu chinesischer Küche biete ich oft Weiß- und Rotwein gleichzeitig an. *Szetschuan:* Muscadet, Elsässer Pinot blanc oder gekühltes Bier.
Choucroute garni Elsässer Pinot gris, Pinot blanc, Riesling oder Bier.
Confit d'oie/de canard Junger, herber roter ☆☆→☆☆☆ Bordeaux Cru bourgeois, kalifornischer Cabernet Sauvignon und Merlot sowie Priorato nehmen diesem Gericht die Schwere, Elsässer Pinot gris oder Gewürztraminer passt ebenso.
Coq au vin Roter ☆☆→☆☆☆☆ Burgunder. Der Idealfall ist eine Flasche Chambertin im Gericht und zwei auf dem Tisch.
Currys Siehe Indische Küche.
Eintopfgerichte ☆☆☆ Burgunder wie z. B. ganz einfachen Chambolle-Musigny oder Bonnes-Mares; andernfalls fruchtigen, vollaromatischen Rotwein, z. B. jungen Côtes du Rhône, Toro, Corbières, Barbera, Shiraz, Zinfandel o. Ä.
Ente oder Gans ☆☆☆ Gehaltvoller Weißwein: Pfälzer Spätlese oder Elsässer Réserve exceptionelle; gut reife Rotweine mit Wildaroma wie Morey-St-Denis, Côte Rôtie oder ☆☆☆ Bordeaux bzw. Burgunder. Mit Orangen oder Pfirsichen ist Sauternes zu empfehlen, aber auch Monbazillac bzw. Riesling Auslese.
Peking-Ente: Siehe Chinesische Speisen.
Wildente: Gehaltvoller ☆☆☆ Rotwein, z. B. Hermitage, Châteauneuf-du-Pape, Bandol, kalifornischer oder südafrikanischer Cabernet Sauvignon, australischer Shiraz-Grange.
Mit Oliven: Spitzen-Chianti oder toskanischer VdT.

Feldhase Vollduftiger ☆☆→☆☆☆ Rotwein; nicht zu alter Burgunder (z. B. Vosne-Romanée), Bordeaux, Rhônewein (z. B. Gigondas), Bandol, Barbaresco, Ribera del Duero oder feiner Rioja Reserva. Dasselbe gilt für Hasenrücken. Australischer Grange könnte interessant sein.

Fleischklopse ☆☆→☆☆☆ Saftige, mittelschwere Rotweine, z. B. Mercurey, Crozes-Hermitage, Madiran, Rubesco, Dão, Zinfandel oder Cabernet Sauvignon.

In der Art des Mittleren Ostens (scharf): Einfacher, frischer, trockener Weißwein oder bodenständiger Roter.

Frankfurter Würstchen Deutscher ☆→☆☆ Weißwein, New York Riesling, Beaujolais oder leichter Pinot noir. Ansonsten Budweiser (Budwar).

Grillgerichte Einfacher, kräftiger junger ☆☆ Rotwein: Shiraz, Chianti, Navarra, Zinfandel, türkischer Buzbag, Bandol.

Gulasch Aromatischer junger ☆☆ Rotwein, z. B. Zinfandel, bulgarischer Cabernet Sauvignon oder Mavrud, ungarischer Kadarka, junger australischer Shiraz, Copertino.

Hamburger Junger roter ☆→☆☆ Beaujolais oder bulgarischer Cabernet Sauvignon; Chianti, Zinfandel, ungarischer Kadarka. Oder Cola (aber nicht «Light», sondern die echte – und viel davon).

Hammel- und Lammfleisch, gebraten Traditionell eine der besten Grundlagen für sehr guten Bordeaux, entsprechenden Cabernet Sauvignon aus der Neuen Welt sowie Rioja und Ribera del Duero Reservas.

Huhn oder Pute, gebraten So gut wie jeder Wein, auch bester herber bis mittlerer Weißwein und feiner alter Rotwein (v. a. Burgunder). Welcher Wein am besten passt, entscheidet die Sauce. Versuchen Sie Shiraz-Schaumwein zu starken, süßen oder würzigen Füllungen und Beilagen.

Hühnchen nach Kiewer Art Elsässer Riesling, Collio, Chardonnay, Bergerac Rouge.

Indische Küche Lieblicher ☆→☆☆ Weißwein, gut gekühlt: z. B. Orvieto abboccato, kalifornischer Chenin blanc, slowenischer Traminer, indischer Schaumwein, Cava oder Champagner oJ. Oder zur Betonung der Schärfe herber Barolo, Barbaresco bzw. andere kräftige Rotweine wie Châteauneuf-du-Pape, Cornas, Shiraz/Cabernet Sauvignon oder Valpolicella Amarone.

Kalbfleisch, gebraten Ein gutes Gericht für feine alte Rotweine, die vielleicht im Lauf der Zeit ein wenig Aroma verloren haben, z. B. Rioja Reserva. Oder ein deutscher bzw. österreichischer ☆☆☆ Riesling; auch Vouvray oder Pinot gris aus dem Elsass.

Kalte Fleischgerichte Zu ihnen passt vollmundiger Weißwein meist besser als Rotwein, ausgenommen Beaujolais. Mosel-Spätlese, Hochheimer und Côte Chalonnaise sind sehr gut.

Kaninchen Lebendiger, mittelschwerer, junger italienischer ☆→☆☆☆ Rotwein oder Aglianico del Vulture; Chiroubles, Chinon, Saumur Champigny oder Rosé von der Rhône.

Kebab Kräftiger ☆☆ Rotwein, z. B. griechischer Nemea oder Naoussa, Corbières, chilenischer Cabernet Sauvignon, Zinfandel oder Barossa-Shiraz. Viel Knoblauch wird von Sauvignon blanc aufgefangen.

Kohl, gefüllt Ungarischer Cabernet franc oder Kadarka, Côtes du Rhône-Villages; Salice Salentino und andere würzige Rotweine aus Süditalien. Oder argentinischer Malbec.

Kutteln (Kaldaunen) ☆→☆☆ Rotwein: Corbières, Roussillon oder ein eher lieblicher Weißer, z. B. eine deutsche Spätlese. Noch besser: westaustralischer Semillon/Chardonnay oder spritziger trockener Weißwein, wie z. B. Pouilly-Fumé oder frischer roter Saumur-Champigny.

Leber Junger ☆☆ Rotwein: Beaujolais-Villages, St-Joseph, Médoc, italienischer Merlot, Breganze Cabernet, Zinfandel, portugiesischer Bairrada. *Kalbsleber:* Roter Rioja Crianza, Salice Salentino Riserva, Fleurie.

Moussaka ☆→☆☆ Rot- oder Roséwein, z. B. griechischer Naoussa, Chianti, Corbières, Côtes de Provence, Ajaccio, chilenischer Pinot noir.

Nieren ☆☆→☆☆☆ St-Emilion oder Fronsac; Nuits-St-Georges, Cornas, Barbaresco, Rioja, spanischer oder australischer Cabernet Sauvignon, Bairrada aus Portugal.

Ochsenschwanz Gehaltvoller ☆☆→☆☆☆ Rotwein, z. B. St-Emilion, Pomerol, Pommard, Nuits-St-Georges, Barolo, Rioja Reserva, kalifornischer oder Coonawarra-Cabernet-Sauvignon, Châteauneuf-du-Pape.

Osso buco Volle Rotweine mit wenig Tannin, z. B. Dolcetto d'Alba oder Pinot noir; trockener italienischer Weißwein wie Soave oder Lugana.

Paella Junger spanischer ☆☆ Roter, trockener Weiß- oder Roséwein, z. B. Penedès, Somontano, Navarra oder Rioja.

Pot au feu, Bollito misto, Cocido Rustikale Rotweine aus dem Heimatland des Gerichts; Sangiovese di Romagna, Chusclan, Lirac, Rasteau, portugiesischer Alentejo oder spanischer Yecla bzw. Jumilla.

Rindfleisch, gebraten Dazu ist feiner Rotwein ideal: ☆☆→☆☆☆☆.

Rindfleisch, gekocht ☆☆ Rotwein, z. B. Bordeaux (Bourg oder Fronsac), Roussillon, Côte Rôtie. Gut ist auch weißer Burgunder von mittlerem Rang, z. B. Auxey-Duresses. Oder besonders gutes Bier.

Rindfleisch, geschmort Sehr kräftiger ☆☆→☆☆☆ Rotwein wie z. B. Pomerol oder St-Emilion, Hermitage, Cornas, Barbera, Shiraz, Napa-Cabernet-Sauvignon, Torres Gran Coronas.

Satay Australischer McLaren-Vale-Shiraz oder Elsässer bzw. neuseeländischer Gewürztraminer.

Schinken Weichere rote ☆☆→☆☆☆ Burgunder, z. B. Volnay, Savigny, Beaune, Chinon, Bourgueil; leicht lieblicher deutscher Weißwein, z. B. Rheinwein Spätlese; tschechischer Frankova; ein leichter Cabernet Sauvignon (z. B. aus Chile) oder kalifornischer Pinot noir. Schinken und Sherry sind eine göttliche Kombination.

Schweinefleisch, gebraten Schweinefleisch ist eine kräftige, neutrale Grundlage für leichte Rotweine (Médoc). Portugiesisches Spanferkel isst man mit Bairrada-Garrafeira. Zu chinesischen Gerichten: Pinot noir.

Steak *Pfeffersteak:* Ein ziemlich junger ☆☆☆ Rotwein (Rhônewein, Cabernet Sauvignon).

Tartar: Wodka oder leichter junger ☆☆ Rotwein (Beaujolais, Bergerac, Valpolicella).

Filet oder Tournedos: Jeder ☆☆☆ Rotwein (doch zu Sauce Béarnaise keinen alten Wein, dann eher kalifornischen Spitzen-Chardonnay).

T-Bone: Strukturreicher ☆☆→☆☆☆ Rotwein (Barolo, Hermitage, australischer Cabernet Sauvignon oder Shiraz).

Fiorentina (Bistecca): Chianti Classico Riserva oder Brunello.

Yuk Whe (feinstes koreanisches Steak Tartar): Sake.

Taube Lebendiger, roter ☆☆→☆☆☆ Burgunder: Savigny Chambolle-Musigny; Crozes-Hermitage, Chianti Classico oder kalifornischer Pinot noir, Silvaner Spätlese aus Franken. Kleine Täubchen wie Wachtel.

Thai-Spezialitäten *Mit Ingwer und Zitronengras:* Pikanter Sauvignon blanc (Loire, Australien, Neuseeland, Südafrika) oder Riesling (Spätlese oder aus Australien).

Mit Kokosmilch: Hunter-Valley-Chardonnay und anderer reifer Chardonnay mit Eichenton, Elsässer Pinot blanc als Erfrischung; Gewürztraminer oder Verdelho. Natürlich auch Cava bzw. Champagner oJ.

Vitello tonnato Körperreicher Weißwein, v. a. Chardonnay oder leichter Rotwein (Valpolicella, Beaujolais), kühl serviert.

Wachtel Carmignano, Rioja Reserva, reifer Bordeaux, Pinot noir. Feiner weißer oder roter Burgunder, Elsässer Riesling Grand cru.

Wild Sehr voller, kräftiger ☆☆☆ Rotwein, u. a. Mourvèdre (Mataro) reinsortig wie aus Bandol oder in Verschnitten; Rhônewein, Bordeaux oder kalifornischer Cabernet Sauvignon; auch voller Weißwein, z. B. Pfälzer Spätlese oder Elsässer Pinot gris.

Wildgeflügel Zu jungem gebratenem Wildgeflügel gehört der beste Rotwein, den man auftreiben kann. Zu älteren Exemplaren in der Kasserolle ☆☆→☆☆☆ Rotwein, z. B. Gevrey-Chambertin, Pommard, Santenay, St-Emilion Grand cru, Cabernet Sauvignon aus Napa oder auch von der Rhône. Zu kaltem Geflügel: reifer Jahrgangs-Champagner.

Wildpastete *Warm:* ☆☆☆ Rotwein: Pinot noir aus Oregon.
Kalt: Guter weißer Burgunder, Cru Beaujolais oder Champagner.

Zunge Fülliger Rot- oder Weißwein, besonders italienischer. Auch Beaujolais, Rotweine von der Loire und voller, trockener Rosé.

Vegetarische Gerichte

Auflauf (von Auberginen, Linsen oder Pilzen) Corbières, Zinfandel, Shiraz/Cabernet Sauvignon.

Blumenkohl, mit Käse überbacken Frischer, aromatischer Weißwein: Sancerre, Riesling Spätlese, englischer Seyval blanc oder Schönburger.

Fenchelgerichte Sauvignon blanc: Pouilly-Fumé oder einer aus Neuseeland; Schönburger oder Seyval blanc aus England; Beaujolais.

Gemüse vom Mittelmeer, gegrillt Brouilly, Barbera oder auch Cabernet Sauvignon/Shiraz.

Kohlgemüse Bier oder Beaujolais nouveau.

Kürbis in Ravioli/Risotto Körperreicher, fruchtiger, trockener oder halbtrockener Weißwein von der Rhône (Viognier oder Marsanne), halbtrockener Vouvray, Gavi oder südafrikanischer Chenin blanc.

Kuskus mit Gemüse Junger, frischer Rotwein: Shiraz, Corbières, Minervois oder gut gekühlter Rosé aus Navarra oder Somontano. Auch ein robuster Roter aus Marokko.

Mezze (warme und kalte Gemüsegerichte) Cava eignet sich in jedem Fall, ebenso Rosé aus dem Languedoc oder der Provence.

Nudeln, überbacken Vegetarisch gefüllte Pasticcio, Lasagne oder Cannelloni geben großen Weinen Raum zur Entfaltung, etwa einem Super-Toskaner oder einem ☆☆☆ Bordeaux oder Burgunder. Auch Gavi.

Paprika oder Auberginen, gefüllt Kräftiger ☆☆ Rotwein: Nemea, Chianti, Dolcetto, Zinfandel, Bandol, Vacqueyras.

Pie Je nach Füllung ein leichterer Chardonnay oder Côtes du Rhône.

Pilze Fülliger Rotwein, z. B. ☆☆☆ Pomerol, kalifornischer Merlot, Rioja Reserva oder Vega Sicilia.
Auf Toast: Feinster, leichter Bordeaux.
Waldpilzrisotto: Steinpilze schmecken zu Wein am besten. Ribera del Duero, Barolo oder Chianti Rufina oder erstklassiger leichter roter Bordeaux: Pauillac, St-Estèphe.

Ratatouille Kräftiger, junger ☆☆ Rotwein, z. B. Chianti; Cabernet Sauvignon oder Merlot aus Bulgarien; Bordeaux, Gigondas oder Coteaux du Languedoc.
Spinat-, Ricotta- und Nudelauflauf (Spanacópita) Valpolicella (sein Bittergeschmack ist vorteilhaft), Greco di Molise bzw. Weißwein aus Sizilien oder Sardinien.
Vegetarische Gerichte (scharf) Siehe Indische Küche bzw. Thai-Spezialitäten (Fleischgerichte).
Zwiebel/Lauchkuchen Fruchtiger, trockener bis halbtrockener ☆→☆☆☆ Weißwein: Elsässer Pinot gris oder Gewürztraminer, kanadischer Riesling, Sorten aus England, Jurançon, australischer Riesling. Oder Beaujolais bzw. Loire-Rotwein.

Desserts

Äpfel, gefüllte Jahrgangs-Port (55 60 63 66 70 75 82).
Apfelkuchen, -strudel oder -torte Süßer ☆☆→☆☆☆ Weißwein aus Deutschland, Österreich oder von der Loire, Tokaji Aszú oder kanadischer Eiswein.
Birnen in Rotwein Portwein oder andere gespritete Rote (wie Rivesaltes, Banyuls) oder Riesling Beerenauslese – davor aber eine Pause.
Biskuitauflauf Sollte reichlich mit Sherry getränkt werden.
Crème brûlée ☆☆☆→☆☆☆☆ Sauternes oder Rheinwein-Beerenauslese bzw. bester Madeira oder Tokajer. (Mit Früchten einfacherer Süßwein.)
Crèmes und Puddings Sauternes, Loupiac, Ste-Croix-du-Mont oder Monbazillac. Siehe auch Schokoladen-, Kaffee-, Ingwer-, Rumdesserts.
Crêpe Suzette Süßer Champagner, Orange Muscat oder Asti Spumante.
Eis und Sorbet Gespriteter Wein (z. B. australischer Liqueur Muscat oder Banyuls), süßer Asti Spumante oder Moscato-Schaumwein. Amaretto-Likör zu Vanille; Rum zu Schokolade.
Erdbeeren mit Schlagsahne ☆☆☆ Sauternes oder ähnlicher süßer Bordeaux, Vouvray Moelleux (1990er) oder Jurançon Vendange tardive. *Walderdbeeren (ohne Sahne):* Mit rotem ☆☆☆ Bordeaux übergießen.
Früchte, frische Süßer Coteaux du Layon, leichter Muskateller.
Himbeeren (ohne Sahne, wenig Zucker) Sehr gut zu feinen Rotweinen, die selbst eine Himbeernuance besitzen: junger Juliénas, Regnié.
Ingwerdesserts Süßer Muskat, edelfauler Riesling und Sémillon.
Kaffeedesserts Süßer Muskat einschließlich australischem Liqueur Muscat oder Tokaji Aszù.
Käsekuchen (Quarkkuchen) Süßer Weißwein: Vouvray, Anjou oder Schaumwein, einfach, aber erfrischend.
Kompott Süßer Muskateller: Muscat de Beaumes-de-Venise, Moscato di Pantelleria oder Tarragona-Dessertwein.
Kuchen und Gebäck Bual- oder Malmsey-Madeira, Oloroso oder Cream Sherry. Siehe auch Schokoladen-, Kaffee-, Ingwer-, Rumdesserts.
Meringen Recioto di Soave, Asti oder süßer Champagner.
Mille Feuille Delikater süßer Schaumwein, z. B. Moscato d'Asti oder halbtrockener Champagner.
Nüsse Oloroso Sherry, Madeira, Jahrgangsport oder Tawny (ideal für Walnüsse), Vinsanto, Muskateller aus Setúbal.
Obstsalat Feiner, süßer Sherry; alle Weine aus Muskattrauben.

Obsttorten Sauternes, Monbazillac oder süßer Vouvray bzw. ☆☆☆ Anjou.
Orangengeschmack, Desserts mit Versuchsweise alter Sauternes, Tokaji Aszú oder kalifornischer Orange Muscat.
Panettone Jurançon moelleux, Riesling Spätlese, Barsac, Tokaji Aszú.
Rumdesserts (Baba, Mousse, Eis) Muskat – vom Asti bis zu australischem Likör, je nach Schwere des Desserts.
Schokoladendesserts Bual-Madeira, kalifornischer Orange Muscat, Tokaji Aszú, australischer Liqueur Muscat, 10-Year-Old Tawny Portwein; Asti für leichte, luftige Mousse. Experimentieren Sie mit vollen, reifen Rotweinen: Syrah, Zinfandel und vielleicht sogar Shiraz Schaumwein. Banyuls wenn man es etwas schwerer mag. Oder guter Rum.
Soufflés Süßer Sauternes oder Vouvray moelleux; süßer (oder reichhaltiger) Champagner.
Tiramisú Vinsanto, junger Tawny Port, Muscat de Beaumes-de-Venise oder Sauternes bzw. australischer Liqueur Muscat.
Trockenfrüchte Banyuls, Rivesaltes, Maury.
Zabaglione (Weinschaumcreme) Leichter, goldener Marsala oder edelfauler, australischer Semillon oder Asti.
Zitronengeschmack, Desserts mit Für Nachspeisen wie Tarte au Citron bietet sich süßer deutscher oder österreichischer Riesling an, aber auch Tokaji Aszú – sehr süß, wenn die Zitrone sehr sauer ist.

Wein und Käse

Der Glaube, dass die Kombination von Wein und Käse eine göttliche Fügung sei, hält einer objektiven Prüfung nicht stand. Feine Rotweine werden von starken Käsesorten geradezu erschlagen: nur herbe oder süße Weißweine behaupten sich.

Trotz gewisser Ausnahmen sollte man sich an folgende Prinzipien halten: Je härter der Käse ist, desto gerbstoffreicher darf der Wein sein. Und je cremiger der Käse ist, desto mehr Säure benötigt der Wein. Die wichtigste Ausnahme davon bildet das dritte Prinzip: Weine und Käse aus derselben Region harmonieren in der Regel.

Käse wird durch seine Struktur und die Beschaffenheit seiner Rinde klassifiziert. Sein Aussehen gibt daher schon einen Hinweis darauf, welcher Wein zu ihm passt. Die einzelnen Käsesorten, die im Folgenden aufgeführt werden, sind nur einige wenige Beispiele für die Hunderte von Sorten, die in guten Käsegeschäften angeboten werden.
Frischkäse ohne Rinde: Rahmkäse, Crème fraîche, Mozzarella, Mascarpone (ohne Blauschimmel) Leichter, lebhafter Weißwein – Côtes de Duras, Bergerac, Vinho verde, englische Weißweine ohne Eichenholzaroma; oder Rosé – Anjou, Rhônewein; auch sehr leichter, sehr junger und sehr frischer roter Bordeaux, Bardolino oder Beaujolais.
Hartkäse, gewachst oder geölt, oft mit Spuren von Käseleinen – Gruyère, Manchego und viele andere spanische Käse, Parmesan, Cantal, Comté, alter Gouda, Cheddar und traditioneller englischer Käse. Hier lässt sich kaum eine allgemeine Regel aufstellen. Gouda, Gruyère sowie einige spanische und englische Käsesorten harmonieren gut mit feinem roten Bordeaux oder Cabernet Sauvignon sowie großen Shiraz-Weinen. Starke Käse indessen verlangen nach weniger edlen Weinen, vorzugsweise

lokalen Erzeugnissen. Der rote holländische Mimolette oder der Beaufort passen zu einem feinen, reifen Bordeaux. Oder zu Tokaji Aszù.
Blauschimmelkäse Zu Roquefort kann ein Sauternes wunderbar passen; seine Süße, insbesondere wenn er gereift ist, verträgt sich gut mit dem Salzgehalt des Käses. Eine klassische Kombination ist auch Stilton mit Port, vorzugsweise Tawny. Gehaltvoller alter Oloroso, Amontillado, Madeira, Marsala und andere gespritete Weine passen zu den meisten übrigen Blauschimmel-Käsesorten.
Käse mit natürlicher Rinde (insbesondere Ziegenkäse) und blaugrauem Schimmel. Die Rinde schrumpft im Reifungsprozess und ist manchmal mit Asche bestreut: St-Marcellin Sancerre, Valençay, leichter, frischer Sauvignon blanc, Jurançon, Savoy, Soave, italienischer Chardonnay, englische Weißweine mit leichtem Eichenholzton.
Weichkäse mit flaumiger Rinde, reiner weißer Rinde, pasteurisiert oder rot gesprenkelt: Brie, Camembert, Chaource, Bougon (Ziegenmilch-«Camembert») Voller trockener Burgunder oder Rhônewein zu weißem, noch nicht reifem Käse; zu reifem, kräftigem, fruchtigem Käse passt St-Emilion, osteuropäischer Pinot noir, junger Shiraz aus Australien oder von der Rhône.
Weichkäse mit gewaschener oder klebriger orangeroter Rinde: Langres, reifer Epoisses, Maroilles, Carré de l'Est, Milleens, Münsterkäse Lokale Rotweine, besonders zu Burgunder-Käse; lebhafter Languedoc, Cahors, Côtes du Frontonnais, Bairrada sowie Wein aus Korsika, Süditalien oder Sizilien. Auch starke Weißweine, v. a. elsässischer Gewürztraminer oder Muskateller.
Halbweicher Käse mit graurosa, dicker Rinde: Livarot, Pont l'Evêque, Reblochon, Tomme de Savoie, St-Nectaire Kräftiger weißer Bordeaux, Chardonnay, Elsässer Pinot gris, trockener Riesling, süditalienischer Wein, alter weißer Rioja, trockener Oloroso Sherry. Doch die stärksten Vertreter dieser Käsesorten sind tödlich für die meisten Weine.

Feinste Genüsse zu edelsten Tropfen

Bei ganz besonderen Gewächsen geht es oft eher darum, das passende Gericht zum Wein zu finden, und nicht – wie sonst üblich – umgekehrt. Die folgenden Anregungen sind weitgehend an die gastronomischen Gepflogenheiten der jeweiligen Weinbauregionen angelehnt und beruhen im Übrigen auf eigenen Studien. Die empfohlenen Gerichte dürften besonders edlen Tropfen zu gebührender Geltung verhelfen.

Rotweine

Roter Bordeaux und andere von Cabernet Sauvignon beherrschte Weine (sehr alt, leicht und zart: z. B. Jahrgänge vor 1959, mit einigen Ausnahmen, beispielsweise 1945) Lammkeule oder -rippe, gebraten, mit einer Spur Kräuter (jedoch nicht mit Knoblauch) gewürzt; Entrecôte; gebratenes Rebhuhn; Kalbsbries; Käsesoufflé nach Fleischgerichten.
Vollreife große Jahrgänge (z. B. 59er oder 61er Bordeaux) Lammschulter oder -rücken, gebraten, mit einer Spur Knoblauch; Rippenstück, gebraten, oder Rumpsteak, gegrillt.

Reife, aber noch lebhafte Jahrgänge (z. B. 82er, 70er, 66er) Lamm- oder Hammelschulter oder -rücken mit Nieren, dazu gehaltvolle Sauce. Rinderfilet Marchand de Vin (mit Wein und Mark). Beef Wellington ist nicht zu empfehlen: Blätterteig stumpft den Gaumen ab.
Von Merlot beherrschter Bordeaux (Pomerol, St-Emilion) Rindfleisch wie oben (v. a. reichhaltiges Filet) oder Wild.
Roter Burgunder von der Côte d'Or (je nach Schwere und Gefüge, d. h. mit zunehmendem Alter leichter und samtiger, sowie nach dem Charakter: Nuits erdig, Musigny blumig, großer Romanée exotisch, Pommard stämmig usw). Mit Brathähnchen ist man immer auf der sicheren Seite; Perlhuhn ist etwas kräftiger, Reb- oder Waldhuhn und Schnepfe sind zunehmend gehaltvoller/pikanter. Alternativen: Hase und Reh.
Große, alte rote Burgunder Der klassische Begleiter ist ein Käse: ungereifter burgundischer Epoisses. Ein wundervoller Käse – aber eine schreckliche Vergeudung feiner, alter Weine.
Lebhafter jüngerer Burgunder Ente oder Gans, möglichst fettarm.
Große Syrah-Weine: Hermitage, Côte Rôtie, Grange Vega Sicilia Rindfleisch, Wildbret; gut abgehangenes Wild, Mark auf Toast; englischer Käse (v. a. Farm-Cheddar der besten Art), aber auch neuere englische Hartkäsesorten aus Ziegen- und Schafsmilch wie Berkswell und Ticklemore.
Rioja Gran Reserva, Pesquera Kräftige Braten: Wildschwein, Hammel, Hasenrücken, Spanferkel.
Barolo, Barbaresco Risotto mit weißen Trüffeln; Pasta mit Wildsauce (z. B. Pappardelle alle lepre); Steinpilze; Parmesan.

Weißweine

Sehr guter Chablis/weißer Burgunder/Chardonnay Fisch mit weißem Fleisch, gegrillt oder Müllerin-Art. Am besten Dover-Seezunge, Steinbutt oder Heilbutt, in Butter gewendeter Glattbutt kann vorzüglich sein. Seebarsch ist zu zart; Lachs geht, gibt den feinsten Weinen aber nicht viel.
Feinster weißer Burgunder (Le Montrachet, Corton-Charlemagne) oder gleichwertiger Graves Kalbsbraten; Hähnchen aus artgerechter Haltung, das unter der Haut mit Trüffeln oder Kräutern gefüllt ist; Kalbsbries; Felchen mit gehaltvoller Sauce oder Kammmuscheln wie oben. Auch Hummer oder Wildlachs.
Condrieu, Château Grillet oder Hermitage blanc Sehr leichte Nudelgerichte mit Kräutern und jungen Erbsen oder Saubohnen.
Elsässer Riesling Grand cru Forelle blau, Räucherlachs, Choucroute garni.
Pinot gris Kalbfleisch, gebraten oder gegrillt.
Gewürztraminer Käsesoufflé (Münsterkäse).
Vendange tardive Gänseleber oder Tarte Tatin.
Sauternes Einfaches, mürbes Buttergebäck, weiße Pfirsiche, Nektarinen, Erdbeeren (ohne Sahne). Keine tropischen Früchte. Sautierte Gänseleber. Versuch mit (evtl. Blauschimmel-) Käse ist zu empfehlen.
Feinster Vouvray moelleux usw. Buttergebäck, Äpfel, Apfelkuchen.
Beeren- und Trockenbeerenauslese Gebäck, Pfirsiche, Renekloden. Rhabarber-, Stachelbeer-, Quitten- oder Apfeldesserts.
Tokaji Aszù (4–6 Puttonyos) Gänseleberpastete, Desserts mit Früchten, Cremespeisen und sogar Schokolade können wundervoll dazu sein.
Alter Jahrgangs-Champagner (kein Blanc de Blancs) Als Aperitif oder zu kaltem Reb- oder Waldhuhn bzw. Schnepfe.

Neue Weinsprache

Der Jargon technischer Laboratoriumsanalysen taucht zunehmend auf den Rückenetiketten vor allem von Weinen aus der Neuen Welt auf und macht sich auch in Zeitungen und Zeitschriften geradezu bedrohlich breit. Auf einige Begriffe dieser doch recht trockenen Weinsprache soll hier näher eingegangen werden.

Die wichtigsten Kriterien sind dabei der Reifegrad der Trauben bei der Lese, das Alkoholpotenzial und der Zuckergehalt des Weins, die Säuremenge, das als Konservierungsmittel beigemischte Schwefeldioxid und gegebenenfalls all jene Faktoren, die dem Wein seinen unverkennbaren Charakter verleihen. Auch das Fass ist von Bedeutung.

Der im Wein enthaltene Zucker ist hauptsächlich Glukose und Fruktose, mit Spuren von Arabinose, Xylose und andern Zuckerarten, die durch Hefe nicht fermentierbar, durch Bakterien aber umwandelbar sind. Jedes Land hat sein eigenes System zum Messen des Reifegrads (oder Mostgewichts). Die nachfolgende Übersicht setzt die drei wichtigsten Systeme (das deutsche, das französische und das amerikanische) in Beziehung zueinander, zum spezifischen Gewicht und zum Alkoholpotenzial des Weins, wenn der gesamte Zuckergehalt vergoren wird.

Potenzieller Alkoholgehalt
(Vergleich internationaler Maßsysteme)

Spezifisches Gewicht	Grad Öchsle	Baumé	Brix	Alkohol-potenzial
1.065	65	8.8	15.8	8.1
1.070	70	9.4	17.0	8.8
1.075	75	10.1	18.1	9.4
1.080	80	10.7	19.3	10.0
1.085	85	11.3	20.4	10.6
1.090	90	11.9	21.5	12.1
1.095	95	12.5	22.5	13.0
1.100	100	13.1	23.7	13.6
1.105	105	13.7	24.8	14.3
1.110	110	14.3	25.8	15.1
1.115	115	14.9	26.9	15.7
1.120	120	15.5	28.0	16.4

Restzucker ist der nach vollendeter oder abgestoppter Gärung im Wein verbliebene Zucker, gemessen in Gramm pro Liter. In trockenem Wein befindet sich praktisch kein Restzucker.

Der **Alkoholgehalt** (vorwiegend Äthylalkohol) wird in Prozenten des Gesamtflüssigkeitsvolumens angegeben (manchmal auch in Grad). Tafelweine enthalten in der Regel zwischen 11,5 und 13,5 Prozent Alkohol.

Säuren kommen im Wein frei, gebunden und in geringem Maß auch in flüchtiger Form vor. Weinsäure, Apfelsäure sowie Spuren von Zitronensäure können an Kali, Kalzium und Magnesium gebunden sein oder in freier Form vorliegen. Diese Säuren sind schon in den Beeren enthalten. Die Milchsäure dagegen entsteht erst beim biologischen Abbau durch Bakterien aus der Apfelsäure. Bei flüchtiger Säure handelt es sich vorwiegend um Essigsäure, die im Wein in größerer Konzentration unerwünscht ist; kleine Mengen flüchtiger Säure sind jedoch unvermeidlich, ja sogar ansprechend. Wenn, z. B. in warmen Regionen, der natürliche

Säuregehalt der Trauben nicht ausreichend hoch ist, kann der Kellermeister dem Wein auch Säure künstlich hinzufügen.

Die titrierbare **Gesamtsäure** erfasst nur die freie Wein-, Apfel-, Milch- und Zitronensäure und entspricht ungefähr zwei Dritteln der im Wein tatsächlich enthaltenen Säuren. Der Rest liegt in gebundener Form vor. Als Faustregel gilt, dass ausgewogener Wein etwa 0,1 Prozent Säure auf je zehn Grad Öchsle haben soll.

Einer Vielzahl moderner Weine wird mit der **Eichenholzwürze** ein Geschmacksbestandteil mitgegeben, der nicht aus der Traube stammt, sondern beim Ausbau oder der Gärung des Weins in kleinen Eichenfässern, den Barriques, entsteht. Je neuer das Fass, umso stärker ist der Einfluss des Holzes auf den Wein. Häufig genug kommen aber auch lediglich Eichenspäne oder – im schlimmsten Fall – Eichenextrakt zum Einsatz. Neulingen soll mit dem typischen Vanillearoma vorgegaukelt werden, sie hätten eine vornehme Kreszenz erstanden – anstatt einen mit kosmetischen Mitteln aufpolierten Tropfen. Denn echte Eichenfässer sind teuer. Sinnvoll setzt man sie nur für Weine ein, die selbst gut genug sind, um langfristig vom Eichenaroma zu profitieren. Der Klassiker unter den Hölzern (und das mit dem höchsten Preis) ist französische Eiche, vor allem aus dem Departement Allier, dem berühmten Wald von Tronçais, aus Burgund, den Vogesen, Nevers und Limoges. Jedes Holz hat angeblich ein jeweils leicht unterschiedliches Aroma und wirkt auf andere Weise auf den Wein ein. Wenn die Dauben beim Fassbau über dem offenen Feuer »geröstet« werden, ändert und verstärkt sich der Einfluss des Holzes auf den Wein noch einmal erheblich. Amerikanische Eiche duftet stark nach Bourbon, Holz aus dem Baltikum ist neutraler.

Die **malolaktische Gärung,** oft auch als Zweitgärung bezeichnet, kann natürlich einsetzen oder vom Kellermeister bewusst in Gang gebracht werden. In diesem Prozess wird die scharfe Apfelsäure in die mildere Milchsäure umgewandelt. Die malolaktische Gärung, die nichts mit der alkoholischen Gärung zu tun hat, kann sowohl Rot- als auch Weißweine komplexer und runder machen. In heißeren Gegenden, wo der Säuregehalt von Natur aus gering ist, suchen fähige Kellermeister diesen Vorgang zu vermeiden.

Mikrooxidation heißt eine von dem Madiran-Erzeuger Patrick Ducournau entwickelte Methode, bei der der Wein während der Reifezeit kontrolliert mit Sauerstoff in Kontakt tritt. Der erzielte Effekt stabilisiert den Wein und ähnelt dem Ausbau im Fass, ohne den für ein Fasslager nötigen Platz zu brauchen.

Der **pH-Wert** ist ein Maß für die Intensität der Säure und weniger für ihr Volumen. Je niedriger die Zahl, desto stärker die Säure. Niedrige pH-Werte ergeben eine bessere Farbe, helfen den Verderb durch Bakterien vermeiden, erlauben mehr freies, aktives, schützendes SO_2. Der pH-Wert für Wein beträgt 2,8 bis 3,8.

Schwefeldioxid (SO_2) gibt man dem Wein bei, um eine Oxidation oder andere Fehlentwicklungen bei der Weinherstellung zu verhüten. Ein Teil desselben verbindet sich mit dem Zucker usw., ist also »gebunden«. Nur freies SO_2 wirkt konservierend. Der zulässige SO_2-Gehalt ist im Verhältnis zum Restzucker gesetzlich festgelegt: je mehr Zucker, desto mehr SO_2.

Die richtige Temperatur

Nichts tut einem Wein beim Servieren so wohl oder so weh wie die Temperatur. Weißwein schmeckt unweigerlich flach und langweilig, wenn er zu warm ins Glas kommt, und Rotwein zeigt enttäuschend wenig Duft und Geschmacksfülle, wenn er zu kalt ist. Nachstehend sollen einige Hinweise auf die richtige Serviertemperatur für verschiedene Weine gegeben werden.

Was Worte sagen sollen

In der für ein so kleines Buch (und manchmal auch für größere Bücher) unumgänglichen Kurzform werden Weine oftmals durch Wörter beschrieben, die gelegentlich nichtssagend, ja sogar dümmlich oder auch schlichtweg albern klingen. Was soll zum Beispiel »fett«, »rund«, »voll«, »mager«, »fest« eigentlich besagen? Einige unscharfe und ein paar eher allgemein »technische« Begriffe sollen hier ein wenig erläutert werden:

Abgang Siehe Nachhaltigkeit.
Adstringierend Ein Merkmal bestimmter Gerbstoffe, ergibt ein trockenes Gefühl im Mund. Kann sehr appetitanregend wirken.
Alkoholisch Bezeichnet das Gefühl, dass der Wein überproportional viel Alkohol enthält.
Ansprechend Bedeutet: »Mir schmeckt der Wein so, wie er ist«; bei teuren Weinen eine gewisse Einschränkung, bei einfacheren ein Lob. In jedem Fall ein erfrischendes Getränk.
Ausgewogenheit Der Wein enthält alle wünschenswerten Elemente (Säure, Alkohol, Geschmacksstoffe usw.) in gut abgestimmtem und erfreulichem Verhältnis.
Biss Der erste Eindruck, den der Wein auf der Zunge macht. Er sollte positiv sein, braucht aber nicht unbedingt übermäßig kräftig auszufallen. Fehlt der Biss ganz, dann ist ein Wein schwächlich oder flach.
Bitterkeit Eine Geschmacksnuance der Gerbstoffe, meist bei noch nicht voll ausgereiften Trauben. In Norditalien hoch geschätzt, in den meisten anderen Weinbauregionen eher abgelehnt.
Blumig Wird oft als gleichbedeutend mit »fruchtig« gebraucht, soll aber eigentlich auf Anklänge von Blumendüften hinweisen. Gelegentlich ist von Rosen, Veilchen usw. die Rede.
Charmant Ein etwas herablassender Ausdruck, wenn es sich um Wein handelt, der eindrucksvollere Qualitäten haben sollte. Er beinhaltet Leichtigkeit, gelegentlich auch Lieblichkeit und wird für Loire-Weine oft gebraucht.
Eichenholz Duft oder Geschmack nach frisch gesägtem Eichenholz, z. B. einem neuen Fass. Angebracht bei einem feinen, für lange Flaschenreife bestimmten Wein, heutzutage aber oft stark übertrieben, weil manche Weinerzeuger wohl einem gutgläubigen Publikum ein feineres Gewächs vortäuschen wollen, als wirklich dahintersteckt. Weine mit allzu viel Eichenholz wirken auf die Dauer langweilig und ermüdend.
Elegant Der Lieblingsausdruck eines professionellen Weinkosters, wenn ihm die Worte fehlen, um einen Wein zu beschreiben, dessen Proportionen (Gehalt, Geschmack, Aroma), dessen erster Eindruck und dessen Nachhaltigkeit, Konsistenz und alle sonstigen Qualitäten den Vergleich mit natürlicher Schönheit anderer Art nahe legen, z. B. mit dem Gang eines Pferdes oder der Gestalt und Haltung einer Frau.
Erdig Bedeutet, dass die Erde des Weinbergs sich im Aroma niedergeschlagen hat. Häufig positiv, wie etwa im Aroma des roten Graves.
Extraktstoffe Jene Bestandteile des Weins (außer Wasser, Alkohol, Zucker, Säure usw.), die sein Aroma ausmachen. Üblicherweise gilt: je mehr, desto besser. Weine mit zu viel Extraktstoffen werden allerdings hart; den Traubenschalen wurden die Extraktstoffe zu lange entzogen.

Fest Eine Geschmacksvielfalt, die Gaumen und Zunge stark durch kräftige Säure oder Herbheit beeindruckt und ein Gefühl von jugendlicher Kraft vermittelt, sodass man sicher ist, dass dieser Wein im Alter sanftere Nuancen annehmen wird. Ausgezeichnet zu stark gewürzten Speisen und auf jeden Fall immer ein positiver Eindruck.

Fett Ein Wein, dessen Geschmack und Konsistenz den Mund ganz ausfüllen. Für einen leichten Mosel offenbar nicht die rechte Qualität, bei einem Sauternes dagegen dürfte sie nicht fehlen.

Finesse Siehe Elegant.

Fleisch Bezieht sich auf Substanz und Gefüge. Ein »fleischiger« Wein ist mehr »fett« als »saftig«, eher ölig, nicht unbedingt kraftvoll. Der Ausdruck wird oft auf gute Pomerols mit ihrem sanften Gefüge angewandt.

Frisch Beinhaltet ein gewisses Maß an fruchtiger Säure, ja sogar ein wenig Säuerlichkeit sowie jugendliche Lebendigkeit und Spritzigkeit. Junge Weißweine sollten immer frisch sein, andernfalls wären sie flach oder fade.

Fruchtig Ein viel gebrauchter Ausdruck; eigentlich bezeichnet er den Körper und die Reichhaltigkeit eines aus guten, reifen Trauben gewonnenen Weins. Ein fruchtiges Aroma ist nicht dasselbe wie ein blumiges. Zur Fruchtigkeit gehört im Allgemeinen eine Spur Süße. Hilfreich sind Versuche, herauszuspüren, welche Frucht (außer Trauben) sich im Duft oder Geschmack eines Weins befindet, z. B. Grapefruit, Zitronen, Pflaumen, Aprikosen. Man darf allerdings nicht ganze Aromawolken dieser Früchte, sondern nur zarte Anklänge erwarten.

Gefällig Ein Wein, an dem man Gefallen findet, ohne dass er Gemüt und Geist zu sehr in Anspruch nimmt. Er trinkt sich angenehm, braucht keine lange Reifezeit und bleibt als erfreuliches Getränk und nichts weiter sonst in Erinnerung.

Gefüge Der »Plan« oder die Struktur, wonach ein Wein aufgebaut ist. Ohne Gefüge ist er langweilig und ausdrucksarm, und er wird nicht lange halten.

Gehaltvoll Bezieht sich auf den Geschmack insgesamt und auf den Alkoholgehalt. Manchmal verbirgt sich hinter diesem Wort das Gegenteil von Eleganz, nämlich Überfülle. Meist wird es positiv gebraucht, doch geht es in Kalifornien leichter von der Zunge als in Bordeaux. Auf den Zusammenhang kommt es also an.

Geschmeidig Wird oft auf junge Rotweine angewandt, von denen man mehr Aggressivität erwartet hätte. Eher lebhafter als nur »gefälliger« Wein, wobei sich gute Qualität eigentlich von selbst versteht.

Gleichgewicht Siehe Ausgewogenheit.

Hohl Es fehlt an befriedigendem Geschmack »in der Mitte«, d. h. zwischen dem ersten Eindruck und dem letzten Nachgeschmack. Typisch für Weine habgieriger Winzer, die ihre Reben zu viele Trauben tragen lassen. Ein extrem hohler Wein ist »leer«.

Honigartig Duft und Aroma, die vor allem bei edelfaulen Weinen auftreten, oft aber in geringem Maße und in ansprechender Weise auch bei anderen reifen Weinen eines guten Jahrgangs.

Körper Das »Gewicht«; der Geschmacks- und Alkoholreichtum eines Weins. Siehe auch »gehaltvoll« und »voll«.

Korkgeschmack Ein muffiger Beigeschmack, der leider viel zu häufig vorkommt und von einem kranken Korken stammt. Kann schwach oder aufdringlich sein, ist aber stets inakzeptabel.

Leicht Mit relativ wenig Alkohol und Körper, wie die meisten deutschen Weine. Eine sehr willkommene Qualität in Weinen, zu denen sie passt – nicht aber in Rotweinen, die mehr Intensität und Schwere verlangen.
Maderisiert Wenn ein Wein so stark oxidiert ist, dass er ähnlich wie ein Madeira schmeckt und riecht. Ein schwerer Fehler, falls nicht beabsichtigt.
Mager Etwas mehr Konsistenz wäre besser: Es fehlt am vollmundigen Geschmack, und meist kommt noch übertriebene Herbheit hinzu. Gelegentlich kann der Ausdruck aber auch als Anerkennung für einen ausgeprägten, erfreulichen Stil gemeint sein.
Nachhaltigkeit Die anhaltende Empfindung der Geschmacks- und Aromastoffe nach dem Hinunterschlucken. Im Prinzip ist ein Wein umso besser, je länger sein Wohlgeschmack im Mund bleibt. Das Maß für eine Sekunde Nachhaltigkeit ist 1 »Caudalie«. 20 Caudalies sind gut, 50 sind grandios.
Rau Weder der Geschmack noch die Konsistenz sind angenehm. Säure oder Herbheit treten scharf in den Vordergrund.
Reichhaltig Nicht unbedingt süß, jedoch einen Eindruck von opulenter Fülle vermittelnd.
Robust Herzhaft, kräftig und recht gehaltvoll.
Rund Harmonisch und voll.
Saftig Im Sinne von Saft und Kraft, mit einer Substanz so recht zum Kauen; etwas »magerer« als »fleischig«.
Säure Für Laien oft ein negativ besetzter Begriff, wird meist als »zu scharf« verstanden. Doch verschiedene Säuren sind für die Qualität und die Haltbarkeit eines Weins (insbesondere eines weißen) unentbehrlich; sie geben ihm auch seine erfrischende Kraft. Fortgeschrittene Weinkenner wissen, dass bei der malolaktischen oder sekundären Gärung die scharfe Apfelsäure in Milchsäure umgewandelt wird und dadurch der unmittelbare Biss des Weins einen milderen, komplexeren Geschmack bekommt. Unerwünscht ist die Essigsäure, die man als »flüchtige« Säure bezeichnet. Enthält ein Wein zu viel davon, beginnt bald sein Abstieg.
Schlicht Ein einfacher Wein, aber nicht ohne Charme.
Spritzig Leicht und meist angenehm säuerlich frisch, oft durch einen gewissen Gehalt an Kohlensäure unterstützt.
Stilvoll Ausdrucksvoll und eigenständig, ja selbstbewusst.
Tief/Tiefe Ein so beschriebener Wein will aufmerksam genossen sein. An ihm ist mehr, als der erste Eindruck verrät; sein Geschmack entfaltet sich auf der Zunge zu ungeahnten Dimensionen. (Tiefe Farbe bedeutet dagegen nur dunkle Farbe.) Alle wirklich feinen Weine haben Tiefe.
Voll Manchmal auch durch »körperreich« wiederzugeben: Ein Wein mit »weiniger« Fülle, d. h. Alkohol und Extrakt (alle Geschmacksstoffe) in vollmundigem Zusammenwirken.

Was Düfte uns sagen

Mit der wachsenden Zahl interessierter und anspruchsvoller Weinliebhaber nimmt die Besprechung und Bewertung des Weins in seinen vielfältigen Varianten immer professionellere Formen an. In den letzten zehn Jahren haben sich dabei zwei Denkrichtungen herausgeschält. Die eine bedient sich eines Punktesystems (siehe folgendes Kapitel), die andere beschreibt den Wein durch Zuordnung zu aromatischen und auf sonstige Weise sinnlich erfassbaren Substanzen.

Letztere wiederum spaltet sich in Analogien mit Früchten, wobei ein Chardonnay beispielsweise als »pfirsich- oder melonenhaft« charakterisiert wird, und in eine »chemotechnische« Variante, die so schöne Begriffe wie »Äthylacetat» und «Mercaptan« zur Kennzeichnung von Düften benutzt. Beide wurden von der Universität von Kalifornien in Davis mit akademischen Würden versehen. Dort wurde in Anlehnung an den bekannten Farbtonkreis das Modell eines »Aromatonkreises« entwickelt.

In diesem Aromatonkreis ist das gesamte Aromaspektrum zunächst grob unterteilt, beispielsweise in fruchtige, blumige, pflanzliche, chemische, Holz- oder Erdtöne. Die Fruchttöne werden in Beeren-, Baum-, Zitrus-, Tropen- und Trockenfrüchte aufgefächert und schließlich, zum Rand des Kreises hin, mit spezifischen Früchten verglichen. Bei den Beeren ist die Rede von Erdbeeren, Himbeeren, Brombeeren oder Schwarzen Johannisbeeren, bei den Zitrusfrüchten von Orangen, Grapefruit oder Zitronen, bei den Baumfrüchten von Kirschen, Pfirsichen, Birnen, Äpfeln oder Aprikosen.

Kein Zweifel, eine so durchdachte, analytische Methode der Beschreibung kann überaus effektiv und erstaunlich exakt sein. Andererseits wird so mancher Publizist dazu veranlasst, körbeweise Obst und Blumen selbst bei Weinen aufzufahren, die sich doch auch bescheidener beschreiben ließen.

Die Wissenschafter hatten dabei wohl die durchaus verständliche Absicht, Begriffe so »vager, verschwommener Art« wie anmutig, elegant, voll, geschmeidig usw. – ja eigentlich das gesamte traditionelle Weinvokabular – zurückzudrängen und durch präzise Aussagen zu ersetzen. In Wahrheit aber ergänzen sich die beiden Denkweisen recht gut.

Es bedeutet keinen Fortschritt, den Reichtum der Sprache nicht ausschöpfen zu wollen, wenn es darum geht, etwas so Nuancenreiches wie den Wein zu beschreiben. Ausdrücke wie maskulin, jugendlich, rau, rassig, seidig oder streng bezeichnen Aspekte in der Komplexität des Weins, die sich durch Aromatöne allein nun einmal nicht beschreiben lassen. Um der Persönlichkeit eines guten Weins wahrhaft gerecht zu werden, bedarf es des Poeten ebenso sehr wie des Gelehrten.

Punkt für Punkt

Amerikaner und der Rest der Welt werden sich wohl niemals auf ein gemeinsames Weinbewertungssystem einigen können. Man schwört in Amerika anscheinend auf Robert Parkers 100-Punkte-Skala, die auf dem sonderbaren amerikanischen Notensystem beruht, bei dem 50 = 0 bedeutet. Das Argument, dass der Geschmack zu differenziert, zu subtil, flüchtig und überhaupt eine allzu wundervolle Einrichtung ist, um sich auf ein pseudowissenschaftliches Punktesystem reduzieren zu lassen, stößt auf taube Ohren. Auch mit dem Hinweis, dass die Bewertung eines Weines mit 87 und eines anderen mit 88 Punkten Haarspalterei sei, kommt man nicht viel weiter.

Amerikaner (und Kaufleute) lieben Zahlen, denn Zahlen sind einfacher zu verstehen als Worte. Und wenn schon Worte, so bevorzugt man in Amerika Superlative. Der beste Witz (ich hoffe zumindest, dass es ein Witz war) in diesem Zusammenhang stammt von einem Weinjournalisten, der ein 150-Punkte-System propagierte. Wenn 50 gleich Null sei, so sein Argument, dann müsse man bis 150 gehen, um 100 Punkte zu erreichen. Logisch? Es zeigt jedenfalls die Lächerlichkeit des ganzen Systems.

Das Johnson-System

Daher möchte ich Ihnen ein erprobtes Alternativsystem vorschlagen, mit dem Sie herausfinden können, wie gut Ihnen ein Wein wirklich schmeckt. Das Johnson-System gibt mit schonungsloser Ehrlichkeit wieder, mit wie viel Genuss Sie einen Wein trinken. Und so funktioniert es:

Geringste Wertung:	einmaliges Schnuppern
Nächste Stufe:	einmaliges Nippen
Zweimal nippen:	schwaches Interesse
Ein halbes Glas:	leichte Zweifel
Ein ganzes Glas:	beifällige Zustimmung

Manch einer geht in der Beurteilung noch weiter. Voraussetzung ist dabei übrigens, dass man keiner Beeinflussung untersteht, d. h. keinem drängenden Gastgeber und keinem erwartungsvoll blickenden Winzer.

Zwei Gläser:	Sie mögen den Wein (oder es gibt nichts anderes zu trinken)
Drei Gläser:	Sie finden ihn mehr als annehmbar
Vier Gläser:	er macht sie echt an
Eine Flasche:	er ist voll und ganz nach Ihrem Geschmack
Zwei Flaschen:	eindeutig die Daumen nach oben

Die Schritte werden jetzt größer ...

Eine Kiste:	von diesem Wein wollen Sie sich keinen Tropfen entgehen lassen

... und so weiter

Die Höchstwertung im Johnson-System ist logischerweise der Kauf des ganzen Weinbergs.

Die Weine für heute in einer idealen Welt

Erfolgreiche Weine (siehe die jeweiligen Kapiteleinträge) der Jahrgänge:

Rote Bordeaux
Spitzengewächse von 90, 89, 88, 86, 85, 83, 82, auch 78, 70, 66, 61, 59, 49, 47, 45
Andere Crus classés von 95, 90, 89, 86, 85, auch 88, 82, 70, 61
Petits Châteaux von 99, 98, 96, 95, auch 90, 89

Rote Burgunder
Grands crus von 95, 93, 90, 89, 88, 85, auch 78, 69, 64, 59
Premiers crus von 98, 97, 96, 95, 93, 90, 89, 85
Villages-Weine von 99, 98, 97, 96, 95

Weiße Burgunder
Grand crus von 97, 96, 95, 92, 90, 89, auch 86, 85
Premiers crus von 98, 97, 96, 95, auch 93, 90, 89
Villages-Weine von 00, 99, 98, 97, 96, 95

Champagner
Spitzenweine von 96, 95, 93, 90, 89, 88, 86, 85, auch 83, 82, 79, 75

Sauternes
Spitzengewächse von 95, 90, 89, 88, 86, 85, 83, auch 81, 79, 76, 75, 71, 70, 67, 59, 55
Andere Weine von 97, 96, 95, 90, 89, 88, 86, 85, 83

Süße Loire-Weine
Spitzengewächse von 97, 96, 95, 90, 89, 88, 86, 85, 78, 76, 75, auch 71, 64, 59, 47

Elsass
Grands crus von 98, 96, 95, 94, 93, 90, 89, 88, 85, 83, auch 76, 67
Standardweine von 00, 99, 98, 97, 96, 95, 94, auch 90, 89, 88

Rote Rhône-Weine
Hermitage/Spitzenweine der nördlichen Rhône von 98, 96, 95, 91, 90, 89, 88, auch 85, 83, 78, 61
Châteauneuf-du-Pape/Gigondas von 98, 95, 94, 90, 89, auch 88, 85, 83

Deutsche Weine
Große süße Weine von 97, 96, 95, 94, 93, 90, 89, 88, 86, 85, 83, 76, 71, auch 59, 53
Auslesen von 98, 97, 95, 94, 93, 90, 89, 88, 86, auch 85, 83, 76, 71
Spätlesen von 00, 99, 98, 97, 96, 95, 94, 93, 92, 91, 90, 89, 88, auch 86, 85, 83, 76
Kabinett- und QbA-Weine von 00, 99, 98, 97, 96, 95, 94, 93, 90

Italienische Weine
Spitzenrotweine aus der Toskana von 97, 95, 93, 90, 88, auch 86, 85, 82
Spitzenrotweine aus Piemont von 96, 95, 93, 90, 89, 88, 85, 82

Spanische Weine
Spitzen-Rioja von 96, 95, 94, 91, 90, auch 84, 82, 70
Spitzen-Ribera del Duero von 96, 95, 94, 91, 90, 89
Priorato von 98, 96, 94

Kalifornische Weine
Spitzen-Cabernet, -Zinfandel und -Pinot-noir von 99, 98, 97, 96, 95, 94, 91, 90, auch (außer Pinot noir) 87, 86, 85, 84
Spitzen-Chardonnay von 00, 99, 98, 97, 96, 95, 94

Australische Weine
Spitzen-Cabernet, -Shiraz und -Pinot-noir von 98, 96, 94, 91, 90, auch (außer Pinot noir) 88, 86, 85, 84, 82, 80
Spitzen-Chardonnay von 00, 99, 98, 97, 96, 95, 94, 92
Spitzen-Semillon und -Riesling von 00, 99, 97, 95, 94, 93, 92, 90, 89, 88, auch 86, 84, 83

Neuseeländische Weine
Marlborough Sauvignon blanc von 01, 00
Pinot noir (aus Martinborough oder von der Südinsel) von 00, 99, 97, 96
Hawkes Bay Cabernet Sauvignon von 98, 95

Vintage Port
von 91, 85, 83, 82, 80, 77, 70, 66, 63, 55, 48, 45 ...

Übersichtstabelle der Weinjahrgänge

Die Tabellen vermitteln ein allgemeines Bild der in den Hauptanbaugebieten erzeugten Qualitäten (da es in jedem Jahr auch relativen Erfolg und Misserfolg gibt) und sollen als Anleitung dazu dienen, ob ein Wein getrunken oder noch aufbewahrt werden soll. *Jetzt trinken* bezieht sich auf Weine, deren Lebenskurve sich allmählich dem Ende zuneigt, oder aber auf solche, die mit Genuss jung zu trinken sind.

⟋	jetzt trinken	⊼	weitere Aufbewahrung meiden
▼	kann jetzt mit Genuss getrunken werden, bessere Weine lohnen jedoch weitere Aufbewahrung	0 10	nicht gut am besten
▽	muss noch länger lagern	99	unterstrichene Jahreszahlen weisen auf einen deklarierten Jahrgang hin

	Deutschland		Italien		Spanien
	Rhein	Mosel	Piemontesischer Rotwein	Toskanischer Rotwein	Rioja
01	7–9 ▽	8–10 ▽	6–8 ▽	6–7 ▽	7–9 ▽
00	5–8 ▽	5–8 ▽	7–9 ▽	7–9 ▼	7–8 ▽
99	7–10 ▼	7–10 ▼	8–10 ▽	8–10 ▼	7–9 ▽
98	6–9 ▼	6–9 ▼	8–10 ▼	6–8 ▼	7–8 ▼
97	7–9 ▼	7–10 ▼	8–10 ▽	8–10 ▼	5–7 ▼
96	7–9 ▼	6–8 ▼	7–9 ▽	5–7 ▼	8–10 ▼
95	7–10 ⟋	8–10 ⟋	6–8 ▼	5–8 ▼	7–9 ▼
94	5–7 ▼	6–10 ▼	4–6 ⟋	5–8 ▼	8–10 ▼
93	5–8 ▼	6–9 ▼	6–8 ▼	5–7 ▼	5–7 ⟋
92	5–9 ▼	5–9 ▼	2–5 ⊼	2–5 ⊼	6–8 ⟋
91	5–7 ▼	5–7 ▼	3–5 ⊼	4–7 ⟋	7–9 ⟋
90	8–10 ▽	8–10 ▽	8–10 ▽	8–10 ▼	7–9 ▼
89	7–10 ▼	8–10 ▼	8–10 ▼	2–5 ⊼	6–8 ⟋

	Australien		Champagner		Port	
	Shiraz	Chardonnay				
01	6–8 ▼	5–7 ▼	01	1–3 ▽	01	k. A. ▽
00	6–8 ▼	7–9 ▼	00	7–9 ▽	00	8–10 ▽
99	7–9 ⟋	5–7 ⟋	99	6–8 ▽	99	4–6 ▽
98	7–9 ▼	7–9 ▼	98	5–7 ▽	98	4–6 ▽
97	6–8 ▼	8–10 ▼	97	5–7 ⊼	97	8–10 ▼
96	8–10 ▼	4–7 ⟋	96	8–10 ▽	96	4–6 ▼
95	8–10 ⟋	3–5 ⊼	95	7–9 ▼	95	4–6 ▼
94	6–8 ⟋	7–9 ▼	94	2–4 ⊼	94	7–9 ▽
93	5–7 ⟋	5–7 ▼	93	5–6 ▼	93	2–5 ▼
92	6–8 ⟋	6–8 ▼	92	5–7 ▼	92	6–8 ▼
91	7–9 ▼	7–9 ⟋	91	4–6 ▼	91	2–5 ▼
90	7–9 ⟋	8–10 ⟋	90	8–10 ▼	90	3–6 ▼

	Kalifornien		Neuseeland		Südafrika
	Cabernet	Chardonnay	Rotwein	Weißwein	Rotwein
01	6–8	5–7	5–7	6–8	6–8
00	6–7	5–8	6–8	7–9	4–6
99	7–8	5–8	6–8	7–9	6–8
98	5–7	5–7	7–9	7–8	7–9
97	8–10	8–10	5–8	6–9	8–10

	Frankreich				
	Roter Bordeaux		Weißer Bordeaux		Elsass
	Médoc/Graves	Pom/St-Em	Sauternes & SW	Graves & tr	
01	6–8	7–8	8–10	7–9	6–8
00	8–10	7–9	6–8	6–8	8–10
99	5–7	5–8	6–9	7–10	6–8
98	5–8	6–9	5–8	5–9	7–9
97	5–7	4–7	7–9	4–7	7–9
96	6–8	5–7	7–9	7–10	8–10
95	7–9	6–9	6–8	5–9	6–9
94	5–8	5–8	4–6	5–8	6–9
93	4–6	5–7	2–5	5–7	6–8
92	3–5	3–5	3–5	4–8	5–7
91	3–6	2–4	2–5	6–8	3–5
90	8–10	8–10	8–10	7–8	7–9
89	6–9	7–9	8–10	6–8	7–10
88	6–8	7–9	7–10	7–9	8–10
87	3–6	3–6	2–5	7–10	7–8
86	6–9	5–8	7–10	7–9	7–8
85	7–9	7–9	6–8	5–8	7–10
83	6–10	6–9	6–10	7–9	8–10

Frankreich Fortsetzung	Burgund			Rhône	
	Côte d'Or rot	Côte d'Or weiß	Chablis	Rhône (N)	Rhône (S)
01	6–8	7–9	6–8	7–8	7–9
00	7–8	6–9	7–9	6–8	7–9
99	7–10	5–7	5–8	7–9	6–9
98	5–8	5–7	7–8	6–8	7–9
97	5–8	5–8	7–9	7–9	5–8
96	6–8	7–9	5–10	5–7	4–6
95	7–9	7–9	6–9	6–8	6–8
94	5–8	5–7	4–7	6–7	5–7
93	6–8	5–6	5–8	3–6	4–9
92	3–6	5–8	4–6	4–6	3–6
91	3–6	4–6	6–9	6–9	4–5
90	7–10	8–10	6–9	6–9	7–9
89	6–9	8–10	6–8	6–8	6–8

Beaujolais 01, 00, 99 haltbar. **Mâcon-Villages** (weiß) 01, 00 jetzt oder später. **Loire** (süße Weine aus Anjou und der Touraine): beste neue Jahrgänge: 97, 96, 95, 93, 90, 89, 88, 85; Bourgueil, Chinon und Saumur-Champigny: 00, 99, 98, 97, 96, 95, 93, 90. **Obere Loire** (Sancerre und Pouilly-Fumé): 00, 99, 98, 97. **Muscadet** 01, 00, 99 BV.

Frankreich

Die folgenden Abkürzungen werden im Text verwendet:

Beauj	Beaujolais
Bg	Burgund
Bx	Bordeaux
Champ	Champagne
Dor	Dordogne
El	Elsass
Lo	Loire
OF	Ostfrankreich
Prov	Provence
Pyr	Pyrenäen
Rh	Rhône
N-Rh	Nördliche Rhône
S-Rh	Südliche Rhône
Sav	Savoyen
SWF	Südwestfrankreich
ZF	Zentralfrankreich
AC	Appellation Contrôlée
Ch.	Château
Dom.	Domaine

Die dunklen Flächen bezeichnen die Weinbaugebiete

Frankreich kann sich nicht länger auf seinen Lorbeeren ausruhen. Nicht nur Australien sitzt ihm im Nacken, auch Chile, Argentinien, Neuseeland, die USA und Südafrika sind ernst zu nehmende Gegner geworden. Der Konsument des 21. Jahrhunderts interessiert sich vor allem für Qualität und günstige Preise, auf alte Bindungen kann sich niemand mehr verlassen.

Die Neue Welt will sich auf allen Ebenen mit dem Besten messen, was Frankreich zu bieten hat, und das ist ein wahrlich hochgestecktes Ziel. Doch so überragend Frankreichs große Weine auch sein mögen – wenn die für die Appellations Contrôlées zuständigen *fonctionnaires* ihre Aufgaben weiterhin so kleinlich und restriktiv versehen, anstatt auf Qualität zu achten, drohen Verknöcherung und Kommerzialisierung: eine schreckliche Vorstellung. Frankreichs einzigartiger Sinn für Geschmack und Stil ist einer ernsten Belastungsprobe ausgesetzt.

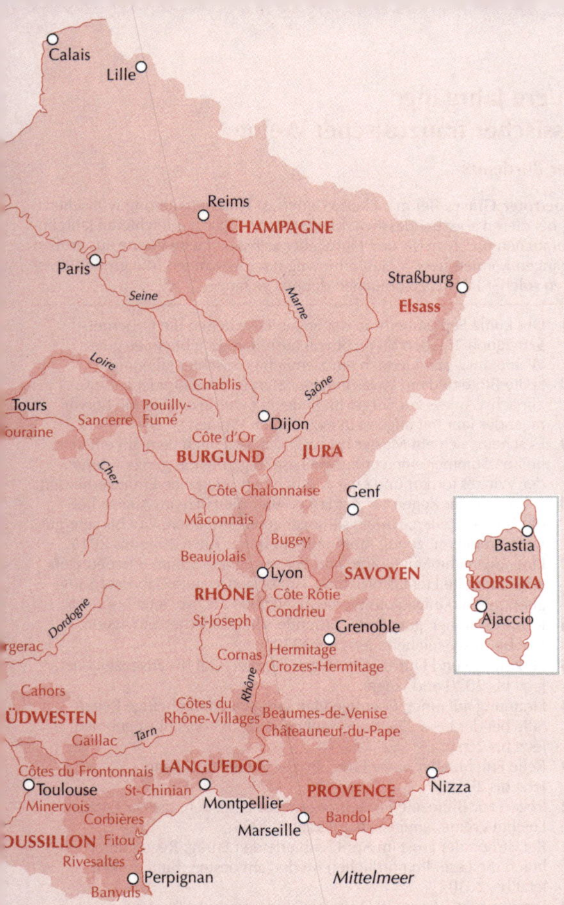

Dennoch bleiben die Appellationen ein bestimmender Faktor. Eine Appellation Contrôlée, die sich manchmal auf einen einzigen kleinen Weinberg beschränkt, sich aber auch über einen ganzen Bereich erstrecken kann, definiert den Charakter eines Weins. Burgund beispielsweise hat die kleinsten, am genauesten bestimmten Appellationen, Bordeaux dagegen weist die weitestgefassten und allgemeinsten auf. Das Wichtigste aber ist der Name des Erzeugers. Deshalb wurde den Namen empfehlenswerter Winzer und Handelsfirmen auf diesen Seiten viel Raum zugestanden.

Bereiche, die den Erfordernissen der AC nicht genügen, dürfen die Bezeichnung Vins Délimités de Qualité Supérieure (VDQS) führen; diese Gruppe ist im Schwinden, da ihre Mitglieder zunehmend den AC-Rang erlangen. An ihre Stelle treten die überaus erfolgreichen und interessanten Vins de pays (siehe Seite 112). Unter ihnen finden sich brillante, originelle Leistungen, dazu oft die preis- und empfehlenswertesten Weine Frankreichs – und damit der Welt.

Neuere Jahrgänge klassischer französischer Weine

Roter Bordeaux

Médoc/roter Graves Bei manchen Weinen ist Flaschenalterung wünschenswert, bei diesen aber unerlässlich. Kleinere Gewächse aus leichteren Jahrgängen brauchen nur zwei bis drei Jahre, aber selbst einfache Weine aus großen Jahrgängen können über 15 Jahre hinweg noch gewinnen; die großen Kreszenzen solcher Jahrgänge brauchen doppelt so lange.

2001 Der kühle September und Regen zur Lese ließen die Cabernet-Sauvignon-Trauben oft nicht voll ausreifen. Es gibt einige gute Weine; insgesamt jedoch ein ziemlich gemischter Jahrgang.

2000 Späte Blüte und ein etwas feuchter Start in den Sommer gaben zunächst Anlass zur Sorge; im Endeffekt wurde es aber ein hervorragendes Jahr mit allgemein exzellenten Weinen.

1999 Es scheint sich ein Muster herauszuschälen, nach dem auf einen heißen Sommer eine verregnete Lese folgt, die das ganze Können der Winzer fordert und eine wirklich hervorragende Ernte verhindert.

1998 Schon wieder Regen bei der Ernte. Aber die Hitze im August ließ die Trauben reifen, röstete sie sogar gewissermaßen. Gut bis sehr gut, viele Weine mit genug Tannin für ein hohes Alter. 2006 bis 2015.

1997 Eine ungleichmäßige Blüte und der verregnete Sommer bedeuteten eine doppelte Herausforderung. Am besten konnte Cabernet Sauvignon reifen. Einige gute Weine für schlaue Füchse. Jetzt bis 2015.

1996 Kühler Sommer, gute Ernte, besonders bei Cabernet Sauvignon. Gut bis ausgezeichnet. Jetzt bis 2020.

1995 Hitzewelle und Dürre; vom Regen gerettet. Gut bis ausgezeichnet. Jetzt bis 2020 und länger.

1994 Hoffnung auf einen überragenden Jahrgang, dann heftige Regenfälle bei der Lese. Die Besten sehr gut, doch Vorsicht ist geboten. Jetzt bis 2010.

1993 Reife Frucht, aber nasse Ernte. Insgesamt enttäuschend. Jetzt bis 2010.

1992 Regen zur Blütezeit, im August und zur Lese. Sehr großer Ertrag. Leichte Weine, einige süffig. Jetzt bis 2005.

1991 Katastrophaler Frost im April halbierte den Ertrag; Regen unterbrach die Lese. Im nördlichen Médoc am besten. Bald trinken. Jetzt bis 2010?

1990 Paradoxe Situation: ein Dürrejahr und trotzdem Überertrag. Selbstbeschränkung war notwendig und ergab prachtvolle Resultate. Bis 2020+.

1989 Früher Frühling und herrlicher Sommer. Die Spitzenweine sind reife, dunkle Klassiker mit Eleganz und Nachhaltigkeit. Kleinere Châteaux ungleichmäßig. Bis 2020.

1988 Durchweg sehr gut; tanninreich, ausgewogen. Jetzt allmählich aufmachen, Spitzenweine aber noch aufbewahren. Bis 2015.

1987 Ein weit größerer Genuss, als zu vermuten war. Austrinken.

1986 Wieder ein herrlicher, ertragreicher, warmer Herbst. In Pauillac und St-Julien besser als 1985. Eine langfristige Anlage. Jetzt bis 2020.

1985 Dank Hitzewelle ein sehr guter Jahrgang. Sehr feine Weine, jetzt ansprechend. Jetzt bis 2010.

1984 Mindere Qualität. Anfangs überteuert. Meiden.

1983 Klassischer Jahrgang, v. a. in Margaux; reichlich Gerbstoff, ausgeglichen durch schöne Frucht. Viele Weine sollte man jetzt trinken; die Besten halten bis 2010

1982 In einer Hitzewelle entstanden. Große, gehaltvolle Weine mit langer Lebenserwartung, jedoch ungleichmäßiger Entwicklung. Die Spitzen-Châteaux halten bis 2015.

1981 Trotz Regen ganz wunderbar; nicht voll, jetzt ein wenig spröd. Jetzt bis 2005.
1980 Kleine, späte Lese, reif, aber verregnet. Austrinken.
1979 Reiche Ernte, überdurchschnittlich gut. Jetzt trinken.
1978 Eine Wunderernte: großartiger, langer, warmer Herbst. Nun auf dem Höhepunkt.

Ältere gute Jahrgänge: 1975, 1970, 1966, 1964, 1962, 1961, 1959, 1955, 1953, 1952, 1950, 1949, 1948, 1947, 1945, 1929, 1928.

St-Emilion/Pomerol

2001 Nicht so regnerisch zur Ernte wie im Médoc. Einige kraftvolle Merlot-Weine, ansonsten wechselhafte Qualität.
2000 Ähnliche Bedingungen wie im Médoc, die Auswirkungen auf die Merlot-Ernte waren allerdings etwas ungünstiger. Dennoch ein guter Jahrgang.
1999 Mit Glück und Geschick konnten einige Winzer exzellente Weine erzeugen, doch der Regen war erneut ein ernstes Problem.
1998 Die Merlot-Traube reift früher als Cabernet Sauvignon und ist dem Regen zumeist entgangen. Einige exzellente Weine.
1997 Der Merlot hat unter dem Regen gelitten, aber die Winzer haben die Probleme inzwischen besser im Griff. Geschmeidige Weine. Jetzt bis 2010.
1996 Kühler, schöner Sommer. Ernteregen beim Merlot. Weniger glücklich als Médoc. Viele enttäuschende Weine. Jetzt bis 2020.
1995 Vielleicht sogar noch besser als Médoc/Graves. Jetzt bis 2015.
1994 Weniger vom Regen mitgenommen als im Médoc. Sehr gut, besonders in Pomerol. Jetzt bis 2015.
1993 Wie im Médoc, aber im Allgemeinen besser, besonders in Pomerol; gut trotz schlechten Lesewetters.
1992 Sehr verwässert, jedoch einige rasch zu trinkende charmante Weine. Austrinken.
1991 Eine traurige Lage. Viele Weine werden nicht herausgegeben.
1990 Wieder eine Chance, großartigen bzw. viel Wein zu produzieren. Jetzt bis 2020.
1989 Große, reife, frühe Ernte; allgemein ein Triumph. Bis 2020.
1988 Durchweg ausgezeichnet; ideale Verhältnisse. Überertrag bei einigen Châteaux. Pomerol am besten. Jetzt bis 2005.
1987 Einige sehr anständige Weine (v. a. in Pomerol). Austrinken.
1986 Sehr reichlicher Jahrgang. Spitzenweine aus St-Emilion langlebig.
1985 Einer von den großen Jahrgängen mit schöner Zukunft. Bis 2010 und länger.
1984 Ein schlimmes Jahr. Fast der ganze Ertrag ging im Frühjahr zugrunde. Nicht zu empfehlen.
1983 Weniger eindrucksvoll als zuerst vermutet. Bald trinken.
1982 Enorm volle, konzentrierte Weine, die meisten ausgezeichnet. Jetzt bis 2005.
1981 Sehr guter Jahrgang, aber nicht so groß, wie er zuerst schien. Jetzt oder bald.
1979 Rivale für den 78er, doch entwickelt er sich nicht wie erhofft. Jetzt trinken.
1978 Feiner Wein, zum Teil etwas zu wenig Körper. Bald trinken.
1976 Sehr heißer, trockener Sommer, jedoch Regen zur Lesezeit. Einige exzellente Weine. Bald trinken.

Ältere gute Jahrgänge: 1971, 1970, 1967, 1966, 1964, 1961, 1959, 1953, 1952, 1949, 1947, 1945.

Roter Burgunder

Côte d'Or Die Rotweine von der Côte de Beaune sind meist früher ausgereift als die größeren Kreszenzen von der Côte de Nuits. Die leichteren Weine, z. B. Volnay, Beaune usw., sind am frühesten trinkreif, am längsten brauchen die ganz großen Weine von Chambertin, Romanée usw. Aber auch der beste Burgunder ist jung ansprechender als gleichwertiger roter Bordeaux.

2001 Der kühle, feuchte September verhinderte ein Spitzenergebnis, alles in allem wahrscheinlich aber dennoch ein guter Jahrgang.
2000 Ein schwieriges Jahr. Empfindliche Trauben an der Côte de Beaune, erheblich besser an der Côte de Nuits.
1999 Große, gut ausgereifte Ernte; die Weine haben eine schöne Farbe, seidige Tannine und strotzen vor Fruchtaromen.
1998 Der feuchte September könnte die sehr reife Ernte verdünnt haben. Noch ein Jahr, und die Weine werden köstlich sein.
1997 Die Götter meinten es erneut gut. Überaus reife Trauben; geringe Säure könnte zum Hauptproblem werden. Vorzügliche Weine für mittelfristige Lagerung. Bis 2010+.
1996 Schöner Sommer und Herbst. Prachtvolle reife Weine für langes Altern. 2002 bis 2020.
1995 Kleine, ausgezeichnete Ernte trotz Regen während der Lese. Die Trauben waren sehr reif.
1994 Regen beeinträchtigte die Ernte. Im Allgemeinen schlanke Weine; Ausnahmen an der Côte de Nuits. Jung trinken.
1993 Ein ausgezeichneter Jahrgang – konzentrierte Weine. Jetzt bis 2010.
1992 Reif, füllig, gefällig. Nicht besonders konzentriert. Austrinken.
1991 Sehr geringer Ertrag; einige Weine sehr tanninreich. Côte de Nuits am besten. Jetzt bis 2010.
1990 Ein großer Jahrgang: bestes Wetter; störend wirkten sich lediglich Trockenheit in manchen Lagen und Übererträge an anderer Stelle aus. Ein langes Leben liegt vor ihm, doch ab jetzt genießbar. Bis 2020.
1989 Jahrgang mit viel Charme, wenn auch nicht sehr lange haltbar. Jetzt bis 2010.
1988 Sehr gut, doch tanninreich. Jetzt bis 2015 (doch nur die Besten).
1987 Kleiner Ertrag, reifes Fruchtaroma, v. a. an der Côte de Beaune. Austrinken.

Ältere gute Jahrgänge: 1978, 1971, 1969, 1966, 1964, 1962, 1961, 1959 (alle reif).

Beaujolais

2001 Sehr gut, sofern vor dem Regen gelesen wurde.
2000 Hervorragend.
1999 Prächtig, voll und tief.
1998 Sehr gut, aber uneinheitlich. Die besten Crus werden sich halten.
1997 Exzellent und haltbar.
1996 Sehr zufriedenstellend. Nicht zum Lagern geeignet.
1995 Ausgezeichneter Jahrgang.

Ältere Weine sollten ausgetrunken sein.

Weißer Burgunder

Côte de Beaune Gepflegte Weine aus guten Jahrgängen mit viel Säure und Frucht bauen bis zu zehn Jahren noch aus und gewinnen an Tiefe und Fülle. Geringere Weine aus leichteren Jahrgängen sind nach zwei bis drei Jahren genussreif.

2001 Trotz niedrigen Zuckergehalts der Trauben insgesamt gute Ergebnisse.
2000 Reiche Ernte reifer, gesunder Trauben. Könnte aufregend gut werden.
1999 Großzügiger Jahrgang mit guten, frischen, ausbalancierten Weinen, darunter kraftvolle und feine.
1998 Ein schwieriges Jahr für Weißwein, aber gute Erfolge in Chassagne.
1997 Durch und durch exzellent: es wird ein Vergnügen sein, diesen Jahrgang neben dem 95er und 96er reifen zu sehen.
1996 Großartiger Jahrgang zum Einkellern. Jetzt bis 2015.
1995 Möglicherweise ein großer Jahrgang, manchmal verwässert. Jetzt bis 2010.
1994 Uneinheitlich; sehr feine, potente Weine von Spitzenerzeugern – doch nicht für langes Altern. Jetzt oder bald.
1993 Septemberregen auf noch unreife Trauben. Unkomplizierte, angenehme Weine, doch weit hinter den Roten. Bald trinken.
1992 Reif, aromatisch, charmant. Die meisten trinkreif. Jetzt bis 2005.
1991 Meist mangelnde Substanz; Frostprobleme; will früh getrunken sein – also jetzt.
1990 Sehr gut, sogar großartig, jedoch zu Überfülle neigend. Jetzt bis 2005.
1989 Die Besten sind reif, straff, gut strukturiert und nachhaltig. Jetzt bis 2010.
1988 Einige sehr gute Weine, andere scheinen nicht im Gleichgewicht zu sein. Bald trinken.

Mit Weißweinen aus dem Mâconnais (Pouilly-Fuissé, St-Véran, Mâcon-Villages) verhält es sich ähnlich, sie sind aber nicht so lange haltbar. Sie zeichnen sich mehr durch Frische als durch Fülle aus.

Chablis Grands crus aus Jahrgängen mit Kraft und gutem Säuregehalt entwickeln sich bis zu zehn Jahren superb; Premiers crus entsprechend kürzer.

2001 Kleine Ernte; voraussichtlich ordentliche Weine.
2000 Schönes Wetter, um reife Trauben zu ernten. Hervorragend.
1999 Wieder ein reifer Jahrgang; z. T. vom Regen in Mitleidenschaft gezogen.
1998 Kühles Wetter, gelegentlich Hagel. Ordentliche bis gute Weine. Nichts für lange Lagerung.
1997 Ein weiterer feiner Jahrgang. Vielleicht vor dem 96er trinken.
1996 Ideale Ernte, doch Hagel auf die Spitzenlagen. Klassischer, haltbarer Chablis. Jetzt bis 2015.
1995 Sehr gut bis sehr sehr gut. Jetzt bis 2010.
1994 Regengüsse während der Lesezeit. Unkomplizierte Weine. Austrinken.
1993 Recht gut, aber nicht großartig. Austrinken.
1992 Reife, charmante Weine. Grands crus großartig. Jetzt bis mindestens 2005.
1991 Allgemein besser als an der Côte d'Or. Brauchbare Weine. Jetzt trinken.
1990 Grands crus meist hervorragend; anderen fehlt es vielleicht an Intensität und Säure. Jetzt bis 2010.
1989 Hervorragender Jahrgang mit starkem Charakter. Bald trinken.

Südwestfrankreich

2001 Der heiße Sommer brachte ideale Bedingungen für die Weinberge. Womöglich allzu hoher Zucker- und daher auch Alkoholgehalt.

2000 Viel Regen im September brachte unterschiedliche Qualität. Wer früh erntete, könnte gute Ergebnisse erzielt haben, allerdings nicht für langes Altern. Bessere Weine sollten sich halten.

1999 Einigen Erzeugern verdarb das durchwachsene Wetter den Jahrgang; insgesamt aber nicht katastrophal.

1998 Überall hervorragend. Die Roten sind 2003 wahrscheinlich auf dem Höhepunkt.

1997 Schrecklich nass; der herrliche Herbst ließ immerhin noch ausgezeichnete Süßweine zu. Ansonsten durchwachsene Qualität.

1996 Ein gutes »Geschäftsjahr« in den meisten Gebieten. Madiran-Weine dürften lange haltbar sein.

1995 Überall ausgezeichnet. Die Weine sind schwer zu bekommen, aber wert, dass man sich nach ihnen umsieht.

1990 Fabelhaftes Jahr für langlebige Rotweine wie Cahors, Pécharmant und Madiran.

Midi

2001 Unterdurchschnittliche Ernte von generell guter Qualität. Der heiße Sommer brachte reife, konzentrierte Weine hervor.

2000 Der warme Sommer bescherte dem Roussillon und der Provence reife, fruchtige Weine. Im Languedoc entstanden ausgewogene Tropfen aus gesunden Trauben.

1999 Im Roussillon konnte das schlechte Wetter dem Jahrgang nicht erntshaft schaden; im Languedoc war es durchwachsen – gut in La Clape, weniger gut in Pic St-Loup. Schönes Wetter und ebensolcher Wein in der Provence.

1998 Die Trockenheit im Roussillon resultierte in geringe Erträge konzentrierter Weine. Ein herrlicher Jahrgang im Languedoc: reife, fruchtige Tropfen mit großem Potenzial. Gut ausgewogen und fruchtig die Ergebnisse in der Provence.

1997 Problematisch im Roussillon und Languedoc – leichte aber fruchtige Weine sind das Ergebnis. In der Provence gab es niedrige Erträge mit voller Frucht, Konzentration und Alterungspotenzial.

1996 Regen verwässerte die Ernte im Roussillon und Languedoc – leichte Weine ohne Tiefe. Gute Frucht in der Provence; die Roten sollten aber eine Zeit lang in der Flasche reifen.

Nördliche Rhône

2001 Guter, lebhafter Jahrgang – vorausgesetzt, es wurde vor dem Septemberregen gelesen. Weine mit frischer Frucht und guter Säure. Sehr gut die traditionellen Côte-Rôtie-Weine; auch Weiße erfolgreich.

2000 Warme, reichhaltige Weine mit guter Dichte und Tanninstruktur. Besonders gerbstoffreich der Hermitage, er wird gut altern.

1999 Sehr erfolgreich mit köstlicher, vollreifer Frucht, wahrscheinlich ausgesprochen langlebig. Ausgewogener als der 98er – Harmonie heißt das Zauberwort. Côte Rotie Spitzenklasse. Saubere Weiße.

1998 Sehr guter, ertragreicher, bemerkenswert robuster Jahrgang. Mehr vordergründige Tannine als 1999; wird etwas brauchen, um sich abzurunden. 2006 bis 2010 trinken. Gute Weiße auf Marsanne-Basis.

1997 Guter bis sehr guter Jahrgang mit schweren, ausladenden Weinen, die sich schnell entwickeln. Der niedrige Säuregehalt bringt die vollen, weichen Geschmacksnoten in den Vordergrund; bereits jetzt gut zu trinken. Der richtige Jahrgang für Restaurants.

1996 Ein Jahrgang mit Potenzial, wenn man ihn noch weiter altern lässt. Frucht, Tannin und Säure waren zunächst noch unausgewogen.

Kann komplex wirken, wenn man den rechten Zeitpunkt abpasst. Spitzenweine 2006 bis 2008 trinken.

1995 Eine Fülle von kräftigen, üppigen Geschmacksnoten. Zweitrangige Appellationen wie Crozes-Hermitage sind jetzt auf dem Höhepunkt; die großen Namen brauchen noch etwas Zeit, vielleicht 2004 bis 2006. Feste Tannine bei einigen.

1994 Generell gut, besonders an der Côte Rôtie. Guter Körper mit sauberem Kern; mineralischer als 1995. Die Spitzengewächse sollten jetzt in einem guten Zustand sein.

1992 Weine mit einfacher Frucht, manchmal mit einem etwas »gekochten« Beigeschmack. Ein mittlerer Jahrgang, geradlinig, ohne große Überraschungen. Gute Weine jetzt trinken.

1991 Sehr gut an der Côte Rotie, gut in Hermitage. Unterbewertet, da sie – unfairer- aber typischerweise – mit Weinen aus anderen Teilen Frankreichs in einen Topf geworfen wurden. Sehr gute Weiße.

Südliche Rhône

2001 Geringere Ernte als 2000; durch Septemberregen uneinheitlich. Die meisten gewissenhaft arbeitenden Güter erzeugten dichte Weine; wer sicher gehen will, halte sich an die großen Namen.

2000 Schmackhafte, saftige, fruchtige, fette, aber nicht besonders langlebige Weine. An die Spitzenerzeuger halten. Gigondas könnte Châteauneuf-du-Pape in diesem Jahr qualitativ überholen.

1999 Überall sehr gut. Die besten Weine reif, sehr fruchtig und gut strukturiert. Schöner, harmonischer Châteauneuf-du-Pape: 2007+; sehr guter Vacqueyras; topfit der Lirac.

1998 Hervorragender Jahrgang; ein Triumph für die Grenache-Traube. Vollmundige Weine, die mit ihrer wahren Kraft und Tanninstärke hinter dem Berg halten. Einige mit übergroßer Potenz und Feurigkeit.

1997 Anspruchsloses Jahr; die Fruchtnoten können einen »gekochten«, marmeladigen Geschmack annehmen. Mit Ausnahme großer Namen und niedriger Erträge innerhalb von zehn Jahren trinken. Einige interessante Weiße.

1996 Uneinheitlicher Jahrgang mit schroffen Tanninen. Die Besten werden gut zehn Jahre halten.

1995 Süße, saftige, fruchtige Weine, die sich in Windeseile entwickeln, v. a. wenn die Erzeuger auf extreme Reife der Trauben setzten. Die besten werden sich bis 2010/2014 halten.

1994 Gute, extraktreiche Weine mit bemerkenswerten Tanninen in Châteauneuf-du-Pape. Lirac ebenfalls gut; Gigondas macht sich.

1993 Schwierigkeiten bei der Reifung bedingte ungleichmäßige Qualität mit einem deutlichen Säuremangel. Durch sorgfältige Auslese gelangen dennoch interessante, relativ trockene Weine mit zehn bis zwölf Jahren Lebensdauer.

Champagne

2001 Schwere Regenfälle ertränkten die Hoffnungen auf einen deklarierten Jahrgang. Trotz des geringen natürlichen Alkoholgehalts sind einige respektable Weine entstanden, v. a. von Chardonnay.

2000 Sonnenschein während der gesamten Lese ergab Weine mit gutem natürlichem Zucker- und Säuregehalt. Wird wahrscheinlich bei allen Erzeugern Jahrgangs-Champagner ergeben.

1999 Gelegentlicher Regen machte aus einem möglichen großen Jahrgang einen guten. Einige reife, ausdrucksstarke Chardonnay-Weine.

1998 Saubere Weine in gutem Zustand sowohl von Pinot noir als auch von Chardonnay. Ein Jahrgang wohl eher für Winzer als für Handelshäuser.

1997 Das herrliche Septemberwetter rettete den Jahrgang. Reife, säurearme, unkomplizierte Weine, jung zu trinken. Könnte noch vor dem 96er deklariert werden.

1996 Alkohol- und säurereiche Champagner von monumentaler Struktur, die immer noch Zeit zum Reifen brauchen. Winzer vergleichen diesen Jahrgang mit 1928.

1995 Klassische, schön ausgewogene Weine, ein Bilderbuchjahr für Chardonnay. Bei den meisten Erzeugern der derzeit aktuelle Jahrgang.

1993 Der beste Jahrgang in der mageren Zeit von 1991 bis 1995. Aromatische, feine, saubere Geschmacksnoten. Ausgezeichnete Weine von Pol Roger und Jacquesson.

1990 Einer der großartigsten Jahrgänge der jüngeren Zeit; die besten Weine sind volle, langsam reifende Champagner höchster Klasse. Insgesamt aber doch unterschiedlicher in der Qualität, als zugegeben wird. Einige Blancs de Blancs wirken schon etwas müde.

Loire

2001 Der warme, nasse Winter ließ mit Wasser voll gesogene Böden zurück. Die besten Weine kommen von Erzeugern, die spät ernteten oder sorgfältig Auslese betrieben. Vor dem Kauf probieren!

2000 Warm und regnerisch mit wenig Sonne. Muscadet, Sancerre und Touraine sind zufriedenstellend bis gut. Cabernet franc von tiefer Farbe, aber nicht voll im Geschmack; innerhalb von sechs Jahren trinken. Gut für trockenen und halbtrockenen Vouvray.

1999 Bis der Regen kam, sah es danach aus, als sollte der herrliche 89er Konkurrenz bekommen. Cabernet franc zeichnet sich duch ein »animalisches« Moschusaroma aus. Gut für trockenen und halbtrockenen Vouvray.

1998 Das Ende der Herrlichkeit an der Loire. Während der Lese gab es alles: Frost, Hagel, Trockenheit und Regengüsse. Leichte Weine; einige mit Hauptanteil Cabernet franc haben zu viel Tannin.

1997 Warm und sonnig mit wunderbarer »Nachsaison«. Der dritte ausgezeichnete Jahrgang in Folge. Süffige Rote, trockene Weiße und umwerfende Süßweine.

1996 Exzellent, wenn auch nicht ganz so »überschwänglich« wie 1997. Rotweine auf Cabernet-franc-Basis brauchen Zeit, werden aber ausgezeichnet altern – im Endeffekt wohl sogar besser als die 97er.

1995 Allgemein ein hervorragender Jahrgang. Langlebige, gut strukturierte, köstliche Weine in allen Appellationen.

1994 Insgesamt ein schwacher Jahrgang; nur ein paar Winzer der Coteaux de Layon bereiteten außerordentlich volle, stark botrytisierte Weine.

Elsass

2001 Der Altweibersommer nach einem sehr unbeständigen September rettete den Jahrgang. Insgesamt ausgewogene Weine, nicht überragend, aber gut.

2000 Exzellent – wahrscheinlich der beste Jahrgang seit 1990. Sehr gut für Vendange tardive und Sélection des grains nobles.

1999 Die schwierige Wachstumsperiode wurde von einem warmen und trockenen Spätsommer von Mitte August bis Mitte September ausgeglichen. Erzeuger, die ihre Erträge niedrig hielten, konnten gute, ausgewogene Weine bereiten.

1998 Der vierte gute Jahrgang in Folge, was selten vorkommt. Gute Weine trotz der Hitzewelle Mitte August bis Mitte September und Ernteregen. Mehr Gewürztraminer als in den Vorjahren.

1997 Eine fast perfekte Wachstumsperiode, die sonnig zu Ende ging, ergab konzentrierte trockene und überragende süße Weine.

1996 Harter Winter und später Frühling, aber heiß im Juli und August. Reife Trauben zur Lese dank idealer Bedingungen im Oktober. Feine trockene Weine, wenig Gewürztraminer.

1995 Der Altweibersommer meinte es gut mit den spät reifenden Sorten Pinot gris, Gewürztraminer und v. a. Riesling. Auch gute Süßweine.

1994 Herrlicher Sommer, aber nasser September – ein durchwachsenes Jahr, in dem das richtige Timing das A und O war. Sonne im Oktober ermöglichte einige Vendanges tardives.

Abelé Kleiner Champagnererzeuger in Reims mit sehr gutem Champagner oJ.

Abel-Lepitre Champagnerhaus der mittleren Klasse; arbeitet mit Philipponnat zusammen.

Abymes Sav; w ☆ BV – Hügeliger Bereich bei Chambéry; leichter, milder AC Vin de Savoie von der Jacquère-Traube mit alpinem Charme. Savoyen hat eine ganze Reihe solcher lokaler Crus für den lokalen Genuss vorzuweisen.

Agenais SWF; r rs (w) ★ BV – Vin de pays aus dem Departement Lot-et-Garonne, zumeist von den Genossenschaften in Goulens, Donzac, Monflanquin und Mézin. Auch von Genossenschaften im Marmandais.

Ajaccio Korsika; r rs w ★→★★ **95 96 97 98** 99 00 01– Hauptstadt von Korsika. AC für oft sehr guten Sciacarello-Rotwein. Spitzenerzeuger: Peraldi (probierenswert: Vermentino). Auch Clos Capitoro, Jean Courrèges (Dom. de Pratavone).

Aligoté Zweitrangige weiße Burgunder-Traube und ein in der Jugend oft angenehm herb-fruchtiger Wein mit ortstypischem Charakter. Die Gemeinde Bouzeron hat die einzige AC für Aligoté. Ein glänzendes Beispiel ist de Villaine, aber auch Weine von anderen guten Erzeugern sind probierenswert (v. a. aus Pernand-Vergelesses).

Alliet, Philippe Lo; r ☆☆☆→☆☆☆☆ **85 86 87 88 89 90 93** 95 96 **97 98 99 00** 01 – Erzeuger von langlebigen, im Fass ausgebauten Chinon-Weinen, v. a. Ch. du Noire Cuvée.

Aloxe-Corton Bg; r w ☆☆→☆☆☆ **78' 85' 88' 89' 90' 91 92 93' 95** 96' **97** 98 99' 00 – Weinort am Nordende der Côte de Beaune; Grand-cru-Lagen: Corton (r) und Corton-Charlemagne (w); Village-Weine sind leichter, aber probierenswert.

Alsace (r) w; (sch) ★★→☆☆☆ **90' 93 95 96 97 98 99 00** 01 – Region an den Ostausläufern der Vogesen, v. a. der Bereich zwischen Straßburg und Mühlhausen; bringt einzigartige Weine hervor: duftige, fruchtige, starke, gewöhnlich trockene Weine, die der jeweiligen Rebsorte Rechnung tragen. Es gibt jedoch auch einige süße Weine (siehe Vendange tardive, Sélection des grains nobles). Werden meist nach der Rebsorte verkauft (Pinot blanc, Riesling, Gewürztraminer usw.). Altern gut (ausgenommen Pinot blanc und Muscat) bis zu 5 oder gar 10 Jahren, Grand cru noch länger. Auch guter, preiswerter Crémant. Der Rotwein (Pinot noir) hat guten Sortencharakter; wird außerhalb der Region kaum verkauft.

Alsace Grand cru w ★★★→★★★★ **76 85 88 89' 90 93 95 96 97 98** 99 00 01 – AC nur für die 50 besten Lagen (ca. 1600 ha, 820 in Produktion) und vier »edle« Trauben: Riesling, Pinot gris, Gewürztraminer und Muscat, überwiegend trocken, einige aber auch süß. Nicht unumstritten, aber meist sehr gut, die Weine bringen das Terroir schön zum Ausdruck.

Ampeau, Robert Bg ☆☆☆Ausgezeichneter Erzeuger; Spezialist für Meursault und Volnay; auch Pommard usw. Gibt ungewöhnlicherweise nur lang gereifte Flaschen heraus.

André, Pierre Bg ☆ Négociant im Ch. Corton-André, Aloxe-Corton, mit 38 ha guten Lagen am Corton (Grands crus Corton-Charlemagne und

Corton Blanc), in Savigny, Gevrey-Chambertin usw. Auch Besitzer von Reine Pedauque.

Angerville, Marquis d' Bg ☆☆☆ Untadeliges Spitzenweingut (14 ha) in Volnay. Topweine: Champans und intensiver, starker Clos des Ducs.

Anjou Lo; r rs w; tr s; sch ★→★★★★ Region, aber auch Appellation an der Loire mit weitem Spektrum an Stilen – leichte Rotweine, z. B. AC Anjou Gamay, besser werdende trockene Weißweine; bes. gut roter Anjou-Villages (Cabernet Sauvignon), starker trockener Savennières und üppiger weißer Coteaux du Layon von Chenin blanc.

Anjou-Coteaux de la Loire Lo; w; lbl s ☆☆→☆☆☆ **89' 90' 93 94 95'** 96 **97 98 99 00 01** – Winzige AC für kräftige Chenin-blanc-Weiße. Halbtrocken oder lieblich, nicht so voll wie Coteaux du Layon; v. a. Musset-Roulliez, Dom. du Fresche, Ch. de Putille und Dom. du Putille.

Anjou-Villages Lo; r ★→★★★ **89 90 93 95** 96 **97 98** 99 00 01 – Erlesene AC für Rotweine (vorwiegend Cabernet franc, etwas Cabernet Sauvignon) aus dem Zentrum von Anjou. Potenziell saftige, ziemlich tanninherbe junge, aber preiswerte Weine, v. a. von Bablut, Richou, Rochelles, Pierre-Bise, Ch. de Coulaine, Ogereau, Montigilet und Ch. de Tigné (gehört Gerard Depardieu). Neuer beachtenswerter Unterbereich der Appellation: Anjou-Villages-Brissac.

Appellation Contrôlée (AC oder **AOC)** Staatliche Herkunfts- und Produktionskontrolle (nicht für Qualität!) für die besten französischen Weine (siehe Einleitung).

Apremont Sav; w ★★ BV – Einer der besten Weinorte in Savoyen; helle, zarte Weißweine, v. a. von der Jacquère-Traube, seit kurzem aber auch Chardonnay.

Arbin Sav; r ☆☆ Dunkelrot, lebendig; aus Mondeuse-Trauben, etwa wie ein guter Loire-Cabernet. Trinkreif ab 1 bis 2 Jahren. Ideal für Après-Ski.

Arbois Jura; r rs w; (sch) ☆☆→☆☆☆ meist BV – Verschiedene gute und originelle leichte, wohlschmeckende Weine; Spezialität: exzellenter Vin jaune (der alt werden kann).

Ariège SWF – Beachtenswert die neuen Vins de pays von 1998 gepflanzten Reben (Cabernet Sauvignon, Merlot, Cot usw.), die unter der Leitung der Dom. de Ribonnet bereitet werden.

Arlay, Château d' Großes Weingut im Jura; 64 ha in tüchtigen Händen. Weine u. a. Vin jaune, Vin de paille, Pinot noir und Macvin.

Arlot, Domaine de l' ☆☆☆ Erzeuger von exzellentem Nuits-St-Georges, v. a. Clos de l'Arlot, rot und weiß. Im Besitz der AXA-Versicherung.

Armagnac SWF – Eine ausgezeichnete Alternative für Branntwein; rustikaler und pfeffriger als Cognac. Tafelweine: Côtes de Gascogne, Gers und Terroirs Landais.

Armand, Comte Bg ★★★ Exzellenter Pommard, v. a. Clos des Epeneaux.

Aube Südlicher Ausläufer der Champagne; heißt jetzt Côte de Bar.

Aujoux, J.-M. Beauj – Bedeutendes Weingut und Handelshaus im Beaujolais; in Schweizer Besitz.

Auxey-Duresses Bg; r w ★★→★★★ **90' 91 92 93 95 96' 97** 98 99 – Zweitrangiger, aber durchaus löblicher Ort der Côte de Beaune; Ähnlichkeit mit Volnay und Meursault. Beste Güter: M. Prunier, Leroy, Diconne, Hospices de Beaune (Cuvée Boillot), R. Thévenin. Weißwein in 3 bis 4 Jahren trinken. Spitzenweißwein: Les Boutonniers von Leroy.

Avize Champ ☆☆☆☆ Einer der besten Orte der Côte des Blancs; nur Chardonnay-Anbau.

Aý Champ ☆☆☆☆ Einer der besten Champagne-Orte für Pinot noir.

Ayala Früher berühmtes Champagnerhaus alten Stils in Aÿ; verdient für seine Pinot-Verschnitte mehr Beachtung (nicht für den Blanc de Blancs).
Bahuaud, Donatien ☆☆ Führendes Loire-Weinhandelshaus. Der Master de Donatien ist sein Spitzen-Muscadet. Auch gut: Ch. de la Cassemichère.
Bandol Prov; r rs (w) ★★★ **85' 86 87 88 89 90 91 92 93 94** 95 96 97 98 99 00 01 – Kleine Küstenregion bei Toulon mit den besten Weinen der Provence: großartige, kräftige, gerbstoffreiche Rote von Mourvèdre-Trauben, v. a. Domaine Tempier, Mas de la Rouvière, Dom. de Pibarnon, Ch. Pradeaux.
Banyuls Pyr; br; s ☆☆→☆☆☆ Einer der besten Vins doux naturels, Haupttraube Grenache. Banyuls Grand cru besteht zu mindestens 75 % aus Grenache und wird 2 Jahre und länger gelagert. Tatsächlich entfernt mit Port verwandt. Spitzenweine: Rancios, z. B. von Dom. la Rectorie, Dom. du Mas Blanc (☆☆☆), Dom. Vial Magnères, 10 bis 15 Jahre alt. Billige Weine oJ enden in Bars.
Barancourt Eine der vielen Champagnermarken, die vom kauflustigen Paul-François Vranken erworben wurden. Champagnersorten mit hohem Pinot-noir-Anteil, v. a. Cuvée des Fondateurs. Auch guter Bouzy Rouge.
Barrique In Bordeaux (und Cognac) gebräuchliche Bezeichnung für ein Eichenfass mit 225 l (300 Normflaschen). Ausbau in Barriques zur Anreicherung des Weins mit Eichenholzaroma war Ende der 1980er-Jahre große Mode, endete aber manchmal mit bedauerlichen Resultaten. Der aktuelle Eichenholzpreis sollte zu mehr Besonnenheit führen.
Barsac Bx; w; s ☆☆→★★★★ **70 71' 75 76' 79' 81 83' 85 86' 88' 89' 90' 95** 96 97 98 99 01' – Nachbar von Sauternes mit ähnlich feinen, goldfarbenen Weinen, doch von anderen Böden; nicht so füllig, dafür rassiger. Lange Reifezeit lohnt sich sehr. Spitzenweine: Climens, Coutet, Doisy-Daëne, Doisy-Védrines.
Barthod-Noëllat, Ghislaine Bg ★★★ Domaine mit eindrucksvollem Angebot an Chambolle-Musigny.
Barton & Guestier Aus dem 18. Jahrhundert stammendes Handelshaus in Bordeaux, heute im Besitz von Seagram.
Bâtard-Montrachet Bg; w ☆☆☆☆ **79 85 86' 88 89' 90' 92 93 94** 95 96' 97' 98 99 00 – Größere Nachbarlage (22 ha) von Montrachet. Potenziell äußerst langlebiger, geschmacksintensiver und strukturreicher Wein. Bienvenues-Bâtard-M. ist eine eigene 3,6-ha-Grand-cru-Lage, aufgeteilt auf 15 Besitzer; daher keine großen Abfüllungen; sehr selten. Spitzenerzeuger: u. a. Leflaive, Bouchard-Père, J.-M. Boillot, Carillon, Gagnard, Morey, Drouhin, Louis Latour, Pernot, Ramonet, Sauzet.
Baudry, Domaine Bernard Lo; r rs w ☆☆☆ **85 86 87 88 89 90 93** 95 96 **97 98 99 00** 01 – Tadellose Chinon-Weine in einer Reihe von Stilen, von Weißen auf Chenin-blanc-Basis über Rosés bis zu einigen exzellenten roten Cuvées, u. a. Les Grezeaux, Clos Guillot und Les Croix Boissées.
Baumard, Domaine des Lo; ☆☆→☆☆☆☆ **75 76 78 81 85 86 88 89 90 93 94 95** 96 97 98 99 00 01 – Führender Erzeuger in Anjou, v. a. mit Savennières, Coteaux du Layon (Clos Ste-Cathérine) und Quarts de Chaume. Außerdem leckerer Vin de table von Verdelho.
Béarn SWF; r rs w ☆→☆☆ w rs BV r **98 00 01** – Unbedeutende Appellation im Baskenland, deren Zentrum die Genossenschaft in Bellocq ist. Außerdem ☆☆ Dom. de Guilhémas. Roter Jurançon (v. a. Dom. Nigri) sowie weißer und rosé Madiran müssen als Béarn oder Vin de pays Pyrenées-Atlantiques verkauft werden.

Beaucastel, Château de S-Rh; r w ★★★ **78′ 79 81′ 83 85 86′ 88 89′ 90′ 92 93′ 94′** 95′ 96′ 98′ 99′ 00′ – Eines der größten und bestgeführten Châteauneuf-du-Pape-Güter. Tiefdunkle, komplexe Weine aus einem ungewöhnlichen Verschnitt mit ein Drittel Mourvèdre, die sich auch jung gut trinken. Kleine Mengen an wundervollem, 5 bis 14 Jahre haltbarem Weißwein von der Roussanne-Traube. Auch der Côtes-du-Rhône-Wein Coudoulet de Beaucastel (rot und weiß, z. T. Viognier) ist ein Spitzenprodukt, ebenso immer besserer Ch. du Grand Prébois. Solide Perrin-Weine. Betreibt auch Tablas Creek in Paso Robles, Kalifornien.

Beaujolais r (rs) (w) ☆ BV – Einfache Appellation für die ganze Region Beaujolais; leichter, kurzlebiger, fruchtiger Rotwein von Gamay-Trauben. Beaujolais supérieur bedeutet kaum einen Unterschied.

Beaujolais de l'année Der Beaujolais des letzten Jahrgangs; eigentlich dasselbe wie B. primeur oder B. nouveau.

Beaujolais primeur (oder **nouveau**) Im Schnellverfahren (nur 4 bis 5 Tage Gärung) bereiteter Beaujolais, wird am 3. Mittwoch im November um Mitternacht freigegeben. Meist mild, pikant, fruchtig und süffig, zu oft aber auch zu einfach und zu alkoholstark. Beaujolais-Villages ist meist mehr zu empfehlen.

Beaujolais-Villages r ★★ **99 00 01** – Wein aus der besseren (nördlichen) Hälfte des Beaujolais; sollte viel geschmackvoller sein als normaler Beaujolais. Die 10 wirklich besten »Villages« führen die Bezeichnung »Cru«: Fleurie usw. Von den übrigen 30 liegen die besten um Beaujeu; Crus dürfen nicht vor dem 15. Dezember »en primeur« verkauft werden. Es lohnt sich aber, sie auch noch bis zum Frühjahr – oder erheblich länger – aufzubewahren.

Beaumes-de-Venise S-Rh; (r) (rs) br ★★→★★★ BV – Wird in weiten Kreisen als der beste französische Dessert-Muscat von den südlichen Côtes du Rhône angesehen; hocharomatisch, fein, anhaltend (z. B. Ch. Saint-Sauveur, Dom. de Coyeux, Dom. Durban, Jaboulet, Vidal-Fleury). Die mittelschweren Rotweine von Ch. Redortier, Dom. du Fenouillet, Cassan und der Genossenschaft sind ebenfalls gut.

Beaune Bg; r (w) ★★★ **88 89′ 90′ 91 93′** 95 96′ **97** 98 99 – Die historische Weinhauptstadt des Burgund, eine mit Mauern umgebene und von Kellern unterhöhlte Stadt. Klassischer Burgunder – aber kein Grand cru; viele gute Erzeuger. »Clos«-Weine von Négociants (meist Premier cru) sind oft die besten, z. B. der superbe Clos des Mouches (v. a. der weiße) von Drouhin und der Clos des Ursules von Jadot. Beaune du Château ist eine (gute) Marke von Bouchard Père. Beste Lagen: Grèves, Bressandes, Teurons, Marconnets und Fèves.

Becker, Caves J. Schönes, altes Familienweingut in Zellenberg im Elsass, jetzt mit womöglich noch feineren Weinen. Klassischer Riesling Hagenschlauf sowie Muscat Grand cru Froehn. Zweitetikett: Gaston Beck.

Bellet Prov; r rs w ☆☆☆ Modischer, überdurchschnittlicher Wein von der lokalen Rolle-Traube aus der Nähe von Nizza. Seriöse Erzeuger: Ch. de Bellet, Dom. de la Source. Ziemlich teuer.

Bergerac Dor; r rs w; tr s ★★ **90 95 96 98 00** (01) – Zwar nicht im politischen Sinn, aber de facto eine östliche Erweiterung von Bordeaux. Es gibt keinen deutlichen Unterschied in Stil oder Qualität. Spitzengüter u. a. La Tour des Gendres (☆☆☆), Dom. l'Ancienne Cure, Dom. de Gouyat, Ch. de la Colline, Ch. Grinou, Ch. de la Jaubertie, Ch. du Constant, Ch. les Eyssards, Ch. de la Mallevieille, Ch. les Marais, Ch. le Paradis, Ch. le Raz, Ch. la Tour de Grangemont Vari und Clos des Verdots.

Trockene Weiße von Bélingard-Chayne unter dem Markennamen Julien de Savignac. Siehe auch Monbazillac, Pécharmant, Rosette und Saussignac.

Besserat de Bellefon Champ – Grande Tradition oJ; Cuvée des Moines Brut und Rosé oJ; Grande Cuvée oJ; Brut und Rosé **90** **95** – Für ziemlich leichte, nicht lagerfähige Weine bekanntes Champagnerhaus, jetzt in Epernay. Gehört zu Marne et Champagne.

Beyer, Léon Alteingesessenes Familienunternehmen in Eguisheim im Elsass. Produziert kräftige trockene Weine für mindestens 5 bis 10 Jahre. Sehr bekannt der Gewürztraminer Comtes d'Eguisheim, besonders fein der Riesling gleichen Namens aus der Grand-cru-Lage Pfersigberg. Beyer ist ein erklärter Gegner der Grand-cru-Beschränkungen.

Bichot, Maison Albert Bg – Einer der größten Winzer und Weinhändler in Beaune. 13 ha Weinberge (Dom. du Clos Frantin ☆☆ ist vorzüglich) in Chambertin, Clos de Vougeot, Richebourg usw.; Domaine Long-Depaquit (☆☆) in Chablis. Weitere Markenweine.

Billecart-Salmon oJ; Rosé oJ; Nicolas François Billecart **88** **90** **95** 96 **97**; Blanc de Blancs **90** **95** 96 **97**; Elizabeth Salmon Rosé **95** 96 **97**; Grande Cuvée **90** 95 96 – Eines der besten Champagnerhäuser, gegründet 1818, noch immer in Familienbesitz. Die exquisiten, frisch-aromatischen Weine altern wundervoll. Ab 2000 z. T. in Eiche vergorene Jahrgänge. Ein neuer Einzellagenwein mit Namen Clos St-Hilaire (Blanc de Noirs **95**) wird Mitte 2003 in Umlauf kommen.

Bize, Simon Bg ☆☆☆ Bewundernswerter Erzeuger von rotem Burgunder mit 14 ha in Savigny-lès-Beaune. Meist mustergültige Weine im rassigen und eleganten Savigny-Stil.

Blagny Bg; r w ☆☆→☆☆☆ w **89** **90'** **92** **95** **96'** **97** **99** 00 01 – Dörfchen zwischen Meursault und Puligny-Montrachet. Die Weißweine tragen deshalb beide AC-Namen; die Roten ähneln Volnays und laufen unter der AC Blagny. Alle besseren Weine brauchen Reifezeit. Erzeuger: u. a. Jobard, Latour, Ampeau, Matrot, Leflaive, G. Thomas.

Blanc de Blancs Ein Weißwein nur aus weißen Trauben, insbesondere Champagner (der sonst aus roten und weißen Trauben hergestellt wird). Keine Qualitätsbezeichnung, eher eine des Stils.

Blanc de Noirs Weißwein aus roten Trauben (oft mit rosigem Schimmer).

Blanck, Paul et Fils Vielseitiger Elsässer Erzeuger in Kientzheim, guter Pinot blanc sowie Grand cru Fürstentum (Gewürztraminer, Pinot gris, v. a. Riesling) und Grand cru Schlossberg (Riesling).

Blanquette de Limoux Midi; w; sch ★★ **98** 99 **00** **01** – Günstiger Schaumwein aus der Nähe von Carcassonne; sehr trocken, sauber und immer schmackhafter: v. a. in der AC Crémant de Limoux wird die Mauzac-Traube auch mit Chardonnay und Chenin blanc verschnitten.

Blaye Bx; r w ☆ **88** **89** **90** **94** **95** **96** 98 00 – Einfacher Bordeaux aus der Gegend östlich der Gironde. Premières Côtes de Blaye ist die AC für die besseren Weine.

Boillot, J.-M. ☆☆☆ Domaine in Pommard, bekannt vor allem aber für sehr feine eichenholzwürzige Weißweine aus Puligny-Montrachet und Bâtard-Montrachet; auch bemerkenswerter Montagny.

Boisset, Jean-Claude Bg – Bei weitem der größte Burgunderhändler in Nuits-St-Georges. Eigentümer der Häuser Bouchard-Aîné, F. Chauvenet, Delaunay, Jaffelin, Morin Père et Fils, de Marcilly, Viénot, Thomas Bassot, Lionel Bruck, Pierre Ponnelle, Cellier des Samsons (Beaujolais), Moreau (Chablis) und einem Anteil an Mommessin. Zuverlässige kommerzielle

Qualität. Seit 1999 werden die Weine von eigenen Rebflächen unter dem Namen Dom. de la Vougeraie verkauft; potenziell sehr gut.

Boizel Qualitätsbewusstes Champagnerfamilienunternehmen in Epernay mit grandiosem gealtertem Blanc de Blancs oJ und dem Vorzeigeprodukt Joyau de France (**90 91 95**) zu sehr günstigen Preisen. Teil der Gruppe Boizel Chanoine.

Bollinger Spécial Cuvée oJ; Grande Année **82 85 88 95** 96; Rosé **85 88 90 95** 96 – Champagnerspitzenhaus in Aÿ mit ausgeprägtem, weinigem Stil. Luxusmarken: RD (**73 75 76 79 81 82 85 88**) und Vieilles Vignes Françaises (**75 79 82 85 88 90** 95 96) von ungepfropften Pinot-noir-Reben. Geht mit seiner Qualitäts-Charta (1991) neue Wege.

Bonneau du Martray, Domaine Bg; r ☆☆ w ☆☆☆☆ Der bedeutendste Erzeuger (9 ha) von Corton-Charlemagne feinster Qualität; auch roter Grand cru Corton, seit 1990 auf hohem Niveau. Kellerei in Pernand-Vergelesses. Die Weißweine leben meist länger als die Roten.

Bonnes-Mares Bg; r ★★★→★★★★ **78′ 85′ 87 88′ 89 90′ 91 92 93** 95 96′ 97 98 99′ 00 01 – 15 ha Grand-cru-Lage zwischen Chambolle-Musigny und Morey-Saint-Denis. Robuster, langlebiger Wein, nicht so duftig wie Musigny, oft Chambertin ebenbürtig. Spitzenerzeuger: Dujac, Groffier, Jadot, Roumier, Dom. des Varoilles, de Vogüé, Vougerie.

Bonnezeaux Lo; w; s ★★★→★★★★ **76′ 78 85′ 86 88′ 89′ 90′ 93′ 94** 95′ 96 **97 98 99 00** 01 – Samtiger, strukturierter und komplexer süßer Wein aus Chenin-blanc-Trauben. Der potenziell Beste von Coteaux du Layon, v. a. Angeli, Ch. de Fesles, Domaine du Petit Val. Haltbar – aber auch jung schon verlockend.

Bordeaux Bx; r (rs) w ★→★★ **90 94 95 96 98** 00′ (Châteaux von Bordeaux siehe Seiten 114 bis 145). Grundlegende, umfassende Appellation für weniger gehaltvolle, aber auch nicht zu verachtende Bordeaux-Weine: eher leicht und herb, jedoch immer noch unnachahmlich im Geschmack. Der ideale, einfache Alltagswein nach meinem Dafürhalten.

Bordeaux supérieur ★→★★ Wie oben, mit etwas mehr Alkoholgehalt und Lagerfähigkeit.

Borie-Manoux Erstklassiges Weinhandelshaus mit Gütern in Bordeaux, im Besitz der Familie Castéja. Güter: Batailley, Beau-Site, Domaine de l'Eglise, Haut-Bages Monpelou, Trottevieille.

Bouchard Père et Fils Bedeutendes Handels- und Erzeugerhaus in Burgund (gegründet 1731) mit 94 ha besten Lagen, vor allem an der Côte de Beaune; die Keller befinden sich im Château de Beaune. Seit 1995 gute Qualität, bis dahin oft schwach.

Bouches-du-Rhône Prov; r rs w ☆ Vin de pays aus der Gegend um Marseille. Herzerwärmende Rotweine von Lokalrebsorten sowie Cabernet Sauvignon, Syrah und Merlot.

Bourg Bx; r (w) ☆☆ **86′ 88′ 89′ 90′ 94 95 96** 98 99 00′ – Einfache helle Weine aus der Gegend östlich der Gironde; Erzeuger: siehe den Eintrag zu Côtes de Bourg.

Bourgeois, Henri Lo **89 90 93 95 96 97 98 99 00 01** – Führender Winzer und Händler für Sancerre in Chavignol; auch Pouilly-Fumé, Menetou-Salon und Quincy; Eigentümer von Laporte (Sancerre). Spitzenweine u. a.: Etienne Henri, MD de Bourgeois, La Bourgeoise, d'Antan Sancerrois, Sancerre Jadis. Hat vor kurzem einen Weinberg in Neuseeland gekauft.

Bourgogne Bg; r (rs) w ★★ **97 98 99′** 00 01 – Umfassende Appellation für Burgund, aber mit höherem Qualitätsstandard als etwa einfacher Bordeaux. Leicht, aber oft voll im Geschmack, nach 2 bis 4 Jahren am besten. Gute Erzeuger haben schöne, preiswerte, nicht zu verachtende Weine aus Randlagen von Orten der Côte d'Or zu bieten. Beaujolais Cru kann auch als Bourgogne bezeichnet werden.

Bourgogne Grand Ordinaire Bg; r (w) ☆ BV – Die einfachste Burgunder-Appellation, auch für Gamay-Weine. Nicht sehr verbreitet. Weißweine dürfen aus Aligoté, Pinot blanc und Melon de Bourgogne bestehen.

Bourgogne Passetoutgrain Bg; r (rs) ★ 1 bis 2 Jahre lagern – Einfacher Burgunder; Mischung aus mindestens 33 % Pinot noir, der Rest Gamay. Oft erfreulich. Nicht so verführerisch wie Beaujolais.

Bourgueil Lo; r (rs) ☆☆→☆☆☆(☆) **76' 85 86' 88 89' 90' 95' 96 97 98 99** 01 – Meist recht muskulöser, fruchtiger roter Cabernet Sauvignon aus der Touraine. In Spitzenjahren tief und langlebig, reift wie ein Bordeaux. St-Nicolas de Bourgueil ist oft leichter. Erzeuger: u. a. Amirault, Audebert, Billet, Breton, Caslot, Cognard, Delaunay, Druet, Gambier, Lamé-Delisle-Boucard, Mailloches.

Als »Bourgogne« bezeichnete Tropfen gehören ans einfachere (und billigere) Ende der burgundischen Qualitätsskala. Neben einer Reihe von konturlosen Massenweinen gehören hierzu auch Erzeugnisse aus Gebieten, die eigene Unterbereiche innerhalb der AC Bourgogne darstellen. Im Departement Yonne sind dies Coulanges-la-Vineuse, Epineuil und Vézélay, an der Côte d'Or die Hautes-Côtes de Beaune und die Hautes-Côtes de Nuits und schließlich im Departement Sâone et Loire die Côte Chalonnaise sowie Couchois.

Am besten ist es wahrscheinlich, simplen Bourgogne Rouge oder Blanc von guten Erzeugern in den berühmten Orten der Côte d'Or zu kaufen – die Chancen, hier einfachen, aber köstlichen Wein zu bekommen, stehen ausgezeichnet.

Bouvet-Ladubay Lo ☆→☆☆☆ Großproduzent von Saumur-Schaumwein, in der Hand von Taittinger. Weine: Jahrgangs-Brut Saphir, Cremant Excellence, die in Eiche vergorene Luxussorte Trésor (weiß, rosé) mit 2 Jahren Reifezeit sowie Instinct. Auch eine Reihe von Stillweinen (Les Nonpareils) und guter süßer Grand Vin de Dessert. Cuvées: Brut Zero, Trésor Rouge.

Bouzeron Bg; w ☆ Weinort in der AC Côte Chalonnaise, speziell für Aligoté. Altern 1 bis 2 Jahre. Spitzenerzeuger: de Villaine; gut auch Bouchard Père.

Bouzy Rouge Champ; r ☆☆☆ **89 90 95 96 97** 98 **99** – Roter Stillwein aus dem berühmten Champagne-Ort; ähnlich einem sehr leichten Burgunder, kann in Jahrgängen mit viel Sonne langlebig sein.

Brana, Domaine 94' 95' 96 (98') – Wegweisendes Weingut in Irouléguy, hoch über St-Jean-Pied-du-Port gelegen. Hervorragende Eaux-de-Vie.

Brand Alsace Grand cru, vulkanisches Gebiet bei Turckheim. Pinot gris gedeiht hier außerordentlich gut; außerdem exzellenter Gewürztraminer von Zind-Humbrecht.

Brédif, Marc Lo ☆☆→☆☆☆ Einer der bedeutendsten Erzeuger und Händler in Vouvray, v. a. Schaumwein (nach traditioneller Methode und Pétillant); im Besitz von Ladoucette.

Bricout Brut oJ (Réserve, Prestige, Cuvée Spéciale Arthur Bricout **90 95**); Rosé oJ; Brut **90 95** 96 97 – Champagnerhaus in Avize, 1999 von P. Martin und O. Giraudière erworben. Erstklassige Cuvée Prestige.

Brocard, J.-M. Bg ☆☆ Chablis-Erzeuger, den man sich wegen seiner frischen, typischen Weine merken sollte, die fein und günstig sind: u. a. Montmains, Montée de Tonnerre. Erweitert sich auf neue Gebiete.

Brouilly Beauj; r ★★ **98 99 00 01** – Der größte der 10 Beaujolais-Crus: fruchtiger, runder, erfrischender Wein. 3 bis 4 Jahre haltbar. Größtes Gut: Ch. de la Chaize. Spitzenerzeuger: Michaud, Dom. de Combillaty, Dom. de Grandes Vignes.

Brumont, Alain SWF – Bekanntester Erzeuger in Madiran und einer der ersten, die sich mit Eichenholzausbau und reinsortigen Tannat-Weinen befassten. Hat die Genossenschaft in Castelnau-Rivière-Basse übernommen. Spitzenweine: Ch. Montus, Dom. Bouscassé und der günstige Madiran Dom. Meinjarre. Seine sortenreinen Tropfen sind interessant, spielen aber nicht in derselben Liga.

Brut Bezeichnung für trockenen klassischen Schaumwein. Brut Ultra/Zéro: eine neuere Bezeichnung für knochentrockene Weine.

Buisse, Paul ☆☆ Handelshaus in Montrichard für Qualitätsweine von der Loire, v. a. Touraine-Weine.

Bugey Sav; rs w; sch ☆→★★ BV – VDQS-Bereich für leichte Schaum-, Perl- und Stillweine von Roussette (bzw. Altesse) und Chardonnay. Spitzenerzeuger: Montagnieu; auch Rosé de Cerdon, vorwiegend Gamay.

Burguet, Alain Bg ☆☆→☆☆☆ Überragender Gevrey-Chambertin, v. a. sein Villages-Wein Vieilles Vignes.

Buxy Bg; w – Ort in der AC Montagny mit guter Genossenschaft für Chardonnay und Pinot noir.

Buzet SWF; r (rs) (w) ★★ **98' 99 00** (01) – Region unmittelbar südöstlich von Bordeaux; ähnliche Weine wie dort, manchmal mit etwas Pflaumenaroma. Eine dynamische Genossenschaft produziert die größte Menge, daneben einige Einzelbetriebe (z. B. Ch. de Gueyze, Ch. de Mazelières). Weine mit typisch regionalem Charakter von den unabhängigen Dom. de Pech, Ch. du Frandat, Ch. Sauvagnères und Ch. Tournelles.

Cabardès Midi; r (rs) (w) ★→★★ **95 96 97** 98 99 00 – Neue AC-Region nordwestlich von Carcassonne. Midi- und Bordeaux-Trauben zeitigen z. B. bei Ch. Pennautier, Ch. des Hautes-Caunettes, Ch. Ventenac und Dom. de Cabrol sowie bei der Genossenschaftskellerei Conques sur Orbiel gute Ergebnisse.

Cabernet Sauvignon Siehe Trauben für Rotwein (Seite 17).

Cabernet d'Anjou Lo; rs; lbl ☆→☆☆ BV – Delikater, lieblicher, fruchtiger Rosé. Herkömmlicherweise ein süßer, haltbarer Wein; einige bewundernswerte Exemplare überleben lange, v. a. von Bablut und Genaiserie.

Cabrières Midi; (r) rs ★★ BV – Ort in den Coteaux du Languedoc.

Spitzenerzeuger in Cahors

Clos de Gamot, Clos la Coutale, Reysséguier, ferner die Chateaux du Cayrou, La Coustarelle, La Caminade, Les Hauts d'Aglan, Lamartine, Pech de Jammes, La Reyne, du Cèdre, Les Ifs, Latuc, De Lauze, Les Rigalets und die Domaines de la Bérangeraie, du Garinet, Paillas, Pineraie, Savarines, Eugénie, Bateliers, Manoir du Rouergou.

Cahors SWF; r ☆→☆☆☆ **85 89 90' 95 98** (99) (00) – Früher ein strenger »schwarzer« Wein, vorwiegend von der Malbec-Traube, die hier Auxerrois genannt wird. Die Palette reicht jetzt von konzentriertem, tanninreichem Wein bis zu früh genussreifen Sorten.

Cairanne S-Rh; r rs w ★★ 89 90′ 94 95′ 96′ 97 98′ 99′ **00′** – Einer der besten Côtes-du-Rhône-Villages-Weine, solide und robust, v. a. von den Domaines Alary, Ameillaud, Brusset, l'Oratoire St-Martin, Rabasse-Charavin und Richaud. Einige Weißweine im Aufwind.
Canard-Duchêne Champagnerhaus mit Verbindungen zu Veuve-Clicquot. Kräftiger Pinot-noir-Geschmack; vernünftige Preise. Qualität in letzter Zeit besser. Die gute Prestige-Cuvée Charles VII. wird in den Stilen Brut und Rosé bereitet.
Canon-Fronsac Bx; r ★★→★★★ **85′ 86 88 89′ 90′ 94 95** 96 97 98 00′ – Volle, tanninreiche, zunehmend bessere Rotweine aus einem kleinen Bereich westlich von Pomerol; brauchen heute weniger Reifezeit als früher. Châteaux: Barrabaque, Canon, Canon-de-Brem, Canon-Moueix, Cassagne-Haut-Canon, Croix-Canyon, La Fleur Caillou, Grand-Renouil, Mazeris, Moulin-Pey-Labrie, Vraye-Canon-Boyer. Siehe auch Fronsac.
Cantenac Bx; r ☆☆☆ Ort im Haut-Médoc, hat Anspruch auf die Appellation Margaux. Spitzen-Châteaux: u. a. Brane-Cantenac, Palmer.
Cap Corse Korsika; w br ★★→★★★ Das Nordkap der Insel. Hier wächst herrlicher Muscat (Clos Nicrosi in Rogliano) und ein seltener milder und trockener Vermentino-Weißwein. Lohnt einen Umweg.
Caramany Pyr; r (w) ★ 95 96 97 **98 99** 00 01 – Gehobene Appellation für Côtes du Roussillon-Villages aus einem einzigen Ort.
Carillon, Louis Bg ★★★ Führendes Gut von Puligny-Montrachet, jetzt Spitzenklasse; v. a. Premier cru Referts, Perrières und eine kleine Menge Grand cru Bienvenues-Bâtard.
Cassis Prov; (r) (rs) w ☆☆ BV – Küstenort östlich von Marseille, bekannt für trockenen Weißwein mit eigenem Charakter, der zur Bouillabaisse getrunken wird (z. B. Dom. de la Ferme Blanche, Clos Ste-Magdelaine, Clos d'Albizzi). Nicht zu verwechseln mit dem in Dijon hergestellten Cassis, einem Likör aus Schwarzen Johannisbeeren.
Cave Kellerei; auch jede beliebige Weinfirma.
Cave coopérative Genossenschaftskellerei. Auf Betriebe dieser Art entfallen 55 % der französischen Weinerzeugung. Fast alle Genossenschaften sind gut geführt und ausgestattet, die Weine sehr preiswert.
Cellier des Samsons ☆ Genossenschaft mit 2000 Mitgliedern im Beaujolais/Mâconnais. Sitz in Quincié. Verbreitet im Handel. Jetzt im Besitz von Boisset.
Cépage Rebsorte, z. B. Chardonnay, Merlot.
Cérons Bx; w; tr s ★★ **83′ 85′ 86′ 88′ 89′ 90 95 96 97** 98 99 01 – Nachbar von Sauternes mit einigen guten Süßweinerzeugern, z. B. Ch. de Cérons et de Calvimont, Ch. Chantegrine und Ch. Grand Enclos. Ch. Archambeau erzeugt sehr guten trockenen Graves.
Chablis Bg; w ★★→★★★ 95 **96′ 97 99** 00′ 01 – Vollaromatischer, trockener, mineralischer Wein von eigener Art, im nördlichen Burgund rein von Chardonnay gekeltert. Anbaufläche insgesamt 4000 ha für alle Qualitätsstufen (siehe auch S. 66).
Chablis Grand cru Bg; w ★★★→★★★★ **83** 85 86 **88 89 90′** 92 **93 95′** 96′ 97 98 99 00′ 01 – Ausgereift den größten weißen Burgundern ebenbürtig. In der Jugend kraftvoll, aber oftmals etwas stumpf, am besten im Alter, wo sich ein mineralischer Ton mit einem leichten Hauch von Sauternes verbindet. Sieben Lagen: Blanchots, Bougros, Clos, Grenouilles, Preuses, Valmur, Vaudésir. Siehe auch Moutonne.
Chablis Premier cru Bg; w ★★★ 85 86 **88 89** 90 **92 93** 95′ **96′** 97 98 99 00′ 01 – Formell zweite Klasse, oft aber ausgezeichnet und typischer

für Chablis als die Grands crus. Übertrifft in der Finesse oft den teureren Meursault und andere Chardonnay. Beste Lagen: Côte de Lechet, Fourchaume, Mont de Milieu, Montée de Tonnerre, Montmains, Vaillons.

Chablis
Nirgendwo ergibt die Chardonnay-Traube auf ihrem Siegeszug durch die Weingärten der Welt so volle und saubere, gleichzeitig aber auch so nervige und steinige Weine wie auf den schweren Kalksteinböden des Chablis. Das Chablis-Gebiet unterteilt sich in drei Qualitätsstufen (mit Petit Chablis vier), die eine bemerkenswerte Beständigkeit aufweisen. Die besten Erzeuger lassen sich nur vereinzelt auf die Verwendung neuer Eichenfässer ein, um den unverwechselbaren Ausdruck von Traube und Terroir nicht zu verschleiern. Zu diesen Spitzenproduzenten gehören: Barat, Bessin, Billaud-Simon, Boudin*, J.-M. Brocard, J. Collet*, D. Dampt, R. & V. Dauvissat*, J. Dauvissat*, B., D., E. und J. Defaix, Droin, Drouhin*, Durup, Fèvre, Geoffroy, J.-P. Grossot*, Laroche, Long-Depaquit, Dom. des Malandes, L. Michel*, Picq*, Pupillon, Raveneau*, G. Robin*, Servin, Tribut, Vocoret. Einfacher Chablis ist manchmal dünn. Die besten Chablis-Lagen sind die Premiers crus und die Grands crus (siehe dort). Die Genossenschaft La Chablisienne hat einen hohen Qualitätsstand (v. a. Grenouille*) unter verschiedenen Etiketten; von ihr stammt jede dritte Flasche. (* = überragend)*

Chai Gebäude, in dem der Wein zum Reifen gelagert wird, insbesondere in Bordeaux.
Chaize, Château de la Beauj; r ☆☆☆ **95 96 97 98 99** 00 01 – Bekanntestes Gut von Brouilly.
Chambertin Bg; r ☆☆☆☆ **78' 85' 87 88 89 90' 91 92 93** 95 96' 97 98 99' 00 01 – 13 ha Grand-cru-Lage, bringt mit die gehaltvollsten, dauerhaftesten und besten roten Burgunder. 20 Erzeuger, u. a. Bouchard, Charlopin, Damoy, Drouhin, Leroy, Mortet, Ponsot, Rebourseau, Rossignol-Trapet, Rousseau, Trapet.
Chambertin-Clos de Bèze Bg; r ☆☆☆☆ **78' 85 87 88 89 90' 91 92 93** 95 96' 97 98 99' 00 01 – 15 ha Nachbarlage von Chambertin, ähnlich vorzüglicher Wein; darf als Chambertin bezeichnet werden. 15 Erzeuger: u. a. Clair, Damoy, Drouhin, Drouhin-Laroze, Faiveley, Groffier, Jadot, Rousseau.
Chambolle-Musigny Bg; r ★★★→★★★★ **78' 85' 87 88 89 90' 91 92 93 95 96' 97** 98 99 00 – Ort an der Côte de Nuits mit 168 ha Anbaufläche. Fabelhaft duftige, niemals schwere Weine. Beste Lagen: Les Amoureuses, Teil von Bonnes-Mares, Les Charmes, Musigny. Beachtenswerte Erzeuger: Barthod-Noëllat, Drouhin, Faiveley, Groffier, Hudelot-Noëllat, Jadot, Mugneret, Mugnier, Rion, Roumier, Serveau, de Vogüé.
Champagner Schaumwein von Pinot noir, Pinot meunier und/oder Chardonnay aus der 28 000 ha großen Champagne, 140 km östlich von Paris, hergestellt nach der Méthode traditionelle. Schaumwein anderer Herkunft – so gut er auch sein mag – darf sich nicht Champagner nennen.
Champy Père et Cie. Bg ☆☆→☆☆☆ In das älteste Weinhandelshaus in Beaune kam durch die Familie Meurgey (auch Eigner der Maklerfirma DIVA) frischer Wind. Sehr gutes Sortiment an ausgewählten Weinen.

Chandon de Briailles, Domaine Bg ★★★ Kleines Weingut in Savigny (Burgund) mit vorzüglichem Corton (und Corton Blanc) und sehr gutem Pernand-Vergelesses.

Chanson Père et Fils Bg ☆→☆☆☆ Alter Weinbau- und Handelsbetrieb in Beaune mit 45 ha Rebfläche, jetzt im Besitz von Bollinger. Lagen v. a. Beaune Clos des Fèves, Savigny, Pernand-Vergelesses und Corton. Jetzt bessere Qualität zu erwarten.

Chapelle-Chambertin Bg; r ☆☆☆ **85 87 88 89' 90' 91 92 93** 95 96' 97 98 99' 00 01 – 5 ha Anbaufläche, Chambertin benachbart; der Wein nicht so gehaltvoll, eher »nervig«. Spitzenerzeuger: Damoy, Jadot, Rossignol-Trapet, Trapet.

Champagnerhäuser: Eine kleine, aber feine Auswahl

Alain Robert Ein Perfektionist in Weinberg und Keller in Le Mesnil; sein Wein der Superlative: Cuvée Mesnil Sélection und Tête de Cuvée.

Beaumont des Crayères Überragende kleine Genossenschaft in Mardeuil. Umwerfende Grande Réserve oJ auf Meunier-Basis.

Richard Cheurlin Einer der besten Winzer und Kellermeister der Aube. Voller, aber ausgewogener Carte d'Or, und Jahrgangs-Champagner Cuvée Jeanne.

Egly-Ouriet Erstklassiger Winzer und Kellermeister in Ambonnay mit herrlich ausdrucksstarken Pinot-noir-Weinen, v. a. Blanc de Noirs Vieilles Vignes

Jacques Selosse Herausragende Domaine in Avize, die natürliche Bereitungsmethoden ohne Eingriffe von außen einsetzt. Köstliche Cuvée Substance, sortenrein von Chardonnay und im Fass vergoren.

René Geoffroy Winzer mit eigener Kellerei in Cumières; lebhafte fruchtige Weine oJ, sehr gute, in Eiche vergorene Jahrgangs-Champagner sowie Cumières Rouge.

Pierre Gimonnet Führender Erzeuger von Côte des Blancs in Cuis. Delikate trockene Cuvée Gastronome, ideal zu Austern.

Henri Mandois Erzeuger in Pierry. Elegante Weine von Pinot meunier und Chardonnay-Verschnitte.

Larmandier-Bernier Winzer mit eigener Kellerei in Vertus; Spitzen-Blanc-de-Blancs, v. a. Cramant Grand Cru.

A. R. Lenoble Winzige, unauffällige Firma in Damery. Sehr hohe Qualität, v. a. Cuvées vorwiegend von Chardonnay.

Jean-Marie Tarlant Großartiger Erzeuger aus Oeuilly im Marnetal. Ausgezeichnete Jahrgangsweine (v. a. der 95er) und überragende in Eiche vergorene Cuvée Louis, die an Krug-Champagner erinnert.

Chapoutier Rh – Alteingesessenes Erzeuger- und Weinhandelshaus mit körperreichen Rhôneweinen, die nach biologisch-dynamischen Methoden erzeugt werden. Am besten die Spezial-Cuvées Châteauneuf Barbe Rac (ein reinsortiger Grenache), die roten Hermitage-Weine L'Hermité und Le Pavillon, der weiße Hermitage Cuvée d'Orée (Marsanne aus später Lese) sowie der rote Crozes Les Varonniers (seit 1994). Die neuen Firmen in Banyuls, Collioure, Coteaux du Tricastin und Coteaux d'Aix-en-Provence sind vielversprechend.

Chardonnay Siehe Trauben für Weißwein (Seite 13). Auch Name eines Mâcon-Villages-Weinorts; daher Mâcon-Chardonnay.

Charlopin, Philippe Bg ☆☆☆ Perfektionistisches Gut in Gevrey-Chambertin. Im Auge behalten.

Charmes-Chambertin Bg; r ☆☆☆ **85′ 87 88 89′ 90′ 91 92 93 95** 96′ 97 98 99′ 00 01 – 30 ha, Nachbarlage von Chambertin, umfasst die AC Mazoyères-Chambertin; geschmeidiger, runder Wein. Erzeuger: u. a. Bachelet, Drouhin, Dugat, Dujac, Leroy, Perrot-Minot, Roty, Roumier, Rousseau, Vougeraie.

Chassagne-Montrachet Bg; r w ☆☆☆→☆☆☆☆ r (★★★) **85 88 89 90′ 91 93 95** 96′ **97** 98 99; w **85 86 88 89′ 90 92 94 95 96′ 97 98** 99 00 01– Ort an der Côte de Beaune, 300 ha, mit exzellenten reichhaltigen trockenen Weißen und feinsten, kräftigen Roten. Die Weißweine erreichen nur selten die Finesse des Nachbarn Puligny, sind aber oft preiswerter. Beste Lagen: Teil von Montrachet, Bâtard-Montrachet, Criots-Bâtard-Montrachet, Ruchottes, Cailleret, Boudriottes (r) (w), Morgeot (r) (w), Clos-St-Jean (r). Erzeuger: u. a. Amiot-Bonfils, Blain-Gagnard, Colin-Deléger, Drouhin, Fontaine-Gagnard, J.-N. Gagnard, Gagnard-Delagrange, Lamy-Pillot, Ch. de la Maltroye, Morey, Niellon, Pillot, Ramonet.

Château

Bezeichnung für Weingut, unabhängig von Größe oder Qualität, vor allem in Bordeaux gebräuchlich (siehe Seiten 114–145). In anderen Teilen Frankreichs wird Château im wörtlicheren Sinn als Schloss oder großes Haus verstanden. In Burgund herrscht der Ausdruck »Domaine« vor.

Château-Chalon Jura; w ☆☆☆ Kein Weingut, sondern eine Appellation und eine Ortschaft mit eigenartigem trockenem, gelbem, Sherry-ähnlichem Wein von der Savagnin-Traube. Entwickelt Flor bei der mind. 6 Jahre dauernden Reifung im Fass. Nach der Abfüllung (in 62 cl fassende »Clavelin«-Flaschen) genussreif, hält sich aber ewig. Eine Kuriosität.

Château-Grillet N-Rh; w ☆☆☆☆ **94′ 95 96 98 99** – 3,5 ha terrassierte Viognier-Rebfläche, kleinste Einzelappellation Frankreichs. Übermäßig teuer, erlebte aber in den 1990er-Jahren einen neuen Aufschwung. Ausbau stets im großen Holzfass. Weniger blumiges Aroma als Condrieu; ziemlich jung trinken – oder gleich Condrieu nehmen.

Châteaumeillant Lo; r rs ☆→☆☆ BV – Kleines VDQS-Gebiet bei Sancerre. Gamay und Pinot noir für leichte Rotweine und Rosé. Spitzenerzeuger: Lanoix, Cave des Vins de Châteaumeillant.

Châteauneuf-du-Pape S-Rh; r (w) ☆☆☆ **78′ 79 80 81′ 83 85 86 88 89′ 90′ 93** 94 95′ 96 98′ 99′ 00′ – 3310 ha bei Avignon mit einem harten Kern von rund 30 Weingütern, die sehr feine Weine erzeugen (und weiteren 90 mit gemischter Qualität). Mischungen von bis zu 13 Rebsorten, überwiegend Grenache, Syrah und Mourvèdre. Die besten Gutsweine sind dunkel, kraftvoll und ausnehmend langlebig. Die Weißweine sind entweder fruchtig und schwungvoll oder ziemlich schwer, viele werden heute für baldigen Verbrauch bereitet. Spitzenerzeuger: u. a. Chx. de Beaucastel, Fortia, Gardine, Mont-Redon, La Nerthe, Doms. de Beaurenard, Bosquet des Papes, les Cailloux, Font-de-Michelle, Grand Tinel, Pegaü, Vieux Télégraphe, Villeneuve, Henri Bonneau, Clos du Mont-Olivet, Clos des Papes, Clos St-Jean, Vieux Donjon usw.

Châtillon-en-Diois Rh; r rs w ☆ BV – Kleine Appellation östlich der mittleren Rhône. Guter Rotwein, vorwiegend von Gamay; weiße Trauben (auch Aligoté) werden meist zu Clairette de Die verarbeitet.

Chave, Gérard Rh – Mit seinem Sohn Jean-Louis der Superstar unter den Erzeugern von Hermitage. 10 ha für Rotwein, 5 ha für Weißwein, verteilt auf 9 Weinberge in Hanglage. Vollmundige, sehr langlebige Rot- und Weißweine (u. a. guter roter St-Joseph), ferner Vin de paille. Das Rebgut für die interessante neue Marke J. L. Chave in St-Joseph wird von anderen Erzeugern angekauft.

Chavignol Dorf in Sancerre mit dem berühmten Weinberg Les Monts Damnés. Der kalkhaltige Boden bringt lebendige Weine für mindestens 4 bis 5 Jahre Reifezeit hervor; v. a. von Bourgeois und Cotat.

Chénas Beauj; r ★★★ **96 97 98 99 00** 01 – Der kleinste, aber einer der gewichtigsten Beaujolais-Crus; Nachbar von Moulin-à-Vent und Juliénas. Beachtenswerte Erzeuger: u. a. Benon, Champagnon, Charvet, Ch. Chèvres, Dubœuf, Lapierre, Robin, Trichard und die Genossenschaft.

Chenin blanc Siehe Trauben für Weißwein (Seite 14).

Chenonceau, Château de Lo ☆→☆☆ BV – Architektonisches Juwel an der Loire; produziert guten bis sehr guten AC Touraine Sauvignon blanc, Cabernet Sauvignon und Chenin blanc, Stillwein und Schaumwein. Siehe Jahrgänge im Eintrag Cheverny.

Chéreau-Carré ☆☆☆ **85 87 88 89 90 93 95 96 97 98 99 00 01** Erzeuger von einigen der besten Muscadet-Gutsweinen, v. a. Ch. du Chasseloir, Ch. du Coing, Comte Leloup de Chasseloir. Im Auge behalten.

Chevalier-Montrachet Bg; w ☆☆☆☆ **78 85′ 86 88 89′ 90 92 93 95 96′** 97 98 99 00 **01** – 7 ha. Nachbar von Montrachet, ähnlich üppiger Wein, vielleicht nicht so kraftvoll. Dazu gehört 1 ha Les Demoiselles. Erzeuger: u. a. Latour, Jadot, Bouchard Père, Leflaive, Niellon, Prieur, Chartron, Colin-Deléger.

Cheverny Lo; r rs w ★→★★ **95 96 97 98 99 00 01** – AC an der Loire bei Chambord. Trockene, frische Weißweine von Sauvignon blanc und Chardonnay; auch Gamay, Pinot-noir- oder Cabernet-Sauvignon-Rotweine; meist leicht und geschmackvoll. Cour Cheverny von der Lokaltraube Romorantin. Für Schaumweine AC Crémant de Loire und AC Touraine. Besonders Cazin, Clos Tue-Bœf Huards, Oisly et Thésée, Dom. de la Desoucherie, Dom. du Moulin (Hervé Villemade).

Chevillon, R. ★★★ 13-ha-Besitz in Nuits-St-Georges; weiche, saftige Weine.

Chignin Sav; w ★ BV – Leichter, lieblicher Weißwein aus Jacquère-Trauben. Für Sommertage in den Alpen. Am besten und lebendigsten Chignin-Bergeron (mit Roussanne-Trauben).

Chinon Lo; r (rs) (w) ☆☆→★★★ **85 86′ 87 88 89′ 90′ 93′ 95′ 96 97 98 99 00 01** – Saftiger, unterschiedlich gehaltvoller Cabernet-franc-Rotwein aus der Touraine. Kühl und jung trinken, besonders gute Jahrgänge jedoch wie Bordeaux behandeln. Kleine Menge frischer, trockener Weißweine von Chenin-blanc-Trauben. Spitzenerzeuger: Alliet, Bernard Baudry, Ch. de Coulaine, Couly-Dutheil (Clos de l'Echo), Crespin, Druet, Ch. de la Grille, Joguet, Lambert, Loup, Raffault.

Chiroubles Beauj; r ★★★ **98 99 00 01** – Guter, sehr kleiner Beaujolais-Cru, neben Fleurie; frischer, fruchtiger, seidiger Wein für baldigen Verbrauch (1 bis 3 Jahre). Erzeuger: u. a. Bouillard, Cheysson, Raousset, Passot, Dubœuf, Fourneau und die Genossenschaft.

Chorey-lès-Beaune Bg; r (w) ★★ **90′ 93 95** 96′ **97** 98 99′ 01 – Kleinere Appellation auf ebenem Land nördlich von Beaune, bemerkenswert durch drei gute Erzeuger: Arnoux, Germain (Ch. de la Chorey) und v. a. Tollot-Beaut.

Chusclan S-Rh; r rs w ★→★★ 95' 96' **98' 99'** 00' – Eine der Côtes du Rhône-Villages mit einer tüchtigen Genossenschaft. Weiche Rotweine. Marken u. a.: Cuvée de Marcoule, Les Genets, Seigneurie de Gicon. Ferner Domaine de Lindas und spezielle Cuvées von André Roux. Jung zu trinken.

Cissac Dorf im Haut-Médoc, westlich von Pauillac.

Clair, Bruno Bg ☆☆→☆☆☆ Führendes Gut in Marsannay; sehr gute Weine aus Fixin, Morey-St-Denis, Savigny, Gevrey-Chambertin (v. a. Clos de Bèze).

Clairet Sehr heller Rotwein, fast Rosé. Bordeaux Clairet ist eine AC.

Clairette Traditionelle weiße Traube im Midi. Der säurearme Wein diente als Wermut-Basis. Der neue Clairette von Terrasses de Landoc ist vollmundig und schwungvoll.

Clairette de Bellegarde Midi; w ☆ BV – Kleine AC bei Nîmes. Einfacher, neutraler Weißwein.

Clairette de Die Rh; w; tr lbl; sch ★★ oJ – Populärer trockener oder (besser) lieblicher, ziemlich stark nach Muscat schmeckender Schaumwein aus dem Voralpenland der östlichen Rhône oder einfacher trockener Clairette-Weißwein, 3 bis 4 Jahre erstaunlich gut haltbar; durchaus probierenswert.

Clairette du Languedoc Midi; w ☆ BV – Neutraler weißer AC-Wein, der mit Spätlese und Fassausbau interessanter wird; Ch. La Condamine Bertrand, Ch. St-André und Cave d'Adissan machen einen guten Eindruck.

Clape, La Midi; r rs w ★→★★ Cru in der AC Coteaux du Languedoc. Beachtenswerter Name. Körperreiche Weine aus den Kalksteinhügeln zwischen Narbonne und dem Meer. Der Rote gewinnt über 2 bis 3 Jahre an Charakter, der Weiße kann sogar noch länger brauchen. Spitzenerzeuger: Ch. Rouquette-sur-Mer, Ch. Mire l'Etang, Ch. Pech-Céléyran, Ch. Pech-Redon, Dom. de l'Hospitalet.

Climat Burgundischer Ausdruck für Einzellage, z. B. Beaune Grèves.

Clos Ein prestigeträchtiger Ausdruck, einzelnen, meist umfriedeten Weinbergen vorbehalten, die sich oft in einer einzigen Hand befinden. In Burgund und im Elsass häufig anzutreffen. Der Spitzen-Grand-cru von Chablis heißt Les Clos.

Clos de Bèze Siehe Chambertin-Clos de Bèze.

Clos de Gamot SWF ☆☆☆ **82 83' 85 89 90' 95 96 98** (00) – Berühmtes Gut in Cahors. Überaus traditionelle, langlebige Weine, die ihresgleichen suchen. Die neue Spitzen-Cuvée Clos St-Jean ist überragend.

Clos de la Roche Bg; r ★★★ **78' 85' 87 88 89' 90 91 92 93'** 95 96' 97 98 99' 00 01 – 15 ha Grand cru in Morey-St-Denis. Wuchtiger, komplexer Wein, ähnlich Chambertin. Erzeuger: u. a. Amiot, Bouchard Père, Bourée, Dujac, Leroy, G. Lignier, Ponsot, Rémy, Rousseau.

Clos des Lambrays Bg; r ☆☆☆ 6 ha Grand cru in Morey-St-Denis. Das lange schlummernde große Potenzial wird jetzt endlich umgesetzt.

Clos des Mouches Bg; r w ★★★ Premier cru in Beaune; sehr gute Lage; größtenteils im Besitz von Drouhin; würzige, denkwürdige und beständig gute Weiß- und Rotweine.

Clos des Papes S-Rh; r w – Makelloses Châteauneuf-du-Pape-Gut mit 32 ha in 18 Parzellen. Langlebige, stilvolle Rot- (v. a. Grenache und Mourvèdre) und Weißweine; Letztere halten 5 bis 10 Jahre.

Clos de Tart Bg; r ☆☆☆ **85' 88' 89' 90' 93** 95 96' **97** 98 99' 00 **01** – 7 ha Grand cru in Morey-St-Denis; Besitz von Mommessin. Ein wunderbar bukettreicher Wein – in der Jugend wie im Alter.

Clos de Vougeot Bg; r ☆☆☆→☆☆☆☆ **78 85′ 88 89′ 90′ 91 92 93′** 95 96′ 97 98 99′ 00 01 – 50 ha Grand cru von der Côte de Nuits, unter viele Besitzer aufgeteilt. Unterschiedlich, manchmal von höchster Feinheit. Die Qualität hängt von den Ideen und Techniken des Erzeugers sowie der Lage am Hang ab. Spitzenerzeuger: Chantal Lescure, Drouhin, Engel, Faiveley, Grivot, Hudelot-Noëllat, Gros, Jadot, Leroy, Méo-Camuzet, Mugneret, Ch. de la Tour, Vougeraie.

Clos du Roi Bg; r ☆☆☆ Teil des Grand cru Corton; auch ein Premier cru in Beaune.

Clos Rougeard Lo; r; (s) ☆☆☆→☆☆☆☆ **85 86 87 88 89 90 93 94** 96 **97** 98 99 00 01 – Umstrittener Saumur-Champigny, der zum Kultwein werden dürfte. Intensive Weine, die in neuen (oder fast neuen) Bordeaux-Fässern reifen. Auch kleinste Mengen an köstlich-süßem Coteaux de Saumur.

Clos St-Denis Bg; r ★★★ **78 85′ 87 88 89′ 90′ 91 92 93′** 95 96′ 97 98 99′ 00 01 – 6,5 ha Grand cru in Morey-St-Denis. Hervorragender, fester Wein, im Alter seidig. Erzeuger: u. a. Bertagna, Dujac, G. Lignier, Ponsot.

Clos Ste-Hune El; w ★★★★ Sehr feiner, karger Riesling von Trimbach, vielleicht der beste Elsässer. Braucht mindestens 5 Jahre Reifezeit; steht über dem Grand-cru-Status.

Clos St-Jacques Bg; r ☆☆☆ **78′ 85′ 88 89′ 90′ 91 93′** 95 96′ 97 98 99′ 00 01 – 7 ha Premier cru in Gevrey-Chambertin. Ausgezeichneter, wuchtiger, samtiger Wein, lange haltbar, oft besser (und teurer) als mancher Chambertin-Grand-cru. Haupterzeuger: Esmonin, Rousseau.

Clos St-Jean Bg; r ★★ **85′ 88 89′ 90′ 91 93 95** 96′ 97 98 99′ 01 – 14,5 ha Premier cru in Chassagne-Montrachet. Sehr guter Rotwein, eher fest als subtil, z. B. von Ch. de la Maltroye oder der Domaine Ramonet.

Coche-Dury Bg ☆☆☆☆ 8,5-ha-Domaine in Meursault mit 0,5 ha Anteil an Corton-Charlemagne, überragende Reputation für eichenholzduftige Weine. Auch sehr guter roter Aligoté.

Cognac Stadt und Region an der Charente (Westfrankreich) und der dortige Weinbrand.

Colin-Deléger Bg ☆☆☆ Führendes Chassagne-Montrachet-Gut. Überragender, aber seltener Puligny-Montrachet Les Caillerets.

Collines Rhodaniennes S-Rh; r rs w ☆ Populärer, lebhafter Vin de pays von der Rhône; auch Côte Rôtie von jungen Reben. Vorwiegend Rotweine: Merlot, Syrah, Gamay. Ferner einige weiße Tropfen von Viognier und Chardonnay.

Collioure Pyr; r ★★ **95 96 97 98** 99 00 01 – Starker trockener Rancio-Rotwein aus der Gegend von Banyuls. Sehr kleine Produktion. Spitzenerzeuger: u. a. Le Clos de Paulilles, Dom. du Mas Blanc, Dom. de la Rectorie, La Tour Vieille, Vial-Magnères.

Comté Tolosan SWF; r rs w ☆ BV – Umfasst den gesamten Südwesten. Viele Schwachpunkte. Vorwiegend Genossenschaftsweine. Vorreiter für eine Auswahl an reinsortigen Weinen: Dom. de Ribonnet (Christian Gerber, südlich von Toulouse), einige sind lange haltbar.

Condrieu N-Rh; w ☆☆☆☆ **99 00** 01 – Milder, duftiger Weißwein mit großem Charakter (und Preis) aus der Viognier-Traube. Kann hervorragend sein, aber aufgrund kräftiger Ausweitung der Rebfläche (jetzt 100 ha, die von 90 Winzern bebaut werden) ist die Qualität uneinheitlicher geworden. Verstärkter Einsatz junger Eiche ist fragwürdig (z. B. Guigals Doriane Cuvée, Cuilleron, Villard). Führende Erzeuger: Y. Cuilleron, Delas, Gangloff, Guigal, Jaboulet Aîné, André Perret, Niéro-Pinchon, Vernay (v. a. Coteau de Vernon), Verzier. Ähnlich wie Ch.-Grillet, längere Aufbewahrung ist absolut nicht empfehlenswert. Ebenfalls fragwürdig ist die Tendenz einiger Erzeuger zu Vendange tardive.

Confuron, Jean-Jacques ☆☆☆ Winziges Gut in Nuits-St-Georges. Dranbleiben.

Corbières Midi; r (rs) (w) ★★→★★★ **90 91 92 93 94 95 96 97 98** 99 00 01 – Kräftiger, preiswerter Rotwein. Spitzenerzeuger: u. a. Ch. des Ollieux, Ch. Aiguilloux, Dom. de Fontsainte, Dom. de Villemajou, Dom. du Vieux Parc, St-Laurent-Cabrerisse, die Genossenschaft von Embrès et Castelmaure, Camplong, Les Palais, Ch. la Voulte Gasparet usw.

Cordier, Ets. D. Bedeutende und leistungsstarke Weinhandelsfirma in Bordeaux, Besitzerin einiger Châteaux, jetzt in den Besitz der Groupe Val d'Orbieu-Listel übergegangen. Über 240 ha Rebfläche. Mit dabei: Cantemerle, Lafaurie-Peyraguey, Meyney u. a.

Cornas N-Rh; r ★★→★★★ **83′ 85′ 86 88′ 89′ 90′ 91′ 93 94′** 95′ 96 97′ 98′ 99′ 00′ 01′ – Robuster, sehr dunkler Syrah-Wein in einzigartiger Qualität von 87 ha Granitsteilhängen südlich von Hermitage am Westufer der Rhône. Braucht 5 bis 15 Jahre Reifezeit, behält aber immer seinen rustikalen Charakter. Spitzenerzeuger: u. a. Allemand, Clape, J.-L. Colombo (Vorsicht: neues Eichenholz), Courbis, Delas, Dumien-Serrette, Jaboulet (exzellente Cuvée St-Pierre), Juge, Lionnet, Tardieu-Laurent (modern), Noël Verset, Voge.

Corrèze Dor; r ★ BV – Vin de pays von der Genossenschaft Coop. de Branceilles; zwischen Brive und Beaulieu. Auch Domaine de la Mégénie.

Corton Bg; r ☆☆☆→☆☆☆☆ **78′ 85′ 88 89′ 90′ 91 92 93** 95 96′ 97 98 99′ 00 01 – Einziger Grand-cru-Rotwein an der Côte de Beaune. 80 ha in Aloxe-Corton, einschließlich Les Bressandes und Clos du Roi. Volle, wuchtige, zumeist langlebige Weine. Viele gute Erzeuger.

Corton-Charlemagne Bg; w ★★★★ **78′ 85′ 86 88 89′ 90′ 92′ 94** 95 96′ 97 98 99 00′ 01 – Der Weißwein von Corton (ein Drittel der Gesamtfläche). Voll, würzig, nachhaltig. Altert wie ein Roter. Spitzenerzeuger: Bonneau du Martray, Chapuis, Coche-Dury, Delarche, Dubreuil-Fontaine, Faiveley, Hospices de Beaune, Latour, Jadot, Rapet, Pierre André.

Costières de Nîmes S-Rh; r rs w ★→★★ **95 96 97 98′ 99′** 00′ 01 – AC im Rhônedelta; früher Costières du Gard. Schnell steigende Qualität bei den Spitzenweinen (die besten Roten reifen 4 bis 6 Jahre): Ch. de Campuget, Ch. Grande Cassagne, Ch. Mourgues-du-Grès, Ch. de la Tuilerie, Ch. de Nages (v. a. Joseph Torres), Mas des Bressades, Dom. du Vieux Relais.

Coteaux Champenois Champ; r (rs) w ☆☆☆ BV (Weißwein) – Die Appellation für nicht schäumenden Champagner. Jahrgänge (soweit angegeben) wie bei Champagner. Die hohen Preise sind nicht gerechtfertigt.

Coteaux d'Aix-en-Provence Prov; r rs w ★→★★★ Aufstrebende Appellation. Spitzenweingüter sind u. a. Ch. Revelette, Ch. Calissanne und Domaine des Béates (im Besitz von Chapoutier); siehe auch Coteaux des Baux-en-Provence.

Coteaux d'Ancenis Lo; r rs w; (s) ☆ BV – VDQS-Gebiet, das östlich von Nantes liegt; leichte Gamay-Rotweine und Rosés; scharfe, trockene Weiße aus Chenin blanc und liebliche aus Malvoisie (lange haltbar); v. a. Guindon (Malvoisie).

Coteaux de Chalosse SWF; r rs w ☆ BV – Gute Landweine von einer Genossenschaft in Mugron (Landes).

Coteaux de Glanes SWF; r ★ BV – Lebhafter Vin de pays aus der Nähe von Bretenoux (Lothringen). Einziger Erzeuger ist die Genossenschaft. Wird vorwiegend in den Restaurants vor Ort getrunken.

Coteaux de la Loire Siehe Anjou-Coteaux de la Loire.
Coteaux de l'Ardèche ZF; r rs (w) ★→★★ BV – Gebiet westlich der Rhône, dem Georges Dubœuf aus dem Beaujolais neuen Schwung gegeben hat. Preiswerte, frische, ländliche Weine, die besten sortenreine Syrah, auch Gamay und neuerdings Cabernet Sauvignon. Empfehlenswert der kräftige, fast Burgunder-ähnliche Chardonnay Ardèche von Louis Latour (1 bis 2 Jahre lagern); Grand Ardèche ist die sehr eichenholzwürzige Version. Ebenso Dom. du Colombier.
Coteaux de l'Aubance Lo; w; s ☆☆→☆☆☆☆ **88' 89' 90' 93' 94' 95'** 96 **97 98 99 00 01** – Ähnlich wie Coteaux du Layon, interessante süße Chenin-blanc-Weine. Geringe Mengen Sélection des grains nobles, v. a. von Bablut, Haute-Perche, Montgilet, Richou, Rochelles.
Coteaux de Peyriac Midi; r rs ☆ BV – Einer der meistbenutzten Vin-de-pays-Namen im Departement Aude. Massenproduktion.
Coteaux de Pierrevert S-Rh; r rs w; sch ★ BV – Gute, jung zu trinkende Genossenschaftsweine in Rot und Rosé sowie frische Weißweine aus der Gegend um Manosque. Vollere Rotweine von Ch. Regusse. Erhielt 1998 AC-Status.
Coteaux de Saumur Lo; w; s ★★→★★★ **89 90 93** 95' 96 97 98 99 – Seltener, Vouvray-ähnlicher lieblicher Chenin blanc; süß (moelleux) am besten. V. a. Clos Rougeard, Lavigne, Legrand.
Coteaux des Baronnies S-Rh; r rs w ☆ BV – Vin de pays von der Rhône bei Nyons. Syrah, Merlot, Cabernet Sauvignon und Chardonnay sowie traditionelle Rebsorten. Vielversprechend. Dom. du Rieu-Frais (auch guter Viognier) und Dom. Rosière (auch guter Syrah) beachtenswert.
Coteaux des Baux-en-Provence Prov; r rs ★→★★★ **95 96 97 98** 98 99 00 01 – Früher verbunden mit dem Nachbarbereich Coteaux d'Aix, jetzt eigene Appellation für Rot- und Rosé-, nicht aber für Weißweine. Am besten: Domaine de Trévallon (Cabernet Sauvignon und Syrah); ist aber nur Vin de pays, da ohne Grenache im Weinberg die AC-Anforderungen nicht erfüllt sind! Auch Mas de Gourgonnier, Romanin, Mas Sainte Berthe, Dom. Hauvette.
Coteaux du Giennois Lo; r rs w ☆ BV – Kleines Gebiet im Norden von Pouilly, seit 1998 AC-Status. Leichter roter Verschnittwein von Gamay und Pinot noir; Sauvignon blanc à la Sancerre. Spitzenerzeuger: Paulat.
Coteaux du Languedoc Midi; r rs w ★★→★★★ **95 96 97 98 99** 00 01 – Verstreut gelegene Weinbaugebiete im Midi mit AC-Status, weit besser als dort sonst üblich. Die besten Rotweine (z. B. Faugères, La Clape, Montpeyroux, Pic St-Loup, St-Chinian, Quatourze, St-Georges-d'Orques) lohnen 2 bis 4 Jahre Lagerung. Jetzt auch gute Weißweine. Das Niveau steigt rasant.
Coteaux du Layon Lo; w; lbl s ★★→☆☆☆☆ **75 76 85' 86 88' 89' 90'** 93' **94** 95 96 **97** 98 99 00 01 – Das Kernstück von Anjou, südlich von Angers, mit süßem, fast unendlich haltbarem Chenin blanc, der eine wundervolle Säure hat: ausgezeichneter Aperitif für reichhaltige Hauptgerichte mit Sahnesaucen oder Obstdesserts. Neu: Sélection des grains nobles. 7 Orte können ihren Namen vor die AC setzen. Spitzenappellationen: Bonnezeaux, C. du Layon-Chaume, Quarts de Chaume. Erzeuger v. a.: Baumard, Dom. de la Bergerie, Ch. du Breuil, Cady, Delhumeau (Dom. de Brizé), Delesvaux, des Forges, Dom. de Juchepie, Ogereau, Papin (Ch. Pierre-Bise), Jo Pithon, Yves Soulez (Genaiserie), P.-Y. Tijou (Soucherie).

Coteaux du Loir Lo; r rs w; tr s ☆→☆☆☆ **76 85 88′ 89′ 90′ 92 93′ 95 96 97 98 99 00 01** – Kleineres Gebiet nördlich von Tours, umfasst auch Jasnières. Manchmal feine Weine von Chenin blanc, Gamay, Pineau d'Aunis, Cabernet Sauvignon. Spitzenerzeuger: Aubert de Rycke, Fresneau, Gigou, Nicolas. Der Loir ist ein Nebenfluss der Loire.
Coteaux du Lyonnais Beauj; r rs (w) ★ BV – Kleinere AC des Beaujolais. Als Primeur-Weine am besten.
Coteaux du Quercy SWF; r ★→★★ **95 96 98 99** (00) – Gegend südlich von Cahors, seit kurzem VDQS-Status. Sehr gute Genossenschaft und private Erzeuger in Monpezat; v. a. Domaines de la Combarade, la Garde, d'Aries, de Guyot, de Lafage und de Merchien.
Coteaux du Tricastin S-Rh; r rs w ★★ **90′ 95′ 97 98′** 99′ 00′ – Appellation an der Rhône mit geringer Bedeutung, aber stetig steigender Qualität. Attraktiver würziger Rotwein, der 8 Jahre haltbar ist. Dom. de Grangeneuve, Dom. de Montine, Dom. St-Luc und Ch. la Décelle zählen zu den Besten.
Coteaux du Vendômois Lo; r rs w ☆→☆☆ BV – Appellation nahe der Loire westlich von Vendôme; wichtigste Rebsorte ist Pineau d'Aunis für sortenreine oder verschnittene Rot- und Roséweine, auch Verschnitt mit Chenin blanc in Weißweinen. Wurde 2000 vom VDQS- zum AC-Status aufgewertet. Erzeuger: u. a. Dom. du Four à Chaux, Cave du Vendôme-Villiers, Patrice Colin.
Coteaux et Terrasses de Montauban SWF; r rs ★→★★ Die Genossenschaft in Lavilledieu-le-Temple ist dominierend, besser sind Dom. de Biarnès und Dom. de Montels.
Coteaux Varois Prov; r rs w ★→★★ Großer neuer AC-Bereich mit einem Gut im kalifornischen Stil: Dom. de St-Jean-de-Villecroze mit sehr gutem Rotwein. Außerdem Ch. Routas, Ch. la Calisse, Dom. les Alysses, Dom. du Deffends.
Côte Chalonnaise Bg; r w; sch ★★ Weinbaugebiet zwischen Beaune und Mâcon. Manchmal auch als Région de Mercurey bezeichnet. Siehe auch Bouzeron, Givry, Mercurey, Montagny, Rully.
Côte de Beaune Bg; r w ☆☆→☆☆☆☆ Geographisch: die südliche Hälfte der Côte d'Or. Als Appellation nur auf Teile von Beaune angewandt.
Côte de Beaune-Villages Bg; r ☆☆ **90′ 95 96′ 97** 98 99′ 01 – Regionale Appellation für geringere Weine dieses klassischen Bereichs. Sie müssen den Zusatz »Villages« oder den Ortsnamen tragen.
Côte de Brouilly Beauj; r ★★ **98 99 00** 01 – Fruchtig, voll, kräftig, einer der besten Beaujolais-Crus; führende Weingüter: Ch. Thivin, Domaine de Chavanne, Ch. Delachanel, G. Cotton, J.-C. Nesme.
Côte de Nuits Bg; r (w) ☆☆→☆☆☆☆ Die nördliche Hälfte der Côte d'Or. Fast nur Rotwein.
Côte de Nuits-Villages Bg; r (w) ★★ **90′ 93 95 96′ 97** 98 99′ 00 01 – Eine neuere Appellation für das äußerste Nord- und Südende der Côte; oft sehr preiswert.
Côte d'Or Departementname, gilt für den mittleren und Hauptteil der burgundischen Weinberghänge, bestehend aus der Côte de Beaune und der Côte de Nuits. Der Name wird auf Etiketten nicht verwendet.
Côte Roannaise ZF; r rs ☆→☆☆ **95 96 97 98 99 00 01** – Junge AC (seit 1994) westlich von Lyon. Seidiger, konzentrierter Gamay. Dom. Demon, Dom. Lapandéry, Dom. du Pavillon, Dom. des Millets.
Côte Rôtie N-Rh; r ★★★ →☆☆☆☆ **78′ 83′ 85′ 88′ 89′ 90′ 91′ 94′** 95′ 96′ 97 98′ 99′ 00′ 01′ – Der feinste Rhône-Rotwein, südlich von Vienne,

v. a. Syrah; erlangt durch Alterung komplexe, volle Weichheit und Finesse (ist am ausdrucksvollsten nach 5 bis 10 oder mehr Jahren). Beste Erzeuger: u. a. Barge, Bernard, Burgaud, Champet, Chapoutier, Clusel-Roch (Qualität nimmt rasant zu), Delas, Gaillard, J.-M. Gerin, Guigal (langer Ausbau im Eichenfass, deshalb im Stil voller), Jaboulet, Jamet, Jasmin, Ogier, Rostaing (ebenfalls mit Eichenholzwürze), Vidal-Fleury.

Côtes d'Auvergne ZF; r rs (w) ☆→☆☆ BV – Aufblühender, kleiner VDQS-Bereich. Überwiegend Gamay, aber auch Pinot noir und Chardonnay. Erzeuger: u. a. Boulin-Constant, Bellard, Cave St-Verny.

Côtes de Blaye Bx; w ☆ BV – Einfacher, weißer Bordeaux aus Blaye.

Côtes de Bordeaux Saint-Macaire Bx; w; tr s ☆ BV – Einfacher, weißer Bordeaux aus der Gegend östlich von Sauternes.

Côtes de Bourg Bx; r ★→★★ **89' 90 94 95 96** 98 99 00' – Appellation für viele der besseren Roten von Bourg. Châteaux: Barbe, du Bousquet, Brulesécaille, Bujan, Falfas, Fougas, Grand-Jour, Guerry, Haut-Guirand, Haut-Maco, Haut-Mondésir, Mercier, Nodoz, Peychaud, Roc de Cambes, Rousset, Sociondo, Tayac.

Côte(s) *bedeutet Hang; meist bessere Lagen als in der Ebene. Viele Appellationen beginnen entweder mit Côte oder Coteaux, was dasselbe bedeutet. In St-Emilion zur Unterscheidung der Talhanglagen von den Plateaulagen.*

Côtes de Castillon Bx; r ★→★★ **89 90' 94 95' 96'** 98 99 00' – Blühendes Gebiet östlich von St-Emilion. Ähnlicher, oft etwas leichterer Wein. Die besten Châteaux: u. a. de l'A, d'Aiguilhe, de Belcier, Cap de Faugères, La Clarière-Laithwaite, Clos l'Eglise, Pitray, Robin, Ste-Colombe, Vieux Château Champs de Mars.

Côtes de Duras Dor; r rs w ★→★★ **98 99 00** (01) – Satellit von Bordeaux; vorwiegend leichtere Weine. Dom. de Laulan (guter Sauvignon blanc), Dom. de Durand (Biowinzer), Dom. de la Solle, Dom. du Vieux Bourg, Dom. Amblard, Dom. Petit Malrome, Clos du Cadaret und Ch. La Grave Béchade. Außerdem eine gute Genossenschaft.

Côtes de Forez Lo; r rs; (sch) ★ BV – VDQS-Bereich (Gamay) um Boën am Oberlauf der Loire, nördlich von St-Etienne. Hat 2000 AC-Status erlangt, aber kaum der Rede wert.

Côtes de Francs Bx; r w ★★ **89' 90' 94 95 96 97** 98 00' – Bordeaux-Randlage östlich von St-Emilion. Immer ansprechendere und schmackhaftere Weine, v. a. von den Châteaux Charmes-Godard, Laclaverie, de Francs, Lauriol, Puygueraud, La Prade.

Côtes de Gascogne SWF; (r) (rs) w ★ BV – Vin-de-pays-Zweig von Armagnac, führend die Genossenschaft Plaimont und die Familie Grassa (Ch. de Tariquet u. a.). Bemerkenswert beliebt. Bekannt v. a. für frisch-fruchtige Weiße von der Colombard-Traube, oft mit etwas Gros Manseng. Auch gut: Dom. de Papolle, Dom. Bergerayre, Dom. Sancet und Ch. Monluc.

Côtes de la Malepère Midi; r ★ BV – Rasch an Renommee gewinnender VDQS-Bereich an der Grenze zwischen Midi und Südwesten in der Nähe von Limoux. Verwendung von Rebsorten aus beiden Regionen. Frische, lebhafte Rotweine beachtenswert.

Côtes de Montravel Dor; w; tr s ★★ tr BV s **97 98 99 00** (01) – Teil von Bergerac; traditionell lieblicher Weißwein, heute auch oft trockener. Gute Erzeuger: Ch. de Montaigne, Ch. Pique-Sègue, Ch. La Raye, Ch. La Ressaudie, Dom. de Golse, Dom. de Perreau. Montravel Sec ist trocken, Haut Montravel lieblich.

Côtes de Provence Prov; r rs w ☆→☆☆☆ Weine aus der Provence, dank neuer Ideen und Investitionen stark verbessert. Führend sind hier Castel Roubine, Commanderie de Peyrassol, Dom. Bernarde, Dom. Ott, Dom. Rabiéga, Dom. des Planes, Dom. de la Courtade, Dom. Richeaume und Ch. Ste-Rosaline. Immer noch zu 75 % Rosé, zu 20 % Rotwein und zu 5 % Weißwein. Siehe auch Coteaux d'Aix, Côtes du Lubéron, Bandol.
Côtes de Saint-Mont SWF; r rs w ★★ r **98 99** (00) – Höchst erfolgreicher VDQS-Wein, der AC-Status anstrebt und Madiran und Pacherenc nachahmt. Mächtige Genossenschaft Plaimont (Hauts de Bergelle-Sortiment und Ch. de Sabazan) mit überrragender Cuvée Saint-Albert (☆☆☆). Private Erzeuger u. a. Ch. de Bergalasse und Dom. de Bartat.
Côtes de Thongue Midi; r w ★ BV – Populärer Vin de pays aus dem Hérault. Gute Weine v. a. von den Domaines Arjolle, les Chemins de Bassac, Coussergues, Croix Belle und Montmarin.
Côtes de Toul OF; r rs w ☆ BV – Sehr leichte Weine aus Lothringen, meist Vin gris (Rosé). Seit 1998 AC.
Côtes du Brulhois SWF; r rs (w) ☆→☆☆ **98 99** – Bei Agen. Stützt sich auf die Genossenschaften Goulens und Donzac. Auch Dom. de Coujétou-Peyret.
Côtes du Frontonnais SWF; r rs ★★ **98 99 00** (01) – Manchmal als der »Beaujolais von Toulouse« bezeichnet. Vorwiegend BV, aber einige Rotweine mit Cabernet Sauvignon brauchen etwas länger. Gute Erzeuger wie die Domaines de Joliet, de Caze, du Roc und die Châteaux Bellevue-la-Forêt, Boujac, Bouissel, Cahuzac, Coutinel, Plaisance und St-Guilhem machen der guten Genossenschaft das Leben schwer.
Côtes du Jura Jura; r rs w; (sch) ☆ BV – Verschiedene leichte und helle Weine. Arbois ist gehaltvoller.
Côtes du Lubéron Prov; r rs w; sch ★→★★ **95' 96 97 98' 99' 00'** 01 – Stark verbesserte Landweine aus der nördlichen Provence. Schauspieler und Medienunternehmer gehören zu den Besitzern der Weingüter. Spitzenerzeuger ist Ch. de la Canorgue mit sehr gutem Syrah-Rotwein, aber auch Weißwein (v. a. Viognier). Außerdem: Ch. Val-Joanis, Ch. de l'Isolette, Ch. Vieille Ferme (Weißwein) sowie Cellier de Marrenon, eine zuverlässige Genossenschaft.
Côtes du Marmandais Dor; r rs w ☆→☆☆ **98 99 00** (01) – Meist leichte Weine; die Genossenschaft in Cocumont ist besser als die in Beaupuy. Vollmundiger und noch besser von Chante Coucou, Clos Bacqueys, La Verrerie, Ch. de Beaulieu und Dom. des Geais.

Spitzenerzeuger der Côtes du Rhône
Châteaux Courac, La Courançonne, L'Estagnol, Fonsalette, Hugues, Montfaucon, St-Estève und Trignon (u. a. weißer Viognier); Clos Simian; Winzergenossenschaft Chantecotes (Ste-Cécile-les-Vignes), Villedieu (v. a. Weißwein); Domaines La Bouvade, Charvin, Coudoulet de Beaucastel (rot und weiß), Cros de la Mûre, Gourget, Gramenon (Grenache, Viognier), Janasse, Jaume, Perrin, Réméjeanne, St-Georges, Vieille Julienne, Vieux Chêne; Guigal, Jaboulet.

Côtes du Rhône S-Rh; r rs w ☆ **95' 96 98' 99** 00' – Die grundlegende Appellation des Rhônetals. Am besten jung zu trinken, besonders als Primeur. Große Qualitätsunterschiede durch teilweise maßlose Überproduktion. Am besten Erzeugerabfüllungen kaufen. Siehe auch Côtes du Rhône-Villages.

Côtes du Rhône-Villages S-Rh; r rs w ★→★★ 89' 90' 95' 96' 97' **98'** 99' 00' – Der Wein aus den 17 besten Dörfern der südlichen Rhône. Gehaltvoll und insgesamt zuverlässig, manchmal köstlich. Die Grundlage der Rotweine ist Grenache, neuerdings aber auch Syrah und Mourvèdre; Qualitätsweißweine werden meist unter Verwendung von Viognier und Roussanne bereitet. Siehe auch Beaumes-de-Venise, Cairanne, Chusclan, Laudan, Rasteau, Sablet, Séguret, St-Gervais usw. Unterkategorie ohne Angabe des Ortsnamens: günstig z. B. Ch. Signac und die Domaines Cabotte, Montbayon, Rabasse-Charavin, Renjarde und Romarins sowie Ste-Anne.

Côtes du Roussillon Pyr; r rs w ★→★★ 95 96 97 **98** 99 00 01 – AC-Wein aus den östlichen Pyrenäen. Am besten sind die deftigen, geschmackvollen Carignan-Rotweine (z. B. Gauby). Manche Weißweine gehören zu den säuerlichen Vins verts.

Côtes du Roussillon-Villages Pyr; r ★★ 95 96 97 **98** 99 00 01 – Die besten Rotweine der Region aus 28 Orten, darunter Caramany, Latour de France, Lesquerde und Tautavel. Beachtenswert: Cazes Frères, Dom. des Chênes, Dom. la Cazenove, Gauby (u. a. voller, exotischer Weißwein), Ch. de Jau, Dom. Piquemal und die Genossenschaften Baixas, Lesquerde und Les Vignerons Catalans. Manche Erzeuger verzichten inzwischen auf den AC-Status und produzieren reinsortigen Vin de pays.

Côtes du Tarn SWF; r rs w ★ BV – Vin-de-pays-Bereich; überschneidet sich mit Gaillac. Gleiche Erzeuger, v. a. die Genossenschaften, Ch. Vigné-Lourac, Dom. de Labarthe und Dom. d'Escausses.

Côtes du Ventoux S-Rh; r rs (w) ★★ 95' 96 97 98' 99' 00' – Stark wachsende Appellation (6072 ha) zwischen der Rhône und der Provence mit schmackhaften Rotweinen (von Caféstil bis zu tieferen, aromatischen Varianten) und unkomplizierten Rosés; von einigen Gütern auch ordentliche Weiße. Spitzenerzeuger: La Vieille Ferme (gehört J.-P. Perrin vom Ch. de Beaucastel); gut auch die Genossenschaften Goult und St-Didier sowie die Erzeuger Domaine Anges, Brusset, Fondrèche, Font-Sane, Paul Jaboulet-Aîné, Murmuriem, Ch. Pesquié, Ch. Valcombe, Verrière.

Côtes du Vivarais S-Rh; r rs w ☆ 98' **99** 00 – Rund 1000 ha in verschiedenen Ortschaften westlich von Montélimar; 1999 zur AC aufgestiegen. Verbesserte einfache Cuvées, gehaltvollere eichenfassgereifte Rotweine. Beste Erzeuger: Boulle, Gallety, Domaine de Belvezet.

Coulée de Serrant Lo; w; tr s ☆☆☆☆ 76' 78 79' 81 82 83' 85' **86 88 89' 90'** 91 92 **93 95' 96 97 98** 99 00 01 – 6,5 ha Chenin blanc am Nordufer der Loire bei Savennières, die nach rigorosen biologischen Grundsätzen bewirtschaftet werden. Intensiv kräftiger, fruchtig-säuerlicher Wein, hält sich fast unendlich; auch als Aperitif und für Fischgerichte geeignet.

Couly-Dutheil Lo; r rs w ☆☆→☆☆☆ 85 86 87 **88 89 90 93 95 96 97 98** 99 00 01 – Großer Erzeuger und Händler für Chinon; bietet zuverlässige Weine; am besten: Clos d'Olive und L'Echo. Neue, in Eiche gereifte Cuvée Crescendo.

Courcel, Domaine de Mme de ☆☆☆ Führendes Gut in Pommard mit Spitzen-Premier cru Rugiens.

Coussergues, Domaine de Midi; r rs w ★ BV – Großes Gut mit australischen Kellermeistern bei Beziers. Chardonnay, Syrah usw. preisgünstig.

Crémant Bedeutete früher »Perlwein« in der Champagne. Seit 1975 Appellation für Schaumweine hoher Qualität nach der klassischen Methode aus Burgund, dem Elsass und von der Loire, neuerdings auch aus Limoux. Oft sehr preisgünstig. In der Champagne wird der Begriff nicht mehr verwendet.

Crémant de Loire Lo; w; sch ★★→★★★ oJ – Schaumwein hoher Qualität, v. a. aus Saumur und der Touraine; v. a. Baumard, Berger, Delhumeau (Dom. de Brizé), Langlois-Château, Nerleux, Oisly et Thésée und Passavant.

Crépy Sav; w ☆☆ BV – Leichter, milder Weißwein in Schweizer Art vom Südufer des Genfer Sees. »Crépitant« bedeutet leicht perlend.

Criots-Bâtard-Montrachet Bg; w ☆☆☆ **78' 79 85 86 88 89' 90 92 94** 95' 96' 97 98 99 00' 01 – 1,6 ha; Nachbarlage von Bâtard-Montrachet. Ähnlicher Wein, aber weniger Schärfe. Spitzendomaines: Blain Gagnard, Fontaine-Gagnard.

Crozes-Hermitage N-Rh; r (w) ★★ **85' 88 89' 90' 91' 94 95' 96' 97'** 98' 99' 00' – Nachbarbereich von Hermitage: größere Rebfläche, aber Syrah-Weine geringeren Formats. Manche sind fruchtig, jung zu trinken (ab dem 2. Jahr), andere sind fassgereift (4 bis 8 Jahre warten). Gute Erzeuger: Belle, Chaputier, Dom. du Colombier, Ch. Curson, Desmeure, Dom. des Entrefaux, Domaine de Thalabert von Jaboulet, Dom. du Pavillon-Mercurol, Fayolle et Fils, Alain Graillot. Weißweine – meist von Marsanne – jung trinken.

Cruse et Fils Frères Historische Weinhandlung in Bordeaux, jetzt im Besitz von Pernod-Ricard. Ch. d'Issan gehört weiterhin der Familie Cruse.

Cunac SWF; r ☆ BV – Gehört zum Weinbaugebiet Gaillac. Leichte, fruchtige, süffige Rotweine für den Sommer.

Cussac Weinort südlich von St-Julien. Appellation Haut-Médoc. Spitzen-Châteaux: Beaumont, Lanessan.

Cuve close Abgekürztes Verfahren der Schaumweinherstellung im Tank. Die Bläschenbildung kommt im Glas schneller zum Stillstand als bei der Méthode champenoise.

Cuvée In einer »Cuve«, d. h. in einem Bottich enthaltener Wein. Sonst auch Allerweltswort, in der Champagne z. B. Bezeichnung für »Verschnitt« und erstgepresste Weine. In Burgund gleichbedeutend mit »Cru«. Bezeichnet oft einfach einen »Posten« Wein.

Dagueneau, Didier Lo ☆☆☆→☆☆☆☆ **85 86 88 89 90 91 92 93 94 95 96 97 98 99 00 01** – Der Spitzenerzeuger von Pouilly-Fumé. Das Enfant terrible von Pouilly hat für die Appellation und für Sauvignon blanc neue Maßstäbe gesetzt. Spitzen-Cuvée ist der fassgereifte Silex. Serge D., ein weiterer Spitzenerzeuger, ist Didiers Onkel.

Daumas Gassac Siehe Mas de Daumas Gassac.

De Castellane Brut oJ; Blanc de Blancs; Brut **89 90 93 95**; Cuvée Commodore Brut **85 88 89** 90 95; Prestige Florens de Castellane **88 90** 95 – Traditionsreiches Champagnerhaus in Epernay, mit Laurent-Perrier verbunden. Schönes Weinmuseum. Am besten sind die Jahrgangsweine, v. a. Commodore.

Degré alcoolique Alkoholgehalt, d. h. Volumenprozent.

Deiss, Domaine Marcel Schönes Elsässer Weingut (20 ha) in Bergheim. Große Auswahl, u. a. ausgezeichneter Riesling aus der Grand-cru-Lage Schoenenbourg und Gewürztraminer vom Altenberg de Bergheim sowie gute Sélection des grains nobles und Vin de paille.

Delamotte Brut; Blanc de Blancs (**90 95** 96 **97**); Cuvée Nicolas Delamotte – Kleines Haus mit feinen Champagnern (vorwiegend von Chardonnay) in Le Mesnil im Besitz der Familie Laurent-Perrier.

Delas Frères Alter Rhôneweinspezialist mit Rebflächen in Condrieu, Côte Rôtie und Hermitage. Spitzenweine: Marquise de Tourette Hermitage (rot und weiß); Condrieu. Im Besitz von Roederer; die Qualität steigt.

Delbeck Kleines, feines Champagnerhaus, seit 1995 durch Martin und Giraudière wieder auf Vordermann gebracht. Verschnitte mit hohem Pinot-noir-Anteil. Exzellente Jahrgangsweine (**85 90 95** 96) sowie Grand Cru Aÿ, Cramant und Bouzy. Ist außerdem Eigentümer von Bricout.
Delorme, André ☆☆ Führende Weinhandels- und -erzeugerfirma an der Côte Chalonnaise. Spezialitäten: sehr guter Crémant de Bourgogne sowie ausgezeichneter Rully usw.
Demi-sec »Halb-trocken«, eher lieblich (z. B. bei Champagner).
Des Guelasses, Domaine Ursprung vieler »Hausweine« in Restaurants. In den meisten Kneipen und in allen Theaterbars zu finden.
Deutz Brut Classic oJ; Rosé oJ; Brut **82 85 88 90 93 95** 96 **97**; Rosé **88 90**; Blanc de Blancs **88 89 90 95** 96 **97** – Eines der besten unter den kleineren Champagnerhäusern, gehört Roederer. Sehr trockene klassische Weine. Überragende Luxus-Cuvée: Cuvée William Deutz (**88 90 95**).
Dirler, Jean-Pierre Elsässer Erzeuger der Grand crus Kessler, Saering und Spiegel, v. a. von Riesling.
Domaine In Burgund und in ländlichen Gegenden gebräuchlich für Weingut. Siehe auch »Château«, Seite 68.
Dom Pérignon, Cuvée 73 75' 76 78 80 82 85 90 92 93 95 96; Rosé **88 90** 95 – Luxusmarke von Moët & Chandon (erstmals 1936), benannt nach dem legendären Klosterkellermeister, der als erster Champagnerwein verschnitt. Erstaunlich beständige Qualität und cremiger Charakter, v. a. nach 10 bis 15 Jahren Flaschenreife. Neuerdings ist eine begrenzte Menge von kürzlich degorgierten Jahrgängen (73 80 85 93) auf dem Markt.
Dopff au Moulin Alte Weinhändlerfamilie der Spitzenklasse in Riquewihr, Elsass. Beste Weine: Gewürztraminer Grand crus Brand und Sporen, Riesling Schoenenbourg, Silvaner de Riquewihr. Pionier für Elsässer Schaumwein; Cuvées Bartholdi und Julien empfehlenswert.
Dopff & Irion Berühmte Weinhandlung in Riquewihr, Elsass. Beste Weine: u. a. Muscat Les Amandiers, Riesling Les Murailles, Gewürztraminer Les Sorcières und Pinot gris Les Maquisards; alle langlebig. Auch guter Crémant d'Alsace. Gehört jetzt zur Genossenschaft Pfaffenheim.
Dourthe Frères Angesehenes Handelshaus in Bordeaux, bietet große Auswahl an Weinen, v. a. gute Crus bourgeois, z. B. Ch. Maucaillou, Tronquoy-Lalande, Belgrave. Die Marke des Hauses heißt Beau-Mayne.
Doux Süß.
Drappier, André Führendes Champagnerhaus in der Region Aube, v. a. Blanc de Noirs. Familienbetrieb. Weinige Sorten oJ, Brut Zéro, Rosé Saignée, Carte d'Or (**90 93 95 96 97**). Signature Blanc de Blancs (**93 95 96 97**), üppige Prestige-Cuvée Grande Sendrée (**90 95** 96).
DRC Siehe Romanée-Conti, Domaine de la.
Drouhin, J. et Cie. Bg ☆☆☆→☆☆☆☆ Weinhandels- und -erzeugerfirma (60 ha) mit gutem Ruf und hohem Standard in Burgund. Kellerei in Beaune, Weinberge in Beaune, Chablis, Musigny, Clos de Vougeot und in Oregon (USA). Spitzenweine weiß: u. a. Beaune Clos de Mouches, Chablis Les Clos, Corton-Charlemagne, Les Folatières; rot: u. a. Griotte-Chambertin, Musigny, Puligny-Montrachet. Nun mehrheitlich in japanischem Besitz.
Dubœuf, Georges ★★★ Beaujolais-Spitzenhandelshaus in Romanèche-Thorin. Anführer der Region in jeder Hinsicht. Reiche Auswahl an hervorragenden Weinen; u. a. ungewöhnlicher, in neuen Eichenfässern gereifter Moulin-à-Vent und weißer Mâconnais.
Dubos Hoch angesehener Négociant in Bordeaux.

Duclot Négociant in Bordeaux, Spezialist für Spitzengewächse. Mit J.-P. Moueix verbunden.

Dugat Bg ☆☆☆→☆☆☆☆ Die Vettern Claude und Bernard erzeugen – jeder in seinem eigenen Betrieb – ausgezeichnete, tieffarbige Gevrey-Chambertin-Weine

Dujac, Domaine Bg ☆☆☆→☆☆☆☆ Erzeuger (Jacques Seysses) von Burgunder in Morey-St-Denis mit guten Lagen: Echézeaux, Bonnes-Mares, Gevrey-Chambertin usw. Herrlich lebendige Weine, sehr langlebig. Jetzt auch Zukauf von Trauben in Meursault und Einstieg mit anderen Sorten in den Coteaux Varois.

Dulong Bordeaux-Handelshaus, bricht mit seinen unorthodoxen Verschnitten Marke Rebelle alle Konventionen. Ferner Vin de pays.

Durup, Jean Bg ☆☆ Einer der größten Chablis-Erzeuger, 152 ha, u. a. Domaine de l'Eglantière und bewundernswerter Ch. de Maligny.

Duval-Leroy Fleur de Champagne Brut oJ und Rosé oJ; Extra Brut; Fleur de Champagne Brut **90** **95**; Blanc de Blancs **95** **96**; Prestige Cuvée des Rois **88** **90** **95**; Cuvée Spéciale Fin de Siècle – Im Aufstieg begriffene Firma an der Côte des Blancs. Beste Qualität, günstige Preise. Viele weitere Etiketten.

Elsässische Weine für 2003

Muscat Im Elsass immer trocken; jung zu trinken. Entweder der köstlich elegante Côte de Rouffach von René Muré oder der etwas vollmundigere Muscat von Albert Mann.

Pinot blanc Die Elsässer Alternative zu Chardonnay. Der 2000er Domaine Mittnach quillt über vor Frucht, der 2000er Mise du Printemps von Josmeyer ist superb.

Riesling Die großartigste Sorte des Elsass. 98er Kronenbourg LD von Jean Becker, 97er Les Ecaillers von Léon Beyer oder, für ganz besondere Anlässe, 98er Clos St-Landelin von René Muré.

Pinot gris Gelegentlich noch Tokay-Pinot gris genannt. 99er Prestige von Paul Zinck, 99er Grand Cru Fürstentum von Albert Mann, 97er 1854 Foundation von Josmeyer.

Gewürztraminer Sehr aromatische, würzige Weine. 98er Les Sorcières von Dopff & Irion. Auf höherem Level sind der 98er Grand Cru Eichberg und der Clos Gaensbroennel von Alsace Willm.

Echézeaux Bg; r ★★★ **78'** **85'** **88** **89'** **90'** **91** **93** 95 96' 97 98 99' 00 01 – Grand cru zwischen Vosne-Romanée und Clos de Vougeot mit 29,5 ha. Hochfeiner, duftiger Burgunder ohne viel Wucht, z. B. von Confuron-Cotetidot, Dujac, Engel, Gouroux, Grivot, A. F. Gros, Mugneret, Dom. de la Romanée-Conti, Rion, Rouget.

Ecu, Domaine de l' Lo; r w; tr ☆☆☆ **81** **85** **86** **87** **88** 89 90 93 95 96 97 98 99 00 01 – Hervorragender Erzeuger sowohl von Muscadet de Sèvre et Maine als auch von köstlichem Gros Plant du Pays Nantais. Die Cabernet-Sauvignon-Weine können es mit manchem Saumur-Champigny aufnehmen.

Edelzwicker El; w ★ BV – Einfacher, leichter Weißwein für jeden Tag aus gemischten Traubensorten.

Eguisheim, Cave Vinicole d' Sehr gute Elsässer Winzergenossenschaft mit feinem Grand cru Hatschbourg, Hengst, Ollwiller und Spiegel. Willm gehört auch zum Besitz. Hauptmarke Wolfberger (65 % der Produktion);

die besten Serien: Grande Réserve, Sigillé und Armorié. Guter Crémant und Pinot noir.

Eichberg El – Grand cru im elsässischen Eguisheim. Kleines, warmes Fleckchen; geringste Niederschlagsmenge im Bereich Colmar. Berühmt für Gewürztraminer-Weine, v. a. sehr guter Kuentz-Bas Vendange tardive.

Elsass siehe Alsace.

Engel, R. ★★★ Erstrangiger Erzeuger von Vosne-Romanée, Clos Vougeot, Echézeaux, Grands Echézeaux.

Entraygues SWF; r rs w ☆ BV – Aromatischer VDQS-Landwein; v. a. knochentrockener weißer F. Avallon.

Entre-Deux-Mers Bx; w ★→★★ BV – Trockener weißer Standard-Bordeaux aus der Gegend zwischen Garonne und Dordogne. Bei verbesserter Technik oft preiswert, v. a. Ch. Bonnet, Fontenille, Moulin de Launay, Sainte-Marie, Tour de Mirambeau, Toutigeac, Turcaud usw.

Esmonin, Sylvie Bg ★★★ Gevrey-Chambertin mit sehr viel Klasse, v. a. Clos St-Jacques.

Estaing SWF; r rs w ★ BV – Nachbar von Entraygues, ähnlicher Stil.

Estandon, L' Markenbezeichnung für Alltagswein aus Nizza (AC Côtes de Provence), in allen Farben.

Etoile, L' Jura; w; tr (s); sch ☆☆ Unterbezirk des Jura, bekannt für stilvolle Weißweine, u. a. Vin jaune, ähnlich wie Château-Chalon, und guten Schaumwein.

Faiveley, J. Bg ☆☆→☆☆☆☆ Erzeugerfamilienbetrieb und Weinhandlung in Nuits-St-Georges, mit Weinbergen (109 ha) in Chambertin-Clos de Bèze, Chambolle-Musigny, Corton, Mercurey und Nuits (30 ha). Beständig hohe Qualität, allerdings nicht aufregend.

Faller, Théo/Domaine Weinbach Spitzenerzeuger am Kaysersberg im Elsass; wird geführt von Colette Faller und ihren beiden Töchtern. Konzentrierte Weine, v. a. aus den Grand-cru-Lagen Schlossberg (Riesling) und Fürstentum (Gewürztraminer); ungewöhnlich lange Reifezeit (bis zu 10 Jahren) ist nötig.

Faugères Midi; r (rs) (w) ☆☆ **95 96 97 98 99** 00 01 – Abgelegenes Dorf der Coteaux du Languedoc mit überdurchschnittlichem Rotwein und außergewöhnlichem Terroir. Seit 1982 AC; v. a. Dom. Alquier, Dom. des Estanilles, Ch. La Liquière.

Fesles, Château de Lo; r rs w; s ☆☆→☆☆☆ **76 78 85 86 88 89 90 93 94** 95 96 **97 98 00** – Historisches Gut in Bonnezeaux mit der gesamten Palette der Anjou-Weine im Angebot, darunter etwa Ch. la Guimonière und Ch. la Roulerie, beide von den Coteaux du Layon.

Fessy, Sylvain Beauj ☆☆ Dynamisches Beaujolais-Handelshaus mit großer Auswahl.

Fèvre, William Bg ☆☆☆ Chablis-Erzeuger mit dem größten Grand-cru-Besitz Dom. de la Maladière (18 ha). Verdirbt manche seiner besten Weine durch neue Eiche; einen nennt er Napa Vallée de France. Wurde 1998 von Henriot aufgekauft.

Fiefs Vendéens Lo; r rs w ★ BV – Aufstrebender VDQS-Bereich mit leichten Weinen aus der Vendée, südlich der Muscadet-Gegend an der Atlantikküste. Weine von Chardonnay, Chenin blanc, Colombard, Grolleau, Melon (weiß), Cabernet Sauvignon, Pinot noir und Gamay für Rot- und Roséweine. Besonders gut: Coirier, Ferme des Ardillers, Michon.

Filliatreau, Domaine Lo; r ☆☆→☆☆☆ **89 90** 93 95 96 **97** 98 00 01 – Paul Filliatreau hat dafür gesorgt, dass Saumur-Champigny auf der Landkarte und in den Pariser Restaurants auftaucht. Geschmeidiger, fruchtiger und süffiger Jeunes Vignes. Weitere Cuvées mit 2 bis 5 Jahren Reifezeit (Vieille Vignes und La Grande Vignolle).

Fitou Midi; r ☆☆ **95 96 97 98 99** 00 01 – Bessere Rotweine im Corbières-Stil; sehr gehaltvoll und haltbar. Am besten von den Genossenschaften in Cascastel, Paziols und Tuchan. Interessante Experimente mit Mourvèdre-Trauben in Leucate. Gute Erzeuger u. a. Ch. Nouvelles, Dom. Lérys, Dom. Rolland.

Fixin Bg; r ★★★ **89′ 90′ 91 92 93 95 96′ 97** 98 99 – Würdiger, aber unterbewerteter nördlicher Nachbar von Gevrey-Chambertin. Oft hervorragende Rotweine. Beste Weinberge: Clos du Chapître, Les Hervelets, Clos Napoléon. Erzeuger: u. a. Bertheau, R. Bouvrier, Clair, Faiveley, Gelin, Molin, Guyard.

Fleurie Beauj; r ☆☆☆ **98 99 00 01** – Inbegriff eines Beaujolais-Cru: fruchtig, duftig, seidig, rassig. Spitzenweine von Chapelle des Bois, Chignard, Depardon, Després, Dubœuf, Ch. de Fleurie, Métrat und der Cave Coopérative.

Floc de Gascogne SWF; r rs w – Armagnacs Antwort auf Pineau des Charentes. Aperitif aus einem Verschnitt von unfermentiertem Traubenmost und Armagnac.

Fortant de France Midi; r rs w ★→★★ Marke für sortenreinen Vin de pays d'Oc; beachtliche Qualität aus der Gegend von Sète. Siehe Skalli.

Fortia, Château S-Rh; r (w) ☆☆☆ **78′ 81′ 83 85 86 88 90** 95′ 96′ **97** 98′ 99 00′ – 29-ha-Gut in Châteauneuf-du-Pape mit traditionellen Methoden. Der Vater des Besitzers, Baron Le Roy, schuf um 1920 das System der Appellations Contrôlées. Zurzeit nicht in Bestform, aber Anzeichen für Erholung, auch für die Weißweine.

Frais Frisch oder kühl.

Frappé Eiskalt.

Froid Kalt.

Fronsac Bx; r ★→★★★ **85′ 86′ 88′ 89′ 90′ 94 95** 96 97 98 00′ – Malerische Landschaft westlich von St-Emilion mit zunehmend feinen, oft tanninreichen Rotweinen, die eine gewisse Reifezeit brauchen. Châteaux: de Carles, Dalem, La Dauphine, Fontenil, La Grave, Mayne-Vieil, Moulin-Haut-Laroque, La Rivière, La Rousselle, La Vieille Cure, Villars. Siehe auch Canon-Fronsac.

Frontignan Midi; goldfarben; s ★★ oJ – Starker, süßer, dickflüssiger Muskateller mit uralter Tradition. Qualität wird beständig besser, v. a. von Ch. Stony und Ch. La Peyrade.

Fuissé, Château Bg; w ☆☆→☆☆☆ Hat als Spitzenweingut von Pouilly-Fuissé Konkurrenz bekommen. Die verschiedenen Cuvées werden jetzt mehr auf baldigere Trinkreife hin bereitet.

Gagnard, Jean Noël Bg ☆☆☆ Jean Noëls Tochter, Caroline l'Estimé, hat diese Domaine an die Spitze aller Weingüter des Gagnard-Clans geführt. Herrlich ausdrucksstarke Grand-cru-, Premier-cru- und Villages-Weine aus Chassagne-Montrachet.

Gagnard-Delagrange, Jacques Bg ☆☆☆ Schätzenswerter kleiner Erzeuger (knapp 5 ha) von Chassagne-Montrachet, auch etwas Montrachet. Ebenfalls beachtenswert die Güter seiner Tochter: Blain-Gagnard und Fontaine-Gagnard.

Gaillac SWF; r rs w; tr s; sch ★→★★ Meist BV, mit Ausnahme der Rotweine mit Eichenholzaroma (**95 98 99** (00)) und der süßen Weißen (**97′ 98 99 00′ 01′**).

Gamay Siehe Trauben für Rotwein (Seite 18).

Gard, Vin de pays du Languedoc ☆ Aus dem Departement Gard an der Rhônemündung kommen viele gute Vins de pays, u. a. Coteaux Flaviens, Pont du Gard, Cévennes, Sables du Golfe du Lion, Salavès, Uzège und Vaunage.
Gers r rs w ☆ BV – Von den nahe gelegenen Côtes de Gascogne nicht zu unterscheiden.

Kleiner Gaillac-Führer
Gute Erzeuger mit breitem Angebot: Mas Pignou, Mas d'Aurel, Dom. de Barreau, Dom. Labarthe, Dom. d'Escausses, Ch. de Mayragues und die Genossenschaft in Técou (v. a. die Serie Passion)
Rotweine: Dom. Larroque, Dom. Pialentou, Dom. Salvy, Dom. La Chanade, Ch. Raynal
Lokale Sorten: Robert Plageoles, Dom. de Ramaye, Dom. de Causse-Marines (alle ☆☆☆)
Süßweine: Dom. de Causse-Marines, Dom. Rotier, Dom. Long Pech, Mas de Bicary
Trockene Weiße: Dom. de Perches
Schaumweine: Dom. Réné Rieux, Dom. Canto Perlic
Vins de pays: Ch. Vigné-Lourac, Dom. Borie-Vieille

Gevrey-Chambertin Bg; r ☆☆☆ **85' 88 89' 90' 91 93 95** 96' **97** 98 99' 00 01 – Weinort mit dem großen Chambertin und anderen Grands crus sowie sonstigen feinen Lagen (z. B. Premiers crus Clos St-Jacques, Combe aux Moines, Cazetiers, Clos des Varoilles), aber auch einfacherem Weinbergland. Erzeuger: u. a. Bachelet, L. Boillot, Damoy, Drouhin, Dugat, Esmonin, Faiveley, Harmand-Geoffroy, Jadot, R. Leclerc, Leroy, Mortet, Roty, Rousseau, Serafin, Trapet, Varoilles.
Gewürztraminer Rebsorte aus dem Elsass; eine der vier, die für Grand-cru-Weine zugelassen sind und deren aromatischste: im Idealfall nach Rosenblättern duftend, mit einem Anklang von Grapefruit und/oder Lychee im Geschmack.
Gigondas S-Rh; r rs ★★→★★★ **78 81' 83 85 86 88 89' 90' 93 94** 95' 96 97 98' 99' 00 01 – Würdiger Nachbar von Châteauneuf-du-Pape. Gehaltvoller, körperreicher, manchmal pfeffriger Wein, hauptsächlich Grenache. Erzeuger: u. a. Ch. de Montmirail, Redortier, Saint-Cosme, Clos du Joncuas, Dom. du Cayron, Font-Sane, Goubert, Gour de Chaulé, Grapillon d'Or, Les Hauts de Montmirail, Pesquier, Dom. les Pallières, Dom. Raspail-Ay, Dom. Sta-Duc, Dom. St-Gayan, Dom. des Travers, Ch. du Trignon.
Ginestet Alteingesessenes Bordeaux-Handelshaus, heute im Besitz von Bernard Taillan, angeblich schon der zweite im Reigen neuer Besitzer.
Girardin, Vincent Bg; r w ☆☆→☆☆☆ Der Qualitätserzeuger aus Santenay ist ein auf Produkte der AC Côte de Beaune spezialisierter dynamischer Weinhändler geworden. Moderner, eichenholzwürziger, fruchtiger Stil.
Gisselbrecht, Louis Sehr qualitätsbewusstes elsässisches Erzeuger- und Handelshaus in Dambach-la-Ville. Am besten Riesling und Gewürztraminer. Die Weine von Cousin Willy Gisselbrecht sind sehr gefragt.
Givry Bg; r w ★★ **93 95 96' 97** 98 99 00 – Unterbewerteter Weinort der Côte Chalonnaise: leichter, aber dennoch vollmundiger und typischer Burgunder, z. B. von Delorme, Dom. Joblot, L. Latour, T. Lespinasse, Clos Salomon, Sarrazin, Baron Thénard.

Gorges et Côtes de Millau SWF; r rs w ☆ BV – Örtlich beliebte Landweine. Rote am besten. Vorherrschend die Genossenschaft in Aguessac.

Gosset Sehr altes kleines Champagnerhaus in Aÿ. Exzellente, körperreiche Champagner (v. a. Grand Millésime 96). Gosset Celebris (90 95) und Celebris Rosé (**95** 96) sind Prestige-Cuvées, erstmals 1995 von den ehrgeizigen neuen Eigentümern, der Familie Cointreau von Frapin-Cognac, herausgebracht.

Gouges, Henri ☆☆☆ Wieder stärker werdendes Gut für vollen komplexen Nuits-St-Georges.

Goût Geschmack, z. B. »goût anglais« – wie ihn die Engländer mögen (trocken) oder, in der Champagne, ausgereift.

Grand cru In Burgund Spitzenlage mit eigener Appellation Contrôlée. Im Elsass eine der 50 Spitzenlagen innerhalb des AC-Bereichs Alsace Grand cru, anderswo ein vagerer Begriff. In St-Emilion der dritte Rang der Châteaux; es gibt davon etwa 200.

Grande Champagne AC für den besten Cognac-Bereich. Hat nichts mit Schaumwein zu tun.

Grande Rue, La Bg; r ☆☆☆ **89′ 90′ 91 93** 95 96′ 97 98 99′ 00 01 – Neu ernannter Grand cru in Vosne-Romanée. Im Besitz von Dom. Lamarche.

Grands-Echézeaux Bg; r ★★★★ **78′ 85′ 88′ 89′ 90′ 91′ 92 93** 95 96′ 97 98 99′ 00 01 – Sehr feine Grand-cru-Lage (9 ha) neben Clos de Vougeot. Weine nicht wuchtig, aber aromatisch: Drouhin, Engel, DRC, Gros.

Gratien, Alfred und **Gratien & Meyer** Brut oJ; Brut **91 95 96**; Prestige Cuvée Paradis Rosé **96** – Exzellentes kleines Champagnerhaus, Familienbetrieb mit höchstem Qualitätsstandard für traditionelle Herstellung. Feine, sehr trockene, langlebige Erzeugnisse; werden immer noch im Fass vergoren. Partnerfirma in Saumur (Loire) ist Gratien & Meyer. Beachtenswert die sehr gute Cuvée Flamme.

Graves Bx; r w ★★→★★★ Großer Bereich südlich der Stadt Bordeaux mit ausgezeichneten milden und erdigen Rotweinen sowie trockenen Weißweinen (Sauvignon blanc/Sémillon), die sich immer mehr als Stars etablieren. Pessac-Léognan im Zentrum.

Graves de Vayres Bx; r w ☆ **95 96** 98 99 00′ – Teil von Entre-Deux-Mers; ohne besonderen Charakter.

Grenache Siehe Trauben für Rotwein (Seite 18).

Griotte-Chambertin Bg; r ☆☆☆☆ **85′ 88′ 89′ 90′ 91 92 93** 95 96′ 97 98 99′ 00 01 – 6 ha Grand cru neben Chambertin. Ähnlicher Wein, aber nicht so kraftvoll, eher zart. Erzeuger: u. a. Dugat, Drouhin, Ponsot.

Grivot, Jean Bg ☆☆☆→☆☆☆☆ 14-ha-Domaine an der Côte de Nuits mit Anteilen an 5 Appellationen, darunter Nuits Premiers crus, Richebourg, Vosne-Romanée, Clos de Vougeot usw. Spitzenqualität.

Groffier, Robert Bg ☆☆☆ Sauberer, eleganter Gevrey-Chambertin und Chambolle-Mussigny, v. a. Les Amoureuses.

Gros, Domaines Bg ☆☆☆→☆☆☆☆ Eine herausragende Winzerfamilie in Vosne-Romanée; unter ihrem Dach u. a. die Domaines Jean, Michel, Anne et François, Anne-François Gros und Gros Frère et Sœur.

Gros Plant du Pays Nantais Lo; w ☆ BV – VDQS-Bereich, kleinerer Nachbar von Muscadet; säuerlicherer und leichterer Wein aus der Cognac-Traube, sonst bekannt als Folle blanche, Ugni blanc usw.

Guffens-Heynen Bg ☆☆☆ Belgischer Pouilly-Fuissé-Weinbauer. Geringe Mengen, Spitzenqualität. Alkoholstarker roter Gamay. Ferner Côte-d'Or-Weine von zugekauften Trauben (siehe Verget).

Guigal, E. Gleichermaßen berühmt als Erzeuger (22 ha an der Côte Rôtie) und als Handelshaus mit Weinen aus Condrieu, Côte Rôtie, Hermitage, St-Joseph und von der südlichen Rhône. Seit 1985 Besitzer von Vidal-Fleury, seit 2001 von de Vallouit und Dom. J.-L. Grippat. Durch Ausbau von Einzellagen-Côte-Rôtie (La Mouline, La Landonne, La Turque) über 42 Monate in neuen Eichenfässern (jetzt auch Ch. d'Ampuis: 38 Monate in Eiche seit 1995) hat Guigal mit der Lokaltradition gebrochen und sich auf den (vor allem) amerikanischen Geschmack eingestellt. Standardweine sind preiswert und verlässlich, besonders die roten Côtes-du-Rhône-Weine. Seit 1995 La Doriane, eine spezielle Condrieu-Cuvée – voll und eichenholzwürzig.

Haut-Benauge Bx; w ☆ BV – Appellation für einen kleinen Bereich innerhalb Entre-Deux-Mers.

Hautes-Côtes de Beaune Bg; r w ★★ **95 96' 97 98 99'** 00 01 – Appellation für ein Dutzend Dörfer in den Bergen hinter der Côte de Beaune. Leichte, probierenswerte Weine. Spitzenerzeuger: Corny, Deverey, Jacob Mazilly.

Hautes-Côtes de Nuits Bg; r w ★★ **95 96' 97 98 99'** 00 01 – Wie oben, nur an der Côte de Nuits. Ein in Entwicklung begriffenes Gebiet. Spitzenerzeuger: C. Cornu, Duband, Jayer-Gilles, M. Gros. Große Genossenschaft in Beaune.

Haut-Médoc Bx; r ☆☆→☆☆☆ **82' 83' 85' 86' 88' 89' 90' 93 94 95 96** 98 00' – Große Appellation, umfasst die besten Lagen im Médoc. Der größte Teil des Bereichs wird durch kommunale Appellationen erfasst (z. B. Margaux und Pauillac). Manche vorzügliche Châteaux (z. B. La Lagune) fallen nur unter die AC Haut-Médoc.

Haut-Montravel Dor; w; s ☆☆ **90' 94' 95' 96 97' 98** (99) – Seltener süßer weißer Montravel, ähnlich wie Monbazillac. Zu empfehlen: Ch. Le Bondieu, Ch. Moulin Caresse, Ch. Puy-Servain-Terrement und Ch. Roque-Peyre, auch Dom. de Grouyat und Dom. de Libarde.

Haut-Poitou Lo; r w ★→★★ BV – Aufstrebender VDQS-Bereich südl. von Anjou. Sehr gute Weißweine von der Cave du Haut Poitou (u. a. Chardonnay, Sauvignon blanc und Chenin blanc), jetzt mit Dubœuf verbunden. Sie hat sich den Einschränkungen durch den AC-Status verweigert, um die Freiheit bei der Auswahl zu behalten. Rotweine von Gamay und Cabernet Sauvignon; die besten können 4 bis 5 Jahre altern.

Heidsieck, Charles Brut Réserve oJ; Brut **85 90 95** 96; Rosé **90 95** 96; Blanc des Millénaires **90 95** – Bedeutende Champagnerfirma in Reims, wird heute von Rémy Martin kontrolliert. Neuerdings feine Qualität, v. a. unter dem neuen Etikett Brut Exceptionnel und dem innovativen Label Brut Réserve Mis en Cave, die beide von dem 2002 verschiedenen Daniel Thibault kreiert wurden. Jahrgangslose Champagner sind besonders preiswert. Siehe auch Piper-Heidsieck.

Heidsieck, Monopole Brut oJ Blue Top; Red Top; Gold Top **96** – Ehemals illustres Champagnerhaus, jetzt im Besitz der Vranken-Gruppe. Die Cuvée Red Top ist fast reiner Blanc de Noirs. Luxusmarke: der exzellente Diamant Bleu (**85 90 95**).

Hengst Wintzenheim – Grand cru im Elsass. Herausragend durch Spitzen-Gewürztraminer von Albert Mann; auch Pinot Auxerrois, Chasselas (v. a. Josmeyer) und Pinot noir (v. a. A. Mann) ohne Grand-cru-Status.

Henriot Brut Souverain oJ; Blanc de Blancs de Chardonnay oJ; Brut **85 88 90 95** 96; Brut Rosé **88 90 95** 96; Luxus-Cuvée: Cuvée des Enchanteleurs **85 88 90** – Alteingesessener Champagnerfamilienbetrieb, der 1994 wieder unabhängig wurde. Sehr feine, frische Art. Joseph Henriot besitzt außerdem Bouchard Père (seit 1995) und Fèvre.

Hérault Midi – Mit 400 000 ha das größte Weinbaudepartement Frankreichs. Einige gute AC Coteaux-du-Languedoc-Weine und bahnbrechender Vin de pays de l'Hérault. Außerdem bodenständiger Vin de table.

Hermitage N-Rh; r w ★★★→★★★★ **61' 66 72 78' 79 82 83' 85' 88 89' 90' 91'** 94 95' 96' 97' 98' 99' 00' 01' – Der »männlichste« Wein Frankreichs: dunkel, wuchtig und tief. Das gelungenste Beispiel eines Syrah-Weins von 125 ha Berglagen am Ostufer der Rhône (Granit und lehmiger Kreideboden). Muss lange reifen. Der goldfarbene, kräftige Weiße (Marsanne, etwas Roussanne) wird heute meist für baldigen Verbrauch bereitet, doch die Spitzenweine halten sich bis zu 25 Jahre und können besser als Rote sein (v. a. 93). Spitzenerzeuger: Belle, Chapoutier, Chave, Delas, Desmeure, Faurie, Guigal, Jaboulet, Sorrel, Tardieu-Laurent. Immer bessere Weine auch von der Genossenschaft Tain.

Hospices de Beaune Bg – Historisches Hospital und soziale Einrichtung in Beaune, mit hervorragendem Weinbergbesitz (durch Cuvée-Namen bekannt) in Meursault, Pommard, Volnay, Beaune, Corton. Die Weine werden jeweils am dritten Sonntag im November versteigert.

Hudelot-Noëllat, Alain ☆☆☆ Unterbewertetes Gut in Vougeot; exzellente Weine in einem leichten aber feinen Stil.

Huët-L'Echansonne Lo ☆☆→☆☆☆☆ **47' 59' 76' 85' 88' 89' 90'** 93 95' 96 97 98 99 00 01 (trocken und halbtrocken) – Führendes Spitzenweingut in Vouvray mit biologisch-dynamischem Anbau; Weine, die langer Alterung bedürfen. Am besten die Einzellagenweine: Le Haut Lieu, Le Mont, Clos du Bourg, Le Vodanis.

Hugel et Fils Bekannteste elsässische Firma; gegründet 1639 in Riquewihr und noch heute in Familienbesitz. Großartig die Serien Tradition und (noch mehr) Jubilee. Ferner Sélections des grains nobles – bei diesem Stil leistete Hugel Pionierarbeit und produziert noch immer einige der besten Exemplare. Gelegentlich auch Vin de paille. »Johnny« Hugel (seit 1997 im Ruhestand) ist der allseits beliebte Sprecher für die Region; Jean-Philippe und Etienne Hugel haben nun das Gut übernommen, Marc fungiert als Kellermeister. Das elsässische Grand-cru-System stößt bei ihnen auf erbitterten Widerstand.

Ile de Beauté, L' Vin de pays aus Korsika, größtenteils Rotwein.

Impériale Bordeauxflasche, die dem Inhalt von 8,5 Normalflaschen entspricht (6,4 l).

Irancy (»Bourgogne Irancy«) Bg; r (rs) ★★ **96' 97 98 99' 00** – Guter leichter Rotwein aus der Nähe von Chablis, von Pinot noir und der Lokaltraube César. Die besten Jahrgänge entwickeln sich gut bei der Lagerung. Beobachtenswert. Erzeuger: Colinot u. a.

Irouléguy SWF; r rs (w) ☆☆ **95'** 96 97 **98 99** (01') – Lokale Weine im Baskenland mit rustikalem Einschlag. Ursprünglich vorwiegend Rosé; jetzt aber auch mehr dunkle, dichte Tannat/Cabernet-Sauvignon-Rotweine, die mindestens 5 Jahre lagern müssen. Gute Erzeuger sind die Domaines Ilarria, Brana, Arretxea, Etchegaraya, Abotia und Genossenschaften. Ein künftiger Madiran?

Jaboulet-Aîné, Paul Alte Familienfirma, führender Erzeuger von Hermitage (v. a. La Chapelle ★★★★), Cornas St-Pierre, Crozes Thalabert (sehr preiswert) und Roure; handelt außerdem mit anderen Rhôneweinen – v. a. Côtes du Rhône Parallèle 45, Côtes du Ventoux. Die Weißweine jetzt fetter und vollmundiger als zuvor.

Jacquart Brut oJ; Brut Rosé oJ (Carte Blanche und Cuvée Spéciale); Brut **90** **95** **96** – Relativ neue Champagnermarke (seit 1962), auf Genossenschaftsbasis, mengenmäßig die sechstgrößte. Ordentliche Qualität. Luxussorten: Cuvée Nominée Blanc (**88** **90** 95), CN Rosé (**95** **96**); sehr gut: Mosaïque Blanc de Blancs (**92** **95** 96) und Mosaïque Rosé (**95**).

Jacquesson Hervorragendes kleines Champagnerhaus in Dizy. Sehr guter Blanc de Blancs (**93** **95**) und exquisite fassgereifte Luxus-Cuvée Grand Vin (weiß **88** **93** **95** und rosé **90** **93**). Auch Dégorgement Tardif (**75** **85**). Wurde vom Guide des Sommeliers mit der Auszeichnung Vigneron de l'Annee 2002 bedacht.

Jadot, Louis Bg ☆☆→☆☆☆☆ Erstklassiges Handelshaus in Burgund mit 63 ha Weinbergbesitz in Beaune, Corton, Ch. des Jacques (Moulin-à-Vent), Magenta usw. Zuverlässige Weine.

Jardin de la France Lo; r rs w; BV – Einer der vier regionalen Vins de pays Frankreichs; umfasst das Loiretal. Meist sortenrein (v. a. Chardonnay, Gamay, Sauvignon blanc).

Jasnières Lo; w; tr (s) ☆☆☆ **76** **78** **79** **83** **85** **86** **88'** **89'** **90'** **93'** **95'** **96** **97** **98** **99** **00** **01** – Seltener, fast unbegrenzt haltbarer, Vouvray-ähnlicher trockener Wein (Chenin blanc) aus der nördlichen Touraine. Empfehlenswert: Aubert la Chapelle, Gigou, Nicolas.

Jayer, Henri ☆☆☆☆ Schon fast eine Legende in Burgund. Siehe Rouget.

Jeroboam 6fach-Flasche (4,5 l) bzw. 3fache Magnum-Flasche in Bordeaux; 2fache Magnum-Flasche in der Champagne.

Jobard, François Bg ☆☆☆ Kleines Meursault-Weingut; klassische Weine, die gemächlich reifen. Beachtenswert auch die in modernerem Stil bereiteten Weine des Neffen Remi Jobard.

Josmeyer Familienweingut in Wintzenheim, Elsass; sehr gute, langlebige Weine, v. a. Gewürztraminer und Pinot blanc. Feiner Riesling aus der Grand-cru-Lage Hengst. Große Auswahl an Reben, Marken und Lagen.

Juliénas Beauj; r ★★★ **98** **99** **00** **01** – Führendes Gewächs aus dem Beaujolais; gehaltvoller, fruchtiger Wein, 2 bis 3 Jahre haltbar. Erzeuger: Ch. de Juliénas, Ch. du Bois de la Salle, Ch. des Capitans, Dom. Bottière, Dom. R. Monnet, Ch. des Vignes, Michel Tête und die Cave Coopérative.

Jura Siehe Côtes du Jura.

Jurançon SWF; w; tr s ★★→★★★ **89'** **90'** **94** **95'** 96 **97'** **98** **00** (01') – Hocharomatische, langlebige Spezialität aus Pau in den Ausläufern der Pyrenäen, eine Art urwüchsiger Sauternes, höchst probierenswert. Beide Versionen halten sich gut. Spitzenerzeuger: Barrère, Bellevue (v. a. trockene Weine), Bordenave, Bousquet, Cabarrouy, du Cinquau, Gaillot, Guirouilh, Jolys, Dom. de Cauhapé, Dom. du Bellegarde, Dom. Cauhapé, Lamouroux, Lapeyre, Larredya, Nigri, de Rousse, Uroulat. Außerdem Genossenschaften mit trockenem Grain Sauvage, Brut d'Ocean und Peyre d'Or.

Kaefferkopf El; w; tr s ☆☆☆ Lage in Ammerschwihr, eher berühmt für Verschnitte als für sortenreine Weine; daher kein Grand-cru-Status.

Kientzheim-Kaysersberg, Cave Vinicole de Bedeutende Winzergenossenschaft im Elsass, jetzt wieder mit Spitzenqualität. Erzeugt v. a. Gewürztraminer, Grand-cru-Riesling Schlossberg und Crémant d'Alsace.

Kientzler, André Elsässer Riesling-Spezialist mit feinem Geisberg-Grand-cru, v. a. Vendange tardive und Sélection des grains nobles. Ebenso gut aus den Grand-cru-Lagen Kirchberg de Ribeauvillé (Gewürztraminer) und Osterberg (gelegentlich Vin de glace – Eiswein). Auch sehr guter Auxerrois und Chasselas.

Korsika (Corse) Die Insel bietet starke Weine aller Farben. Appellationen sind Ajaccio und Patrimonio, bessere Crus Cap Corse und Calvi. Vin de pays: Ile de Beauté.

Kreydenweiss, Marc Guter Elsässer Erzeuger mit 12 ha in Andlau, v. a. Pinot gris (sehr gut aus der Grand-cru-Lage Moenchberg), Pinot blanc und Riesling. Spitzenwein: Grand cru Kastelberg (Riesling 20 Jahre haltbar). Auch feiner Auxerrois Kritt Klevner und gute Vendange tardive; ebenfalls guter Riesling/Pinot gris Clos du Val d'Eléon. Arbeitete als einer der ersten im Elsass mit neuen Eichenfässern. Überzeugter Anhänger des *terroir*-Gedankens und des biodynamischen Weinbaus.

Kriter Beliebter preiswerter Qualitätssekt aus Burgund, verarbeitet durch Patriarche.

Krug Grande Cuvée; Vintage **82** **85 88** 90 95 96; Rosé; Clos du Mesnil (Blanc de Blancs) **82 85 88** 90 95 96; Krug Collection **62 64 66 69 71 73** **76 79** – Kleines Champagnerhaus mit größtem Prestige. Volle, körperreiche, sehr trockene Champagner von allerfeinster Qualität für lange Lagerung. Seit 1999 im Besitz von Moët-Hennessy.

Kuentz-Bas Elsässische Erzeuger- und Handelsfirma der Spitzenklasse in Husseren-les-Châteaux, besonders für Gewürztraminer und Pinot gris. Auch gut: Vendange tardive.

Labouré-Roi Bg ☆☆→☆☆☆ Zuverlässiges, dynamisches Weinhandelshaus in Nuits-St-Georges; meist Weißweine und viele feine Domaine-Weine, v. a. Meursault von René Manuel sowie Nuits von Chantal Lescure.

Ladoix-Serrigny Bg; r (w) ☆☆ **95** **96' 97** 98 99' 01 – Nördlichster Ort der Côte de Beaune, am Fuß des Corton. Günstige Preise; beachtenswert.

Ladoucette, de ☆☆→☆☆☆ **89 90 93 94 95** **96** **97** **98 99 00 01** – Führender Erzeuger von Pouilly-Fumé auf Ch. de Nozet. Die Luxusmarke Baron de L. kann wunderbar sein, hat aber ihren Preis. Ferner Sancerre Comte Lafond und La Poussie (außerdem Chablis von Pic).

Lafarge, Michel ★★★★ 10,5-ha-Gut an der Côte de Beaune mit hervorragendem Volnay.

Lafon, Domaine des Comtes ☆☆☆☆ Spitzenweingut (14 ha) mit feinsten Burgunderlagen: Volnay, Meursault und Le Montrachet. Grandiose, intensive Weine, v. a. überaus dunkle Rotweine.

Laguiche, Marquis de Bg ☆☆☆☆ Größter Grundbesitzer in Le Montrachet. Herrliche Weine, von Drouhin hergestellt.

Lalande de Pomerol Bx; r ★★→★★★ **88' 89' 90' 94 95** **96** 98 00' – Nachbar von Pomerol. Ähnliche, aber nicht so weiche Weine. Spitzen-Châteaux: des Annereaux, de Bel-Air, Belles-Graves, Bertineau-St-Vincent, La Croix-St-André, La Fleur de Boüard, Garraud, Haut-Chaigneau, Les Hauts-Conseillants, Siaurac, Tournefeuille. Empfehlenswert.

Langlois-Château Lo ☆→☆☆☆ Einer der Spitzenerzeuger von Saumur-Schaumwein (v. a. Crémant), in der Hand von Bollinger. Außerdem eine Reihe von Loire-Stillweinen, v. a. Saumur Blanc Vieilles Vignes.

Lanson Père et Fils Black Label oJ; Rosé oJ; Brut **90 93** **95** 96 – Bedeutendes Champagnerhaus im Aufwärtstrend. Kellereien in Reims. Langlebige Luxusmarke: Noble Cuvée (**85** **88 90**). Black Label oJ ist ein zuverlässiger, sehr herber Wein mit Apfelaroma. Neue Cuvée: Blanc de Blancs (**90** 95).

Laroche ☆☆→☆☆☆ Großer Chablis-Erzeuger (76 ha) und dynamisches Handelshaus; liefert auch Dom. La Jouchère und Dom. Laroche. Spitzenweine: Blanchots (v. a. Réserve de l'Obédiencerie ☆☆☆) und Clos

Vieilles Vignes. Erzeugt ferner gute überregionale Chardonnay-Verschnitte. Jetzt auch Auswahl an Weinen aus dem Midi und Dom. La Chevalière.

Latour, Louis ☆☆→☆☆☆ Berühmtes Erzeuger- und Handelshaus in Burgund mit Weinbergen (48 ha) in Corton, Beaune usw.; zählt zur absoluten Spitze, besonders für Weißweine, v. a. Chevalier-Montrachet, Les Demoiselles, Corton-Charlemagne, Montrachet. Guter, preiswerter Montagny, Chardonnay von der Ardèche usw. Eigentümer von Ch. Corton Grancey. Auch Pinot noir Valmoissine aus dem Departement Var.

Latour de France r (w) ☆→☆☆ **95 96 97 98 99** 00 01 – Angeblich hochklassiger Ort in der AC Côtes du Roussillon-Villages.

Latricières-Chambertin Bg; r ☆☆☆ **85' 88' 89' 90' 91 92 93** 95 96' 97 98 99' 00 01 – 7 ha Grand cru neben Chambertin. Ähnlicher Wein, aber leichter und »gefälliger«, z. B. von Faiveley, Leroy, Ponsot, Trapet.

Laudun S-Rh; r rs w ★ Einer der Côtes-du-Rhône-Villages-Orte am Westufer. Gefällige Weine von der Genossenschaft Serre de Bernon, auch frische Weiße; Rote im weichen Stil. Dom. Pelaquié ist am besten, besonders der Weißwein; daneben Ch. Courac, Duseigneur und Prieuré Saint-Pierre.

Laurent-Perrier Brut oJ; Rosé oJ; Brut **88 90 93 95** – Dynamische und erfolgreiche Champagnerfamilienfirma in Tours-sur-Marne. Verlässlicher oJ, exzellente Luxusmarken: Cuvée Grand Siècle (oJ und **90** 95 96); CGS Alexandra Brut Rosé (**85 90**). Auch Ultra Brut. Zum Besitz gehören auch Salon, Delamotte, De Castellane.

Lavilledieu-du-Temple SWF; r rs w ☆ BV – Fruchtige Weißweine von der Genossenschaft bei Montauban. Erzeugt auch Vin de pays von Coteaux du Quercy und Coteaux et Terrasses de Montauban.

Leflaive, Domaine Bg ☆☆☆☆ Einmal mehr unter den besten Erzeugern von weißem Burgunder. Spitzenlagen in Puligny-Montrachet: Clavillons, Pucelles, Bienvenue- und Chevalier-Montrachet und (seit 1991) Le Montrachet. Die feinsten Weine entstehen mit biodynamischen Methoden.

Leflaive, Olivier Bg ☆☆☆ Ausgezeichnetes Handelshaus in Puligny-Montrachet, Cousin des zuvor Genannten. Sehr verlässliche Weine, meist weiß.

Léognan Bx; r w ☆☆☆→☆☆☆☆ Führender Ort der Appellation Graves mit eigener AC: Pessac-Léognan. Beste Châteaux: Domaine de Chevalier und Haut-Bailly.

Leroy, Domaine Bg ☆☆☆☆ Aus der 1988 gekauften Dom. Noëllat in Vosne-Romanée und Besitzungen der Familie Leroy (Dom. d'Auvenay) ist dieser Erzeugerbetrieb entstanden. Winzige Erträge sichern Weine von enorm hoher Qualität; ebenfalls enorm sind die Preise.

Leroy, Maison Bg ☆☆→☆☆☆ Der bedeutendste Négociant-éleveur in Auxey-Duresses mit den schönsten Beständen an teuren alten Weinen in ganz Burgund.

Lesquerde ☆☆ **95 96 97** 98 99 00 – Neue bedeutende AC-Village der Côtes du Roussillon-Villages.

Lichine, Alexis et Cie. Erfolgreiches Handelshaus in Bordeaux (gehörte dem verstorbenen Alexis Lichine). Keine Verbindung mit Prieuré-Lichine.

Lie, sur »Auf der Hefe.« Muscadet wird oft direkt vom Fass abgefüllt, um Schwung und Charakter zu bewahren.

Limoux Pyr; r w ★★ Aufblühende AC, mit dem Schaumwein Blanquette de Limoux oder dem besseren Crémant de Limoux, außerdem in Eiche ausgebauter Chardonnay für Limoux AC und Pinot noir für Vin de pays sowie Weine aus traditionellen Trauben. Erzeuger: u. a. Dom. de Fourn und Dom. des Martinolles; gute Genossenschaft.

Liquoreux Bezeichnung für sehr süßen Wein; z. B. Sauternes, Spitzen-Vouvray, Jurançon etc.

Lirac S-Rh; r rs w ★★ 89′ 90′ 94′ 95′ 96 98′ **99′** 00′ – Nachbarort von Tavel. Ansprechender, normalerweise weicher Rotwein (kann bis zu 5 Jahre reifen). Rotwein überflügelt den Rosé, v. a. Dom. Cantegril, Dom. Devoy-Martine, Ch. de Ségriès, Dom. de la Mordorée, Dom. Maby (Fermade), André Méjan, Dom. Sabon, Ch. de Bouchassy und Ch. d'Aquéria. Verstärkter Einsatz von Mourvèdre verleiht einigen Roten mehr Struktur. Auch gute Weißweine.

Listel Midi; r rs w ★→★★ BV – Großes historisches Gut (1600 ha) auf den Sandstränden des Golfe du Lion. Im Besitz der Val-d'Orbieu-Gruppe; angenehme, leichte »Vins des sables«, auch Schaumwein. Dom. du Bosquet-Canet ist ein fruchtiger Cabernet Sauvignon; die Dom. de Villeroy produziert frischen Blanc de Blancs sur lie, rosé Gris de Gris und Chardonnay. Ferner fruchtiger, fast alkoholfreier Pétillant, Ch. de Mailjay von den Côtes du Rhône, Abbaye de Ste-Hilaire von den Coteaux Varois sowie Ch. La Gordonne von den Côtes de Provence.

Empfehlenswerte Erzeuger an der Loire

Bourgeuil: Dom. des Ouches
Cheverny: Hervé Villemade, Clos de Tue-Bœf, Daridan (Cellier de la Marigonnerie)
Chinon: Jean-Pierre Crespin, Coulaine, Dom. de Bel Air, Patrick Lambert
Jasnières: Eric Nicolas (Dom. de Bellivière)
Quarts de Chaume: François Poirel (Ch. de Suronde)
Quincy: Silice de Quincy
Sancerre und Pouilly-Fumé: Dom. Bardin
Saumur und Saumur-Champigny: Le Petit St-Vincent, Dom. du Collier, Ch. la Tour Gris
Touraine: Dom. de la Garrelière, Dom. des Cailloux du Paradis
Vin de pays de la Vienne: Ampelidae

Listrac-Médoc Bx; r ☆☆→★★★ **90′** 95 96 98 00′ – Ort im Haut-Médoc, neben Moulis. Beste Châteaux: Clarke, Fonréaud, Fourcas-Hosten, Fourcas-Dupré, Mayne-Lalande.

Livinière, La Siehe Minervois-La Livinière.

Long-Depaquit Bg – Sehr gute Chablis-Domaine (v. a. Moutonne) von Bichot.

Lorentz, Gustave Elsässischer Erzeuger und Händler in Bergheim; v. a. Gewürztraminer und Riesling aus den Grand-cru-Lagen Altenberg de Bergheim und Kanzlerberg. Ist auch Eigentümer von Jerome Lorentz.

Loron et Fils Großes Erzeuger- und Handelshaus in Pontanevaux. Ein Spezialist für Beaujolais und sauberen Vin de table.

Loupiac Bx; w; s ★★ **85** 86′ 88′ **89** 90 95 **96 97** 98 99 01′ – Nachbar von Sauternes auf dem anderen Garonneufer und keineswegs zu verachten. Spitzen-Châteaux: Clos-Jean, Loupiac-Gaudiet, Mémoires, Noble, Ch. de Ricaud, Les Roques.

Lugny Siehe Mâcon-Lugny.

Lussac St-Emilion Bx; r ★★ **85 86′** 88′ 89′ 90′ 94 95 **96** 98 01′ – Nordöstlicher Nachbar von St-Emilion. Spitzen-Châteaux: Barbe-Blanche, Bel-Air, Bellevue, de la Grenière, Mayne-Blanc, du Lyonnat. Roc de Lussac heißt der gefällige Wein der Genossenschaft in Puisseguin.

Macération carbonique Traditionelle Beaujolais-Methode der Gärung von ganzen, unzerquetschten Trauben in einem geschlossenen Tank. Die in den einzelnen Trauben vor sich gehende Gärung bringt diese zum Aufplatzen. Das Ergebnis ist ein spritziger, sehr fruchtiger milder Wein, der sich nicht lange lagern lässt. Die Methode wird heute auch in vielen anderen Gegenden, z. B. im Midi, angewandt, sogar bei Châteauneuf-du-Pape.

Mâcon Bg; r (rs) w ☆☆ BV – Südlicher Distrikt mit sauberen, meist wenig bemerkenswerten Roten (Gamay am besten) und schmackhaften trockenen Weißweinen (Chardonnay). Mâcon supérieur ist ähnlich.

Mâcon-Lugny Bg; r w; sch ★★ **99 00′** 01 – Dorf unweit von Viré mit sehr großer und sehr guter Genossenschaft (4-M-Flaschen). Wein der Weinberge Les Genevrières wird von Louis Latour verkauft.

Mâcon-Villages Bg; w ★★→★★★ **99 00′ 01** – Typischer weißer Burgunder von hoher Qualität, wenn Übererträge vermieden werden. Bekannt für Village-Weine, v. a. Mâcon-Chardonnay, -Lugny, -Prissé und -Uchizy. Die besten Genossenschaften sind in Prissé und in Lugny. Beste Erzeuger: Vincent (Fuissé), Thévenet, Bonhomme, Merlin (La Roche Vineuse). Siehe auch Viré-Clessé.

Das Mâconnais

Das Hügelland nördlich des Beaujolais weist Kalksteinflächen auf, wo die Chardonnay-Traube volle, oft sogar feine Weine ergibt. Der hiesige Ort Chardonnay ist möglicherweise die Heimat dieser Rebsorte. Granitböden ergeben leichte Gamay-Rotweine. Die Spitzenappellation ist Pouilly-Fuissé, gefolgt von Pouilly-Vinzelles, St-Véran und Vité-Clersé, danach kommen die Mâcon-Villages-Weine mit den jeweiligen Ortsnamen. Die Region besitzt das Potenzial für preiswerten, sehr typischen Chardonnay, der die Erzeugnisse aus der Neuen Welt (und auch aus dem Süden Frankreichs) ausstechen könnte. Gegenwärtig aber präsentieren sich die meisten Weine nicht auf Spitzenniveau.

Macvin Jura; w; s ☆☆ AC für einen »traditionellen« Aperitif aus Marc und Traubensaft.

Madiran SWF; r ☆☆→★★★ **89′ 90′** 94 **95′** 96 **97 98′** (99) – Dunkler, kraftvoller Rotwein aus dem südlichen Armagnac, wie ein robuster, fruchtiger Médoc mit einer geschmeidigen Eleganz eigener Art; muss gelagert werden. Probierenswert: Ch. Montus, Ch. Bouscassé, Ch. d'Aydie, Chapelle Lenclos, Labranche-Laffont, Peyros, Pichard, Laffitte-Teston, Capmartin und die guten Genossenschaften Crouseilles, Plaimont und Castelnau-Rivière-Baise. Der Weißwein trägt das AC-Siegel Pacherenc du Vic-Bilh.

Magnum Doppelflasche (1,5 Liter).

Mähler-Besse Erstklassige holländische Handelsfirma in Bordeaux mit Mehrheitsbeteiligung an Ch. Palmer und Besitzer von Ch. Michel de Montaigne. Marke: Cheval Noir und andere. Insgesamt rund 100 ha.

Mailly-Champagne Erstklassige Genossenschaft in der Champagne. Luxusmarke: Cuvée des Echansons.

Maire, Henri Größter Erzeuger und Händler für Jura-Weine mit der Hälfte der gesamten AC. Einige Spitzenweine, viele ansprechende Handelsmarken. Ein Besuch macht Spaß.

Maranges Bg; r (w) ☆☆ **96 97 98 99′ 01** – AC für 240 ha an der südlichen Côte de Beaune. Ein Drittel Premier cru. Bedeutendste Négociants: Drouhin, Jaffelin.

Marc Trester; auch der daraus bereitete, streng riechende Branntwein (das Gegenstück zu Grappa in Italien).

Marcillac SWF; r rs ★→★★ BV – Erhielt 1990 AC-Status. Violett getönter Rotwein mit grasigem Beerencharakter. Gut sind die rustikalen Weine der Genossenschaft Cave de Valady, den Domaines du Cros und Laurens sowie von Jean-Luc Matha.

Margaux Bx; r ☆☆→☆☆☆☆ **78 81 82′ 83′ 85 86′ 87 88′ 89 90′ 93 94 95 96** 98 99 00′ – Ort im Haut-Médoc mit den elegantesten und aromatischsten Bordeaux-Rotweinen. Die AC schließt Cantenac und einige andere Orte mit ein. Spitzen-Châteaux: u. a. Brane-Cantenac, Margaux, Rauzan-Ségla usw.

Marionnet, Henry Lo ☆→☆☆☆ **89 90 93 95 96 97 98 99 00 01** – Führendes Gut in der Touraine, spezialisiert auf Gamay und Sauvignon blanc. Spitzen-Cuvée ist Le M. de Marionnet, außerdem die Cuvées Première Vendange, Vinifera, Cépages Oubliés, Provignage.

Marne et Champagne Neues, großes Champagnerhaus, dem Lanson und viele kleinere Marken, u. a. Besserat de Bellefon gehören. Unter der Marke Alfred Rothschild sehr gute Weine auf Chardonnay-Basis.

Marque déposée Schutzmarke.

Marsannay Bg; r rs (w) ★★★ **95 96′ 97 98 99′** 00 01 (Rosé BV) – Ort bei Dijon mit feinem, leichtem Rotwein und delikatem Pinot-noir-Rosé. Die Orte Chenôve und Couchey gehören dazu. Spitzenerzeuger: u. a. Clair, Roty, Charlopin, Trapet, Jadot, Universität Dijon.

Mas de Daumas Gassac Midi; r rs w ☆☆☆ **82 93 94′ 95 96 97** 98 99 00 01 – Spitzenweingut im Languedoc mit kraftvollen Weinen (meist Cabernet Sauvignon) von besonderem Boden. Außergewöhnliche Qualität. Ferner ein Rosé frisant und ein voller, duftiger weißer Verschnitt von Chardonnay-, Viognier-, Petit-Manseng-Trauben usw., sollte mit 2 bis 3 Jahren getrunken werden. Auch ein früh trinkreifer Rotwein namens Les Terrasses de Guilhem von einer nahe gelegenen Winzergenossenschaft sowie traditionelle Languedoc-Marken (Clairette, Cinsaut, Aramon u. a.) von sehr alten Rebstöcken unter der Bezeichnung Terrasses de Landoc. Status: Vin de pays. Neuer angenehmer Schaumwein: Terrasses du Lido. Ab 1998 ein faszinierender neuer süßer Weißwein: Vin de Laurence (Sémillon, Muscat-Sorten und Sercial).

Maury Pyr; r; s ☆☆ oJ – Rotwein Vin doux naturel von Grenache-Trauben aus dem Roussillon mit Terroir-Geschmack. Neuerdings stark verbessert, v. a. bei Mas Amiel.

Mazis- (oder **Mazy-**) **Chambertin** Bg; r ☆☆☆ **78′ 85′ 88′ 89′ 90′ 91 92** 93 95 96′ 97 98 99′ 00 01 – 12-ha-Grand-cru, Nachbar von Chambertin; oft ebenso kräftiger Wein. Beste Erzeuger: Leroy, Faiveley, Maume, Roty, Hospices de Beaune.

Mazoyères-Chambertin Siehe Charmes-Chambertin.

Médoc Bx; r ☆☆ **85 86′ 88′ 89′ 90′ 94 95 96** 98 00′ – Appellation für Rotwein aus dem weniger guten (nördlichen) Teil des größten und besten Distrikts von Bordeaux; der Geschmack ist erdig. Haut-Médoc ist wesentlich besser. Spitzen-Châteaux: u. a. La Cardonne, Greysac, Loudenne, Les Ormes-Sorbet, La Tour de By, Potensac.

Meffre, Gabriel Größtes Weingut an der südlichen Rhône, in Gigondas. Unterschiedliche Qualität, seit kurzem Fortschritte. Häufig in französischen Supermärkten zu finden. Übernimmt auch Abfüllung und Vermarktung für kleine Châteauneuf-du-Pape-Weingüter, v. a. Guy Jullian und Dom. de Baban.

Mellot, Alphonse ZF ☆☆→☆☆☆ **88 89 90 91 92 93 94 95 96 97 98 99 00 01** – Führender Weinerzeuger und -händler für Sancerre. Empfehlenswert: La Moussière und die im Holzfass gereiften Cuvées Edmond und Génération XIX; außerdem Menetou-Salon.
Menetou-Salon Lo; r rs w ★★ (★) BV – Höchst ansprechende Weine aus dem Westen von Sancerre: weißer Sauvignon blanc voller Charme, leichter roter Pinot noir. Spitzenerzeuger: Henri Pellé, Jean-Max Roger. Lagerfähige Rote von Clément.
Méo-Camuzet ☆☆☆☆ Sehr gute Domaine in Nuits und Vosne-Romanée mit Anteil an den Lagen Clos de Vougeot und Richebourg. Inspiriert von Henry Jayer. Spitzengewächs: V.-R. Cros Parantoux.
Mercier et Cie., Champagne Brut oJ; Brut Rosé oJ; Brut **90 93 95 96 97** – Eine der größten Champagnerfirmen in Epernay. In der Hand von Moët & Chandon. Tadellose Qualität. Absatz vorwiegend in Frankreich. Gute, kraftvolle Cuvée du Fondateur, hauptsächlich Pinot noir, und reichhaltiger, geschmeidiger Blanc de Noirs (**95 96**).
Mercurey Bg; r w ★★→★★★ r **90' 93 95 96' 97 98 99'** 01 – Führender Rotweinort der Côte Chalonnaise. Guter Mittelklasse-Burgunder sowie zunehmend mehr und bessere Weißweine. Erzeuger: u. a. Ch. de Chamirey, Faiveley, M. Juillot, Lorenzon, Raquillet, Dom. de Suremain.
Mercurey, Région de Moderne Bezeichnung für die Côte Chalonnaise.
Mérode, Domaine Prince de ☆☆☆ Spitzen-Domaine für Corton und Pommard.
Mesnil-sur-Oger, Le Champ ☆☆☆☆ Einer der besten Côtes des Blancs-Villages; strukturierter Chardonnay für langes Altern.
Métaireau, Louis ☆☆→☆☆☆ **87 88 89 90' 91 92 93 94 95 96 97 98 99 00 01** – Eine Schlüsselfigur in der »Qualitätsrevolution« bei Muscadet. Teurer, schön ausgebauter Wein: Number One und die Cuvées Grand Mouton und LM.
Méthode champenoise Traditionelle aufwendige Methode der Champagnerbereitung durch Zweitgärung in der Flasche. Außerhalb der Champagne ist nur die Bezeichnung »Méthode traditionnelle« oder »klassische Methode« zulässig. Auf Champagneretiketten nicht erwähnt.
Méthode traditionnelle Siehe Méthode champenoise.
Meursault Bg; (r) w ★★★→★★★★ **89' 90 91 92 95** 96' **97** 99 00' 01 – Ort an der Côte de Beaune mit einigen der größten Weißweinen der Welt: geschmackvoll, trocken, aber nusswürzig und mild. Beste Lagen: Perrières, Genevrières, Charmes. Ebenfalls gut: Goutte d'Or, Meursault-Blagny, Narvaux, Poruzots, Tesson, Tillets. Erzeuger: u. a. Ampeau, J.-M. Boillot, M. Bouzereau, Boyer-Martenot, Coche-Dury, Ente, Fichet, Grivault, Jobard, P. Javillier, Lafon, Latour, O. Leflaive, Leroy, Manuel, Matrot, Michelot-Buisson, Ch. de Meursault, P. Morey, G. Roulot. Siehe auch Blagny.
Meursault, Château de Bg; r w ☆☆☆ Weingut mit 60 ha im Besitz von Patriarche; gute Lagen in Meursault, Volnay, Pommard, Beaune und entsprechende Weine. Hervorragende Kellerei, für Publikumsbesuch geöffnet.
Meursault-Blagny Siehe Blagny.
Michel, Louis ☆☆☆ Domaine in Chablis mit vorbildlichen, nicht im Eichenfass gereiften, langlebigen Weinen, u. a. superbem Les Clos, sehr gutem Montmains und Montée de Tonnerre.
Midi Allgemeine Bezeichnung für den Süden Frankreichs, westlich des Rhônedeltas. Zunehmend besserer Ruf, brillante Aussichten. Viele Spit-

zenweine, die oft auf der Traubensorte und weniger auf einer Appellation beruhen. Ein Schmelztiegel.

Minervois Midi; r (rs) (w) br; s ★→★★ 90 91 92 93 94 95 96 97 **98 99** 00 01 – Bergiger AC-Bereich; seine Weine gehören zu den besseren aus dem Midi, lebendig und voll Aroma, v. a. von Ch. du Donjon, Fabas, Dom. Laurent Fabre, die Genossenschaften La Livinière, de Peyriac und Pouzols; La Tour Boisée, de Violet, Clos Centeilles. Ein süßer Minervois Noble ist derzeit in der Entwicklung. Siehe auch St-Jean de Minervois.

Minervois-La Livinière Midi; r (rs) (w) ★→★★ Ort im Minervois (vgl. Eintrag zuvor) mit hoher Qualität und dessen einzige Unterregion. Beste Erzeuger: Abbaye de Tholomies, Combe Blanche, Ch. de Gourgazaud, Clos Centeilles, Laville-Bertrou, Dom. Maris, Dom. Ste-Eulalie, Dom. Vallière, Genossenschaft La Livinière.

Mise en bouteilles au Château, au Domaine Erzeugerabfüllung. Häufig, auch von guten Erzeugern, gebrauchte Angaben wie: *dans nos caves* (in eigener Kellerei abgefüllt) oder *dans la région de production* (im Erzeugungsgebiet abgefüllt) haben dagegen nicht viel zu besagen.

Moelleux Mild und cremig-süß; Qualifizierung für die Süßweine von Vouvray, Coteaux du Layon usw.

Moët & Chandon Brut oJ; Rosé **90 92 93** 95 96; Brut Impérial **85 88 90 92** 93 95 96 97 – Bei weitem das größte Champagnererzeuger- und -handelshaus mit Kellereien in Epernay und Zweigbetrieben in Argentinien, Brasilien, Spanien, Deutschland, Australien und Kalifornien. Gleichmäßig hohe Qualität, v. a. bei Jahrgangs-Champagner. Coteaux Champenois Saran enttäuscht manchmal. Prestige-Cuvée: Dom Pérignon. Eindrucksvoller Esprit du Siècle mit Lesegut aus verschiedenen Jahrgängen. Verbindungen zu Clicquot, Mercier, Pommery, Ruinart und seit 1999 auch zu Krug.

Moillard Bg ☆☆→☆☆☆ Großes Familienunternehmen (Dom. Thomas-Moillard) in Nuits-St-Georges mit reicher Auswahl an sehr vollen, dunklen Weinen.

Mommessin, J. Bedeutendes Beaujolais-Handelshaus, fusionierte mit Thorin und ist jetzt im Besitz von Boisset. Eigentümer des Clos de Tart. Rotweine erfolgreicher als die Weißen.

Monbazillac Dor; w; s ★★→☆☆☆ **76′ 85′ 89 90′** 94 95′ 97′ 98 99′ (00′) – Goldfarbener Wein nach Sauternes-Art aus Bergerac, jetzt wieder in Bestform. Oft gut haltbar. Ch. Tirecul la Gravière ist der Spitzenerzeuger – ein Wein wie feiner Sauternes. Unter den 120 Erzeugern sind besonders hervorzuheben: L'Ancienne Cure, die Châteaux de Belingard-Chayne, Bellevue, La Borderie, Treuil-de-Nailhac, Le Fagé, Haut-Bernasse, Petit Paris, Poulvère, Theulet sowie Dom. de la Haute-Brie et du Caillou, Clos Fontindoule und La Grande Maison. Ebenfalls gut: die Genossenschaft von Monbazillac (Ch. de Monbazillac und Ch. Sepy).

Mondeuse Sav; r ★★ BV – Rote Traube aus Savoyen, identisch mit Refosco in Nordostitalien. Hat das Potenzial für guten, kräftigen dunklen Wein. Zugreifen!

Monopole Lage in der Hand eines einzigen Besitzers.

Montagne St-Emilion Bx; r ★★ 85 86′ 88′ **89′** 90′ **94** 95 **96** 98 00′ – Nordöstlicher Nachbar und größter »Satellit« von St-Emilion mit ähnlichen Weinen und AC-Bestimmungen. Gewinnt ständig an Bedeutung. Hiesige Spitzen-Châteaux: Calon, Faizeau, Maison Blanche, Montaiguillon, Roudier, Teyssier, des Tours, Vieux-Ch.-St-André.

Montagny Bg; (r) w ★★ **96′ 97 99′ 00** 01 – Ort an der Côte Chalonnaise, geographisch wie gastronomisch zwischen Mâcon und Meursault gelegen. Spitzenerzeuger: Aladame, J.-M. Boillot, Cave de Buxy, Louis, Michel, Ch. de la Saule.

Montaigne, Château de Dor; w; (s) ☆☆ Heimat des großen Philosophen Michel de Montaigne. Hier wird der süße Côtes de Montravel erzeugt; teilweise im Besitz von Ch. Palmer (Margaux).

Montée de Tonnerre Bg; w ★★★ **90 93 95** 96′ **97 98 99** 00′ 01 – Berühmter, exzellenter Premier cru in Chablis. Erzeuger: u. a. Brocard, Duplessis, L. Michel, Raveneau, Robin.

Monthelie Bg; r (w) ★★→★★★ **93 95 96′ 97** 98 99′ 00 01 – Wenig bekannter Nachbar von Volnay, manchmal fast gleichwertig. Hervorragende, duftige Rotweine. Erzeuger: u. a. Coche-Dury, Comte Lafon, Ch. de Monthelie (Suremain), Drouhin, Bouchard Père, Garaudet.

Montille, Hubert de Bg ☆☆☆ Beachtenswert mit Volnay und Pommard.

Montlouis Lo; w; tr s; (sch) ☆☆→☆☆☆ trocken **85′ 88′ 89 90′ 93′ 95′ 96 97 98 99** 00 01 – Nachbar von Vouvray mit ähnlichen lieblichen oder trockenen, langlebigen Weinen, auch Schaumweine. Spitzenerzeuger: Berger, Chidaine, Deletang, Moyer, Taille aux Loups.

Montrachet Bg; w ☆☆☆☆ **78 79 82 85′ 86 88 89′ 90 91 92′ 93 94** 95 96′ 97 98 99 00′ 01 – 8 ha Grand-cru-Lage in Puligny und Chassagne-Montrachet. Der potenziell größte weiße Burgunder: stark, bukettreich, intensiv, trocken und doch von üppiger Fülle. Spitzenerzeuger: Ramonet, Romanée-Conti, Lafon, Laguiche (Drouhin), Leflaive und Thénard.

Montravel Dor; r rs w; tr ★★ r **00** (01) w rs BV – Die AC gilt jetzt für Weine aller Farben; im Stil sind sie dem Bergerac ähnlich. Gute Exemplare z. B. von den Domaines de Krevel, Gouyat und Perreau sowie den Châteaux du Fouga, Masburel, Péchaurieux und Pique-Sègue. Eigene Appellationen für lieblichen Côtes de Montravel und süßen Haut-Montravel.

Mont-Redon, Château de S-Rh; r w ☆☆☆ **78 86 88 89 90′ 93′ 94′** 95′ 97′ 98′ 99′ 01 – Bedeutendes Gut in Châteauneuf-du-Pape. Feine, komplexe Rote und sehr gute, aromatische, manchmal gehaltvolle Weiße (z. B. 94 oder 96). Auch gute Weine von der Lage Cantegril in Lirac.

Montus, Château SWF ☆☆☆ **89 90′ 94 95 96 97 98** (99) – Spitzenerzeuger in Madiran. Sortenreine Weine von Tannat mit langer Fermentierung und langsamer Reifung. Im Besitz von A. Brumont.

Moreau et Fils Bg ☆→☆☆ Chablis-Erzeuger- und -Handelsfirma, 40 ha. Auch Großproduzent von Tafelwein. Spitzenwein: Clos de Hospices (Grand cru).

Morey, Domaines Bg ☆☆☆ 20 ha in Chassagne-Montrachet; sehr gute, von der Familie selbst (besonders von Bernard) ausgebaute Weine, u. a. Bâtard-Montrachet. Auch Pierre Morey in Meursault.

Morey-Saint-Denis Bg; r ★★★ **85′ 88 89′ 90′ 91 93** 95 96′ **97** 98 99′ 00 01 – Kleiner Ort mit 4 Grands crus zwischen Gevrey-Chambertin und Chambolle-Musigny. Häufig übersehener, ganz hervorragender Wein. Erzeuger: u. a. Amiot, Dujac, Lignier, Moillard-Grivot, Perrot-Minot, Ponsot, Roumier, Rousseau, Serveau.

Morgon Beauj; r ★★★ **95 96 97 98** 99 00 01 – Der »festeste« der Beaujolais-Crus; braucht Zeit zur Entwicklung seines reichen, anregenden Buketts. Erzeuger: u. a. Aucœur, Ch. de Bellevue, Desvignes, J. Foillard, Lapierre, Ch. de Pizay. Exzellent von Dubœuf.

Mortet, Denis ☆☆☆☆ Perfektionistisch geführte Domaine in Gevrey. Seit 1993 erstklassige Weine, darunter eine Reihe von Gevrey-Villages sowie exzellenter Premier cru Lavaux St-Jacques.

Moueix, J.-P. et Cie. Bx – Legendäres Erzeuger- und Handelshaus der Spitzenklasse in St-Emilion und Pomerol. Châteaux: u. a. Lafleur-Pétrus, Magdelaine und Pétrus. Neuerdings auch in Kalifornien, siehe Dominus.

Moulin-à-Vent Beauj; r ★★★ **91 93 95 96' 97** 98 99 00 01 – Der potenziell beste und »größte« Wein des Beaujolais; kann kräftig, extraktreich und langlebig sein, kommt im Geschmack einem feinen Rhône-Wein oder Burgunder nahe. Viele gute Erzeuger, v. a. Ch. du Moulin-à-Vent, Ch. des Jacques, Dom. des Hospices, Janodet.

Moulis Bx; r ★★→★★★ **90 94 95** 96 98 00' – Ort im Haut-Médoc mit einigen Crus exceptionnels: Chasse-Spleen, Poujeaux (Theil), Maucaillou usw. Lohnendes Feld für önologische Schatzsucher.

Mourvèdre Siehe Trauben für Rotwein (Seite 18).

Mousseux Schäumend.

Mouton Cadet Populäre Marke für rote und weiße Bordeaux-Verschnitte.

Moutonne ☆☆☆ Chablis Grand cru »honoris causa« (zwischen Vaudésir und Preuses); im Besitz von Bichot.

Mugneret/Mugneret-Gibourg Bg ☆☆☆ Überragende Rotweine von Spitzenlagen der Côte de Nuits.

Mugnier, J.-F. Bg ☆☆☆ 4-ha-Weingut in Chambolle mit erstklassigem, delikatem Chambolle-Musigny Les Amoureuses und Musigny. Auch Bonnes-Mares.

Mumm, G. H. & Cie. Cordon Rouge oJ; Mumm de Cramant oJ; Cordon Rouge **90 95** 96; Rosé oJ – Bedeutendes Champagnererzeuger- und -handelshaus. Der neue Kellermeister hat den Champagner oJ erheblich verbessert; Jahrgangs-Champagner recht gut. Luxusmarken: René Lalou (**85 90** 95), Grand Cordon (**90** 95). Zweigbetriebe in Napa (Kalifornien), Chile, Argentinien und Südafrika (Cape Mumm).

Muré, Clos St-Landelin Feines Elsässer Erzeuger- und Handelshaus in Rouffach mit Weinbergen im Grand cru Vorbourg. Körperreiche Weine: reifer Pinot noir, kräftiger Riesling und Muskateller Vendange tardive.

Muscadet Lo; w ★★→★★★ BV (vgl. aber unten) – Beliebter, preiswerter, oft köstlicher trockener Wein aus der Gegend von Nantes. Er soll keinesfalls scharf sein, aber einen schwachen Hauch Jodsalz aufweisen. Besonders gut zu Fisch und Meeresfrüchten. Die besten stammen aus AC-Zonen: Coteaux de la Loire, Côtes de Grand Lieu, Sèvre-et-Maine; sehr gut: »sur-lie«-Weine.

Muscadet Coteaux de la Loire Lo; w ☆→☆☆☆ **88 89 90 93 95 96 97 98 99 00 01** – Kleine Muscadet-Zone östlich von Nantes, am besten »sur lie«; v. a. Guindon, Luneau-Papin, Les Vignerons de la Noëlle.

Muscadet Côtes de Grand Lieu ☆→☆☆☆ **88 89 90 93 95 96 97 98 99 00 01** – Junge AC-Zone seit 1995 für Muscadet rund um den gleichnamigen See. Am besten »sur lie«, z. B. von Bâtard, Luc Choblet, Malidain.

Muscadet de Sèvre-et-Maine ☆→☆☆☆ **88 89 90 93** 95 96 **97** 98 99 00 01 – Wein aus dem mittleren (besten) Teil des Gebiets. Spitzenerzeuger: Guy Bossard (Dom. de l'Ecu), Chéreau-Carré, Bruno Cormerai, Dom. de la Haute Fevrie, Douillard, Landron, Luneau-Papin, Metaireau.

Muscat Die Muskateller-Traube mit charakteristischem Aroma und ihr meist süßer Wein; oft gespriteter als Vin doux naturel bereitet. Im Elsass trocken ausgebaut und nicht gespritet.

Muscat de Beaumes-de-Venise Siehe Beaumes-de-Venise.

Muscat de Frontignan Siehe Frontignan.

Muscat de Lunel Midi; goldfarben; s ☆☆ oJ – Süßer Muscat aus dem Midi. Kleiner Bereich, aber gut. In jüngster Zeit deutliche Fortschritte. Empfehlenswert: Dom. Clos Bellevue, Lacoste.

Muscat de Mireval Midi; goldfarben; s ☆☆ oJ – Wie voriger, aus der Gegend von Montpellier.

Muscat de Rivesaltes Midi; goldfarben; s ★★ oJ – Süßer Muscat aus einem großen Gebiet bei Perpignan. Besonders gut von Cazes Frères und Ch. de Jau.

Musigny Bg; r (w) ☆☆☆☆ **85′ 88′ 89′** 90′ **91 92 93** 95 96′ 97 98 99 00 01 – 10 ha Grand cru in Chambolle-Musigny. Oft der schönste, wenn auch nicht wuchtigste aller roten Burgunder (und ein leichter Weißwein). Beste Erzeuger: Drouhin, Jadot, Leroy, Mugnier, Prieur, Roumier, de Vogüé, Vougeraie.

Napoléon Der Markenname eines Prieur-Champagnerhauses in Vertus. Familienbetrieb mit exzellentem Carte d'Or oJ und erstklassigen Jahrgangsweinen: v. a. **95**.

Nature Natürlich bzw. unbehandelt, v. a. bei stillem Champagner.

Négociant-éleveur Händler, der den Ausbau des Weins übernimmt.

Nerthe, Château La S-Rh; r (w) ☆☆☆ **78′ 81′ 85 86 88 89′ 90′ 93 94** 95′ 96′ 97 98′ 99′ 00 – Berühmtes, imposantes Châteauneuf-du-Pape-Gut (90 ha). Solide Weine im modernen Stil, v. a. spezielle Cuvées: Cadettes (rot) und eichenholzwürziger Beauvenir (weiß); brauchen 5 Jahre, um sich zu entwickeln.

Nicolas, Ets. In Paris ansässiger Groß- und Einzelhändler (weitgehend im Besitz von Castel Frères); einer der größten und besten Frankreichs.

Nuits-St-Georges Bg; r ☆☆→☆☆☆☆ **85′ 88′ 89′ 90′ 91 93 95** 96′ **97** 98 99′ 00 01 – Bedeutende Weinstadt; Weine aller Qualitätsklassen, immer kräftig und relativ tanninbetont; brauchen Zeit. Der Name lautet oft kurz »Nuits«. Beste Lagen: u. a. Les St-Georges, Vaucrains, Les Pruliers, Clos des Corvées, Les Cailles. Viele Erzeuger und Händler, v. a. Ambroise, Dom. de l'Arlot, R. Chevillon, Chauvenet, Confuron, Faiveley, Gouges, Grivot, Lechéneaut, Leroy, Machard de Gramont, Michelot, Rion, Thomas-Moillard.

d'Oc Midi; r rs w ★→★★ Vin de pays im Languedoc und Roussillon; v. a. sortenreine Weine und Primeurs. In jüngster Zeit gewaltige technische Fortschritte. Spitzenerzeuger: Val d'Orbieu, Skalli und Jeanjean; außerdem eine ganze Reihe von kleineren Weingütern.

Oisly et Thesée, Vignerons de ★★ **89 90 93 95 96 97 98 99 00 01** – Rührige Genossenschaft in der östlichen Touraine (Loire); mit gutem Sauvignon blanc (v. a. Cuvée Excellence), Cabernet Sauvignon, Gamay, Cot und Chardonnay. Verschnitte unter dem Etikett Baronnie d'Aignan und empfehlenswerte Gutsweine. Preiswert.

Orléanais, Vin de l' Lo; r rs w ☆ BV – Kleiner VDQS-Bereich mit leichten, fruchtigen Weinen auf Basis von Pinot meunier und Pinot noir, Cabernet Sauvignon und Chardonnay. Empfehlenswert: Clos St-Fiacre.

Ostertag Kleines Weingut in Epfig (Elsass). Guter, in neuer Eiche gereifter Pinot noir sowie der beste Riesling und Pinot gris aus der Grand-cru-Lage Muenchberg. Gut haltbarer Gewürztraminer aus der Lage Fronholtz.

Ott, Domaines Wichtigster Produzent von hochwertigen Provence-Weinen, u. a. Ch. de Selle (rosé und rot), Clos Mireille (weiß), Bandol Ch. de Romassan.

Pacherenc du Vic-Bilh SWF; w; tr s ☆☆→☆☆☆ Der Weißwein von Madiran, in trockenem (BV) und süßem (5 Jahre reifen lassen bei in Eiche ausgebauten Versionen) Stil erhältlich. Erzeuger siehe Madiran.
Paillard, Bruno Brut Première Cuvée oJ; Rosé Première Cuvée; Chardonnay Réserve Privée; Brut **85 90 95**; Nec Plus Ultra Prestige Cuvée **90** (hervorragend) – Kleines, schon renommiertes junges Champagnerhaus mit sehr hohem Qualitätsstandard.
Palette Prov; r rs w ★★ Körperreiche Rotweine, feste Roséweine und duftige Weißweine von Château Simone bei Aix-en-Provence.
Pasquier-Desvignes Beauj ☆→☆☆ Sehr altes Beaujolais-Handelshaus bei Brouilly.
Patriarche Bg ☆→☆☆ Eines der größeren Handelshäuser für Burgunder. Kellereien in Beaune; besitzt auch Ch. de Meursault (61 ha); Schaumwein Kriter usw.
Patrimonio Korsika; r rs w ★★→★★★ **95 96 97 98** 99 00 – Verschiedene Weine aus einer wilden Kalkstein-Berglandschaft im Norden der Insel. Vollduftige Rotweine von Nielluccio, frische Weißweine. Spitzenerzeuger: Gentile, Leccia, Arena.
Pauillac Bx; r ☆☆☆→☆☆☆☆ **66′ 70′ 75 78′ 79 81′ 82′ 83′ 85′ 86′ 88′ 89′ 90′ 93 94 95′** 96′ 98 99 00′ – Der einzige Ort in Bordeaux (Haut-Médoc) mit drei Premier-cru-Gütern (Ch. Lafite, Latour, Mouton-Rothschild) neben vielen anderen guten; berühmt durch großes Bukett, jedoch unterschiedlich im Stil.
Pécharmant Dor; r ★★ **90′ 95′ 98** 99 – Kleiner AC-Bereich für rote Bergerac-Spitzenweine, die reifen müssen. Am besten: La Métairie, Dom. du Haut-Pécharmant, Dom. des Costes, Dom. des Bertranoux, Ch. Champarel, Ch. Terre Vieille, Ch. Les Grangettes und Ch. de Tiregand. Von der Bergerac-Genossenschaft in Le Fleix auch Dom. Brisseau-Belloc, Dom. du Vieux Sapin und Ch. le Charmeil. Im Auge behalten.
Pelure d'oignon »Zwiebelhaut«; bräunliche Färbung bestimmter Rosés.
Perlant oder **Perlé** Perlend; geringfügige Bläschenbildung.
Pernand-Vergelesses Bg; r (w) ★★★ **90 93 95 96′ 97** 98 99′ 00 01 – Ort bei Aloxe-Corton, in dessen Gemarkung sich Teile der großen Lagen Corton und Corton-Charlemagne sowie die Spitzenlage Ile des Vergelesses befinden. Erzeuger: u. a. Chandon de Briailles, Chanson, Delarche, Dubreuil-Fontaine, Jadot, Latour, Rapet.
Perrier, Joseph Cuvée Royale Brut oJ; Cuvée Royale Blanc de Blancs oJ; Cuvée Royale Rosé oJ; Brut **85 90 95** 96 – Champagnerhaus in Châlons mit hochwertigem Weinbergbesitz im Marnetal. Süffiger, fruchtiger Stil; am besten die sehr gute Prestige-Cuvée Joséphine (**85 90** 95) mit Hauptanteil Chardonnay. Alain Thienot ist seit 1998 Teilhaber.
Perrier-Jouët Brut oJ; Blason de France oJ; Blason de France Rosé oJ; Brut **82 85 88 90 95** 96 – Exzellenter Champagnererzeuger in Epernay, der erste, der trockenen Champagner produzierte; jetzt am besten für Jahrgangsweine. Luxusmarken: Belle Epoque (**85 88 90** 95) in einer bemalten Flasche. Ferner Belle Epoque Rosé (**85 88 90 95**).
Pessac-Léognan Bx; r w ☆☆☆→☆☆☆☆ **90′ 95** 96 98 99 00′ – AC für den besten Teil des nördlichen Graves mit den Weinbergen der meisten Grands crus wie Haut-Brion, Pape-Clément usw.
Pétillant Normalerweise leicht perlend; auch perlende Spezialität in der Touraine, v. a. Vouvray und Montlouis.
Petit Chablis Bg; w ☆ BV – Wein aus Chablis-Lagen der vierten Klasse. Wenig Charakter, aber oft angenehm frisch.

Pfaffenheim Erstklassige Elsässer Winzergenossenschaft mit 235 ha. Höchst individuelle Weine, u. a. guter Silvaner und sehr guter Pinot noir, gris und blanc. Grand-cru-Lagen: Goldert, Steinert und Hatschbourg. Hartenberger Crémant d'Alsace ist sehr zu empfehlen. Auch Eigentümer von Dopff & Irion.

Pfersigberg Eguisheim (Elsass) – Grand cru mit zwei Parzellen; sehr aromatische Weine. Gewürztraminer gedeiht sehr gut. Guter Riesling von Paul Ginglinger, Bruno Sorg und Leon Beyer (Comtes d'Eguisheim). Spitzenerzeuger: Kuentz-Bas.

Philipponnat oJ; Rosé oJ; Réserve Spéciale **88 90 95**; Grand Blanc Vintage **76 81 82 88 89 90** 95; Clos des Goisses **76 78 79 82 85 88 89 90** 95 – Kleine Champagnerfamilienfirma mit gut strukturierten Weinen, v. a. aus der beachtlichen Einzellage Clos des Goisses, auch charmanter Rosé. Außerdem Le Reflet Brut oJ.

Piat Père et Fils ☆ Großes Handelshaus von Beaujolais- und Mâcon-Weinen. Sitz in Mâcon, in der Hand von Diageo.

Pic St-Loup Midi; r (rs) ☆→☆☆ Bemerkenswerte Gemeinde der Coteaux du Languedoc. Beste Erzeuger: Ch. de Cazeneuve, Ch. de Lancyre, Ch. Lascaux, Mas Bruguière, Dom. de l'Hortus.

Picpoul de Pinet Midi; w ☆→☆☆ AC exklusiv für die alte Rebsorte Picpoul. Beste Erzeuger: Dom. Gaujal, Genossenschaft Pomérols, Félines-Jourdan.

Pierre-Bise, Château Lo; r w ☆☆☆→☆☆☆☆ **85 86 88 89 90 93 95** 96 **97 98** 99 00 01 – Fantastischer Erzeuger von Anjou- und Coteaux-du-Layon-Weinen, darunter auch Quarts de Chaume, die streng nach Terroir vinifiziert und abgefüllt werden. Unter dem Namen Clos de Coulaine auch Savennières.

Pineau des Charentes Starker, süßer Aperitif aus Traubenmost und Cognac.

Pinot Siehe Trauben für Weiß- und Rotwein (Seite 15, 16 und 18).

Piper-Heidsieck Brut oJ; Brut Rosé oJ; Brut **90 95** – Altrenommierte Champagnerfirma in Reims, heute im Besitz von Rémy-Cointreau. Rare (**85 90** 95) und Brut Sauvage (**90 95** 96) sind am besten, aber die Cuvées oJ sind auch erheblich besser geworden.

Plageoles, Robert Der Hohepriester des Gaillac-Weins und Retter der verlorenen Rebsorten der Region Tarn. Seine erstaunlich exzentrischen Weine umfassen einen Vin jaune, den er wie Sherry oxidieren lässt, und einen extrem süßen Wein von in der Sonne getrockneten Ondenc-Trauben. Nicht weniger ungewöhnlich sein reinsortiger Muscadelle.

Pol Roger Brut White Foil oJ; Brut **82 85 88 90 93** 95 96; Rosé **75 79 82 85 88 90**; Blanc de Chardonnay **88 90 93 95** 96 – Erstklassiges Champagnerhaus in Familienbesitz in Epernay, v. a. in Großbritannien sehr beliebt. Besonders gut der seidige White Foil oJ, Rosé, Réserve PR (**88**) und Chardonnay. Prächtige Luxus-Cuvée Sir Winston Churchill (**82 85 88 90 93** 95 96). Dominique Petit, früher bei Krug, ist der neue *chef des caves*.

Pomerol Bx; r ★★★→☆☆☆☆ **70 75' 81' 82' 83 85 86 88 89' 90' 94 95 96** 98' 00' – Nachbarort von St-Emilion. Ähnliche, aber pflaumigere und cremigere Weine, oft früher reif, insgesamt zuverlässig und köstlich. Spitzen-Châteaux: Pétrus, La Fleur-Pétrus, Vieux Ch. Certan, Latour-à-Pomerol, Le Pin, Certan-de-May, L'Evangile, La Fleur usw.

Pommard Bg; r ☆☆☆ **85' 88' 89' 90 91 93** 95 96' 97 98 99' 00 01 – Größter Weinort an der Côte d'Or. Wenige überragende Weine, aber viele kräftige und oft tanninreiche mit mindestens 10 Jahren Lebensdauer. Beste Lagen: Rugiens, Epenots und Hospices de Beaune Cuvées. Erzeuger: u. a. Ch. de Pommard, Billard-Gonnet, Dom. de Courcel, Gaunoux, Leroy, Comte Armand, Pothier-Rieusset, de Montille, Machard de Gramont, J.-M. Boillot.

Pommery Brut oJ; Rosé oJ; Brut **82 85 87 90′ 91 95** 96 – Sehr bedeutendes Champagnererzeuger- und -handelshaus in Reims. Wurde 1991 von Moët-Hennessy übernommen. Inzwischen stark verbesserte Qualität. Die Luxus-Cuvée Louise (**82 85 90**) ist hervorragend. Auch Cuvée Louise Rosé (**85 87 88 89**) sowie Flacons d'Exception, spät degorgierte ältere Jahrgänge in Magnum-Flaschen (**79**).

Ponsot, J.-M. ☆☆☆☆ 10-ha-Weingut in Morey-St-Denis; u. a. viele qualitativ hochwertige Grands crus: u. a. Chambertin, Chapelle-Chambertin, Clos de la Roche, Clos St-Denis.

Potel, Nicolas Bg ☆☆→☆☆☆ Nach dem Verkauf der Dom. de la Pousse d'Or gründete Potel diese kleine, nun wachsende Handelsfirma. Eindrucksvolle Rote, v. a. Bourgogne Rouge, Volnay, Nuits-St-Georges.

Pouilly-Fuissé Bg; w ☆☆→☆☆☆ **90 92′ 95 96 97 98** 99 00 01 – Der beste Weißwein der Region Mâcon, stark und kompakt. Kann hervorragend sein (z. B. Ch. Fuissé Vieilles Vignes), ist aber meist zu teuer, z. B. gegenüber Chablis. Spitzenerzeuger: Ferret, Forest, Verget, Luquet, Merlin, Noblet, Valette und Vincent.

Pouilly-Fumé Lo; w ★★→★★★★ **90′ 91′ 92′ 93′ 94 95′ 96 97 98 99 00 01** – Fruchtiger, oft säuerlicher Weißwein mit Feuersteinaroma von der oberen Loire bei Sancerre, nur aus der Sauvignon-blanc-Traube. Die besten Cuvées können sich 5 bis 6 Jahre entwickeln. Spitzenerzeuger: u. a. Cailbourin, Chatelain, Dagueneau, Ch. de Favray, Edmond und André Figeat, Ladoucette, Masson-Blondelet, Ch. de Tracy, Tinel-Blondelet, Cave de Pouilly-sur-Loire.

Pouilly-Loché Bg; w ★★ **96 97 99 00′** 01 – Nachbarort von Pouilly-Fuissé; ähnlicher, preisgünstigerer Wein (nur sehr wenig). Kann auch als Pouilly-Vinzelles etikettiert werden.

Pouilly-sur-Loire Lo; w ☆ BV – Neutraler Wein aus den gleichen Lagen wie Pouilly-Fumé, aber von anderen Trauben (Chasselas). Heute recht selten.

Pouilly-Vinzelles Bg; w ★★ **95 96 97** 98 **99 00′** 01 – Nachbar von Pouilly-Fuissé; ähnlicher Wein; preis- und empfehlenswert. Bester Erzeuger: Soufrandière.

Pousse d'Or, Domaine de la Bg ☆☆☆ Weingut mit 13 ha Rebfläche in Pommard, Santenay und v. a. Volnay; seine Monopole-Weine Pousse d'Or und Clos des 60 Ouvrées sind gehaltvoll, gerbstoffreich und genossen zu Gérard Potels Zeiten (der das Gut von 1964 bis 1996 leitete) zu Recht höchsten Ruf. Seit dem Besitzerwechsel 1997 noch nicht wieder auf die Probe gestellt.

Premier cru In Bordeaux 1. Klasse, in Burgund (einschließlich Chablis) jedoch Lagen 2. Klasse, hinter Grand cru.

Premières Côtes de Blaye Bx; r w ★→★★ **88′ 89′ 90′ 93 94 95 96** 98 00′– Beschränkte Appellation für die besseren Weine von Blaye mit besonderem Nachdruck auf Rotwein. Châteaux: Bel Air la Royère, Bertinerie, Côtes de Bourg, Charron, Haut-Sociando, Jonqueyres, Loumède, Segonzac, des Toutes, La Tonnelle.

Premières Côtes de Bordeaux Bx; r (rs) w; tr s ★→★★ **94 95 96 98** 00′ – Großer bergiger Bereich östlich von Graves, auf der anderen Seite der Garonne, zuverlässig in Qualität und Preis, verbessert sich kräftig. Vorwiegend Merlot. Châteaux: Carignan, Carsin, Chelivette, Fayau, Grand-Mouëys, du Juge, Lamothe de Haux, Plaisance, Puy Bardens, Reynon, Suau, Tanesse. Beachtenswert, v. a. in guten Jahrgängen.

Prieur, Domaine Jacques Bg ☆☆☆ Herrliches Weingut mit 16 ha bester Burgunderlagen, u. a. Premier cru Meursault, Volnay sowie Puligny-Montrachet und Montrachet. 50 % Beteiligung von Rodet. Qualität immer noch steigerungsfähig.

Primeur Frischer, belebender junger Wein, besonders Beaujolais, auch Vin de pays. »En-primeur«-Verkauf bezieht sich dagegen auf Wein, der noch im Fass liegt und erst nach der Flaschenabfüllung ausgeliefert wird.

Prissé Siehe Mâcon-Villages.

Propriétaire-récoltant Besitzer und Betriebsleiter.

Provence Siehe Côtes de Provence.

Puisseguin St-Emilion Bx; r ★★ **88' 89' 90' 94 95 96** 98 00' – Östlicher »Satelliten«-Nachbar von St-Emilion; ähnlicher Wein – nicht so fein bzw. schwer, oftmals aber preiswert. Châteaux: u. a. Bel Air, Durand-Laplague, Fongaban, Laurets, Soleil, Vieux-Ch.-Guibeau. Ferner der Genossenschaftswein Roc de Puisseguin.

Puligny-Montrachet Bg; (r) w ☆☆☆☆ **89' 90' 92 95 96' 97 99** 00 01 – Kleinerer Nachbar von Chassagne-Montrachet mit potenziell noch feineren, vitaleren, komplexeren Weinen; scheinbare Finesse kann aber auf Überertrag beruhen. Spitzenlagen: u. a. Bâtard-Montrachet, Bienvenues-Bâtard-Montrachet, Caillerets, Chevalier-Montrachet, Clavoillon, Les Combettes, Montrachet, Pucelles. Spitzenerzeuger: u. a. Ampeau, J.-M. Boillot, Bouchard Père, L. Carillon, Chartron, Chavy, Drouhin, Folatières, Jadot, Latour, Dom. Leflaive, O. Leflaive, Pernot, Sauzet.

Pyrénées-Atlantiques SWF; BV – Vin de pays, der die AC-Qualitätsanforderungen der Bereiche von Madiran, Pacherenc du Vic-Bilh oder Jurançon nicht erfüllt.

Quarts de Chaume Lo; w; s ☆☆☆→☆☆☆☆ **75 76 78' 79' 82 85' 86 88'** 89' **90' 91 92 93' 94** 95 96 **97** 98 99 00 01 – Berühmte, mit Chenin blanc bestockte Lage in den Coteaux du Layon. Immens langlebiger, intensiver, voller, goldener Wein, v. a. Baumard, Bellerive, Claude Papin (Ch. Pierre-Bise), Suronde.

Quatourze Midi; r (rs) w ☆ **95 96 97** 98 99 00 – Minderwertigere Lage der Coteaux du Languedoc; v. a. Dom. Notre Dame du Quatourze.

Quincy Lo; w ☆→☆☆ BV – Kleiner Bereich mit sehr trockenem Wein in Sancerre-Art mit Sauvignon blanc. Probierenswert. Erzeuger: Dom. Mardon, Sorbe, Dom. de Silice (mit lagerfähigen Weinen).

Ramonet, Domaine Bg ☆☆☆☆ Führendes (und legendäres) Gut in Chassagne-Montrachet mit 17 ha, auch Anteile in Montrachet. Sehr gute Weiße sowie der Rotwein Clos St-Jean.

Rancio Bezeichnung für den begehrten nussigen Beigeschmack von in Holz gelagertem gespritetem braunem Wein, z. B. Banyuls und andere Vins doux naturels. Hinweis auf Sauerstoff- und/oder Hitzeeinwirkung. Bei Tafelweinen ist das ein Fehler.

Rangen Alsace Grand cru der Spitzenklasse in Thann und Vieux Thann. Verdankt seinen Ruf größtenteils Zind-Humbrecht. Empfehlenswert Pinot gris, Gewürztraminer und Riesling.

Rasteau S-Rh; r (rs) (w) br; (tr) s ★★ **89 90' 94 95' 96 98'** 99' 00' – Dorf im südlichen Rhônetal. Sehr anständige, robuste Rotweine, v. a. Beaurenard, Cave des Vignerons, Ch. du Trignon, ferner von den Domaines

Didier Charavin, Rabasse-Charavin, Girasols, Gourt de Mautens, St-Gayan und Soumade. Spezialität: starker, süßer Dessertwein (im Aussterben).

Ratafia de Champagne Süßer Aperitif aus der Champagne: zwei Drittel Traubensaft, ein Drittel Branntwein. Ähnlich dem Pineau des Charentes.

Rayas, Château S-Rh; r (w) ★★★ **78' 79 81' 83 85 86 88' 89 90' 93** 94' 95' 96' 98 99 – Berühmter, traditioneller 15-ha-Besitz in Châteauneuf-du-Pape. Der talentierte Eigentümer Jacques Reynaud verstarb 1997; sein Neffe Emmanuel hat jetzt die Leitung übernommen. Konzentrierter Wein, rein von Grenache, entfaltet sich im Alter oft schön. Traditioneller, voller weißer Rayas kann sehr gut sein. Zweitetikett: Pignan (günstig). Auch sehr guter Côtes du Rhône Ch. Fonsalette (Cuvée Syrah) und Weißweine. Alle gewinnen durch Dekantieren.

Récolte Ernte oder Lese.

Regnié Beauj; r ★★ **98 99 00** 01 – Beaujolais-Ort zwischen Morgon und Brouilly mit ca. 720 ha Rebfläche. 1988 mit Cru-Status versehen. Probierenswert: Aucœur, Dubœuf, Rampon.

Reine Pédauque, La Bg ☆ Alteingesessene Erzeuger- und Handelsfirma in Aloxe-Corton. Weinberge in Aloxe-Corton, Savigny usw. sowie in den Côtes du Rhône. Im Besitz von Pierre André.

Remoissenet Père et Fils Bg ☆☆ Gutes Handelshaus, besonders für Weißwein und Weine der Dom. Thénard. Eigener kleiner Weinbergbesitz in Beaune (2 ha). Die Rotweine brauchen Reifezeit. Beliefert auch die Nicolas-Filialen mit Weinen.

Rémy Pannier Wichtige Loire-Weinhandlung in Saumur.

Reuilly Lo; (r) (rs) w ☆☆ Nachbar von Quincy; ähnlicher, zunehmend hoch geschätzter Weißer. Auch Rosé- (Pinot gris, Pinot noir) und Rotweine (Pinot noir). Erzeuger: Claude Lafond, Beurdin, Sorbe und Vincent.

Ribonnet, Domaine de SWF ☆☆ – Christian Gerber produziert südlich von Toulouse eine wegweisende Auswahl an sortenreinen Weinen (r rs w), ohne von einer Appellation profitieren zu können.

Riceys, Rosé des Champ; rs ★★★ BV – Winzige Appellation in Aube, sie gilt für einen beachtenswerten Pinot-noir-Rosé. Haupterzeuger: A. Bonnet, Jacques Defrance.

Richebourg Bg; r ☆☆☆☆ **78' 85' 88' 89' 90' 91 92 93'** 95 96' 97 98 99' 00 01 – 8 ha Grand cru in Vosne-Romanée. Wuchtiger, bukettreicher, fabelhaft teurer Wein, zählt zu den allerbesten Burgundern. Spitzenerzeuger: Grivot, A. Gros, J. Gros, Leroy, Méo-Camuzet und Dom. de la Romanée-Conti.

Richou, Domaine Lo ☆→☆☆☆☆ **88 89 90 95 96 97 98 99** 00 01 – Alteingesessenes Weingut in Anjou, Qualitätsweine, große Auswahl; u. a. Anjou-Villages Vieilles Vignes, Coteaux de l'Aubance Les Trois Demoiselles.

Riesling Siehe Trauben für Weißwein (Seite 15).

Rion, Daniel et Fils Bg ☆☆☆ 19-ha-Domaine in Prémeaux (Nuits). Exzellenter Vosne-Romanée (v. a. Les Chaumes, Les Beaumonts), Nuits-Premier-cru Les Vignes Rondes und Chambolle-Musigny Les Château. Patrice Rion, ehemals hier Kellermeister, verkauft inzwischen unter eigenen Erzeuger- und Négociant-Etiketten.

Rivesaltes Midi; r w br; tr s ☆☆ oJ – Gespriteter Wein aus den östlichen Pyrenäen. Eine alte, noch lebendige, heutzutage aber hart bedrängte Tradition. Spitzenerzeuger: Dom. Cazes, Dom. Sarda-Malet, Dom. Vaquer, Dom. des Schistes, Ch. de Jau. Siehe auch Muscat de Rivesaltes.

Roche-aux-Moines, La Lo; w; s ☆☆☆ **76′ 78 79 82 85 86 88′ 89′ 90′ 93′ 94** 95′ 96 **97** 98 99 00 01 – Gut 24 ha Weinberge in Savennières, Anjou. Intensiver, starker, fruchtig-säuerlicher Wein; haltbar, aber auch frisch zu trinken.

Rodet, Antonin Bg ☆☆→☆☆☆ Bedeutendes Handelshaus mit großem Weinbergbesitz (135 ha), v. a. in Mercurey (Ch. de Chamirey); hohe Qualität. Siehe auch Prieur.

Roederer, Louis Brut Premier oJ; Rich oJ; Brut **75 76 79 83 85 90 93 95** 96 97; Blanc de Blancs **91 93 95** 96; Brut Rosé **88 91 95** 96 – Champagnererzeuger und -händler der Spitzenklasse in Reims. Familienbetrieb. Voller Champagner oJ mit Vanillearoma. Der üppige Cristal ist vielleicht die großartigste aller Prestige-Cuvées (**79 82 83 85 88 89 90 94** 95 96); ebenfalls gut: Cristal Rosé (**82 88 90 95** 96). Eigentümer von Deutz und Ch. de Pez in Bordeaux. Siehe auch Roederer Estate, Kalifornien.

Rolly Gassmann Vornehmer Erzeuger im elsässischen Rorschwihr, v. a. Auxerrois und Muscat von der Lage Moenchreben. Meist halbtrocken.

Romanée, La Bg; r ☆☆☆☆ **78′ 85′ 88′ 89′ 90′ 91** 93 95 96′ 97 98 99′ 00 01 – Knapp 1-ha-Grand-cru in Vosne-Romanée oberhalb von Romanée-Conti. Monopole von Liger-Belair; Vertrieb durch Bouchard Père.

Romanée-Conti Bg; r ☆☆☆☆ **66′ 76 78′ 80′ 82 83 85′ 88′ 89′ 90′ 91** 93′ 95 96′ 97 98 99′ 00 01 – Etwa 2-ha-Grand-cru-monopole in Vosne-Romanée, erbringt jährlich 450 Kisten des gefeiertsten und teuersten Rotweins der Welt mit allmählich sich entfaltenden ungeahnten Geschmacksnuancen. Siehe nächsten Eintrag.

Romanée-Conti, Domaine de la (DRC) Bg ☆☆☆☆ Das großartigste Weingut in Burgund. Dazu gehört ganz Romanée-Conti und La Tâche sowie größere Teile von Richebourg, Grands Echézeaux, Echézeaux und Romanée-St-Vivant, ferner ein sehr kleiner Teil von Le Montrachet. Majestätische Preise; fast unbezahlbar. Beste DRC-Jahrgänge brauchen jahrzehntelange Reife.

Romanée-St-Vivant Bg; r ☆☆☆☆ **85′ 88′ 89′ 90′ 91 92 93′** 95 96′ 97 98 99′ 00 01 – 9-ha-Grand-cru in Vosne-Romanée. Ähnlich wie Romanée-Conti, jedoch leichter und nicht so üppig. Spitzenerzeuger: Domaine de la Romanée-Conti, Drouhin, Hudelot-Noëllat, Leroy.

Rosé d'Anjou Lo; rs ☆ BV – Blasser, lieblicher Rosé. Cabernet d'Anjou gilt als besser.

Rosé de Loire Lo; rs ☆→☆☆ BV – Umfangreiche Appellation für trockenen Loire-Rosé (Anjou ist süß).

Rosette Dor; w; lbl ★★ BV – Winzige AC für hübsche Aperitifweine, z. B. Clos Romain, Ch. Puypezat-Rosette und Dom. de la Cardinolle.

Rostaing, René Rh – Wachsendes Côte-Rôtie-Weingut mit erstklassigen Anbauflächen; bemerkenswert La Blonde (geschmeidige, elegante Weine) und die volleren, festeren La Viaillière und La Landonne (15 bis 20 Jahre). Normalerweise eleganter, vollendeter Stil, ein wenig neue Eiche. Auch Condrieu.

Roty, Joseph Bg ☆☆☆ Kleiner Erzeuger von klassischem Gevrey-Chambertin, v. a. Charmes- und Mazis-Chambertin. Langlebige Weine.

Rouget, Emmanuel Bg ☆☆☆☆ Erbe des legendären 5-ha-Besitzes von Henri Jayer in Vosne-Romanée, Nuits und Echézeaux. Spitzenwein: Vosne-Romanée Cros Parantoux.

Roulot, Domaine G. Bg ☆☆☆ Exzellente Auswahl von 7 verschiedenen Meursault-Weinen (nur 2 davon Premier cru).

Roumier, Georges Bg ☆☆☆☆ Christophe Roumier bereitet außerordentlich langlebige Weine von Bonnes Mares, Musigny, Chambolle-Musigny-Amoureuses usw. Exzellenter Qualitätsstandard.

Rousseau, Domaine A. Bg ☆☆☆☆ Bedeutender Erzeuger, berühmt für intensiven, langlebigen Chambertin usw. in feinster Qualität; größtenteils Grand cru.

Roussette de Savoie Sav; w ★★ BV – Der schmackhafteste unter den frischen Weißweinen aus der Gegend südlich vom Genfer See.

Roussillon Midi – Wichtigste Region für Vin doux naturel (z. B. Maury, Rivesaltes, Banyuls); inzwischen werden die dunklen und schweren Muskateller durch leichtere abgelöst. Siehe auch Côtes du Roussillon für Tafelweine.

Routas, Château Prov; r rs w ★★ Neues Weingut eines dynamischen Schweizkanadiers in den Coteaux Varois; u. a. Syrah, Cabernet Sauvignon, Chardonnay/Viognier, als AC und Vin de pays.

Ruchottes-Chambertin Bg; r ☆☆☆☆ **85' 88' 89' 90' 91 92** 93' 95 96' 97 98 99' 00 01 – 3 ha Grand cru, Nachbar von Chambertin; ähnlicher, hervorragender, langlebiger Wein von großer Finesse. Spitzenerzeuger: Leroy, Mugneret, Roumier, Rousseau.

Ruinart Père et Fils »R« de Ruinart Brut oJ; »R« de Ruinart Rosé oJ; »R« de Ruinart Brut **88 90 95** 96 – Zu Moët-Hennessy gehörende, älteste Champagnerfirma mit ausgesprochen eleganten und doch weinigen Sorten. Luxusmarken: Dom Ruinart Blanc de Blancs (**85 88 90** 95 96), Dom Ruinart Rosé (**88 90** 95 96). Auch neuer mineralisch-frischer Blanc de Blancs oJ.

Rully Bg; r w; (sch) ★★ r **98 99** 01 w **99 00 01** – Ort an der Côte Chalonnaise. Stille Rot- und Weißweine, leicht, aber schmackhaft und preiswert, v. a. der Weißwein. Erzeuger: u. a. Delorme, Faiveley, Dom. de la Folie, Jacquesson, A. Rodet.

Sables du Golfe du Lion Midi; r rs w ☆ BV – Vin de pays von Sanddünen am Mittelmeer; v. a. Gris de Gris von Carignan, Grenache und Cinsaut. Haupterzeuger: Listel.

Sablet S-Rh; r (rs) w ★★ **90' 94 95' 96 98'** 99' 00 – Erstklassiger Côtes-du-Rhône-Village-Ort mit Tendenz nach oben, v. a. Ch. du Trignon, Dom. de Boissan, Les Goubert, Piaugier, Dom. de Verquière. Auch die angenehm vollmundigen Weißweine sind probierenswert.

Saget, Guy Lo ☆ Das Familienunternehmen mit Rebflächen in den Appellationen Pouilly-Fumé und Pouilly-sur-Loire (Domaine Saget) kauft nach und nach Erzeugerbetriebe in der gesamten Region auf, um eine der größten Weinfirmen an der Loire zu werden. Die Geschäftstätigkeit als Handelshaus macht inzwischen die Hälfte der Jahresproduktion (5 Millionen Flaschen) der Firma Saget aus.

St-Amour Beauj; r ★★ **98 99 00** 01 – Nördlichster Cru im Beaujolais; leichter, fruchtiger, unwiderstehlicher Wein. Empfehlenswerte Erzeuger: Janin, Patissier, Revillon.

St-Aubin Bg; r w ★★★ r **95 96' 97 98 99'** 01; w **96' 97 99 00** 01 – Unterbewerteter Nachbar von Chassagne-Montrachet in einem Seitental. Mehrere Premiers crus mit leichten, festen, durchaus stilvollen Weinen; angemessene Preise. Auch als Côte de Beaune-Villages im Handel. Spitzenerzeuger: Jadot, J. Lamy, Lamy-Pillot, H. Prudhon, Ramonet, Roux, Thomas.

St-Bris Bg; (r) w ★ BV – Ort westlich von Chablis, bekannt durch fruchtigen Aligoté, v. a. aber durch Sauvignon-de-St-Bris. Auch guter Crémant. Bester Erzeuger: Goisot.

St-Chinian Midi; r ★→★★ **95 96 97** 98 99 00 – Hügeliges Gebiet mit wachsendem Ansehen in den Coteaux du Languedoc. Seit 1982 AC. Schmackhafte Rotweine aus dem Süden, v. a. von Berlou und Roquebrun, auch von Ch. de Viranel und Ch. Coujan.

Ste-Croix-du-Mont Bx; w; s ★★ **83 86′ 88′ 89 90 95′ 96 97** 98 99 – Nachbar von Sauternes mit ähnlich goldenem Wein. Nichts Herausragendes, aber probierenswert, v. a. Ch. Loubens, Ch. du Mont, Ch. Lousteau-Vieil. Oft sehr preiswert, v. a. ältere Exemplare.

St-Emilion Bx; r ★★→☆☆☆☆ **70′ 75 79′ 81 82′ 83′ 85′ 86′ 88 89′ 90′ 94 95 96** 98 99 00′ – Der größte Bereich (knapp 5400 ha) von Bordeaux mit Spitzenqualität; solide, bukettreiche, schmackhafte Weine aus vielen Châteaux, u. a. Cheval Blanc, Ausone, Canon, Magdelaine und Figeac. Auch gute Winzergenossenschaft.

St-Estèphe Bx; r ★★→☆☆☆☆ **78′ 81 82′ 83′ 85′ 86 88′ 89′ 90′ 94** 95′ 96 98 99 00′ – Ort im nördlichen Haut-Médoc. Solider, strukturierter, manchmal überragender Wein. Spitzen-Châteaux: Cos d'Estournel, Montrose, Calon-Ségur u. a. Mehr gute Crus bourgeois als in anderen Haut-Médoc-Gemeinden.

St-Gall Brut oJ; Extra Brut oJ; Brut Blanc de Blancs oJ; Brut Rosé oJ; Brut Blanc de Blancs **90 95** 96; Cuvée Orpale Blanc de Blancs **88 90 95** 96 – Markenname der Union Champagne, der Spitzengenossenschaftskellerei in Avize. Cuvée Orpale ist außergewöhnlich günstig.

St-Georges St-Emilion Bx; r ★★ **82 83′ 85′ 86′ 88′ 89′ 90′ 94 95 96** 98 99 00′ – Teil von Montagne St-Emilion; hoher Qualitätsstand. Spitzen-Châteaux: Belair-Montaiguillon, Maquin-St-Georges, St-Georges, Tour-du-Pas-St-Georges.

St-Gervais S-Rh; r (w) ☆ Ort am Westufer der Rhône. Tüchtige Genossenschaft und exzellente Rotweine der Dom. Ste-Anne (ausgeprägtes Mourvèdre-Aroma); bei den Weißweinen auch ein Viognier.

St-Jean de Minervois Minervois; w; s ★★ Vielleicht der beste französische Muskateller: lieblich und fein, besonders von Dom. de Barroubio, Michel Sigé und der Genossenschaft St-Jean de Minervois. Neuerdings stark verbessert.

St-Joseph N-Rh; r w ★★ **88′ 89 90′ 91 94′ 95′ 96 97′ 98′** 99′ 00′ 01 – Appellation, die sich über die gesamte nördliche Rhône erstreckt (65 km). Köstliche, fruchtbetonte Weine im Zentrum um Tournon, ansonsten unterschiedliche Qualität. Oft besser, deutlicher strukturiert als Crozes-Hermitage, v. a. von Chapoutier (Les Granits), B. Gripa und Grippat (zu Guigal gehörend); weitere Erzeuger: Chave, Chèze, Coursodon, Faury, Gaillard, Jaboulet, Marsanne, Paret, Perret (v. a. Grisières) und Trollat. Auch gute aromatische Weißweine (v. a. von Marsanne).

St-Julien Bx; r ★★★→★★★★ **70′ 75 78′ 81′ 82′ 83′ 85′ 86′ 88′ 89′ 90′ 93 94** 95′ 96 97 98 99 00′ – Ort im mittleren Médoc mit einem Dutzend der besten Châteaux von Bordeaux, u. a. 3 verschiedene Léoville, Beychevelle, Ducru-Beaucaillou, Gruaud-Larose. Inbegriff eines harmonischen, duftigen und würzigen Rotweins.

St-Nicolas-de-Bourgueil Lo; r rs ☆☆→☆☆☆ **85′ 86 88 89′ 90′ 95′ 96 97 98 00** 01 – Nachbarort von Bourgueil; ähnlich lebendiger, fruchtiger Cabernet franc. Spitzenerzeuger: Amirault, Cognard, Mabileau, Taluau.

St-Péray N-Rh; w; sch ☆☆ 99′ 00 01′ – Weißwein, v. a. aus der Marsanne-Traube, von der nördlichen Rhône, z. T. als Schaumwein bereitet. Eine probierenswerte Kuriosität. Spitzenerzeuger: S. Chaboud, B. Gripa, Lionnet, J.-L. Thiers sowie die Genossenschaft in Tain. Jaboulet-Aîné pflanzt hier derzeit neue Reben. Auch der Handelsname eines Weins.
St-Pourçain-sur-Sioule ZF; r rs w ☆→☆☆ BV – Wein aus einer Nische in Zentralfrankreich. Leichte Rot- und Roséweine von Gamay und/oder Pinot noir; Weißweine von Tressalier und/oder Chardonnay (wird immer beliebter) oder Sauvignon blanc. Neuere Jahrgänge verbessert. Erzeuger u. a.: Dom. de Bellevue, Pétillat, Ray und eine gute Genossenschaft.
St-Romain Bg; r w ★★ w **96′ 97 98 99 00** 01 – Lang übersehener Ort hinter der Côte de Beaune. Empfehlenswert v. a. die festen, frischen Weißweine. Die Rotweine haben einen sauberen »Biss«. Spitzenerzeuger: de Chassorney, Fèvre, Jean Germain, Gras, Latour, Leroy.
St-Véran Bg; w ★★ **99 00 01** – Eine Nachbarappellation von Pouilly-Fuissé. Die besten Weine sind ähnlich gut, andere wachsen auf ungeeigneten Böden. Probierenswert: Dom. Corsin, Demessey, Dom. des Deux Roches, Dubœuf, Ch. Fuissé und Dom. des Valanges.
Salon Champ **71 73 76 82 83 85 88 90** – Champagnerhaus mit dem Original-Blanc-de-Blancs aus Le Mesnil an der Côte de Blancs; überragend, intensiv, sehr trocken und haltbar. Kleine Mengen. 1988 von Laurent-Perrier übernommen.
Sancerre Lo; (r) (rs) w ☆☆→☆☆☆☆ **89 90′ 93′ 95′ 96 97 98 99 00 01** – Weltweit das Musterbeispiel eines duftigen weißen Sauvignon blanc. Von Pouilly-Fumé (dem Nachbarwein von der anderen Loireseite) kaum zu unterscheiden. Spitzenweine halten sich 5 Jahre und länger. Auch in der Regel leichter roter Pinot noir, mit 2 bis 3 Jahren am besten, und Rosé. Spitzenerzeuger: Bourgeois, Cotat Frères, Lucien Crochet, André Dezat, Jolivet, Mellot, Vincent Pinard, Roger und Vacheron.
Santenay Bg; r (w) ★★★ **88′ 89′ 90 93 95** 96′ **97** 98 **99′** 01 – Kräftiger Rotwein aus dem Ort südlich von Chassagne. Die besten Lagen sind: La Comme, Les Gravières, Clos de Tavannes. Spitzenerzeuger: Girardin, Lequin-Roussot, Muzard, Dom. de la Pousse d'Or.
Saumur Lo; r rs w; sch ☆→☆☆☆ **89 90 93 95 97 98 00 01** – Frische, fruchtige Weißweine, zusätzlich einige edlere Tropfen; sehr guter Crémant und Saumur Mousseux (Erzeuger: u. a. Bouvet-Ladubay, Cave des Vignerons de Saumur, Gratien & Meyer, Langlois-Château), helle Rosés und immer bessere Cabernet-franc-Rotweine. Siehe Saumur-Champigny.
Saumur-Champigny Lo; r ★★→★★★ **85 86′ 88 89′ 90′ 93′ 95′ 96 97 98 00** 01 – Blühende Appellation für frische Cabernet-franc-Rotweine; sonnige Jahrgänge halten sich bemerkenswert gut. Der Bereich umfasst 9 Gemeinden. Beachtenswerte Erzeuger: Ch. du Hureau, Ch. de Villeneuve, die Domaines Filliatreau, Legrand, Nerleux, Roches Neuves, Val Brun sowie Clos Rougeard und die Coopérative de St-Cyr.
Saussignac Dor; w; s ★★→★★★ **95′ 96 97′ 98** 99 (00) – Alterungswürdige Weine im Monbazillac-Stil. Erzeuger neuer, extrem süßer Weine sind u. a. Dom. de Richard, Ch. les Miaudoux, Ch. Tourmentine, Ch. le Payral und Ch. le Chabrier sowie Clos d'Yvigne.
Sauternes Bx; w; s ☆☆→☆☆☆☆ **67′ 71′ 75 76′ 79′ 81 83′ 85 86′ 88′ 89′ 90′ 95′** 96 97 98 99 01′ – Distrikt mit 5 Orten (einschließlich Barsac), aus denen Frankreichs beste Süßweine kommen: stark (14 % Alkohol und mehr), üppig und goldfarben, brauchen 10 Jahre Alterung. Spitzen-Châ-

teaux: d'Yquem, Suduiraut, Coutet, Climens, Guiraud u. a. Trockene Weine dürfen nicht als Sauternes verkauft werden.

Sauvignon blanc Siehe Trauben für Weißwein (Seite 16).

Sauvignon-de-St-Bris Bg; w ★★ BV – Junger VDQS-Bereich nahe Chablis, mit Sancerre verwandt. Probierenswert. Dom. Saint Prix von der Dom. Bersan ist gut, der Beste aber ist Goisot.

Sauzet, Etienne Bg ☆☆☆ Weingut mit weißem Burgunder in Puligny-Montrachet. Klare, gut ausgebaute, manchmal superbe Weine.

Savennières Lo; w; tr s ★★★→☆☆☆☆ **75 76' 78' 82 83 85 86' 88 89' 90' 93 95' 96 97** 98 99 00 01 – Kleiner Distrikt in Anjou mit pikanten, langlebigen Weißweinen. Erzeuger: u. a. Baumard, Ch. de Chamboureau, Ch. de Coulaine, Ch. d'Epiré und Dom. du Closel. Spitzenlagen: Coulée de Serrant, La Roche aux Moines und Clos du Papillon.

Savigny-lès-Beaune Bg; r (w) ★★★ **89' 90' 93 95 96' 97** 98 99' 00 01 – Bedeutender Ort bei Beaune mit ähnlichen ausgeglichenen mittelschweren Weinen, oft vorzüglich, lebendig und fruchtig. Beste Lagen: Dominode, Les Guettes, Lavières, Marconnets, Vergelesses. Spitzenerzeuger: Bize, Camus, Chandon de Briailles, Clair, Ecard, Girard, Leroy, Pavelot, Tollot-Beaut.

Savoyen (Savoie) OF; r w; sch ☆☆ BV – Alpiner Bereich mit leichten, trockenen Weinen, ähnlich den Schweizer oder einfacheren Loire-Weinen. Bekannteste Weißweine: Apremont, Crépy und Seyssel; interessanter ist der Roussette. Auch guter roter Mondeuse.

Schaller, Edgard Elsässer Weingut in Mittelwihr; Grand cru Mandelberg. Trockene Weine, v. a. Riesling Mandelberg Vieilles Vignes (braucht Zeit) und Les Amandiers (jünger trinkreif).

Schlossberg Sehr erfolgreicher Elsässer Grand cru für Riesling. Gehört zu 2 Gemeinden: Kientzheim und ein kleiner Abschnitt zu Kaysersberg. Spitzenerzeuger: Faller/Dom. Weinbach und Paul Blanck.

Schlumberger, Domaines Elsässer Handelshaus in Guebwiller mit dem größten Weinbergbesitz der Region; u. a. üppiger Gewürztraminer aus den Grand-cru-Lagen Kessler und Kitterlé (auch Sélections des grains nobles und Vendages tardives). Feine Riesling Grand crus Kitterlé und Saering. Ebenso guter Pinot gris.

Schlumberger, Robert de Lo – Saumur-Schaumwein nach österreichischer Art; köstlich fruchtig.

Schoenenbourg Sehr voller, erfolgreicher Riquewihr-Grand-cru (Elsass): Riesling, Tokay-Pinot gris, sehr feine Vendage tardive und Sélection des grains nobles. Erzeuger u. a.: Marcel Deiss und Dopff au Moulin. Auch sehr guter Muscat.

Schoffit, Domaine Elsässer Betrieb in Colmar mit Grand cru Rangen; Pinot gris und Gewürztraminer in Spitzenqualität. Der Chasselas ist ein außergewöhnlich köstlicher Alltagswein.

Schröder & Schÿler Altes Handelshaus in Bordeaux, Miteigentümer von Ch. Kirwan.

Sciacarello Einheimische Rebsorte auf Korsika für Rotweine und Rosés, z. B. Ajaccio, Sartène.

Sec Wörtlich: trocken; so bezeichneter Champagner ist eher lieblich (für Sektfrühstück und Hochzeiten besser geeignet als Brut).

Séguret S-Rh; r w ★ Ort an der südlichen Rhône, bei Gigondas. Pfeffriger, sehr voller Rotwein und runder, sauberer Weißwein. Beste Erzeuger: Ch. La Courançonne, Dom. de Cabasse, Mourchon.

Sélection des grains nobles Von Hugel geprägte Bezeichnung für das elsässische Gegenstück zur deutschen Beerenauslese. »Grains nobles« sind Trauben mit Edelfäule (siehe Seite 190 und 192).
Selle, Château de Prov; r rs w ★★→★★★ 40-ha-Gut im Besitz der Familie Ott bei Cotignac, Coteaux Varois. Der ursprüngliche Schrittmacher für die Provence. Die Cuvée Spéciale ist v. a. von Cabernet Sauvignon.
Serafin Bg ☆☆☆ Christian Serafins intensive Weine, der Gevrey-Chambertin Vieilles Vignes und der Charmes-Chambertin Grand cru, haben bei ihren Anhängern bereits Kultstatus erreicht.
Sèvre-et-Maine Diese genau festgelegte Anbauzone verfügt über die besten Muscadet-Lagen.
Seyssel Sav; w; sch ★★ oJ – Delikater blasser, trockener, alpiner Weißwein, sehr angenehmer Schaumwein.
Sichel & Co. Eines der renommiertesten Handelshäuser in Bordeaux. Peter A. Sichel verstarb 1998; seine Geschäfte in Bordeaux und Corbières sowie die Beteiligungen an Ch. d'Angludet und Ch. Palmer werden jetzt von seinen fünf Söhnen weitergeführt.
Silvaner Siehe Trauben für Weißwein (Seite 16).
Simone, Château Prov; r rs w ★★→★★★ Berühmter alter Besitz in Palette, ein Synonym für die gesamte AC bei Aix-en-Provence. Am besten ist der Rote: geschmeidig und kräuterwürzig. Mindestens 2 bis 6 Jahre lagern. Auch beim ebenfalls guten Weißwein zahlen sich einige Jahre Lagerung aus.
Sipp, Jean und Louis Elsässer Erzeuger in Ribeauvillé (Louis ist auch Négociant). Beide erzeugen sehr guten Riesling vom Grand cru Kirchberg: Jean bietet jugendfrische Eleganz (kleinerer Weinberg, nur eigener Ertrag), Louis mehr Festigkeit bei reifen Weinen. Louis produziert auch sehr guten Gewürztraminer, v. a. von der Grand-cru-Lage Osterberg.
Sirius In Eiche gereifter Bordeaux-Verschnitt der Maison Sichel.
Skalli Dynamischer Erzeuger mit erstklassigem Vin de pays d'Oc aus Cabernet Sauvignon, Merlot, Chardonnay usw. in Sète (Languedoc); von Mondavi inspiriert. Standardmarke: Fortant de France (stilvoll und preiswert). Achten Sie auf den Namen, wo immer er auftaucht.
Sorg, Bruno Erstklassiger kleiner Winzer in Eguisheim im Elsass mit den Grands crus Florimont (Riesling) und Pfersigberg (Muscat). Auch sehr guter Auxerrois.
Sparr, Pierre Bedeutender alteingesessener Elsässer Winzer in Sigolsheim, berühmt für seine reichhaltigen Grand-cru-Weine; in der letzten Zeit allerdings nicht allzu eindrucksvoll.
Sur Lie Siehe Lie und Muscadet.
Syrah Siehe Trauben für Rotwein (Seite 19).
Tâche, La Bg; r ★★★★ **78' 80' 85' 88' 89' 90'** 93' 95 96' 97 98 99' 00 **01** – 6-ha-Grand-cru in Vosne-Romanée, eine der besten Lagen der Welt; großer, bukettreicher, luxuriöser Wein. Im Besitz der Domaine de la Romanée-Conti.
Tain, Cave Coopérative de 425 Mitglieder in den Appellationen der nördlichen Rhône mit 25 % der Rebfläche in Hermitage. Seit 1991 guter roter Hermitage und sauberer Crozes-Hermitage in steigender Qualität. Gutes Preis-Leistungs-Verhältnis.
Taittinger Brut oJ; Rosé oJ; Brut **82 85 88 89 90 95** 96; Collection Brut **78 81 82 83 85 86 88 90** – Bekanntes (und ausgezeichnetes) Champagnererzeuger- und -handelshaus in Reims mit seidigem, blumigem Stil. Luxusmarke: Comtes de Champagne Blanc de Blancs (**79 81 82 85 88**

90 91 94 95 96). Auch sehr guter reichhaltiger Pinot Prestige Rosé oJ. Siehe auch Domaine Carneros, Kalifornien.

Tastevin, Confrérie des Chevaliers du Rührige, fröhliche Gesellschaft zur Förderung des Weinbaus in Burgund. Mit dem Tastevinage-Etikett versehener Wein ist von der Gesellschaft geprüft und gewöhnlich auch gut. Ein »Tastevin« ist die traditionelle flache silberne Weinprobierschale von Burgund.

Tavel Rh; rs ☆☆☆ BV – Der berühmteste, wenn auch nicht beste französische Rosé, alkoholstark, sehr gehaltvoll, trocken. Spitzenerzeuger: Ch. d'Aquéria, Dom. Corne-Loup, Guigal, Lafond, Maby, Dom. de la Mordorée, Prieuré de Montézargues, Ch. de Trinquevedel.

Tempier, Domaine ☆☆☆☆ Der Spitzenerzeuger in Bandol mit sehr feinen Rotweinen; auch Rosés.

Terroirs Landais Gascogne; r rs w ☆ Der Vin de pays im Departement Landes ist die Fortsetzung der Côtes de Gascogne. Am häufigsten zu finden: Domaine de Laballe.

Thénard, Domaine Bg – Großer Erzeuger in Givry, am bekanntesten jedoch durch seinen bedeutenden Anteil (1,8 ha) an Le Montrachet. Könnte aus diesem Juwel noch Besseres herausholen.

Thevenet, Jean Bg ★★★ Dom. de la Bongran in Clésse steht für vollen, konzentrierten (sogar süßen!) weißen Mâcon.

Thézac-Perricard SWF; r rs ☆ **98' 99** (00) – Vin-de-pays-Gegend westlich von Cahors; dieselben Trauben, aber leichterer Stil. Alle Weine von der Genossenschaft in Thézac, darunter auch ein preisgekrönter reinsortiger Malbec im Angebot.

Thiénot, Alain Früher Weinhändler, jetzt Makler und eine dynamische Kraft im Champagnerhandel. Grande Cuvée (**85 88 90 95**) könnte eine der besten Luxusmarken werden. Auch Eigentümer von Marie Stuart in der Champagne und Ch. Ricaud in Loupiac.

Thomas-Moillard Bg ☆☆☆ Unterbewertetes Nuits-St-Georges-Gut mit langsam reifenden Weinen. Schwesterfirma ist der Négociant Moillard-Grivot.

Thorin, J. Beauj ☆ Erzeuger und bedeutender Händler im Beaujolais.

Thouarsais, Vins du Lo; r rs w ★ BV – Kleiner VDQS-Bereich für leichten Chenin blanc (20 % Chardonnay zulässig), Gamay und Cabernet Sauvignon aus der Gegend südlich von Saumur. Empfehlenswert: Gigon.

Tokay d'Alsace Alter Name für Pinot gris im Elsass, eine Imitation des ungarischen Tokajers. Wird jetzt Tokay-Pinot gris genannt, dürfte bald nur noch Pinot gris heißen.

Tollot-Beaut ★★→★★★ Stilvoller, beständiger Burgunder-Erzeuger; besitzt 20 ha in der Côte de Beaune einschließlich Corton, Beaune-Grèves, Savigny-lès-Beaune (Les Champs Chevrey) und in seinem Heimatort Chorey-lès-Beaune.

Touraine Lo; r rs w; tr s; sch ★→★★★ **88 89 90 93 94 95 96 97 98 99 00 01** – Große Region an der mittleren Loire mit einer Vielfalt von Weinen, u. a. trockener weißer Sauvignon blanc, trockener und lieblicher Chenin blanc (z. B. Vouvray), roter Chinon und Bourgueil. Auch große AC mit leichtem rotem Cabernet franc, Gamay, rassigem Cot oder, immer häufiger, einem Verschnitt aus diesen drei Sorten; dazu grasiger Sauvignon blanc und Mousseux. Oft preiswert. Erzeuger: Marionnet, Dehelly (Clos Neuf des Archambaults), Puzelat (Clos de Tue-Bœf), Courtois, Oisly-Thesée, Ch. de Petit Thouars, Jacky Marteau (Dom. de Bergerie), Dom. des Corbillières, Clos Roche Blanche, Dom. de la Presle.

Touraine Amboise Lo; r rs w ☆→☆☆ Subappellation der AC Touraine. Eine Spezialität von hier ist die Cuvée François 1er, ein Verschnitt der lokalen Rebsorten Gamay, Cot (Malbec) und Cabernet franc. Erzeuger: Dutertre, Xavier Frissant.

Touraine Azay-le-Rideau Lo; r rs w ☆→☆☆ Trockene und halbtrockene Weißweine auf Chenin-blanc-Basis; Rosés v. a. von der Grolleau-Traube. Erzeuger: James Paget, Pibaleau Père et Fils, Ch. de la Roche.

Touraine Mesland Lo; r rs w ☆→☆☆ Die besten Vertreter dieser Subappellation sind die leicht zugänglichen roten Verschnitte (Gamay, Cot, Cabernet franc). Erzeuger: Ch. Gaillard, Clos de la Briderie.

Touraine Noble-Joué Lo; rs ☆→☆☆ BV – Alter, aber vor kurzem zu neuen Ehren gekommener Rosé von drei Pinot-Sorten (gris, meunier, noir) aus dem Süden von Tours. Empfehlenswert von Rousseau und Sard. Seit 2000 als eigenständige AC Touraine Noble-Joué anerkannt.

Trévallon, Domaine de Prov; r w ☆☆☆ **88 89 90 91 92** **93 94** 95 **96'** 97 98 99 00 – Hochmodernes Weingut in Les Baux. Voller, intensiver und lagerungsfähiger Cabernet Sauvignon/Syrah-Verschnitt.

Vacqueyras – die Rhône-Appellation für 2003

Es ist an der Zeit, die junge AC Vacqueyras endlich ernst zu nehmen. Immer mehr überzeugte Winzer verwenden die Frucht der gut eingewachsenen Rebberge. Mit ihren raffinierten, pfeffrigen Noten, die sie von ihrem Herkunftsort, dem steinigen Garrigue-Plateau, mitbringen, sind die Vacqueyras-Weine aus dem Schatten des Nachbarn Gigondas getreten. In ihrer jugendlichen Fruchtigkeit sind sie offener und haben mehr Aromen von roten Früchten als die Weine von Gigondas mit ihrem dunkleren Stil. Gewächse der besten Erzeuger zeigen zudem Kraft und Eleganz. Solche Rotweine können zwölf bis 15 Jahre halten. Halten Sie Ausschau nach den 98er und 99er Jahrgängen folgender Weine: Le Sang des Cailloux von Serge Ferigoule (was für ein Name: »Das Blut der Steine«!), Le Grappillon d'Or und Charbonnière.

Trimbach, F. E. Distinguiertes Elsässer Erzeuger- und Handelshaus in Ribeauvillé; der Stil des Hauses ist überaus elegant, wenn auch etwas herb. Spitzenweine: u. a. Riesling Clos Ste-Hune, Cuvée Frédéric Emile (vorwiegend von der Grand-cru-Lage Osterberg). Auch guter Gewürztraminer. Bekämpft ebenso wie Hugel das Grand-cru-System.

Turckheim, Cave Vinicole de Bedeutende Elsässer Winzergenossenschaft mit umfassendem Angebot an Weinen, u. a. Grands crus von knapp 320 ha. In jüngster Zeit nicht mehr so prickelnd.

Tursan SWF; r rs w ★ Aufstrebender VDQS-Bereich auf dem Weg zur AC. Süffige Weine für Festtage. Größtenteils von der Genossenschaft in Geaune, aber Ch. de Bachen (☆☆) befindet sich im Besitz des überragenden Michel Guérard, der ausgefallene, untypische Weiße im Stil der Neuen Welt erzeugt. Auch Domaine de Perchade-Pourrouchet (neue Investition).

Vacqueyras S-Rh; r ★★ **88' 89' 90' 93 94 95' 96' 97** 98' 99' 00' – Volle, pfeffrige Weine auf Grenache-Basis; Nachbar von Gigondas; feiner strukturiert und oft preiswerter. Probierenswert: die Weine von Jaboulet, Armouriers, Ch. de Montmirail, Ch. des Tours, Dom. Archimbaud-Vache, Charbonnière, Le Couroulu, La Fourmone, Garrigue, Grapillon d'Or, Montvac, Pascal Frères und Le Sang des Cailloux.

Val d'Orbieu, Vignerons du Zusammenschluss von etwa 200 Spitzenerzeugern und Genossenschaften in Corbières, Coteaux du Languedoc, Minervois, Roussillon usw. als Vertriebsorganisation für eine erstklassige Auswahl an AC-Weinen und Vins de pays.

Valençay Lo; r rs w ☆ BV – VDQS-Bereich in der östlichen Touraine, südlich von Cher; leichte süffige, manchmal etwas säuerliche Weine von ähnlichen Rebsorten wie in der Touraine, v. a. Sauvignon blanc.

Vallée du Paradis Midi; r rs w ★ Populärer Vin de pays von roten Lokalrebsorten in Corbières.

Valmagne, Abbaye de Berühmte Zisterzienserabtei bei Sète (Herault); jetzt Weinkellerei. Probieren.

Valréas S-Rh; r (rs w) ★★ **90' 95' 96 97 98'** 99 00 – Côtes-du-Rhône-Village-Ort mit großer Genossenschaft. Gute, mittelschwere Rotweine und besser werdende Weiße. Erzeuger: Emmanuel Bouchard und Dom. des Grands Devers, Ch. la Décelle.

Varichon & Clerc Bedeutendste Erzeuger- und Händlerfirma für Schaumweine aus Savoyen.

Vaudésir Bg; w ★★★★ **85' 86 88 89' 90 92 93 95** 96' 97 98 99 00' 01 – Wohl einer der besten unter den 7 Grands crus von Chablis.

VDQS Vin Délimité de Qualité Supérieure (siehe Seite 49).

Vendange Lese.

Vendange tardive Spätlese. Im Elsass gleichwertig mit deutscher Auslese, aber meist alkoholstärker.

Verget Bg ☆☆→☆☆☆ Das Négociant-Geschäft von J.-M. Guffens mit einer gemischten Auswahl von Mâcon bis Montrachet. Intensive, oft beispielhafte Weine, die aus zugekauften Trauben bereitet werden. Chablis meist zu eichenholzwürzig. Neues Unternehmen im Lubéron: Verget du Sud. Genau beobachten.

Veuve Clicquot Yellow Label oJ; Demi-Sec (White Label) oJ; Gold Label **59 75** (seit 1985 genannt Vintage Réserve **85 90 93 95**); Rosé Réserve **85 90 95** – Ein historisches Champagnerhaus mit höchstem Ansehen. Jetzt im Besitz von LVMH. Vollmundiger, fast reichhaltiger Champagner der verlässlichen Art. Kellereien in Reims. Luxusmarken: La Grande Dame (**79 83 85 90 93 95**) und neue Rich Réserve (**89**), die erstmals 1995 in den Handel kam, sowie der Rosé La Grande Dame (**90**), erstmals 1997.

Veuve Devaux Der Spitzenchampagner der mächtigen Genossenschaft Union Auboise in Bar-sur-Seine. Sehr gute, schön gealterte Grande Réserve oJ, Rosé Œil de Perdrix und die neue Prestige Cuvée D.

Vidal-Fleury, J. Rh – Alteingesessenes Handelshaus für Rhône-Spitzenweine im Besitz von Guigal; Erzeuger von Côte-Rôtie-Weinen, v. a. La Chatillone. Beständige Qualität.

Vieille Ferme, La S-Rh; r w ★★ Sehr gute Marke für roten Côtes du Ventoux und weißen Côtes du Luberon, erzeugt von den Perrins, die auch Ch. de Beaucastel besitzen. Verlässliche Qualität.

Vieilles Vignes »Alte Reben«, deshalb die besten Weine. Von vielen, besonders von Bollinger, Ch. Fuissé und de Vogüé benutzt.

Vieux Télégraphe, Domaine du S-Rh; r w ☆☆☆ **78' 79 81' 83 85 86 88 89' 90 93 94'** 95' 96' 97 98' 99' 00 – Führend in feinem, kräftigem, modernem rotem Châteauneuf-du-Pape und schmackhaften, seit den späten 1990ern volleren Weißweinen, die in geringeren Jahrgängen gut altern. Jetzt auch eine zweite Marke: Vieux Mas des Papes. Zweite Domaine: de la Roquette. Kaufte 1998 zusammen mit der US-Importfirma Kermit Lynch die Domaine des Pallières in Gigondas.

Vigne Weinberg; Anbaugebiet.
Vigneron Winzer.
Vignoble Siehe Vigne.
Villeneuve, Château de Lo; r w ☆☆☆→☆☆☆☆ **89 90 93 94 95 96 97 98** 99 00 01 – Dynamisches Gut in Saumur. Aufregender Saumur Blanc (Les Cormiers) und Saumur-Champigny (v. a. Vieilles Vignes, Grand Clos).
Vin de garde Wein, der bei Lagerung besser wird. Meist seriöse Spitzenweine.
Vin de l'année Diesjähriger Wein. Siehe Beaujolais, Beaujolais-Villages.

Die Vin-de-pays-Revolution
Die noch junge Kategorie der Landweine sollte man nicht außer Acht lassen: Sie ist heute in Frankreich die dynamischste Weinklassifikation. In den letzten Jahren sind vorwiegend im Midi über 140 Namen von Vins de pays in Gebrauch gekommen. Sie teilen sich in drei Gruppen: régional (z. B. Vin de pays d'Oc für den ganzen Midi), départemental (z. B. Vin de pays du Gard für das Departement Gard nahe der Rhônemündung) und Vin de pays de zone, die präziseste und meist auch der besten Qualität entsprechende Bezeichnung (z. B. Coteaux de l'Uzège, Côtes de Gascogne, Val d'Orbieu). Sortenreine Vins de pays sowie Primeurs (am 3. Donnerstag im November auf den Markt kommende Rot- und Weißweine) sind besonders populär. Hier heißt es zugreifen und probieren: Es sind wahre Juwelen und jede Menge reizende Schmuckstücke darunter.

Vin de paille »Strohwein«, aus auf Strohmatten getrockneten Trauben, daher sehr süß, etwa wie italienischer Passito. Besonders im Jura zu finden. Siehe auch Chave.
Vin de table Alltagswein, der keinen besonderen Bestimmungen über Trauben und Herkunft unterliegt. Meist ist der Vin de pays besser.
Vin doux naturel (VDN) Süßer, mit Weingeist gespriteter Wein; die Süße ist also »natürlich«, nicht aber der Alkoholgehalt. Eine Spezialität des Roussillon; basiert auf Grenache oder Muscat. In französischen Bars erhält man Durchschnitt, Spitzenweine sind jedoch bemerkenswert.
Vin gris »Grauer Wein«; er ist blassrötlich und wird aus roten Trauben hergestellt, die vor Einsetzen der Gärung gepresst werden – anders als beim Rosé, der nach kurzer Gärung abgepresst wird. Œil de Perdrix ist ungefähr dasselbe.
Vin jaune Jura; w ☆☆☆ Spezialität von Arbois: von eigentümlich gelber Farbe wie Fino Sherry; nach dem Abfüllen (frühestens nach 6 Jahren) genussreif. Am besten ist der Château-Chalon.
Vin nouveau Siehe Beaujolais primeur oder nouveau.
Vinsobres S-Rh; r (rs) (w) ★★ **95' 96 97 98' 99'** 00 – Widersprüchlicher Name (sobre = nüchtern) eines guten Weinortes an der südlichen Rhône. Potenziell gehaltvolle Rotweine, abgerundet und fruchtig, meist jedoch einfacher Art. Beste Erzeuger: Dom. Les Aussellons, Bicarelle, Charme-Armaud, Jaume, du Moulin.
Viré-Clessé Bg; w ☆☆ **98 99 00'** 01 – Neue AC um zwei der besten Weißweinorte in der Gegend von Mâcon. Erzeuger: v. a. A. Bonhomme, Clos du Chapitre, Jadot, Merlin, Ch. de Viré und die Genossenschaft.
Visan S-Rh; r rs w ☆☆ **95' 96 97 98' 99** 00 – Gemeinde der Côtes du Rhône-Villages mit weitaus besseren mittelschweren Roten als Weißen. Im Auge behalten: Dom. des Grands Devers.

Viticulteur Winzer.

Vogüé, Comte Georges de (jetzt **Domaine les Musigny**) Bg ☆☆☆☆ Erstklassiges Weingut in Chambolle-Musigny mit 12 ha Spitzenlagen in Musigny und in Bonnes-Mares. Die besten Weine, v. a. seit dem 1990er Jahrgang, sind unübertroffen. Die meisten 1980er eher meiden.

Volnay Bg; r ★★★→★★★★ **85′ 88′ 89′ 90′ 91 93 95** 96′ **97** 98 99′ 00 01 – Ort zwischen Pommard und Meursault; oftmals die besten Rotweine von der Côte de Beaune, nicht dunkel oder schwer, sondern strukturiert und seidig. Beste Lagen: Caillerets, Champans, Clos des Chênes, Santenots, Taillepieds usw. Spitzenerzeuger: d'Angerville, J.-M. Boillot, Hospices de Beaune, Lafarge, Lafon, de Montille, La Pousse d'Or.

Volnay-Santenots Bg; r ☆☆☆ Hervorragender Rotwein aus Meursault, wird unter dieser Bezeichnung verkauft. Von anderen Volnay-Premiers-crus nicht zu unterscheiden. Beste Erzeuger: Ampeau, Lafon, Leroy.

Vosne-Romanée Bg; r ☆☆☆→☆☆☆☆ **85′ 88′ 89′ 90′ 91 93 95** 96′ **97** 98 99′ 00 01 – Der Ort mit den grandiosesten Crus von Burgund (Romanée-Conti, La Tâche u. a.). Gewöhnlichen Wein gibt es in Vosne kaum (sollte es zumindest nicht geben). Erzeuger: u. a. Arnoux, Chevigny, DRC, Engel, Grivot, Gros, Jayer, Latour, Leroy, Méo-Camuzet, Mongeard-Mugneret, Mugneret, Rion.

Vougeot Bg; r w ☆☆☆ **90′ 91 93 95′** 96′ **97** 98 99′ 00 01 – Einige rote (und weiße) Villages- und Premier-cru-Weine tragen diesen Namen. Siehe Clos de Vougeot. Der außergewöhnliche weiße Clos Blanc de Vougeot wird schon seit dem 12. Jahrhundert bereitet.

Vougeraie, Domaine de la Bg; r ☆☆→☆☆☆ In dieser Domaine sind alle Weinberge der Firma Jean-Claude Boisset vereinigt. Die Bandbreite reicht vom preisgünstigen Bourgogne Rouge bis zum außergewöhnlichen Musigny Grand cru.

Vouvray Lo; w; tr s; sch ☆☆→☆☆☆☆ **76′ 79 82 83 85′ 86 88′ 89′ 90′ 93 95′ 96 97** 98 99 00 01 (trocken und halbtrocken) – 1700 ha großes AC-Gebiet östlich von Tours mit sehr unterschiedlichen, zunehmend besser und verlässlicher werdenden Weinen. Demi-sec ist im klassischen Stil, aber in sehr guten Jahren kann Moelleux intensiv süß und fast ewig haltbar sein. Guter trockener Schaumwein; empfehlenswert: Pétillant. Spitzenerzeuger: Allias, Champalou, Foreau, Fouquet, Ch. Gaudrelle, Huet, Pinon, Poniatowski und Vigneau-Chevreau.

Vranken, Champagne Immer mächtiger werdendes Champagnerhaus mit beeindruckender Zentrale in Epernay, das 1976 von einem belgischen Marketing-Experten gegründet wurde. Überwiegend auf Chardonnay basierende Weine, gute Qualität. Spitzenmarke: Demoiselle. 1996 Erwerb von Heidsieck Monopole.

Wolfberger Hauptmarke der Genossenschaft von Eguisheim (Elsass). Außergewöhnliche Qualität für einen solchen Massenerzeuger; sehr bedeutend für Crémant.

Y (Aussprache: igrek) Bx – **78′ 79′ 80′ 85 86 88 94 96** – Im Château d'Yquem gelegentlich produzierter, intensiv-trockener Weißwein, im Alter am interessantesten.

Zind-Humbrecht, Domaine Überragendes Weingut mit 40 ha in Wintzenheim, Turckheim und Thann im Elsass. Erstklassige Einzellagenweine, v. a. Clos-St-Urbain-Riesling, sowie sehr feine Weine aus den Grand-cru-Lagen Goldert (Gewürztraminer und Muscat), Hengst und Rangen (Riesling, Gewürztraminer und Pinot gris).

Die Châteaux von Bordeaux

Die dunklen Flächen bezeichnen die Weinbaugebiete

Die folgenden Abkürzungen werden im Text verwendet:

Bx	Bordeaux	**St-Est**	St-Estèphe
Can-F	Canon-Fronsac	**St-Jul**	St-Julien
EDM	Entre-Deux-Mers	**Pau**	Pauillac
H-Méd	Haut-Médoc	**Pes-L**	Pessac-Léognan
Mar	Margaux	**Pom**	Pomerol
St-Em	St-Emilion	**Saut**	Sauternes

Welche Bordeaux-Jahrgänge sollte man jetzt trinken und welche noch liegen lassen? Zurzeit besteht wenig Veranlassung, neuere Jahrgänge einzulagern, weder zum Eigenkonsum noch als Geldanlage – ausgenommen vielleicht den 2000er der bescheideneren Châteaux, die immer wieder reife, erfreuliche Tropfen zu vernünftigen Preisen liefern. Ansonsten gibt es auch anderswo reichlich gute Weine jeder Altersklasse zum gleichen oder niedrigeren Preis.

Über den Zustand der Jahrgänge vor 1982 kann nur spekuliert werden. Hier hängt alles von den Bedingungen ab, unter denen die Weine gelagert wurden. Der 1982er allerdings, ein großer Jahrgang in jeder Hinsicht, macht heute auf mich keinen überteuerten Eindruck. Dasselbe gilt für den 1985er und den für Cabernet Sauvignon klassischen 1986er. Gute Médoc-Tropfen dieses Jahres sind immer noch lagerfähig. Der 1988er ist eher unterbewertet, für den 1989er allerdings muss man gutes Geld hinlegen – doch zu Recht, denn er ist sowohl zum Trinken als auch zum weiteren Lagern hervorragend geeignet. Der 1990er ist eine Geldanlage; eine leichte Wahl. Zwischen 1991 und 1994 gibt es wenig Aufregendes, der 1995er wiederum ist ein Allroundtalent, das gerade herrlich trinkfertig wird. Vom 1996er sollte man sich an Erzeugnisse aus dem nördlichen Médoc halten, der 1997er ist in allen Gegenden bald genussreif, der 1998er hat am rechten Girondeufer seine stärksten Vertreter und den 2000er können Sie nach Gutdünken wählen. Die »Garagenweine« sollten wir den Seifenkistenfahrern überlassen.

Wie immer sind in diesem Kapitel die Jahrgänge rot hervorgehoben, die von den Winzern in diesem Jahr wohl als erste Wahl serviert werden: ihre eigenen Weine in dem Reifestadium, in dem sie sie selbst am liebsten trinken. Ihre Auswahl macht uns klar, dass es in Sachen Wein keine Patentrezepte gibt – und am allerwenigsten für den so wunderbar vielseitigen Bordeaux.

Übrigens: In der Terminologie des Weinhandels bedeutet »linkes Ufer« die stromabwärts links, also westlich der nach Norden fließenden Garonne und ihrer Verlängerung, der Gironde, gelegenen Gebiete des Bordelais, mithin Médoc und Graves. »Rechtes Ufer« bedeutet die Weinberge auf der anderen Seite wie St-Emilion, Pomerol und Fronsac.

Agassac, d' H-Méd; r ☆☆ **82' 85' 86 88 89' 90' 93 94 95 96** 98 99 00' – Dornröschenschloss aus dem 14. Jahrhundert mit 32 ha Weinbergen, ganz nahe bei Bordeaux. Wein in Holland sehr beliebt. Seit 1996 neue Besitzer.

Andron Blanquet St-Est; r ☆☆ **82 85' 86** 88 89' **90 91 93 94 95** 96 **97** 98' 99 00' – Schwester-Château von Cos Labory. 16 ha. Die recht harten Weine entwickeln seit neuestem mehr Charme.

Angélus, L' St-Em; r ★★★★ **85' 86 87 88 89' 90' 92' 93 94** 95 96 **97** 98' 99 00' – 24 ha Cru classé auf den Côtes westlich der Stadt St-Emilion. Zurzeit ein Star mit einigen prächtigen Weinen; wurde 1996 zum Premier grand cru classé aufgewertet.

Angludet, d' Cantenac-Mar; r ★★★ **82 83' 85 86 88' 89' 90 94 95** 96' **97'** 98' 99 00 – 30 ha. Wird von Benjamin Sichel geführt. Cru exceptionnel mit Cru-classé-Qualität. Lebendiger, langlebiger Margaux mit großem Stil, beliebt in Großbritannien. Sehr preisgünstig.

Archambeau, d' Graves; r w; tr (s) ★★ r **85 86 88 89 90 93 94 95 96 97** 98 99 00 w **95 96 97** 98 99 00 – Modernes 22-ha-Gut in Illats. Sehr guter, fruchtiger Weißwein und duftiger, fassgereifter Rotwein.

Arche, d' Saut; w; s ☆☆ **83' 85 86' 88' 89' 90 95 96** 97 98 99 01' – 35-ha-Gut, Cru classé, seit 1980 verjüngt. Moderne Methoden. Sehr erfreuliche, volle, saftige Weine. Im Auge behalten.

Arcins, d' H-Méd; r ☆☆ **90 94 95 96** 98 99 00 – 74-ha-Besitz der Familie Castel (Castelvin ist ein bekannter Vin de table). Schwester-Château des Nachbarguts Barreyres (64 ha).
Armailhac, d' Pau; r ★★★ **82' 85 86' 88' 89 90' 93 94** 95' 96' **97** 98 99 (00) – Ehemals Ch. Mouton-Baronne-Philippe. Bedeutender 5. Cru. Vom verstorbenen Baron Philippe de Rothschild in die Höhe gebracht. 50 ha liefern einen sanfteren, bei weitem nicht so üppigen Wein wie Mouton Rothschild; dennoch Spitze in seiner Klasse.

Jahrgänge in Magerdruck sollten jetzt nur geöffnet werden, wenn ein Interesse daran besteht, ihre künftige Entwicklung zu beurteilen. Jahrgänge in Fettdruck gelten (v. a. nach Einschätzung der Erzeuger) als genussreif. Es ist jedoch zu bedenken, dass die Franzosen relativ jungen, kräftigen Wein bevorzugen und vielen 88ern, 89ern und 90ern daher noch mindestens ein Jahrzehnt der Entfaltung bevorsteht. Mit einem Apostroph gekennzeichnete Jahrgänge hält der jeweilige Erzeuger selbst für besonders gut gelungen. Farbig hervorgehobene Jahrgänge sind 2003 bevorzugt zu genießen.

Arrosée, L' St-Em; r ★★★ **82 83 85' 86' 88 89' 90' 92 93 94'** 95 96 **97** 98' 99 00 – Weingut mit 9,5 ha in den Côtes. Ein erstklassiger, üppiger, strukturierter Wein, der es trotz des Namens (»verwässert«) in sich hat. Zu 100 % neue Fässer.
Ausone St-Em; r ★★★★ **75 76 78' 79 82' 83' 85 86' 88 89 90 93** 94 95' 96' 97' 98' 99 00 – 7 ha in allerbester Lage an den Côtes, legendärer Premier cru (rund 2500 Kisten); berühmte Keller, die unter dem Weinberg in den Felsen gehauen wurden. Der teuerste St-Emilion, der aber weit hinter dem Cheval Blanc oder dem Figeac zurückbleibt. Zweitetikett: La Chapelle d'Ausone. Jetzt hervorragend.
Bahans Haut-Brion Pes-L; r ★★★ oJ und **82 85 86' 88 89' 90 93 94 95** 96' 97 98 99 00 – Zweitetikett von Ch. Haut-Brion, das seiner noblen Herkunft alle Ehre macht; leicht erdig und doch intensiv.
Balestard La Tonnelle St-Em; r ★★ **85 86' 88' 89 90' 93 94 95 96 97** 98' 99 00' – Historisches Gut, 12 ha, Cru classé, auf dem Plateau nahe der Stadt. Volles Aroma und Finesse.
Barbe, de Côtes de Bourg; r (w) ★★ **90 94 95 96 97** 98 99 00 – Größtes (60 ha) und bekanntestes Ch. von Bourg. Leichter, fruchtiger Merlot.
Barde-Haut St-Em; r ☆☆ 98 99 00 – Schwestergut von Clos L'Eglise und Haut-Bergey mit 17 ha. Großen Einfluss übt Valandraud aus.
Baret Pes-L; r w ☆☆ **85 86 88 89' 90' 95** 96 98 99 00 – Ein berühmter Name hat sich von einer Flaute erholt. Heute von Borie-Manoux geführt; auch guter Weißwein.
Bastor-Lamontagne Saut; w; s ★★ **85 86 88' 89' 90'** 95 96' 97 98' 99 01 – Großes Cru-bourgeois-Gut mit Cru-classé-Qualität in Preignac. Schwestergut von Ch. Beauregard. Ausgezeichneter, voller Wein. Zweitetikett: Remparts de Bastor. Beachtenswert auch Ch. St-Robert in Pujols für roten und weißen Graves. 10 000 Kisten.
Batailley Pau; r ★★★ **82' 83' 85' 86 88' 89' 90' 93 94** 95 96 97 99 00 – Das größere der zwei berühmten Güter der 5. Stufe (das andere ist Haut-Batailley) zwischen Pauillac und St-Julien. 44 ha. Fester, vollduftiger und preiswerter Pauillac, haltbar; Heim der Familie Castéja von Borie-Manoux.

Beaumont Cussac, H-Méd; r ★★ **82 85 86' 88 89' 90' 93' 94 95 96 97** 98' 99 00 – Crus bourgeois mit über 80 ha, in Frankreich bekannt für leicht genießbare Weine von heranreifenden Reben. Gleiche Besitzer wie Ch. Beychevelle. Zweitetikett: Ch. Moulin d'Arvigny. 35 000 Kisten.

Beauregard Pom; r ★★★ **85 86 88 89' 90' 94' 95'** 96' **97** 98' 99 00' – 17 ha Weinberge mit schönem Château aus dem 17. Jahrhundert, nahe La Conseillante. Gehaltvolle Spitzenweine. Beratung durch Michel Rolland. Zweitetikett: Benjamin de Beauregard.

Beau-Séjour Bécot St-Em; r ★★★ **82' 85 86' 88' 89' 90' 94** 95' 96 97 98' 99 00' – Andere Hälfte von Beauséjour-Duffau-Lagarosse (18 ha). Die Herabstufung von 1985 ist umstritten; 1996 ordnungsgemäß wieder zum Premier grand cru classé aufgewertet. Den Bécots gehört auch Ch. Grand-Pontet. Jetzt auch La Gomerie: 1000 Kisten, reinsortiger Merlot.

Beauséjour-Duffau-Lagarosse St-Em; r ★★★ **82 83 85 86 88 89' 90' 92 93' 94 95** 96 **97'** 98 99 00 – Teil des alten Premier-grand-cru-Guts Beau-Séjour am Westhang der Côtes. 7 ha seit langem in Familienbesitz. Fest strukturierter, konzentrierter Wein für Genießer, aber nur etwas mehr als 2000 Kisten.

Beau-Site St-Est; r ☆☆ **82 85 86' 88 89' 90 94 95 96 97** 98 00 – 22 ha Cru bourgeois exceptionnel. In gleichem Besitz wie Château Batailley usw. Weine seit neuestem recht »gefällig« für St-Estephe.

Belair St-Em; r ★★★ **82' 83' 85' 86' 87 88' 89' 90' 94** 95' 96 **97** 98 99 00' – Nachbar von Ausone. Feine Weine, aber einfacher, weniger dicht strukturiert. Marke Roc-Blanquant oJ, nur in Magnumflaschen. Seit 1998 biologisch-dynamischer Anbau.

Bel-Air, de Lalande de Pom; r ★★ **82' 85 86 88' 89' 90 94' 95 96** 98 99 00 – Bekannteste Besitzung in dem Dorf nördlich von Pomerol. Ähnlicher Wein. 10 ha.

Bel-Air-Marquis d'Aligre Soussans-Mar; r ☆☆ **82' 85 86 88 89 90 95 96** 97 98' 00 – 17 ha Cru exceptionnel (organischer Anbau) mit altem Rebbestand; ergibt nur 3500 Kisten. Konzentriert, aber geschmeidig; muss altern.

Belgrave St-Laurent; r ★★ **82 85 86' 88 89 90' 94 95** 96' 98' 99 00' – Etwa 43 ha, 5. Cru. Château im Hinterland von St-Julien, das von der Firma Dourthe gut geführt wird. Zweitetikett: Diane de Belgrave.

Bellegrave Listrac; r ★★ **82 85 86 88 89 90 95** 96 **97** 98' 99 00 – Cru bourgeois (15 ha) mit vollem Wein, Beratung durch Pichon Lalande.

Belles-Graves Lalande de Pom; r ☆☆ **82 85 86 88 93 94 95** 96 **97** 98 99 00 – Verwirrender Name, aber ein Grund, Lalande de Pomerol nicht aus den Augen zu verlieren.

Bel-Orme-Tronquoy-de-Lalande St-Seurin-de-Cadourne, H-Méd; r ☆☆ **85 86 88 89 90 94 95 96 97'** 98' 99 00 – 24 ha Cru bourgeois, nördlich von St-Estèphe. Alter Weinberg, bisher bekannt für tanninreiche Weine; jetzt verführerischer mit neuem Management (seit 1997).

Berliquet St-Em; r ★★ **86 88 89' 90 91 93** 94 **95 96 97** 98' 99 00' – Grand cru classé (9 ha), jetzt sehr gut geführt.

Bernadotte H-Méd; r ☆☆ 98 99 00' – Kleines Weingut, das von Pichon-Lalande betrieben wird. Im Auge behalten.

Bertineau St-Vincent Lalande de Pom; r ★★ 98 99 00' – 4 ha im Besitz des hochrangigen Önologen Michel Rolland (siehe auch Bon Pasteur).

Beychevelle St-Jul; r ★★★ **82' 85 86' 88 89' 90' 93 94'** 95 96 **97** 98 99 00 – 68 ha, 4. Cru, mit historischem Landsitz im Médoc, im Besitz einer

Versicherungsgesellschaft, jetzt auch Suntory. Wein dürfte Eleganz und Kraft haben, knapp unter der Spitzenklasse von St-Julien. Zweitwein: Amiral de Beychevelle.

Biston-Brillette Moulis; r ★★ 95 97 98 00 – Attraktiver Moulis-Wein. Produktion: 7000 Kisten.

Bonalgue Pom; r ☆☆ **89 90 93 94** 95 96′ 97 98′ 99 00 – Beachtenswertes ehrgeiziges kleines Gut, derzeit etwas außer Form. Les Hautes Tuileries ist ein Schwestergut. Betreibt auch Clos du Clocher in Pomerol.

Bonnet EDM; r w ★★ r **90 94 95** 96 97 **98′** 99 00 w BV – Im Besitz der Familie Lurton. Großproduzent (240 ha); gehört mit zum Besten, was Entre-Deux-Mers zu bieten hat. Auf die neue Cuvée Prestige Dominus (2000) achten!

Bon Pasteur, Le Pom; r ★★★ 82′ 85 86′ 88 89′ 90′ 92 93′ 94′ 95 96′ 97 98′ 99 00 – Ein ausgezeichnetes, kleines Weingut an der Grenze von St-Emilion; im Besitz des Önologen Michel Rolland. Konzentrierte, ja sahnige Weine kann man hier praktisch garantieren.

Boscq, Le St-Est; r ★★ **85 86 88 89′ 90 93 95′ 96′ 97′** 98 99 00 – Führendes Cru-bourgeois-Gut mit schmackhaftem, höchst empfehlenswertem St-Estèphe.

Weshalb wird den Châteaux von Bordeaux in diesem Buch so viel Gewicht beigemessen? Weinfreunde lästern gerne über sie und beklagen sich wegen der hohen Preise. Trotzdem liefern sie zusammengenommen die größte Menge an hochwertigem Wein in der Welt. Ein durchschnittliches Château des Médoc mit 60 ha Rebfläche (manche haben weit mehr) erzeugt im Jahr über 300 000 Flaschen landestypischen Wein – dies kommt der Produktion von zwei bis drei kalifornischen »Boutique«-Weinbaubetrieben gleich. Darüber hinaus bieten die Châteaux eine Geschmacksvielfalt wie keine andere einheitliche Region auf der Welt. Vom Pomerol mit seinem leichten Pflaumenaroma bis hin zu dem kernigen Graves oder dem festen, zurückhaltenden Médoc; ganz zu schweigen von den frischen, trockenen oder den ölig-goldenen Weißweinen: hier ist alles zu haben. Die bekannteren Châteaux haben in den letzten 20 Jahren beständig Land zugekauft. Viele Cru-classé-Güter sind seit der Klassifizierung 1855 beträchtlich gewachsen und haben die kräftigen Gewinne des letzten Jahrzehnts in eine bessere Technik investiert.

Bourdieu-Vertheuil, Le H-Méd; r ☆☆ **82** 85 86 **88 89 90′ 94 95 96 97** 98 00 – Cru bourgeois in Vertheuil mit Schwester-Château Victoria (zusammen 54 ha), Weine im Stil von St-Estèphe.

Bourgneuf-Vayron Pom; r ☆☆ **85′ 86** 88 89′ 90 **94 95′ 96′** 97 98′ 99 00 – 9 ha große Lage auf sandigem Kiesboden, die besten Weine zeichnen sich durch das typische Pomerol-Pflaumenbukett aus. 5000 Kisten.

Bouscaut Pes-L; r w ☆☆ r **82′ 85 86′** 88 89 90 **94** 95 96 98 99 00 w 96 97 **98** 99 00 – Cru classé bei Cadaujac, das seine Möglichkeiten nicht voll ausschöpft. 1980 von Lucien Lurton (Besitzer von Château Brane-Cantenac usw.) gekauft. 30 ha Rotwein (meist Merlot); 6 ha Weißwein. Sophie Lurton wird stetig besser.

Bousquet, du Côtes de Bourg; r ☆☆ 85 **86** 88 **89 90′ 95 96 98** 99 00 – Zuverlässiges Gut (59 ha) mit ansprechendem, solidem Wein.

Boyd-Cantenac Mar; r ★★★ **82′ 85 86′ 88 89 90 94′ 95** 96′ 98′ 99 00 – 18 ha, 3. Cru, oft gefällige Weine; volles Aroma; jedoch nicht ganz auf der Höhe. Die Weine reifen jetzt zu 50 % in Fässern aus neuer Eiche. Zweitetikett: Jacques Boyd. Siehe auch Ch. Pouget.

Branaire St-Jul; r ★★★ **82′ 85 86 88 89′ 90′ 93′ 94** 95 96 **97** 98 99 00 – 50 ha, 4. Cru, mit verlässlichem weichem, typischem St-Julien. Zweitetikett: Duluc.

Brane-Cantenac Cantenac-Mar; r ★★★ **82′ 85 86′ 88 89 90 95 96** 97 98 99 00 01′ – 84 ha, 2. Cru. Die besten (seltenen) Weine sind reich, mit Wildgeschmack und starkem Charakter. Auch im Besitz der Familie Lurton. Zweitetikett: Baron de Brane. Zu beobachten.

Breuil, du Cissac, H-Méd; r ☆☆ **89 90 93 94 95 96** 98 99 00 – Historisches Château, wird von den Besitzern von Ch. Cissac restauriert.

Brillette Moulis; r ★★ **85′ 86 88 89′ 90 95 96 97** 98 99 00 – 28 ha Cru bourgeois. Zuverlässiger, ansprechender Wein. Zweitetikett: Berthault Brillette.

Cabanne, La Pom; r ☆☆ **82′ 88′ 89′ 90′ 94′ 95 96** 98′ 99 00 – Angesehenes, 10 ha großes Gut in der Nähe des großen Ch. Trotanoy. Kürzlich modernisiert. Zweitwein: Dom. de Compostelle. Siehe auch Ch. Haut-Maillet.

Cadet-Piola St-Em; r ★★ **82 85′ 86 88 89′ 90 93′ 94′ 95** 96 **97** 98 99 00 – Gediegener kleiner Betrieb (7 ha) nördlich von St-Emilion. 3000 Kisten tanninherber Wein. Gehört dem Eigentümer von Château Faurie de Souchard; der Wein ist nicht so robust wie dort.

Caillou Saut; w; s ★★ **75 76 79 81 83 85 86 87 88′ 89′ 90′ 95** 96 97 98 99 01 – Gut geführtes Weingut in Barsac, 15 ha, 2. Cru; fester, fruchtiger Wein. Spitzensorte ist die Private Cuvée (86 88 89′ 97).

Calon-Ségur St-Est; r ★★★ **82′ 85 86′ 88′ 89′ 90′ 93 94 95** 96′ **97** 98 99 00′ – 49 ha, 3. Cru, mit großem historischem Renommee. Seit 1995 beständigere Qualität. Zweitetikett: Marquis de Ségur.

Cambon-la-Pelouse H-Méd; r ★★ **94 95 96′ 97 98′** 99 00 – Großer, leicht zugänglicher Cru bourgeois; in der Nähe von Giscours. Zuverlässige Quelle für reichen, typischen Médoc.

Camensac St-Laurent, H-Méd; r ★★ **82′ 85 86′ 88 89 90 95** 96′ **97′** 98′ 99 00 – 5. Cru, 60 ha. Ziemlich lebendige, wenn auch nicht unbedingt klassische Weine. Zweitetikett: La Closerie de Camensac.

Canon Can-F; r ★★→★★★ **82 85 86′ 88 89′ 90 93 94 95** 96 **97** 98′ 99 – Kleines Gut, das bis 2000 im Besitz von Christian Moueix war; langlebiger Wein.

Canon St-Em; r ★★★ **82′ 85′ 86 88′ 89′ 90′ 93′ 94 95** 96 **97** 98′ 99 00 – Etwa 18 ha, berühmter Premier cru, auf dem Plateau westlich der Stadt. 1996 von den Eigentümern von Rauzan-Segla (Chanel) aufgekauft. Konservative Methoden; Neustrukturierung der Rebflächen. Derzeit nicht in Bestform. Zweitetikett: Clos J. Kanon.

Canon de Brem Can-F; r ★★ **82′ 85 86 88 89′ 90 94 95 96 97** 98 99 – Spitzengut in Fronsac mit kräftigem Wein.

Canon-la-Gaffelière St-Em; r ★★★ **82 85 86′ 88′ 89′ 90′ 93′ 94′** 95 96 97 98′ 99 00 – 19 ha Grand cru classé am Fuß der Côtes, gleiche Besitzer wie Clos de L'Oratoire und La Mondotte. Direkte Weine mit Stil und Überzeugungskraft.

Canon-Moueix Can-F; r ★★ **82 86 88 89′ 90 95 96 97 98 99** 00 – Gehörte bis 2000 Moueix. Sehr stilvoller Wein. Beachtenswert auch die Schwestergüter Canon de Brem und Canon (Canon-Fronsac).

Cantegril Graves; r ★★ **94 95 96 97** 98 99 00 – Guter erdiger Rotwein aus dem Ch. Doisy-Daëne.

Cantemerle Macau, H-Méd; r ★★★ **82 85 88 89' 90 95** 96' **97 98'** 99 00 – Romantisches Gut im südl. Médoc mit Château in einem (vom Orkan 1999 schwer geschädigten) Wald und 60 ha Weinbergen. 5. Cru, zu Großartigem fähig. Zweitetikett: Les Allées de Cantemerle.

Cantenac-Brown Cantenac-Mar; r ☆☆→☆☆☆ **82 85 86' 88 89 90' 94** 95 96 **97** 98 99 – 31 ha, 3. Cru, früher veraltete Methoden. Nun im Besitz von AXA Millésimes (wie Pichon Longueville). Die Investitionen machen sich langsam bezahlt. Tanninherbe Weine. Zweitetikett: Canuet.

Capbern-Gasqueton St-Est; r ☆☆ **86 88 89 90 94 95** 96 98 99 00 – 34 ha Cru bourgeois, gleicher Eigentümer wie Ch. Calon-Ségur. Gute Qualität.

Cap de Mourlin St-Em; r ★★ **82' 85 86 88 89 90 93 94 95 96 97** 98' 99 00 – Bekanntes Weingut, 15 ha, im Besitz der Familie Cap de Mourlin (Eigentümer von Ch. Balestard und Ch. Roudier, Montagne St-Em); sollte gehaltvollen, schmackhaften St-Emilion erzeugen.

Carbonnieux Pes-L; r w ☆☆☆ **82 85 86' 88 89' 90' 93 94 95** 96 **97** 98 99 00 – Historisches Gut in Léognan, für bewährte Rot- und Weißweine. Die Weißweine (65 % Sauvignon blanc) **92' 94' 95** 96 97 98 00 können bis zu 10 Jahren altern. Ch. Le Pape und Ch. Le Sartre gehören ebenfalls zum Familienbesitz. Zweitetikett: La Tour-Léognan.

Cardaillan, de Graves; r ★★ **94 95 96** 98 99 00 – Der sehr zuverlässige Rotwein des vornehmen Sauternes-Château de Malle.

Cardonne, La Blaignan, Médoc; r ☆☆→☆☆☆ **94 95 96 97** 98 99 00 – Cru bourgeois, ziemlich großes Weingut (50 ha) im nördlichen Médoc.

Carles, de Fronsac; r ★★ **86 88 89 90 94 95 96 97'** 98 99 00 – Altes, nach Karl dem Großen benanntes Château. Durchgehend gut gemachte, ziemlich saftige Fronsac-Weine. Spitzenauslese: Haut-Carles.

Carmes-Haut-Brion, Les Pes-L; r ★★★ **85 86 88' 89 90' 93' 94** 95 96 **97** 98 99 00 – Kleiner (4 ha) Nachbar von Haut-Brion; Cru-classé-Standard. Alte Jahrgänge beweisen klassisches Potenzial. Nur 2000 Kisten.

Caronne-Ste-Gemme St-Laurent, H-Méd; r ★★→★★★ **83 85 86 89' 90 94' 95** 96' 98 99 00 – 40 ha Cru bourgeois exceptionnel. Stetige stilvolle Qualität ist der Lohn für Geduld. Dem Niveau nach könnte es ein Cru classé sein, v. a. der 96er.

Carsin Premières Côtes; r w ★★ r **94 95 96 97** 98' 99 00 w **95 96 97 98** 99 00 – Ehrgeiziges Unternehmen in finnischem Besitz mit australischem Kellermeister. Sehr ansprechende Weine, v. a. Cuvée Prestige und der weiße Etiquette Grise. Im Auge behalten.

Carteau Côtes Daugay St-Em; r ★★ **85 88 89 90 94 95 96' 97** 98' 99 00 – Aufstrebendes Grand-cru-Gut mit 5000 Kisten. Vollmundige, früh genussreife Weine.

Certan-Guiraud Pom; r ☆☆ **82 83' 85 86 88 89' 90' 93' 94 95** 96 **97** 98 99 (00) – Kleines Gut (7 ha) in der Nähe von Ch. Pétrus. War nicht auf der Höhe, wurde aber 1999 von J.-P. Moueix übernommen. Im Jahr 2000 in Ch. Hosanna umbenannt.

Certan-de-May Pom; r ★★★ **82' 83' 85' 86 87 88' 89' 90' 94 95** 96' 98 99 00' – Nachbar von Vieux Château Certan. Winziger Besitz (1800 Kisten) mit körper- und gerbstoffreichem, vollem Wein.

Chambert-Marbuzet St-Est; r ★★→★★★ **82 85 86 88 89' 90' 93 94' 95** 96 97' 98 99 00 – Kleines Schwestergut (8 ha) von Haut-Marbuzet. Sehr guter, schmackhafter Wein (überwiegend Cabernet Sauvignon), der in neuen Eichenfässern ausgebaut wird. Michel Duboscq liebt seine Weine gut ausgereift.

Chantegrive Graves; r w ★★→★★★ **88 89 90 94 95 96** 98′ 99′ 00 – 87-ha-Gut; je zur Hälfte Weiß- und Rotwein; sehr anständiger, moderner Graves. Cuvée Caroline heißt die weiße Spitzenauslese (**93 94 95 96 97** 98′ 99 00); Jahrgänge der Spitzenrotweine: **85 88 89 90 94 95** 96 98 99 00. Weitere Etiketten: u. a. Mayne-Lévêque, Mayne-d'Anice, Bon-Dieu-des-Vignes.

Chasse-Spleen Moulis; r ★★★ **78′ 82′ 83′ 85 86 88 89′ 90′ 93 94** 95 96 **97** 00 – 72 ha Cru grand bourgeois exceptionnel auf Cru-classé-Niveau. Stets guter, oft ausgezeichneter (z. B. **90′**), lang reifender Wein. Zweitetikett: Ermitage de C-S. Siehe auch La Gurgue und Haut-Bages Libéral.

Chauvin St-Em; r ☆☆ **88 89 90 93 94 95** 96 **97** 98′ 99 00 – Zuverlässiger Hersteller; mehr und mehr ernst zu nehmen. Hat 1998 neue Rebflächen erworben.

Cheval Blanc St-Em; r ★★★★ **75′ 76 78 79 82′ 83′ 85′ 86 88 89 90′ 93 94** 95 96′ 97 98′ 99 00′ – Neben Ausone der Spitzen-Cru von St-Emilion. 40 ha. Bis vor kurzem war der Wein durchweg vollblütiger sowie sehr kräftig und duftig, schmeckte jung schon köstlich und lebte doch eine Generation lang. Für viele die erste Wahl bei Bordeaux. Zweitetikett: Le Petit Cheval.

Chevalier, Domaine de Pes-L; r w ★★★ **79′ 83′ 85 86′ 88′ 89′ 90′ 93 94′** 95′ 96′ **97** 98′ 99 00′ – Herrliches Gut in Léognan, 38 ha. Der Rotwein ist zuerst streng, gewinnt bei Alterung eine weiche Erdigkeit. Der Weißwein reift langsam zu vollem Bukett (**83′ 85′ 87′ 88 89 90′ 92 93 94 95** 96′ **97** 98′ 99 00). Zweitmarke: Esprit de Chevalier. Beachtenswert auch die Domaine de la Solitude, Pessac-Léognan.

Cissac Cissac-Médoc; r ★★ **82′ 83′ 85 86′ 88 89 90 93 94′ 95** 96′ **97** 98 99 00 – Ein Pfeiler der Crus bourgeois. 32 ha Cru grand bourgeois exceptionnel mit beständig gutem, sehr langlebigem Wein. Seit 1987 auch Ch. du Breuil. Neue Kellerei 2000. Zweitetikett: Les Reflets du Ch. Cissac.

Citran Avensan, H-Méd; r ☆☆ **82 85 86 88 89′ 90′ 94′ 95 96 97** 98 99 00 – 72 ha Cru exceptionnel. Seit 1996 nach einem japanischen Zwischenspiel mit dunklen, tanninreichen Weinen wieder im Besitz der Familie Villars-Merlaut. Wird stark renoviert; 1999 große Neuanpflanzungen. Zweitetikett: Moulins de Citran. Beobachtenswert.

Clarke Listrac; r (rs) (w) ☆☆ **82 85′ 86′ 88 89′ 90′ 95** 96′ **97** 98′ 99 00 – 140 ha Cru bourgeois; Rothschild-Unternehmung mit gut ausgestatteten Räumen für Besucher. Die Nachbar-Châteaux Malmaison und Peyrelebade gehören dazu. U. a. ein trockener Weißwein Le Merle Blanc du Ch. Clarke.

Clerc-Milon Pau; r ★★★ **82′ 85 86′ 88 89′ 90′ 93** 94 95 96′ 97 98′ 99 00 – 5. Cru, bis 1970 vergessen, dann von dem mittlerweile verstorbenen Baron Philippe de Rothschild erworben. Jetzt 29 ha. Ein Spitzenerzeuger, bedeutender als Armailhac.

Climens Saut; w; s ★★★★ **71′ 75′ 76 78 79 80′ 83′ 85′ 86′ 88′ 89 90′** 95 96 97′ 98 99 01′ – Gut mit 30 ha Cru classé in Barsac; produziert mit den stilvollsten (jedoch nicht den süßesten) Wein der Welt, der gut 10 Jahre Reifezeit braucht. Zweitetikett: Les Cyprès. Im Besitz von Bérénice Lurton.

Clinet Pom; r ★★★★ **82 83 85 86 88′ 89′ 90′ 93′** 94 95 **96 97′** 98′ 99 00 – 7-ha-Besitz im mittleren Pomerol mit intensivem prächtigem Wein von alten Reben. Seit 1988 ein Musterbeispiel für Pomerol. Gehört seit 1998 der Jean-Louis-Laborde-Gruppe. Zweitetikett: Fleur de Clinet.

Clos de L'Oratoire St-Em; r ★★ **90 94 95** 96 **97** 98 99 00 – Ernst zu nehmender Erzeuger auf den nordöstlichen Hängen von St-Emilion. Im gleichen Besitz wie Canon-la-Gaffelière und La Mondotte.

Clos des Jacobins St-Em; r ★★ **82' 83' 85 86 88' 89' 90' 94** 95 96 **97** 98 99 00 – Bekanntes, gut geführtes kleines Cru-classé-Gut, 7 ha. Neuer Besitzer seit 2001, neuer cremiger Stil. Zu beobachten.

Clos du Marquis St-Jul; r ★★→★★★ **82 85 86' 88 89' 90 94 95** 96 **97** 98 99 00 – Zweitetikett von Léoville-Las Cases mit gleichem Zuschnitt; ist immer wieder vielen hoch klassifizierten Erzeugnissen ebenbürtig.

Closerie Grand-Poujeaux, La Moulis; r ☆☆ **85 86 88 89 90 94'** 95 96 98' 99 00 – Kleines, aber hoch geachtetes Gut im mittleren Médoc, eindringliche Weine. Die Nachbar-Châteaux Bel-Air Lagrave und Haut-Franquet gehören zum Besitz.

Clos Floridène Graves; r w ★★ r **95 96 97 98'** 99 00 w **93 94 95 96' 97 98' 99** 00 – Von einem der besten Weißweinerzeuger in Bordeaux, Denis Dubourdieu, geleitet. Eichenfassvergorener Sauvignon blanc/Sémillon für 5 Jahre Reifezeit und fruchtiger Rotwein. Neue Kellerei 2000. Siehe auch Ch. Reynon.

Clos Fourtet St-Em; r ★★★ **82' 83 85 86 88 89 90 94** 95 96 **97** 98 99 00 – 17 ha Premier cru auf dem Plateau mit Kellern fast in der Stadt. Nach Flaute jetzt wieder in Form. Im Januar 2001 von Philippe Cuvelier gekauft. Zweitetikett: Dom. de Martialis.

Clos Haut-Peyraguey Saut; w; s ★★ **75 76 79 82 83' 85 86' 88' 89 90' 95'** 96 97 98 99 00 – Sehr kleiner Besitz, exzellenter Wein mittlerer Fülle. Zweitetikett: Haut-Bommes.

Clos L'Eglise Pom; r ★★★ **85 86 88 89 90' 93 94 95** 96 **97** 98 99 00' – 6-ha-Gut in einer der besten Lagen von Pomerol. Feiner Wein; seit 1998 auch mit mehr Tiefe. Beratung durch M. Rolland. Ch. Haut-Bergey gehört derselben Familie.

Clos René Pom; r ★★ **82' 85 86 88 89 90 94** 95 96 **97** 98 99 – Führendes Château im Westen von Pomerol; 15 ha; zunehmend vollere Weine. Auch unter dem Etikett Ch. Moulinet-Lasserre bekannt.

Clos Toumilon Pes-L; r w ★★ **96 97 98** 99 00 – Bemerkenswertes kleines Château in St-Pierre-de-Mons. Frische Rot- und Weißweine mit viel Charme.

Clotte, La St-Em; r ★★ **82 83' 85 86 88 89 90' 93' 94 95' 96' 97** 98' 99 00' – Kleines Grand-cru-classé-Gut in den Côtes mit pikantem, geschmeidigem Wein. Zu bekommen im Restaurant des Besitzers »Logis de la Cadène« in St-Emilion. Zweitetikett: Clos Bergat Bosson.

Colombier-Monpelou Pau; r ☆☆ **86' 88 89 90' 94 95 96 97** 98 99 00 – Zuverlässiges, kleines Cru-bourgeois-Gut mit ordentlichem Qualitätsniveau.

Conseillante, La Pom; r ★★★★ **70' 75' 81' 82' 83 85 86 87 88 89 90' 93 94** 95' 96' **97** 98' 99 00 – 12 ha Cru classé auf dem Plateau zwischen Pétrus und Cheval Blanc. Einer der nobelsten und duftigsten Pomerol, seiner herrlichen Lage würdig: ob jung oder alt.

Corbin St-Em; r ☆☆ **82' 83 85 86 88 89 90' 95 96 97** 98 99 00 – 11 ha Cru classé im Norden von St-Emilion mit mehreren Châteaux gleichen Namens am Rande des Plateaus. Bringt in Spitzenjahrgängen sehr fülligen Wein hervor.

Corbin Michotte St-Em; r ★★ **82 85 88 89′ 90 93 94′ 95 96 97** 98′ 99 00 – Gut geführtes 8-ha-Gut mit »großzügigem«, Pomerol-ähnlichem Wein. Im gleichen Besitz wie Ch. Calon und Ch. Cantelauze.
Cordeillan-Bages Pau; r ☆☆ Knapp 1000 Kisten ziemlich schlanker Pauillac. Als luxuriöses Heilbad für reiche Weinpublizisten berüchtigt.
Cos d'Estournel St-Est; r ★★★★ **82′ 85′ 86′ 87 88′ 89′ 90′ 93′** 94 95 96′ **97′** 98′ 99 00 – 56 ha, 2. Cru, mit einem exotischen Turm oberhalb von Ch. Lafite. Der raffinierteste St-Estèphe; regelmäßig einer der besten Weine des Médoc. Zweitetikett: Les Pagodes de Cos. Geführt von Jean-Guillaume, dem Sohn von Bruno Prats.
Cos Labory St-Est; r ★★ **82 85 86 87 88 89′ 90′ 93 94** 95 96′ **97′** 98′ 99 00 – 5. Cru, wenig bekannter Nachbar von Cos d'Estournel; 15 ha. Große Anstrengungen seit 1985 haben den Wein stetig auf Cru-classé-Niveau gebracht (v. a. seit 1990). Andron Blanquet ist das Schwestergut.
Coufran St-Seurin-de-Cadourne, H-Méd; r ★★ **82′ 85 86′ 88 89 90 94 95 96′ 97** 98 99 00 – Coufran und Ch. Verdignan im hohen Norden des Haut-Médoc sind in derselben Hand. Coufran hat hauptsächlich geschmeidige Merlot-Weine. 60 ha. Ein weiteres kleines Schwestergut ist Ch. Soudars.
Couhins-Lurton Graves; w ★★→☆☆☆ **93 94 95 96 97′ 98′** 99 00 – Cru classé; feiner, eichenholzwürziger Sauvignon blanc in winzigen Mengen.
Couspaude, La St-Em; r ☆☆☆ **89 90 93 94** 95 96 **97** 98 99 00 – Auch dieses Gut sollte man sich einmal näher ansehen. Moderne Methoden und vollaromatische Weine.
Coutet Saut; w; s ☆☆☆ **71′ 75′ 76 79 81′ 83′ 85 86′ 88′ 89′ 90′** (kein 93er und 94er) 95 96 97 98′ 99 01′ – Traditioneller Rivale von Château Climens mit 36 ha in Barsac. Meist etwas weniger voll, zuweilen aber genauso fein. In den besten Jahrgängen ist Cuvée Madame eine sehr volle Auslese. Unter demselben Namen wird auch ein trockener Graves angeboten.
Couvent des Jacobins St-Em; r ★★ **82′ 85 86 87 88 89 90 94** 95 96′ **97** 98′ 99 00 – Bekanntes 9-ha-Gut am Ostrand der Stadt; schöne Keller. Gehört zur Spitzengruppe unter seinesgleichen. Zweitetikett: Ch. Beau-Mayne.
Crock, Le St-Est; r ★★ **82 85 86 88 89 90′ 93 95** 96 **97** 98 99 00 – 30 ha Cru bourgeois in guter Lage. Im Besitz derselben Familie wie Château Léoville-Poyferré. Einer der vielen guten Crus bourgeois der Gemeinde.
Croix, La Pom; r ☆☆ **83 85′ 86 88 89 90 93 94 95** 96 **97** 98 99 00 – 13-ha-Besitz mit gutem Ruf. Ansprechender, pflaumenduftiger Pomerol. Auch La Croix-St-Georges, La Croix-Toulifaut, Castelot, Haut-Sarpe (St-Em) und Clos des Litanies.
Croix de Gay, La Pom; r ☆☆☆ **85 86 88′ 89 90 93 94′** 95 96 **97** 98 99 00 – 12 ha im besten Teil der Gemarkung. Neuerdings gut in Form. Die unterirdischen Keller sind in Pomerol eine Seltenheit. Spitzenauslese: La Fleur de Gay.
Croix du Casse, La Pom; r ★★ **89 90 93 94** 95 96 **97** 98 99 00 – Aufstrebendes Weingut, beobachtenswert. Gleicher Besitzer wie Clinet.
Croizet-Bages Pau; r ☆☆ **82′ 85 86 88 89 90′ 95** 96′ 98′ 99 00 – 21 ha, 5. Cru (ohne Château und Renommee); derselbe Besitzer wie Château Rauzan-Gassies. Der 98er könnte einen Aufschwung andeuten.
Croque-Michotte St-Em; r ★★ **82′ 83 85 86 88 89′ 90′ 94 95** 96 98 99 00 – 12 ha Grand cru am Rand von Pomerol. Gute, beständige Weine, aber nicht großartig genug, um Classé zu sein.

Cruzeau, de Pes-L; r w ★★ r **86 88 89 90 94 95** 96 **97** 99 00 – 40-ha-Besitz in Graves-Léognan, der von André Lurton vom Ch. La Louvière erschlossen wurde; probierenswert. Eichenfassvergorener Weißwein braucht 2 bis 5 Jahre Reifezeit.

Curé-Bon St-Em; r ☆☆ **82′ 85 86 88 89 90 93 94** 95 96 **97** 98 99′ 00 – Kleiner, relativ wenig bekannter Grand cru classé (5 ha) zwischen Ausone und Canon. Im Juni 2000 an Canon verkauft, in das es integriert werden wird.

Dalem Fronsac; r ★★ **85 86 88 89 90 94 95 96′ 97** 98′ 99 00 – Vollblütiger Fronsac der Spitzengruppe; 14 ha, davon 85 % Merlot.

Dassault St-Em; r ★★ **82 85 86 88 89 90 94 95 96 97** 98′ 99 00 – Grand cru classé (23 ha). Mittelschwerer Wein in beständiger Qualität, früh genussreif. Nicht unbedingt aufregend.

Dauphine, La Fronsac; r ★★ **85 86 88 89′ 90′ 94 95 96 97** 98′ 99 00 – Alter Star von Fronsac, verjüngt durch J.-P. Moueix und 2000 verkauft. Kann, muss aber nicht lange gelagert werden.

Dauzac Labarde-Mar; r ☆☆→☆☆☆ **82′ 85 86 88′ 89′ 90′ 93′ 94 95** 96 **97** 98′ 99 00 – 5.-Cru-Gut (48 ha) am Fluss südlich von Margaux. Jahrelang schwache Leistungen; seit 1989 neue Besitzer (eine Versicherungsgesellschaft); Aufschwung seit den 1990er-Jahren. Zweitetikett: La Bastide Dauzac.

Desmirail Mar; r ☆☆→☆☆☆ **82 85 86 88 89 90 94 95′ 96′ 97** 98 99 00 – 3. Cru mit 18 ha. Früh trinkreife Weine, aber größerer Ehrgeiz.

Doisy-Daëne Barsac; (r) w; tr s ★★★ **76′ 80 82 83** 85 **86 88′ 89′ 90′ 95** 96 97 98′ 99 01 – Zukunftsorientiertes, stets experimentierfreudiges Gut (14 ha), das frischen, eichenfassgereiften trockenen Weißwein und roten Ch. Cantegril erzeugt, vor allem aber einen bemerkenswert feinen (langlebigen) süßen Barsac. L'Extravagance (**90** 96 97) ist eine Super-Cuvée.

Doisy-Dubroca Barsac; w; s ★★ **75′ 76 78 79 83 85 86 88′ 89 90′ 95** 96 97 99 00 – Sehr klein (3,5 ha), Cru classé, gehört zu Ch. Climens.

Doisy-Védrines Saut; w; s ★★★ **75′ 76′ 79 80 83′ 85 86 88′ 89′ 90 95** 96 97 98′ 99 01 – 20 ha Cru classé in Barsac nahe bei Climens und Coutet; 1998 neu ausgestattet. Köstliche, robuste, volle Weine für lange Lebensdauer. Eine sichere Sache für viele Jahre.

Dominique, La St-Em; r ★★★ **79 81 82′ 83 86′ 87 88′ 89′ 90′ 93 94** 95 96 **97** 98 99 00 – 18 ha Cru classé neben Ch. Cheval Blanc, fruchtige, duftende Weine. Zweitetikett: St-Paul de Dominique.

Ducluzeau Listrac; r ☆☆ **82 85 86 88 89 90 94** 95 96′ 97 99 00 – Kleines Schwestergut von Ducru-Beaucaillou. 4 ha, ungewöhnlicherweise zu 90 % Merlot.

Ducru-Beaucaillou St-Jul; r ★★★★ **61 66′ 70′ 75′ 78′ 81 82′ 83′ 85′ 86′ 89 90 93** 94 95 96′ 97 98 99 00′ – Hervorragendes 2.-Cru-Château in exzellenter Verfassung, 48 ha am Fluss. Klassischer, zedernholzduftiger, langlebiger Bordeaux. Der engagierte J. E. Borie starb 1998, seine Familie führt den Betrieb weiter. Siehe auch Grand-Puy-Lacoste, Haut-Batailley, Lalande-Borie.

Duhart-Milon-Rothschild Pau; r ★★★ **82′ 85 86 88 89 90 93 94** 95 96′ **97** 98 99 00′ – 4. Cru, Nachbargut (44 ha) von Lafite unter gleicher Leitung. Die Rebstöcke haben ein gutes Alter erreicht und liefern immer feinere Qualität. Der 2000er Jahrgang ist bislang der beste. Zweitetikett: Moulin de Duhart.

Duplessis Moulis; r ★★ **82 85 86 88′ 89 90 92 93** 95 96 **97** 98 99 00 – Cru bourgeois, geführt von Marie-Laure Lurton-Roux. Typische Moulis-Weine. Siehe auch Villegeorge.

Durfort-Vivens Mar; r ★★★ **82′ 85′ 86 88′ 89′ 90 94** 95 96 **97** 98 99 00 – Relativ kleines (20 ha) Château, 2. Cru; Besitzer ist Gonzague Lurton. Die neueren Weine zeigen Struktur (hoher Cabernet-Sauvignon-Anteil) und Klasse.

Dutruch Grand-Poujeaux Moulis; r ★★ **82′ 85 86 88 89 90 93 94 95 96′ 97** 98′ 99 00 – Einer der Spitzenreiter in Moulis; körper- und gerbstoffreiche Weine. 24 ha.

Eglise, Domaine de l′ Pom; r ★★ **82′ 85 86 88 89 90 95** 96 **97** 98 99 00 – Kleines Gut; stil- und ausdrucksvoller Wein, wird von Borie-Manoux vertrieben.

Eglise-Clinet, L′ Pom; r ★★★★ **82′ 83′ 84 85′ 86 88′ 89 90′** 93′ **94** 95 96 97′ 98′ 99 00 – Hoch eingestuftes Gut (4,4 ha); der Wein ist voll, konzentriert und üppig. Im Auge behalten, trotz der hohen Preise. 1700 Kisten. Zweitetikett: La Petite Eglise.

Enclos, L′ Pom; r ★★★ **82′ 85 86 88 89′ 90′ 93 94 95** 96 **97** 98′ 99 00 – Ausgezeichnetes 10-ha-Gut im Westen von Pomerol, nahe Clos René. In der Regel kräftiger, gut bereiteter Wein mit anhaltendem Aroma.

Evangile, L′ Pom; r ★★★★ **75′ 82′ 83′ 85′ 86 87 88′ 89′ 90′ 93 95′** 96′ 97 98′ 99 00 – 13 ha zwischen Pétrus und Cheval Blanc. Tiefgründiger, aber eleganter Stil in klassischem Pomerol. Gleiche Lage und Klasse wie La Conseillante. 1990 von Domaines (Lafite) Rothschild übernommen. 2000 neue Ausstattung.

Fargues, de Saut; w; s ★★★ **70′ 71′ 75′ 76′ 78 79 81 83 85′ 86 88 89 90 95** 96 97 98 99′ – 10-ha-Gut mit Château-Ruine im Besitz des vom Ch. d′Yquem bekannten Lur-Saluces. Fruchtige, höchst elegante Weine, früher reif als bei d′Yquem.

Faurie de Souchard St-Em; r ☆☆ **85 86 88 89 90 92 93 94 95** 96 **97** 98′ 99 00 – Kleines Grand-cru-classé-Gut an den Côtes. Siehe auch Ch. Cadet-Piola.

Ferrand, de St-Em; r ☆☆→☆☆☆ **85 86 88 89 90′** 93′ **94 95** 96 **97** 98 99 00 – Großes Gut (30 ha) auf dem Plateau. Volle, eichenholzwürzige Weine mit viel Tannin.

Ferrande Graves; r (w) ★★ **95** 96 98 00 – Bedeutendes Gut in Castres, über 40 ha. Angenehmer, gefälliger Rotwein und guter, zwischen 1 und 4 Jahren genussreifer Weißwein.

Ferrière Mar; r ☆☆ **89 90 93 94 95** 96 **97′** 98 99 00 – In gleicher fähiger Hand wie Ch. Chasse-Spleen, La Gurgue und Haut-Bages Libéral. 2000 neue Ausrüstung.

Feytit-Clinet Pom; r ☆☆ **82′ 85′ 86 90′ 94 95** 96 **97′** 98 99 00 – Kleines Gut neben Latour à Pomerol. Feine, leichte Weine am besten. Seit 2000 hat die Besitzerfamilie Chasseuil wieder selbst die Leitung übernommen (bisher J.-P. Moueix).

Fieuzal Pes-L; r (w) ★★★ **82′ 85′ 86′ 88 89 90′ 93 94** 95 **96′ 97** 98′ 99 00 – 30 ha Cru classé in Léognan. Feine, denkwürdige Rot- und Weißweine. Klassische Weißweine: seit 1985 zwischen 4 und 10 Jahre haltbar. Ch. Le Bonnat ist das Schwester-Château; die Vinifikation erfolgt aber in Fieuzal.

Figeac St-Em; r ★★★★ **70′ 75 82′ 83 85′ 86′ 88 89′ 90′ 94′ 95′** 96 **97** 98 99 00 – Premier cru, Nachbar von Cheval Blanc. 40 ha Weinberge mit Kiesboden bringen höchst stil- und gehaltvollen, dabei eleganten, angenehm zu trinkenden, oft recht früh genussreifen und doch endlos haltbaren Wein. Zweitetikett: Grangeneuve.

Filhot Saut; w; tr s ☆☆ **82' 83' 85 86' 88' 89 90 95 96** 97 98 99 (01) – 2.-Cru-classé-Gut mit schönem Château, 59 ha Weinberge, gute, leichte, recht einfache süße Weine (Sauvignon blanc) für ziemlich baldigen Verbrauch. Daneben auch trockene und Rotweine. Sehr gut Crème de Tête (**90** ist überaus reichhaltig).

Fleur, La St-Em; r ☆☆ **82' 85 86 88 89' 90' 94 95** 96 **97** 98 99 00 – 6,5-ha-Gut an den Côtes mit köstlich fruchtigen Weinen. Leitung: J.-P. Moueix.

Fleur de Gay, La Pom; r ☆☆☆ Super-Cuvée (1000 Kisten) von Ch. La Croix de Gay.

Fleur Pétrus, La Pom; r ★★★★ **82 83' 85 86 87 88' 89' 90' 93 94 95** 96' **97** 98 99 00 – 13 ha Weinberge, neben Pétrus gelegen und unter gleicher Leitung. Überaus feine, dichte pflaumenduftige Weine; sehr stilvoller (und teurer) Pomerol.

Fombrauge St-Em; r ★★ **88' 89 90 94' 95 96 97** 98 99 00 – 48-ha-Gut in St-Christophe-des-Bardes östlich von St-Emilion. Typischer St-Emilion, sehr um Qualität bemüht. Zweitetikett: Ch. Maurens. Der »Garagen«-Wein heißt Magrez-Fombrauge.

Fonbadet Pau; r ★★ **85 86 88 89 90' 94** 95 96' **97** 98' 00 – 20 ha großes, renommiertes Cru-bourgeois-Gut, Nachbar von Ch. Pontet-Canet. Alte Reben; der Wein braucht lange Flaschenreife. Preiswert.

Fonplégade St-Em; r ★★ **82' 85 86 88 89 90' 94** 95 96 **97** 98 00 – 20 ha Grand cru classé an den Côtes westlich von St-Emilion. Fester, lang haltbarer Wein.

Fonréaud Listrac; r ☆☆ **82' 83 85' 86' 88 89 90 94** 95 96 98 00 – Einer der größeren (38 ha) und besseren Crus bourgeois der Gegend. Seit 1998 fortlaufend Investitionen. Weißwein von 2 ha: fassvergorener Le Cygne. Siehe auch Ch. Lestage.

Fonroque St-Em; r ★★★ **75' 78 82 83' 85' 86 87 88 89' 90' 94 95 96** 98 00 – 20 ha nördlich von St-Emilion. Ehemals Eigentum von J.-P. Moueix, gehört jetzt Alain Moueix. Große Investitionen wurden getätigt; man überlegt, biologisch zu wirtschaften. Schwerer, tiefdunkler Wein; jetzt trinken oder (besser) lagern.

Fontenil Fronsac; r ★★★ **88 89 90 94** 95 96 97 98 99' 00 – Ein mittlerweile führendes Gut in Fronsac, das 1986 von Michel Rolland gegründet wurde. Neuer dichter, eichenholzwürziger Stil.

Fontmarty Pom; r ☆☆ **82 83 85 86 88' 89 90 94 95' 96** 98' 00 – Kleines Gut im Besitz der Bernard-Moueix-Gruppe (wie auch Taillefer); produziert 1500 Kisten.

Forts de Latour, Les Pau; r ★★★ **70' 78' 81 82' 83 85 86 87 88 89' 90' 93 94** 95' 96' **97** 98 99 00 – Der (würdige) zweite Wein von Ch. Latour; authentischer Geschmack in (etwas) leichterem Format. Bis 1990 einzigartig durch die mindestens dreijährige Flaschenlagerung vor der Freigabe; jetzt »en primeur« erhältlich.

Fourcas Dupré Listrac; r ★★ **82' 83' 85' 86' 88 89' 90 94 95 96' 97** 98' 99 00 – Cru bourgeois exceptionnel der Spitzenklasse: konsistenter Wein im festen Listrac-Stil, den man im Auge behalten sollte. 40 ha. Zweitetikett: Ch. Bellevue-Laffont. Generalrenovierung 2000.

Fourcas Hosten Listrac; r ★★→★★★ **82' 83' 85 86' 87 88 89' 90' 94 95' 96' 97** 98' 99 00 – 38 ha Cru bourgeois. Häufig das beste Gut in der (unterbewerteten) Gemeinde. Fester, langlebiger Wein. 1998 neue Gerätschaften.

France, de Pes-L; r w ☆☆ r **89 90′** 95′ 96′ 97 **98** 99 00 w **95 96 97** 98 99 – Bekanntes (der Name allein genügt) Gut in Graves; Beratung durch Michel Rolland. Versuchen Sie es mit einem Spitzenjahrgang.

Franc-Mayne St-Em; r ★★ **85 86 88 89′ 90′** 94 **95 96 97** 98′ 99 00 – 7 ha Grand cru classé. Seit 1996 ehrgeizige neue Eigentümer; Michel Rolland berät. Beobachtenswert. Die 1998 begonnene Renovierung ist noch immer im Gange.

Gaffelière, La St-Em; r ☆☆☆ **82′ 83′ 85 86′ 88′ 89′ 90′ 94** 95 96 **97** 98′ 99 00 – 24 ha Premier cru am Fuß der Côtes unterhalb von Ch. Belair. Eleganter, nicht übermäßig voller Wein. Seit 1998 neue Ausstattung und bessere Weine.

Galius St-Em; r ☆☆ **95 96** 98 00 – Eichenholzgereifte Auslese der Genossenschaft St-Emilion mit hohem Qualitätsstandard. Früher Haut Quercus.

Garde, La Pes-L; r w ★★ **90 94 95′ 96′** 97′ 98′ 99 00 – Beachtliches Gut im Besitz der Négociant-Firma CVBG-Dourthe. 48 ha für zuverlässigen Rotwein von immer besserer Qualität. Neue Merlot-Pflanzungen 2000.

Gay, Le Pom; r ☆☆☆ **75′ 76′ 82′ 83′ 85 86 88 89′ 90′** 95 96 97 98 99 00 – Schönes 7-ha-Gut am nördlichen Rand von Pomerol. Gleicher Besitzer wie Ch. Lafleur. Seit 1985 unter der Leitung von J.-P. Moueix. Meist eindrucksvolle, tanninreiche Weine.

Gazin Pom; r ★★★ **82 85 86 87′ 88 89′ 90′ 94′** 95 96 **97** 98′ 99 00 – Großes Gut (für Pomerol-Verhältnisse). 23 ha unweit von Pétrus, seit kurzem in neuem Glanz. Zweitetikett: L'Hospitalet de Gazin.

Gilette Saut; w; s ★★★ **49 53 55 59 61 67 70 75 76 78 79 81** – Ungewöhnliches kleines Gut in Preignac. Der üppige Wein erreicht bei Lagerung in Betonbehältern großes Alter. Jeweils nur 5000 Flaschen. Ch. Les Justice ist das Schwester-Château (96 97 99).

Giscours Labarde-Mar; r ★★★ **70 75′ 78′ 82 85 88 89′ 90 94 95 96′ 97** 98 99 00 – Herrliche Lage, 73 ha, 3. Cru, südlich von Cantenac. Produzierte in den 1970er-Jahren hervorragenden, kraftvollen Wein; die 1980er Jahrgänge dagegen sehr unbeständig. Ein gewisser Neubeginn fand in den 1990er-Jahren statt, v. a. seit dem Besitzerwechsel 1995, könnte aber noch besser sein. Zweitetiketten sind Ch. Cantelaude, Ch. Grand Goucsirs (!) und La Sirène de Giscours. Ch. La Houringue ist ein kleines Schwestergut.

Glana, du St-Jul; r ★★ **89 90 94 95 96 97′** 98 99 00 – Großes Cru-bourgeois-Gut im Zentrum von St-Julien. Anspruchslos, bescheiden, preiswert. Zweitetikett: Ch. Sirène.

Gloria St-Jul; r ★★→★★★ **82 85 86 88 89 90 94** 95′ 96 **97** 98 99 00 – Cru-bourgeois-Gut, wuchtiger Wein mit Finesse. 44 ha. Die Weine werden inzwischen wieder für lange Reifezeit ausgelegt. Zweitetikett: Peymartin.

Gomerie, La Siehe Beau-Séjour Bécot.

Grand-Barrail Lamarzelle-Figeac St-Em; r ☆☆ **85 86 88 89 90 94** 95 96 **97** 98 00 – Beliebtes 19-ha-Gut südlich von Figeac; guter Ruf, jedoch schlichter Wein.

Grand-Corbin-Despagne St-Em; r ☆☆→☆☆☆ **82′ 83 85 88 89 90′ 93 94** 95 96 **97** 98 99 00 – Einer der größeren und besseren Grands crus auf dem Corbinplateau. 1993 neue Generation der Gründerfamilie Despagne (seit 1812). Jetzt modische »dicke« Weine. Zum Besitz gehört auch Ch. Maison Blanche (Montagne St-Em.).

Grand-Mayne St-Em; r ★★★ **82 85 86 88 89′ 90′ 94** 95 96 **97** 98 99 00 – 16 ha Grand cru classé an den westlichen Côtes. Nobles altes Château, neuerdings wunderbare Geschmacksfülle.

Grand-Pontet St-Em; r ☆☆☆ **82′ 86′ 88 89 90′ 93 94 95′** 96 **97** 98′ 99 00 – Weit ausgedehntes Schwester-Château von Beau-Séjour Bécot und wie dieses seit 1985 wieder belebt. 13 ha. Qualität wird besser.

Grand-Puy-Ducasse Pau; r ☆☆☆ **82′ 85 86 88 89′ 90 94 95 96′** 98′ 99 00 – 5. Cru. Unter erfahrenem Management auf 36 ha erweitert; reicht aber nicht an die Vitalität von Grand-Puy-Lacoste heran. Zweitetikett: Ch. Artiges-Arnaud.

Grand-Puy-Lacoste Pau; r ★★★ **70′ 75 78′ 79′ 81′ 82′ 83 85′ 86′ 88′ 89′ 90′ 93** 94 95 96′ **97** 98 99 00 – Führendes Gut, 5. Cru, berühmt für vorzüglichen, kräftigen Pauillac. Die 44 ha liegen südlich der Stadt. Im Besitz der Familie Borie (siehe Ducru-Beaucaillou). Zweitetikett: Lacoste-Borie.

Gravas Saut; w; s ☆☆ **96 97** – Kleines Barsac-Gut, eindrucksvoller, süßer Wein. Beachtliche Cuvée Spéciale.

Grave à Pomerol, La Pom; r ★★★ **82′ 85 86′ 88 89′ 90 93 94 95** 96 **97** 98′ 99 00 – Dornröschenschloss mit kleinem, aber erstklassigem Weinberg im Besitz von Christian Moueix. Schön strukturierter Pomerol von mittlerer Fülle.

Gressier-Grand-Poujeaux Moulis; r ★★→★★★ **82 83′ 85 86 88 89 90** 94 95 96 97 98 99 00 – Sehr guter Cru bourgeois, Nachbar von Chasse-Spleen. Schon lange bewährter, feiner und fester Wein, Aufbewahrung zahlt sich aus.

Greysac Médoc; r ☆☆ **95 96** 00 – Elegantes Gut mit 56 ha. Angenehme, früh genussreife Weine, in den USA populär.

Gruaud-Larose St-Jul; r ★★★ **61 70 75 78′ 82′ 83′ 85 86′ 88′ 89 90′ 93** 95 96′ 98 99 00 – Eines der größten und beliebtesten Güter, 2. Cru, 76 ha; Jahr für Jahr stilvoller, reicher roter Bordeaux, der sich über 20 Jahre hält. Seit 1997 im Besitz der Societé Bernard Taillan. Der sehr gute zweite Wein heißt Sarget de Gruaud-Larose.

Guadet St-Julien St-Em ☆☆ **82 85 86 88 89 90′ 94** 95 96′ 97 98 99 00 – Außerordentlich gute Weine aus einem kleinen Cru-classé-Gut.

Guiraud Saut; (r) w; (tr) s ★★★ **79 81 83′ 85 86′ 88′ 89′ 90′** 95 96′ 97′ 98 99 01′ – Restauriertes Cru-classé-Gut mit Spitzenqualität. 100 ha. Ausgezeichneter süßer Wein mit großer Finesse sowie Rotwein und trockener Weißwein in kleinen Mengen.

Gurgue, La Mar; r ★★ **82 83′ 85′ 86 87 88 89′ 90 93 94** 95′ 96′ **97′** 98 99 00 – Kleiner, gut platzierter Besitz (10 ha) mit Margaux der fruchtigsten Art; übernommen durch die Eigentümer von Ch. Chasse-Spleen und Haut-Bages Libéral. Kellerei 2000 renoviert.

Hanteillan Cissac; r ☆☆ **95 96** 98 00 – Großer Besitz. Sehr ordentlicher Cru-bourgeois-Wein. Zweitetikett ist Ch. Laborde.

Haut-Bages Averous Pau; r ★★ **82′ 85′ 86 88 89′ 90 94 95** 96 **97** 98 99 (00) – Zweitetikett von Ch. Lynch-Bages. Im Allgemeinen ein geschmackvoller Tropfen.

Haut-Bages Libéral Pau; r ★★★ **82′ 85 88 89 90′ 93 94′** 95 96′ **97′** 98 99 00 – Weniger bekanntes Gut, 5. Cru, 28 ha (neben Latour); gehört zum gleichen Besitz wie Chasse-Spleen. Schöne Erfolge; echte Pauillac-Vitalität.

Haut-Bages Monpelou Pau; r ☆☆ **85 86 88 89' 90 94** 95 96 **97** 98 99 00 – Cru bourgeois, gehört zu Ch. Batailley. 10 ha ehemaliges Land von Duhart-Milon. Guter, einfacher Pauillac.
Haut-Bailly Graves; r ★★★ **82 83 85' 86 88' 89' 90' 92 93' 94 95** 96 97 98' 99' 00 – Gut in Léognan, 28 ha. Seit 1998 in amerikanischem Besitz, wird aber immer noch von der gleichen Familie geführt. Erzeugt seit 1979 regelmäßig einen der besten würzigen, runden, intelligent ausgebauten roten Graves. Zweitetikett: La Parde de Haut-Bailly.
Haut-Batailley Pau; r ★★★ **70' 75' 78 82' 83 85 86 88 89' 90'** 95 96' **97** 98 99 00 – Der kleinere Teil der getrennten Besitzung Batailley, 5. Cru, 20 ha. Bevorzugt eine sanftere Art als das Schwester-Château Grand-Puy-Lacoste. Zweitetikett: La Tour d'Aspic.
Haut-Beauséjour St-Est; r ☆☆ **95 97** 98 99 00 – Cru bourgeois; bringt gute Ergebnisse. Im Besitz des Champagnerhauses Roederer.
Haut-Bergey Pes-L; r ☆☆ 98 99 00 – 26 ha, meist Cabernet Sauvignon, erbringen duftigen, zarten Graves und etwas trockenen Weißen. In den Neunzigerjahren komplett renoviert.
Haut-Brion Pessac, Graves; r (w) ★★★★ r **59' 61' 66' 70' 71' 75' 76 78' 79' 81 82' 83' 85' 86' 87 88' 89' 90' 91 92 93** 94 95 96' 97 98' 99 00 w **82 83 85 87 88 89' 90 91 92 93 94 95** 96 97 98 99 00 – Das älteste große Château von Bordeaux und seit 1855, als einziges nicht im Médoc gelegene Gut, Premier cru (43 ha). Tief harmonische, nie aggressive Weine mit weicher, erdiger Komplexität, beständig hochklassig (bei bescheidenen Preisen) seit 1975; voller trockener Weißwein in kleinen Mengen. Siehe auch Bahans Haut-Brion und La Mission Haut-Brion.
Haut-Carles Siehe Ch. de Carles.
Haut-Condissas Médoc; r ☆☆ 99 00 – Ehrgeiziger neuer Cru in Bégadan; im Auge behalten.
Haut-Maillet Pom; r ☆☆ 98' 00 – Schwester-Château von Ch. La Cabanne; 5 ha. Saubere, sanfte Weine.
Haut-Marbuzet St-Est; r ★★→★★★ **82' 85' 86' 88 89' 90' 91 93' 94** 95 96' 97 98 99 00 – Der beste von vielen guten Crus bourgeois in St-Estèphe. Duboscq hat die alte Dom. de Marbuzet mit 70 ha Rebfläche wieder belebt; zu 60 % Merlot. Besitzt auch Chambert-Marbuzet, MacCarthy und Tour de Marbuzet. Unverwechselbarer, teils weicher, sehr reizvoller Stil durch neue Eichenfässer.
Haut-Pontet St-Em; r ☆☆ 98 00 – Zuverlässiges knapp 5-ha-Gut an den Côtes; sein Grand-cru-Rang ist verdient. 2500 Kisten.
Haut-Sarpe St-Em; r ☆☆ **82 83' 85 86 88 89 90' 93 94 95** 96 **97** 98 99 00 – Grand cru classé (6000 Kisten) mit sehr elegantem Château und Park. 70 % Merlot. Gleicher Besitzer wie Ch. La Croix (Pomerol).
Hortevie St-Jul; r ★★ **90 95** 96 98 00 – Unter den wenigen Crus bourgeois von St-Julien sind das kleine Gut und sein größeres Schwester-Château Terrey-Gros-Caillou glänzende Vorbilder. Jetzt nur noch Handlese.
Hosanna Pom; r ☆☆☆☆ 00 – Der neue Name des Ch. Certan-Guiraud; im Besitz von J.-P. Moueix. Hochfliegende Pläne.
Houissant St-Est; r ☆☆ **90 95** 96 98 00 – Typischer, robuster, ausgewogener St-Estèphe Cru bourgeois; auch unter dem Namen Ch. Leyssac. Sehr bekannt in Dänemark.
Issan, d' Cantenac-Mar; r ☆☆☆ **85 86 88 89 90' 95** 96' **97** 98 99 00 – Schön restauriertes burgartiges Château nahe der Gironde mit 30 ha Rebfläche, 3. Cru, eher leichte, duftige Weine. Zweitetikett: Ch. de Candale.

Kirwan Cantenac-Mar; r ★★★ **82' 85 86 88 89' 90' 93' 94 95** 96 **97** 98 99 00 – Gut geführtes Château, 3. Cru, 34 ha. Seit 1997 mehrheitlich im Besitz von Schröder & Schyler. Michel Rolland berät. Reife Rebbestände liefern mittlerweile erstklassige Weine.
Labégorce Mar; r ☆☆ **82' 85 86 88 89' 90' 94 95** 96 **97** 98 99 00 – Gut mit langlebigem Wein von typischer Art. 38 ha, nördlich von Margaux gelegen. Vor kurzem neue Investitionen. Gibt sich große Mühe.
Labégorce Zédé Mar; r ★★→★★★ **82' 83' 85 86' 88 89' 90' 93 94 95** 96' **97** 98 99 00 – Cru bourgeois mit gutem Ruf, an der Straße nördlich von Margaux gelegen. 25 ha. Typisch zarter, duftiger Margaux, klassisch. Gleiche Familie wie Vieux Château Certan. Zweitetikett: Domaine Zédé. Ferner 9 ha AC Bordeaux Supérieur: Z de Zédé.
Lacoste-Borie Zweitetikett von Ch. Grand-Puy-Lacoste.
Lafaurie-Peyraguey Saut; w; s ★★★ **78 82 83' 85 86' 88' 89' 90' 95** 96' 97 98 99 01 – Cru classé mit nur 20 ha in Bommes; gehört Cordier. Jetzt einer der Besten in Sauternes. Zweitetikett: La Chapelle de Lafaurie.
Lafite-Rothschild Pau; r ★★★★ **59 76' 78 79 81' 82' 83 85 86' 87 88' 89' 90' 91 93** 94 95 96' 97 98 99 00' – Premier cru mit berühmtem verschwenderischem Duft und Stil in großen Jahrgängen, die jahrzehntelang haltbar sind. Die jüngsten Jahrgänge sind wieder in guter Form. Es wurden phänomenale runde Keller eröffnet; Auslandsunternehmen in Chile (1988), Kalifornien (1989), Portugal (1992). Zweitetikett: Carruades de Lafite. 90 ha. Zum Besitz gehören auch Ch. Duhart-Milon, L'Evangile und Rieussec.
Lafleur Pom; r ★★★★ **70' 75' 79' 82' 83 85' 86' 88' 89' 90' 93** 94 95 96 97 98 99 00' – Prachtvolles Gut mit 5 ha nördlich von Pétrus. Ausdrucksvolle »Turbolader«-Weine der gerbstoffherben, weniger »fleischigen« Art mit langer Reifezeit – eine langfristige Investition. Gleicher Eigentümer wie Le Gay. Zweitetikett: Les Pensées de Lafleur.
Lafleur-Gazin Pom; r ☆☆ **82' 83 85' 86 88' 89 90 93 94 95** 96 **97** 98 99 00 – Vornehmes kleines Gut von J.-P. Moueix in der nordöstlichen Ecke von Pomerol.
Lafon-Rochet St-Est; r ★★★ **70' 78 82 83' 85 86 88' 89' 90' 94 95** 96' **97** 98 00 – 4. Cru, Nachbar von Ch. Cos d'Estournel; 44 ha. Guter, strenger, körperreicher St-Estèphe, erschließt sich langsam. Zweitetikett: Numéro 2. Derselbe Besitzer wie Ch. Pontet-Canet. Neuausstattung 1998, Renovierung 2000.
Lagrange Pom; r ★★ **82' 83 85' 86 88 89' 90' 94 95** 96 **97** 98 99 00 – 8-ha-Weingut unter der Leitung des allgegenwärtigen J.-P. Moueix. Wachsendes Ansehen durch guten Geschmack und Preis.
Lagrange St-Jul; r ★★★ **82 85' 86' 88' 89' 90' 93 94** 95 96 **97** 98 99 00 – Ehemals vernachlässigtes Gut, 3. Cru, landeinwärts von St-Julien. 1983 von Suntory aufgekauft. 112 ha; aufs Beste restauriert, die Weine (mit viel Eiche) entsprechend. Zweitetikett: Les Fiefs de Lagrange.
Lagune, La Ludon, H-Méd; r ★★★ **82' 83' 85 86' 88' 89' 90' 94** 95 96' 98 99 00 – Ultramodernes Gut, 3. Cru, 64 ha, im äußersten Süden des Médoc. Volle, betont eichenholzwürzige Weine, beständig in hoher Qualität. Im Besitz des Champagnerhauses Ayala.
Lalande-Borie St-Jul; r ★★ Kleiner Bruder des großen Ducru-Beaucaillou, ist ein Teil des früheren Besitzes von Ch. Lagrange. Köstliche, leicht trinkbare Weine.

Lamarque, de Lamarque, H-Méd; r ★★ **82 85 86' 88 89 90' 94** 95 **96 97** 98 99 00 – Mittelalterliche Burg im mittleren Médoc, 45 ha; wundervoller Wein mit hohem Bourgeois-Standard. Zweitetikett: Donjon de L.
Lamothe Bergeron H-Méd; r ★★ **88 89 90 93 94 95 96' 97** 98' 99 00 – 60 ha in Cussac erbringen 25 000 Kisten zuverlässigen Rotwein. Geleitet von Grand-Puy-Ducasse.
Lanessan Cussac, H-Méd; r ★★ **78' 81 82 83 85 86' 88' 89' 90' 93 94 95** 96' **97** 98 99 00 – Vornehmes Cru-bourgeois-exceptionnel-Gut (43 ha) südlich von St-Julien. Fein, durchaus nicht deftig, hält sich aber gut. Im Besitz derselben Familie befinden sich auch Ch. de Ste-Gemme, Lachesnaye, La Providence.
Langoa-Barton St-Jul; r ★★★ **78' 82' 83 85 86' 88' 89' 90' 93 94'** 95 96 98 99 00 – 20 ha großes Schwester-Château von Léoville-Barton. Sehr alter und schöner Besitz der Familie Barton, untadelige Qualität und großzügiger Preis. Zweitetikett: Réserve de Léoville-Barton.
Larcis-Ducasse St-Em; r ★★ **85 86 88' 89' 90' 94** 95 96 98' 00 – Spitzengut von St-Laurent, östlich von St-Emilion, auf den Côtes neben Ch. Pavie. 12 ha in guter Lage; Weine könnten aber besser sein.
Larmande St-Em; r ★★★ **82 83' 85 86 88' 89' 90' 93** 94 95' 96 **97** 98' 00 – Größerer Besitz (24 ha). Neu angepflanzt und ausgestattet; liefert inzwischen vollen Wein mit auffallend schönem Bukett, mitunter seidig. Zweitetikett: Ch. des Templiers.
Laroque St-Em; r ☆☆→☆☆☆ **82' 85 86 88 89 90 94** 95 96 **97** 98 99 00 – Bedeutender 43-ha-Besitz an den St-Emilion-Côtes in St-Christophe. Wurde 1996 zum Grand cru classé aufgewertet.
Larose-Trintaudon St-Laurent, H-Méd; r ★★ **89 90' 94' 95** 96' **97** 98 99 00 – Größte Rebfläche im Médoc: 170 ha. Moderne Methoden erbringen zuverlässigen, bezaubernd fruchtigen, früh trinkreifen Cru-bourgeois-Wein. Zweitetikett: Larose-St-Laurent; Sonder-Cuvée: Larose-Perganson.
Laroze St-Em; r ☆☆ **90' 94 95 96'** 98' 99 00 – Großes Rebenareal (28 ha) in den westlichen Côtes. Recht leichte Weine von Sandboden, früh genussreif; seit 1998 mit mehr Tiefe.
Larrivet-Haut-Brion Pes-L; r (w) ★★ r **82' 83 85 86 87 88 89 90 94 95** 96' **97** 98' 99 00 w **93 94 95** 96' **97 98'** 99 00 – Gut in Léognan mit Hang zum Perfektionismus. Wird von Michel Rolland beraten. Auch 500 Kisten fassgereifter feiner Weißwein. 1999 Neuanpflanzungen.
Lascombes Mar; r (rs) ☆☆☆ **70' 82 83' 85 86 88' 89' 90'** 95 96' 98' 99 00 – 2.-Cru-Gut, 96 ha, seit 2001 im Besitz eines amerikanischen Pensionsfonds. Bisher waren die Weine nicht zufriedenstellend, die neueren Jahrgänge sind aber besser. Zweitetikett: Ch. Segonnes.
Latour Pau; r ★★★★ **49 59 61 62 64 66 70' 75' 78' 79 81 82' 83 85 86' 87 88' 89' 90' 91' 92** 93' 94' 95' 96' 97 98 99 00 – Premier cru mit 60 ha auf einem Hang an der Gironde. Gilt als großartigste Verkörperung des Médoc. Tief, intensiv, in guten Jahren fast ewig haltbar, und sogar schwächere Jahrgänge lassen das charakteristische Terroir erkennen und halten sich jahrelang. Nach wie vor braucht der Latour 10 Jahre, um voll zur Geltung zu kommen. Von 1963 bis 1993 war das Gut in britischer Hand, jetzt gehört es französischen Privatleuten. Ist in den Jahren 2000 und 2001 fast völlig umgebaut worden. Zweiter Wein: Les Forts de Latour.

Latour à Pomerol Pom; r ★★★ **61' 70' 82 83 85' 86 87 88' 89' 90' 93 94** 95 96 97 98' 99 00 – Premier cru, rund 8 ha, unter Leitung von J.-P. Moueix. Pomerol voll Wucht, mit herrlichem Bukett und hinreißender Finesse.

Latour-Martillac Pes-L; r w ★★ r **82' 85' 86 88' 89 90 93 94** 95 96 **97** 98' 99 00 w **94' 95 96 97** 98' 99 00 – Kleines, aber seriöses Gut in Martillac. 4 ha weiße, 15 ha dunkle Trauben. Der Weißwein hält sich oft wunderbar.

Laurets, des St-Em; r ☆☆ **89' 90' 94 95 96** 97 98 **99** 00 – Wichtiges Gut in Puisseguin und Montagne St-Emilion (im Osten) mit 64 ha an den Côtes (40 000 Kisten). Die gediegenen Weine werden durch J.-P. Moueix vertrieben.

Laville-Haut-Brion Pes-L; w ★★★★ **85' 86 88 89' 90 92 93' 94** 95' 96 97 98 99 00 – Sehr kleine Erzeugung, aber der beste weiße Graves; entfaltet langsam saftige Reife. Wird im Ch. La Mission Haut-Brion gekeltert. Die 89er, 95er und 96er übertreffen alle Erwartungen.

Léoville-Barton St-Jul; r ★★★→★★★★ **78 82' 83 85' 86' 88' 89'** 90' **93'** 94' 95 96' 97 98 99 00 – Teil des großen Rebenareals Léoville. Ein »Super-Deuxième-cru« von 36 ha, seit über 150 Jahren in anglo-irischem Besitz der Familie Barton. Kraftvoller, klassischer Rotwein; traditionelle Methoden und sehr anständige Preise. Große Investitionen heben den bereits hohen Qualitätsstand weiter an. Siehe auch Langoa-Barton.

Léoville-Las Cases St-Jul; r ★★★★ **66' 75' 78' 79' 81' 82' 83' 84 85'** 86' **87** 88 89' 90' **91** 93' 94 95 96 97 98 99 00 – Das größte Léoville-Gut, 84 ha, neben Latour; sein Ruf eilt ihm weit voraus. Elegante, komplexe, kraftvolle, recht herbe Weine von ungeheurer Langlebigkeit. Auch der Zweitwein, Clos du Marquis, ist hervorragend.

Léoville-Poyferré St-Jul; r ★★★ **82' 83' 85 86' 88** 89' **90'** 94 95 96 98 99 00 – Jahrelang unter den Léoville-Gütern auf dem letzten Rang; das große Potenzial wird selten umgesetzt. Jetzt macht Michel Rolland den Wein, und Verbesserungen sind zu erwarten. 62 ha. Zweitetikett: Ch. Moulin Riche.

Lestage Listrac; r ☆☆ **86' 88 89' 90' 95** 96 98 99 00 – 52,5 ha Cru bourgeois, in gleicher Hand wie Ch. Fonréaud. Leichter, recht stilvoller Wein, seit 1985 eichenfassgereift. Zweitetikett: Ch. Caroline. Auch Weißwein: La Mouette.

Lilian Ladouys St-Est; r ★★ **89 90 94** 95 96 97 98 99 00 – In den 1980er-Jahren gegründeter Cru bourgeois mit 20 ha und großen Ambitionen; schon jetzt vielversprechend. Es gab Schwierigkeiten, aber die ersten und die jüngsten Weine machen einen guten Eindruck.

Liot Barsac; w; s ★★ **75' 76 82 83 85 86 88 89' 90'** 95 96 97 98 99 01 – Durchweg ziemlich leichte, goldene Weine von 20 ha Rebgelände. Aber wie sie sich halten!

Liversan St-Sauveur, H-Méd; r ★★ **82' 85 86' 88' 89' 90' 93 94 95** 96 **97** 98 99 00 – 46 ha Grand cru bourgeois, landeinwärts von Pauillac. Die Familie Polignac sorgte für stets hohen Qualitätsstand. Gleiche Eigentümer wie Patache d'Aux. Zweitetikett: Ch. Fonpiqueyre.

Livran Médoc; r ☆☆ **82' 86 88' 89' 90' 94' 95** 96 **97** 98 00 – Großer Cru bourgeois in St-Germain im nördlichen Médoc. Konsistente, runde Weine (zur Hälfte Merlot).

Loudenne St-Yzans, Médoc; r (w) ☆☆ **82' 85 86' 88 89' 90 94 96' 97 98** 99 00 – Schönes Château am Flussufer (63 ha), von 1875 bis 2000 im

Besitz der Firma Gilbey; die Entwicklung unter den neuen Besitzern sollte genau beobachtet werden. Gut bereiteter roter Cru bourgeois und Sauvignon blanc; der neue Weißwein mit Eichenholznote ist nach 2 bis 4 Jahren am besten (**95 96 97 98 99′ 00**).

Loupiac-Gaudiet Loupiac; w; s ★★ **85 86 88 89 90 95 96 97** 98′ 99 01 – Zuverlässige Quelle für preiswerten »Beinahe-Sauternes«, auf der anderen Seite der Garonne (7500 Kisten).

Louvière, La Pes-L; r w ★★★ r **82′ 85 86′ 88′ 89′ 90′ 94′ 95** 96′ **97** 98′ 99 00 w **93′ 94 95′ 96′ 97′ 98′ 99** 00 – Gut (54 ha) in Léognan mit klassischem Herrenhaus, restauriert von der allgegenwärtigen Familie Lurton. Ausgezeichneter Weiß- und Rotwein in Cru-classé-Qualität.

Lussac, de St-Em; r ☆☆ **85 86 88 89′ 90 94 95** 96 **97 98 99** 00 – Eines der besten Weingüter in Lussac St-Emilion (im Nordosten). Neue technische Verfahren seit 2000.

Lynch-Bages Pau; r (w) ★★★→★★★★ **59 61 70 79 82′ 83′ 84 85′ 86′ 88′ 89′** 90′ **91 94** 95 96 **97** 98 99 00 – Allseits beliebtes Weingut (80 ha), heute ein regelrechter Star; produziert reichhaltigen, robusten, köstlich dichten und brombeerhaften Wein; darf neuerdings Anspruch auf Größe erheben. Siehe auch Haut-Bages Averous. Seit 1990 ein intensiver, eichenfassgereifter Weißwein: der Blanc de Lynch-Bages. Gleicher Besitzer (Familie Cazes) wie Les Ormes de Pez.

Lynch-Moussas Pau; r ☆☆ **89 90′ 94 95′** 96′ **97 98** 99 00 – 5. Cru, 24 ha. Vom Leiter von Ch. Batailley wieder aufgebaut, dennoch kaum Cru-classé-Niveau.

Lyonnat, du Lussac St-Em; r ☆☆ 95 96 98 99 00 – 48-ha-Gut mit zuverlässigem, weit verbreitetem Wein.

MacCarthy St-Est; r ★★ Zweitetikett von Chambert-Marbuzet.

Macquin-St-Georges St-Em; r ★★ **89 90′ 94 95 96 97** 98 **99** 00 – Gleichmäßig guter Erzeuger in St-Georges. Köstlicher, nicht zu schwerer St-Emilion-»Satelliten«-Wein.

Magdelaine St-Em; r ☆☆☆ **82′ 83′ 85 86 88 89′ 90′ 93 94 95** 96 **97** 98′ 99 00 – Führender Premier cru der Côtes. 11 ha neben Ch. Ausone, im Besitz von J.-P. Moueix. Wein der Spitzenklasse, vorwiegend von Merlot; seit neuestem kräftig und fein.

Magence Graves; r w ★★ r **90 94 95 96** 98 00 w **96 97 98** 00 – Aufstrebendes Gut, 37 ha im südlichen Graves mit trockenem Sauvignon-blanc-Weißwein und fruchtigem Rotwein. Beide halten sich 2 bis 6 Jahre gut.

Malartic-Lagravière Pes-L; r (w) ☆☆☆ r **82′ 85 86′ 88 89 90′ 94** 95 96 **97** 98 99 00 w **93 94 95 96 97 98** 99 00 – Cru-classé-Château in Léognan, 21 ha, etwas strenger Rotwein sowie kleine Mengen an langlebigem Sauvignon blanc. Seit 1996 neuer belgischer Besitzer; jetzt Beratung durch M. Rolland und D. Dubourdieu. Beobachtenswert.

Malescasse Lamarque, H-Méd; r ☆☆ **82 85 86 88 89 90 93′ 94 95′** 96 **97** 98 99 00 – Cru bourgeois, renoviert, mit 40 ha in guter Lage. Weine werden immer besser. Zweitetikett: Le Tana de M.

Malescot St-Exupéry Mar; r ★★★ **61 70 82′ 83′ 85 86 88 89 90′ 94** 95 96 **97** 98′ 99 00 – 3. Cru, 24 ha. Seit den 1990ern wieder voll in Form. Kann jung hart sein, entwickelt sich dann aber zu einem duftigen Margaux.

Malle, de Saut; r w; tr s ★★★ w s **75 76 78 79 81′ 82′ 83 85 86′ 88 89′ 90′ 94 95** 96′ 97 98′ 99 01 – Schönes Château in Preignac (50 ha) mit italienischen Gärten. Sehr guter Sauternes; auch trockener weißer M. de Malle (**95 96 97 98 99** 00). Siehe auch Ch. de Cardaillan.

Marbuzet St-Est; r ★★ **85 86 88 89 90 93 94 95'** 96' **97** 98 99 00 – Zweitetikett von Ch. Cos d'Estournel bis 1994, seitdem eigenständiger Cru bourgeois.

Margaux Mar; r (w) ★★★★ **53 61' 78' 79 80 81' 82' 83' 84 85'** 86' **87** 88' **89' 90'** 91 93' 94 95' 96' **97'** 98' 99 00' – Premier cru (84 ha); in den (sehr häufigen) Spitzenjahrgängen der verführerischste und feinduftigste Wein. Zweitetikett: Pavillon Rouge (**86 88 89 90' 93 94 95** 96 **97** 98 99 00); Pavillon Blanc ist der beste (Sauvignon-blanc-) Weißwein des Médoc: 5 Jahre oder länger lagern (**88 89 90 91 93 94 95 96 97** 98 99 00).

Marojallia Mar; r ☆☆☆ 99 00 – Neues, sehr kleines Gut mit rund 2 ha. Will mit großen Weinen hohe Preise erzielen. Zweitetikett: Clos Margalaine.

Das Klassensystem im Médoc

Das Médoc verfügt über 60 Crus classés, die 1855 in fünf Klassen eingeteilt wurden. Eine weitere, getrennte Klassifizierung umfasst 18 Crus grands bourgeois exceptionnels und 41 Crus grands bourgeois (deren Wein fassgereift sein muss) sowie 68 Crus bourgeois. Gegenwärtig wird die Klassifizierung neu geordnet.

Abgesehen von den Premiers crus herrscht zwischen den fünf Klassen von 1855 heute bei der Qualität ein hoffnungsloses Durcheinander; mancher 2. Cru ist auf dem Stand eines 5. Cru und umgekehrt. Qualitativ überschneiden sie sich auch mit den Crus bourgeois exceptionnels. (Neben den amtlich anerkannten 18 rechnet man noch weitere 13 Châteaux inoffiziell zu dieser Klasse.) Nun, der französische Sinn für Logik ist weltberühmt.

Marquis d'Alesme-Becker Mar; r ☆☆ **85 86 88' 89 90 94** 95 96 97 98 99 00 – Kleines (7 ha) Gut, 3. Cru. Ein ehemaliger Cru classé von einst hohem Ansehen. Hat das Potenzial für klassischen Margaux.

Marquis de St-Estèphe St-Est; r ★ Die Winzergenossenschaft; größer, aber weniger interessant als früher.

Marquis de Terme Mar; r ★★→★★★ **82 83' 85 86' 88' 89' 90'** 95 96 **97** 98 99 00 – Renoviertes 4.-Cru-Gut mit 34 ha. Duftiger, schlanker Stil; durch höheren Cabernet-Sauvignon-Anteil seit 1985 kräftiger.

Martinens Mar; r ★★ **86 88 89 90 93** 94' **95 96 97** 98 99 (00) – Guter 30-ha-Cru-bourgeois des Bürgermeisters von Cantenac.

Maucaillou Moulis; r ★★ **82 83' 85' 86' 88' 89' 90' 93 94' 95** 96 **97** 98' 99 00 – 52 ha Cru bourgeois mit hoher Qualität, im Besitz der Familie Dourthe. Reichfruchtiger Zweitwein: Cap de Haut-M.

Mazeyres Pom; r ★★ **95 96' 97'** 98' **99** 00 – Beständiger, geradezu aufregender einfacher Pomerol. Seit 1996 besser. 20 ha.

Méaume Bx supérieur; r ☆☆ **90 96 98** 00 – Domaine eines Engländers, nördlich von Pomerol. Solider Ruf für sehr guten Alltagsrotwein mit 4 bis 5 Jahren Lebensdauer. 7500 Kisten. Michel Rolland berät.

Meyney St-Est; r ★★→★★★ **82' 85 86' 88' 89' 90' 93 94** 95 96 **97** 98 99 00 – Großer Besitz (50 ha) am Fluss in herrlicher Lage neben Ch. Montrose; gehört zu den vielen langlebigen Crus bourgeois in St-Estèphe. Im Besitz von Cordier. Zweitetikett: Prieur de Meyney.

Millet Graves; r (rs) w ☆☆ 98 00 – Ordentlicher Graves. Zweitetikett: Ch. Clos Renon, der jung am besten ist. Cuvée Henri ist ein eichenfassgereifter Weißwein.

Mission Haut-Brion, La Pes-L; r ★★★★ **59' 61' 66' 75' 78' 82' 83 85' 86 88** 89' 90' **93'** 94' 95 96' 97 98' 99 00 – Nachbar und alter Rivale von Ch. Haut-Brion, seit 1984 im gleichen Besitz. Beständig hochklassiger, vollblütiger Wein; lange Reifezeit; sogar gehaltvoller als Haut-Brion und manchmal eindrucksvoller. 12 ha. Laville-Haut-Brion ist der Weißwein. Zweitetikett: La Chapelle de La Mission.

Monbousquet St-Em; r (w) ☆☆☆ **82 85' 86 88' 89' 90' 93 94 95 96 97** 98 99 00 – Alter Familiensitz auf Kiesboden, der von dem neuen Besitzer gründlich umgekrempelt wurde. Jetzt werden extrem reichhaltige, konzentrierte Weine der üppigsten Sorte erzeugt. Dem Eigentümer gehört seit 1998 auch Ch. Pavie und Ch. Pavie Decesse.

Monbrison Arsac-Mar; r ★★→☆☆☆ **82 83 85 86 88' 89' 90 93 94** 95 96' **97** 98 99 00 – Beachtenswerter Name. Hoher Standard und viel neue Eiche machen es zum modernsten Cru bourgeois von Margaux. Produktion: 4000 Kisten sowie 2000 Kisten von Zweitetikett Ch. Cordet.

Mondotte, La St-Em; r ★★★→☆☆☆☆ 96' 97' 98 99 (00) – Intensive Weine von einem winzig kleinen Anwesen im Besitz des Grafen Stephen von Neipperg (Canon-la-Gaffelière, Clos de L'Oratoire)

Montrose St-Est; r ★★★→★★★★ **61 70' 75' 82' 85 86' 88 89'** 90' **91 93 94** 95 96' 97 98 99 00 – 63-ha-Familienbesitz, 2. Cru. Bekannt für wuchtigen Rotwein alten Stils mit tiefer Farbe. Die Jahrgänge zwischen 1979 und 1985 (außer 1982) waren leichter, inzwischen aber ist der Montrose die Antwort von St-Estèphe auf Latour. Zweitwein ist La Dame de Montrose.

Moulin-à-Vent Moulis; r ★★ **82' 85' 86 88 89 90' 94 95** 96' 98 99 – Gut mit 24 ha; steht in der aufstrebenden Appellation in vorderster Reihe. Lebendiger, kraftvoller Wein. La Tour Blanche (Médoc) gehört ebenfalls zum Besitz.

Moulin de la Rose St-Jul; r ★★ 95 96 98 00 – Cru bourgeois; kleines Gut mit hohen Standards. Beobachten.

Moulin du Cadet St-Em; r rs ★★ **89' 90' 94 95 96 97** 98 00 – Kleines Weingut in den Côtes; im Besitz von J.-P. Moueix. Duftige, mittelschwere Weine.

Moulinet Pom; r ☆☆ **85 88 89' 90 95 96** 98 99 00 – In Pomerol eines der größeren Güter; 18 ha auf relativ leichtem Boden. Der Wein fällt dementsprechend aus.

Moulin-Pey-Labrie Can-F; r ★★ **89 90 94 95 96 97** 98' 99 00 – Immer besserer, trinkfreundlicher Fronsac. Im Auge behalten.

Moulin-St-Georges St-Em; r ☆☆ 95 96 97 98 99 00 – Ein Satellit von Ausone. Stilvolle Weine.

Mouton-Baronne-Philippe Siehe d'Armailhac.

Mouton Rothschild Pau; r (w) ☆☆☆☆ **59 61 62' 66' 70' 75' 76 78 81 82' 83' 85' 86' 88' 89'** 90' **91 93'** 94 95' 96 97 98' 99 00 – Seit 1973 offiziell ein Premier cru, in Wirklichkeit schon viel länger. 70 ha (87 % Cabernet Sauvignon). Wein kann von majestätischer Fülle sein, oft der gehaltvollste im Médoc. Auch von Künstlern gestaltete Etiketten und das größte Museum mit Kunstwerken zum Thema Wein in der Welt. Baron Philippe, die überragende Gestalt im Médoc, starb 1988; Tochter Philippine ist seine Nachfolgerin. Siehe auch Opus One, Kalifornien.

Nairac Saut; w; s ★★ **76' 82 83' 85 86' 88 89 90' 95' 96** 97 98 99 01 – Um Perfektion bemühtes Cru-classé-Gut in Barsac. 2000 Kisten von in Eiche vergorenem Wein mit entsprechendem Duft, ein Jahrzehnt ausbaufähig.

Nenin Pom; r ☆☆ **82 85' 86 88' 89 90** 94' 95 **96** 97 98 99 00 – Bekanntes Gut mit 26 ha; eines der größten in Pomerol; seit 1985 (endlich wieder) im Aufschwung. Ch. Léoville-Las Cases ist seit 1997 beteiligt.

Olivier Graves; r w ☆☆☆ r **82 86 88 89' 90' 95** 96 **97** 98 00 w **93 94 95 96 97 98'** 99 00 – 36 ha Cru classé, um ein befestigtes Schloss in Léognan gelegen. 9000 Kisten eichenholzwürziger Rotwein, 6000 Kisten Weißwein mit Eichenholznote. Der 95er wird wohl anmutiger werden.

Ormes de Pez, Les St-Est; r ★★→★★★ **82' 85 86' 88 89' 90' 93 94 95 96 97** 98 99 00 – Hervorragendes Château, 29 ha Cru bourgeois, im Besitz von Ch. Lynch-Bages. Beständig, einer der ansprechendsten St-Estèphe-Weine.

Ormes Sorbet, Les Médoc; r ★★ **82' 85' 86' 88 89 90' 94 95 96 97** 98' 99 00 – Im nördlichen Médoc (Couquèques) führender Erzeuger guter, stilvoller, in neuer Eiche gereifter Rotweine (10 000 Kisten). Zweitetikett: Ch. de Conques.

Palmer Cantenac-Mar; r ★★★★ **61' 62 66' 70 71' 75' 76 78' 79' 81 82 83' 85 86' 87 88' 89 90 93 94** 95 96' 97 98' 99 00 – Der Star von Cantenac. 3. Cru, der gelegentlich Premier-cru-Qualität übertrifft. Wein mit Wucht, Gehalt und Delikatesse; hoher Merlot-Anteil. 44 ha in holländischem, englischem (Familie Sichel) und französischem Besitz. Zweitetikett: Alter Ego de Palmer (ein Schnäppchen; jung trinken).

Pape Clément Pes-L; r (w) ★★★→★★★★ **70 75' 83 85 86' 88' 89' 90' 93'** 94' 95 96 **97** 98 99' 00 – Altehrwürdiges Gut in Pessac. Früher durch verführerisch duftige, jedoch nicht schwere Rotweine bekannt. Anfang der 1980er-Jahre nicht so gut. Seit 1985 deutlich bessere Qualität (und mehr Weißwein). Genau beobachten. Besitzt auch Ch. Poumey in Gradignan.

Parenchère, de r (w) ★★ **98** 99 00 – Beständig ordentlicher AC-Ste-Foy-Bordeaux und AC Bordeaux Supérieur aus einem hübschen Château mit 50 ha.

Patache d'Aux Bégadan, Médoc; r ★★ **89' 90' 95 96 97** 98 99 00 – 36 ha Cru bourgeois im nördlichen Médoc. Von Cabernet Sauvignon bestimmter, bukettreicher Wein mit der erdigen Art der Gegend. Siehe auch Ch. Liversan.

Paveil-de-Luze Mar; r ☆☆ **82' 85 86' 88' 89' 90 95** 96' **97** 98 99 00 – Alter Familienbesitz in Soussans; klein, aber hoch angesehen. Investitionen 2000.

Pavie St-Em; r ★★★ **82' 83' 85 86' 88' 89' 90' 94 95 96'** 98 99 00 – Premier cru in herrlicher Lage an den Côtes, 37 ha am mittleren Hang; großartige Vergangenheit. 1998 zusammen mit den dazugehörigen Ch. Pavie Decesse und Ch. La Clusière vom Besitzer des Ch. Monbousquet aufgekauft. Das ist der neue Stil in St-Emilon: ausladend, intensiv, süß.

Pavie Decesse St-Em; r ★★ **82 86 88 89 90 94** 95 96 97 98 99' – 10 ha. Kleiner Bruder von Ch. Pavie; seit 1998 wieder in Form.

Pavie Macquin St-Em; r ★★★ **85' 86 88 89' 90' 93 94 95** 96' **97** 98' 99 00' – Noch ein Pavie, das Nachbargut auf der anderen Seite des Berges mit 10 ha an den Côtes östlich von St-Emilion. Beständig feine biologische Weinerzeugung durch Nicolas Thienpont vom Ch. Puygueraud. Zweitetikett: Les Chênes.

Pavillon Rouge (Blanc) du Château Margaux Siehe Ch. Margaux.

Pédesclaux Pau; r ★★ **82' 85 86 88 89' 90' 94 95' 96 97** 98' 99 00 – 20 ha, 5. Cru auf dem Niveau eines Cru bourgeois. Weine werden meist nach Belgien exportiert. Zweitetiketten sind Grand-Duroc-Milon und Bellerose.

Petit Village Pom; r ★★★ **75′ 82′ 83 85′ 86 88 89′ 90′ 91 93 94′** 95 96 **97** 98′ 99 00 – Wieder belebtes Spitzengut, 10,5 ha, neben Vieux Ch. Certan. Seit 1989 im gleichen Besitz (AXA) wie Ch. Pichon Longueville. Kraftvoller, pflaumenduftiger Wein. Zweitetikett: Le Jardin de Petit-Village.

Pétrus Pom; r ★★★★ **61 62 64 66 67 70′ 71′ 73 75′ 76 78 79′ 81 82′ 83 84 85′ 86 87 88′ 89′** 90 **93′ 94** 95′ 96 97 98′ 99 00 – Das inoffizielle Spitzengewächs von Pomerol: reiner, himmlischer Merlot. Auf 11 ha kiesigem Lehmboden wachsen Weine von unvergleichlicher Fülle und Konzentration (5000 Kisten). Mit jedem Jahrgang erhöht sich der Glanz (allerdings kein 91er). Leider nur für Millionäre erschwinglich.

Peyrabon St-Sauveur, H-Méd; r ★★ 00 – Zuverlässiger Cru bourgeois, 53 ha; populär in den Niederlanden. Auch La Fleur Peyrabon (nur 5 ha).

Peyreau St-Em; r ☆☆ **90 94 95 96 97** 98 99′ 00 – Schwester-Château von Clos L'Oratoire.

Peyre-Lebade Listrac; r rs ☆ Zweitetikett von Ch. Clarke. Investitionen 2000.

Pez, de St-Est; r ★★→★★★ **82′ 85 86′ 88 89 90′ 93′ 94 95′** 96′ **97** 98′ 99 00 – 24 ha herausragender Cru bourgeois, ebenso zuverlässig wie die Crus classés des Orts, wenn auch nicht so fein. 1995 vom Champagnerhaus Roederer erworben.

Phélan Ségur St-Est; r ★★→★★★ **88′ 89′ 90′ 94 95** 96′ **97** 98 99 00 – Großer, bedeutender Cru bourgeois, 50 ha, ringt mit de Pez um eine der Spitzenpositionen in St-Estèphe. Hohe Reputation seit 1986.

Pibran Pau; r ★★ **88 89′ 90′ 94 95** 96 **97** 98 99 (00) – Kleiner Cru bourgeois, mit Pichon Longueville verbunden. Normalerweise klassischer Wein mit Pauillac-Elan.

Pichon Longueville, Comtesse de Lalande Pau; r ★★★★ **61 62 66 70′ 75′ 76 78′ 79′ 80 81 82′ 83 85′** 86′ **88′ 89′ 90′ 93 94** 95 96 **97** 98 99 00 – »Super-Deuxième-cru«. Nachbar von Ch. Latour; 59 ha. Stets Spitzenprodukte; langlebige Weine von fabelhafter Rasse und üppiger Art, selbst in ungünstigen Jahren. Zweitetikett: Réserve de la Comtesse. Interessant der Wettstreit mit dem Rivalen auf der anderen Straßenseite (siehe nächsten Eintrag). Weiteres Gut: Ch. Bernadotte.

Pichon Longueville (früher **Baron de Pichon Longueville**) Pau; r ★★★★ **82′ 83 85 86′ 88′ 89′ 90′ 93 94′** 95 96 **97** 98 99 – 31 ha, 2. Cru; seit 1987 im Besitz der AXA-Versicherungsgruppe. Neubelebung beim Wein und in der Architektur. Zweitetikett: Les Tourelles de Longueville.

Pin, Le Pom; r ☆☆☆☆ **82 83 85 86 88 89 90′ 94 95** 96 **97** 98′ 99 00 – Der erste der neuen kleinen Kult-Crus in Bordeaux. Nur knapp 500 Kisten Merlot; gleicher Besitzer wie Vieux Château Certan (wo man erheblich besser kauft). Fast so reich wie die Leute, die ihn trinken, aber die Preise weit über denen von Pétrus sind lächerlich.

Pitray, de Castillon; r ☆☆ **85 86 88 89 90 94 95 96′** 98′ 99 00 – 31 ha großer Rebberg an den Côtes de Castillon östlich von St-Emilion. Vollmundige Weine, einst die bekanntesten der Appellation.

Plince Pom; r ★★ **82 85 86 88 89′ 90 93 94 95 96** 98′ 99 00 – Zuverlässiges Gut bei Libourne mit 8 ha. Recht leichter Wein von sandigem Boden.

Pointe, La Pom; r ☆☆→☆☆☆ **89' 90' 94 95 96 97** 98 99 00 – Prominenter Besitz, 25 ha; Weine neuerdings draller und ansprechender. Cha. La Serre gehört mit zum Besitz.

Pontac Monplaisir Pes-L; r (w) ★★ **90 94 95 96 97 98'** 99 00 – Brauchbarer Weißwein und duftiger, leichter Roten.

Pontet-Canet Pau; r ★★★ **82' 85 86' 88 89' 90 93 94'** 95 96' **97** 98 99 00 – Nachbargut (73 ha) von Mouton Rothschild. Lange Zeit standen die Dinge nicht gut. Die Besitzer (gleichzeitig von Lafon-Rochet) arbeiten seit 1985 mit mehr Erfolg. Eigentlich dürfte man mit sehr feinem Wein rechnen; das Problem war bisher zu viel Härte. Die Jahrgänge ab 1994 sehen vielversprechender aus. Zweitetikett: Les Hauts de Pontet.

Potensac Médoc; r ★★ **82' 85' 86 88 89' 90' 94 95** 96 **97** 98 99 00 – Größter und bekanntester Cru bourgeois im nördlichen Médoc. Die Nachbar-Châteaux Lassalle und Gallais-Bellevue gehören ebenfalls der Familie Delon (Léoville-Las Cases). Man merkt die Klasse.

Pouget Mar; r ☆☆ **82' 85 86 88 89 90 94 95 96** 98' 99 00 – Zu Ch. Boyd-Cantenac gehörendes 11-ha-Gut, 4. Cru; ähnlicher Wein. Neues Fasslager *(chai)* 2000.

Poujeaux (Theil) Moulis; r ★★ **82' 85' 86 88' 89' 90' 93' 94'** 95' 96' **97** 98 99 00 – Cru grand bourgeois exceptionnel, Familienbetrieb, 48 ha. Zusammen mit Chasse-Spleen und Maucaillou in der Spitzengruppe von Moulis. Rund 20000 Kisten gerbstoffreicher, charaktervoller, konzentrierter Wein für lange Lebensdauer, Jahr für Jahr aufs Neue. Zweitetikett: La Salle de Poujeaux. Ferner Ch. Arnauld.

Prieuré-Lichine Cantenac-Mar; r ★★★ **82' 83' 85 86' 88** 89' **90'** 94' 95 96 **97** 98' 99 00 – 57 ha großes Gut, 4. Cru; von dem verstorbenen Alexis Lichine hochgebracht. Jetzt im Besitz der Ballande-Gruppe, die von Michel Rolland beraten wird. Kellermeister ist Stéphane Derenoncourt – im Auge behalten. Duftiger, recht ordentlicher Margaux. Zweitwein: Clairefont. Auch guter Bordeaux Blanc.

Puy-Blanquet St-Em; r ☆☆ **82' 85 86 88 89' 90' 94 95 96** 98 99 00 – Bedeutendes Gut in St-Etienne-de-Lisse, östlich von St-Emilion, mit 20 ha.

Puygueraud Côtes de Francs; r ★★ **88 89' 90 95' 96 97'** 98 99 00 – Führendes Château in dieser winzigen Appellation. Fassgereifter Wein von überraschend guter Klasse. Ch. La Claverie und Les Charmes-Godard liegen auf der gleichen Linie. Der Kellermeister wirkt auch im Château Pavie Macquin (St-Em).

Rabaud-Promis Saut; w; s ★★→★★★ **83' 85 86' 87 88' 89' 90 94 95** 96 97 98 99 01 – 30 ha Cru classé in Bommes. Seit 1986 fast Spitzenklasse. Reiche Weine.

Rahoul Graves; r w ☆☆ r **82 85 86 88 89' 90' 94 95 96 97** 98' 99 00 w **94 95 96 97** 98 99 00 – 15-ha-Gut in Portets; trotz vieler guter Rotweine (80 % der Produktion) und sehr gutem Weißwein (Sémillon) immer noch im Dornröschenschlaf.

Ramage La Bâtisse H-Méd; r ★★ **89' 90 95** 96' **97** 98 99 00 – 48 ha potenziell hervorragender Cru bourgeois in St-Sauveur, nördlich von Pauillac. Zweitetikett ist Ch. Tourteran.

Rauzan-Gassies Mar; r ☆☆ **88 89' 90'** 95 96 98 99 00 – 30 ha, 2. Cru. Nachbar von Rauzan-Ségla. 20 Jahre lang war wenig zu berichten, 1996 hat sich das Blatt möglicherweise gewendet.

Rauzan-Ségla Mar; r ★★★★ **70' 82 83' 85 86' 88' 89' 90' 94'** 95 96 **97** 98 99 00 – 42 ha, 2. Cru, durch sein Bukett berühmt; einer der großen

Namen des Médoc wieder ganz oben. Die Übernahme durch Chanel 1994 brachte eine umfassende Renovierung von Château und Weinlager mit sich. Zweitwein: Ségla. Wahrscheinlich der beste 2. Cru. Die alten Jahrgänge können superb sein, die neueren sind hervorragend.

Raymond-Lafon Saut; w; s ★★★ **75' 76 79 80' 82 83' 85 86' 88 89' 90' 95 96' 97** 98 99 (01) – Seriöses kleines Sauternes-Gut (18 ha) des Ex-Managers von Ch. d'Yquem. Prachtvolle Weine für lange Lagerung. Gehört mit zur Spitzenklasse.

Rayne Vigneau, de Saut; w; s ☆☆☆ **76' 83 85 86' 88' 89 90' 95 96 97** 98 99 01 – 66 ha Cru classé in Bommes mit sehr gutem Süßwein und trockenem Rayne sec.

Respide-Médeville Graves; (r) w ☆☆ w **90 92' 93 94** 95' 96' 99 00 – Gehört zu den besseren nicht klassifizierten Weingütern, zurzeit aber enttäuschende Weiße, die eigentlich vollaromatisch und langlebig sein sollten. Beachtenswert: Cuvée Kauffman. Die Rotweine sind mit 4 bis 6 Jahren genussreif, bessere Jahrgänge eher später.

Reynon Premières Côtes de Bordeaux; r w ★★ 40-ha-Besitz mit duftigem Weißwein Vieilles Vignes von alten Sauvignon-blanc-Reben (**98' 99 00**) und seriösem Roten (**88' 89 90 94 95 96 97** 98 99 00). Zweitetikett (rot): Ch. Reynon-Peyrat. Seit 1996 auch sehr guter Ch. Reynon Cadillac liquoreux. Siehe auch Clos Floridène.

Reysson Vertheuil, H-Méd; r ☆☆ **95 96** 00 – Neu bestockter Cru bourgeois mit 48 ha; dieselben Eigentümer wie Grand-Puy-Ducasse.

Ricaud Loupiac; (r) w; (tr) s ★★ **95** 96 97 99 – Größerer Erzeuger von Sauternes-ähnlichem, langlebigem Dessertwein auf dem anderen Flussufer.

Rieussec Saut; w; s ★★★★ **67 71' 75' 79 82 83' 85 86' 88' 89' 90'** 95 96' 97' 98' 99 01 – Würdiger Nachbar von Ch. d'Yquem mit 54 ha in Fargues; wurde 1984 von den (Lafite) Rothschilds gekauft. Seit 1996 Weinbereitung in Eiche. Fabelhafter üppiger Wein. Auch ein trockener Wein (R) und ein Superwein (Crème de Tête).

Ripeau St-Em; r ☆☆ **95** 98 **99** 00 – Beständiger Grand cru classé, mit den richtigen Ideen im Zentrum des Plateaus (16 ha).

Rivière, de la Fronsac; r ★★ **85' 86 88' 89 90 94 95 96' 97** 98' 99 00 – Das größte und eindrucksvollste Gut in Fronsac mit einem Schloss und Kellern wie aus einer Wagner-Oper. Die ehemals mächtigen, gerbstoffreichen Weine scheinen neuerdings leichter geworden zu sein.

Rochemorin, de Pes-L; r (w) ☆☆→☆☆☆ **89' 90' 93 94 95** 96 **97** 98' 99 00 – Wieder belebtes großes Weingut in Martillac, gehört der Familie Lurton von Ch. La Louvière. 66 ha Reben im guten Alter. Eichenholzwürzige, 4 bis 5 Jahre lagerfähige Weißweine.

Rol Valentin St-Em; r ☆☆☆ **95 96 97** 98 **99** 00 – Junges 4-ha-Gut, bewegt sich sowohl im Stil als auch im Preis in eine eher massive Richtung.

Rouet Fronsac r ☆☆ **90 95 96** 98 **99** 00 – Gut bereiteter Fronsac, lebendig und vollfruchtig.

Rouget Pom; r ☆☆ **85' 86 88 89' 90 93 94 95 96** 97 98' **99** 00 – Bezaubernder alter Besitz am Rand von Pomerol; fähige neue Eigentümer. Bisher solide, alterungsfähige Weine. Im Auge behalten.

Royal St-Emilion Markenname der bedeutenden, dynamischen Winzergenossenschaft. Siehe auch Galius.

Ruat-Petit-Poujeaux Moulis; r ☆☆ **95** 96 98 00 – 18-ha-Weingut, das sich mit kräftigem Wein vor Ort einen guten Ruf erworben hat; Weine sollten 5 bis 6 Jahre lagern.

St-André Corbin St-Em; r ★★ **95 96 97** 98′ **99** 00 – Bemerkenswerter Besitz (22 ha) in Montagne und St-Georges St-Emilion mit überdurchschnittlichen Weinjahrgängen.
St-Georges St-Georges St-Em; r ☆☆ **88′ 89′ 90′ 94 95′** 96′ **97** 98′ **99** 00 – Vornehmes Château aus dem 18. Jahrhundert, über dem Plateau von St-Emilion auf einem Hügel im Norden gelegen. 50 ha. Sehr guter Wein, wird direkt verkauft.

Das Klassensystem in St-Emilion
St-Emilion verfügt über ein eigenes Klassensystem, das alle zehn Jahre revidiert wird – zuletzt 1996. An der Spitze stehen zwei Premiers grands crus classés »A«: Château Ausone und Château Cheval Blanc. Es schließen sich elf Premiers grands crus classés »B« an. Insgesamt 55 Châteaux wurden als Grands crus classés gewählt. Um in die Auswahl zu gelangen, muss ein Château den Grand-cru-Rang von St-Emilion erreicht haben, der jedes Jahr zu erneuern ist.

St-Georges Côte Pavie St-Em; r ★★ **82 85′ 86 88′ 89′ 90′ 94 95** 96′ **97′** 98′ **99** 00 – Kleines Weingut in bester Lage an den Côtes. Immer um Besseres bemüht.
St-Pierre St-Jul; r ★★★ **82′ 85 86′ 88′ 89′ 90′ 93 94 95′** 96′ **97** 98 99 00 – 4.-Cru-Gut (17 ha). Sehr stilvoller, beständiger, klassischer St-Julien.
Sales, de Pom; r ☆☆☆ **82′ 85 86 88 89′ 90′ 94 95 97** 98 00 – Größtes Rebenareal von Pomerol (46 ha), gehört zum großartigsten Château. Aber ohne Poesie und in letzter Zeit nicht in Form. Zweitetiketten: Ch. Chantalouette und Ch. du Delias.
Sansonnet St-Em; r ☆☆ **99** 00 – Engagierter Erzeuger seit 1999 mit knapp 7 ha; Weine im ausladenden, üppigen neuen St-Emilion-Stil.
Saransot-Dupré Listrac; r (w) ★★ **86 88 89 90** 95 96′ **97** 98′ 99 00 – Kleines Gut mit schönen Leistungen seit 1986. Außerdem auch einer aus der kleinen Schar von Listrac-Weißweinen.
Sénéjac H-Méd; r (w) ★★ **82′ 85 86′ 88 89′ 90′ 94 95** 96 **97** 98 99 00 – Cru bourgeois im südlichen Médoc (24 ha); kürzlich von der Familie erworben, der auch Ch. Talbot gehört. Gerbstoffreiche Rotweine der langlebigen Art. Ungewöhnlicher, reiner Sémillon, ebenfalls lange haltbar (**93 94 95 96 97** 98 99 00). Zweitetikett: Artigue de Sénéjac.
Serre, La St-Em; r ☆☆ **82 85 86 88′ 89 90 94** 95 96 98 **99** 00 – Kleiner Grand cru. Gleicher Besitzer wie Ch. La Pointe. Angenehme, stilvolle Weine.
Sigalas Rabaud Saut; w; s ★★★ **75 76′ 80 82 83 85 86 88 89′ 90′ 95′ 96′** 97′ 98 99 01 – Der kleinere Teil des früheren Besitzes Rabaud; 14 ha in Bommes, von Cordier geführt. Die besten Weine sind äußerst duftig und fein. Zweitetikett seit 1995: Le Cadet de Sigalas Rabaud.
Siran Labarde-Mar; r ☆☆→☆☆☆ **82′ 83 85 86 88 89′ 90′ 95** 96 **97** 98 99 (00) – 31-ha-Weingut eines ehrgeizigen Winzers, den die fehlende Cru-classé-Einstufung fuchst. Beachtenswerte, vollaromatische Weine zum Lagern. Ständig bemüht.
Smith Haut Lafitte Graves; r (rs) (w) ★★★ r **82′ 85 86 89′ 90′ 94** 95 96 **97** 98 99 00 w **93 94 95 96 97 98** 99′ 00 – Cru-classé-Gut in Martillac. 49 ha (davon 6 ha Weißwein). Die ehrgeizigen Besitzer (seit 1990) investieren weiterhin gewaltig mit spektakulären Ergebnissen; u. a. in eine luxuriöse Klinik für Weintherapie (äußerliche Anwendung!). Zweitetikett: Les Hauts de Smith.

Sociando-Mallet H-Méd; r ★★★ **82' 85' 86' 88' 89' 90' 94** 95 96' **97** 98 99 00 – Prachtvoller Cru grand bourgeois in St-Seurin (26 ha) mit großer Anhängerschaft. Schwere, konservative Weine für jahrelange Reifezeit. Zweitwein: Demoiselles de Sociando.

Soudars H-Méd; r ★★ **86 89 90 94 95 96' 98** 99 00 – Schwester-Château von Coufran; neuerer Cru bourgeois in recht guter Form.

Soutard St-Em; r ☆☆☆ **82' 85' 86 88' 89' 90' 93** 94 95 **96 97** 98' 99 00 – Potenziell exzellenter Cru classé, 19 ha; 70 % Merlot. Kraftvoller, langlebiger Wein, jung ganz im französischen Geschmack. Fortschrittliche Weinbaumethoden. Zweitetikett: Clos de la Tonnelle.

Suduiraut Saut; w; s ☆☆☆☆ **67 75 76' 78 79' 81 82 83 85 86 88' 89' 90' 95** 96 97 98 99 01 – Einer der besten Sauternes; beste Jahrgänge wundervoll üppig. Über 69 ha, potenziell Spitzenklasse. Jetzt unter AXA-Kontrolle. Siehe auch Pichon Longueville.

Tailhas, du Pom; r ☆☆ **89 90 94 95 96'** 98' **99** 00 – 5000 Kisten Pomerol der leichteren Art; nicht weit von Figeac.

Taillefer Pom; r ☆☆ **82 85 86 88' 89 90 94 95' 96** 98' **99** 00 – Ein 11-ha-Besitz am Rand von Pomerol, Eigentum der Familie Bernard Moueix (siehe Fontmarty).

Talbot St-Jul; r (w) ★★★ **78' 82' 83' 85' 86' 88' 89' 90 94 95** 96' **97'** 98' 99 00 – Bedeutendes Gut, 4. Cru, 96 ha, viele Jahre lang das Kleine-Schwester-Château von Gruaud-Larose. Ähnlich attraktiver, voller, anmutiger Wein, zuverlässig und seinen Preis wert. Sehr gutes Zweitetikett: Connétable Talbot. Außerdem Weißwein Caillou Blanc. Der Önologe kontrolliert auch bei Tour de Mons die Weinerzeugung.

Tayac Soussans-Mar; r ★★ **95** 96 **98** 00 – Größter Cru bourgeois in Margaux. Zuverlässiger, wenn auch nicht denkwürdiger Wein.

Terrefort-Quancard, de Bx; r w ★ **98 99 00** – Großer Erzeuger in St-André-de-Cubzac an der Straße nach Paris mit empfehlenswerten Weinen. 33 000 Kisten. Erzeugt auch Bordeaux supérieur: Ch. Canada.

Terrey-Gros-Caillou St-Jul; r ★★ **82' 86' 88 89 90 94 95 96 97** 98 99 00 – Schwester-Château von Hortevie; ebenso beachtenswert und stilvoll.

Tertre, du Arsac-Mar; r ★★★ **82' 83' 85 86 88' 89' 90' 94 95 96'** 98' 99 00 – 5. Cru südlich von Margaux, isoliert gelegen. Duftiger, fruchtiger Wein, schon immer stark unterbewertet. Seit 1997 derselbe Eigentümer wie Ch. Giscours. Beobachten. Neue Technik und Investitionen im Jahr 2000 haben sich in schön konzentrierten Weinen niedergeschlagen.

Tertre-Daugay St-Em; r ☆☆☆ **82' 83' 85 86 88' 89' 90'** 94 95 96 **97** 98 **99** 00 – Kleiner Grand cru in spektakulärer Lage. Wird derzeit wieder in guten Zustand versetzt. Starke, stilvolle Weine. Gleicher Besitzer wie Ch. La Gaffelière.

Tertre-Rôtebœuf St-Em; r ☆☆☆☆ **85 86 88' 89' 90' 93 94** 95 96 **97** 98' 99 (00) – Zum Kult gewordener Spitzenerzeuger in St-Emilion mit konzentriertem, fast dramatischem Wein (v. a. Merlot) seit 1983. Erschreckend hohe Preise. Das »Roastbeef« im Namen kommt nicht von ungefähr. Auch ein Gut an der Côte de Bourg: Roc de Cambes.

Thieuley EDM; r rs w ★★ Das Weingut erzeugt verlässlich guten roten und weißen AC Bordeaux, fruchtigen Clairet sowie die in Eiche ausgebaute Cuvée Francis Courselle (rot und weiß). Besitzt auch Clos Ste-Anne in den Premières Côtes de Bordeaux.

Tour Blanche, La Saut; (r) w; s ★★★ **83' 85 86 88' 89' 90'** 95 96 97 98 99 01 – Lange Zeit ein führendes Gut in Sauternes, heute staatliche

Weinbaufachschule. In den 1970er-Jahren unbeständig; 1988 wieder in historischer Form.

Tour Carnet, La St-Laurent, H-Méd; r ★★ **82 85 86 89' 90 94' 95 96 97** 98 99 00 – 4. Cru, mit mittelalterlicher Burg; lange vernachlässigt. Weine eher charmant als aufregend, leichter Aufwärtstrend. Zweitwein: Sire de Comin.

Tour de By, La Bégadan, Médoc; r ★★ **82' 85' 86 88' 89' 90' 94 95** 96' 98 99 00 – Sehr gut geführter Cru-bourgeois-Betrieb, 74 ha, im nördlichen Médoc. Bekannt für den ansprechendsten robusten Wein der Gegend.

Tour de Mons, La Soussans-Mar; r ☆☆ **82' 83 85 86 88 89' 90' 94** 95 96' 98' 99 (00) – Berühmter Cru bourgeois, 35 ha, seit drei Jahrhunderten im Besitz der gleichen Familie. Nach längerer Schwäche kehren die Weine durch den Einfluss von Ch. Talbot wieder zum alten Stil zurück: würzig, kräftig und lange haltbar.

Tour du Haut-Moulin Cussac, H-Méd; r ☆☆ **82' 85' 86' 87 88' 89' 90' 94 95** 96 98 99 (00) – Konservativer Erzeuger mit intensiven Weinen der Cru-bourgeois-Gruppe zum Einlagern.

Tour du Pas St-Georges St-Em; r ☆☆ **86 88 89 90 94 95 96 97** 98 **99** 00 – Wein von 16 ha in St-Georges St-Emilion, produziert vom Kellermeister von Ch. Belair.

Tour du Pin Figeac, La St-Em; r ☆☆ 98 00 – 10 ha Grand cru classé, restaurierenswertes Gut.

Tour du Pin Figeac-Moueix, La St-Em; r ☆☆ **82 83 85 86 88' 89'** 90' **94** 95 96 98 99 – Ein weiteres, 10 ha großes Stück des alten Besitzes, Eigentum der Familie Armand Moueix. Herrliche Lage, Weine sollten Kraft besitzen.

Tour-Figeac, La St-Em; r ★★ **82' 83 85 86 88 89' 90' 94' 95** 96' **97'** 98' **99** 00 – 14,5 ha Grand cru classé zwischen Ch. Figeac und Pomerol. Kalifornischer Einfluss seit 1994; im Auge behalten.

Tour Haut-Brion, La Graves; r ☆☆☆ **85 88 89 90** 94 95 96' **97** 98' 99 00 – Früher Zweitetikett von Ch. La Mission Haut-Brion. Bis 1983 ein einfacher, tanninreicher Wein, heute eine eigene Lage (5 ha) mit stilvollem, lagerfähigem Wein.

Tour Haut-Caussan Médoc; r ★★ **95 96 98** 00 – Ehrgeiziges Weingut (16 ha) in Blaignan; volle, feste Weine; beobachtenswert.

Tournefeuille Lalande de Pom; r ★★ **82' 83' 85 86 88 89 90' 94 95' 96 97** 98' 99 00 – Bekanntes Château in Néac; 17 ha; guter »Fast-Pomerol«. Auch Ch. de Bourg.

Tours, des Montagne St-Em; r ☆☆ 98 **99** 00 – Spektakuläres Château mit moderner, 70 ha großer Anbaufläche. Einfacher, ordentlicher Wein.

Tour St-Bonnet, La Médoc; r ★★ **86 89' 90' 95 96 97** 98 99 00 – Gleichmäßig guter, kraftvoller Wein aus St-Christoly im nördlichen Médoc. Umfasst 40 ha.

Tronquoy-Lalande St-Est; r ☆☆ **82' 85 86 88 89 90' 94 95** 96 **97** 98 99 00 – 16 ha Cru bourgeois; Wein von kräftiger Farbe, braucht lange Lagerung, ist aber nicht aufregend. Vertrieb durch Dourthe.

Troplong Mondot St-Em; r ★★★ **82' 83 85' 86 88' 89' 90' 94'** 95 96' **97** 98' **99** 00' – 30 ha in guter Lage an den Côtes oberhalb von Ch. Pavie. Einer der heißesten Tipps in St-Emilion. Beobachtenswert. Zweitetikett: Mondot.

Trotanoy Pom; r ★★★★ **61' 70' 71' 75' 81 82' 85' 88 89 90' 93 94** 95 96 **97** 98' 99 00 – Stallgefährte von Pétrus und hinter diesem meist an zweiter Stelle in Pomerol. Nur 11 ha, aber ein herrlich körperreicher, duftiger Wein (z. B. **82**). 10 ungleichmäßige Jahre, jetzt aber unter Leitung von J.-P. Moueix wieder im Kommen.

Trottevieille St-Em; r ☆☆☆ **82' 85 86 89' 90 94** 95 96 98 99 00 – Premier grand cru, 11 ha an den Côtes; lange etwas abgefallen. Gleiche Besitzer wie Batailley; haben den Einsatz erhöht.

Tuquet, Le Graves; r w ★★ r **95 96' 98' 99** 00 w **93 94 95 96 97 98' 99 00** – Größeres Gut in Beautiran, wo leichte, fruchtige und jung zu trinkende Weine gekeltert werden; der Weißwein ist besser (eichenfassgereifte Cuvée Spéciale).

Valandraud St-Em; r ☆☆☆☆ **92 93 94 95** 96 97 98 99 00 – Führende der winzigen »Garagen«-Kellereien, die ihre eigenen hohen Ansprüche erfüllt. Die Preise für dicken Wein voller Vanille-Aroma, der von sonst wo in Kalifornien stammen könnte, sind allerdings unverschämt. Anbauflächen 1998 erweitert. Zweit- und Drittetikett in eher noch kleineren Mengen: Virginie und Axelle.

Valrose St-Est; r ☆☆ Neueinsteiger seit 1999; gleicher Besitzer wie Clinet. Im Auge behalten.

Verdignan Médoc; r ★★ **86 89' 90 94 95' 96 97 98** 99 00 – Großes Cru-bourgeois-Schwestergut zu Ch. Coufran. Mehr Cabernet Sauvignon als dort. Zweitetikett: Ch. Plantey de la Croix.

Vieille Cure, La Fronsac; r ★★ **94 95** 96 **97** 98 99 00 – 20-ha-Château in amerikanischem Besitz, eines der Spitzengüter der Gemeinde.

Vins de garage

»Garagen«-Weine wurden in Bordeaux ursprünglich als Scherz produziert – zumindest was den Namen angeht: Die erzeugten Mengen waren so gering, dass man sie ohne weiteres in einer Garage hätte bereiten können. Da die Weine selten waren, standen die Chancen gut, hohe Preise zu erzielen. Mittlerweile ist es ein bestimmter Weinstil geworden. »Garagen«-Weine stammen vorzugsweise von alten Reben mit niedrigen Erträgen und besitzen die dunkle Farbe, die mächtige Textur, die Vollmundigkeit und all die Aromen (Kaffee, Vanille, Schokolade), die mit gerösteter neuer Eiche in Verbindung gebracht werden. Die hier genannten Erzeuger sind derzeit die aktuellen Stars. Man findet sie vor allem in St-Emilion, wo dieser Stil den größten Einfluss ausgeübt hat. Nicht alle sind hoffnungslos überteuert. ***St-Emilion*** *Andréas, Barde Haut, Clos Badon-Thunévin, Croix de Labrie, Clos St-Martin, La Fer, Ferrand-Lartigue, Magrez-Fombrauge, Gracia, Péby-Fombrauge, Quinault-l'Enclos, Rol Valentin;* ***Pomerol*** *Beau Soleil;* ***Graves*** *Branon;* ***Margaux*** *Marojallia;* ***Côtes de Castillon*** *Domaine de l'A;* ***Premières Côtes de Blaye*** *Gigault-Cuvée Viva;* ***Entre-Deux-Mers*** *Balestard.*

Vieux Château Certan Pom; r ★★★★ **78 79 81 82' 83' 85 86' 88' 89 90' 93** 94 95' 96' 97 98' 99 00 – In der Qualität oft fast mit Pétrus gleichgesetzt, in der Art aber ganz anders, eher im Haut-Brion-Stil. 14 ha. Im Besitz einer belgischen Familie, der auch Labégorce Zédé und das kleine Gut Le Pin gehören.

Vieux Château St-André St-Em; r ★★ **82' 85' 86 88' 89' 90' 93' 94' 95** 97 98 99 00 – Kleines Weingut in Montagne St-Emilion; Besitzer ist der Kellermeister von Ch. Pétrus. Im Auge behalten. 2500 Kisten.

Villegeorge Avensan, H-Méd; r ☆☆ 82 85 **86 88** 89 90 **94 95** 96′ 97 98′ 99 00 – 10 ha Cru bourgeois nördlich von Margaux. Erfreulicher, ziemlich tanninhaltiger Wein. Schwester-Château von Duplessis.
Villemaurine St-Em; r ☆☆ **82′ 85′ 86** 88 89 90 95 96 **97** 98 99 00 – Kleines Grand-cru-Gut mit schönen Kellern an den Côtes der Stadt. Fester Wein mit hohem Cabernet-Sauvignon-Anteil. Auch Ch. du Cartillon und Ch. Timberlay.
Vray Croix de Gay Pom; r ☆☆ **82′ 85 86** 88 89 **90 95** 96 98 00 – Sehr kleines, in der besten Gegend von Pomerol gelegenes Gut. Könnte viel besser sein.
Yon-Figeac St-Em; r ☆☆ **85 86 88 89** 90 95 96 97 98 **99** 00 – Grand cru mit 24 ha; die besten Weine sind schmackhaft und geschmeidig.
Yquem, d′ Saut; w; (tr) s ★★★★ **67′** 70 **71′ 75′** 76′ 79 80′ **81′ 83′** 85 86′ **88′** 89′ 90′ 93 94 95′ – Das Gut mit dem berühmtesten süßen Wein der Welt. Es werden nur 1250 Flaschen pro Hektar produziert. Sehr starker, intensiver, üppiger Wein. 4 Jahre Fassausbau. Anbaufläche 100 ha. Die meisten Jahrgänge sollten mindestens 15 Jahre reifen; einige überdauern auch 100 Jahre und mehr in überirdischer Grandesse. Nachdem das Gut jahrhundertelang im Besitz der Familie Lur-Saluces war, wurde die Leitung 1998 an Bernard Arnault von LVMH abgegeben (siehe Cheval Blanc). Auch trockener »Y« (ausgesprochen: igrec).

Empfehlenswerte kleinere Bordeaux-Châteaux

Die Liste der Bordeaux-Châteaux auf diesen Seiten beschränkt sich auf die als renommiert eingestuften Bereiche innerhalb der Weinregion Bordeaux. Dieses große Anbaugebiet am Atlantik ist jedoch sehr vielseitig. Selbst einfachste Standardweine mit der Appellation Bordeaux sind oft noch beachtlich – und zumeist preisgünstig. Die unten aufgeführten Regionen mit einigen ihrer führenden Châteaux bieten Variationen über das Thema Bordeaux; alle verdienen nähere Betrachtung und sind auf jeden Fall probierenswert.

Bordeaux Supérieur Châteaux Mouton, Penin, Bouillerot, de Seguin, Trocard
Canon-Fronsac Châteaux Barrabaque, Cassagne-Haut-Canon (La Truffière), Croix Canon, La Fleur Cailleau, Grand Renouil, Vrai Canon-Bouché, Vray Canon Boyer
Côtes de Bourg Châteaux Bujan, Brûlesécaille, Falfas, Fougas, Guerry, Haut-Maco, Mercier, Nodoz, Roc des Cambes, Rousset, Tayac Cuvée Prestige
Côtes de Castillon Châteaux d'Aiguilhe, de Belcier, Cap de Faugères, Cantegrive, La Clarière-Laithwaite, Clos l'Eglise, Côte Montpezat, Lapeyronie, Peyrou, Robin, Roque le Mayne, Ste-Colombe, Vieux Château Champs de Mars
Côtes de Francs Châteaux Les Charmes Godard, de Francs, Laclaverie, Lauriol, Marsau, La Prade, Puygueraud
Entre-Deux-Mers Châteaux de Fontenille, Launay, Moulin de Launay, Nardique la Gravière, Sainte-Marie, Tour de Mirambeau, Toutigeac, Turcaud

Fronsac Châteaux Dalem, Fontenil, Mayne-Vieil, Moulin Haut-Laroque, La Rousselle, Tour du Moulin, Les Troix Croix, La Vieille Cure, Villars
Lalande de Pomerol Châteaux des Annereaux, La Croix-St-André, La Fleur de Boüard, Garraud, Grand Ormeau, Haut Chaigneau, Les Hauts Conseillants (auch bekannt als Les Hauts-Tuileries), Sergant, de Viaud
Lussac St-Emilion Châteaux de la Grenière, Mayne-Blanc
Montagne St-Emilion Châteaux Calon, Faizeau, Maison Blanche, Roudier
Premières Côtes de Blaye Châteaux Bel Air la Royère, Bertinerie, Charron, Haut-Sociando, Jonqueyres, Loumède, Prieuré Maslesan (bisher Pérenne), Roland-la-Garde, Segonzac, La Tonnelle, des Tourtes
Premières Côtes de Bordeaux Châteaux Carignan, Chelivette, Clos Ste-Anne, Fayau, Grand-Mouëys, Haux, du Juge, Jonchet, Lamothe de Haux, Pic, Plaisance, Puy Bardens, Reynon, Suau, Tanesse
Sainte-Croix-du-Mont Châteaux Loubens, Lousteau-Vieil, du Mont, Pavillon, La Rame

Italien

Die folgenden Abkürzungen werden im Text verwendet:

Abr	Abruzzen
Ao	Aostatal
Apu	Apulien
Bas	Basilikata
Em-Ro	Emilia–Romagna
F-JV	Friaul–Julisch Venetien
Kal	Kalabrien
Kamp	Kampanien
Lat	Latium
Lig	Ligurien
Lomb	Lombardei
Mar	Marken
Piem	Piemont
Sar	Sardinien
Siz	Sizilien
Tosk	Toskana
T-S	Trentino–Südtirol
Umb	Umbrien
Ven	Venetien
CS	Cantina Sociale
DOC(G)	Denominazione di Origine Controllata (e Garantita): Kontrollierte (und garantierte) Herkunftsbezeichnung; DOCG ist die höchste Stufe der DOC; siehe auch Seite 159.
IGT	Indicazione Geografica Tipica
VdT	Vino da Tavola (Tafelwein)
fz	frizzante
Pa	Passito

Wein spielt in der italienischen Kultur eine zentrale Rolle. In allen Regionen und fast in jeder Provinz des Landes werden Reben angebaut, und es dürfte nur wenige Italiener geben, die nicht in irgendeiner Weise eine Beziehung zu Weinbau oder Weinproduktion hätten. Bis vor kurzem war es zudem noch völlig undenkbar, in Italien eine Mahlzeit ohne Wein einzunehmen.

55 Millionen Hektoliter werden jedes Jahr auf dem Stiefel und seinen Inseln produziert, eine enorme Menge, die Italien, zusammen mit Frankreich, zur dominierenden Kraft auf dem Weltmarkt machen. Im Land selbst wird neuerdings nicht mehr so viel Wein getrunken wie früher, dafür ist der Verbrauch höherwertiger Tropfen gestiegen. Die alte, an die italienische Identität rührende Frage, ob der Rebensaft ein Grundnahrungsmittel ist oder nicht eher ein Konsumgut, das vor allem Vergnügen bereiten soll, hat sich zugunsten des Letzteren entschieden. Natürlich gibt es noch offene Unstimmigkeiten. Am deutlichsten treten sie in der Auseinandersetzung über Weine mit zungenbrecherischen Fantasienamen zutage, die kaum noch Hinweise auf ihre Herkunft, ihr Terroir liefern. Oft sind es Gewächse von hervorragender Qualität, die einen starken Ein-

fluss auf die Region ausüben; beständig erheben sich jedoch Klagen, dass sie vor allem Verwirrung stiften.

Die ersten italienischen Appellationen (DOCs) wurden in den 1960er-Jahren eingerichtet. Sie waren nicht wirklich darauf angelegt, Qualität zu sichern – viel zu nachlässig wurden Erträge, Rebsorten, Weinbaumethoden und Ausbaupraktiken gehandhabt. Weingüter mit höheren Zielen sahen sich gezwungen, außerhalb der Appellation zu operieren, und entwickelten das bis heute bestehende parallele Produktionssystem. Konsumenten müssen sich mittlerweile eine riesige Menge einzelner Weinnamen merken, um Schritt zu halten; einzig die Tatsache, dass damit auch eine ebenso große Auswahl fantastischer Weine verbunden ist, mag als versöhnlicher Ausgleich gelten.

Die beiden bedeutendsten Weinregionen Italiens, das Piemont und die Toskana, haben schon immer Weine mit unzweideutigen Verweisen auf exakte, leicht zu identifizierende Anbauzonen hervorgebracht. Von hier griff die »Qualitätsrevolution« auf andere Teile des Landes über. Die ersten Erfolge wurden in Soave und Friaul–Julisch Venetien verbucht, wo ein dezidiert technologischer Ansatz zu einer stumpfen Standardisierung der Weißweine geführt hatte. Das ist nun vorbei. Die nächsten, die den Wind der Erneuerung fühlten, waren die mittelitalienischen Regionen – erst Umbrien und dann die Marken – sowie die Emilia–Romagna, die man bis dahin nur für Massenerträge gekannt hatte. Und das vielleicht ermutigendste Signal der Neunzigerjahre war das Aufkommen von Qualität und Charakter im Süden und auf den Inseln.

Nach einem kurzen Flirt mit internationalen Rebsorten hat sich Italien nun auch wieder auf seine traditionellen Trauben besonnen. Aus ihnen werden viele originelle, antike und individuelle Tropfen erzeugt, die vor der Ära der modernen Weinbereitung noch nie so im Licht der Öffentlichkeit standen, wie sie es verdienen.

Neuere Jahrgänge

Toskana

2001 Ein glühend heißer August, der September ungewöhnlich kühl, dann wieder warmes, aber feuchtes Wetter. Einige hervorragende Weine, in weiten Teilen aber auch sehr unregelmäßig.

2000 Sehr heiß und trocken im Spätsommer und Frühherbst; eine der frühesten Weinlesen der Geschichte. Volle, alkoholstarke Weine, eindrucksvoll, aber nicht immer ausgewogen.

1999 Warm und trocken im August und September; frühe Ernte. Exzellenter Jahrgang in allen bedeutenden Bereichen.

1998 Die Reben litten unter der Dürre und glühenden Hitze im August; Anfang Oktober regnete es dann. Sehr gute Weine entlang der Küste, anderswo uneinheitlich.

1997 Das Bilderbuchwetter im Sommer und frühen Herbst resultierte in reichhaltige, runde, üppige Weine. Einer der hervorragendsten Jahrgänge der gesamten Nachkriegszeit.

Piemont

2001 Im August heiß und trocken, schwül Anfang September. Nebbiolo und Barbera hochklassig und fest; den anderen Sorten erging es nicht so gut.

2000 Zwischen Ende August und September war es sehr warm. Ausgezeichneter Barolo, Barbaresco und Barbera, der fünfte gute Jahrgang in Folge.

1999 Barbaresco und Barolo ausgewogen und elegant; Barbera wegen des ungünstigen Wetters zum Ende der Saison uneinheitlicher. Schöner Dolcetto.

1998 Sehr gute Weiße und hervorragende Rote. Für Barolo und Barbaresco nach den schwierigen Jahren 1991, 1992 und 1994 der dritte gute Jahrgang in Folge.

1997 Der heiße, trockene Sommer und Frühherbst brachte vollen, runden, alkoholstarken Barbera der Superlative; sehr gut auch Barolo und Barbaresco mit ungewöhnlich sanftem Tannin. Die Weißen und Dolcetto schnitten weniger gut ab.

Abbazia Sant'Anastasia ☆☆→☆☆☆ Neuer Erzeuger auf Sizilien mit ausgezeichneten Roten.

Abboccato Lieblich.

Aglianico del Vulture Bas; DOC r; tr (lbl); (sch) ☆☆☆ **90' 93' 94' 95** 97' 98 99 00 01 – Gehört zu den besten süditalienischen Weinen. Entwickelt bei Lagerung große Fülle. Nach 3 Jahren als Vecchio, nach 5 Jahren als Riserva bezeichnet. Spitzenweingüter: D'Angelo (auch Erzeuger des sehr guten, sauberen Aglianico IGT Canneto), Elena Fucci, Torre degli Svevi, Paternoster, Basilium und Cantina del Notaio.

Alba Bedeutende Weinstadt im Piemont (am Tanaro, südöstlich von Turin).

Albana di Romagna Em-Ro; DOCG w; tr lbl; (sch) ☆☆ BV – Erste DOCG für Weißwein – aus unerfindlichen Gründen der (einfachen) Albana-Traube zuerkannt. Amabile ist meist besser als trocken. Besonders gut der süße, edelfaule Passito (Scacco Matto) der Fattoria Zerbina.

Albola, Castello di Siehe Zonin.

Alcamo Siz; DOC w ☆ Weiche, neutrale Weißweine aus Sizilien. Rapitalà ist die beste Marke.

Aleatico Interessante Rotweintraube mit Muskatelleraroma für süße, aromatische, gespritete Dessertweine, v. a. aus dem Süden. DOC Aleatico di Puglia (bester Erzeuger: Candido) ist bekannter und besser als DOC Aleatico di Gradoli (Latium). Aleatico von Elba ist von unterschiedlicher Qualität. Probieren Sie ihn, wo Sie ihn finden können.

Alessandria, Gianfranco ☆☆☆ Kleiner Erzeuger von hochkarätigen Alba-Weinen in Monforte d'Alba, v. a. Barolo San Giovanni, Barbera Vittoria und Dolcetto.

Alezio Apu; DOC (r) rs ☆☆ DOC in Salento, v. a. für vollen, aromareichen Roten und delikaten Rosé. Spitzenerzeuger: Guiseppe Calò mit feinem, im Fass ausgebautem Negroamaro Portulan sowie Michele Calò mit dem Negroamaro IGT Spano.

Allegrini ☆☆☆ Erzeuger von Veroneser Qualitätsweinen, u. a. überragende Einzellagen-IGT-Weine (Palazzo della Torre, Grola und Poja), Amarone und Recioto.

Altare, Elio ☆☆☆ Kleiner Erzeuger von gutem, sehr modernem Barolo. Beachtenswert: Barolo Arborina, Langhe DOC Larigi (Barbera), La Villa (Nebbiolo/Barbera) sowie VdT L'Insieme aus piemontesischen Trauben und Cabernet Sauvignon.

Alto Adige (Südtirol) T-S; DOC r rs w; tr s; sch ☆→☆☆☆ Die DOC Alto Adige oder Südtiroler umfasst rund 50 Weinsorten mit verschiedenen Trauben aus verschieden Zonen (darunter reinsortige Weine aus den Bereichen Valle d'Isarco/Eisacktaler, Terlano/Terlaner, Val Venosta/Vinschgau, A. A. Santa Maddalena/St. Magdalener, A. A. Colli di Bolzano/Bozner Leiten, A. A. Meranese di Collina/Meraner Hügel).

Ama, Castello di (oder **Fattoria di Ama**) ☆☆☆→☆☆☆☆ Eines der besten und beständigsten Chianti-Classico-Weingüter (bei Gaiole). Erstklassige Einzellagenweine: La Casuccia und Bellavista; guter Chardonnay, Merlot (Vigna L'Apparita), Pinot nero (Il Chiuso), alles IGT.

Amabile Bedeutet lieblich, meist etwas süßer als Abboccato.
Amaro Bitter. Ist auch die Bezeichnung für einen Bitterlikör.
Amarone della Valpolicella (früher **Recioto della Valpolicella Amarone**) Ven; DOC r ☆☆☆→☆☆☆☆ **83′ 85′ 86 88′ 90′ 93 94 95′** 97′ 98′ 00 – Trockene Version des Recioto della Valpolicella; stark, konzentriert, langlebig und eindrucksvoll aus luftgetrockneten Valpolicella-Trauben. Erzeuger: v.a. Stefano Accordini, Serègo Aldegheri, Alghieri, Allegrini, Begali, Bertani, Boscaini, Brunelli, Bussola, Campagnola, CS Valpolicella, Dal Forno, Guerrieri Rizzardi, Masi, Mazzi, Novaia, Quintarelli, Le Ragose, Le Salette, Speri, Tedeschi, Trabucchi, Villa Monteleone, Viviani und Zenato.
Ambra, Fattoria di Spitzenerzeuger in Carmignano (Toskana) mit zwei sehr guten DOCG-Einzellagenweinen: Elzana und Vigne Alte.
Anselmi, Roberto ☆☆☆ Führende Kellerei mit Einzellagen-Soave Capitel Foscarino und köstlichem süßem Recioto i Capitelli, beide jetzt IGT.
Antinori, Marchesi L. & P. ☆☆→☆☆☆☆ Alteingesessenes, immens einflussreiches Haus in Florenz mit bestem Renommee, heute Alleinbesitz von Piero Antinori, der die Firma zusammen mit dem Önologen Renzo Cotarella leitet. Berühmt für erstklassigen Chianti Classico (v.a. Tenuta Marchese Antinori und Badia a Passignano) sowie Wein aus Umbrien (Castello della Sala) und Piemont (Prunotto). Vorreiter bei neuen IGT-Weinen, z.B. Tignanello, Solaia (Toskana), Cervaro della Sala (Umbrien). Marchese Piero Antinori war in den 1970er- und 1980er-Jahren in Weinfachkreisen der ganzen Welt die Stimme Italiens. Derzeit kräftige Expansion in der Maremma, in Montepulciano (La Braccesca), Montalcino, Pitigliano, im piemontesischen Asti (für Barbera), in der Franciacorta (Lombardei) sowie in Apulien (Vigneti del Sud). Antinori erzeugt auch sehr guten DOC Bolgheri Guardo al Tasso (Cabernet Sauvignon/Merlot). Siehe auch Prunotto.
Apulien Italiens Stiefelabsatz; fast ein Sechstel aller italienischen Weine wird hier erzeugt, aber vorwiegend in Norditalien oder Frankreich abgefüllt. Eine Region mit einem zunehmend besseren Verhältnis von Qualität und Preis, auf die man achten sollte. Beste DOCs: Castel del Monte, Primitivo di Manduria, Salice Salentino. Erzeuger: Antinori, Botromagno, Michele Calò, Candido, Castel di Selva, CS Copertino, CS Due Palme, Conte Zecca, La Corte, D'Alfonso del Sordo, Fatalone, Felline, I Pástini, Leone de Castris, Masseria Monaci, Masseria Pepe, Pasquale Petrera, Pervini, Rivera, Rubino, Rosa del Golfo, Santa Lucia, Sinfarosa, Taurino, Valle dell'Asso, Vallone.
Aquileia F-JV; DOC r w ☆→☆☆ **95 96 97** 99′ 00 – 12 sortenreine Weine aus der Gegend um die Stadt Aquileia. Guter Refosco und Sauvignon blanc. Ein interessanter Erzeuger ist Denis Montanara.
Argiolas, Antonio ★★→☆☆☆ Bedeutender Erzeuger auf Sardinien mit hochkarätigem Cannonau, Nuragus, Vermentino, Bovale und dem roten IGT Turriga (☆☆☆).
Arneis Piem; w ☆☆ BV – Recht guter Weißwein aus dem Land des Barolo: die Wiederentdeckung einer alten Rebe, die duftige, leichte Tropfen liefert. DOC: Roero Arneis, nördlich von Alba, und Langhe Arneis. Gute Erzeuger: u.a. Almondo, Ca' du Russ, Cascina Chicco, Correggia, Deltetto, Bruno Giacosa, Malvirà, Monchiero Carbone und Prunotto.
Assisi Umb; r (w) ☆→☆☆ BV – Rosso und Bianco di Assisi sind ansprechende IGT-Weine; kühl zu trinken.
Asti Bedeutendes Weinzentrum im Piemont.

Asti (Spumante) Piem; DOCG w; s; sch ☆→☆☆ oJ – Leider sind die großen Asti-Häuser nicht im Entferntesten daran interessiert, für ihre 80-Millionen-Flaschen-Produktion mehr als nur Routine aufzuwenden. Trotz seines einzigartigen Potenzials ist Asti billig und das passende Erzeugnis für den Supermarkt. Nur einige wenige Erzeuger geben sich Mühe: Walter Bera, Cascina Fonda, Dogliotti-Caudrina, Vignaioli di Santo Stefano. Siehe auch Moscato d'Asti.

Avignonesi ☆☆☆ Edles Montepulciano-Weingut mit hohen Ambitionen für seine sehr guten Weine: Vino Nobile, ein roter Verschnitt namens Grifi, Chardonnay sowie vorzüglicher Vinsanto (☆☆☆☆).

Azienda agricola (oder **agraria**) Landwirtschaftl. Gut, oft mit Weinbau.

Azienda vinicola (oder **casa vinicola**) Eine vorwiegend mit zugekauften Trauben oder Weinen arbeitende Kellerei.

Azienda vitivinicola Weingut.

Badia a Coltibuono ☆☆→☆☆☆ Erzeuger feiner Chianti-Weine in der wundervollen alten Abtei von Gaiole mit einem Restaurant und einer ungewöhnlichen Sammlung alter Jahrgänge. Spitzenwein: IGT Sangioveto.

Badia di Morrona Tosk ☆☆→☆☆☆ Guter Chianti, überragender IGT N'Antia (Cabernet Sauvignon/Sangiovese) und IGT Vigna Alta (Sangiovese/Canaiolo).

Banfi (Castello oder **Villa)** ☆☆→☆☆☆ Hightech-Kellerei des größten US-Importeurs italienischer Weine. Ausgedehnte Weinberge bei Montalcino, meist mit Sangiovese, aber auch Sauvignon blanc, Syrah, Pinot nero, Cabernet Sauvignon und Chardonnay als Experimentierfelder für Qualität und Quantität. Guter Brunello; noch besser Poggio all'Oro (☆☆☆); Centine ist ein Rosso di Montalcino. Im Piemont produziert Banfi guten Banfi Brut Spumante, Gavi, Brachetto d'Acqui, Pinot grigio.

Barbaresco Piem; DOCG r ☆☆→☆☆☆☆ **88' 89' 90' 93** **95'** 96' 97' 98' 99' 00 01 – Nachbar von Barolo, dem anderen großartigen Nebbiolo-Wein, vielleicht nicht ganz so robust. Beste Weine tief, sauber, subtil und fein. Nach 4 Jahren Riserva. Spitzenerzeuger: Antichi Poderi di Gallina, Ca' del Baio, Produttori del Barbaresco, Piero Busso, Ceretto, Pio Cesare, Cigliuti, Cortese, Fontanabianca, Gaja, Bruno Giacosa, Marchesi di Gresy, La Contea, Cascina Luisin, Fiorenzo Nada, Moccagatta, Paitin, Giorgio Pelissero, Prunotto, Roagna, Albino Rocca, Bruno Rocca, Rivetti, Ronchi, Sottimano, Varaldo.

Barbatella, Cascina La ☆☆☆ Spitzenerzeuger von Barbera d'Asti; ausgezeichnete Einzellagenweine Vigna dell'Angelo und Monferrato Rosso Sonvico (Barbera/Cabernet Sauvignon).

Barbera d'Alba Piem; DOC r ☆☆→☆☆☆ **95' 96 97'** 98' 99 00 01 – Süffiger, duftiger Rotwein. Die besten Exemplare können bis zu 7 Jahren lagern. Die Weine sind vielfach exzellent; oft stammen sie von Barolo- oder Barbaresco-Erzeugern. Spitzenweingüter: Gianfranco Alessandria, Almondo, Cascina Chicco, Aldo Conterno, Giovanni Conterno, Corino, Correggia, Ghisolfi, Elio Grasso, Silvio Grasso, Manzone, Massolino, Oberto, Parusso, Pelissero, Gianmatteo Pira, Principiano, Prunotto, Rivetti, Albino Rocca, Rocche Costamagna, Scavino, Vajra, Vietti, Roberto Voerzio.

Barbera d'Asti Piem; DOC r ☆☆→☆☆☆ **95' 96 97** 98' 99 00 – Für echte Barbera-Liebhaber: reinsortiger Barbera; saftig und ansprechend. Schon jung gut, 7 bis 10 Jahre und länger haltbar. Spitzenerzeuger: L'Arbiola, La Barbatella, Bava, Bera, Berta, Bertelli, Alfiero Boffa, Braida, Brema, Cantina Sociale Vinchio e Vaglio, Michele Chiarlo, Contratto, Coppo, Hastae,

Hohler, La Lune del Rospo, Marchesi Alfieri, Martinetti, La Morandina, Prunotto, Rivetti, Scagliola, Scrimaglio, La Tenaglia, Vietti.

Barbera del Monferrato Piem; DOC r ★→★★ BV – Süffiger Barbera aus einem großen Bereich in der Provinz Alessandria und aus Asti. Gefällig, leicht spritzig, manchmal süßlich. Die DO ist beinahe identisch mit Barbera d'Asti, im Stil ist der Wein aber einfacher, weniger ambitioniert.

Barco Reale Tosk; DOC r ☆→☆☆ **97 98 99** 00 – DOC für eine jüngere Version des Carmignano aus denselben Trauben wie dieser.

Bardolino Ven; DOC r (rs) ☆→☆☆ BV – Heller, sommerlicher, etwas bitterer Rotwein vom Ostufer des Gardasees. Bardolino Chiaretto ist noch heller und leichter. Spitzenerzeuger: Cavalchina, Guerrieri Rizzardi, Montresor, Le Vigne di San Pietro, Zenato, Zeni.

Barolo Piem; DOCG r ☆☆☆→☆☆☆☆ **88' 89' 90' 93'** 95' 96' 97' 98' 99' 00 01 – Kleiner Bereich südlich von Alba mit einem der grandiosesten Rotweine Italiens von der Nebbiolo-Traube: tanninherb, voll, alkoholreich (mind. 13 %), trocken, aber wunderbar tief und duftig und zugleich frisch und sauber; 20 bis 25 Jahre haltbar; nach 5 Jahren Riserva.

Barolo Chinato Ein Dessertwein, der aus DOCG Barolo, Alkohol, Zucker, Kräutern, Gewürzen und Chinarinde hergestellt wird. Erzeuger: Guilio Cocchi, Cappellano.

Ein ehrenwerter Barolo

Barolo im klassischen Stil

Borgogno, Brovia, Cavallotto, Aldo Conterno, Giovanni Conterno, Paolo Conterno, Fontanafredda, Bruno Giacosa, Bartolo Mascarello, Giuseppe Mascarello, Massolino, Prunotto, Renato Ratti, Guiseppe Rinaldi, Vietti.

Eine vielversprechende neue Barolo-Generation

Gianfranco Alessandria, Altare, Boglietti, Cabutto, Cappellano, M. Chiarlo, Elvio Cogno, Conterno Fantino, Codero di Montezemolo, Corino, Clerico, Damilano, Ettore Germano, Elio Grasso, Silvio Grasso, Giovanni Manzone, Molino, Oberto, Parusso, Luigi Pira, Principiano, Revello, Rocche Costamagna, Rocche dei Manzoni, Sandrone, Scavino, Fratelli Seghesio, Vajra, Gianni Voerzio, Roberto Voerzio und viele andere.

Basciano ☆☆→☆☆☆ Erzeuger von gutem DOCG Chianti Rufina sowie IGT-Weinen.

Bava ☆☆→☆☆☆ Sehr guter Barbera d'Asti Stradivarius, Monferrato Bianco sowie Barolo Chinato. Die Familie Bava leitet die alte Firma Guilio Cocchi in Asti, wo sie guten Metodo-classico-Schaumwein produziert.

Bellavista ☆☆☆ Weingut in der Franciacorta mit frischem Spumante (Gran Cuvée Franciacorta ist hervorragend). Auch Satèn, ein Schaumwein im Crémant-Stil. Daneben DOC Terre di Franciacorta sowie IGT Sebino namens Solesine (beides Verschnitte von Cabernet Sauvignon und Merlot).

Bera, Walter ☆☆→☆☆☆ Kleines Weingut nahe Barbaresco. Sehr guter Moscato d'Asti, Asti, Barbera d'Asti und Langhe Nebbiolo.

Berlucchi, Guido Größter Hersteller von Metodo-classico-Schaumwein in Italien.

Bersano Historisches Weinhaus in Nizza Monferrato mit den meisten piemontesischen DOC-Weinen, darunter auch Barolo, Barbaresco, Barbera d'Asti und Moscato-Schaumwein.

Bertani ☆☆→☆☆☆ Bekannter Erzeuger von Veroneser Qualitätsweinen, v. a. Amarone im alten Stil.
Bertelli ☆☆☆→☆☆☆☆ Köstliche Weine von einer Familie nahe Asti, die sich auch im medizinischen Forschungssektor profiliert hat, v. a. Barbera d'Asti, Chardonnay und Cabernet Sauvignon; außerdem hochinteressante Experimente mit Sauvignon blanc, Sémillon, Syrah, Marsanne und Roussanne.
Bianco Weiß.
Bianco di Custoza Ven; DOC w; (sch) ☆→☆☆ BV – Wein aus der Gegend westlich von Verona, dem Soave sehr ähnlich. Gut von Corte Sant'Arcadio, Le Tende, Le Vigne di San Pietro, Montresor.
Bianco di Pitigliano Tosk; DOC w ☆ BV – Ein trockener Weißer aus dem südlichsten Teil der Toskana.
Biondi-Santi ☆☆→☆☆☆ Der ursprüngliche Erzeuger von Brunello di Montalcino vom 18-ha-Gut Il Greppo, mit absurd hohen Preisen, aber gelegentlich sehr guten alten Jahrgängen.
Boca Piem; DOC r ★★ **90' 91' 95 96' 97'** 98' 99 00 – Ein weiterer Nebbiolo aus dem nördlichen Piemont. Beachtenswert: Poderi ai Valloni (Vigneto Cristiana ☆☆☆).
Boccadigabbia ☆☆☆ Spitzenerzeuger in den Marken mit IGT-Weinen von Sangiovese, Cabernet Sauvignon, Pinot noir und Chardonnay. Dem Besitzer Elvidio Alessandri gehört auch das ausgezeichnete Gut Villamagna in der DOC Rosso Piceno.
Bolgheri Tosk; DOC r rs w; (s) ☆☆→☆☆☆☆ An der Küste südlich von Livorno. Insgesamt 7 Weintypen: Bianco, Vermentino, Sauvignon blanc, Rosso, Rosato, Vinsanto und Occhio di Pernice; dazu Spitzen-IGTs. Der neue DOC Bolgheri Rosso ist ein Cabernet Sauvignon/Merlot/Sangiovese-Verschnitt. Spitzenerzeuger: Caccia al Piano mit DOC Levia Gravia, Giovanni Chiapinni mit DOC Guado de Gemoli, Enrico Santini mit DOC Montepergoli, Le Macchiole mit DOC Paleo, IGT Toskana Scrio (Syrah) und Messorio (Merlot); Ornellaia mit DOC Ornellaia und IGT Toskana Masseto (Merlot); San Guido mit DOC Sassicaia; Antinori mit DOC Guado al Tasso; Meletti-Cavallari mit DOC Grattamacco; Michele Satta mit DOC Piastraia und IGT Toskana Vigna al Cavaliere (Sangiovese). Gaja und Ambrogio Folonari haben erheblich investiert und werden in Kürze neue Weine von hier auf den Markt bringen.
Bolla ☆☆ Veroneser Erzeuger von Valpolicella, Amarone, Soave usw. Spitzenweine: Castellaro, Creso (rot und weiß), Jago und Recioto.
Bonarda Im Piemont, der Emilia–Romagna und der Lombardei verbreitete, oft mit Barbera verschnittene zweitrangige Rotweintraube (alias Croatina).
Bonarda (Oltrepò Pavese) Lomb; DOC r ☆☆ **95 97** 98 00 – Milder, frischer *frizzante* aus der Gegend südlich von Pavia.
Borgo del Tiglio ☆☆☆→☆☆☆☆ Erzeuger in Friaul mit einem der besten Merlot-Weine aus dem Nordosten: Rosso della Centa. Ebenfalls hochklassig: Collio Chardonnay, Tocai und Bianco.
Boscaini Ven ☆☆ Veroneser Erzeuger von Valpolicella, Amarone und Soave.
Boscarelli, Poderi ☆☆☆ Kleines Weingut mit sehr gutem Vino Nobile di Montepulciano, fassgereiftem IGT Boscarelli und gutem Rosso di Montepulciano.
Brachetto d'Acqui Piem; DOCG r; s; (sch) ☆☆ BV – Süßer roter Schaumwein mit verlockendem Muskataroma. Kann viel besser sein, als er klingt.

Braida ☆☆☆ Weingut des verstorbenen Giacomo Bologna; erzeugt erstklassigen Barbera d'Asti (Bricco dell'Uccellone, Bricco della Bigotta und Ai Suma).

Bramaterra Piem; DOC r ★★ **95' 96 97'** 98' 99' 00 01 – Nachbar des Gattinara; ein Nebbiolo-Verschnitt. Guter Erzeuger: Sella.

Breganze Ven; DOC ☆→☆☆☆ r **95' 96 97'** 98 00 01 – Name für viele Sorten und Arten aus der Gegend von Vicenza. Am besten sind Cabernet-Sauvignon- und Chardonnay-Weine. Spitzenerzeuger: Maculan, Miotti, Zonta.

Bricco Bezeichnung für eine hoch oben am Hang gelegene (und daher hochwertige) Weinberglage im Piemont.

Brindisi Apu; DOC r ☆☆ **94 95 97** 99 00 – Kräftiger Negroamaro-Rotwein; v. a. von Vallone und Due Palme.

Brolio, Castello di ☆☆→☆☆☆ Nach einer unglücklichen Zeit unter fremder Leitung hat die Familie Ricasoli dieses berühmte, 900 Jahre alte Weingut wieder in eigener Regie übernommen. Die Ergebnisse sind wahrlich herzerfrischend. Sehr guter Chianti Classico und IGT Casalferro (Sangiovese/Cabernet Sauvignon/Merlot).

Brunelli ☆☆→☆☆☆ Amarone und Recioto von sehr guter Qualität.

Brunello di Montalcino Tosk; DOCG r ☆☆☆→☆☆☆☆ **88' 90' 93 95'** 97' – Neben Barolo der gefeiertste Rotwein Italiens: gehaltvoll, körperreich, hocharomatisch, tanninbetont und langlebig. Muss mindestens 4 Jahre reifen, nach 5 Jahren Riserva. Die Qualität nimmt beständig zu. Montalcino liegt 40 km südlich von Siena.

Brunello di Montalcino
Empfehlenswerte Erzeuger sind: Altesino, Argiano, Banfi, Barbi, Biondi-Santi, La Campana, Campogiovanni, Canalicchio di Sopra, Caparzo, Casanova di Neri, Case Basse, Castelgiocondo, Cerbaiona, Col d'Orcia, Costanti, Fanti – San Filippo, La Fuga, Eredi Fuligni, La Gerla, Gorelli, Lambardi, Lisini, Marroneto, Mastrojanni, Franco Pacenti, Siro Pacenti, Ciacci Piccolomini, Pieve di Santa Restituta, La Poderina, Poggio Antico, Poggione, La Rasina, Salvioni-Cerbaiola, Scopetone, La Serena, Sesta, Talenti, Tiezzi, La Torre, Valdicava, Vitanza.

Bussola, Tommaso ☆☆☆ Macht sich in Valpolicella als führender Erzeuger von Amarone und Recioto einen Namen.

Cacchiano, Castello di ☆☆☆ Erstrangiges Chianti-Classico-Weingut in Gaiole im Besitz von Baron Giovanni Ricasoli-Firidolfi, dem Cousin der Brolio-Ricasolis.

Ca' dei Frati ☆☆→☆☆☆ Einer der besten Erzeuger von DOC Lugana, sehr gutem trockenem weißem IGT Pratto (Sauvignon blanc/Chardonnay), süßem Tre Filer und rotem IGT Ronchedone (Cabernet Sauvignon/Merlot).

Ca' del Bosco ☆☆☆→☆☆☆☆ Weingut in Franciacorta mit einigen der besten Schaumweine Italiens (überragender DOCG Annamaria Clementi ☆☆☆☆), sehr gutem Chardonnay und ausgezeichneten Rotweinen, etwa dem Cabernet-Sauvignon-Verschnitt Maurizio Zanella und dem Pinot nero Pinèro.

Cafaggio, Villa ☆☆☆ Sehr verlässliches Chianti-Classico-Weingut mit den hervorragenden IGT-Weinen San Martino (Sangiovese) und Cortaccio (Cabernet Sauvignon).

Calatrasi SI ☆☆→☆☆☆ Erzeuger von guten roten und weißen IGT-Weinen, v. a. die Reihe von Qualitätsweinen D'Istinto (Syrah, Nero d'Avola, Sangiovese/Merlot, roter Verschnitt Magnifico).

Caldaro oder **Lago di Caldaro (Kalterersee)** T-S; DOC r ☆ BV – Leichter, weicher Rotwein mit Bittermandelgeschmack von der Schiava-Traube aus einem großen Bereich südlich von Bozen. Classico aus einem kleineren Bereich ist besser.

Candido, Francesco ☆☆☆ Spitzenerzeuger in Salento (Apulien); gute Rotweine: Duca d'Aragona, Cappello di Prete, Salice Salentino; auch guter Dessertwein: Aleatico di Puglia.

Cannonau di Sardegna Sard; DOC r (rs); tr lbl ★★ **95 96 97 98** 99 00 01 – Cannonau (Grenache) ist die rote Haupttraube Sardiniens. Es gibt sehr starke, aber auch feine und liebliche Weine. Spitzenerzeuger: Argiolas, Giuseppe Gabbas, CS di Jerzu, Sella & Mosca.

Cantalupo, Antichi Vigneti di ☆☆→☆☆☆ Erstklassige Ghemme-Weine, v. a. Breclemae und Carellae aus Einzellagen.

Cantina Kellerei.

Cantina Sociale (CS) Genossenschaftskellerei.

Capannelle ☆☆☆ Guter Erzeuger von IGT (früher Chianti Classico) bei Gaiole.

Caparzo, Tenuta ☆☆→☆☆☆ Montalcino-Weingut mit vorzüglichem Brunello La Casa.

Capezzana, Tenuta di (oder **Villa**) ★★★ Aus dem Gut der Familie Contini Bonacossi in der Toskana (westlich von Florenz) kommt guter Chianti Montalbano und hervorragender Carmignano (v. a. Villa Capezzagna, Villa Tefiano) sowie ein Rotwein im Bordeaux-Stil namens Ghiaie della Furba.

Capichera ☆☆☆ Spitzenerzeuger von Vermentino di Gallura, v. a. Vendemmia tardiva.

Caprai ☆☆☆→☆☆☆☆ Oft kopierter, wunderbarer DOCG Sagrantino; sehr guter DOC Rosso di Montefalco. Hoch gehandelt.

Capri Kamp; DOC r rs w ☆→☆☆ Legendäre Insel mit viel missbrauchtem Namen. Interessante Weine nur von La Caprense.

Carema Piem; DOC r ☆☆→☆☆☆ **89' 90' 91 93 95** 96' 97' 98 99' 00 01 – Spezialität aus N-Piemont. Am besten von Luigi Ferrando oder der Genossenschaft.

Carignano del Sulcis Sard; DOC r rs ☆☆→☆☆☆ **90 91 93 94 95 96 97** 98 99 00 01 – Ausdrucksvoller, alterungsfähiger Rotwein. Am besten sind Terre Brune und der Rocca Rubia von der Cantina Sociale di Santadi.

Carmignano Tosk; DOCG r ☆☆☆ **90' 92' 93 94 95 96** 97' 98 99' 00 01 – Gehört zur Region westlich von Florenz; Chianti mit 15% Cabernet-Sauvignon-Anteil ergibt ausgeprägte, zuverlässige, außergewöhnliche Rotweine. Erzeuger: Ambra, Capezzana, Farnete, Lo Locco, La Piaggia.

Carpenè Malvolti Führender Erzeuger von klassischem Prosecco und anderen Schaumweinen in Conegliano, Venetien. In Venedig allgegenwärtig.

Carso F-JV; DOC r w ☆☆→☆☆☆ **90 91' 93 94 97'** 99' 00 01 – DOC bei Triest mit gutem Malvasia. Terrano del Carso heißt ein Refosco-Rotwein. Spitzenerzeuger: Edi Kante.

Cartizze Bekannter, häufig zu teurer und zu süßer DOC Prosecco aus der besten Unterzone von Valdobbiadene.

Casa fondata nel … Firma gegründet im Jahr …

Casanova di Neri ☆☆☆ Brunello (und sehr guter Rosso) di Montalcino der Familie Neri.

Case Basse ☆☆☆☆ Trendsetter in Montalcino mit wunderbarem Brunello und Einzellagen-Brunello Intistieti.

Castel del Monte Apu; DOC r rs w ★★→★★★ 93' 94 **95 96** 97' 98 99 00 01 – Trockene, frische, ausgeglichene Weine aus dem Süden. Rotwein nach 3 Jahren Riserva. Der Rosé ist am bekanntesten. Il Falcone und Santa Lucia Riserva von Rivera sind überragend.

Castelgiocondo ☆☆☆ Frescobaldi-Weingut in Montalcino: sehr guter Brunello sowie IGT Merlot Lamaione.

Castellare ☆☆→☆☆☆ Kleiner, viel gelobter Chianti-Classico-Erzeuger mit erstklassigem Sangiovese IGT I Sodi di San Niccolò und spritzigem Governo di Castellare, ein zeitgemäßer Chianti alten Stils. Auch Chardonnay und Cabernet Sauvignon.

Castell'in Villa ☆☆☆ Sehr gutes Chianti-Classico-Weingut. Auch Vinsanto.

Castello Schloss (Siehe unter den Einzeleinträgen, z. B. Ama, Castello di)

Castelluccio ☆☆→☆☆☆ Pionier der Erzeugung von Qualitäts-Sangiovese in der Romagna: IGT Ronco dei Ciliegi und Ronco della Simia.

Caudrina – Romano Dogliotti ☆☆☆ Spitzen-Moscato-d'Asti (La Galeisa und La Caudrina).

Cavalleri ☆☆☆→☆☆☆☆ Sehr guter und zuverlässiger Erzeuger von Franciacorta-Weinen, v. a. Schaumweine.

Cavicchioli Bedeutender Erzeuger aus der Emilia–Romagna mit Lambrusco und anderen Perlweinen: Lambrusco di Sorbara Vigna del Cristo am besten. Auch Terre di Franciacorta.

Cavit – Cantina Viticoltori Zusammenschluss mehrerer Genossenschaften bei Trient. Weine: u. a. Marzemino, Cabernet Sauvignon, Pinot nero, bianco und grigio, Nosiola. Spitzensorten: Brume di Monte (rot und weiß) und Schaumwein Graal.

Cecchi Erzeuger und Abfüller der verschiedensten toskanischen Weine.

Cerasuolo Abr; DOC rs ☆☆ Die Rosato-Version von Montepulciano d'Abruzzo.

Cerasuolo di Vittoria Siz; DOC rs ☆☆☆ **97 98** 99 00 – Granatroter, körperreicher, aromatischer Wein aus Frappato- und Nero d'Avola-Trauben; interessant v. a. von Valle dell'Acate und COS.

Ceretto ☆☆☆ Spitzenerzeuger von Barbaresco (Bricco Asili), Barolo (Bricco Rocche, Brunate, Prapò), Langhe Rosso Monsordo, Chardonnay (La Bernardina) und Arneis. Auch sehr guter Metodo classico Spumante La Bernardina.

Cerro, Fattoria del ☆☆☆ Erzeuger von sehr gutem DOCG Vino Nobile di Montepulciano (v. a. Riserva und Antica Chiusina) sowie den roten IGT-Weinen Manero (Sangiovese) und Poggio Golo (Merlot). Im Besitz der Versicherungsgesellschaft SAI, der auch La Poderina (Brunello di Montalcino) und Colpetrone (Montefalco Sagrantino) gehören.

Cervaro Siehe Sala, Castello della.

Chardonnay Für verschiedene norditalienische DOC-Weißweine zugelassene Rebsorte (z. B. in Trentino–Südtirol, Franciacorta, Friaul–Julisch Venetien, Piemont). Manche Spitzenweine dieser Sorte (z. B. von Antinori, Capannelle, Boccadigabbia und Regaleali) gelten immer noch lediglich als IGT. Versuche mit Chardonnay werden jetzt fast überall in Italien angestellt.

Chianti Tosk; DOCG r ☆→☆☆☆ 95' **97'** 99' 00 01 Chianti Annata BV – Lebendiger Wein aus der Gegend von Florenz und Siena. Die Besten sind frisch, fruchtig und kräftig. In den Unterbereichen Rufina (☆☆→☆☆☆)

und Colli Fiorentini (☆→☆☆☆) kann Riserva im Classico-Stil entstehen; in Montalbano und den Colli Senesi und Aretini sowie in den Colline Pisane wird leichterer Wein produziert. Chianti Montespertoli ist seit 1997 neuer Unterbezirk; mit ähnlichen Weinen wie Colli Fiorentini.

Chianti Classico Tosk; DOCG r ☆☆→☆☆☆☆ **95′ 97′** 99′ 00 01 Riserva und Einzellagen **88′ 90′ 93 95 97′** 99 00 – Älterer Chianti aus dem mittleren Bereich. Der alte helle Stil wird seltener, da sich die Spitzengüter für dunklere, reichhaltigere, festere Weine entscheiden. Einige davon zählen zu den besten Tropfen Italiens, zu viel Cabernet Sauvignon im Verschnitt tut allerdings dem Stil nicht gut. Der schwarze Hahn ist das Zeichen für Mitglieder des Consorzio, dem jedoch nicht alle Spitzengüter angehören.

Wer macht wirklich guten Chianti Classico?
Ama, Antinori, Castello di Brolio, Cacchiano, Carobbio, Casa Emma, Casale dello Sparviero, Casaloste, Castel Ruggero, Castellare, Castell'in Villa, Le Cinciole, Collelungo, Colombaio di Cencio, Coltibuono, Le Corti, Felsina, Le Filigare, Fonterutoli, Fontodi, Isole e Olena, Lilliano, La Massa, Le Masse di San Leolino, Monsanto, Giovanna Morganti, Nittardi, Palazzino, Paneretta, Petroio-Lenzi, Poggerino, Poggiolino, Poggio al Sole, Querceto, Querciabella, Rampolla, Riecine, Rocca di Montegrossi, Rodano, San Felice, San Giusto, Valtellina, Vecchie Terre di Montefili, Verrazzano, Villa Cafaggio, Volpaia.

Chiaretto Rosé, v. a. vom Gardasee. Siehe Bardolino, Riviera del Garda.

Chiarlo, Michele ☆☆→☆☆☆ Guter Erzeuger aus dem Piemont mit den Barolo-Weinen Cerequio und Cannubi sowie Barbera d'Asti, Langhe und Monferrato Rosso. Auch Barbaresco.

Chionetti ☆☆→☆☆☆ Erzeuger von Spitzen-Dolcetto di Dogliani (v. a. Briccolero).

Cigliuti, Renato ☆☆☆ Kleines Spitzengut für Barbaresco und Barbera d'Alba.

Cinciole, Le ☆☆☆ Winziger Erzeuger von sehr gutem DOCG Chianti Classico. Spitzenwein ist die Riserva Valle del Pozzo.

Cinqueterre Lig; DOC w; tr s; Pa ☆☆ Duftiger, fruchtiger Weißwein von der Steilküste bei La Spezia. Der Passito ist als Sciacchetrà bekannt (☆☆→☆☆☆). Erzeuger: u. a. De Batte, CS Agricola di Cinqueterre, Forlini & Cappellini.

Cinzano Bedeutende Wermutfirma, auch für Asti Spumante aus dem Piemont bekannt. Jetzt im Besitz von Campari.

Cirò Kal; DOC r (rs w) ★→★★★ **93 94′ 95 96** 97 98 99 00 01 – Sehr starker Rotwein von Gaglioppo-Trauben; leichter, fruchtiger Weißwein (BV). Spitzenerzeuger: Librandi (Duca San Felice ☆☆☆), San Francesco (Donna Madda und Ronco dei Quattro Venti), Caparra & Siciliani.

CIV & CIV ☆ Große Genossenschaft mit einem Ausstoß von 80 Millionen Flaschen; hauptsächlich Lambrusco von mittlerer Qualität.

Classico Bezeichnung für Wein aus einem begrenzten, innerhalb einer DOC gelegenen Bereich. Dem Namen nach, oft aber auch in der Praxis der beste Wein der jeweiligen Gegend. »Metodo classico« auf Schaumweinetiketten bedeutet Flaschengärung (wie bei Champagner).

Clerico, Domenico ☆☆☆ Piemonteser Kellerei im Aufwind. Internationale Geschmacksrichtung der Weine als Ziel. Besonders gut: Barolo.

Col d'Orcia ☆☆☆ Spitzenweingut in Montalcino mit interessantem IGT. Am besten ist der Brunello.

Colli Hügel; kommt in vielen Weinnamen vor.
Colli Berici Ven; DOC r rs w ☆☆ **95 97** 99 00 01 – In den Hügeln südl. von Vicenza ist der Cabernet Sauvignon der beste Wein. Spitzenerzeuger: Villa Dal Ferro.
Colli Bolognesi Em-Ro; DOC r w ☆☆ Südwestlich von Bologna. 8 Weintypen von 5 Traubensorten. Terre Rosse war der Vorreiter unter den Erzeugern, jetzt sind auch Bonzara (☆☆☆), Santarosa und Vallona hinzugestoßen.
Colli del Trasimeno Umb; DOC r w ☆→☆☆☆ **97 98** 99' 00 01 – Oftmals lebhafte Weiße aus der Gegend um Perugia, inzwischen aber auch etliche bedeutende Rotweine. Spitzenerzeuger: Duca della Corgna, La Fioraia, Marella, Pieve del Vescovo.
Colli Euganei Ven; DOC r w; tr lbl; (sch) ☆→☆☆☆ BV – DOC für 7 Weine südwestlich von Padua. Der Rote ist anständig; der Weiße und der Schaumwein weich und gefällig. Spitzenerzeuger: Vignalta, Ca' Lustra.
Colline Novaresi Piem; DOC r w ☆→☆☆ BV – Neue DOC für ein altes Gebiet in der Provinz Novara. 7 verschiedene Weintypen: Bianco, Rosso und Nebbiolo, Bonarda, Vespolina, Croatina und Barbera; einschließlich unklassifizierte Boca, Ghemme, Fara und Sizzano.
Collio F-JV; DOC r w ☆☆→☆☆☆☆ **97 98** 99' 00 01 – 19 verschiedene Weine, davon 17 nach der Traubensorte benannt, aus einem kleinen Bereich zwischen Udine und Gorizia an der slowenischen Grenze. Sehr gute Weißweine, v. a. Sauvignon blanc, Pinot bianco und grigio; die besten von: Borgo del Tiglio, La Castellada, Castello di Spessa, Damijan, Marco Felluga, Fiegl, Gravner, Edi Keber, Renato Keber, Livon, Aldo Polencic, Primosic, Princic, Ronco dei Tassi, Russiz Superiore, Schiopetto, Tercic, Terpin, Venica & Venica, Villa Russiz.
Colli Orientali del Friuli F-JV; DOC r w; tr s ☆☆→☆☆☆☆ r **94 95 97** 99' 00 01 – DOC für 20 verschiedene Weine von den Hügeln östlich von Udine, von denen 18 nach den Traubensorten benannt sind. Rot- und Weißweine können gleichermaßen sehr gut sein. Spitzenerzeuger: Castello di Buttrio, Dorigo, Dri, Fiore dei Liberi, Le Due Terre, Le Viarte, Le Vigne di Zamò, Livio Felluga, Meroi, Miani, Moschioni, Rosa Bosco, Rocca Bernarda, Ronchi di Cialla, Ronchi di Manzano, Ronco del Gnemiz, Schiopetto, Scubla, Specogna, Torre Rosazzo, Volpe Pasini, Walter Filiputti, Zof.
Colli Piacentini Em-Ro; DOC r rs w ☆→☆☆ BV – DOC mit 11 Weinen, darunter der traditionsreiche Gutturnio und der Monterosso Val d'Arda aus der Gegend südlich von Piacenza. Guter, perlender Malvasia. Die meisten Weine *frizzante*. Neue französische und einheimische Rote von: La Stoppa, La Tosa, Montesissa, Mossi, Romagnoli, Solenghi.
Colterenzio, Cantina Produttori ☆☆→☆☆☆ Beste Kellereigenossenschaft Südtirols. Besonders empfehlenswert: die Auslesen unter dem Etikett Cornell (Chardonnay, Gewürztraminer, Lagrein, Pinot nero, Schwarzhaus), die Lafoa-Weine (Cabernet Sauvignon und Sauvignon blanc) sowie die weißen und roten Verschnitte Cornelius.
Consorzio Vom Weingesetz sind in Italien zwei Arten von Vereinigungen anerkannt: die eine überwacht die Einhaltung von DOC-Vorschriften (wie z. B. Consorzio Tutela del Chianti Classico). Die andere hat die Aufgabe, die Weine ihrer Mitglieder zu vermarkten (z. B. Consorzio del Marchio Storico del Chianti Classico, ehemals Gallo Nero).
Conterno, Aldo ☆☆☆☆ Legendärer Erzeuger von Barolo usw. in Monforte d'Alba. Sehr guter Printanier und Bussia d'Oro (beide Chardonnay)

sowie Barbera d'Asti Conca Tre Pile. Beste Barolo-Weine: Gran Bussia, Cicala und Colonello. Sehr guter, fassgereifter Nebbiolo VdT Favot.

Conterno, Giacomo ☆☆☆☆ Barolo-Spitzenerzeuger in Monforte d'Alba. Langlebiger, ungewöhnlicher, hervorragender Monfortino Barolo.

Conterno-Fantino ☆☆☆ Zwei junge Familien mit sehr gutem Barolo usw. in Monforte d'Alba.

Contini, Attilio ☆→★★★ Berühmter Erzeuger von Vernaccia di Oristano; am besten der Jahrgangsverschnitt Antico Gregori.

Contratto ☆☆ Die Familie Bocchino, die auch Grappa produziert, erzeugt auf diesem Gut in Canelli sehr guten Barbera d'Asti, Schaumwein, Asti (De Miranda) und Moscato d'Asti.

Copertino Apu; DOC r (rs) ★★ **95 97** 99 00 01– Haltbarer, saftiger Rotwein von Negroamaro-Trauben vom Stiefelabsatz Italiens. Beachtenswert die Riserva der Cantina Sociale sowie Masseria Monaci.

Coppo ☆☆→★★★ Ambitionierter Erzeuger von Barbera d'Asti (z. B. Pomorosso).

Cordero di Montezemolo-Monfalletto ☆☆→☆☆☆ Historischer Erzeuger von gutem Barolo.

Cortese di Gavi Siehe Gavi. (Cortese ist der Name der Traube.)

Corzano & Paterno, Fattoria di ☆☆☆ Dynamisches Chianti-Weingut in den Colli Fiorentini. Sehr gute Riserva, roter IGT Corzano und hervorragender Vinsanto.

COS ☆☆☆ Kleines Gut, auf dem drei Freunde sizilianische Weine der Spitzenklasse produzieren.

Dal Forno, Romano ☆☆☆☆ Valpolicella, Amarone und Recioto in sehr hoher Qualität von einem auf Perfektion bedachten Erzeuger, der nur besten Wein abfüllt: 14 000 Flaschen von 8 ha.

D'Ambra ☆☆ Spitzenerzeuger von Ischia-Weinen, v. a. rotem Dedicato a Mario D'Ambra und den weißen IGT-Weinen Frassitelli und Piellero.

D'Angelo ☆☆→☆☆☆ Führender Erzeuger von bewundernswertem DOC Aglianico del Vulture. Auch sehr guter fassgereifter Aglianico IGT Canneto und IGT Serra delle Querce (Aglianico/Merlot).

Darmagi Piem; r ☆☆☆→☆☆☆☆ **85 88 89 93 95** 96 97 98 99 00 01 – Cabernet Sauvignon von Gaja aus Barbaresco; einer der meistdiskutierten (und teuersten) Rotweine des Piemont, zunächst VdT, jetzt DOC Langhe.

Decugnano dei Barbi ☆☆ Guter Orvieto-Erzeuger mit einem Abboccato, der als »Pourriture Noble« bezeichnet wird, sowie einem guten roten IGT.

Denominazione di Origine Controllata (DOC) Entspricht der Bezeichnung Appellation d'Origine Contrôlée (siehe Frankreich).

Alle DOCG-Weine Italiens auf einen Blick

Albana di Romagna, Asti und Moscato d'Asti, Barbaresco, Bardolino Superiore und Bardolino Classico Superiore, Barolo, Brachetto d'Acqui, Brunello di Montalcino, Carmignano, Chianti, Chianti Classico, Franciacorta, Gattinara, Gavi, Ghemme, Montefalco Sagrantino, Ramandolo, Recioto di Soave, Taurasi, Torgiano Rosso Riserva, Valtellina Superiore, Vermentino di Gallura, Vernaccia di San Gimignano, Vino Nobile di Montepulciano.

Denominazione di Origine Controllata e Garantita (DOCG) Wie DOC, jedoch befindet sich am Flaschenhals ein nummeriertes Etikett mit offizieller Ursprungsgarantie, welches anzeigt, dass die Produktionsmenge limitiert ist.

Di Majo Norante ★★→★★★ Einziges Spitzengut in Molise südlich der Abruzzen mit sehr gutem DOC Biferno Rosso (v. a. Don Luigi), IGT Aglianico und den weißen IGT-Verschnitten Falanghina/Fiano und Falanghina/Greco.

DOC, DOCG Siehe Denominazione di Origine Controllata (e Garantita).

Dogliotti, Romano Siehe Caudrina–Romano Dogliotti.

Dolce Süß.

Dolceacqua Siehe Rossese di Dolceacqua.

Dolcetto ☆→☆☆☆ Die am frühesten reifende Traube des Piemont erbringt sehr ansprechende Alltagsweine: trocken, jung zu trinken, fruchtig, frisch und tief purpurrot. Sie gibt mehreren DOC-Bereichen den Namen: Dolcetto d'Acqui, d'Asti, delle Langhe Monregalesi (v. a. Barone Riccati), di Diano d'Alba (auch DOC Diano; v. a. Alari und Bricco Maiolica), di Dogliani (v. a. von Chionetti, San Fereolo, San Romano, Poderi Luigi Einaudi, Pecchenino, M. u. E. Abbona, Gillardi) und di Ovada (v. a. von La Guardia, Rossi Contini). Erzeuger von Dolcetto d'Alba: Alessandria, Altare, Azelia, Baudana, Brovia, Cabutto, Ca' Viola, Clerico, Aldo Conterno, Conterno-Fantino, Corino, Gastaldi, Germano, Gresy, Manzone, Giuseppe Mascarello, Massolino, Mossio, Oberto, Luigi Pira, Gianmatteo Pira, Prunotto, Rocche Costamagna, Sandrone, Scavino, Schiavenza, Fratelli Seghesio, Vajra, Roberto Voerzio.

Donnafugata Siz; r w ☆☆→☆☆☆ Kellerei mit süffigem Weißwein (v. a. von Vigna di Gabri). Auch ordentliche, immer besser werdende Rotweine, v. a. Tancredi und IGT Mille e una Notte. Bisher VdT, gehört jetzt zur neuen DOC Contessa Entellina.

Dorigo, Girolamo ☆☆→☆☆☆ Guter Erzeuger in den Colli Orientali mit weißem VdT Ronc di Juri, Chardonnay, Dessertweinen von Picolit, rotem Pignolo (☆☆☆), Refosco, Schioppettino und VdT Monsclapade (Cabernet Sauvignon/Merlot).

Duca Enrico Siehe Duca di Salaparuta.

Duca di Salaparuta ☆☆ Auch bekannt als Vini Corvo. Populäre sizilianische Weine: saubere, trockene Rote, gefällige milde Weiße. Der exzellente Duca Enrico (☆☆☆) ist einer der besten Roten der Insel. Prämierter eichenfassgereifter Weißer: Valguarnera.

Eisacktal Siehe Valle Isarco.

Elba Tosk; r w; (sch) ☆→☆☆ BV – Der Weißwein der Insel ist gut zu Fisch. Beachtenswert: Acquabona. Napoleon schätzte während seines Exils auf Elba besonders den wirklich empfehlenswerten süßen roten Aleatico.

Enoteca »Vinothek«; das kann ein Weinladen ebenso sein wie ein Restaurant mit umfangreicher Weinkarte. Es gibt viele Enoteche in Italien, das beeindruckende Vorbild ist die Enoteca Italiana in Siena.

Eredi Fuligni ☆☆☆ Sehr guter Erzeuger von Brunello und Rosso di Montalcino.

Est! Est!! Est!!! Lat; DOC w; tr lbl ☆ BV – Wenig bemerkenswerter Weißwein aus Montefiascone; profitiert von seinem berühmten Namen.

Etna Siz; DOC r rs w ☆☆ **93 94 95 96 97** 98 99 00 – Wein von den vulkanischen Hängen des Ätna. Gute Erzeuger: Benanti, Bonaccorsi, Cambria.

Etschtaler Siehe Valdadige.

Falchini ☆☆☆ Erzeuger von gutem DOCG Vernaccia di San Gimignano sowie einiger der besten Rotweine der Gegend, z. B. VdT Campora (☆☆☆); außerdem weißer Selva d'Oro.

Falerno del Massico Kamp; DOC r w ☆☆→☆☆☆ **90 93 94 95 97'** 98 99 00 – Der Falernum war der bekannteste Wein der Antike. Aber die Zeiten haben sich geändert. Eleganter Rotwein von Aglianico, fruchtiger Weißwein von Falanghina. Sehr guter Erzeuger: Villa Matilde.

Falesco ☆☆→☆☆☆ Weingut in Latium mit sehr gutem Merlot Montiano (☆☆☆), rotem IGT Vitiano, dem Cabernet Sauvignon Marciliano und gutem DOC Est! Est !! Est!!!

Fara Piem; DOC r ★★ **90 95' 96' 97** 98 99 00 01 – Guter Nebbiolo aus Novara im nördlichen Piemont. Duftig. Lagerung lohnt sich, besonders beim Caramino von Dessilani.

Farneta, Tenuta ☆☆→☆☆☆ Weingut bei Siena, jedoch außerhalb des Chianti-Classico-Bereichs, mit sortenreinem Sangiovese VdT, z. B. Bongoverno (☆☆→★★★) und Bentivoglio.

Farnetella, Castello di ☆☆→☆☆☆ Weingut in der Nähe von Montepulciano; hier produziert Giuseppe Mazzocolin von Felsina guten Sauvignon blanc und Chianti Colli Senesi. Auch sehr guter Pinot noir Nero di Nubi und Poggio Granoni (Verschnitt von Sangiovese, Syrah, Cabernet Sauvignon und Merlot).

Faro Siz; DOC r ☆☆ **95 96 97** 98 99 00 01– Recht interessanter, körperreicher Rotwein aus Messina. Guter Erzeuger: Palari.

Fattoria Toskanische Bezeichnung für traditionelles, edles Weingut.

Fazi-Battaglia ☆☆ Bekannter Erzeuger von Verdicchio, v. a. Le Moie und San Sisto, sowie anderen Weinen. Besitzt auch Fassati (Erzeuger von Vino Nobile di Montepulciano).

Felluga, Livio ☆☆☆ Bedeutendes Weingut mit beständig feinen Colli-Orientali-Weinen, v. a. Pinot grigio, Sauvignon blanc, Tocai, Merlot, Refosco, Picolit.

Felluga, Marco Der Bruder von Livio Felluga besitzt ein Weinhandelshaus, das neben eigenen Gewächsen auch Russiz Superiore in der DOC Collio und Castello di Buttrio in der DOC Colli Orientali führt.

Felsina-Berardenga ☆☆☆☆ Chianti-Classico-Gut mit berühmter Riserva Vigna Rancia sowie VdT Fontalloro; der einfache Chianti Classico und die Riserva sind weniger modisch, günstiger und traditioneller.

Ferrari ☆☆→☆☆☆ In Trient ansässiger Hersteller von trockenem Schaumwein der DOC Trento. Am besten ist Giulio Ferrari Riserva.

Feudi di San Gregorio ☆☆☆ DOCG Taurasi, DOC Fiano, roter IGT Serpico und Patrio (Merlot) sowie die weißen IGT-Weine Campanaro und Idem.

Fiano di Avellino Kamp; w ☆☆→☆☆☆ (BV) – Gilt als der beste Weißwein Kampaniens. Kann denkwürdig intensiv und mit leichter Honigsüße ausfallen. Spitzenerzeuger: Colli di Lapio, Feudi di San Gregorio. Gut auch Mastroberardino, Terradora und Valdiaperti.

Filiputti, Walter ☆☆→☆☆☆ Seit 1997 hat Walter Filiputti die Weingärten von Abbazia di Rosazzo wieder gepachtet (Eigentum des Bistums Udine), wo er sehr guten weißen und roten Colli Orientali erzeugt. Markenname: Walter Filiputti.

Florio Mengenmäßig größter Produzent von Marsala; in der Hand von Illva-Saronno.

Folonari Großes Handelshaus in der Lombardei. Siehe auch Gruppo Italiano Vini.

Folonari Ambrogio Folonari und sein Sohn Giovanni haben sich von Ruffino getrennt und sich selbstständig gemacht. Sie erzeugen weiterhin weißen und roten Cabreo (Chardonnay bzw. Sangiovese/Cabernet Sauvignon), Nozzole-Weine (einschließlich des Cabernet Sauvignon Pareto) sowie den Vino Nobile di Montepulciano Gracciano. Neu hinzugekommen sind Weine aus Bolgheri und den Colli Orientali del Friuli.

Fonda, Cascina ☆☆☆ Die Brüder Marco und Massimo Barbero sind in der DOC Moscato d'Asti ganz nach vorne gekommen. Halten Sie Ausschau nach Vendemmia tardiva und Asti Spumante Metodo classico.

Fontana Candida ☆→☆☆ Einer der besten Erzeuger von Frascati; besonders gut die Einzellage Santa Teresa. Siehe auch Gruppo Italiano Vini.

Fontanafredda ☆☆→☆☆☆ Großer historischer Erzeuger von Weinen aus dem Piemont auf ehemaligen königlichen Gütern, einschließlich Barolo aus Einzellagen und einer Reihe von Alba-DOC-Weinen; ferner sehr guter Spumante Brut (v. a. ☆☆☆ Gatinera).

Fonterutoli ☆☆☆ Historisches Chianti-Classico-Gut der Familie Mazzei in Castellina. Viel beachtete neue Riserva Castello di Fonterutoli (eichenholzwürziger, dunkler, modischer Chianti) und IGT Siepi (Sangiovese/Merlot). Der Familie Mazzei gehört auch die Tenuta di Belguardo in der Maremma mit gutem Morellino di Scansano.

Fonti, Le ☆☆☆ Sehr guter Chiant-Classico-Erzeuger in Poggibonsi. Besonders empfehlenswert Riserva und IGT Vito Arturo (Sangiovese).

Fontodi ☆☆☆ Erstklassiges Chianti-Classico-Gut in Panzano mit Chianti und Riserva (v. a. Riserva del Sorbo) sowie den sehr guten IGT-Weinen Fontalloro, Case Via Pinot Nero und Case Via Syrah.

Foradori ☆☆☆ Elizabetta Foradori erzeugt allerbesten Teroldego. Außerdem eichenfassgereifter Teroldego Granato, roter IGT Karanar und weißer IGT Myrto.

Forteto della Luja ☆☆☆ Die Nummer eins für Loazzolo; sehr guter Barbera/Pinot noir-Verschnitt Le Grive.

Fossi, Enrico ☆☆☆ Kleines Weingut auf hohem Niveau in Signa, westlich von Florenz, mit sehr feinem Sangiovese, Cabernet Sauvignon, Syrah und Chardonnay.

Franciacorta Lomb; DOCG (rs) w; sch ☆☆→☆☆☆☆ Kleines Zentrum für Schaumwein; Qualität und Bedeutung steigen schnell. Ausschließlich Flaschengärung. Spitzenerzeuger: Bellavista, Ca' del Bosco, Cavalleri, Gatti, Uberti, Vezzoli, Villa; ebenfalls sehr gut: Contadi Gastaldi, Cornaleto, Il Mosnel, Monte Rossa, Castellino, La Montina, Majolini, Monzio Compagnoni, Ricci Curbastri. Für weiße und rote Stillweine siehe Terre di Franciacorta.

Frascati Lat; DOC w; tr lbl s; (sch) ☆→☆☆ BV – Der bekannteste Wein von den Hügeln um Rom: sollte weich, sauber, golden, angenehm fruchtig sein. Heute ist er meistens enttäuschend neutral. Eher zu empfehlen sind Weine von Conte Zandotti, Villa Simone bzw. Santa Teresa von Fontana Candida. Eine süße Version heißt Cannellino. Am besten trinkt man ihn in einer Trattoria im römischen Stadtteil Trastevere aus einem Krug.

Freisa Piem; r; tr lbl s; (sch) ★★ BV – Meist sehr trockener (außer bei Turin), oft perlender Rotwein, angeblich nach Erdbeeren und Rosen schmeckend. Bei genügend Säure sehr schmackhaft, besonders zu Salami. Empfehlenswert von Cigliuti, Clerico, Conterno, Coppo, Parusso, Pecchenino, Pelissero, Sebaste, Trinchero, Vajra, Voerzio.

Frescobaldi ☆☆→☆☆☆ Führende Pioniere für Chianti Rufina in Nipozzano östlich von Florenz. Auch weißer Pomino und Cabernet Sauvignon (Mormoreto). Castelgiocondo (☆☆☆), ein großes Montalcino-Weingut, das Brunello und sehr guten IGT Merlot Lamaione erzeugt, gehört auch zum Besitz. Produziert seit 1997 zusammen mit Mondavi (Kalifornien) in der Nähe von Montalcino die Weine Luce und Lucente. 1999 wurden Weinberge für Weiße in der DOC Collio erworben. Siehe auch Montesodi.

Friaul–Julisch Venetien Nordöstl. Region an der slowenischen Grenze. Viele Weine, die besten davon unter DOC Collio und Colli Orientali.

Frizzante Leicht schäumend; ein Ausdruck, mit dem Weine wie Lambrusco bezeichnet werden.

Gaja ☆☆☆☆ Altes Familienunternehmen unter der glänzenden Leitung von Angelo Gaja. Piemontesische Spitzenweine (in Qualität und Preis), v. a. Barbaresco (Einzellagen Sorì Tildin, Sorì San Lorenzo, Costa Russi) und Barolo Sperss (seit 1988); richtungweisend auch mit ausgezeichnetem Chardonnay (Gaia & Rey). Vor kurzem Erwerb der Handelsmarke Gromis, des Weinguts Marengo-Marenda (Barolo) und des Guts Pieve di Santa Restituta (Brunello). Neuanpflanzungen in Bolgheri (Toskana). Barbaresco- und Barolo-Weine von Einzellagen sind inzwischen auf dem Etikett als DOC Langhe ausgewiesen.

Galardi ☆☆☆→☆☆☆☆ Erzeuger von Terra di Lavoro, einem Schwindel erregenden Weißweinverschnitt von Aglianico und Piedirosso im nördlichen Kampanien unweit der DOC Falerno del Massico.

Galestro Tosk; w ☆ Name für einen sehr leichten Weißwein, benannt nach dem Schieferboden im Chianti.

Gambellara Ven; DOC w; tr lbl; (sch) ☆ BV – Nachbar von Soave. Der trockene Wein mit ähnlichem Charakter, der süße Wein (Recioto di Gambellara) fruchtiger. Spitzenerzeuger: La Biancara.

Gancia Berühmte Asti-Firma, erzeugt auch trockenen Schaumwein.

Garganega Wichtigste weiße Traube für Soave und Gambellara.

Garofoli ★★→★★★ Einer der Qualitäts-Spitzenreiter in den Marken (bei Ancona). Beachtlicher Stil bei Verdicchio Podium, Macrina und Serra Fiorese; auch Rosso Conero Piancarda und sehr guter Grosso Agontano.

Gattinara Piem; DOCG r ★★★ **89′ 90′ 93 95 96′** 97′ 98 99′ 00 01 – Süffiger, fülliger, Barolo-ähnlicher Rotwein von Nebbiolo-Trauben, mancherorts unter dem Namen Spanna bekannt. Am besten sind Travaglini (Riserva) und Einzellagenweine von Antoniolo. Weitere gute Erzeuger: Bianchi, Nervi, Sergio Gattinara.

Gavi Piem; DOCG w ☆→☆☆☆ BV – Von Cortese-Trauben gekelterter, bestenfalls (aber selten) subtiler, trockener Weißwein. Am bekanntesten von La Scolca; gut sind daneben Banfi (beachtenswert: Vigna Regale), Castellari Bergaglio, Terre da Vino. Angenehm auch Broglia, Cascina degli Ulivi, Castello di Tassarolo, Chiarlo, La Giustiniana, Podere Saulino und Villa Sparina.

Geografico ☆☆ Genossenschaft mit immer besserem DOCG Chianti Classico; gut die Riserva Montegiachi.

Gewürztraminer Siehe Traminer aromatico.

Ghemme Piem; DOCG r ★★→★★★ **89 90′ 93 95 96** 97′ 98 01 – Neben Gattinara, aber nicht so gut. Am besten ist Antichi Vigneti di Cantalupo.

Ghizzano, Tenuta di Siehe Venerosi Pesciolini.

Giacosa, Bruno ☆☆☆☆ Begabter Einzelgänger mit hervorragendem Barbaresco, Barolo und anderen piemontesischen Weinen in Neive. Bemerkenswerter Arneis-Weißwein und Pinot-nero-Schaumwein.

Goldmuskateller Würzige Südtiroler Traube, liefert oft unwiderstehlichen trockenen Weißwein, v. a. von Lageder und der Genossenschaft Kaltern.

Governo Alter Brauch in der Toskana, lebt bei manchen Erzeugern in abgeschwächter Form wieder auf; hierbei werden getrocknete Trauben oder Most dem Jungwein zugegeben, um eine zweite Gärung und dadurch ein leichtes Prickeln hervorzurufen – manchmal anstelle von konzentriertem Most zur Erhöhung des Alkoholgehalts eingesetzt.

Gradi Grad (Alkoholgehalt), d. h. Volumenprozent.

Grappa Alkoholstarker, machmal einzigartiger Tresterbranntwein. Die besten Grappe stammen aus dem Piemont (Ugo Marolo, Paolo Marolo, Distilleria Astigiana, Berta), dem Trentino (Pojer & Sandri, Pilzer, Giovanni Poli), aus Friaul (Nonino), Venetien (Carlo Gobetti, Vittorio Capovilla, Jacopo Poli), der Toskana (Nannoni) und Sizilien (Giovi).

Grasso, Elio ☆☆☆ Sehr guter Barolo (v. a. Gavarini, Casa Maté), voller fassgereifter Barbera d'Alba Vigna Martina, Dolcetto d'Alba und Chardonnay Educato usw.

Grattamacco ☆☆→☆☆☆ Wegweisender Erzeuger nahe Bolgheri an der toskanischen Küste. Sehr guter roter DOC Bolgheri.

Grave del Friuli F-JV; DOC r w ☆☆ **94 95 97** 99 00 01 – Die DOC umfasst 15 Weine (davon 14 nach der Traubensorte benannt) aus dem mittleren Teil der Region Friaul – Julisch Venetien. Guter Refosco, Merlot und Cabernet Sauvignon. Spitzenerzeuger: Borgo Magredo, Di Lenardo, Le Fredis, Le Monde, Plozner, Vicentini-Orgnani, Villa Chiopris.

Gravner, Josko ☆☆☆ Ein Visionär der Weinproduktion im Collio; setzt sich für Ertragsverringerung, Eichenausbau und langlebige Weine ein. Unermüdlicher Kritiker seiner selbst, stets auf der Suche nach Neuem.

Grechetto Weißweintraube mit mehr Charakter als der überall anzutreffende Trebbiano; in Umbrien zunehmend beliebt.

Greco di Bianco Kal; DOC w; s ☆☆ **97** 98 99 00 – Origineller, sanfter und duftiger Dessertwein von der Spitze des italienischen Stiefels; lagern lohnt sich. Bester Erzeuger: Ceratti. Siehe auch Mantonico.

Greco di Tufo Kamp; DOC w; (sch) ☆☆→☆☆☆ (BV) – Einer der besten Weißweine aus dem Süden, fruchtig, etwas »wild« im Geschmack. Spitzenerzeuger: Benito Ferrara, Feudi di San Gregorio, Mastroberardino (Nuovaserra und Vignadangelo), Terredora, Vadiaperti.

Gresy, Marchesi de (Cisa Asinari) ☆☆☆ Sehr beständiger Erzeuger in den Langhe von feinem Barbaresco. Auch sehr guter Langhe Rosso, Sauvignon blanc, Chardonnay und Moscato d'Asti.

Grevepesa Genossenschaft für Chianti Classico.

Grignolino d'Asti Piem; DOC r ☆ BV – Lebendiger, leichter Standardrotwein aus der IGT Piemont.

Gruppo Italiano Vini (GIV) Zusammenschluss von Genossenschaften und sonstigen Kellereien, u. a. von Bigi, Conti Serristori, Folonari, Fontana Candida, Lamberti, Macchiavelli, Melini, Negri, Santi. Kontrolliert seit 1997 auch Ca' Bianca (Piemont) und Vignaioli di San Floriano (Friaul). Investitionen in Sizilien und der Basilikata zeigen die neue Orientierung Richtung Süden.

Guerrieri-Gonzaga ☆☆☆ Spitzenerzeuger im Trentino, v. a. San Leonardo (☆☆☆), ein Cabernet Sauvignon/Merlot-Verschnitt.

Gutturnio dei Colli Piacentini Em-Ro; DOC r; tr ☆→☆☆ BV – Barbera-Bonarda-Verschnitt aus den Bergen von Piacenza; häufig *frizzante*.

Haas, Franz ☆☆☆ Sehr guter Südtiroler Pinot nero und Lagrein sowie rote und weiße IGT-Verschnittweine.

Hastae ☆☆☆ Neuer Super-Barbera von einer Erzeugergruppe aus Asti (Braida, Chiarlo, Coppo, Prunotto, Vietti).

Hofstätter ☆☆☆ Südtiroler Erzeuger von erstklassigem Pinot nero (v. a. Sant'Urbano), Lagrein, Cabernet Sauvignon/Merlot, Gewürztraminer.

IGT – Indicazione Geografica Tipica Neue Kategorie für Weine, die den DOC-Status anstreben; beseitigt den absurden Zustand der luxuriösen Vini da Tavola.

Ischia Kamp; DOC (r) w ☆→☆☆ BV – Der Wein der vor Neapel liegenden Insel. Der Spitzenerzeuger D'Ambra produziert guten roten DOC Dedicato a Mario D'Ambra, roten IGT Tenuta Montecorvo sowie die weißen IGT-Weine Tenuta Frassitelli und Piellero.

Isole e Olena ★★★→☆☆☆☆ Erstklassiges, besonders schönes Chianti-Classico-Weingut mit feinem rotem VdT Cepparello und sehr gutem Vinsanto, Cabernet Sauvignon, Chardonnay sowie Syrah L'Eremo.

Isonzo F-JV; DOC r w ☆☆☆ **94 95** 97' 98 99 **00** 01 – DOC mit 19 Weintypen (17 sortenreine) im Nordosten. Die besten Weißweine und der Merlot halten den Vergleich mit den benachbarten Collio-Weinen aus. Spitzenerzeuger: Lis Neris-Pecorari, Masut da Rive, Pierpaolo Pecorari, Ronco del Gelso, Borgo San Daniele, Vie di Romans.

Jermann, Silvio ☆☆☆ Familiengut im Collio mit Weinbergen in den DOCs Collio und Isonzo mit hochwertigen Vini da Tavola, u. a. den weißen Verschnitten Vintage Tunina und Capo Martino (in Eiche ausgebaut) sowie einem Chardonnay namens »Were dreams, now it is just wine«.

Kalterersee Deutscher (und einheimischer) Name für Lago di Caldaro.

Kante, Edi ☆☆☆ Einsamer Stern im Carso mit hervorragendem DOC Chardonnay, Sauvignon blanc, Malvasia und sehr gutem roten Terrano.

Klosterkellerei Muri-Gries Siehe Muri-Gries.

Lacryma (oder **Lacrima**) **Christi del Vesuvio** Kamp; r rs w; tr (s); (fz) ☆→☆☆ BV – Berühmte, aber gewöhnliche Weine verschiedenster Art von den Hängen des Vesuvs (DOC Vesuvio). Der einzige wirklich gute Wein stammt von Mastroberardino.

Lageder, Alois ☆☆→☆☆☆ Interessante Weine, u. a. in Eiche ausgebauter Chardonnay und die Cabernet-Sauvignon-Gewächse Löwengang und Römigberg. Einzellagenweine: Lehenhof (Sauvignon blanc), Benefizium Porer (Pinot grigio), Krafuss (Pinot nero), Lindenberg (Lagrein), Tannhammer (Terlaner). Mit zum Besitz gehört das Gut Cason Hirschprunn für sehr gute rote und weiße IGT-Verschnitte.

Lago di Caldaro Siehe Caldaro und Kalterersee.

Lagrein, Südtiroler T-S; DOC r rs ☆☆→☆☆☆ **95' 96** 97' 98 99 00 01– Tiroler Traube mit bitterem Beigeschmack. Guter, fruchtiger Wein, oft sehr ansprechend. Es gibt ihn als Rosé (Kretzer) und Rotwein (Dunkel). Spitzenerzeuger: die Genossenschaften Gries, St. Magdalener, Schreckbichl und Terlan sowie die Güter Gojer, Haas, Hofstätter, Lageder, Laimburg, Josephus Mayr, Thomas Mayr, Muri-Gries, Niedermayr und Niedrist.

Lamberti ☆☆ Bedeutender Erzeuger von Soave, Valpolicella, Bardolino usw., in Lazise am Ostufer des Gardasees.

Lambrusco Em-Ro; DOC (teilweise) r rs; tr lbl ☆→☆☆ BV – Perlender Rotwein, am bekanntesten in lieblicher Massenversion. Am besten ist er *secco*, traditionell mit Zweitgärung in der Flasche (Hefesatz am Boden). DOC: Lambrusco Grasparossa di Castelvetro, Lambrusco Salamino di Santa Croce und Lambrusco di Sorbara. Spitzenerzeuger: Bellei, Caprari, Casali, Cavicchioli, Graziano, Lini Oreste, Medici Ermete (v. a. Concerto), Rinaldo Rinaldini, Venturini Baldini.

Langhe Die Berge im mittleren Piemont, Heimat von Barolo, Barbaresco usw. DOC (r w ☆☆→☆☆☆) für 8 Weine: Rosso, Bianco, Nebbiolo, Dolcetto, Freisa, Arneis, Favorita und Chardonnay. Barolo und Barbaresco können jetzt zur DOC Langhe Nebbiolo herabgestuft werden.

Latisana F-JV; DOC r w ☆→☆☆ **97′ 99** 00 – DOC für 13 Sortenweine, etwa 80 km nordöstlich von Venedig. Bester Wein ist der Tocai Friulano.
Leone de Castris ☆☆ Bedeutender, zuverlässiger Erzeuger apulischer Gewächse. Weingut in Salice Salentino bei Lecce.
Lessona Piem; DOC r ☆☆ **94 95 96′ 97′** 98 99 00 01 – Vollaromatischer Wein von Nebbiolo-, Vespolina- und Bonarda-Trauben aus der Provinz Vercelli. Bester Erzeuger: Sella.
Librandi ★★★ Spitzenerzeuger in Kalabrien. Sehr guter roter Cirò (Riserva Duca Sanfelice ☆☆☆), IGT Gravello (Cabernet Sauvignon/Gaglioppo) und VdT Magno Megonio von der Magliocco-Traube.
Lilliano, Castello di ☆☆ Historisches Chianti-Classico-Weingut, jetzt mit zwei guten IGT-Weinen: Anagallis (Sangiovese/Colorino) und Vignacatena (Merlot).
Liquoroso Starker, meist süßer Wein, immer gespritet.
Lisini ☆☆☆ Historisches kleines Weingut mit besonders feinem Brunello di Montalcino.
Lis Neris ☆☆☆ Alvaro Pecoraris Spitzenweingut im Bereich Isonzo mit einer ganzen Latte feinster Tropfen: Chardonnay, Pinot grigio, Sauvignon blanc, ein Rotwein auf Merlot-Basis und ein köstlicher Verduzzo-Dessertwein (VdT).
Livon ☆☆→☆☆☆ Bedeutender Erzeuger von Collio- und einigen guten Colli-Orientali-Weinen, z. B. Verduzzo. Ist jetzt auch in die DOCG-Gebiete Chianti Classico und Montefalco vorgestoßen.
Loazzolo Piem; DOC w; s ☆☆☆ **90 91 93 94 95 96′ 97′** 98′ 99′ 00 01 – Neue DOC für Moscato-Dessertwein aus luftgetrockneten edelfaulen Trauben: teuer und süß. Spitzenerzeuger: Forteto della Luja.
Locorotondo Apu; DOC w; (sch) ☆→☆☆ BV – Angenehm frischer Weißwein aus dem Süden.
Luce ☆☆☆ Ehrgeiziges Gemeinschaftsunternehmen von Mondavi (Kalifornien) mit Frescobaldi (startete 1998); dieser Sangiovese-Merlot-Verschnitt könnte Italiens Opus One werden.
Lugana Lomb und Ven; DOC w; (sch) ☆→☆☆ BV – Weißweine vom südlichen Gardasee: können duftig, geschmeidig, voller Körper und Geschmack sein. Gute Erzeuger: Ca' dei Frati, Zenato.
Lungarotti ☆☆→☆☆☆ Das führende Haus für Torgiano-Weine mit Kellern, Hotel und eindrucksvollem Weinmuseum in der Nähe von Perugia. Erzeugt auch gute IGT-Weine: Sangiorgio (Sangiovese/Cabernet Sauvignon), Il Vessilo und Giubilante. Siehe auch Torgiano.
Macchiavelli Siehe Gruppo Italiano Vini.
Macchiole, Le ☆☆☆ Überragender roter DOC Bolgheri Paleo; außerdem Messorio (Merlot) und Scrio (Syrah) aus der IGT Toskana.
Maculan ☆☆☆ Exzellenter Cabernet Sauvignon (Fratta, Ferrata), Chardonnay (Ferrata), Merlot (Marchesante) und Torcolato (v. a. die Reserva Acininobili).
Malvasia Verbreitete Rebsorte mit schillerndem Charakter: für Weiß- und Rotweine, Schaum- und Stillweine, kräftig oder mild, lieblich oder trocken, aromatisch oder eher neutral, oft als IGT, manchmal als DOC.
Manduria (Primitivo di) Apu; DOC r; lbl ☆☆→☆☆☆ **95 96 97′** 98 99 00 01 – Dunkelroter, alkoholstarker, manchmal süßer Wein aus der Gegend um Tarent. Gute Erzeuger: Felline, Pervini, Sinfarosa.
Mantonico Kal; w; tr s; fz ☆☆ **95** 97 99 00 01 – Fruchtiger, tief goldgelber Dessertwein aus Reggio Calabria. Bemerkenswert gut haltbar. Erzeuger: u. a. Ceratti. Siehe auch Greco di Bianco.

Manzone, Giovanni ☆☆☆ Sehr gute, außerordentlich charaktervolle Alba-Weine vom Gut Ciabot del Preve nahe Monforte d'Alba; besonders zu empfehlen sind Barolo, Barbera d'Alba und Dolcetto von Einzellagen.
Marchesi di Barolo ☆☆ Bedeutende Kellerei in Alba: Barolo, Barbaresco, Dolcetto d'Alba, Barbera, Freisa d'Asti und Gavi.
Maremma Der südliche Teil der toskanischen Küste, namentlich in den Provinzen Livorno und Grosseto. DOCs sind u. a. Bolgheri und Val di Cornia (Livorno) sowie Monteregio, Morellino di Scansano, Parrina und Sovana (Grosseto). Das hohe Qualitätspotenzial der Weine wurde in letzter Zeit mit großem Interesse verfolgt und hat schon einige Investitionen nach sich gezogen.
Marino Lat; DOC w; tr lbl; (sch) ☆→☆☆ BV – Nachbar von Frascati mit ähnlichem Wein, aber oft preiswerter. Nach Di Mauro Ausschau halten.
Marroneto, Il ☆☆→☆☆☆ Kleiner Erzeuger von sehr mildem, fruchtigem, einem Burgunder ähnlichen DOCG Brunello di Montalcino.
Marsala Siz; DOC br; tr lbl s; fz ☆→☆☆☆ oJ – Siziliens dunkler, sherryartiger Wein, 1773 von den Gebrüdern Woodhouse aus Liverpool »erfunden«; sehr guter Aperitif oder Dessertwein; auch in der Küche vielfach bewährt (z. B. für Zabaglione). Wird trocken (»vergine«) manchmal nach der Solera-Methode bereitet. Muss 5 Jahre alt sein. Spitzenerzeuger: Florio, Pellegrino, Rallo, Vecchio Samperi. Herausragende alte Exmplare sind ☆☆☆☆.
Martini & Rossi Wermut- und Schaumweinfirma, jetzt mehrheitlich im Besitz der Bacardi-Gruppe. Unterhält auch ein schönes Museum über Weingeschichte in Pessione bei Turin.
Marzemino (Trentino) T-S; DOC r ☆→☆☆ **97** 98' **99** 00 01 – Angenehmer lokaler Rotwein aus dem Trentino. Fruchtig, leicht bitter. Erzeuger: u. a. Bossi Fedrigotti, Cavit, De Tarczal, Gaierhof, Letrari, Longariva, Simoncelli, E. Spagnoli, Vallarom.
Mascarello Name zweier führender Erzeuger von Barolo usw.: Bartolo M. sowie Giuseppe M. & Figli mit seinem herrlichen Barolo Monprivato.
Masi ☆→☆☆☆ Bekannter, gewissenhafter und zuverlässiger Erzeuger für Valpolicella, Amarone, Recioto, Soave usw., auch feiner roter Campo Fiorin und exzellenter fassgereifter roter IGT Toar.
Massa, La ☆☆☆ Hoch gehandelter neuer Erzeuger von sehr gutem Chianti Classico. Spitzenwein: Giorgio Primo.
Mastroberardino ☆☆→☆☆☆ Das geschichtsträchtige Weingut Kampaniens ist jetzt in zwei Teile zerfallen: Mastroberardino und Terredora. Sonst jedoch kaum Änderungen. Weine: Fiano di Avellino, Greco di Tufa, Lacryma Christi, Taurasi (besonders Radici) und IGT Naturalis Historia, der neue Spitzenverschnitt von Aglianico und Piedirosso.
Melini ☆☆ Alteingesessener Erzeuger von Chianti Classico in Poggibonsi. Gute Qualität, guter Preis; besonders zu empfehlen der Einzellagen-Chianti-Classico Selvanella. Ausschau halten nach den Riserva-Weinen La Selvanella und Masovecchio.
Meranese di Collina T-S; DOC r ☆ BV – Leichter Rotwein aus Meran; in Deutschland als Meraner Hügel bekannt.
Merlot Anpassungsfähige rote Bordeaux-Traube, v. a. in Nord-, aber auch Mittelitalien verbreitet. Viele DOC Merlot-Bereiche. Beste Erzeuger in Friaul–Julisch Venetien: Borgo del Tiglio, Livio Felluga (Sossò), Miani, Radikon, Villa Russiz (De la Tour); in der Emilia–Romagna Bonzara (Rocca di Bonacciara); in Latium Falesco (Montiano); in Sizilien Planeta; in der Toskana die Super-IGTs: Ama (L'Apparita), Casa Emma (Soloìo),

Frescobaldi (Lamaione), Ghizzano (Nambrot), La Braccesca, Macchiole (Messorio), Ornellaia (Masseto), Petrolo (Galatrona), Rodano (Lazzicante), Tua Rita (Redigaffi).

Metodo classico/tradizionale Die mittlerweile obligatorische Bezeichnung für Schaumwein in Flaschengärung. »Metodo champenois« wurde ab 1994 untersagt. Siehe auch Classico.

MezzaCorona Große Trentiner Genossenschaft mit gutem DOC Teroldego und schäumendem Rotari Metodo classico.

Moccagatta ☆☆→☆☆☆ Spezialist für eindrucksvollen Einzellagen-Barbaresco: Basarin, Bric Balin (☆☆☆) und Vigna Cole. Auch Barbera d'Alba und Langhe.

Molino ☆☆☆ Begabter Erzeuger von eleganten Alba-Weinen in La Morra. Empfehlenswert: Barolo Gancia, Barolo Conca, Barbera Gattere, Dolcetto, Chardonnay.

Monacesca, La ☆☆→☆☆☆ Guter Erzeuger mit Verdicchio di Matelica; Spitzenwein: Mirus.

Moncaro Handelsgenossenschaft in den Marken: guter Verdicchio dei Castelli di Jesi.

Monferrato Piem; DOC r rs w; s ☆☆ Der Name des Hügellands zwischen Po und Apennin steht für eine neue DOC mit Rosso, Bianco, Chiaretto, Dolcetto, Casalese und Freisa Cortese.

Monica di Sardegna Sard; DOC r ☆→☆☆ BV – Von der Monica-Traube kommt leichter trockener Rotwein.

Monsanto ☆☆→☆☆☆ Hoch angesehenes Chianti-Classico-Weingut mit der Einzellage Il Poggio. Außerdem die IGTs Fabrizio Bianchi (Sangiovese) und Nemo (Cabernet Sauvignon).

Montalcino Kleinstadt in der Provinz Siena (Toskana). Sie ist berühmt für ihren konzentrierten, sehr teuren Brunello und den etwas zugänglicheren, günstigeren Rosso di Montalcino.

Montecarlo Tosk; DOC r w ☆☆ w BV – Weißwein aus einem Bereich bei Lucca im Norden der Toskana; ein geschmeidiger und neutraler Trebbiano-Verschnitt, gemischt mit mehreren besseren Traubensorten. Die DOC gilt auch für einen Rotwein im Chianti-Stil. Gute Erzeuger: Buonamico (v. a. rote IGTs Cercatoja Rosso und Fortino), Carmignani (sehr guter IGT For Duke); empfehlenswert auch die roten IGT-Weine von La Torre, Montechiari und Wandanna.

Montefalco, Rosso di Umb; DOC r ★★→☆☆☆ **93 94 95 96 97'** 98 99' 00 – Einfacher Verschnitt von Sangiovese, Trebbiano und Sagrantino. Gute Erzeuger: siehe Montefalco Sagrantino.

Montefalco Sagrantino Umb; DOCG r; tr (s) ☆☆☆→☆☆☆☆ **90 91 93 94 95' 96** 97' 98 99' 00 – Starker, sehr interessanter roter Secco oder Passito (süß), sortenrein von der Sagrantino-Traube. Erzeuger: v. a. Caprai, Castello di Antignana, Colpetrone, Rocca di Fabbri.

Montellori, Fattoria di ★★→★★★ Der toskanische Erzeuger produziert Sangiovese/Cabernet Sauvignon-IGT Castelrapiti, Cabernet Sauvignon/Merlot-Verschnitt Salamartano, den weißen IGT-Verschnitt Montecupoli sowie den IGT Sant'Amato (Sauvignon blanc). Auch guter Spumante Metodo classico.

Montepulciano Wichtige Rotweintraube Mittel- und Ostitaliens sowie die berühmte Stadt in der Toskana (siehe Vino Nobile di Montepulciano).

Montepulciano d'Abruzzo Abr; DOC r rs ★→★★★ **90 91 92 93 94 95** 97' 98' 00 01 – In seiner seltenen Spitzenform einer der besten italienischen Rotweine, voll Wohlgeschmack und Wärme, von der Küste bei

Pescara. Gute Erzeuger: u. a. Barone Cornacchia, Nestore Bosco, Cataldi-Madonna, Filomusi-Guelfi, Illuminati, Masciarelli, Montori, Nicodemi, Orlandi Contucci Ponno, Terre d'Aligi, Torre dei Beati und La Valentina. Die große preisgünstige Marke heißt Farnese. Siehe auch Cerasuolo.

Monteregio Aufstrebende DOC nahe Massa Marittima in der Maremma. Weine von Sangiovese und Cabernet Sauvignon auf hohem Niveau von den Erzeugern Moris Farms und Massa Vecchia. Neue Investoren, darunter Antinori, stoßen hinzu.

Montescudaio Tosk; DOC r w ☆☆ **95 97** 98 99 00 – DOC zwischen Pisa und Livorno; die besten Weine sind von Sangiovese oder Verschnitte von Sangiovese und Cabernet Sauvignon. Halten Sie Ausschau nach Weinen von Merlini, Poggio Gagliardo, Sorbaiano.

Montesodi Tosk; r ☆☆☆ **90 93 95** 97 99 00 – Erstklassige Chianti Rufina Riserva von Frescobaldi.

Montevertine ☆☆☆ Weingut in Radda und eine treibende Kraft in der Renaissance der toskanischen Weine in den 1970er und 1980er-Jahren. Der IGT Le Pergole Torte ist ein Musterbeispiel für in kleinen Fässern ausgebauten Sangiovese. Ferner Sodaccio (Sangiovese/Canaiolo).

Montevetrano ☆☆☆ Kleiner Erzeuger in Kampanien; hervorragender IGT Montevetrano (Cabernet Sauvignon/Merlot/Aglianico).

Montresor ☆☆ Veroneser Weinhaus mit gutem Lugana, Bianco di Custoza, Valpolicella.

Morandina, La ☆☆☆ Kleines Familienweingut mit erstklassigem Moscato und Barbera d'Asti.

Morellino di Scansano Tosk; DOC r ★★→☆☆☆ **90' 93 94 95 97** 98 99' 00 01 – Lokale Variante von Sangiovese in der Maremma an der Südküste der Toskana, wird im Geschmack zunehmend moderner und liegt zurzeit voll im Trend; kirschrot, lebendig und süffig, egal ob jung oder gereift. Empfehlenswerte Erzeuger: Belguardo, Lhosa, Malfatti, Mantellasi, Moris Farms, Le Pupille, Poggio Argentiera, Poggiolungo, Cantina Scansano.

Moris Farms ☆☆☆ Spitzenerzeuger von Morellino di Scansano nahe Grosseto; Ausschau halten nach der Riserva und dem reichhaltigen Sangiovese/Cabernet Sauvignon/Syrah-Verschnitt IGT Avvoltore.

Moscadello di Montalcino Tosk; DOC w; s; (sch) ☆☆ BV – Wieder belebter traditioneller Wein aus Montalcino, einst viel bedeutender als der Brunello; ein süßer, perlender weißer Moscato, auch in süßer, gehaltvoller Passito-Version. Gute Erzeuger: Col d'Orcia, La Poderina, Poggio Salvi.

Moscato Fruchtig-duftige, stark verbreitete Traube für verschiedene Weine: schäumend oder still, leicht oder körperreich, aber stets süß.

Moscato d'Asti Piem; DOCG w; s; sch ☆☆→☆☆☆ BV – Die Weine sind ähnlich wie die der DOCG Asti, doch gewöhnlich von besserem Rebgut gekeltert, außerdem weniger alkoholstark, süßer und fruchtiger und meist von kleineren Gütern bereitet. Spitzenerzeuger: Walter Bera, Cascina Fonda, Caudrina, Il Falcheto, La Morandina, Perrone, Rivetti, Saracco, Scagliola, Vignaioli di Santo Stefano.

Müller-Thurgau Liefert in Trentino–Südtirol (Lavis, Lageder, Pojer & Sandri, Zeni) und in Friaul beachtlichen Wein.

Murana, Salvatore ☆☆☆ Sehr guter Moscato di Pantelleria und Passito di Pantelleria.

Muri-Gries, Klosterkellerei ☆☆→☆☆☆ Sehr guter Erzeuger von Südtiroler DOC-Weinen; v. a. DOC Lagrein.

Nada, Fiorenzo ☆☆☆ Ausgezeichneter Erzeuger von sehr weichem DOCG Barbaresco.

Nebbiolo Die beste Rotweintraube im Piemont und Hauptrebe des Valtellina (Lombardei).
Nebbiolo d'Alba Piem; DOC r; tr (lbl); (sch) ★★ 95 **96 97** 98 99 00 01 – Aus Alba (Alternative zu Barolo und Barbaresco). Manchmal ähnlich wie leichter Barolo, lässt sich einfacher trinken als der starke klassische Wein. Beste Erzeuger: Alario, Bricco Maiolica, Cascina Chicco, Correggia, De Marie, Giacosa, Hillberg, Mascarello, Prunotto, Sandrone, Val di Prete. Siehe auch Roero.
Negri Siehe Gruppo Italiano Vini.
Negroamaro Wörtlich »schwarzer Bitterer«. Apulische Traubensorte mit großem Qualitätspotenzial. Siehe Copertino und Salice Salentino.
Niedermayr ☆☆☆ Sehr guter Südtiroler DOC, v. a. Lagrein, Pinot nero, Gewürztraminer, Sauvignon blanc und die IGT-Weine Euforius (Lagrein/Cabernet Sauvignon) und Aureus, ein süßer Weißweinverschnitt.
Niedrist, Ignaz ☆☆☆ Begabter kleiner Südtiroler Erzeuger von Weiß- und Rotweinen (v. a. Lagrein, Pinot nero, Pinot bianco und Riesling).
Nipozzano, Castello di ☆☆☆ Das Frescobaldi-Weingut im Rufina östlich von Florenz, aus dem der Montesodi Chianti kommt, ist die bedeutendste Chianti-Kellerei außerhalb der Classico-Zone.
Nittardi ☆☆→☆☆☆ Aufstrebendes kleines Chianti-Classico-Weingut.
Nosiola (Trentino) T-S; DOC w; tr s ☆☆ BV – Leichter, fruchtiger Weißwein von getrockneten Nosiola-Trauben; auch guter Vinsanto. Spitzenerzeuger: Castel Noarna, Pojer & Sandri, Giovanni Poli, Pravis, Zeni.
Nozzole ☆☆→☆☆☆ Berühmtes Gut im Zentrum des Chianti-Classico-Bereichs, nördlich von Greve; jetzt im Besitz von Ambrogio Folonari. Auch sehr guter Cabernet Sauvignon Pareto.
Nuragus di Cagliari Sard; DOC w ★ BV – Lebendiger Weißwein aus Sardinien.
Oberto, Andrea ★★→☆☆☆ Fleißiger, kleiner Erzeuger in La Morra mit feinem Barolo und Barbera d'Alba.
Oddero Piem ☆☆→☆☆☆ Bekanntes, verlässliches Weingut in La Morra mit exzellentem Barolo (v. a. Mondocco di Bussia, Rocche di Castiglione, Vigna Rionda).
Oltrepò Pavese Lomb; DOC r w; tr s; sch ☆→☆☆☆ DOC für 14 meist nach der Traubensorte benannte Weine aus der Provinz Pavia. Pinot nero und Spumante Metodo classico können sehr gut sein. Spitzenerzeuger: u. a. Anteo, Barbacarlo, Casa Re, Frecciarossa, Le Fracce, Monsupello, Mazzolino, Ruiz de Cardenas, Travaglino, Vercesi del Castellazzo und die Genossenschaft La Versa.
Ornellaia Tosk ☆☆☆→☆☆☆☆ Renommiertes 80-ha-Weingut von Ludovico Antinori bei Bolgheri an der toskanischen Küste. Vielversprechend: Bolgheri DOC Ornellaia (Cabernet Sauvignon/Merlot), hervorragender IGT Masseto (Merlot) und IGT Le Volte (Sangiovese/Cabernet Sauvignon).
Orvieto Umb; DOC w; tr lbl ☆→☆☆☆ BV – Der klassische goldene Weißwein aus Umbrien, geschmeidig und gehaltvoll, bisher etwas ausdruckslos, neuerdings interessanter, v. a. in lieblichen Versionen. Classico ist besser. Nur die besten, z. B. von Barberani, Bigi, La Carraia, Co.Vi.O., Decugnano dei Barbi, Palazzone oder Vi.C.Or. sind länger haltbar. Siehe auch Castello della Sala.
Pacenti, Siro ☆☆☆ Brunello und Rosso di Montalcino im ausgesprochen internationalen Stil.
Pagadebit di Romagna Em-Ro; DOC w; tr lbl ★ BV – Traditionsreicher, gefälliger Wein aus der Gegend von Bertinoro.

Palazzino, Podere Il ☆☆☆ Kleines Weingut mit bewundernswertem Chianti Classico und IGT Grosso Sanese.

Pancrazi, Marchese ☆☆→☆☆☆ Gut bei Florenz: einer der besten Pinot-nero-Weine Italiens.

Paneretta, Castello della ☆☆☆ Weingut im Auge behalten: sehr feiner Chianti Classico, IGT-Weine Quattrocentenario, Terrine.

Panizzi ☆☆→☆☆☆ Erstklassiger Vernaccia di San Gimignano. Auch Chianti Colli Senesi.

Paradiso, Fattoria ☆☆ Altes Familiengut bei Bertinoro (Emilia-Romagna). Guter Albana und Sangiovese; einzigartiger Barbarossa. Auch Trebbiano di Romagna.

Parrina Tosk; DOC r w ☆☆ Imposantes Gut in der südlichen Toskana, unweit der vornehmen Erholungseinrichtungen am Monte Argentario. Guter weißer Ansonica und besser werdende Rote (Sangiovese/Cabernt Sauvignon) aus der Maremma.

Parusso ☆☆☆ Marco und Tiziana Parusso produzieren schönen Barolo (zum Beispiel aus den Einzellagen Bussia Vigna Rocche und Bussia Vigna Munie) sowie Barbera d'Alba, Dolcetto und weißen Langhe (Sauvignon blanc).

Pasolini Dall'Onda Adelsfamilie mit Weingütern in den Colli Fiorentini und der Romagna; Weine in traditioneller Art.

Pasqua, Fratelli ☆☆ Erzeuger und Abfüller veronesischer Weine: Valpolicella, Amarone, Soave; gutes Niveau. Auch Bardolino und Recioto.

Passito Starker, in der Regel süßer Wein aus am Rebstock oder unter einem Dach getrockneten Trauben.

Paternoster ☆☆☆ Spitzenerzeuger von Aglianico del Vulture.

Patriglione ☆☆☆→☆☆☆☆ Konzentrierter, starker roter VdT von Negroamaro- und Malvasia-nera-Trauben. Siehe Taurino.

Per'e Palummo Kamp; r ☆ Leichter Rotwein von der Insel Ischia.

Piave Ven; DOC r w ☆→☆☆ r **95 97** 99' 00 01 w BV – Blühende DOC nordwestlich von Venedig für 8 nach der Traubensorte benannte Weine, 4 rote, 4 weiße. Die Cabernet-Sauvignon-, Merlot- und Raboso-Weine vertragen Reifezeit. Erzeuger: v. a. Molon und Loredan Gasparini.

Picolit (Colli Orientali del Friuli) F-JV; DOC w; lbl s ☆☆→☆☆☆ **95 97** 98 – Feiner Dessertwein mit überzogenem Renommee. Zartes Bukett, süß (ein wenig wie Jurançon in Frankreich). Reifezeit bis 6 Jahre; stark überteuert. Beste Erzeuger: Dorigo, Felluga, Meroi, Specogna und Villa Russiz.

Piemont Zusammen mit der Toskana das bedeutendste italienische Anbaugebiet für Wein in Spitzenqualität mit Turin als Hauptstadt und Asti und Alba als Weinzentren. Siehe Barbaresco, Barbera, Barolo, Dolcetto, Grignolino, Moscato usw.

Piemonte Piem; DOC r rs w; (sch) ☆→☆☆ Neue Dach-DOC für das ganze Piemont, umfasst P. Barbera, P. Bonarda, P. Brachetto, P. Cortese, P. Grignolino, P. Chardonnay, P. Spumante, P. Moscato.

Pieropan ☆☆☆ Hervorragender Erzeuger von zu Recht berühmtem Soave und Recioto, v. a. Soave La Rocca und Calvarino; auch süßer Passito della Rocca.

Pieve Santa Restituta ☆☆☆ Weingut im Besitz von Gaja; bewundernswerter Brunello di Montalcino, v. a. Sugarile.

Pigato Lig; DOC w ☆☆ DOC im Bereich Riviera Ligure di Ponente; überflügelt oft den Vermentino als feinsten Weißwein Liguriens mit meist vollem, kräftigem Gefüge. Erzeuger: v. a. Bruna, Colle dei Bardellini, Durin, Feipu, Foresti, Lupi, Terre Rosse, Vio.

Pighin, Fratelli ☆☆ Einer der größten Erzeuger in Friaul. Zuverlässige Rot- und Weißweine der DOCs Collio Goriziano und Friuli Grave.

Pinot bianco Im Nordosten populäre Traube für viele DOC-Weine, im Allgemeinen ehrlich und trocken. Am besten aus Südtirol ☆☆ (Erzeuger: v. a. die Genossenschaften St. Michael-Eppan und Schreckbichl sowie die Erzeuger Hofstätter und Niedrist), dem Collio ☆☆→ ☆☆☆ (Erzeuger: v. a. Renato Keber, Aldo Polencic, Russiz Superiore, Schiopetto, Villa Russiz), den Colli Orientali ☆☆→ ☆☆☆ (Erzeuger: v. a. Zamò & Zamò) und dem Bereich Isonzo (Erzeuger: v. a. Masut da Rive).

Pinot grigio Schmackhafte säurearme Weißweintraube, im Nordosten zunehmend populär. Am besten aus den DOC-Bereichen Südtirol (CS St. Michael-Eppan, Schwanburg), Collio (Renato Keber, Livon, Aldo Polencic, Russiz Superiore, Schiopetto, Tercic, Terpin, Venica, Villa Russiz), den Colli Orientali (Livio Felluga) und dem Bereich Isonzo (Borgo San Daniele, Lis Neris, Masut da Rive, Pierpaolo Pecorari, Vie di Romans).

Pinot nero Wird in weiten Teilen Nordostitaliens angebaut. DOC-Status in Südtirol (Haas, Haderburg, Hofstätter, Lageder, Laimburg, Niedermayr, Niedrist, Genossenschaften Kurtatsch, Kaltern, St. Michael-Eppan, Schreckbichl, Tramin) sowie im Oltrepò Pavese (Frecciarossa, Ruiz de Cardenas). Vielversprechende Experimente auch andernorts, z. B. in der Toskana (Ama, Farnetella, Fontodi, Pancrazi). Ebefalls gut aus dem Trentino (Lunelli, Maso Cantanghel, Pojer & Sandri), der Lombardei (Ca' del Bosco), Umbrien (Antinori) und den Marken (Boccadigabbia).

Pio Cesare ☆☆→☆☆☆ Alteingesessener Erzeuger in Alba, v. a. für Barolo und Barbaresco.

Planeta ☆☆☆ Einer der sizilianischen Spitzenerzeuger. Besonders gut: Segreta Bianco (Grecanico/Catarratto/Chardonnay) und Segreta Rosso (Nero d'Avola/Merlot); ebenfalls überragend: Chardonnay, Cabernet Sauvignon, Cometa (Fiano), Merlot und Santa Cecilia (Nero d'Avola).

Podere Toskanische Bezeichnung für Weingut, kleiner als eine Fattoria.

Poggio Antico ☆☆☆ Kellerei in Montalcino mit bewundernswert gleichmäßig zur Spitzenklasse zählendem Brunello.

Poggione, Tenuta Il ☆☆☆ Sehr zuverlässiges Weingut für Brunello und Rosso di Montalcino.

Pojer & Sandri ☆☆☆ Spitzenerzeuger im Trentino: Rot-, Weiß- und Schaumweine.

Poliziano ☆☆☆→☆☆☆☆ F. Carletti produziert überragenden Vino Nobile di Montepulciano (v. a. Asinone) und köstlichen IGT Le Stanze (Cabernet Sauvignon/Merlot).

Pomino Tosk; DOC r w ☆☆☆ r **93 94** **95 97** 98 99' – Feiner toskanischer Weißwein, teils aus Chardonnay (v. a. Il Benefizio) sowie ein Verschnitt von Sangiovese/Cabernet Sauvignon/Merlot/Pinot nero. Von Frescobaldi und Selvapiana.

Primitivo Sehr gute Rotweintraube aus dem tiefen Süden, wird jetzt mit Zinfandel gleichgesetzt. Nur von wenigen Erzeugern angebaut. Siehe Manduria.

Produttori del Barbaresco ☆☆→☆☆☆ Genossenschaft und einer der zuverlässigsten Erzeuger der DOCG. Oft überragende Einzellagenweine (Asili, Montestefano, Ovello u. v. a.).

Prosecco Weiße Traube, für leichten, trockenen Schaumwein verwendet. Gern getrunken in Venedig. Viele Verbraucher sagen inzwischen Prosecco, wenn sie irgendeinen italienischen Perlwein meinen. Die besseren Versionen finden Sie im nächsten Eintrag.

Prosecco di Conegliano-Valdobbiadene Ven; DOC w; (tr) lbl; sch ★★ BV – Fruchtiges Bukett, der Trockene angenehm bitter, der Süße fruchtig; die süßeste (und teuerste) Sorte ist Superiore di Cartizze. Der bekannteste Erzeuger, Carpenè Malvolti, bekommt inzwischen Konkurrenz durch Adami, Bisol, Bortolin, Canevel, Case Bianche, Le Colture, Col Salice, Col Vetoraz, Gregoletto, Nino Franco, Ruggeri, Zardetto.

Prunotto, Alfredo ☆☆☆→☆☆☆☆ Seriöses Haus in Alba mit sehr gutem Barbaresco, Barolo, Nebbiolo, Barbera d'Alba usw. Seit 1999 erzeugt Prunotto (mehrheitlich im Besitz von Antinori) auch Barbera d'Asti (empfehlenswert: Costamiole).

Puglia Siehe Apulien.

Puiatti ☆☆ Bedeutender, sehr zuverlässiger Erzeuger von DOC Collio; auch Spumante Metodo classico. Puiatti besitzt auch eine Fattoria für Chianti Classico (Casavecchia).

Pupille, Le ☆☆☆ Spitzenerzeuger von Morelino di Scansano (empfehlenswert Riserva und Poggia Valente) und ausgezeichnetem IGT Saffredi, einem Cabernet Sauvignon/Merlot-Verschnitt.

Querciabella ☆☆☆→☆☆☆☆ Führendes Chianti-Classico-Gut mit schöner Riserva, hervorragendem IGT Camartina (Sangiovese/Cabernet Sauvignon) und weißem fassgereiftem Batàr.

Quintarelli, Giuseppe ☆☆☆☆ Valpolicella, Recioto und Amarone in bester handwerklicher Qualität mit entsprechendem Preis.

Raboso (del Piave) Ven; DOC r ☆☆ **93 94 95** 97 99' 00 01 – Gehaltvoller, strenger, interessanter ländlicher Rotwein; braucht Reifezeit. Besonders empfehlenswert: Molon.

Ragose, Le ☆☆→☆☆☆ Familiengut, eines der besten im Valpolicella, mit Amarone und Recioto in höchster Qualität; sehr fein auch Cabernet Sauvignon und Valpolicella.

Ramandolo Siehe Verduzzo (Colli Orientali del Friuli).

Rampolla, Castello dei ☆☆☆ Schönes Weingut in Panzano im Chianti-Classico-Gebiet; erzeugt die bemerkenswerten Weine Sammarco und Vigna di Aleco auf Cabernet-Sauvignon-Grundlage.

Recioto Aus halbgetrockneten Trauben bereiteter Wein. Eine Spezialität aus Venetien, schon seit der großen Zeit Venedigs; geht auf den klassischen Römerwein »Raeticus« zurück. Immer süß, manchmal schäumend. Der Schaumwein muss jung getrunken werden; der süße, konzentrierte ist lange haltbar.

Recioto della Valpolicella Ven; DOC r; lbl; (sch) ☆☆→☆☆☆ **95 97** 98 00 – Starker, manchmal perlender Rotwein. Sehr gute Erzeuger: Stefano Accordini, Allegrini, Baltieri, Bolla, Brunelli, Bussola, Castellani, Dal Forno, Quintarelli, Le Ragose, Le Salette, Serègo Alighieri, Speri, Tedeschi, Trabucchi, CS Valpolicellea, Villa Belini, Villa Monteleone, Viviani.

Recioto della Valpolicella Amarone Siehe Amarone.

Recioto di Gambellara Ven; DOC w; (lbl) s; (sch) ☆ (BV) Meist perlend und industriell produziert. Am besten stark und süß. Halten Sie Ausschau nach La Biancara.

Recioto di Soave Ven; DOCG w; lbl; (sch) ☆☆☆ **90 91 92 93 94 95** 97 98 99 00 01 – Soave aus ausgewählten halbgetrockneten Trauben: süß, fruchtig, leichter Mandelgeschmack; hoher Alkoholgehalt. Spitzenerzeuger: Anselmi, Gini, Pieropan, Tamellini.

Refosco r ☆☆→☆☆☆ **90 93 94 95 96 97'** 99' 00 – Interessanter schwerer, dunkler, tanninreicher Rotwein; braucht Reifezeit. Dieselbe Traube wie Mondeuse in Savoyen. Am besten aus den friaulischen DOC-Bereichen

Colli Orientali und Carso (dort bekannt unter dem Namen Terrano). Erzeuger: v. a. Dorigo, Livio Felluga, Livon, Miani, Denis Montanara, Moschioni, Ronchi di Manzano, Venica. Oft preisgünstig.

Regaleali ★★★ Im Besitz der adeligen Familie Tasca d'Almerita; vielleicht der beste sizilianische Weinerzeuger, beheimatet zwischen Palermo und Caltanissetta. Sehr gute IGT: Regaleali (rot, rosé, weiß), roter Rosso del Conte und Cabernet Sauvignon. Auch eindrucksvoller Chardonnay.

Ribolla (Colli Orientali del Friuli und **Collio)** F-JV; DOC w ☆→☆☆ BV – Dünner Weißwein aus dem Nordosten. Die besten Exemplare stammen aus dem Collio. Spitzenweingüter: Il Carpino, La Castellada, Damijan, Fiegl, Gravner, Primosic, Radikon.

Ricasoli Berühmte Familie in der Toskana, »Erfinder des Chianti«, deren Chianti Classico nach Gut und Schloss Brolio benannt ist; jetzt wieder unter familiärer Leitung.

Riecine Tosk; r (w) ☆☆☆ Erstklassiges Chianti-Classico-Gut in Gaiole, gegründet von seinem früheren englischen Besitzer John Dunkley. Außerdem guter IGT La Gioia Sangiovese.

Riesling Früher war damit italienischer Riesling (Riesling italico oder Welschriesling) gemeint. Deutscher Riesling wird jetzt vermehrt angebaut. Am besten DOC Alto Adige ☆☆ (v. a. von Hofstätter, Kuenhof, Ignaz Niedrist, der Genossenschaft La Vis, Underortl) und DOC Oltrepò Pavese ☆☆ (empfehlenswert Brega, Frecciarossa, Le Fracce). Hervorragend von Ronco del Gelso (Friaul–Julisch Venetien); auch sehr gut von Le Vigne di San Pietro (Venetien), Jermann und Vajra (Piemont).

Ripasso Valpolicella, an Amarone-Trestern nachvergoren, sodass ein komplexerer, längerlebiger und vollerer Wein entsteht. Der Campo Fiorin von Masi ist erstklassig.

Riserva Über eine vorgeschriebene Zeit meist im Fass gelagerter Wein.

Riunite Eine der größten Genossenschaftskellereien der Welt, bei Reggio Emilia. Sie produziert Lambrusco und andere Weine in großen Mengen.

Rivera ☆☆→☆☆☆ Zuverlässiger Weinproduzent in Andria, in der Nähe von Bari (Apulien), mit sehr gutem Rotwein (Il Falcone ☆☆☆) und Castel del Monte. Zweites Etikett: Vigna al Monte.

Rivetti, Giorgio (La Spinetta) ☆☆☆→☆☆☆☆ Feiner Moscato d'Asti, hervorragender Barbera, interessanter IGT Pin sowie eine Reihe von Barbaresco-Einzellagenweinen, die alle erster Güte sind. Besitzt jetzt auch Weinberge in der DOCG Barolo und der DOC Chianti Colline Pisane.

Riviera del Garda Bresciano Lomb; DOC r rs w; (sch) ☆→☆☆ r **97** 99 00 01 – Einfacher, manchmal charmanter, kirschroter Chiaretto sowie neutraler Weißwein vom Südwestufer des Gardasees. Erzeuger: v. a. Ca' dei Frati, Comincioli, Costaripa, Monte Cicogna.

Rocca, Bruno ☆☆☆ Junger Erzeuger mit bewundernswertem Barbaresco (Rabajà).

Rocca delle Macìe ☆☆ Großer Chianti-Classico-Erzeuger bei Castellina.

Rocche dei Manzoni, Valentino ☆☆☆ Modernes Weingut in Monforte d'Alba. Sehr eichenholzwürziger Barolo (v. a. Vigna Big, Vigna d'la Roul, Cappella di Santo Stefano), Bricco Manzoni (wegweisender Nebbiolo/Barbera-Verschnitt) sowie Valentino Brut.

Rodano ☆☆→☆☆☆ Die Famile Pozzesi erzeugt in Castellina typischen Chianti, sowohl Annata als auch Riserva, sowie neuen, sehr guten IGT Lazzicante (Merlot).

Roero Piem; DOC r ☆☆→☆☆☆ **95 96 97'** 98' 99' 00 01 – Früher schnell trinkbarer Nebbiolo aus den Roerohügeln nahe Alba; heute aufstrebender Wein. Kann vorzüglich sein. Gute Erzeuger: Almondo, Ca' Rossa, Cascina Chicco, Correggia, Funtanin, Malvirà, Monchiero-Carbone, Taliano.
Roero Arneis Siehe Arneis.
Ronco In Norditalien, v. a. in Friaul–Julisch Venetien, Bezeichnung für eine Hanglage.
Ronco del Gnemiz ☆☆☆ Kleines Weingut mit vorzüglichen Colli-Orientali-Weinen.
Rosa del Golfo Apu; rs ☆☆→☆☆☆ Rosato del Salento ist einer der besten. Auch sehr guter roter VdT Portulano.
Rosato Rosé.
Rosato del Salento Apu; rs ★★ BV – Aus der Nähe von Brindisi und ganz ähnlich wie die Roséweine von Copertino und Salice Salentino; kann stark sein, ist oft aber wirklich saftig und gut. Erzeuger siehe Copertino, Salice Salentino.

Eine Auswahl italienischer Weine für 2003
Barbaresco Asili von Bruno Giacosa (Piemont)
Barolo Bussia Vigna Cicala von Aldo Conterno (Piemont)
Barbera d'Asti Superiore von Rivetti (Piemont)
Collio Bianco Studio Bianco von Borgo de Tiglio (Friaul–Julisch Venetien)
Colli Orientali del Friuli Refosco von Livio Felluga (Friaul–Julisch Venetien)
Rosso Conero Visions of J. von Le Terrazze (Marken)
Chianti Classico Riserva Badia a Passignano von Antinori (Toskana)
Brunello di Montalcino Riserva von Col d'Orcia (Toskana)
Vigna Camarato Villa Matilda (Kampanien)
Villa Fidelia Rosso von Sportoletti (Umbrien)

Rossese di Dolceacqua Lig; DOC r ☆☆ BV – Ziemlich seltener duftiger, leichter Rotwein von der Riviera. Erzeuger: v. a. Foresti, Giuncheo, Guglielmi, Lupi.
Rosso Rot.
Rosso Conero Mar; DOC r ☆☆→☆☆☆ **90' 93 94 95** 97' 98 00 01 – Einige der besten sortenreinen Montepulciano-Rotweine Italiens, u. a. Grosso Agontano von Garofoli, RC Dorico von Moroder sowie Sassi Neri und Visions of J. von Le Terrazze. Ebenfalls gut: Leopardi Dittajuti, Lanari, Malacari, Poggio Morelli.
Rosso di Montalcino Tosk; DOC r ☆☆→☆☆☆ **97' 98'** 99' 00 – DOC für jüngere Weine von Brunello-Trauben. Erzeuger siehe Brunello di Montalcino.
Rosso di Montepulciano Tosk; DOC r ★★ **97' 98'** 99' 00 – Junior-Version des Vino Nobile. Erzeuger siehe Vino Nobile di Montepulciano. Während die Preise für Rosso di Montalcino ständig steigen, ist Rosso di Montepulciano noch vergleichsweise günstig.
Rosso Piceno Mar; DOC r ★★ **95 97'** 98' 00 01– Stilvolle Rotweine aus den Marken mit Montepulciano und Sangiovese als Rebsorten. Eine Superiore-Version kommt aus der Classico-Zone bei Ascoli. Spitzenerzeuger: u. a. Bucci, Colli Ripani, Le Caniette, Fonte della Luna, Forano, Saladini Pilastri, Velenosi Ercole, Villamagna.
Rubesco ☆☆ Ausgezeichneter Rotwein von Lungarotti; siehe Torgiano.

Ruchè (auch **Rouchè** oder **Rouchet**) Seltene alte Rebsorte französischen Ursprungs, erbringt fruchtigen, frischen Rotwein mit reichem Bukett (lieblich). Neue DOC: Ruchè di Castagnole Monferrato. Empfehlenswerte Erzeuger: Crivelli, Gavretto. Scarpa produziert den trockenen, exzellenten Rouchet Briccorosa (☆☆☆).

Ruffino ☆→☆☆☆ Herausragendes Chianti-Handelshaus mit Sitz in Pontassieve, östlich von Florenz. Spitzenweine: Riserva Ducale und Santedame. Gut auch die IGT-Weine Solatia (Chardonnay) und Modus (Sangiovese/Cabernet Sauvignon). Besitzt auch die Güter Lodola Nuova in Montepulciano für Vino Nobile di Montepulciano und Greppone Mazzi in Montalcino für Brunello di Montalcino. Hervorragender neuer Verschnitt Romitorio (Sangiovese/Colorino) vom Gut Santedame. Die jüngste Erwerbung ist das Gut Borgo Conventi in Friaul–Julisch Venetien.

Rufina ☆→☆☆☆ Großer Unterbezirk von Chianti in den Bergen östlich von Florenz. Erzeuger: v. a. Basciano, Tenuta Bossi, Castello del Trebbio, Castello di Nipozzano (Frescobaldi), Colognole, Selvapiana, Travignoli.

Russiz Superiore (Collio) Siehe Felluga.

Sagrantino di Montefalco Siehe Montefalco Sagrantino.

Sala, Castello della ☆☆→☆☆☆ Weingut von Antinori in Orvieto. Der Standardweißwein ist Campogrande. Spitzensorte: Cervaro della Sala von Chardonnay und Grechetto, in Eiche ausgebaut. Muffato della Sala ist einer der besten Weine mit Edelfäule, die es in Italien zu finden gibt. Auch sehr guter Pinot nero.

Salette, Le ☆☆→☆☆☆ Kleiner Valpolicella-Erzeuger. Beachtenswert: sehr guter Amarone Pergole Vece und Recioto Le Traversagne.

Salice Salentino Apu; DOC r ☆☆→☆☆☆ **93 94' 95 97'** 99 00 – Gehaltvoller, aber sauberer und erfrischender Rotwein von Negroamaro-Trauben; nach 2 Jahren Riserva. Spitzenerzeuger: Candido, De Castris, Due Palme, Taurino, Valle dell'Asso, Vallone.

Sandrone, Luciano ☆☆☆ Ein Vertreter des modernen Barolo mit sehr gutem Cannubi Boschis, Le Vigne, Dolcetto, Barbera d'Alba und Nebbiolo d'Alba.

San Felice ☆☆→☆☆☆ Feine Chianti-Classico Riserva Poggio Rosso; außerdem roter IGT Vigorello (Sangiovese/Cabernet Sauvignon) und Brunello di Montalcino Campogiovanni.

San Gimignano Berühmte toskanische »Stadt der Türme« mit ebenso bekanntem trockenem Vernaccia-Weißwein. Mittlerweile werden auch gute Rotweine produziert, v. a. von Le Calcinaie, Cesani, Cusona, Falchini, Paradiso und La Rampa di Fugnano.

Sangiovese (Sangioveto) Die wichtigste Rotweintraube Mittelitaliens; Spitzenleistungen erbringt sie nur in der Toskana mit Chianti, Vino Nobile, Brunello, Morellino usw. Sehr populär ist Sangiovese di Romagna (Em-Ro; DOC r ☆→☆☆☆), ein gefälliger Standardrotwein. Sehr gute Erzeuger: La Berta, Berti, Calonga, Castelluccio (v. a. IGT Ronco delle Ginestre und IGT Ronco della Simia), Drei Donà, Madonia, San Patrignano, Tre Monti, Zerbina. Sehr gut sind die umbrischen Weine Montefalco Rosso und Torgiano; gelegentlich auch Rosso Piceno (Marken).

San Giusto a Rentennano ☆☆☆→☆☆☆☆ Einer der besten Chianti-Classico-Erzeuger (☆☆☆). Köstlicher, seltener Vinsanto; umwerfender roter IGT Percarlo von Sangiovese (☆☆☆☆).

San Guido, Tenuta ☆☆☆ Siehe Sassicaia.

St. Magdalener (Santa Maddalena) T-S; DOC r ☆→☆☆ BV – Typischer Südtiroler Rotwein von Vernatsch (Schiava), manchmal leicht, mit bitterem Nachgeschmack oder warm, geschmeidig und fruchtig. Erzeuger: v. a. Cantina Produttori Santa Maddalena (z. B. Huck am Bach), Gojer, Hans Rottensteiner (Premstallerhof), Heinrich Rottensteiner, Georg Ramoser, Josephus Mayr.

St. Michael-Eppan Spitzengenossenschaft in Südtirol. Besonders beachtenswert die St.-Valentin-Auslesen (☆☆☆): Chardonnay, Pinot grigio, Sauvignon blanc, Cabernet Sauvignon, Pinot nero, Gewürztraminer.

San Leonardo ☆☆☆ Spitzenweingut im Trentino mit herausragendem San Leonardo (Cabernet Sauvignon) und gutem Trentino DOC Merlot.

Santadi ☆☆☆ Sardische Winzergenossenschaft mit beständig guten Weinen, v. a. die DOC-Weine Carignano del Sulcis, Terre Brune und Rocca Rubia sowie der von Carignano gekelterte IGT Baie Rosse und Villa di Chiesa von Vermentino und Chardonnay.

Santa Margherita Großes Weinhandelsunternehmen in Venedig (Portogruaro) mit Weinen aus Venetien (Torresella), Südtirol (Kettmeir), der Toskana (Lamole di Lamole, Vistarenni) und der Lombardei (Ca' del Bosco).

Santi Siehe Gruppo Italiano Vini.

Saracco, Paolo ☆☆☆ Kleiner Spitzenerzeuger von Moscato d'Asti.

Sardinien Das große Potenzial der Insel zeigt sich immer wieder in ausgezeichneten Weinen, z. B. Terre Brune von der Genossenschaft Santadi, Turriga von Argiolas, Arbeskia von Gabbas, Vermentino von Capichera und die Cannonau-Riserva-Weine der Genossenschaft Jerzu.

Sartarelli ☆☆☆ Einer der Spitzenerzeuger von Verdicchio dei Castelli di Jesi (Tralivio); überragender, seltener Verdicchio Vendemmia tardiva (Contrada Balciana).

Sassicaia Tosk; r ☆☆☆ **85' 88' 90' 93 95' 96** 97' 98 99' 01 – Wegweisender Cabernet Sauvignon von der Tenuta San Guido der Familie Incisa della Rocchetta in Bolgheri; ein Wein, der in den Siebziger- und Achtzigerjahren ohne Beispiel war und enormen Einfluss hatte. 1994 vom Super-Toskaner VdT zu einem speziellen Unterbereich der DOC Bolgheri »hochgelobt«.

Satta, Michele ☆☆☆ Sehr guter DOC Bolgheri und roter IGT-Verschnitt Piastraia.

Sauvignon blanc Gedeiht im Nordosten sehr gut, am besten in den DOC-Bereichen Südtirol, Isonzo, Collio und Colli Orientali.

Savuto Kal; DOC r rs ☆☆ **93 94 95 97'** 98 99 00 01 – Kräftiger, saftiger Wein aus den Provinzen Cosenza und Catanzaro. Bester Erzeuger: Odoardi.

Scarpa ☆☆→☆☆☆ Altehrwürdiges Haus mit Barbera d'Asti (La Bogliona), ungewöhnlichem Rouchet (Ruché), sehr gutem Dolcetto, Barolo und Barbaresco.

Scavino, Paolo ☆☆☆ Erfolgreicher Erzeuger von modernem Barolo. Gefragte Einzellagenweine: Bric del Fiasc und Cannubi; auch eichenfassgereifter Barbera.

Schiava (Vernatsch) Ertragreiche rote Traube im Trentino und in Südtirol, erbringt leichte Rotweine wie Kalterersee (Lago di Caldaro), St. Magdalener usw.

Schiopetto, Mario ☆☆☆→☆☆☆☆ Legendärer Pionier des Collio-Weins mit neuer Kellerei (25 000 Kisten) für ausgezeichneten Sauvignon blanc, Pinot bianco, Tocai (alle DOC), weißen Verschnitt (IGT) Blanc de Rosis.

Schreckbichl Deutscher Name von Colterenzio in Südtirol. Siehe Colterenzio.

Sciacchetrà Siehe Cinqueterre.

Scolca, La ☆☆ Berühmtes Gut in Gavi mit gutem Gavi und Spumante.

Secco Trocken.

Sella & Mosca ☆☆ Bedeutendes Erzeuger- und Handelshaus in Sardinien. Äußerst schmackhafter weißer Torbato sowie leichter, fruchtiger Vermentino Cala Viola (BV). Daneben guter roter DOC Alghero Marchese di Villamarina (Cabernet Sauvignon) und Tanca Farrà (Cannonau/ Cabernet Sauvignon) sowie der interessante Anghelu Ruju im Port-Stil.

Selvapiana ☆☆☆ Chianti-Rufina-Weingut mit Spitzenqualität. Am besten: Riserva Bucerchiale und Riserva Fornace. Auch feiner roter DOC Pomino.

Sforzato Siehe Valtellina.

Sizzano Piem; DOC r ☆☆ **90 93 95 96′ 97′** 98 99′ 00 01 – Körperreicher Rotwein, v. a. von Nebbiolo, aus Sizzano (Novara). Bis zu 10 Jahre haltbar. Erzeuger: v. a. Bianchi, Dessilani.

Soave Ven; DOC w ☆→☆☆☆ BV – Berühmter Weißwein aus Verona, der wirklich überall zu haben ist; sollte frisch sein mit geschmeidiger, sauberer Struktur. Die Qualität steigt (endlich). Classico aus einem enger begrenzten Gebiet ist besser. Spitzenerzeuger Pieropan; auch La Cappuccina, Fattori & Graney, Gini, Guerrieri Rizzardi, Inama, Portinari, Tamellini, Tedeschi, Ca' Rugate.

Solaia Tosk; r ☆☆☆☆ **85 86 88 90 91 94 94 95 96** 97 98 99 00 01 – Sehr feiner VdT im Bordeaux-Stil von Cabernet Sauvignon und ein wenig Sangiovese; von Antinori erstmals 1978 bereitet. Der beste italienische Cabernet Sauvignon der Neunzigerjahre und in jeder Hinsicht ein großer Wein.

Solopaca Kamp; DOC r w ★★ **94 95 97** 99 00 – Eher strenger Rotwein; weicher, trockener Weißer aus der Gegend von Benevento. Vielversprechend ist v. a. Antica Masseria Venditti.

Sorì Name für hochgelegene Süd-, Südost- oder Südwestlage im Piemont.

Sovana Neue DOC in der Maremma, etwas abseits der Küste nahe Pitigliano. Empfehlenswert: Tenuta Roccaccia (v. a. Sangiovese und Ciliegiolo), Ripa, Sassotondo. In Kürze wird Antinori hier einen Cabernet Sauvignon herausbringen.

Spanna Lokale Bezeichnung für Nebbiolo im nördlichen Piemont (Boca, Bramaterra, Fara, Gattinara, Ghemme, Lessona, Sizzano).

Sportoletti ☆☆☆ Sehr gute Weine aus Spello, unweit Assisi in Umbrien. Besonders empfehlenswert: Villa Fidelia Bianco (Chardonnay/Grechetto) und Villa Fidelia Rosso (Merlot/Cabernet Sauvignon).

Spumante Schäumend, z. B. süßer Asti Spumante, aber auch viele gute trockene Schaumweine, meist Metodo classico (am besten aus Trentino–Südtirol, Franciacorta, Piemont und dem Oltrepò Pavese; sehr gut auch aus Friaul und Venetien) sowie durch Tankgärung gewonnene Billigprodukte.

Stravecchio Sehr alt.

Südtirol Deutschsprachiger Teil der Region Trentino–Alto Adige.

Superiore Wein mit längerer Fassreife sowie mit 0,5 bis 1 % mehr Alkoholgehalt als normaler DOC-Wein.

Super-Toskaner Sammelbezeichnung für innovative Gewächse aus der Toskana, oft Barrique-Weine aus Sangiovese oder internationalen Rebsorten zu gepfefferten Preisen.

Talento ☆☆→☆☆☆ Erzeugerkonsortium für Schaumwein nach der klassischen Methode in Norditalien. Erzeuger aus der Franciacorta und andere wichtige Spumante-Produzenten nehmen nicht daran teil.

Tasca d'Almerita Siehe Regaleali.

Taurasi Kamp; DOCG r ☆☆☆ **90' 93' 94' 95** 97' 99 00 01 – Der beste Rotwein in Kampanien. Jung tanninherb; nach 4 Jahren Riserva. Radici ist die Spitzenabfüllung von Mastroberardino, gute Weine auch von Feudi di San Gregorio, Gaggiano, Molettieri und Terredora.
Taurino, Cosimo ☆☆☆ Absoluter Spitzenerzeuger von Salento (Apulien), sehr guter Salice Salentino, VdT Notarpanoro und roter Patriglione.
Tedeschi, Fratelli ☆☆☆ Sehr zuverlässiger und guter Erzeuger von Valpolicella, Amarone und Recioto. Guter roter IGT Capitel San Rocco.
Tenimenti Angelini ☆☆→☆☆☆ Besitzer des Brunello-Weinguts Val di Suga in Montalcino, des Trerose in Montepulciano und des San Leonino im Chianti-Classico-Gebiet.
Terlan T-S; w ☆☆→☆☆☆ BV – Die DOC Terlan/Terlano wurde vor kurzem in die DOC Alto Adige/Südtiroler integriert. Die Bezeichnung A. A. Terlano DOC steht für 8 nach der Traubensorte benannte Weißweine, v. a. hervorragender Sauvignon blanc. Auf Deutsch »Terlaner«. Erzeuger: v. a. CS Terlan, Lageder, Niedermayr, Niedrist.
Teroldego Rotaliano T-S; DOC r rs ★★→★★★ **95 97** 98 00 01 – Der attraktive lokale Rotwein von Trient mit Heidelbeerduft und leicht bitterem Nachgeschmack. Gut haltbar. Spitzenerzeuger: Foradori. Ebenfalls gut: Cavit, Dorigati, Endrizzi, die Riserva von MezzaCorona sowie Zeni.
Terre Brune Sar; r ☆☆☆→☆☆☆☆ Herrlicher Carignano/Boveladda-Wein von der CS Santadi, ein Beispiel dafür, wozu Sardinien fähig ist.
Terre da Vino ☆→☆☆☆ Vereinigung von 27 Piemonteser Genossenschaften und privaten Kellereien, die nur beste Produkte vertreibt, darunter die meisten örtlichen DOCs. Am besten: Barbaresco La Casa in Collina, Barolo Podere Parussi, Barbera d'Asti La Luna e i Falò.
Terre di Franciacorta Lomb; DOC r w ☆☆→☆☆☆ **97** 98 99 00 01 – Normalerweise angenehme Rotweine (Verschnitte aus Cabernet Sauvignon, Barbera, Nebbiolo, Merlot); ziemlich fruchtige und ausgeglichene Weißweine (Chardonnay, Pinot bianco und grigio). Beste Erzeuger: siehe Franciacorta DOCG.
Terre Rosse ☆☆ Fortschrittliches kleines Gut nahe Bologna. Sein Cabernet Sauvignon, Chardonnay, Pinot bianco, Riesling und sogar Viognier haben in der Region wegweisend gewirkt.
Terriccio ☆☆☆→☆☆☆☆ Weingut südlich von Livorno mit vorzüglichem IGT Lupicaia und sehr gutem IGT Tassinaia, beides Verschnitte von Cabernet Sauvignon und Merlot.
Tignanello Tosk; r ☆☆☆→☆☆☆☆ **88 90 91** **93 94 95** 96 97 98 99 00 01 – Pionier und noch immer Spitzenvertreter des neuen, internationalen Stils toskanischer Rotweine, bereitet von Antinori.
Tocai Milder, sanfter Weißwein im Nordosten (nicht verwandt mit dem ungarischen Tokajer). DOC in Venetien und in der Lombardei (☆→☆☆) und der besondere Stolz der Winzer im Collio und den Colli Orientali (☆☆→☆☆☆). Spitzenerzeuger: Borgo del Tiglio, Borgo San Daniele, Livio Felluga, Renato Keber, Masut da Rive, Aldo Polencic, Ronco del Gelso, Ronco di Gnemiz, Russiz Superiore, Schiopetto, Venica & Venica, Villa Russiz, Le Vigne di Zamò.
Torbato di Alghero Sard; w ★→★★ BV – Guter VdT aus Nordsardinien. Führende Marke: Sella & Mosca.
Torgiano Umb; DOC r rs w; (sch) ☆☆ und **Torgiano Rosso Riserva** Umb; DOCG r ☆☆→☆☆☆ **90 93** **94 95 97** 00 – Guter Rotwein aus Umbrien, im Stil vergleichbar mit Chianti Classico. Die Standardqualität heißt Rubesco. Riserva Vigna Monticchio war in Jahrgängen wie '75, '79 und '85 überragend; kann viele Jahre lagern.

Toskana Italiens zentrale Weinregion, u. a. mit den DOCs Chianti, Montalcino, Montepulciano, der regionalen IGT Toskana und nicht zu vergessen den »Super-Toskanern«.

Traminer aromatico (Gewürztraminer) T-S; DOC w ☆☆→☆☆☆ BV – Delikater, aromatischer, ziemlich weicher Wein. Erzeuger: verschiedene Genossenschaften (Kaltern, Prima & Nuova, St. Michael-Eppan, Schreckbichl, Terlan, Tramin) sowie Haas, Hofstätter, Kloster Neustift, Kuenhof, Lageder, Laimburg, Niedermayr.

Trebbiano Die wichtigste Weißweintraube in der Toskana, kommt aber in ganz Italien vor. Auf Französisch Ugni blanc. Mit wenigen Ausnahmen nur eine Vergeudung von gutem Rebland.

Trebbiano d'Abruzzo Abr; DOC w ☆→☆☆ BV – Sanft, neutral, leicht gerbstoffhaltig. Um Pescara. Spitzenerzeuger Valentini (auch für Montepulciano d'Abruzzo) bekommt zunehmend Konkurrenz von Masciarelli; sehr gut auch Valentina.

Trentino T-S; DOC r w; tr s ☆→☆☆☆ DOC für 20 meist nach der Traubensorte benannte Weine; am besten Chardonnay, Pinot bianco, Marzemino und Teroldego. Die Hauptstadt der Region ist Trient.

Triacca ☆☆→☆☆☆ Erzeuger von sehr gutem Valtellina. Besitzt auch Weingüter in der Toskana (Chianti Classico: La Madonnina; Montepulciano: Santavenere. Alle sind ☆☆).

Trinoro, Tenuta di Tosk ☆☆☆ Abseits gelegenes, außergewöhnliches Gut für rote DOC-Weine aus Bordeaux-Rebsorten in der DOC Val d'Orcia zwischen Montepulciano und Montalcino. Verblüffende junge Weine. Trinoro (Cabernet Sauvignon/Merlot) und Palazzi (Merlot/Cabernet Sauvignon haben IGT-Status.

Uberti ☆☆→☆☆☆ Sehr guter Erzeuger für Franciacorta DOCG, auch guter weißer Terre di Franciacorta.

Umani Ronchi ☆→☆☆☆ Führender Händler und Erzeuger hochwertiger Weine aus den Marken; v. a. Verdicchio (Casal di Serra, Plenio), Rosso Conero Cùmaro, weißer IGT Le Busche (Verdicchio/Chardonnay), roter IGT Pelago (Cabernet Sauvignon/Montepulciano/Merlot).

Vajra, Giuseppe Domenico ☆☆☆ Sehr guter und gleichmäßiger Erzeuger v. a. von Barbera, Barolo und Dolcetto Langhe. Auch interessanter (nicht spritziger) Freisa.

Valcalepio Lomb; DOC r w ☆→☆☆ In der Nähe von Bergamo. Gefälliger Rotwein, leicht duftiger, frischer Weißwein. Erzeuger: v. a. Brugherata, Castello di Grumello, Monzio Compagnoni.

Valdadige (Etschtaler) T-S; DOC r w; tr lbl ☆→☆☆ Bezeichnung für einfache Weine aus dem Etschtal.

Val di Cornia Tosk; DOC r rs w ☆☆→☆☆☆ **95** 97 98 99 00 01 – Neue DOC in der Nähe von Livorno, die sich mehr und mehr mit der nördlich angrenzenden DOC Bolgheri zu messsen beginnt. Viele sehr gute Weine von Sangiovese, Cabernet Sauvignon, Merlot, Montepulciano. Erzeuger: Ambrosini, Jacopo Banti, Botrona, Bulichella, Il Bruschello, Incontri, Montepeloso (v. a. Gabbro, Nardo), Petra, Russo, San Giusto, San Luigi, San Michele, Suveraia, Tua Rita (v. a. Redigaffi), Tenuta Vignale.

Valentini, Edoardo ☆☆☆→☆☆☆☆ Bester Erzeuger in großer Tradition von Montepulciano und Trebbiano d'Abruzzo.

Valgella Siehe Valtellina.

Valle d'Aosta DOC ☆☆ DOC für über 20 Weine aus dem Aostatal, wie z. B. Prëmetta, Fumin, Blanc de Morgex et de La Salle, Chambave, Nus Malvoisie, Arnad Montjovet, Torrette, Donnas, Enfer d' Arvier.

Valle Isarco (Eisacktal) T-S; DOC w ☆☆ BV – Die DOC wurde vor kurzem in die DOC Alto Adige/Südtiroler integriert. Die Bezeichnung A. A. Valle Isarco DOC steht für 7 sortenreine Weine aus der Gegend nordöstlich von Bozen; besonders gut Gewürztraminer, Müller-Thurgau, Riesling und Silvaner. Spitzenerzeuger: CS Eisacktaler, Kloster Neustift, Kuenhof.

Vallone ☆☆→☆☆☆ Die DOC-Brindisi- und DOC-Salice-Salentino-Weine werden immer besser; überragend ist der äußerst konzentrierte rote IGT aus getrockneten Negroamaro-Trauben (Gratticiaia).

Valpolicella Ven; DOC r ★→☆☆☆ Superiore **93 94 95 97 98** 00 01 andere BV – Attraktiver Rotwein aus der Gegend um Verona; jung am besten. Qualitätsverbesserung über die letzten Jahre. Spitzenexemplare können konzentriert und komplex sein und verdienen höhere Preise. Zarter Nussduft, leicht bitterer Geschmack. (Für Massen-Valpolicella, der in Liter- oder größeren Flaschen verkauft wird, gilt all das nicht.) Classico aus engerem Bereich; Superiore: 12 % Alkohol, 1 Jahr Lagerung. Beachtenswert v. a. von: Stefano Accordini, Bertani, Brunelli, Tommaso Bussola, Michele Castellani, Guerrieri Rizzardi, Masi, Le Ragose, Le Salette, Sant' Antonio, Speri, Tedeschi, Tommasi, CS Valpolicella, Villa Monteleone, Zenato. Am besten jedoch von Dal Forno und Quintarelli (☆☆☆). Interessante, den Weg zu einem neuen Valpolicella-Stil weisende IGTs sind Toar und Osar von Masi sowie La Grola, La Poja und Palazzo della Torre (☆☆☆) von Allegrini.

Valtellina Lomb; DOC r ★★→★★★ **89 90 94 95 96 97** 98 99'00 01 – DOC für in der Hauptsache aus Chiavennasca-(Nebbiolo-) Trauben in der alpinen Provinz Sondrio (Nordlombardei) gekelterte tanninreiche Weine. Sehr guter Superiore (seit 1998 DOCG); umfasst Lagen in Grumello, Inferno, Sassella und Valgella. Erzeuger: v. a. Conti Sertoli-Salis, Fay, Triacca, Nera, Nino Negri, Rainoldi. Sforzato ist der konzentrierteste Valtellina, er ähnelt dem Recioto Amarone.

Vecchio Alt.

Vecchio Samperi Siz ☆☆☆ Marsala-ähnlicher VdT aus dem hervorragenden Weingut De Bartoli. Die besten Exemplare reifen ähnlich wie Amontillado Sherry 30 Jahre lang im Fass. Marco de Bartoli bereitet außerdem die besten DOC-Marsala-Weine.

Vendemmia Lese bzw. Jahrgang.

Venerosi Pesciolini – Tenuta di Ghizzano ☆☆☆ In der Nähe von Pisa ansässiger Erzeuger von ausgezeichnetem IGT Veneroso (Sangiovese/Cabernet Sauvignon) und IGT Nambrot (Merlot).

Verdicchio dei Castelli di Jesi Mar; DOC w; (sch) ☆☆→☆☆☆ BV – Berühmter, sehr gefälliger, frischer, heller Weißwein aus der Gegend um Ancona, der sich bis in die Zeit der Etrusker zurückverfolgen lässt. Wird derzeit wieder belebt und liefert fruchtige, gut strukturierte und preisgünstige Tropfen. Auch Classico. Besonders beachtliche Qualität von Bonci-Vallerosa, Brunori, Bucci, Casalfarneto, Cimarelli, Colonnara, Coroncino, Fonte della Luna, Garofoli, Lucangeli Aymerich di Laconi, Mancinelli, Santa Barbara, Sartarelli, Umani Ronchi, Zaccagnini sowie Fazi-Battaglia.

Verdicchio di Matelica Mar; DOC w; (sch) ☆☆→☆☆☆ BV – Ähnlich wie Jesi, kleiner und nicht so bekannt, aber langlebiger. Erzeuger: v. a. Belisario, Bisci, San Biagio und La Monacesca.

Verduno Piem; DOC r ☆☆ (BV) – Blasser Rotwein von der Pelaverga-Traube mit würzigem Bukett. Gute Erzeuger: Alessandria, Castello di Verduno.

Verduzzo (Colli Orientali del Friuli) F-JV; DOC w; tr lbl s ☆☆→☆☆☆ Körperreicher Weißwein aus einer einheimischen Traube. Ramandolo ist der bedeutendste Unterbereich. Spitzenerzeuger: Dario Coos, Dorigo, Giovanni Dri. Lis Neris erzeugt im Bereich Isonzo köstlichen süßen VdT.

Verduzzo (del Piave) Ven; DOC w ☆ BV – Ausdrucksloser Weißwein.

Vermentino Lig; w ☆☆ BV – Der beste trockene Weißwein von der Riviera aus Pietra Ligure und San Remo, besonders gut zu Meeresfrüchten. DOC Riviera Ligure di Ponente. Siehe Pigato. Erzeuger: v. a. Antinori (mit seinen Bolgheri-Weinen), Colle dei Bardellini, Durin, Lambruschi, Lunae Bosoni, Lupi, La Rocca di San Niccolao, Piedi Benettini.

Vermentino di Gallura Sard; DOCG w ☆☆→☆☆☆ BV – Weicher, trockener, starker Weißwein aus Nordsardinien. Spitzenerzeuger: CS di Gallura, CS del Vermentino, Capichera.

Vernaccia di Oristano Sard; DOC w; tr (s); (fz) ☆→☆☆☆ **71′ 80′ 85′ 86′ 87 88 90′** 91′ 93′ 94′ 95′ 97′ 98 99 00 01– Sardische Spezialität, ähnlich leichtem Sherry, ein wenig bitter, körperreich und interessant. Superiore mit 15,5 % Alkohol und 3 Jahren Alterung. V. a. von Contini.

Vernaccia di San Gimignano Tosk; DOCG w ☆→☆☆ BV – Eine Spezialität in der Renaissance, dann Massenware für Touristen. In neuerer Zeit stark verbessert und jetzt DOCG mit strikteren Regeln. Beste Erzeuger: Le Calcinaie, Cesani, Cusona, Falchini, Fontaleoni, Montenidoli, Panizzi, Il Paradiso, Rampa di Fugnano, Teruzzi & Puthod.

Vernatsch Siehe Schiava.

Verona Hauptstadt der Region Venetien (Heimat von Valpolicella, Bardolino, Soave u. a.) und Veranstaltungsort der prächtigen, jedes Jahr im April abgehaltenen Weinmesse Vinitaly.

Verrazzano, Castello di ☆☆→☆☆☆ Sehr gutes Chianti-Classico-Weingut bei Greve.

Vicchiomaggio ☆☆→☆☆☆ Chianti-Classico-Gut bei Greve.

VIDE Vertriebsorganisation für Erzeugerabfüllungen aus vielen Teilen Italiens.

Vie di Romans ☆☆☆→☆☆☆☆ Der begabte junge Winzer Gianfranco Gallo hat in wenigen Jahren das Gut seines Vaters im DOC-Bereich Isonzo in Friaul zu Spitzenstatus gebracht. Exzellenter Chardonnay und Sauvignon blanc, ausgezeichneter Tocai und Pinot grigio.

Vietti ☆☆☆ Beispielhafter Erzeuger piemontesischer Weine.

Vigna oder **Vigneto** Einzellage. Im Gegensatz zu anderen Ländern muss die Qualität lediglich den Standardanforderungen der DOC genügen.

Vignalta ☆☆→☆☆☆ Spitzenerzeuger in den Colli Euganei bei Padua (Venetien); sehr gute Cabernet Sauvignon Riserva Colli Euganei und Merlot/Cabernet Sauvignon-Verschnitt Gemola.

Vignamaggio ☆☆→☆☆☆ Ausgezeichnetes, sehr schönes historisches Chianti-Classico-Gut bei Greve.

Vigne di Zamò, Le ☆☆☆ Erstklassiges Weingut in Friaul mit Pinot bianco, Tocai, Pignolo, Cabernet Sauvignon und Merlot von Weingärten aus den Bereichen Buttrio, Manzano und Premariacco, allesamt in der DOC Colli Orientali del Friuli gelegen.

Villa ☆☆☆ Spitzenerzeuger von DOCG-Franciacorta-Weinen; auch sehr guter DOC Terre di Franciacorta (Gradoni).

Villa Matilde ☆☆☆ Spitzenweingut in Kampanien mit VdT Vigna Camarato sowie rotem und weißem Falerno (Vigna Caracci).

Villa Russiz ☆☆☆ Hier erzeugt Gianni Menotti seine beeindruckenden weißen DOC-Collio-Weine: sehr guter Sauvignon blanc und Merlot

(v. a. die Auslesen De la Tour), außerdem Pinot bianco, Pinot grigio, Tocai und Chardonnay.

Vino da arrosto »Wein für Braten«, d. h. robuster, trockener Rotwein.

Vino da Tavola (VdT) »Tafelwein« – die einfachste Kategorie des italienischen Weins, ohne Anspruch auf geographische oder anderweitig qualifizierende Bezeichnung; siehe auch IGT.

Vino Nobile di Montepulciano Tosk; DOCG r ☆☆☆ **90 91 93 95′ 96 97′** 98 99 00 01 – Eindrucksvoller Sangiovese-Rotwein mit Bukett und feiner Art, kommt rasch zu Ruhm und Ehren. Riserva nach 3 Jahren Alterung. Beste Erzeuger: u. a. Avignonesi, Bindella, Boscarelli, La Bracesca, Canneto, Le Casalte, La Ciarliana, Fattoria del Cerro, Contucci, Dei, Fassati, Macchione, Nottola, Paterno, Poliziano, Romeo, Salcheto, Trerose, Valdipiatta, Vecchia Cantina (besonders empfehlenswert der Briareo), Villa Sant'Anna. Die Preise für Vino Nobile halten sich bislang in vernünftigem Rahmen.

Vino novello Italienisches Gegenstück zum französischen »Primeur«.

Vinsanto oder **Vin(o) Santo** Starker, süßer Wein, v. a. in der Toskana; meist Passito. Oft sehr fein; auch aus dem Trentino.

Vinsanto Toscano Tosk; w; lbl ☆→☆☆☆ Aromatisch, voll und geschmeidig. Wird in sehr kleinen Fässern, den so genannten Caratelli, gelagert. Manchmal ebenso erstaunlich wie teuer; gute Exemplare sind jedoch rar und bei Spitzenerzeugern immer knapp. Am besten von Avignonesi, Capezzana, Corzano & Paterno, Felsina, Isole e Olena, San Giusto a Rentennano, Selvapiana.

Vintage Tunina F-JV; w ☆☆☆ Beachtlicher Verschnitt von Jermann.

Vivaldi-Arunda ☆☆→☆☆☆ Der Kellermeister Josef Reiterer erzeugt erstklassigen Südtiroler Schaumwein. Am besten: Extra Brut Riserva, Cuvée Marianna.

Voerzio, Roberto ☆☆☆→☆☆☆☆ Führender junger Barolo-Erzeuger mit ausgezeicheneten Einzellagenweinen: Brunate, Cerequio, Serra; auch eindrucksvoller Barbera d'Alba.

Volpaia, Castello di ☆☆→☆☆☆ Erstklassiges Chianti-Classico-Gut in Radda mit eleganten, ziemlich leichten Chianti-Weinen. Außerdem die roten IGT-Weine Coltassala (Sangiovese) und Balifico (Sangiovese/Cabernet Sauvignon).

VQPRD Auf Etiketten von DOC-Weinen häufig vorkommende Abkürzung; sie bedeutet »Vini di Qualità Prodotti in Regioni Delimitati« (Qualitätsweine aus bestimmten Anbaugebieten).

Were dreams, now it is just wine! ☆☆☆ Ein hochklassiger VdT Chardonnay von Jermann.

Zanella, Maurizio Gründer von Ca' del Bosco. Sein Name steht auf einem der besten Cabernet Sauvignon/Merlot-Weine Italiens.

Zenato Ven ☆☆→☆☆☆ Sehr verlässliches Weingut für Valpolicella, Soave und Amarone.

Zerbina, Fattoria ☆☆☆ Neues führendes Weingut in der Romagna mit dem bisher besten DOCG Albana (einem vollen Passito namens Scacco Matto), gutem Sangiovese und in der Barrique ausgebautem IGT Marzieno (Sangiovese/Cabernet Sauvignon).

Zibibbo Siz; w; s ☆☆ Neumodischer Moscato von der Insel Pantelleria. Erzeuger: v. a. Murana.

Zonin ☆→☆☆ Eines der größten italienischen Weingüter in Privatbesitz (in Gambellara) mit DOC- und DOCG-Valpolicella usw. Auch Güter z. B. in Asti, Chianti Classico (Castello di Albola), San Gimignano, Friaul und Sizilien. Außerdem in Barboursville, Virginia, USA.

Deutschland

Die folgenden Abkürzungen werden im Text verwendet:

Bad	Baden
Fran	Franken
M-S-R	Mosel-Saar-Ruwer
MM	Mittelmosel
S	Saar
R	Ruwer
Na	Nahe
Rhg	Rheingau
Rhh	Rheinhessen
Pfz	Pfalz
Würt	Württemberg
BA	Beerenauslese
TBA	Trockenbeerenauslese

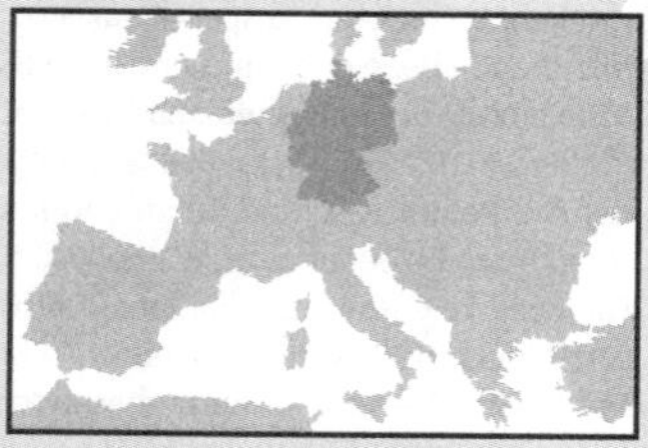

Die dunklen Flächen bezeichnen die Weinbaugebiete

Deutsche Weine müssten heutzutage eigentlich weltweit einen Boom erleben. Neue Ideen, eine vereinfachte Etikettierung bei vielen Weinen, vernünftige Preise und eine bisher nie da gewesene Serie von zwölf guten bis großartigen Jahrgängen in Folge – all das spricht für sie. Und trotzdem lassen sie sich außerhalb Deutschlands nur schwer verkaufen. Woran mag das liegen? Das saubere, klare Aroma und der niedrige bis mäßige Alkoholgehalt sollten dem modernen Geschmack eigentlich genau entsprechen. Aber die vielen Variationen und Stilrichtungen, die die deutschen Weinerzeuger anbieten, sorgen für Verwirrung. Kabinett, Spätlese und Auslese können alle süß sein, trocken oder irgendwo dazwischen und die Herkunftsangaben stehen für Einzellagen, ganze Gemeinden oder sogar Regionen.

Jetzt stehen wir an einem Wendepunkt in der deutschen Weinpolitik. Mit dem Jahrgang 2000 sind landesweit zwei neue Qualitätsbezeichnungen eingeführt worden: zum einen »Classic« für sortenreine trockene Alltagsweine auf gehobenem Niveau, für die in jeder Region jeweils nur bestimmte Rebsorten zugelassen sind. Es gibt keine Ertragsbeschränkung, aber die betroffenen Lagen müssen im Frühjahr vor der Lese als solche ausgewiesen werden. Zum anderen »Selection«, eine Auszeichnung, die für trockene Spitzenweine gelten soll. Auch sie kennt Einschränkungen bei den zugelassenen Rebsorten, zusätzlich sind bestimmte Höchsterträge sowie eine Blindverkostung vorgeschrieben. Internationale Resonanz auf diese neuen Bestimmungen ist jedoch ausgeblieben. Dass man in Deutschland jetzt plötzlich auf trockene Weine abfährt, hat die Connaisseure anderswo kalt gelassen.

Die anderen amtlichen Qualitätsstufen des deutschen Weins beruhen weiterhin auf dem Reifegrad der Trauben. Wie beim französischen Wein ist auch beim deutschen zum großen Teil eine Anreicherung mit Zucker vor dem Vergären unumgänglich, um das Defizit an Sonnenschein auszugleichen. Anders als in Frankreich werden jedoch Weine von Trauben mit einem so hohen Reifegrad, dass Zuckerzugabe überflüssig ist, als anerkannt höherwertige Produkte erzeugt und angeboten. Sie bilden die Spitzenkategorie, Qualitätswein mit Prädikat (QmP), und innerhalb dieser Gruppe gelten je nach dem natürlichen Zuckergehalt in aufsteigender Reihenfolge die Benennungen: Kabinett, Spätlese, Auslese, Beerenauslese (BA), Trockenbeerenauslese (TBA).

Die zweite Kategorie, Qualitätswein bestimmter Anbaugebiete (QbA), gilt für Wein, dem Zucker zugesetzt werden muss. Die dritte Klasse, der Tafelwein – ähnlich wie der italienische Vino da Tavola –, ist keinen Beschränkungen unterworfen. Offiziell bildet er die niedrigste Stufe. Dennoch könnte der Tafelwein wegen des veralteten Gesetzes zu einer Nische für innovative Erzeuger werden, die ihre eigenen Qualitätsstandards setzen.

Zwar enthält das Gesetz noch weitaus mehr Details, doch damit ist das Wesentliche über die Qualitätseinstufung gesagt. In einem Punkt unterscheidet es sich grundlegend von dem anderer Länder. Es verschleiert nämlich die Differenzierung nach Lagen. Theoretisch könnte, unabhängig von der Rebsorte, in jedem deutschen Weinberg Spitzenwein wachsen, wenn nur die Trauben den entsprechenden Reifegrad erreichen – und das ist in der Praxis Unsinn.

Das Gesetz differenziert zwar durchaus im Hinblick auf die genaue geographische Lage, aber in einer Weise, die eher zu Verwirrung führt. Bei der Auszeichnung von »Qualitätsweinen« bleibt dem Winzer oder Händler die Freiheit, seine besten Weine mit dem Namen einer Einzellage auf dem Etikett zu belegen (und das geschieht auch meistens). Deutschland hat rund 2600 Einzellagennamen. Freilich sind nur relativ wenige so berühmt, dass sie eine Hilfe beim Verkauf des Weines darstellen. Deshalb sieht das Gesetz von 1971 eine zweite Klasse von Lagennamen vor: die Großlage. In ihr ist jeweils eine Gruppe von Einzellagen mit – wie angenommen wird – gleichartigem Charakter zusammengefasst. Da es weit weniger Großlagen gibt und daher jede einzelne viel mehr Wein hervorbringt, besteht eine bessere Chance, dass sie weithin bekannt werden – kaum ein Ersatz für ehrlich verdienten Ruhm. Auch das darf nicht so bleiben.

Drittens kann der Erzeuger oder Händler seinen Wein auch unter einem Bereichsnamen verkaufen. Um der Nachfrage nach einem »Bernkasteler«, »Niersteiner« oder »Johannisberger« gerecht werden zu können, wurden diese weltberühmten Namen von Gesetz wegen für größere Gebiete eingeführt. So umfasst der Bereich »Johannisberg« den ganzen Rheingau, eine Regelung, die fast zwangsläufig enttäuschte Kunden produziert. Hier muss sich ebenfalls unbedingt etwas ändern. Viele Winzer geben mittlerweile nur noch den Ortsnamen ohne Lage an oder verkaufen Spitzenweine nach italienischem Vorbild sogar ausschließlich unter einem Markennamen. Doch die Verwirrung bleibt. Das deutsche Weingesetz ist darauf ausgerichtet, den Erzeuger zu schützen – aber leider nicht den Qualitätserzeuger.

Nichtsdestoweniger sollten Sie sich vornehmen, mindestens einmal im Monat einen wirklich feinen deutschen Wein zu trinken. Das wird Ihren Sinn für Reinheit und Finesse schärfen – und Ihnen die meisten Chardonnay-Tropfen grob erscheinen lassen.

Neuere Jahrgänge

Mosel-Saar-Ruwer

Weine von Mosel, Saar und Ruwer sind jung so ansprechend, dass ihre Haltbarkeit selten auf die Probe gestellt wird. Weine, die älter sind als acht Jahre, kommen darum kaum vor. Aber gut gepflegte Riesling-Weine der Kabinettklasse gewinnen bei mindestens fünf Jahren Flaschenlagerung (und oft viel mehr), Spätlesen bei zehn bis 20 Jahren und Auslesen sowie Beerenauslesen bei über zehn bis 30 Jahren. In der Regel geraten Saar- und Ruwerweine in geringen Jahren scharf und schlank; in den besten Jahren aber können sie, vor allem mit Edelfäule, an Eleganz und erregender, stahliger Rasse alles andere übertreffen.

2001 Ein goldener Oktober mündete in den besten Mosel-Riesling seit 1990. An Saar und Ruwer ebenfalls perfekt ausgewogen, wenn auch weniger aufregend. Viele Spät- und Auslesen.

2000 Bis zum Ernteregen ging es dem Riesling hier besser als in den meisten anderen Gebieten. Vorwiegend guter QbA und Kabinett-Weine. Auslesen seltener, aber köstlich.

1999 Exzellent an Saar und Ruwer, viele Auslesen hier. An der Mosel insgesamt ein nur guter Jahrgang, bedingt durch hohe Erträge. Die besten Weine sind bereits jung genussreif und altern auch gut.

1998 Riesling-Trauben haben den verregneten Herbst an der mittleren Mosel überstanden und brachten erstaunlich gute Ergebnisse; an Saar und Ruwer hatte man mit den meisten QbA weniger Glück. Viel Eiswein.

1997 Ein gehaltvoller Jahrgang in der ganzen Region mit beständigen, fruchtig-eleganten Weinen. An Saar und Ruwer wunderbare Auslesen.

1996 Ein sehr »durchwachsener« Jahrgang mit feinen Spätlesen und Auslesen von Spitzenlagen, ansonsten jedoch nur QbA und Tafelwein. Viele exzellente Eisweine.

1995 Ein hervorragender Jahrgang, hauptsächlich Spätlese und Auslese mit fester Struktur, die sich gut zum Altern eignen. Nicht zu früh trinken!

1994 Ein weiterer sehr guter Jahrgang, mit nicht außergewöhnlichem QbA und Kabinett, aber viele Auslesen, BA und TBA. Voll und fruchtig mit viel Säure. Jetzt gut zu trinken, hält sich aber noch.

1993 Sehr kleiner Ertrag in ausgezeichneter Qualität; viel Auslese mit Edelfäule und nahezu vollkommener Harmonie. Jetzt trinkreif, mit Ausnahme der Spitzenauslesen.

1992 Sehr großer Ertrag. Zumeist guter QbA, aber auch 30% QmP. Bald trinken.

1991 Ein schwankender Jahrgang. Schwere Frostschäden an Saar und Ruwer, viele allzu herbe QbA-Weine, aber auch feine Spätlesen. Bald trinken.

1990 Superber Jahrgang, kleiner Ertrag. Viele QmP-Weine, die feinsten seit 20 Jahren. Man sollte der Versuchung widerstehen, sie zu früh auszutrinken.

1989 Reichlich und oft überragend, durch Edelfäule viele Auslesen. Saar am besten; an der Mittelmosel Übererträge, dadurch etwas dünn. Mit Ausnahme der Spitzenauslesen jetzt trinkreif.

1988 Ausgezeichneter Jahrgang. Viele reife QmP, v. a. an der Mittelmosel. Kann jetzt gut getrunken werden, man muss aber nichts übereilen.

1976 Sehr guter kleiner Ertrag, einige hochfeine liebliche und fast keine trockenen Weine. Die meisten Weine genussreif, nur die besten noch haltbar.

Ältere gute Jahrgänge: 1971, 1969, 1964, 1959, 1953, 1949, 1945, 1937, 1934, 1921.

Nahe/Rheingau/Rheinhessen/Pfalz

Auch die besten Weine lassen sich in ihrer Jugend mit Genuss trinken, aber Riesling-Kabinettweine, -Spätlesen und -Auslesen aus guten Jahren gewinnen enorm an Charakter, wenn man sie länger aufhebt. Rheingauweine sind wohl die langlebigsten und verbessern sich oft 15 Jahre lang oder mehr, jedoch können auch die besten Weine von der Nahe oder aus der Pfalz ebenso lang haltbar sein. Rheinhessische Weine sind meist früher ausgereift, trockene Weine aus Franken und Baden im Allgemeinen mit drei bis sechs Jahren am besten.

2001 Auch hier ein vielfach hervorragender, wunderbar ausgewogener Jahrgang, sowohl für den trockenen als auch für den klassischen Stil, wenn auch nicht so gleichmäßig wie an der Mosel.

2000 Nach Süden hin wurde die diesjährige Lese zunehmend schwieriger; in der Pfalz war der Regen am schlimmsten. In allen Bereichen gab es jedoch Gebiete, in denen exzellente Weine entstanden.

1999 Durchschnittsqualität bei hohen Erträgen; für Spitzenerzeuger jedoch ein ausgezeichneter Jahrgang mit sehr ansprechenden, reichhaltigen und aromatischen Weinen.
1998 Ein herausragender Jahrgang mit vollen, ausgewogenen Weinen, viele gute Spätlesen und Auslesen mit hervorragendem Alterungspotenzial. Je älter sie werden, um so besser machen sie sich. Zurzeit sehr verschlossen.
1997 Sehr saubere, reife Trauben ergaben exzellente QbA, Kabinett und Spätlese in trockenen und klassischen Stilrichtungen. Durch die geringe Edelfäule nur wenig Auslesen und Weine höherer Qualität.
1996 Besonders in der Pfalz und im Rheingau ein exzellenter Jahrgang mit vielen feinen Spätlesen, die sich bei langer Lagerung noch steigern werden. Großartige Eisweine.
1995 Recht ungleichmäßig, aber einige exzellente Spätlesen und Auslesen reifen gut – wie der 90er Jahrgang. In der Pfalz durch die verregnete Ernte kaum ausgeprägt.
1994 Guter Jahrgang, meist QmP, üppig fruchtig mit fester Struktur. Auslese, BA und TBA bisweilen überragend. Letztere können noch warten, den Rest anfangen zu trinken.
1993 Kleiner Ertrag in sehr guter bis ausgezeichneter Qualität. Viele vollreife Spät- und Auslesen, nun allmählich auf dem Höhepunkt.
1992 Reichlicher Ertrag, leider verhinderten Kälte und Regen im Oktober einen großen Jahrgang. Ein Drittel QmP in gehalt- und stilvoller Qualität. Die meisten bereits gut zu trinken.
1991 Ein guter, mittlerer Ertrag; leichte Böden in der Pfalz litten unter Trockenheit. Es werden sich feine Weine herausschälen. Jetzt allmählich gut zu trinken.
1990 Klein, aber überaus fein. Hoher Anteil an QmP, der noch viele Jahre liegen kann. Widerstehen Sie der Versuchung, ihn zu früh zu trinken.
1989 Sommergewitter minderten den Ertrag im Rheingau. Ansonsten gute Qualität bis zu Auslese. Reifen schneller als erwartet. Bald trinken.
1983 Sehr gute Rieslinge, v. a. im Rheingau und an der mittleren Nahe. Allgemein rund die Hälfte QbA, aber reichlich Spätlesen. Jetzt großartig zu trinken.
1976 Mancherorts der reichlichste Jahrgang seit 1921. Sehr wenig trockener Wein. Mit Ausnahme von BA und TBA jetzt trinkreif.

Ältere gute Jahrgänge: 1971, 1969, 1967, 1964, 1959, 1953, 1949, 1945, 1937, 1934, 1921.

Achkarren Bad; (r) w ★★ Weinort am Kaiserstuhl, v. a. bekannt für Grauburgunder. Lage 1. Klasse: Schlossberg. Weine in der Regel in den ersten fünf Jahren am besten. Gute Erzeuger: Dr. Heger, Winzergenossenschaft.
Ahr r ☆→☆☆ **90** 91 *92* **93 94 95** 96 **97** 98 **99** *00* **01** – Traditionelles, auf Rotwein spezialisiertes Anbaugebiet südlich von Bonn. Leichte, im Idealfall elegante Spätburgunder, v. a. von Adeneuer, Deutzerhof, Kreuzberg, Meyer-Näkel, Nelles und Stodden.
Amtliche Prüfungsnummer Siehe Prüfungsnummer.
Anbaugebiete Die Rebfläche Deutschlands ist in 13 »bestimmte Anbaugebiete« unterteilt. Siehe auch QbA und Weinbaugebiet.
Anheuser, Paul ☆ Bekannter Erzeuger in Bad Kreuznach an der Nahe.
A.P.Nr. Abkürzung für Amtliche Prüfungsnummer.
Assmannshausen Rhg; r ☆→☆☆☆ **76 89 90** *92* **93** *94* **95 96 97** 98 **99** 00 **01** – Bekannt durch helle, leichte Spätburgunder; Spitzenweine: Spätlese Trocken. Lage 1. Klasse: Höllenberg. Großlagen: Steil und Burgweg. Erzeuger: u. a. August Kesseler, Robert König, Hotel Krone, von Mumm, Staatsweingüter.

Auslese Wein von ausgelesenen, besonders reifen Trauben, oft durch Edelfäule verfeinert und entsprechend gehaltvoll im Geschmack. Trockene Auslesen fallen meistens sehr alkoholreich und eher plump aus.

Avelsbach M-S-R (R); w ☆☆☆ **71 75 76 83** 85 88 **89 90** *91 92* **93** 94 **95** 96 **97** *98* **99** 00 01 – Ort bei Trier. In Bestform wundervoll delikate Weine. Großlage: Römerlay. Erzeuger: Bischöfliche Weingüter, Staatliche Weinbaudomäne (siehe Staatsweingut).

Ayl M-S-R (S); w **★★★ 71 75 76 83** 85 88 **89 90** 91 *92* **93** 94 **95** *96* **97** *98* **99** 00 – Einer der besten Orte an der Saar. Lage 1. Klasse: Kupp. Großlage: Scharzberg. Erzeuger: u. a. Bischöfliche Weingüter, Lauer, Dr. Wagner.

Bacchus Moderne, bukettreiche, oft kitschig »parfümiert« duftende Traubensorte. Besonders gut für Weine der Kabinettklasse.

Bacharach ★→★★★ 83 88 **89 90** *91* 92 **93** 94 95 96 97 **98** 99 00 **01** – Größte Weinstadt am Mittelrhein, direkt flussabwärts vom Rheingau. Jetzt Teil des neuen Bereichs Loreley; rassige, herbe, z. T. sehr feine Rieslinge. Lagen 1. Klasse: Hahn, Posten, Wolfshöhle. Erzeuger: u. a. Fritz Bastian, Toni Jost, Dr. Randolph Kauer, Helmut Mades, Ratzenberger.

Die Jahrgangsangaben bei den Stichworten im Kapitel Deutschland erfolgen nach einem anderen Schema als sonst in diesem Buch üblich, um neben der Qualität auch die Art des Jahrgangs erfassen zu können. Es gibt drei verschiedene Kategorien:

Fettdruck (z. B. **93**) – Klassischer, vollreifer Jahrgang mit einem hohen Anteil von Prädikatsweinen einschließlich Spät- und Auslesen.

Normaldruck (z. B. 92) – Normaler guter Jahrgang ohne besonders großen Anteil an Prädikatsweinen.

Kursivdruck (z. B. *91*) – Kühler Jahrgang mit im Allgemeinen geringerem Reifegrad, aber einem angemessenen Anteil an ordentlichen Qualitätsweinen, häufig mit einem Übermaß an Säure; also weniger QmP-Weine, dafür entsprechend höhere Vielfalt beim QbA-Wein. Solche Weine reifen manchmal besser als erwartet.

Nicht angegebene Jahrgänge sind in der Regel nicht zu empfehlen; die meisten haben ihren Höhepunkt bereits überschritten.

Bad Dürkheim Pfz; (r) w ☆☆→☆☆☆ **76** 88 **89 90** *91* 92 **93** 94 95 **96 97 98** 99 00 01 – Bedeutendste Stadt der Mittelhaardt mit dem größten Fass der Welt (sehr touristisch) und dem netten »Würstmarkt«-Weinfest im September. Lagen 1. Klasse: Michelsberg, Spielberg. Großlagen: Feuerberg, Hochmess, Schenkenböhl. Beste Erzeuger: Kurt Darting, Fitz-Ritter, Karst, Pflüger, Karl Schäfer.

Bad Kreuznach Na; w ☆☆→☆☆☆ **76** 79 **83 85** 86 88 **89 90** *91* 92 **93** 94 95 96 **97** 98 99 00 01– Netter Kurort mit guten Rebflächen. Lagen 1. Klasse: Brückes, Kahlenberg, Krötenpfuhl. Großlage: Kronenberg. Weingüter: u. a. Anheuser, Anton Finkenauer, Carl Finkenauer, von Plettenberg.

Baden Großes Anbaugebiet im Südwesten mit verstreut liegenden Rebflächen und rasch wachsendem Renommee für gehaltvolle, meist trockene, aber geschmeidige Tischweine. Feine Grau- und Spätburgunder, Rieslinge sowie Gewürztraminer. Beste Bereiche: Kaiserstuhl und Ortenau.

Badische Bergstraße/Kraichgau (Bereich) Ausgedehnter Bereich in Nordbaden. Weiß- und Grauburgunder ergeben hier die besten Weine.

Badischer Winzerkeller Deutschlands (und Europas) größte Winzergenossenschaft in Breisach; mit 25 000 Mitgliedern (insgesamt 4800 ha) produziert sie fast die Hälfte aller badischen Weine. Zuverlässige, geradlinige Tropfen.

Badisches Frankenland Siehe Tauberfranken.

Barriques Vor etwa 20 Jahren tauchten diese neuen, kleinen Eichenholzfässer zu Experimentierzwecken in Deutschland auf. Die Ergebnisse sind immer noch ziemlich unterschiedlich: Das Eichenaroma kann Weißburgunder, Spätburgunder und Lemberger mehr Substanz verleihen; für Riesling ist es zumeist völlig ungeeignet.

Bassermann-Jordan, Dr. Ludwig von ☆☆☆ **76 79 81** 83 86 88 **89** 90 **96** 97 **98 99** 00 01 – 42-ha-Familienbesitz an der Mittelhaardt mit vielen der besten Lagen in Deidesheim, Forst, Ruppertsberg u. a. Der neue Kellermeister Ulrich Mell hat dieses historische Gut seit 1996 wieder an die Spitze gebracht. Heute ist es eines der verlässlichsten großen Weingüter.

Bastian, Fritz ★★ 5,5 ha großes Gut in Bacharach. Rassige, herbe Riesling-Weine, ähnlich delikat wie an der Mosel. Am besten vom Posten (Lage 1. Klasse).

Becker, J. B. ☆☆→☆☆☆ Familiengut und Weinhandlung in Walluf. 12 ha in Eltville, Martinsthal und Walluf. Spezialist für trockene Rieslinge.

Beerenauslese (BA) Köstlich süßer Wein aus besonders reifen, einzeln gelesenen Beeren, meist durch Edelfäule verfeinert. Selten und teuer.

Bensheim Siehe Hessische Bergstraße.

Bercher ☆☆☆ Weingut mit 16 ha Weiß- und Spätburgunder in Burkheim am Kaiserstuhl. U.a. exzellenter Chardonnay und einige der besten deutschen Spätburgunder-Rotweine.

Bereich Teil innerhalb eines Anbaugebiets. Auf einem Etikett ist diese Bezeichnung ein Warnsignal. Besser nicht kaufen. Siehe auch Einleitung und Bereichsnamen, z. B. Bernkastel (Bereich).

Bergstraße Siehe Badische bzw. Hessische Bergstraße.

Bernkastel M-S-R (MM); w ☆→☆☆☆☆ **71 75 76 83 85** 86 **88** 89 **90** *91* 92 **93** *94* **95** *96* **97** 98 **99** 00 **01** – Erstklassige Weinstadt an der Mittelmosel; Inbegriff des Rieslings. Spitzenlage 1. Klasse: Doctor, 3 ha; Lagen 1. Klasse: Graben, Lay. Großlagen: Badstube und Kurfürstlay. Beste Erzeuger: u. a. Heribert Kerpen, Dr. Loosen, Markus Molitor, Dr. Pauly-Bergweiler, J. J. Prüm, Studert-Prüm, Thanisch, Wegeler.

Der deutsche Wein wird zumeist in hohe schlanke Flaschen abgefüllt, die bei Rhein-, Nahe- und Pfälzer Weinen stets braun und bei Mosel-Saar-Ruwer-Weinen grün sind. Das Glas bringt gewissermaßen die verschiedenen Eigenarten der Weine zum Ausdruck: der Rheinwein voll und golden, der Mosel frisch und grün (oft im buchstäblichen Sinne). Frankenwein wird häufig in flache, breite, kolbenförmige »Bocksbeutel«-Flaschen abgefüllt.

Bernkastel (Bereich) Großer Bereich, meist Müller-Thurgau, mit häufig minderer Qualität und oberflächlich blumigem Charakter. Umfasst die gesamte Mittelmosel. Eher meiden.

Biffar, Josef ☆☆ Bedeutender Erzeuger in Deidesheim; Weingut mit 16 ha (z. T. in Wachenheim). Verlässliche klassische Rieslinge.

Bingen Rhh; w ☆→☆☆☆ **76 83 85** 88 **89 90** *91* 92 **93** 94 95 96 **97** 98 99 – Stadt am Zusammenfluss von Rhein und Nahe mit guten Lagen. Lage 1. Klasse: Scharlachberg. Großlage: Sankt-Rochus-Kapelle. Spitzenerzeuger: Villa Sachsen.

Bingen (Bereich) Bereichsname für das nordwestliche Rheinhessen.

Bischöfliche Weingüter ☆☆ →☆☆☆ Berühmtes Gut in Trier an der Mosel, vereinigt in sich kirchlichen Besitz mit drei berühmten Stiftungen – Bischöfliches Priesterseminar, Bischöfliches Konvikt und Hohe Domkirche. Knapp 100 ha beste Lagen, v. a. an Saar und Ruwer. Die jüngeren Jahrgänge finden wieder zur bewährten Klasse zurück.

Blauburgunder Blauer Spätburgunder. Synonym für Pinot noir.

Bocksbeutel Bauchig-flache Weinflasche, vor allem in Franken.

Bodensee (Bereich) Idyllischer Bereich in Südbaden. Trockene Weine am besten innerhalb der ersten fünf Jahre trinken. Eine Spezialität ist der Riesling-ähnliche Müller-Thurgau.

Boppard ☆→☆☆☆ **76 83 88 90** 91 92 **93** 94 **95** 96 97 **98** 99 00 **01** – Wichtige Weinstadt am Mittelrhein, rasch steigende Qualität. Die besten Lagen sind unter der Bezeichnung Bopparder Hamm zusammengefasst. Erzeuger: Heinrich Müller, August Perll, Weingart. Unschlagbares Preis-Leistungs-Verhältnis.

Deutsche Weinregionen für 2003

Mittelrhein Nach einigen schwachen Jahrgängen hat der 2001er bewiesen, dass man hier große klassische Rieslinge produzieren kann.

Rheinhessen Zwischen Mainz und Worms bereitet man eine ganze Reihe sauberer, harmonischer trockener Weißweine im neuen Stil, und das oft erstaunlich günstig.

Saale-Unstrut Die Schatten der kommunistischen Vergangenheit sind endlich abgeschüttelt. Einige überraschend körperreiche, geschmeidige trockene Weißweine entstehen hier.

Sachsen Auch das andere ostdeutsche Weinbaugebiet macht sich. Die trockenen Weißen sind schlanker und aromatischer als die Saale-Unstrut-Gewächse.

Braun, Heinrich ☆☆ 24 ha großes Gut im Bereich Nierstein. Trockener und süßer Riesling unterschiedlicher Qualität aus erstklassigen Lagen, v. a. Pettenthal.

Brauneberg M-S-R (MM); w ☆☆☆☆ **71 75 76 83 85** 87 **88** 89 **90** 91 **92 93** 94 **95** 96 **97** 98 99 00 **01** – Erstklassiger Ort bei Bernkastel mit 300 ha Anbaufläche und ungebrochener Tradition in ausgezeichneten, bukettreichen Rieslingen. Vielleicht der »Grand cru« an der Mosel. Unangefochtene Spitzenlage 1. Klasse: Juffer-Sonnenuhr. Lage 1. Klasse: Juffer. Großlage: Kurfürstlay. Erzeuger: u. a. Bastgen, Fritz Haag, Willi Haag, Paulinshof, Max Ferd. Richter.

Breisach Grenzstadt zum Elsass, am Rhein nahe dem Kaiserstuhl gelegen. Sitz des Badischen Winzerkellers.

Breisgau (Bereich) Wenig bekannter Bereich in Baden, nördlich und östlich vom Kaiserstuhl. Einige gute Rotweine und Weißherbst.

Breuer, Georg ☆☆☆ 14-ha-Familienweingut in Rüdesheim, führendes Mitglied der Charta. Mit 2,5 ha Anteil an der Lage Berg Schlossberg sowie 5 ha Rauenthaler Nonnenberg (Alleinbesitz). Von beiden Lagen kamen in den vergangenen Jahren überragende körperreiche trockene Riesling-Weine. Seit 1995 auch vorzügliche Auslesen, Beeren- und Trockenbeerenauslesen.

Buhl, Reichsrat von ☆☆ Historischer Familienbesitz in der Pfalz, seit 1994 Rückkehr zu alter Qualität. 64 ha in Deidesheim, Forst, Ruppertsberg usw. An eine japanische Firma verpachtet.

Bundes-Weinprämierung Bundesweiter Preiswettbewerb mit Auszeichnung für besonders bemerkenswerte Weine (Großer Preis, Silberner Preis, Bronzener Preis). Veranstalter ist die DLG.

Bürgerspital zum Heiligen Geist ☆☆☆ Alter Stiftbesitz in Würzburg, 110 ha in Würzburg, Randersacker usw. Volle, trockene Weine, v. a. Silvaner und Riesling. Können sehr gut sein.

Bürklin-Wolf, Dr. ☆☆☆ Berühmtes Familienweingut in der Pfalz. 94 ha in Deidesheim, Forst, Ruppertsberg und Wachenheim, darunter viele Lagen 1. Klasse mit oft Aufsehen erregenden körperreichen trockenen Weinen. Der 99er ist nicht zu empfehlen.

Die deutschen Qualitätsstufen

Die amtlichen Qualitätsstufen sind in aufsteigender Reihenfolge:

1. Deutscher Tafelwein: nach amtlicher Definition leichter, lieblicher Wein ohne näher festgelegte Eigenart; von einigen Erzeugern gibt es allerdings auch hochklassige Gewächse mit ausgeprägtem Charakter.
2. Landwein: trocken bis halbtrocken, gebietstypisch.
3. Qualitätswein: trocken bis lieblich, Zuckerzusatz vor der Gärung, um ihm mehr Stärke zu geben; stets auf Qualität geprüft und mit ausgeprägtem Charakter, je nach Landschaft und Traubensorte.
4. Kabinett: trocken bis lieblich (ungezuckert) mit ausgeprägter, oft vorzüglicher Eigenart und charakteristischer Leichtigkeit.
5. Spätlese: alkoholreicher als Kabinett, meist mit mehr Süße. Körperreich. Viele hochklassige Spätlesen sind heutzutage halb- oder ganz trocken.
6. Auslese: süßer, oft auch alkoholreicher als Spätlese, vielfach mit an Honig erinnerndem Aroma, intensiv und nachhaltig. Gelegentlich trocken und schwer.
7. Beerenauslese: ziemlich süß und alkoholreich, intensiv im Geschmack, kann superb sein.
8. Eiswein (Beeren- oder Trockenbeerenauslese): hoch konzentriert, intensiv süß. Kann sehr fein sein, aber auch extrem einseitig.
9. Trockenbeerenauslese: intensiv süß und aromatisch, oft nicht so alkoholreich. Ein außergewöhnlicher, unendlich haltbarer Wein.

Chardonnay Ist jetzt in der gesamten Bundesrepublik zugelassen, wird aber nur auf etwa 120 ha angebaut. Einige gute Weine in den letzten Jahrgängen. Spitzenerzeuger: Karl-Heinz Johner, Rebholz.

Charta Eine Vereinigung Rheingauer Spitzenweingüter, die sich auf kraftvolle, trockene Riesling-Weine konzentrieren. Die Mitglieder müssen Qualitätsmaßstäbe erfüllen, die über die gesetzlichen Mindestanforderungen hinausgehen.

Christmann ☆☆☆ 14-ha-Gut im pfälzischen Gimmeldingen mit vollem, trockenem Riesling von 1.-Klasse-Lagen, v. a. Königsbacher Idig. Hohe Qualität seit 1995.

Christoffel, J. J. ☆☆☆ Kleines Weingut mit Besitz in Erden und Ürzig. Ausgefeilter, eleganter Riesling.

Clevner (oder **Klevner**) In Württemberg Synonym für Blauer Frühburgunder; eine Mutation von Pinot noir oder Chiavenna. In der Ortenau (Baden) irreführenderweise Synonym für Traminer.

Crusius ★★★ 13-ha-Familienweingut in Traisen, Nahe. Lebendige, in Bestform sehr haltbare Rieslinge aus den Lagen Bastei und Rotenfels in Traisen sowie aus Schloßböckelheim. Ferner guter Sekt und trockener, frisch-fruchtiger Spätburgunder Rosé.

Deidesheim Pfz; (r) w ☆☆→☆☆☆☆ **71 76 83 85 88 89 90** 91 **92** 93 94 *95* **96** 97 **98** 99 00 01 – Größter Weinort (400 ha) mit Spitzenqualität in der Pfalz. Volle, bukettreiche, lebendige Weine. Auch Sekt. Lagen 1. Klasse: Gainhübel, Hohenmorgen, Kalkofen, Kieselberg, Langenmorgen, Leinhöhle. Großlagen: Hofstück, Mariengarten. Bedeutende Erzeuger: Bassermann-Jordan, Biffar, von Buhl, Bürklin-Wolf, Deinhard, Wolf.

Deinhard Die Familie Wegeler hat 1997 das 200 Jahre alte Handelshaus und die Sektkellerei Deinhard an den Sektriesen Henkell-Söhnlein in Schierstein am Rhein verkauft. Die überragenden Deinhard Weingüter sind jedoch in Familienbesitz geblieben (siehe Wegeler).

Deinhard, Dr. ☆☆ Familienweingut (30 ha) in Deidesheim mit einigen vorzüglichen Lagen.

Deutscher Tafelwein Die amtliche Bezeichnung für einfache deutsche Weine; mittlerweile dient sie aber auch als Wahrzeichen für nicht ganz billige Neuheiten (z. B. barriquegereifte Weine). Das Gesetz müsste wie in Italien angepasst werden.

Deutsches Weinsiegel Qualitätssiegel für Weine, deren Qualität in jeder Güteklasse deutlich über den gesetzlichen Mindestanforderungen liegt. Das gelbe Weinsiegel wird für trockene, das grüne für halbtrockene und das rote für halbsüße Weine vergeben. Bedeutet wenig; beweist nichts.

Deutsches Weintor eG Pfz; (r) w **★→★★ 90 93** 94 *95* **96 97** 98 99 00 01 – Bedeutende Winzergenossenschaft in Ilbesheim/Pfalz mit gutem Ruf für Qualitätsweine.

Diel, Schlossgut ☆☆☆ Zeitgemäßes Weingut (12 ha) an der Nahe. Bekannt für alterungsfähige Grau- und Weißburgunder, die in französischen Barriques ausgebaut werden, heute zählt aber auch der traditionelle Riesling zu den feinsten Naheweinen. Phänomenale Auslesen und Eiswein.

DLG – Deutsche Landwirtschafts-Gesellschaft Veranstalter der Bundes-Weinprämierung mit Sitz in Frankfurt. Bei weitem zu großzügig bei der Prämienvergabe.

Domäne Weingut. Der Begriff steht manchmal auch allein für »Staatliche Weinbaudomäne«.

Dönnhoff, Hermann ★★★★ 88 **89 90** 91 92 93 94 **95** 96 97 **98** 99 **00 01** – Führendes 12,5-ha-Gut an der Nahe mit überaus feinen Rieslingen aus Niederhausen, Oberhausen und Schloßböckelheim. Einige der ganz großen deutschen Weine kommen von hier.

Dornfelder Neue rote Traubensorte; erbringt v. a. in der Pfalz dunkle, anspruchslose Weine.

Durbach Bad; (r) w **★★→★★★ 76 90 93 94** 95 **96** 97 **98 99** 00 01 – Ort mit 310 ha Anbaufläche, darunter ein paar Lagen 1. Klasse. Spitzenerzeuger: A. Laible, H. Männle, Schloss Staufenberg, Wolff-Metternich. Klingelberger (Riesling) und Clevner (Traminer) sind sehr zu empfehlen. Großlage: Fürsteneck.

Edelfäule Voraussetzung für die Trockenbeerenauslese (siehe auch Seite 209).

Egon Müller – Scharzhof ☆☆☆☆ **75 76** *77 78* **79** *80* 81 82 **83** *84* 85 86 *87* 88 **89 90** 91 *92* **93 94 95** 96 **97** 98 **99** 00 **01** – Spitzengut an der Saar, 12 ha in Wiltingen. Der reichhaltige und rassige Scharzhofberger-Riesling gehört in Auslesejahrgängen zu den besten Weinen der Welt; Spitzenweine tragen goldene Kapseln. Die sublimen 93er, 95er, 97er und 99er mit ihrer feinen Honigsüße werden eine Ewigkeit halten. Le Gallais ist ein zweites Gut (Wiltinger Braune Kupp) im gleichen Besitz.

Eiswein Dessertwein aus gefrorenen Trauben mit stark herabgesetztem Wassergehalt, daher sehr konzentriert in Aroma, Säure und Süße mit mindestens dem Reifegrad der Beerenauslese. Sehr teuer. Wird manchmal erst im Januar oder Februar nach der Lese hergestellt. Der Alkoholgehalt ist meist niedrig, bis zu 5,5 %.

Eitelsbach M-S-R (R); w ☆☆→☆☆☆☆ **71 75 76 83 85 88 89 90** *91* 92 **93** 94 **95** *96* **97 98 99** 00 01 – Heute zu Trier gehörender Ort mit Spitzenlage 1. Klasse: Karthäuserhofberg. Großlage: Römerlay.

Elbling An der oberen Mosel verbreitete Traubensorte, die von den Römern eingeführt wurde; oft scharf und säuerlich, erbringt aber in günstigen Lagen (z. B. in Nittel oder Schloss Thorn, Obermosel) durchaus lebhaften, frischen Wein.

Elbtal Siehe Sachsen.

Eltville Rhg; w ★★→★★★ **71 76 83** 88 **89 90** *91* 92 **93** 94 **95** 96 **97** 98 **99** 00 01 – Bedeutende Weinstadt mit Kellereien der Staatsweingüter sowie den Gütern Fischer und Langwerth von Simmern. Lage 1. Klasse: Sonnenberg. Großlage: Steinmächer.

Enkirch M-S-R (MM); w ★★→★★★ **71 76 85 88 89 90** 91 **93** 94 95 *96* **97** 98 99 00 **01** – Wenig bekannter Ort mit gefälligem, leichtem, angenehmem Wein. Der beste Erzeuger ist Immich-Batterieberg.

Erbach Rhg; w ☆☆☆ **71 76 83** 85 86 88 **89 90** *91* **92 93** 94 **95 96** 97 98 **99** *00* 01 – Gebiet im Rheingau mit gehaltvollen, bukettreichen, sehr langlebigen Weinen, u. a. aus den Lagen 1. Klasse: Hohenrain, Marcobrunn, Schlossberg, Siegelsberg, Steinmorgen. Bedeutende Güter: Schloss Rheinhartshausen, Schloss Schönborn sowie Becker, Jakob Jung, Knyphausen, von Simmern u. a. Nicht mehr so gut wie früher.

Erden M-S-R (MM); w ☆☆☆ **71 75 76 83 85 88 89 90** *91* 92 **93** 94 **95** 96 **97 98** 99 *00* **01** – Ort zwischen Ürzig und Kröv mit noblen, bukettreichen, kräftigen Weinen (mineralischer und mit mehr Kräuternoten als die Weine der Nachbarorte Bernkastel und Wehlen, aber genauso langlebig). Spitzenlagen 1. Klasse: Prälat, Treppchen. Großlage: Schwarzlay. Weingüter: u. a. Bischöfliche Weingüter, J. J. Christoffel, Dr. Loosen, Meulenhof, Mönchhof, Peter Nicolay.

Erstes Gewächs Seit dem 1. September 2000 ist im Rheingau die Klassifizierung der Weinberge in Kraft getreten und mit ihr die Bezeichnung »Erstes Gewächs« – dem französischen »Premier cru« nachempfunden. Weine mit dieser Bezeichnung müssen strengen Anforderungen entsprechen; u. a. sind Maximalerträge und eine Blindverkostung vorgeschrieben. Der Haken an der Sache ist, dass diese Klassifizierung auf über 35 % der Weinberge der Region zutrifft, darunter auch einige recht flache Lagen. An Rebsorten sind Spätburgunder und Riesling zugelassen, sowohl trocken als auch süß. Bislang wurden nur wenige »Erste Gewächse« auf den Markt gebracht.

Erzeugerabfüllung Vom Erzeuger aus eigenem Lesegut gekelterter und selbst abgefüllter Wein. Wird auf Weingütern durch »Gutsabfüllung« verdrängt; die Genossenschaften behalten den Begriff jedoch bei.

Escherndorf Fran; w ★★→★★★ **76** 83 **88** *89* **90** *91* **92 93** 94 *95* 96 97 98 **99** 00 **01** – Bedeutende Weinstadt bei Würzburg. Voller, trockener Wein. Lage 1. Klasse: Lump. Großlage: Kirchberg. Weingüter: u. a. Juliusspital, Egon Schäffer, Horst Sauer.

Eser, August ★★ 8-ha-Gut in Oestrich (Rheingau) mit Lagen auch in Hallgarten, Rauenthal (v. a. Gehrn, Rothenberg), Winkel. Weine unterschiedlicher Qualität.

Filzen M-S-R (S); w ★★→★★★ **76 83** 88 **89 90** 92 **93** 94 **95** 96 **97** 98 **99** 00 – Ort bei Wiltingen an der Saar. Lage 1. Klasse: Pulchen. Beachtenswerter Erzeuger: Piedmont.

Fischer Erben, Ökonomierat J. ☆☆☆ Weingut in Eltville (Rheingau), 7,5 ha, mit hohen traditionellen Maßstäben; überaus langlebige, klassische Weine.

Forschungsanstalt Geisenheim Siehe Hessische Forschungsanstalt.

Forst Pfz; w ☆☆→☆☆☆☆ **71 76 83 89 90** 91 92 **93** 94 95 **96** 97 **98** 99 *00* 01 – Ort in der Mittelhaardt mit 200 ha bester Lagen. Reife, vollduftige, fein abgestimmte, körperreiche Weine. Lagen 1. Klasse: Jesuitengarten, Kirchenstück, Freundstück, Pechstein, Ungeheuer. Großlagen: Mariengarten, Schnepfenflug. Spitzenerzeuger: Bassermann-Jordan, Bürklin-Wolf, Dr. Deinhard, Georg Mosbacher, Eugen Müller, H. Spindler, Werlé, J. L. Wolf.

Franken Anbaugebiet mit hervorragenden, eigenständigen, meist trockenen Weinen (v. a. Silvaner) in Bocksbeutel-Flaschen. Mittelpunkt ist Würzburg. Bereiche: Maindreieck, Steigerwald. Spitzenerzeuger: u. a. Bürgerspital, Fürstlich Castell'sches Domänenamt, Juliusspital, Löwenstein, Horst Sauen, Wirsching.

Freiburg Bad; (r) w ☆→☆☆ BV – Weinbauzentrum im Breisgau, nördlich des Markgräflerlands. Lebendige Gutedel-Weine.

Friedrich-Wilhelm-Gymnasium ☆☆ Wichtiges Stiftsweingut (33 ha) in Trier. Lagen in Bernkastel, Graach, Ockfen, Trittenheim, Zeltingen u. a., sämtlich Mosel-Saar-Ruwer. Nach einer Reihe von Misserfolgen seit 1995 erheblich besser.

Fuhrmann-Eymael Siehe Pfeffingen.

Fürst, Rudolf ☆☆☆ Kleines Gut in Bürgstadt, das einige der besten Frankenweine erzeugt, v. a. im burgundischen Stil bereiteten Spätburgunder und in Eiche ausgebauten Weißburgunder.

Fürstlich Castell'sches Domänenamt ☆→☆☆☆ Historischer Gutsbesitz (57 ha) im Steigerwald. Silvaner, Rieslaner. Seit 1999 wieder in Form.

Gallais, Le Siehe Egon Müller – Scharzhof.

Geisenheim Rhg; w ☆☆→☆☆☆ **71 76 85** 88 **89 90** *91* 92 **93** 94 95 **96** 97 98 **99** 00 01 – Stadt im Rheingau, Sitz der bekanntesten deutschen Weinbaufachschule; feine, würzige Weine. Lagen 1. Klasse: Kläuserweg, Rothenberg. Großlagen: Burgweg und Erntebringer. Spitzenerzeuger: Johannishof, Schloss Schönborn, Wegeler, von Zwierlein.

Gewürztraminer Vor allem im Elsass angebaute würzige Traubensorte, die aber auch in Deutschland eindrucksvolle Weine hervorbringt (besonders Pfalz, Baden und Württemberg).

Gimmeldingen Pfz; w ☆☆ **76 85** 88 **89 90** *91* **92 93** 94 95 **96** 97 **98** 99 00 **01** – Ort im südlichen Bereich Mittelhaardt; im besten Fall reichhaltige, saftige Weine. Großlage: Meerspinne. Erzeuger: u. a. Christmann, Müller-Catoir.

Graach M-S-R (MM); w ★★★ **71 75 76 83 85 88 89 90** *91* 92 **93** 94 **95** 96 **97 98 99** 00 **01** – Kleiner Ort zwischen Bernkastel und Wehlen. Lagen 1. Klasse: Domprobst, Himmelreich, Josephshöfer. Großlage: Münzlay. Spitzenweingüter: Kesselstatt, Dr. Loosen, J. J. Prüm, Willi Schaefer, Selbach-Oster, Weins-Prüm.

Grans-Fassian ☆☆ Schönes 10-ha-Gut in Leiwen an der Mosel mit Lagen dort sowie in Trittenheim. Als Spezialität Eiswein. Verlässlich hohe Qualität seit 1995.

Grauburgunder Synonym für Ruländer oder Pinot gris. Die Traube ergibt weiche, körperreiche Wein; am besten in Baden und der südlichen Pfalz.

Großer Ring Gruppe von Spitzenweingütern (VDP) im Gebiet Mosel-Saar-Ruwer, deren jährliche Auktion im September regelmäßig Weltrekordpreise erzielt.

Großlage Siehe Einleitung, Seite 186.

Gunderloch ☆☆☆☆ 88 89 **90** 91 92 **93** 94 95 **96 97 98** 99 00 **01** – Ausgezeichnetes Weingut in Nackenheim (12 ha), das einige der feinsten Rieslinge der gesamten Rheinregion hervorbringt, darunter auch phänomenale BA und TBA. In Rheinhessen unangefochtene Nummer eins. Eigentümer des bekannten Guts Balbach in Nierstein.

Guntrum, Louis ☆☆ Großer Familienbesitz (27 ha) in Rheinhessen. Beste Lagen in Nierstein, Oppenheim u. a. Guter Silvaner, Gewürztraminer und Riesling.

Gutedel Deutscher Name für die uralte Chasselas-Traube (Südbaden).

Gutsabfüllung Auf Weingütern (im Gegensatz zu Genossenschaften) an Stelle von »Erzeugerabfüllung« verwendet.

Haag, Fritz ☆☆☆☆ **69** 70 **71** 72 73 74 **75 76** 77 78 **79** 80 81 82 **83** 84 **85** 86 87 **88** 89 **90** 91 92 93 94 **95** 96 97 98 99 00 **01** – 7,5 ha großes Spitzenweingut in Brauneberg unter der Leitung von Wilhelm Haag, Präsident des Großen Rings. Mosel-Riesling mit kristalliner Reinheit und rassiger Brillanz für langes Altern. Haags Sohn Thomas führt das Gut Schloss Lieser.

Haag, Willi ☆☆ Knapp 3 ha großes Gut in Brauneberg. Volle Rieslinge »alten Stils«. Einige feine Auslesen. Seit 1995 stetig steigende Qualität.

Haart, Reinhold ☆☆☆ Das beste Weingut in Piesport mit wachsendem Renommee. Feine, aromatische, langlebige Weine.

Halbtrocken Mit unter 18, jedoch über 9 g/l Restsüße. Eine beliebte Zwischenstufe, hauptsächlich als Wein zu Speisen gedacht; gewöhnlich ausgeglichener als trockener Wein.

Hattenheim Rhg; w ☆☆→☆☆☆☆ **71 76 83 89 90** 91 **92 93** 94 **95 96** 97 98 **99** *00* 01 – Erstklassige Weinstadt mit 200 ha Rebflächen. Lagen 1. Klasse: Engelmannsberg, Mannberg, Pfaffenberg, Nussbrunnen, Wisselbrunnen und am bekanntesten Steinberg (Ortsteil). Großlage: Deutelsberg. (Marcobrunn liegt an der Grenze zu Erbach.) Erzeuger: u. a. Knyphausen, Ress, Schloss Schönborn, von Simmern, Staatsweingut.

Heger, Dr. ☆☆☆ Führendes Gut in Baden mit exzellentem trockenem Weißburgunder, Grauburgunder und kraftvollen, eichenholzgereiften Spätburgunder-Rotweinen.

Heilbronn Würt; r w ☆→☆☆ **89 90 93** 94 **96 97** 98 99 *00* 01 – Weinstadt mit vielen kleinen Erzeugerbetrieben und einer großen Genossenschaft. Veranstaltungsort für DLG-Prämierungen. Die besten Weine sind Rieslinge oder stammen von der Lemberger-Traube. Spitzenweingüter: Amalienhof, Drautz-Able, Heinrich.

Henkell Siehe Deinhard.

Hessen, Prinz von ☆☆→☆☆☆ Bekanntes Weingut mit 30-ha-Besitz in Johannisberg, Kiedrich und Winkel. Qualität seit Jahrgang '95 deutlich gesteigert.

Hessische Bergstraße w ☆☆→☆☆☆ **90** *91* **92 93** 94 95 96 **97** 98 **99** 00 01 – Mit 400 ha Rebfläche kleinstes Anbaugebiet in Westdeutschland, nördlich von Heidelberg. Gefällige Rieslinge von Simon-Bürkle, von dem Staatsweingut in Bensheim, den Weingärten der Stadt Bensheim, der Winzergenossenschaft Bergstraße und aus Heppenheim.

Hessische Forschungsanstalt für Wein-, Obst- und Gartenbau Berühmte deutsche Weinbaufachschule und Forschungseinrichtung in Geisenheim, Rheingau. Gute Weine, auch Rotwein.

Heyl zu Herrnsheim ★★★ Führendes 37-ha-Weingut in Nierstein mit ausgezeichnetem Ruf; 60 % Riesling. Seit dem guten 96er Jahrgang im Besitz der Familie Ahr. Trockener Riesling, Silvaner und Weißburgunder von klassischer Eleganz.

Heymann-Löwenstein ☆☆☆ Junges Weingut an der unteren Mosel (der so genannten Terrassenmosel) mit den meisten gleichmäßigen trockenen Riesling-Weinen im M-S-R-Gebiet. Außerdem einige bemerkenswerte Auslesen und Trockenbeerenauslesen. Ein aufsteigender Stern am Weinhimmel.

Hochgewächs Bezeichnung für QbA-Wein (Riesling), v. a. gebräuchlich im Gebiet Mosel-Saar-Ruwer.

Hochheim Rhg; w ★★→★★★★ **71 75 76** 79 **83 85** 86 **88 89 90** 91 **92 93** 94 *95* **96 97 98** 99 00 **01** – Weinstadt am Main mit 240 ha Rebfläche im östlichen Rheingau. Weine mit den besten vom Rhein zu vergleichen (mit eigener erdiger Intensität und Duftigkeit). Lagen 1. Klasse: Domdechaney, Hölle, Kirchenstück, Königin-Victoria-Berg (5-ha-Lage von Hupfeld in Oestrich). Großlage: Daubhaus. Erzeuger: u. a. Hupfeld, Franz Künstler, Schloss Schönborn, Staatsweingut, Werner. Hochheimer Wein ist in England so berühmt geworden, dass er dort in der Kurzform »Hock« für Rheinwein überhaupt steht.

Hoensbroech, Reichsgraf zu ☆☆ Erstklassiges Gut (15 ha) im Kraichgau. Trockene Weiß- und Grauburgunder sowie Silvaner (z. B. Michelfelder Himmelberg).

Hohenlohe-Oehringen, Fürst zu ☆☆ Vornehmes 19-ha-Weingut in Oehringen, Württemberg. Gehaltvolle trockene Rieslinge und kräftige Rotweine aus Spätburgunder und Lemberger.

Hövel, von ★★★ Vorzügliches Saar-Weingut in Oberemmel mit der Lage Hütte (5 ha, Alleinbesitz) und Anteil am Scharzhofberg. Erstklassige Weine seit 1993.

Huber, Bernard ☆☆☆ Winzer im badischen Breisgau, der sich mit kräftigem, in Barriques gereiftem Spätburgunder sowie Weißburgunder und Chardonnay in burgundischem Stil gerade einen Namen macht.

Huxelrebe Neue, würzige Traubensorte, am besten für Dessertwein.

Ihringen Bad; r w ★→★★★ **86** 88 **89 90** 91 92 **93** 94 95 **96 97 98 99** 00 01 – Einer der besten Orte am Kaiserstuhl; guter Spätburgunder (Rotwein und Weißherbst) sowie Grauburgunder. Spitzenweingüter: Dr. Heger, Stigler.

Ilbesheim Siehe Deutsches Weintor.

Ingelheim Rhh; r w ★★ **90** 92 **93** 94 95 96 **97** 98 **99** *00* – Historische Stadt gegenüber dem Rheingau, seit alters durch ihren Spätburgunder-

Rotwein bekannt. Leider erlangen heutzutage nur noch wenige Weine Bedeutung. Spitzenlagen: Horn, Pares, Sonnenberg, Steinacker.

Iphofen Fran; w ☆☆→☆☆☆ **76 79 83 85** *87* **88** *89* **90** *91* 92 **93** 94 *95 96* **97** 98 **99** 00 01 – Ort östlich von Würzburg. Superbe Lagen 1. Klasse: Julius-Echter-Berg, Kalb. Großlage: Burgweg. Weingüter: Juliusspital, Ruck, Wirsching.

Johannisberg Rhg; w ☆☆→☆☆☆☆ **71 75 76 83 85** 86 88 **89 90** 91 92 **93** 94 **95 96 97** 98 **99** 00 **01** – Ort mit 104 ha Weinbergfläche; unübertreffliche Rieslinge von außerordentlicher Anmut. Lagen 1. Klasse: Hölle, Klaus, Schloss Johannisberg. Großlage: Erntebringer. Spitzenerzeuger: Johannishof, Schloss Johannisberg.

Johannisberg (Bereich) Bereichsname für den gesamten Rheingau. Eher meiden.

Johannishof ☆☆☆ Familienweingut in Johannisberg, auch als H. H. Eser bekannt. 18 ha Anbaufläche. Die Rieslinge machen dem Namen Johannisberg alle Ehre. Seit 1996 auch Rüdesheimer Weine.

Johner, Karl-Heinz ☆☆☆ Kleines Weingut in Bischoffingen (Baden); Vorkämpfer für Spätburgunder im Stil der Neuen Welt und eichenfassgereiften Weißburgunder.

Josephshöfer Lage 1. Klasse in Graach. Alleiniger Besitzer: von Kesselstatt.

Jost, Toni ★★★ Vielleicht das Spitzenweingut am Mittelrhein. 10 ha, vorwiegend Riesling, in Bacharach sowie in Walluf (Rheingau).

Juliusspital ☆☆☆ Alte kirchliche Stiftung in Würzburg mit besten Frankenwein-Lagen (150 ha) und vielen Spitzenweinen der Region. Trockener Silvaner und Riesling sind besonders beachtenswert.

Kabinett Bezeichnung für die leichteste Kategorie nicht angereicherter, natürlicher Weine (QmP). Alkoholschwach (Riesling im Durchschnitt 7 bis 9 %). Oft mit schönster Finesse. Jung zu trinken oder nach einigen Jahren.

Kaiserstuhl (Bereich) Einer der besten Bereiche in Baden mit ausgesprochen warmem Klima und vulkanischem Boden. Berühmte Weinorte: u. a. Achkarren, Ihringen. Großlage: Vulkanfelsen.

Kallfelz, Albert Erzeugt brauchbare frische Moselweine in Zell und Merl.

Kallstadt Pfz; (r) w ☆☆→☆☆☆ **76 83 85 88** 89 **90** 92 **93** 94 **95 96** 97 **98** 99 00 **01** – Ort im nördlichen Bereich Mittelhaardt. Gute, volle, trockene Weine von Riesling und Spätburgunder, oft unterbewertet. Lage 1. Klasse: Saumagen. Großlagen: Feuerberg, Kobnert. Weingüter: Henninger, Koehler-Ruprecht, Schuster.

Kammerpreismünze Siehe Landespreismünze.

Kanzem M-S-R (S); w ★★★ **71 76 88 89 90** 91 92 **93** 94 **95** 96 **97** *98* **99** 00 01 – Kleiner Nachbarort von Wiltingen. Lage 1. Klasse: Altenberg. Großlage: Scharzberg. Weingüter: u. a. Othegraven, Reverchon und J. P. Reinert.

Karlsmühle ☆☆☆ Kleines Gut in der Ruwer-Region und alleiniger Besitzer der Lage Lorenshöfer; erzeugt klassische Ruwer-Rieslinge, aber auch Weine von Anbauflächen der Lage 1. Klasse Kasel, die unter dem Etikett Patheiger vertrieben werden. Beständige Spitzenqualität seit 1994.

Karthäuserhofberg ☆☆☆☆ Spitzenweingut mit 18 ha in Eitelsbach (Ruwer). Leicht zu erkennen an den Flaschen, die nur ein Etikett am Hals tragen. Seit 1993 wieder in Topform.

Kasel M-S-R (R); w ★★→★★★ **71 76 83 85 88 89 90** 91 92 **93** 94 **95** 96 **97** *98* **99** 00 01 – Ort mit ausgeprägt blumigen, leichten Weinen von der

Großlage Römerlay. Lagen 1. Klasse: Kehrnagel, Nies'chen. Spitzenerzeuger: Karlsmühle, von Kesselstatt, Wegeler.

Keller Auch im Sinne von Kellerei gebraucht.

Kerner Neue, aromatische Traubensorte, reift früher als Riesling; gute Qualität, jedoch ohne die Anmut und Harmonie des Rieslings. Die besten Ergebnisse kommen aus Sachsen.

Kerpen, Heribert ☆☆ Guter kleiner Erzeuger mit Besitz in Bernkastel, Graach und Wehlen.

Kesseler, August ☆☆☆ 14-ha-Gut mit den besten Spätburgunder-Rotweinen in Assmannshausen. Außerdem sehr gute klassische Rieslinge.

Kesselstatt, Reichsgraf von ★★★ Größtes privates Weingut an der Mosel mit 650-jähriger Geschichte. Jetzt im Besitz der Familie Reh. Rund 60 ha u. a. in Graach, Kasel, Piesport, Wiltingen mit würzigen, reichfruchtigen Weinen. Beständig hohe Qualität, oft großartige Tropfen von den Lagen Scharzhofberg und Josephshöfer, Letzterer im Alleinbesitz des Erzeugers.

Kesten M-S-R (MM); w ★→★★★ **71 75 76 83** 88 89 **90** 91 **92 93** 94 **95** 96 **97** 98 **99** 00 **01** – Nachbarort von Brauneberg. Die besten Weine (vom Paulinshofberg) sind den Braunebergern ähnlich. Großlage: Kurfürstlay. Spitzenweingüter: Bastgen, Kees-Kieren, Paulinshof.

Kiedrich Rhg; w ☆☆→☆☆☆☆ **71 76 83** 89 **90** 91 **92 93 94** 95 **96** 97 **98 99** 00 **01** – Nachbarort von Rauenthal; ebenso vorzügliche und bukettreiche Weine. Lagen 1. Klasse: Gräfenberg, Wasseros. Großlage: Heiligenstock. Erzeuger: u. a. Fischer, Knyphausen, Speicher-Schuth; Robert Weil jetzt Spitzenweingut.

Klevner Siehe Clevner.

Klingelberger In der Ortenau (Baden), v. a. um Durbach gebräuchlicher Name für Riesling.

Kloster Eberbach Herrliches Zisterzienserkloster aus dem 12. Jh. bei Hattenheim im Rheingau. Seine Mönche legten ursprünglich den berühmten Steinberg an, sozusagen der »Clos de Vougeot« Deutschlands. Heute Staatsweingut und Hauptsitz der German Wine Academy.

Klüsserath M-S-R (MM); w ☆→☆☆☆ **76 83 88 90** *91* 92 **93** 94 **95** 96 97 **98** 99 00 **01** – Wenig bekannter Moselort, dessen Erzeuger sich zusammengeschlossen haben, um die Spitzenlage Bruderschaft klassifizieren zu lassen. Weingüter: Bernhard Kirsten, Friedrich-Wilhelm-Gymnasium, Regnery.

Knyphausen, Freiherr zu ☆☆☆ Vornehmes Gut mit über 21 ha auf früherem Grund und Boden der Zisterzienser (siehe Kloster Eberbach) in Eltville, Erbach (Marcobrunn), Hattenheim und Kiedrich. Klassische Rheingauer Weine, vielfach trocken.

Koehler-Ruprecht ★★★★ 76 77 *78* **79** 80 **81** 82 **83** 84 **85** 86 *87* **88 89 90** 91 92 **93** 94 95 **96 97 98** 99 00 **01** – Hoch angesehenes Spitzenweingut (10 ha) in Kallstadt (Pfalz), eilt von Erfolg zu Erfolg. Äußerst traditionelle Weinbereitung, sehr langlebige, denkwürdige trockene Rieslinge aus der Lage Saumagen. Seit 1991 auch hervorragender Spätburgunder.

Königin-Victoria-Berg Siehe Hochheim.

Kraichgau Kleiner Bereich in Baden südlich von Heidelberg. Spitzenerzeuger: Hoensbroech.

Kröv M-S-R (MM); w ☆→☆☆☆ **88 90** 91 92 **93** 94 95 *96* **97 98** 99 *00* 01 – Bekannter Fremdenverkehrsort mit populärem Wein unter dem Großlagennamen Nacktarsch. Vorsicht ist geboten! Bester Erzeuger: Martin Müllen.

Künstler, Franz ☆☆☆☆ Weingut in Hochheim, das 1996 durch den Zukauf des bekannten Guts Aschrott auf 20 ha vergrößert wurde. Überragende trockene Rieslinge, v. a. von den Lagen 1. Klasse Domdechaney, Hölle und Kirchenstück; auch exzellente Auslese.

Kuntz, Sybille ☆☆☆ Erfolgreiche Vorreiterin eines untypischen trockenen Mosel-Rieslings mit dem Gehalt einer Auslese.

Laible, Andreas ☆☆☆ 4-ha-Weingut in Durbach. Feine süße und trockene Rieslinge, Scheureben und Gewürztraminer vom Plauelrain (Lage 1. Klasse). Der Klingelberger (Riesling) kann pures Vergnügen sein. Hervorragende Qualität seit 1997.

Landespreismünze Auf Landesebene vergebener Qualitätspreis.

Landwein Kategorie, eine Stufe über Tafelwein (die Trauben müssen besser ausgereift sein), aus 20 festgelegten Gebieten. Trocken oder halbtrocken; entspricht dem französischen Vin de pays.

Leitz, J. ★★★ Schöner kleiner Familienbetrieb in Rüdesheim mit elegantem trockenem Riesling. Ein aufsteigender Stern.

Lemberger Rote Traube, die aus Österreich importiert wurde, wo sie als »Blaufränkisch« bekannt ist. Ergibt leicht tanninbetonte, dunkelrote oder roséfarbene Weine; können exzellent sein.

Hier seien noch die beiden Begriffe Süßreserve und Restsüße, die im deutschen Weinvokabular eine Rolle spielen, kurz erläutert. Ist der Weingärungsprozess beendet – sei es auf natürliche Weise bei hohem Alkoholgehalt oder auf künstliche Weise bei niedrigerem Alkoholgehalt –, weist der Wein noch ein bestimmtes Maß an Süße – die Restsüße – auf. Zwecks Erhalt eines ausgewogenen Verhältnisses von süß und herb pflegte man früher den Gärungsprozess künstlich zu stoppen. Heute geht man anders vor. Man lässt den Wein ausgären, bis er völlig trocken ist, und mengt ihm dann unvergorenen (süßen) Saft derselben oder einer ähnlichen Traube bei. Dabei spricht man von Süßreserve. Somit hat der Kellermeister die Kontrolle über die Süße des Weins. Er kann trockene, halbtrockene oder süße Versionen desselben Weins hervorbringen. Diese Technik wurde nur dank steriler Filtrierung möglich, bei der jedes Tresterteilchen entfernt wird.

Liebfrauenmilch Der viel missbrauchte Name eines Weins, auf den einst zulasten besserer deutscher Weine 50 % des gesamten Exports entfielen. Gesetzlich definiert als QbA »von süßer Art« aus den Herkunftsgebieten Rheinhessen, Pfalz, Nahe oder Rheingau, als Verschnitt mit mindestens 51 % Riesling, Silvaner, Kerner oder Müller-Thurgau. Meist milder, lieblicher Wein aus Rheinhessen und Pfalz. Den Bestimmungen entsprechend muss er über 18 g/l Restzucker enthalten. Spricht dem gesetzlichen Begriff »Qualitätswein« oft Hohn. Da die Verkaufszahlen überall rapide sinken, sind seine Tage wohl gezählt.

Liebfrauenstift Rund 10 ha Weingärten in der Gemarkung Worms; hier liegt der Ursprung des Namens »Liebfrauenmilch«.

Lieser M-S-R (MM); w ★★ **71 76 83 88 89 90** *91* 92 **93** 94 **95** 96 **97** 98 99 00 **01** – Wenig bekannter Nachbarort von Bernkastel mit leichteren Weinen. Lage 1. Klasse: Niederberg-Helden. Großlage: Kurfürstlay. Spitzenerzeuger: Schloss Lieser.

Lingenfelder, Karl & Hermann ☆☆ Kleines, innovatives Weingut in Großkarlbach (Pfalz) mit guten trockenen und süßen Scheureben, körperreichen Rieslingen usw.

Loewen, Carl ☆☆☆ Spitzenerzeuger in Leiwen an der Mosel mit einer hinreißenden Auslese von der Lage 1. Klasse Laurentiuslay sowie von feinem Eiswein.

Loosen, Dr. ☆☆☆☆ **71** *72* 73 *74* **75 76** *77 78* 79 *80 81 82* 83 *84* 85 *86* 87 **88** 89 **90** 91 92 **93** 94 **95** 96 **97** 98 **99** 00 **01** – Dynamisches Weingut St. Johannishof mit 10 ha in Bernkastel, Erden, Graach, Ürzig, Wehlen. Besitzt seit 1996 auch J. L. Wolf in der Pfalz. Tiefe, intensive Rieslinge aus alten Reben in 1.-Klasse-Lagen. Höchste Qualität seit 1990. In Kooperation mit Ch. Ste Michelle wird im US-Bundesstaat Washington der trockene Riesling Eroica erzeugt; erster Jahrgang war 1999.

Lorch Rhg; (r) w ☆→☆☆ **71 76 83 85** 88 **89 90** 92 **93** 94 **95** 96 **97 98** 99 *00* **01** – Im äußersten Westen des Rheingaus. Feine, leichte Rieslinge, den Weinen vom Mittelrhein ähnlich. Bester Erzeuger: von Kanitz.

Loreley (Bereich) Neuer Bereichsname für Rheinburgengau und Bacharach.

Löwenstein, Fürst ☆☆☆ Weingut in Franken mit 26 ha; intensive, fruchtige Silvaner vom Homberger Kallmuth, einem der spektakulärsten Hänge Deutschlands. Auch das lange von Schloss Vollrads gepachtete 18-ha-Gut in Hallgarten ist seit dem 97er Jahrgang wieder frei.

Maindreieck (Bereich) Bereichsname für den mittleren Teil von Franken mit Würzburg.

Mainviereck (Bereich) Bereichsname für den westlichen Teil Frankens.

Marcobrunn Historische Lage im Rheingau; eine der deutschen Spitzenlagen. Siehe Erbach.

Markgräflerland (Bereich) Das traditionsreiche »Rebland« südlich von Freiburg (Baden), v. a. bekannt durch typischen, in der Jugend köstlich erfrischenden Gutedel; noch empfehlenswerter sind die Grau-, Weiß- und Spätburgunder. Auch Sekt.

Maximin Grünhaus M-S-R (R); w ☆☆☆☆ **71 75 76** 79 **83 85** 86 **88 89 90** 91 **92 93** 94 **95** 96 **97** 98 99 00 **01** – Erstklassiges Ruwer-Weingut, 32 ha in Mertesdorf. Weine von fester Eleganz und großer Feinheit mit mindestens 20 Jahren Lebensdauer.

Meyer-Näkel ☆☆☆ 6-ha-Gut im Ahrgebiet. Die feinen Spätburgunder aus Dernau und Bad Neuenahr sind typische Beispiele für die neuen, in Eichenfässern gereiften deutschen Rotweine.

Mittelhaardt Der beste Teil der Pfalz (nördliche Mitte) mit Deidesheim, Forst, Ruppertsberg, Wachenheim usw.; Haupttraube: Riesling.

Mittelhaardt/Deutsche Weinstraße (Bereich) Bereichsname für die nördlichen und mittleren Teile der Pfalz.

Mittelmosel Der mittlere und beste Teil der Mosel mit Bernkastel, Piesport, Wehlen usw. Die besten Lagen sind ganz mit Riesling bestockt (oder sollten es doch sein).

Mittelrhein Bedeutendes heimisches (und sehr schönes) Anbaugebiet am Rhein mit Bacharach und Boppard. Ansprechende, stahlige Rieslinge.

Morio-Muskat Ausgesprochen aromatische Traubensorte, im Zurückgehen begriffen.

Mosbacher, Georg ★★★ 9 ha großes vorzügliches Gut, das einige der besten trockenen und süßen Rieslinge in Forst erzeugt. Die besten Weine tragen die Bezeichnung »Großes Gewächs«.

Mosel Name des Tafelweingebiets. Als Qualitätsweinanbaugebiet heißt es Mosel-Saar-Ruwer.

Moselland, Winzergenossenschaft Große Winzergenossenschaft in Bernkastel, M-S-R (einschließlich Saarwinzerverein, Wiltingen). Zählt rund 5200 Mitglieder und erzeugt 25 % aller M-S-R-Weine; gute Mittelklasse. Auch Sekt in Flaschengärung.

Mosel-Saar-Ruwer Qualitätsweinanbaugebiet von 10500 ha zwischen Trier und Koblenz; eine Hochburg der Riesling-Traube. Umfasst Mittelmosel, Saar, Ruwer und die Randgebiete.

Mosel-Saar-Ruwer – Deutschlands dynamischste Weinregion
Nirgendwo in der deutschen Weinlandschaft gibt es heute so viele hochinteressante Erzeuger zu entdecken wie an Mosel, Saar und Ruwer. Gleichviel, ob es an der speziellen Mentalität der Moselaner liegt oder daran, dass das Ausland großes Interesse für die eleganten, fein aromatischen Rieslinge dieser Region mit ihrem archetypisch kühlen Klima zeigt – hier sind vier Namen, auf die Sie besonders achten sollten:

Clemens Busch Das Bio-Weingut von Clemens und Rita Busch liegt in Pünderich, einer der weniger bekannten Ecken des Moseltals. Hier werden ungewöhnlich kraftvolle trockene Rieslinge und großartige Auslesen bereitet.

Martin Müllen Endlich hat das altehrwürdige Traben-Trarbach wieder ein Weingut, das seinem Stadtbild würdig ist. Mit einer Kellerausstattung aus dem 19. Jahrhundert produziert Müllen kraftvolle, ausdrucksstarke Weine.

Daniel Vollenweider Der junge Schweizer kaufte im Jahr 2000 Reben in der vergessenen Mosel-Spitzenlage Wolfer Goldgrube und spezialisierte sich nach dem Vorbild berühmter Namen der Mittelmosel auf Spät- und Auslesen im klassischen Stil.

Van Volxem Das historische Weingut an der Saar wurde von Roman Niewodniczanski und seinem Kellermeister Gernot Kollmann wieder in Topform gebracht. Gute klassische Kabinettweine und Spätlesen, herausragend aber sind die trockenen Einzellagenweine.

Müller-Catoir ★★★★ **76** 77 78 **79** *80* 81 82 **83** *84* 85 86 *87* 88 **89 90** 91 **92 93** 94 *95* **96** 97 **98 99** 00 **01** – Hervorragendes 16-ha-Weingut in Neustadt/Pfalz. Sehr aromatische, kraftvolle Weine aus Riesling, Scheurebe, Rieslaner, Gewürztraminer, Weißburgunder, Grauburgunder und Muskateller. Konstant hohe Qualität und gute Preise; trockene und süße Weine gleichermaßen eindrucksvoll.

Müller-Thurgau Fruchtige, früh reifende Traubensorte, meist säurearm; am verbreitetsten in Rheinhessen, der Pfalz, an der Nahe, in Baden und Franken; wird auch in allen anderen Gebieten mehr und mehr angebaut. Sollte aus allen Spitzenlagen verbannt werden.

Müller – Scharzhof, Egon Siehe Egon Müller – Scharzhof.

Münster Na; w ★→★★★ **71 75 76 83** 88 **89 90** 91 92 **93** 94 95 **96** 97 **98** 99 00 **01** – Bester Ort an der nördlichen Nahe mit feinen, delikaten Weinen. Lagen 1. Klasse: Dautenpflänzer, Kapellenberg, Pittersberg. Großlage: Schlosskapelle. Spitzenerzeuer: Krüger-Rumpf, Göttelmann.

Muskateller Alte, aromatische weiße Traube mit lebhafter Säure. Eine Seltenheit in der Pfalz, in Baden und Württemberg, wo man sie meist zu trockenen Weinen verarbeitet.

Nackenheim Rhh; w ★→★★★★ **76 83 89 90** 91 92 **93** 94 95 **96 97 98** 99 00 – Nachbarort von Nierstein; beide mit besten Lagen an der Rheinterrasse. Ähnliche Weine (v. a. aus der Lage 1. Klasse Rothenberg). Großlagen: Spiegelberg, Gutes Domtal. Spitzenerzeuger: Gunderloch.

Nahe Nebenfluss des Rheins und hochwertiges Anbaugebiet mit ausgewogenen, frischen, sauberen, oft mineralischen Weinen, v. a. Riesling.

Nahetal (Bereich) Name für die zusammengeschlossenen Bereiche Kreuznach und Schloßböckelheim.

Neckar Rechter Nebenfluss des Oberrheins; viele der besten Anbaugebiete Württembergs, v. a. zwischen Stuttgart und Heilbronn.

Neef M-S-R; w ★★ **71 76 83 89 90** 91 92 **93** 94 **95** 96 **97** 98 99 00 **01** – Ort an der unteren Mosel mit der feinen Lage Frauenberg.

Neipperg, Graf von ☆☆☆ Vornehmes 29-ha-Weingut in Schwaigern, Württemberg. Erzeugt elegante trockene Rieslinge und Traminer sowie gute Rotweine, besonders Lemberger.

Neumagen-Dhron M-S-R (MM); w ☆☆ Nachbarort von Piesport mit guten, aber leider vernachlässigten Lagen.

Neustadt Bedeutende Stadt in der Pfalz mit berühmter Weinbaufachschule. Spitzenerzeuger: Müller-Catoir, Weegmüller.

Niederhausen Na; w ☆☆→☆☆☆☆ **71 75 76 83 85** 86 *87* 88 **89 90** *91* **93** 94 **95 96** 97 **98** 99 **00 01** – Nachbarort von Schloßböckelheim. Weine mit Anmut und Fülle. Lagen 1. Klasse: Felsensteyer, Hermannsberg, Hermannshöhle. Großlage: Burgweg. Spitzenerzeuger: Crusius, Dönnhoff, Hehner-Kilz, Gutsverwaltung Niederhausen-Schloßböckelheim.

Nierstein Rhh; w ☆→☆☆☆☆ **71 75 76 83 85** 86 **88 89 90** 91 **92 93** 94 *95* **96** 97 **98** 99 00 **01** – Berühmter, aber nicht immer zuverlässiger Ortsname. 520 ha mit superben Lagen 1. Klasse: Brudersberg, Glöck, Heiligenbaum, Hipping, Ölberg, Orbel und Pettenthal. Großlagen: Auflangen, Rehbach, Spiegelberg. Reife, würzige Weine von großer Eleganz. Die Großlage Gutes Domtal hält selten, was der klangvolle Name verspricht, verschwindet aber auch nach und nach aus den Regalen. Empfehlenswerte Weingüter: u. a. Gunderloch, Guntrum, Heyl zu Herrnsheim, St. Antony, G. A. Schneider, Seebrich, Strub, Wehrheim.

Nierstein (Bereich) Großer Bereich im östlichen Rheinhessen mit durchschnittlicher Qualität.

Nierstein, Winzergenossenschaft ☆→☆☆ Früherer Handelsname Rheinfront. Überdurchschnittlicher Qualitätsstandard.

Nobling Neue weiße Rebsorte; liefert leichten, frischen Wein in Baden, v. a. im Markgräflerland.

Norheim Na; w ☆☆→☆☆☆ **71 76** 79 **83** 88 **89 90 91 92 93** 94 **95** 96 **97 98** 99 00 **01** – Nachbarort von Niederhausen. Lagen 1. Klasse: Dellchen, Kafels, Kirschheck. Großlage: Burgweg. Weingüter: Crusius, Dönnhoff, Mathern.

Oberemmel M-S-R (S); w ☆☆→☆☆☆ **71 75 76 83 85** 88 **89 90** *91* 92 **93** 94 **95** 96 **97** *98* **99** 00 01 – Nachbarort von Wiltingen. Sehr feine Weine, u. a. aus der Lage 1. Klasse Hütte. Großlage: Scharzberg. Spitzenerzeuger: von Hövel, von Kesselstatt.

Obermosel (Bereich) Bereichsname für die Mosel oberhalb von Trier. Meist einfache Weine aus der Elbling-Traube, sehr jung am besten.

Öchsle Die Maßeinheit für den Zuckergehalt des Traubenmosts (siehe Seite 35).

Ockfen M-S-R (S); w ☆☆→☆☆☆ **71 75 76 83 85** 86 *87* **88 89 90** *91* 92 **93** 94 **95** 96 **97** 98 **99** *00* 01 – Weinort mit erstklassigen, duftigen, herben Weinen. Lage 1. Klasse: Bockstein. Großlage: Scharzberg. Weingüter: u. a. Dr. Fischer, Wagner, Zilliken.

Oestrich Rhg; w ☆☆→☆☆☆ **71 75 76 83 88 89 90** *91* **92 93** 94 95 **96** 97 98 **99** 00 01 – Bedeutender Weinort; unterschiedliche Qualität bis hin zu herrlichen Riesling-Auslesen. Lagen 1. Klasse: Doosberg, Lenchen. Großlage: Gottesthal. Bedeutende Erzeuger: August Eser, Peter Jakob Kühn, Querbach, Spreitzer, Wegeler.

Oppenheim Rhh; w ☆→☆☆☆ **76 83 88 89 90** *91* **92 93** 94 95 96 **97** 98 99 00 01 – Stadt südlich von Nierstein mit einer imposanten Kirche aus dem 13. Jahrhundert. Lagen 1. Klasse: Herrenberg, Sackträger. Großlagen: Güldenmorgen, Krötenbrunnen. Weingüter: u. a. Guntrum, Carl Koch, Kühling-Gillot; keines schöpft jedoch das Potezial ihrer Lagen aus.

Ortenau (Bereich) Bereich südlich von Baden-Baden. Guter Klingelberger (Riesling), Spätburgunder und Ruländer. Bester Ort: Durbach.

Paulinshof Siehe Brauneberg.

Pauly-Bergweiler, Dr. ☆☆ Schönes Weingut (12,5 ha) mit Sitz in Bernkastel. Gute Lagen u. a. in Wehlen. Vertreibt auch die hervorragenden Peter-Nicolay-Weine aus Ürzig und Erden.

Perlwein Schwach schäumender Wein.

Pfalz Anbaugebiet mit knapp 22 600 ha südlich von Rheinhessen (siehe Mittelhaardt und Südliche Weinstraße). Warmes Klima: die Trauben können voll ausreifen. Klassische Pfälzer Weine sind deshalb meist reichhaltig, wobei der Trend zu trockenen und halbtrockenen Gewächsen in zunehmend besserer Qualität geht. Größtes Riesling-Erzeugungsgebiet nach Mosel-Saar-Ruwer. Früher bezeichnet als »Rheinpfalz«.

Pfeffingen, Weingut ★★★ Sehr gute Riesling- und Scheurebe-Weine von 10 ha in Ungstein. Besitzer: Fuhrmann-Eymael. Seit 1999 wieder in Topform.

Piesport M-S-R (MM); w ☆→☆☆☆☆ **71 75 76 83 88 89 90** 91 **92 93** 94 95 96 **97** 98 99 *00* **01** – Kleiner Ort, umgeben von berühmten Weinbergen, die sehr feinen (zuweilen großartigen), vollwürzigen Riesling liefern. Spitzenlagen 1. Klasse: Goldtröpfchen und Domherr. Treppchen bleibt dagegen deutlich zurück. Großlage: Michelsberg (viel Müller-Thurgau; nicht zu empfehlen). Spitzenweingüter: Grans-Fassian, Reinhold Haart, Kurt Hain, von Kesselstatt, St. Urbanshof, Weller-Lehnert.

Plettenberg, von ☆☆→☆☆☆ 40-ha-Weingut in Bad Kreuznach. Uneinheitliche Qualität.

Portugieser Verbreitete Rotweintraube, wird oft als Weißherbst gekeltert.

Prädikat Besondere Qualitätsbezeichnung. Siehe QmP.

Prüfungsnummer Die amtliche Kennnummer eines Qualitätsweins.

Prüm, J. J. ☆☆☆☆ **69** *70* **71** *72* 73 *74* **75 76** *77 78* **79** *80* 81 82 **83** *84* 85 **86** 87 **88 89 90** 91 *92* 93 94 **95** 96 **97** 98 **99** 00 **01** – Legendäres und hervorragendes Mosel-Weingut mit 14 ha besten Lagen in Bernkastel, Graach, Wehlen und Zeltingen. Delikate, doch langlebige Weine, v. a. aus der Lage Wehlener Sonnenuhr; 81er Kabinett immer noch jugendfrisch. Einfacher Riesling von Prüm ist ein Schnäppchen.

QbA – Qualitätswein bestimmter Anbaugebiete Die mittlere deutsche Weinqualität. Zugabe von Zucker zum Most vor der Gärung ist zulässig, aber Kontrolle der zulässigen Menge nach Rebsorte und Anbaugebiet.

QmP – Qualitätswein mit Prädikat Spitzenkategorie, umfasst alle Weine, die ungezuckert bleiben, vom Kabinett bis zur Trockenbeerenauslese. Siehe Seite 185 und 192.

Randersacker Fran; w ☆☆→☆☆☆ **76 83 88** 89 **90** 91 92 **93** 94 **95** 96 **97 98 99** 00 **01** – Führender Ort mit ausdrucksvollem, trockenem Wein. Lagen 1. Klasse: Marsberg, Pfülben, Sonnenstuhl. Großlage: Ewig Leben. Weingüter: u. a. Bürgerspital, Staatlicher Hofkeller, Juliusspital, Robert Schmitt, Schmitt's Kinder.

Ratzenberger, Jochen ★★ 8-ha-Gut in Bacharach, das rassige trockene und halbtrockene Rieslinge erzeugt; die besten von den Lagen 1. Klasse Posten und Steeger St. Jost.

Rauenthal Rhg; w ☆☆☆→☆☆☆☆ **71 75 76 83** 88 **89 90** *91* **92 93** 94 95 96 **97 98 99** 00 **01** – Erstklassiger Ort mit gehaltvollen, würzigen Weinen. Lagen 1. Klasse: Baiken, Gehrn, Nonnenberg, Rothenberg, Wülfen. Großlage: Steinmächer. Spitzenerzeuger: G. Breuer.

Rebholz ★★★ Erstklassiges Weingut im Bereich Südliche Weinstraße seit 50 Jahren. Viele Rebsorten auf 10 ha. Hier bekommt man den besten Muskateller, Gewürztraminer, Chardonnay im burgundischen Stil und Spätburgunder der Pfalz.

Ress, Balthasar ☆☆ Weingut im Rheingau mit 30 ha guten Lagen, Keller in Hattenheim. Betreibt auch Schloss Reichartshausen. Unterschiedliche Qualität; höchst originelle Künstleretiketten.

Restsüße Unvergorener Traubenzucker, der im Wein verbleibt (oder bei billigen Weinen zugeführt wird), um dem Wein Süße zu geben. Trockene Weine enthalten sehr wenig oder gar keine Restsüße (siehe auch Seite 200).

Rheinburgengau (Bereich) Bereichsname für Weinberge am Mittelrhein. Weine mit stahliger Säure; längere Reifezeit erforderlich.

Rheingau Bestes Rhein-Anbaugebiet, westl. von Wiesbaden (2800 ha). Kraftvoller, aber subtiler Riesling, der inzwischen jedoch von anderen hervorragenden Weinen übertroffen wird. Bereichsname: Johannisberg.

Rheinhessen Sehr großes Anbaugebiet (24 600 ha) zwischen Mainz und Worms, begrenzt durch die Nahe; zumeist zweitrangige, aber auch hochklassige Rieslinge aus u. a. Nackenheim, Nierstein, Oppenheim.

Rheinhessen Silvaner (RS) Neues einheitliches Etikett für erdige, trockene Silvaner-Weine, mit dem ein modernes Qualitätsimage für die Region angestrebt wird.

Rheinpfalz Siehe Pfalz.

Rhodt Dorf an der Südlichen Weinstraße mit der bekannten Winzergenossenschaft Rietburg. Angenehme, fruchtige Weine.

Richter, Max Ferd. ★★★ Familienweingut der Spitzenklasse (15 ha) an der mittleren Mosel mit Sitz in Mülheim. Feine, fassgereifte Rieslinge von den Lagen 1. Klasse Brauneberger Juffer Sonnenuhr, Graacher Domprobst, Mülheim (Helenenkloster) und Wehlener Sonnenuhr.

Rieslaner Kreuzung zwischen Silvaner und Riesling; bringt in Franken, wo sie am meisten angebaut wird, schon gute Auslesen. Ausgezeichnet auch bei Müller-Catoir.

Riesling Die beste deutsche Traube: fein, duftig, fruchtig, langlebig; gilt neben Chardonnay als die edelste Weißweintraube der Welt.

Roséwein In Süddeutschland: Weißherbst. Wird aus dunklen Trauben bereitet, deren Hülsen nach kurzer Gärung aus dem Most entfernt werden.

Rotwein Bei der Rotweinbereitung werden die Schalen der dunklen Trauben mitvergoren, um die Färbung zu erreichen.

Rüdesheim Rhg; w ☆☆→☆☆☆☆ **71 75 76** 79 *81* 82 **83** 84 **85** 86 87 88 **89 90** 91 **92 93** 94 95 **96 97 98 99** 00 **01** – Fremdenverkehrsort am Rhein mit Lagen 1. Klasse. Die drei besten tragen die Bezeichnung »Berg« vor dem Namen. Körperreiche, fein aromatische Weine, auch in weniger günstigen Jahren durchaus beachtlich. Großlage: Burgweg. Viele Spitzenweingüter im Rheingau besitzen Rüdesheimer Lagen. Beste Erzeuger: G. Breuer, Johannishof, August Kesseler, J. Leitz, Schloss Schönborn, Staatsweingut.

Ruländer Deutscher Name der Pinot-gris-Traube, heutzutage meist Grauburgunder genannt.
Ruppertsberg Pfz; w ☆☆→☆☆☆ 89 **90** 91 92 **93** 94 95 **96** 97 **98** 99 00 01 – Ort in der südlichen Mittelhaardt. Lagen 1. Klasse: Hoheburg, Linsenbusch, Nussbien, Reiterpfad, Spieß. Großlage: Hofstück. Weingüter: u. a. Bassermann-Jordan, Biffar, von Buhl, Bürklin-Wolf, Deinhard.
Ruwer 76 83 88 **89 90** 91 *92* 93 94 95 *96* **97** *98* **99** 00 01 – Nebenfluss der Mosel bei Trier. Sehr feine, delikate, aber würzige und feste Weine. Weinorte: u. a. Eitelsbach, Kasel, Mertesdorf.
Saale-Unstrut 92 93 94 95 *96* **97** 98 99 **00 01** Grauburgunder). – Anbaugebiet mit 520 ha um Naumburg bei Leipzig. Die u. a. mit Weißburgunder, Silvaner, Riesling, Gewürztraminer und Blauem Portugieser bestockten Weinbergterrassen gehen auf die Zisterzienser zurück. Spitzenbetriebe: Lützkendorf, Landesweingut Kloster Pforta.
Saar 75 76 *77 78* 79 *80* 81 82 **83** *84* 85 86 *87* 88 **89 90** 91 *92* **93** 94 **95** *96* **97** *98* **99** 00 01 – In Hügel eingebetteter Nebenfluss der Mosel südlich der Ruwer mit den Orten Ayl, Ockfen, Saarburg, Serrig, Wiltingen (Scharzhofberger) u. a. Erzeugt die brillantesten aller Rieslinge mit herb stahligem Charakter. Großlage: Scharzberg. Viele gute Erzeuger.
Saar-Ruwer (Bereich) Bereichsname innerhalb des Anbaugebiets M-S-R.
Sachsen 93 94 *95 96* 97 98 99 **00** 01 – 360 ha großes Weinbaugebiet im Elbtal um Dresden und Meißen. Überwiegend Müller-Thurgau, aber Weiß- und Grauburgunder, Traminer und Riesling ergeben trockene Weine mit echtem Charakter. Spitzenerzeuger: Schloss Proschwitz, Vincenz Richter, Klaus Seifert, Schloss Wackerbarth, Klaus Zimmerling.
Salm, Prinz zu Besitzer von Schloss Wallhausen und Villa Sachsen in Rheinhessen. VDP-Präsident.
Salwey ☆☆☆ Führender Weinbaubetrieb in Oberrotweil (Baden), besonders mit Riesling, Weißburgunder und Ruländer.
Samtrot Rote Württemberger Rebsorte. Ergibt einen deutschen Rotwein, der dem Beaujolais am nächsten kommt.
St. Antony ★★★ Vorzügliches 23-ha-Gut. Volle, intensive trockene und halbtrockene Riesling-Weine aus Lagen 1. Klasse in Nierstein.
St. Ursula Bekanntes Handelshaus in Bingen.
Schäfer, Willi ★★★ Spitzenweingut in Graach (nur 2 ha).
Scharzberg Großlage für Wiltingen und Nachbarorte.
Scharzhofberg M-S-R (S); w ☆☆☆☆ **71 75 76 83 88 89 90** 91 92 **93** 94 **95** 96 **97** 98 **99** 00 01 – Hervorragende Saarlage mit 27 ha. Herbe schöne Weine, Riesling in Vollendung, am besten in Auslesen. Spitzenerzeuger: Bischöfliche Weingüter, Egon Müller, von Hövel, von Kesselstatt, Van Volxem. Nicht mit Scharzberg zu verwechseln.
Schaumwein Auch Sekt; nach verschiedenen Verfahren bereitete kohlensäurehaltige Weine.
Scheurebe Aromatische Traubensorte hoher Qualität (Riesling x Silvaner), vor allem in der Pfalz. Exzellent für edelfaule Beeren- und Trockenbeerenauslesen.
Schillerwein Blassrötlicher QbA aus Württemberg, Mischung von Rot- und Weißweintrauben.
Schloßböckelheim Na; w ☆☆→☆☆☆☆ **71 75 76** 79 **83 85** 86 88 **89 90** 91 92 **93** 94 **95** 96 **97 98** 99 00 01 – Naheort mit besten Lagen, u. a. Felsenberg, In den Felsen, Königsfels, Kupfergrube. Feste, aber delikate Weine. Großlage: Burgweg. Spitzenweingüter: Crusius, Dönnhoff, Gutsverwaltung Niederhausen-Schloßböckelheim.

Schloss Johannisberg Rhg; w ☆☆☆☆ **76** 79 **83 85** 86 **88 89 90** 91 92 93 94 95 **96** 97 98 **99** 00 **01** – Berühmter Besitz mit 34 ha, gehört der Fürstin Metternich und der Familie Oetker. Ausgesprochenes Spitzenweingut mit feinen Spätlesen und trockenen Kabinettweinen. Seit dem 96er Jahrgang wieder steil auf dem Weg nach oben.
Schloss Lieser ☆☆☆ Kleines Gut unter der Leitung von Thomas Haag (siehe Fritz Haag). Erzeugt reine, rassige Rieslinge von den unterbewerteten Lieserer Anbauflächen.
Schloss Neuweier ☆☆☆ Führender Erzeuger von trockenem Riesling in Baden.
Schloss Proschwitz ☆☆ Wieder aufgebautes fürstliches Weingut in Meißen. Spitzenklasse in den ostdeutschen Anbaugebieten, besonders mit trockenem Weiß- und Grauburgunder.
Schloss Reichartshausen 4-ha-Gut in Hattenheim, im Besitz von Ress.
Schloss Reinhartshausen ☆☆☆ 100 ha beste Lagen in Erbach, Hattenheim, Kiedrich usw. Gehörte einst der preußischen Königsfamilie, jetzt in Privatbesitz. Vorbildlicher Rheingau-Riesling. Das Herrenhaus am Rheinufer ist jetzt ein Luxushotel. Die letzten Jahrgänge waren nicht berauschend.
Schloss Schönborn ☆☆☆ Eines der größten Rheingauer Weingüter mit Sitz in Hattenheim. Gehaltvolle Weine von unterschiedlicher, manchmal ausgezeichneter Qualität; auch vorzüglicher Sekt.
Schloss Thorn Altehrwürdiges Weingut an der Obermosel mit bemerkenswertem Elbling und Riesling.
Schloss Vollrads Rhg; w ☆☆☆ **71 76 83 85 88 89** 90 *91 92* 93 94 95 96 97 **98 99** 00 01– Nach dem plötzlichen Tod des Eigentümers Erwein Graf Matuschka-Greiffenclau im August 1997 ist das berühmte Gut in den Besitz einer Bank übergegangen. Die Qualität hat sich seit dem 98er Jahrgang beträchtlich gesteigert.
Schloss Wallhausen ★★★ Eines der ältesten Weingüter Deutschlands. Besitzer: Prinz zu Salm. 10 ha in Dalberg an der Nahe. 65 % Riesling; v. a. sehr gute trockene Weine. Ausgezeichnete Qualität seit 1997.
Schneider, Georg Albrecht ★★ Einwandfrei geführtes 13-ha-Gut. Klassische halbtrockene und süße Rieslinge aus Nierstein, die besten von der Lage 1. Klasse Hipping.
Schoppenwein Wein im offenen Ausschank.
Schubert, C. von Besitzer von Maximin Grünhaus.
Schwarzer Adler ☆☆☆ Franz Keller und sein Sohn produzieren auf diesem Gut mit seinen 14 ha in Oberbergen mit die besten trockenen badischen Grau-, Weiß- und Spätburgunder.
Schweigen Pfz; r w ★★ **89 90** 91 **92 93** 94 *95* **96 97 98** 99 00 01 – Südlichster Ort der Pfalz. Großlage: Guttenberg. Spitzenerzeuger: Friedrich Becker (v. a. Spätburgunder-Rotwein), Bernhart.
Sekt bA Sekt aus einem der bestimmten deutschen Anbaugebiete. Besonders empfehlenswert von Riesling, Weiß- oder Spätburgunder.
Selbach-Oster ★★★ Weingut in Zeltingen mit gut 10 ha; gehört zur Spitzenklasse der Mittelmosel.
Serrig M-S-R (S); w ☆☆→☆☆☆ **71 75 76** 83 **85 88 89 90** 91 **93** 94 **95** 96 **97** *98* 99 00 01 – Für stahligen, in sonnigen Jahren ganz ausgezeichneten Wein bekannter Ort. Lagen 1. Klasse: Herrenberg, Saarstein, Schloss Saarstein, Würtzberg. Großlage: Scharzberg. Spitzenweingut: Schloss Saarstein.

Silvaner Eine der meistangebauten deutschen Weißweinreben, oft unterbewertet; in Franken am besten, aber auch aus Rheinhessen und vom Kaiserstuhl kommt guter Silvaner. Von allen deutschen Weinen noch am ehesten dem Chablis ähnlich.

Simmern, Langwerth von ☆☆☆ Berühmtes Weingut in Eltville, Familienbesitz. Berühmte Lagen: Baixen, Mannberg, Marcobrunn usw. Nach einiger Enttäuschung in den 1990er-Jahren hat sich die Qualität seit 1999 wieder verbessert.

Sonnenuhr Name mehrerer Lagen, insbesondere der berühmten Lage 1. Klasse in Wehlen.

Spätburgunder Pinot noir; die beste Rotweintraube in Deutschland, v. a. in Baden, Württemberg und zunehmend in der Pfalz. Hat im Allgemeinen an Qualität und Farbintensität gewonnen, die Weine sind aber oft noch relativ schwach im Geschmack.

Spätlese Güteklasse über Kabinett; aus nach der Hauptlese geernteten, vollreifen Trauben, meist gehaltvoller, oft süßer als Kabinett. Gute Exemplare sind mindestens 5 Jahre lagerfähig, oft auch länger. Trockene Spätlesen können vorzüglich sein, v. a. zu Mahlzeiten.

Staatlicher Hofkeller ☆☆☆ Bayerisches Staatsweingut. 148 ha feinste Frankenweinlagen und prachtvolle Keller unter der herrlichen Barockresidenz in Würzburg.

Staatsweingut (auch **Staatliche Weinbaudomäne**) Meist Muster- und Lehrgut, z. B. Kloster Eberbach, Trier.

Steigerwald (Bereich) Bereichsname für den östlichen Teil von Franken.

Steinberg Rhg; w ★★★ **71 75 76** 79 **83** 86 88 89 **90** *91* 92 **93** 94 **95** 96 97 98 **99** 00 **01** – Berühmte, von einer Mauer umschlossene Lage, 32 ha bei Hattenheim, vor 700 Jahren von Zisterziensermönchen angelegt. Heute im Besitz des Staatsweinguts Eltville. Viele glorreiche, aber auch ein paar schwächliche Weine.

Steinwein Wein aus der besten Lage von Würzburg, dem Stein.

Südliche Weinstraße (Bereich) Bereichsname für die südliche Pfalz. In den letzten 25 Jahren bedeutende Qualitätsverbesserung. Siehe Ilbesheim, Rebholz, Schweigen.

Tafelwein Deutschlands »Vin ordinaire«. Oft mit Weinen aus anderen EG-Ländern verschnitten. »Deutscher Tafelwein« muss ausschließlich aus deutschen Trauben bestehen und kann hervorragend sein.

Tauberfranken (Bereich) Neuer Name für den Bereich Badisches Frankenland. Weine im fränkischen Stil.

Thanisch, Witwe Dr. H. ☆☆ Familienbesitz in Bernkastel mit einem Teil der Lage Doctor.

Traben-Trarbach M-S-R (MM); w ★★ **76 83 88 89 90 93** 94 **95** 96 **97** 98 99 00 **01** – Weinstadt an der Mosel, 320 ha, zu 87 % mit Riesling bestockt. Beste Lagen: Ungsberg, Würzgarten. Großlage: Schwarzlay. Spitzenerzeuger: Martin Müllen, Max Ferd. Richter.

Traisen Na; w ★★★ **71 75 76** 79 **83 85** 86 *87* **88 89 90** *91* 92 **93** 94 **95 96** 97 98 99 00 **01** – Kleiner Ort mit den Lagen 1. Klasse Bastei und Rotenfels. Riesling von Fülle und Klasse möglich. Spitzenweingut: Crusius.

Traminer Siehe Gewürztraminer.

Trier M-S-R; w ☆☆→☆☆☆ Bedeutende Weinstadt an der Mosel; viele eindrucksvolle Bauten erinnern an die römische Vergangenheit. Avelsbach und Eitelsbach gehören heute dazu. Großlage: Römerlay. Die großen Stiftungsweingüter von der Mosel haben hier ihre Keller.

Trittenheim M-S-R (MM); w ★★ **71 75 76 85 89 90** *91* 92 **93** 94 **95** 96 97 98 99 00 **01** – Attraktive leichte Weine. In die alten Spitzenlagen Altärchen und Apotheke wurde inzwischen auch weniger gutes, flaches Land einbezogen; heute gelten als Lagen 1. Klasse Felsenkopf und Leiterchen. Großlage: Michelsberg. Beste Erzeuger: Ernst Clüsserath, Clüsserath-Weiler, Grans-Fassian, Milz.

Trocken ist laut Weingesetz die Bezeichnung für einen Wein mit einem Restzuckergehalt von höchstens 9 g/l. Einige trockene Weine können bis zur Sprödigkeit herb sein, andere (die besseren) haben ein höheres Maß an Körper und Alkohol.

Trockenbeerenauslese (TBA) Die süßeste und teuerste Kategorie, von ausgewählten, geschrumpften, edelfaulen Trauben (v. a. Riesling) bereitet – »Edelbeerenauslese« wäre deshalb klarer verständlich. Ausgesprochene Rarität mit feiner Honigsüße.

Trollinger In Württemberg verbreitete (hell-) rote Traube; vor Ort sehr beliebt.

Ungstein Pfz; w ★★→★★★ **71 76 83 85 88 89 90** 91 92 **93** 94 95 **96** 97 98 **99 00 01** – Ort an der Mittelhaardt mit feinen, harmonischen Weinen. Lagen 1. Klasse: Herrenberg, Weilberg. Großlagen: Honigsäckel, Kobnert. Spitzenerzeuger: Darting, Fritz-Ritter, Pfeffingen, Pflüger, Karl Schäfer.

Ürzig M-S-R (MM); w ★★★★ **71 75 76 83 88 89 90** 91 **92 93** 94 **95** 96 **97** 98 **99** *00* **01** – Ort auf rotem Sandstein und rotem Schiefer, berühmt durch kräftigen, vollen, würzigen Wein, wie es ihn anderswo an der Mosel nicht gibt. Lage 1. Klasse: Würzgarten. Großlage: Schwarzlay. Erzeuger: u. a. J. J. Christoffel, Dr. Loosen, Mönchhof, Weins-Prüm.

Valckenberg, P. J. Bedeutendes Handelshaus und Weingut in Worms mit Madonna Liebfrauenmilch und trockenem Riesling.

VDP – Verband Deutscher Prädikats- und Qualitätsweingüter Die richtungweisende Vereinigung von Spitzenwinzern. Auf das Wappen mit dem Adler achten! Präsident: Prinz zu Salm.

Denken Sie daran, dass sich die Jahrgangsangaben bei den deutschen Weinen von den Differenzierungen bei anderen Ländern – genussreif/nicht genussreif – unterscheiden. Lesen Sie dazu die Erklärungen auf Seite 189.

Vereinigte Hospitien ☆☆→☆☆☆ Alte, karitative Stiftung in Trier mit großen Besitzungen in Piesport, Serrig, Trier, Wiltingen usw. In letzter Zeit wurde das großartige Potenzial wenig ausgeschöpft.

Wachenheim Pfz; w ★★★→★★★★ **71 76 83** 88 **89 90** *91* 92 **93** 94 95 **96** 97 **98** 99 00 01 – 340 ha mit ausnehmend guten Rieslingen. Lagen 1. Klasse: Belz, Gerümpel, Goldbächel, Rechbächel. Großlagen: Mariengarten, Schenkenböhl, Schnepfenflug. Spitzenerzeuger: Biffar, Bürklin-Wolf, Wolf.

Wagner, Dr. ★★★ Weingut in Saarburg mit 8 ha Riesling. Feine, u. a. trockene Weine.

Walluf Rhg; w ★★★ **75 76** 79 **83 88 89 90 92** 93 94 95 96 **97** 98 **99** 00 **01** – Nachbarort von Eltville. Früher Nieder- und Ober-Walluf. Oft zu gering bewertete Weine. Lage 1. Klasse: Walkenberg. Großlage: Steinmächer. Weingüter: u. a. Becker, Toni Jost.

Walporzheim Ahrtal (Bereich) Bereichsname für das gesamte Ahrtal.

Wawern M-S-R (S); w ☆☆→☆☆☆ **71 75 76 83** 85 88 **89 90** *91* 92 **93** 94 **95** 96 **97** 98 **99** *00* 01 – Kleiner Ort mit feinen Rieslingen. Lage 1. Klasse: Herrenberg. Großlage: Scharzberg.

Wegeler ☆☆☆ Bedeutende Weingüter in Familienbesitz in Oestrich, Bernkastel und an der Mittelhaardt . Die Familie Wegeler war bis 1997 im Besitz des Handelshauses Deinhard.

Wehlen M-S-R (MM); w ★★★→★★★★ **71 75 76 83 85** 86 **88 89 90** 91 92 **93** 94 **95** 96 **97** 98 **99** 00 **01** – Nachbarort von Bernkastel mit ebenso feinen, etwas volleren Weinen. Spitzenlage 1. Klasse: Sonnenuhr. Großlage: Münzlay. Beste Erzeuger: Heribert Kerpen, Dr. Loosen, J. J. Prüm, S. A. Prüm, Studert-Prüm, Wegeler, Weins-Prüm.

Weil, Robert ☆☆☆☆ *71* 76 83 *84* 85 *86 87* 88 89 **90** 91 92 93 **94** 95 **96** 97 98 **99** 00 **01** – Hervorragendes Weingut in Kiedrich (58 ha); nun im Besitz des japanischen Konzerns Suntory. Ausgezeichnete QmP und Eiswein, BA, TBA; auch die Standardweine sind seit 1992 sehr gut. Gilt als die Nummer eins im Rheingau.

Weinbaugebiet Ein Tafelweingebiet mit festgelegtem Namen, z. B. Rhein, Mosel, Saar.

Weingut Darf als Bezeichnung auf dem Etikett nur dann verwendet werden, wenn ein Erzeuger Wein ausschließlich aus eigenen Trauben bereitet und selbst abfüllt.

Weinkellerei Betriebsräume zur Weinverarbeitung.

Weins-Prüm, Dr. ☆☆→☆☆☆ Klassisches Weingut an der Mittelmosel mit 5 ha in Wehlen. Spitzenwein: Wehlener Sonnenuhr.

Weinstraße Landschaftlich schöne Straße durch Weinbaugebiete. In Deutschland gibt es mehrere.

Weißburgunder Pinot blanc. Für trockene Weine gut geeignete Rebsorte mit wenig Säure bei hohem Extraktgehalt. Wird oft zu Sekt verarbeitet.

Weißherbst Meist heller, reinsortiger Roséwein. Spezialität v. a. von Baden, der Pfalz und Württemberg. Qualitätswein mit QbA-Standard oder höher, oft sogar Beerenauslese.

Werner, Domdechant ★★★ Familienbesitz mit besten Lagen in Hochheim; uneinheitliche Qualität.

Wiltingen M-S-R (S); w ☆☆→☆☆☆☆ **71 75 76 83 85** 86 **88 89 90** 91 92 **93** 94 **95** 96 **97** 98 **99** 00 01 – Mittelpunkt des Weinbaus an der Saar mit 320 ha. Schöne, subtile, herbe Weine. Spitzenlage 1. Klasse: Scharzhofberg (Ortsteil). Lagen 1. Klasse: Braune Kupp, Hölle. Großlage (für die gesamte Saar): Scharzberg. Spitzenweingüter: u. a. Egon Müller, Le Gallais, von Kesselstatt, Van Volxem.

Winkel Rhg; w ★★★ **71 75 76 83 88 89 90** *91* 92 **93** 94 95 **96** 97 98 **99** 00 01 – Für vollen, duftigen Wein berühmter Ort. Lagen 1. Klasse: Hasensprung, Jesuitengarten, Schloss Vollrads, Schlossberg. Großlagen: Honigberg und Erntebringer. Weingüter: u. a. Prinz von Hessen, Johannishof, Wegeler, von Mumm, Balthasar Ress, Schloss Schönborn.

Winningen M-S-R; w ★★ Stadt an der unteren Mosel nahe Koblenz; für die Region ungewöhnlich voller Riesling. Lagen 1. Klasse: Röttgen, Uhlen. Spitzenerzeuger: Heymann-Löwenstein, Knebel, Richard Richter.

Wintrich M-S-R (MM); w ☆☆→☆☆☆ **71 75 76 83 88 89 90** 91 **92 93** 94 **95** *96* **97 98** 99 00 01 – Nachbarort von Piesport mit ähnlichen Weinen. Lage 1. Klasse: Ohligsberg. Großlage: Kurfürstlay. Spitzenerzeuger: Reinhold Haart.

Winzergenossenschaft Zusammenschluss vor allem kleinerer Weinbaubetriebe; oft Erzeuger von sauberen, preiswerten Weinen.

Winzerverein Dasselbe wie Winzergenossenschaft.
Wirsching, Hans ☆☆☆ Weingut im fränkischen Iphofen mit oft festen, eleganten trockenen Weinen, doch uneinheitlicher Qualität. 68 ha in Lagen 1. Klasse: Julius-Echter-Berg, Kalb usw.
Wolf ☆☆☆ Das heruntergekommene Gut in Wachenheim wurde von Ernst Loosen (siehe Dr. Loosen) aus Bernkastel übernommen. Vom ersten Jahrgang (1996) an Pfälzer Weine so delikat wie von der Mosel. Seit 1998 hervorragende Qualität.
Wolff-Metternich ☆☆ Vornehmes Weingut in Durbach mit gutem Riesling.
Wonnegau (Bereich) Bereichsname für das südliche Rheinhessen.
Württemberg 83 *84* 85 86 *87* 88 **89 90** *91* 92 **93** 94 *95* 96 **97** 98 **99** 00 01 – Großes Anbaugebiet, im Ausland trotz einiger sehr guter Riesling-Weine (insbesondere aus dem Neckartal) wenig bekannt. Häufig nicht ausgeschöpftes Potenzial für gute Rotweine: Lemberger, Trollinger, Samtrot.
Würzburg Fran; ☆☆→☆☆☆☆ **71 76 81 83 85** 86 **88 89 90** *91* 92 **93** 94 *95 96* **97** 98 99 00 01– Schöne alte Barockstadt am Main, Mittelpunkt des Weinbaus in Franken. Feine, kräftige, trockene Weine. Lagen 1. Klasse: Abtsleite, Innere Leiste, Stein. Keine Großlage. Siehe auch Maindreieck (Bereich). Weingüter: u. a. Bürgerspital, Juliusspital, Staatlicher Hofkeller.
Zell M-S-R; w ☆→☆☆☆ **76 83 88** 89 **90 93** 94 **95** 96 **97** 98 99 *00* 01 – Der bekannteste Weinort an der unteren Mosel, berühmt insbesondere durch die sehr strapazierte Großlage Schwarze Katz. An steilen Schieferhängen bringt der Riesling hier würzige Weine. Spitzenweingut: Kallfelz.
Zell (Bereich) Bereichsname für die gesamte untere Mosel von Zell bis Koblenz.
Zeltingen M-S-R (MM); w ★★→★★★★ **71 75 76** 79 **83 85** 86 **88 89 90** *91* 92 **93** 94 **95** 96 **97 98** 99 00 **01** – Bedeutender Moselort bei Wehlen. Spritziger, frischer Riesling. Lage 1. Klasse: Sonnenuhr. Großlage: Münzlay. Spitzenweingüter: Markus Molitor, J. J. Prüm, Selbach-Oster.
Zilliken, Forstmeister Geltz ☆☆☆ Früher Weingut des königlich-preußischen Forstmeisters in Saarburg und Ockfen (10 ha). Rassige, mineralische Rieslinge, u. a. köstliche Auslesen und Eiswein mit exzellenter Lagerfähigkeit.
Zwierlein, Freiherr von ☆☆ 22-ha-Familienweingut in Geisenheim mit 100 % Riesling.

Schweiz

Im Text werden die folgenden Abkürzungen verwendet:

AG	Aargau
BE	Bern
BL	Basel-Land
BS	Basel-Stadt
FR	Freiburg (Fribourg)
GE	Genf (Genève)
GR	Graubünden
NE	Neuenburg (Neuchâtel)
SG	St. Gallen
SH	Schaffhausen
TG	Thurgau
TI	Tessin (Ticino)
VD	Waadt (Vaud)
VS	Wallis (Valais)
ZH	Zürich

Die dunklen Flächen bezeichnen die Weinbaugebiete

So vielfältig die Schweiz als Land ist, so vielfältig präsentiert sich auch deren Weinlandschaft. Obwohl bloß auf rund 15 000 Hektar Weinbau betrieben wird, findet man in allen Landesgegenden Reben. Selbst die gebirgigen Kantone der Zentralschweiz sind stolz auf ihren Wein, um den man sich an Ort und Stelle reißt. Weingeographisch unterscheidet man zwischen der Westschweiz (11 422 ha), der Ostschweiz (2612 ha) und der Südschweiz (1009 ha), wobei die Grenzen der drei Weinbaugebiete weitgehend identisch sind mit jenen der Landessprachen und damit auch jenen der Kulturräume Frankreichs, Deutschlands und Italiens mit ihren jeweils eigenen Ess- und Trinksitten. Daher rührt auch das unterschiedliche Weinverständnis, das neben Boden und Klima die kleine Welt des Schweizer Weins so abwechslungsreich und reizvoll macht.

Die hohen Produktionskosten aufgrund des seiner Steilheit wegen oft schwer zu bearbeitenden Terrains zwingen die Schweizer

Produzenten zu einem kompromisslosen Qualitätsweinbau. Einen großen Anteil an der Qualitätsförderung nehmen dabei die Eidgenössischen Forschungsanstalten in Changins und Wädenswil und die kantonalen Landwirtschaftsschulen ein. Aber auch der Gesetzgeber versucht mit den im neuen Landwirtschaftsgesetz und der neuen Weinverordnung (beide seit 1.1.1999 in Kraft) enthaltenen Vorschriften bezüglich Mindestzuckergehalt und Ertragsbegrenzung, die Qualität des Schweizer Weins weiter anzuheben. Die Kantone können außerdem eine kontrollierte Ursprungsbezeichnung (AOC bzw. DOC) einführen, was zuerst Genf (1988), später auch das Wallis (1991), Neuenburg (1993), die Waadt (1995), Bern (1996), Fribourg und das Tessin (1997), Schaffhausen (1998) und der Aargau (2000) taten. In den anderen Weinbaukantonen wird gegenwärtig über eine kontrollierte Ursprungsbezeichnung diskutiert.

Leider gibt es bis heute kein übersichtliches Verzeichnis aller Schweizer Rebberge und der entsprechenden Weine, ganz zu schweigen von einer Klassifikation der einzelnen Gewächse. Schätzungen gehen davon aus, dass es rund 20 000 verschiedene Etiketten und damit ebenso viele Weine gibt. Eine auch nur einigermaßen repräsentative Auswahl aufzuführen, ist angesichts der großen Zahl von Weinbaugenossenschaften, Weinhandelsfirmen und selbst kelternden Winzern ein Ding der Unmöglichkeit. Wir konzentrieren uns deshalb darauf, die bekanntesten Weinbaugemeinden, Rebsorten und kontrollierten Qualitätsbezeichnungen zu erwähnen. Für weitere Informationen verweisen wir an die nachstehend aufgeführten regionalen Informationsstellen.

Da die Schweizer Weine mit Ausnahme einiger weniger edelsüßer Spezialitäten durchwegs trocken sind, erübrigt sich der entsprechende Vermerk bei den einzelnen Weinen. Auch halten wir uns mit detaillierten Jahrgangsangaben zurück, denn der Großteil der Schweizer Weine kommt schon im Frühjahr des auf die Lese folgenden Jahres auf den Markt und wird meist jung getrunken. Eine wachsende Zahl von Spitzengewächsen mit gutem Alterungspotenzial lässt es jedoch für angebracht erscheinen, hier einige allgemeine Angaben zu den neueren Jahrgängen zu machen.

Neuere Jahrgänge

2001 Niedrige Erträge, aber charakteristische Weine mit viel Körper und Alterungspotenzial.

2000 Sehr früher Austrieb, schnelles Triebwachstum, wechselhaftes Wetter im Sommer, Lese größtenteils unter besten Bedingungen, von einigen Ausnahmen abgesehen gute bis hervorragende Qualität.

1999 Überdurchschnittlich viele Niederschläge während des ganzen Rebjahres, mittlere Zuckerwerte, trotzdem recht gute Qualität; im Wallis einige bemerkenswerte Weine.

1998 Früher Austrieb, ideale Blüte, schöner, zum Teil heißer Sommer, wechselhaftes Wetter während der Lese, im Allgemeinen hohe Zuckergehalte, mittlere bis gute Qualität.

1997 Der unterschiedliche Blühbeginn führte teilweise zu sehr niedrigen Erträgen; neben 1990 und 1947 ein Jahrzehnt-, wenn nicht sogar Jahrhundertjahrgang; sehr hohe Zuckergehalte.

1996 Wechselhaftes Wetter, nasser September, gute, lange Reifezeit, hohes aromatisches Potenzial, je nach Region gutes bis sehr gutes Jahr.
1995 Wechselhaftes Jahr mit feuchtem Juni, heißem, trockenem Juli, nassem September und glücklicherweise außerordentlich sonnigem Oktober; sehr guter Jahrgang.
1994 Fast perfekter Sommer, aber verregnete Lese, trotzdem meist recht gute Qualität; außergewöhnlicher Jahrgang für Spätlesen (VS).
1993 Durchschnittliches Jahr mit regnerischem Herbst, bessere Weine als ursprünglich angenommen; im Wallis dank Föhn recht gute Qualität.
1992 Heißer Sommer, in der Südschweiz verregnete Lese, vor allem in der Ostschweiz einige bemerkenswerte Resultate, sehr schöne Weine in der Westschweiz.
1991 In der Ostschweiz Frost, fast überall mittelmäßige Qualität, beste Resultate bei Westschweizer Weißweinen.

Regionale Informationsstellen

Wallis OPAV, Office de promotion des produits de l'agriculture valaisanne, Avenue de la Gare 5, 1951 Sion

Waadt OVV, Office des vins vaudois, Chemin de la Vuachère 6,Case postale 158, 1000 Lausanne 5

Genf OPAGE, Office de promotion des produits agricoles de Genève, Rue Boissonnas 9, 1227 Acacias

Neuenburg OVPT, Office des Vins et des Produits du Terroir, Hôtel des Postes, Case postale 1417, 2001 Neuchâtel

Bern (Bielersee) Informationsstelle für Bielersee Weine, Haus des Bielersee Weines, 2513 Twann

Ostschweiz Deutschschweizer Weinbauverband, Chutzenstraße 47, Postfach 563, 3000 Bern 17

Tessin TICINOWINE, Promozione vitivinicola ticinese, Via Corti 5, 6828 Balerna

Aargau (AG) **99 00** 01 – Im Westen der Ostschweiz gelegener Weinbaukanton (395 ha). Vor allem bekannt für seinen duftigen Riesling x Sylvaner aus Schinznach und Oberflachs im Schenkenbergtal und seinen entlang der Limmat und Aare wachsenden gehaltvollen Blauburgunder aus Ennetbaden, Tegerfelden, Döttingen, Klingnau. Angenehm fruchtige Landweine gibt es auch im Fricktal und am Hallwilersee.
Aigle VD; r w ☆☆→☆☆☆ Berühmte Appellation des Chablais. Elegante Weißweine, geschmeidige Rotweine. Beachtenswertes Weinmuseum im Schloss von Aigle.
Aligoté Weißweinsorte aus Burgund, die hauptsächlich in Genf gut gedeiht und im kleinen Ausmaß auch im Wallis angepflanzt wird.
Americana Amerikanische Rebsorten der Gattung *Vitis labrusca*, die vor allem noch im Tessin und Misox als Tafeltrauben und für die Herstellung von Grappa verwendet werden.
Amigne Autochthone weiße Walliser Spezialität aus der Römerzeit, oft mit etwas Restsüße. Hauptanbaugebiet: Vétroz. Bester Erzeuger: André Fontannaz (☆☆ **99 00** 01).

Ardon VS; r w ☆☆→☆☆☆ Weinbaugemeinde zwischen Sion und Martigny.
Arvine Alte Siehe Petite Arvine.
Aubonne VD; (r) w ☆☆ Appellation der Côte.
Auvernier NE; r rs w ☆☆→☆☆☆ Altes Weinstädtchen am Neuenburgersee, größte Weinbaugemeinde des Kantons.
Basel (BS/BL) Zweitgrößte Schweizer Stadt und die südöstlich davon gelegene Landschaft, die je einen Halbkanton bilden. Weinwirtschaftlich von Bedeutung ist insbesondere Basel-Landschaft, dessen Anbaugebiete in Buus, Maisprach, Wintersingen (Oberbaselbiet), Pratteln, Muttenz (Mittelbaselbiet), Arlesheim, Aesch-Klus (Unterbaselbiet) und im ehemals bernischen Laufental (gesamt 99 ha) weingeographisch zur Ostschweiz gezählt werden. Neben Riesling x Sylvaner und Blauburgunder findet man hier als Besonderheit noch Gutedel (Chasselas), der sonst nur in der Westschweiz heimisch ist. Auch Basel-Stadt ist stolz auf einen kleinen Rebberg in Riehen (5 ha), der indessen nur lokale Bedeutung hat.
Beerliwein Ursprünglich Bezeichnung für Ostschweizer Blauburgunder, dessen Trauben vor der Kelterung (wie inzwischen allgemein üblich) abgebeert werden. Wird heute gelegentlich auch als Bezeichnung fürtraditionell gekelterten Landwein verwendet, der im Gegensatz zum Süßdruck an der Maische vergoren wird.
Begnins VD; r w ☆☆ Appellation der Côte, auch bekannt für ihre fruchtigen Rotweine.
Bern (BE) Hauptstadt der Schweiz und des gleichnamigen Kantons mit Anbaugebieten, die teils zur Westschweiz (Bielersee) und teils zur Ostschweiz (Thunersee) gehören (gesamt 258 ha). Angebaut werden am Bielersee vor allem Chasselas und Pinot noir sowie Spezialitäten, am Thunersee Riesling x Sylvaner und Blauburgunder. Obwohl der Berner Weinbau nur einen bescheidenen Platz in der Schweiz einnimmt, werden seine Erzeugnisse in der ganzen Deutschschweiz sehr geschätzt.
Béroche, La NE; r rs w ☆→☆☆ Weinbaugebiet am Neuenburgersee, das die Gemeinden Gorgier, St-Aubin, Fresens und Vaumarcus umfasst.
Bevaix NE; r rs w ☆→☆☆ Weinbaugemeinde am Neuenburgersee, Gegenstand der ältesten Weinbauurkunde dieses Gebiets.
Bex VD; r w ☆☆ Appellation des Chablais, insbesondere bekannt für ihre Rotweine.
Bielersee BE; r rs w ☆→☆☆ **99 00** 01 – Weinbaugebiet am Nordufer des Bielersees und am Fuß des Jolimont. Das Nordufer mit seinen kalkhaltigen Böden ist bekannt für sehr trockenen, leichten Chasselas und Pinot noir, die als Bielersee AOC oder, falls sie strengeren Herkunftskriterien genügen, unter ihren Ortsbezeichnungen Vingelz, Tüscherz, Twann (mit Petersinsel), Ligerz, Schernelz, Schafis, La Neuveville und Lagebenennungen in den Handel kommen. Aus der Region Jolimont mit ihren molassehaltigen Moränenböden stammen die Weine von Tschugg, Erlach, Gampelen und Ins.
Blauburgunder Deutsche Bezeichnung für Pinot noir.
Bonvillars VD; r rs w ☆→☆☆ Am oberen Ende des Neuenburgersees gelegene Appellation des nördlichen Waadtlandes, insbesondere bekannt für ihre charaktervollen Rotweine.
Boudry NE; r rs w ☆→☆☆ Weinbaugemeinde am Neuenburgersee. Weinmuseum.
Bündner Herrschaft GR; r rs w ☆☆→☆☆☆ Eines der besten Weinbaugebiete der Ostschweiz mit den bekannten Weinorten Malans, Jenins,

Maienfeld und Fläsch. Dank des Föhns erreicht der hier vorherrschende Blauburgunder regelmäßig eine außergewöhnliche Reife. Verschiedene Produzenten bauen denn auch ihre Weine in Barriques aus und erzielen damit zum Teil großartige Resultate. Auch Chardonnay und andere Spezialitäten werden mit Erfolg angebaut. Beste Erzeuger: Gantenbein (☆☆☆), Davaz (☆☆), Fromm (☆☆☆ 97 98 99 00 01).

Bursinel VD; w ☆☆ Appellation der Côte.

Calamin VD; w ☆☆→☆☆☆ Bekannte Lage des Lavaux, direkt an den Dézaley angrenzend; zeichnet sich durch saftige, rassige Weißweine aus.

Chablais VD; r w ☆☆→☆☆☆ 99 00 01 – Waadtländer Weinbaugebiet zwischen der Talenge bei St-Maurice, wo die Rhône das Wallis verlässt, und dem oberen Ende des Genfersees. Sowohl Weiß- als auch Rotweine zeichnen sich durch ihr kräftiges, vollmundiges Wesen aus. Bekannte Appellationen: Villeneuve, Yvorne, Aigle, Ollon, Bex.

Chablais VS; r w ☆→☆☆ Links der Rhône gelegenes, gleichnamiges, aber weniger bekanntes Weinbaugebiet des Unterwallis mit den Weinorten Port Valais, Vouvry, Vionnaz, Monthey.

Chamoson VS; r w ☆☆→☆☆☆ Größte Weinbaugemeinde des Wallis, zwischen Sion und Martigny gelegen, bekannt für Johannisberg.

Chardonnay Berühmte Weißweinsorte aus Frankreich, die überall in der Westschweiz, aber auch an bevorzugten Lagen der übrigen Schweiz zunehmend angepflanzt wird.

Chardonne VD; (r) w ☆☆ Appellation des Lavaux.

Chasselas (Gutedel) Wichtigste Weißweinsorte der Westschweiz. Im Geschmack neutral, aber je nach Terroir mit starkem lokalem Charakter, der von süffig-spritzig (Bieler-, Neuenburger- und Murtensee) über zartelegant (Genf), finessenreich-vollmundig (Waadt) bis zu kräftig-rassig (Wallis) reicht. In der Ostschweiz ist die Sorte nur im Baselbiet anzutreffen. Die Schweiz ist das einzige Weinbauland der Welt, das aus dem andernorts fast ausschließlich als Tafeltraube kultivierten Chasselas Qualitätsweine in größerem Umfang herstellt.

Colombier NE; r rs w ☆→☆☆ Weinbaugemeinde am Neuenburgersee.

Completer Autochthone, heute nur noch reliktisch vorhandene Weißweinsorte aus der Bündner Herrschaft, die aromatische, großzügige und sehr lagerfähige Weine mit einem hohen Säuregehalt ergibt. Der Name stammt vom Schlummerbecher der Mönche nach der Complet, dem letzten Stundengebet des Tages. Beste Ezeuger: Adolf Boner, Halans (☆☆ 99 00).

Conthey VS; r w ☆☆→☆☆☆ Weinbaugemeinde zwischen Sion und Martigny.

Cornalin (Alter Landroter) 99 00 01 – Autochthone rote Walliser Spezialität, dunkel, würzig und sehr kräftig. Hauptanbaugebiet: Sierre, Conthey, Sion, Salgesch, Leytron.

Cortaillod NE; r rs w ☆☆ Weinbaugemeinde am Neuenburgersee, vor allem bekannt für ihren hervorragenden Pinot noir und Œil de Perdrix. Berühmter Pinot-noir-Klon desselben Namens.

Côte, La VD; r rs w ☆→☆☆☆ Größtes Waadtländer Weinbaugebietam Nordufer des Genfersees zwischen Genf und Lausanne. Die Weißweine zeichnen sich durch ihre Eleganz und Finesse, die Rotweine durch ihre Fruchtigkeit und Harmonie aus. Bekannte Appellationen: Nyon, Begnins, Luins, Vinzel, Bursinel, Coteau de Vincy, Tartegnin, Mont-sur-Rolle, Féchy, Perroy, Aubonne, Morges.

Coteau de Vincy VD; (r) w ☆☆ Appellation der Côte.

Côtes de l'Orbe VD; r rs w ☆→☆☆ Zwischen Neuenburger- und Genfersee gelegene Appellation des nördlichen Waadtlandes, insbesondere bekannt für ihre leichten, fruchtigen Rotweine.
Cressier NE; r rs w ☆→☆☆ Weinbaugemeinde zwischen Neuenburger- und Bielersee.
Cru Wein aus einer genau bestimmten Lage, der den entsprechenden Flurnamen bzw. eine Bezeichnung wie Clos (von Mauer umgebener Rebberg), Domaine (Weingut), Château (Schloss) oder Abbaye (Kloster) tragen darf. Grand bzw. Premier cru sind Qualitätsbezeichnungen für Weine aus Spitzenlagen, die in den einzelnen Kantonen unterschiedlich gehandhabt werden. Im Wallis, in der Waadt und in Genf dürfen sie nur gebraucht werden, wenn die strengen Produktionsvorschriften eines vom Staat homologierten Reglements innerhalb der AOC-Vorschriften erfüllt werden.
Dézaley VD; (r) w ☆☆→☆☆☆ Berühmte Lage des Lavaux, deren einst von Zisterziensermönchen kultivierte, steil zum Genfersee hin abfallende Südhänge den wohl renommiertesten Wein des Waadtlandes, wenn nicht der ganzen Schweiz hervorbringen. Als ungewöhnlich mächtiger und gut strukturierter Chasselas-Wein entfaltet er seine Qualitäten erst nach einer gewissen Reifung. Eine Rarität stellt der rote Dézaley dar, der neben Gamay und Pinot noir oft auch noch Merlot und Syrah enthält.
Diolinoir Neue, in der Schweiz gezüchtete Rotweinsorte (Rouge de Diolly x Pinot noir), die einen sehr körper- und tanninreichen Wein hervorbringt. Wird oft mit Pinot noir und Gamay assembliert.
Dôle VS; r ☆☆→☆☆☆ **99 00** 01 – AOC für Walliser Rotwein aus reinem Pinot noir oder einer Assemblage von im Wallis angebauten roten Rebsorten, deren Traubengut die vorgeschriebenen Mindestgradationen von 83,0° Öchsle (Pinot noir und Gamay) bzw. 80,3° Öchsle (andere Sorten) aufweist. Diese Assemblage muss mindestens 85 % Pinot noir und Gamay enthalten, wobei der Pinot noir in den 85 % überwiegen muss. Vollmundig, geschmeidig, oft sehr gut. Bekannte Anbaugebiete: Ardon, Conthey, Leytron, Martigny, St-Pierre-de-Clages, Saillon, Salgesch, Sierre, Sion, Varen, Vétroz. Als Dôle Blanche wird ein leicht rötlicher Weißwein bezeichnet, der aus sofort nach der Lese gepresstem Traubengut hergestellt wird.
Entre Arve et Lac GE; r rs w ☆→☆☆ Zwischen Arve und See gelegenes Genfer Weinanbaugebiet mit den Weinorten Hermance, Chevrens, Anières, Cologny, Jussy, Choulex.
Entre Arve et Rhône GE; r rs w ☆→☆☆ Zwischen Arve und Rhône gelegenes Genfer Weinbaugebiet mit den Weinorten Bernex, Lully, Sézenove, Confignon.
Epesses VD; (r) w ☆☆→☆☆☆ **00** 01 – Berühmte Appellation des Lavaux, bekannt für ihre geschmeidigen, vollmundigen Weißweine. Viele örtliche Produzenten keltern auch noch Calamin und Dézaley.
Ermitage Walliser Name für die Marsanne blanche aus den Côtes du Rhône. Konzentrierte und vollmundige weiße Spezialität, meist trocken, manchmal mit etwas Restzucker. Hauptanbaugebiet: Sion/Fully.
Féchy VD; w ☆☆→☆☆☆ Berühmte Appellation der Côte, bekannt für ihre eleganten Weißweine.
Federweißer Ostschweizer Bezeichnung für Weißwein aus sofort nach der Lese abgepresstem Blauburgunder – analog zum Weißherbst in Deutschland, wo die Bezeichnung Federweißer für Sauser verwendet wird.

Fendant VS; w ☆→☆☆☆ AOC für Walliser Weißwein aus Chasselas, der von Traubengut mit mindestens 68,1° Öchsle stammen muss. Einzelne Produzenten verzichten auf die Bezeichnung Fendant und setzen nur noch den Namen der Weinbaugemeinde auf das Etikett, was den entsprechenden Weißwein gemäß den gesetzlichen Bestimmungen zwingend als Chasselas ausweist.
Flétri/mi-flétri Spät gelesenes Traubengut, aus dem süßer bzw. leicht süßer Wein gekeltert wird, vor allem bei Walliser Spezialitäten üblich.
Freiburg (Fribourg FR) Kleinster der Westschweizer Weinbaukantone (116 ha), sofern man vom Kanton Jura absieht. Die Anbaugebiete liegen im Vully-Gebiet am Murtensee und am Südufer des Neuenburgersees. Angepflanzt werden hier hauptsächlich Chasselas sowie etwas Pinot noir, Gamay und Spezialitäten.
Fully VS; r w ☆☆→☆☆☆ Weinbaugemeinde bei Martigny, bekannt für ihren vorzüglichen Ermitage und fruchtigen Gamay. Seit 1996 kontrollierte Qualitätsbezeichnung Grand cru. Beste Erzeugerin: Thérèse Chappat (☆☆→☆☆☆ **99 00** 01).
Gamaret Neue, in der Schweiz gezüchtete Rotweinsorte aus einer Kreuzung von Gamay und Reichensteiner, die einen würzigen, körperreichen und vollmundigen Wein hervorbringt. Nach beachtlichen Erfolgen in der Westschweiz erfreut er sich heute auch in der Ostschweiz immer größerer Beliebtheit.
Garanoir Neue, in der Schweiz gezüchtete Rotweinsorte aus einer Kreuzung von Gamay und Reichensteiner, die einen fruchtigen und weichen Wein hervorbringt. Wird vor allem in der Ostschweiz oft auch als Rosé gekeltert.
Gamay Ursprünglich aus dem Beaujolais stammende Rotweinsorte, die tieffarbene, fruchtige Rotweine erbringt und zum Teil auch als jung zu trinkender Primeur auf dem Markt erscheint. Mit Ausnahme vom Bielersee und von Neuenburg überall in der Westschweiz verbreitet, wobei die entsprechenden Weine entweder reinsortig (insbesondere Genf) oder im Mischsatz mit Pinot noir als Salvagnin (Waadt) bzw. Dôle (Wallis) ausgebaut werden.
Genf (Genève GE) Hauptstadt des gleichnamigen, gesamtschweizerisch an dritter Stelle stehenden Westschweizer Weinbaukantons (1355 ha), mit den drei Anbaugebieten Mandement, Entre Arve et Rhône und Entre Arve et Lac. Angebaut werden traditionellerweise vor allem Chasselas und Gamay, doch nehmen neuerdings Sorten wie Aligoté, Chardonnay, Pinot blanc, Pinot gris, Pinot noir, Gamaret oder Cabernet Sauvignon und Cabernet franc zusammen mit weiteren Spezialitäten einen immer größeren Platz ein.
Gerle, La Gütesiegel für Neuenburger Chasselas-Weine.
Gewürztraminer Aromatisch-würzige Weißweinsorte aus Südtirol, die vielerorts in der Schweiz als Spezialität angebaut wird. Bester Erzeuger: Jean-Michel Novelle (Satigny **99** 00).
Glacier, vin du (Gletscherwein) Traditionsreicher, heute fast schon legendärer aus der seltenen Sorte Rèze und anderen Weißweinsorten gekelterter, oxidativer Walliser Weißwein, der in den Höhen des Val d'Anniviers eine lange Reifung in Lärchenholzfässern durchmacht und in Zinnbechern als Ehrentrunk insbesondere für kirchliche Würdenträger ausgeschenkt wird. Nicht zu verwechseln mit dem Heida. Bester Erzeuger: Kellerei St. Jodern (☆ **99 00**).
Grand cru Siehe Cru.

Graubünden (GR) Ganz im Osten der Schweiz gelegener Bergkanton, dessen Anbaugebiete teils zur Ostschweiz (Bündner Herrschaft, Churer Rheintal) und teils zur Südschweiz (Misox) gehören (gesamt 431 ha). Angebaut werden in der Bündner Herrschaft und im Churer Rheintal in erster Linie Blauburgunder sowie etwas Riesling x Sylvaner und verschiedene Spezialitäten, im Misox dagegen vor allem Merlot. Früher wurde auch noch in dem ganz gegen das Veltlin hin ausgerichteten Puschlav etwas Rebbau betrieben, doch sind die heutigen Anbauflächen reliktisch klein. Der Wein, den die Puschlaver Weinhäuser keltern, stammt von deren Rebbergen im nahen Italien.
Heida (Païen) Walliser Name für den Savagnin blanc, die berühmte Weißweinsorte des französischen Jura. Wurde als Spezialität bis vor kurzem fast nur im Oberwallis angebaut, wo sie bis in Höhen von über 1000 m (Visperterminen) anzutreffen ist. Aufgrund des Erfolgs des rustikalen Weins wird der Anbau von Heida inzwischen auch im Unterwallis betrieben. Bester Erzeuger: Josef-Maria Chanton (☆☆ **98 99** 00 01).
Humagne blanche Autochthone weiße Walliser Spezialität, die man früher den Wöchnerinnen als Stärkungstrank verabreichte.
Humagne rouge Alte Walliser Rotweinsorte, die indessen nicht verwandt ist mit der weißen Humagne, sondern vermutlich eine Variante der Corniola aus dem Aostatal darstellt. Hauptanbaugebiet: Leytron, Saillon, Chamoson, Sion.
Interspezifische Rebsorten Kreuzungen von amerikanischen Rebsorten mit europäischen Sorten der Gattung *Vitis vinifera*, die früher als Hybriden bezeichnet wurden und vor allem zur Herstellung von Traubensaft und Hauswein dienten. Infolge des Trends zu biologisch produzierten Weinen werden vor allem in der Deutschschweiz vermehrt Interspezifische Weißweinsorten wie Seyval blanc, Johanniter und Solaris und Rotweinsorten wie Regent, Léon Millot und Maréchal Foch angepflanzt. In der Ostschweiz ist Regent als die am meisten angebaute Interspezifische Rebsorte bereits auf größeren Flächen anzutreffen.
Klettgau SH; r w ☆→☆☆ Größtes zusammenhängendes Weinbaugebiet der Ostschweiz mit den bekannten Weindörfern Hallau, Oberhallau, Wilchingen, Trasadingen, Osterfingen, Gächlingen.
Landeron, Le NE; w ☆→☆☆ Altes Weinstädtchen am Bielersee, das aber zum Kanton Neuenburg zählt.
Landwein Umgangssprachliche Bezeichnung für die süffigen, traditionell gekelterten Ostschweizer Blauburgunder-Weine.
Lausanne VD – Hauptstadt des Waadtlandes, zwischen Côte und Lavaux gelegen. Zwar wachsen heute auf Stadtgebiet keine Reben mehr, doch besitzt Lausanne zum Teil schon seit Jahrhunderten Weingüter in bester Lage (Abbaye de Mont, Château Rochefort in der Côte, Clos des Moines, Clos des Abbayes, Domaine de Burignon im Lavaux), deren Weine öffentlich versteigert werden und nicht selten Höchstpreise erzielen.
Lavaux VD; (r) w ☆→☆☆☆ Landschaftlich einmaliges Weinbaugebiet am Nordufer des Genfersees zwischen Lausanne und Montreux. Berühmt sind vor allem die delikaten, finessereichen Weißweine, doch gibt es auch beachtliche Rotweine. Bekannte Appellationen bzw. Crus: Lutry, Villette, Epesses, St-Saphorin, Chardonne, Vevey-Montreux; Calamin, Dézaley.
Leuk VS; r w ☆☆ Aufstrebende Weinbaugemeinde im oberen Wallis.

Leytron VS; r w ☆☆→☆☆☆ Bekannte Weinbaugemeinde zwischen Sion und Martigny, wo auch die Staatsdomäne Le Grand Brûlé ihren Sitz hat.
Luins VD; (r) w ☆☆ Bekannte Appellation der Côte.
Lully GE; r w ☆→☆☆ Weinbaugemeinde im Gebiet Entre Arve et Rhône, die insbesondere für ihre delikaten Weißweine bekannt ist.
Lutry VD; r w ☆→☆☆ Appellation des Lavaux.
Luzern (LU) Hauptstadt des gleichnamigen Weinbaukantons in der Zentralschweiz (19 ha) mit den Anbaugebieten Vierwaldstättersee, Luzerner Seetal und unteres Wiggertal. Die aus Riesling x Sylvaner, Blauburgunder sowie Spezialitäten gekelterten Luzerner Weine sind Raritäten.
Mandement GE; r w ☆→☆☆☆ Größtes der drei Genfer Weinbaugebiete, das mit Satigny und dessen Weilern Choully, Peissy, Peney, Bourdigny zugleich die größte Weinbaugemeinde der Schweiz besitzt. Weitere bekannte Weinbaugemeinden des rechten Rhôneufers sind Russin und Dardagny sowie als Kuriosität Céligny, das eine Genfer Exklave in der Waadtländer Côte darstellt.

Der biologische Säureabbau BSA (auch malolaktische Gärung genannt) tritt normalerweise nach dem Abschluss der alkoholischen Gärung ein, wenn er nicht unterbunden wird. Dabei wandeln Milchsäurebakterien die scharfe Apfelsäure auf natürliche Weise in die milde Milchsäure um. Beim Rotwein ist der BSA die Regel, beim Weißwein gibt es dagegen je nach Weinbaugebiet und Rebsorte unterschiedliche Gepflogenheiten. In der Schweiz wird der BSA traditionellerweise auch bei den meisten Weißweinen durchgeführt.

Martigny VS; r w ☆☆ Weinbaugemeinden (Martigny und Martigny-Combe) im Unterwallis mit dem am Fuße des Großen-St.-Bernhard-Passes gelegenen steilen Rebberg von Martigny-Combe.
Merlot Rotweinsorte aus Bordeaux. Wird seit 1907 im Tessin angebaut, nachdem dort Ende des vergangenen Jahrhunderts die Reblaus alle einheimischen Rebbestände zerstört hatte. Ergibt traditionellerweise einen aromatischen, geschmeidigen Wein, wird aber seit einiger Zeit vermehrt auch strenger gekeltert und manchmal im Mischsatz mit Cabernet Sauvignon ausgebaut. Einige in der Barrique gereifte Weine besitzen inzwischen internationales Niveau.
Mont d'Or VS; w ☆☆→☆☆☆ **99** 00 01 – Hügelzug bei Sion, der eine der besten Lagen des Wallis darstellt. Berühmt für großartige edelsüße Weine, insbesondere Johannisberg, der oft erst im November (St-Martin) oder gar Dezember (St-Eloi) gelesen wird.
Mont-sur-Rolle VD; (r) w ☆☆ Bekannte Appellation der Côte.
Morges VD; r rs w ☆→☆☆ Größte Appellation der Côte und des ganzen Waadtlandes, insbesondere auch bekannt für fruchtig-harmonische Rotweine und Spezialitäten.
Muscat International verbreitete Weißweinsorte mit typischem Aroma, die vor allem im Wallis als Spezialität angebaut wird.
Neuenburg (Neuchâtel NE) **00** 01 – Noch selbst Reben besitzende Hauptstadt des gleichnamigen Westschweizer Weinbaukantons (605 ha), dessen Anbaugebiet sich fast lückenlos vom Neuenburger- bis zum Bielersee erstreckt. Angebaut wird zur Hauptsache Chasselas, der hier rassiger und spritziger als sonst irgendwo in der Schweiz gerät. Eine lokale Besonderheit stellt der sehr früh direkt von der Hefe abgezogene Non-filtré dar. Aber auch der Pinot noir nimmt eine immer wichtigere Stellung ein.

Aus ihm wird nicht nur ein hervorragender Rotwein bereitet, sondern auch der berühmte, nur kurze Zeit an der Maische vergorene Œil de Perdrix und der weiß gekelterte Perdrix Blanche (früher Blanc de Noir). Schließlich gibt es noch Spezialitäten wie Pinot gris und zunehmend mehr Chardonnay, Gewürztraminer, Riesling x Sylvaner sowie Sauvignon blanc. Bester Erzeuger: Gillette Domaine de Cressier.

Nostrano Einfache Rot- und Weißweine der zweiten Kategorie mit Herkunftsbezeichnung aus europäischen im Tessin wachsenden Rebsorten, welche die für Weine mit Ursprungsbezeichnung erforderlichen Öchsle-Grade nicht erreichen.

Nyon VD; r rs w ☆→☆☆ Appellation der Côte, insbesondere bekannt für leichte, süffige Rotweine.

Œil de Perdrix Blasser Rosé aus der Pinot-noir-Traube. Berühmt ist vor allem der Œil de Perdrix aus Neuenburg, aber auch im Wallis, Waadtland und in Genf kennt man diese Spezialität.

Ollon VD; r w ☆☆ Appellation des Chablais, die wie das unmittelbar benachbarte Aigle auch für ihre Rotweine bekannt ist.

Perroy VD; r w ☆☆ Appellation der Côte, zu der auch Allaman mit seinen bekannten Rotweinen gehört.

Petite Arvine (auch **Arvine**) Trockene oder süße autochthone weiße Walliser Spezialität mit einem charakteristischen, leicht salzigen Abgang. Hauptanbaugebiet: Sion, Fully, Sierre. Bester Ezeuger: Benoît Dorsaz (☆☆ **99 00** 01).

Pinot blanc (Weißburgunder) Vermutlich durch Mutation aus dem Pinot gris hervorgegangene Weißweinsorte, die in letzter Zeit in einigen Kantonen vermehrt angebaut wird.

Pinot gris (Malvoisie) Fast überall in der Schweiz als Spezialität angebaute Weißweinsorte, aus der teils trockene Weine, teils solche mit Restsüße gekeltert werden. Im Wallis, wo die Sorte Malvoisie genannt wird, teilweise wunderbare edelsüße Spätlesen. Heißt in Deutschland Ruländer und wurde in der Deutschschweiz früher fälschlicherweise als Tokayer bezeichnet.

Pinot noir (Blauburgunder) Aus Burgund stammende Rebsorte, die als wichtigste Rotweinsorte der Schweiz in allen Kantonen angebaut wird. In der Ostschweiz heißt die Sorte Blauburgunder, wobei insbesondere im Kanton Zürich auch der Name Clevner gebräuchlich ist. Tendenziell unterscheidet man drei verschiedene aus Pinot noir gekelterte Weintypen: süffige, harmonische Weine, dichte, füllige Weine mit Lagerungspotenzial und Weine, die in der Barrique ausgebaut werden. Berühmt sind vor allem die Pinot-noir-Weine aus dem Wallis, aus Neuenburg und aus der Bündner Herrschaft. Prestigreicher, reinsortiger St-Pierre von Michel Favre (☆☆ **97** 98 99).

Räuschling Alte, früher maßgebende Weißweinsorte in den Gebieten rings um Zürich. Heute vor allem noch am Zürichsee, im Limmattal und am Kohlfirst angebaut und aufgrund ihrer dezenten Frucht und eleganten Säure wieder vermehrt geschätzt.

Riesling (Petit Rhin) Aus Deutschland stammende, vor allem im Wallis angebaute Weißweinsorte. Bei Edelfäule großartige Spitzenweine.

Riesling x Sylvaner Wichtigste Weißweinsorte der Ostschweiz und Spezialität der Westschweiz, die 1882 aus der züchterischen Arbeit von Hermann Müller an den Forschungsanstalten von Geisenheim (Deutschland) und Wädenswil hervorging und süffige, elegante Weine mit mehr oder weniger ausgeprägtem Muskataroma ergibt. Galt lange als Kreuzung von Riesling mit Sylvaner, doch lassen neueste Genanalysen auf eine Kreuzung von Riesling mit Madeleine Royale (und nicht mit Chasselas de Courtiller, wie zwischendurch angenommen) schließen. Zurzeit berät eine Fachkommission über die Neubenennung der Sorte in der Schweiz, die in den übrigen Ländern meistens Müller-Thurgau, gelegentlich auch Rivaner genannt wird. Beste Erzeuger: Hermann Schwarzenbach, Daniel Marugg, Hans Wiesendanger (alle ☆☆ **00** 01).

Saillon VS; r w ☆☆→☆☆☆ Auf einem Hügel gelegenes Weinstädtchen zwischen Sion und Martigny, bekannt für seinen kleinsten Rebberg der Welt, der ausschließlich von berühmten Künstlern bearbeitet wird.

Salgesch (Salquenen) VS; r w ☆☆→☆☆☆ Weinbaugemeinde bei Sierre an der Sprachgrenze zwischen Ober- und Unterwallis. Erste Gemeinde, welche 1988 die kontrollierte Qualitätsbezeichnung Grand cru einführte.

Salvagnin VD; r ☆→☆☆ **00** – AOC für Waadtländer Rotwein aus Gamay- und/oder Pinot-noir-Trauben.

Satigny GE; r w ☆→☆☆ Berühmte Weinbaugemeinde im Mandement, die mit 488 ha die größte Rebfläche aller Schweizer Gemeinden besitzt.

Savièse VS r w ☆☆→☆☆☆ Weinbaugemeinde oberhalb Sion, bekannt für Fendant, Muscat und Pinot noir.

Schaffhausen (SH) Am Rhein gelegene Hauptstadt des gleichnamigen Ostschweizer Weinbaukantons (500 ha) und selbst eines von dessen Anbaugebieten neben Stein am Rhein, Bibertal, Klettgau, Oberklettgau sowie Buchberg und Rüdlingen. Angebaut werden vor allem Blauburgunder sowie etwas Riesling x Sylvaner und Spezialitäten.

Schafis BE; r rs w ☆→☆☆ Bekannter Weinbauort am Bielersee.

Schiller Ursprünglich vor allem im Churer Rheintal, neuerdings auch in der übrigen Ostschweiz gebräuchlicher Begriff für Rosé, der aus einem Mischsatz von weißen und roten Trauben gemeinsam gekeltert wird.

Schwyz (SZ) Hauptort des gleichnamigen Weinbaukantons in der Zentralschweiz (30 ha). Angebaut wird vor allem Riesling x Sylvaner, Räuschling und Blauburgunder. Die bekanntesten Weine stammen aus der in Freienbach am Zürichsee gelegenen Lage Leutschen, die sich zum großen Teil im Besitze des Klosters Einsiedeln befindet.

Sierre VS; r w ☆☆→☆☆☆ Sonnenstadt und berühmte Weinbaugemeinde des Wallis, bekannt für Fendant, Pinot noir, Ermitage, Malvoisie.

Sion VS; r w ☆☆→☆☆☆ Hauptstadt des Wallis und Mittelpunkt des Weinbaus von hier, berühmt für Fendant.

Spezialitäten Weine von seltenen Rebsorten, seien dies nun alte, schon vor langer Zeit hier angebaute Sorten wie etwa Gwäss, Elbling oder Bondola, die heute fast vollständig verschwunden sind, oder aber neue, ausländische Sorten wie Chenin blanc, Sauvignon blanc und Cabernet Sauvignon oder Neuzüchtungen wie Freisamer, Kerner und Gamaret. Speziell reich an Spezialitäten ist das Wallis, gelten doch von den hier angebauten 47 Rebsorten nicht weniger als 43 als Spezialitäten.

St-Blaise NE; r rs w ☆→☆☆ Weinbaugemeinde am Neuenburgersee.

St. Gallen (SG) In der Nähe des Bodensees gelegene Hauptstadt des gleichnamigen Ostschweizer Weinbaukantons (217 ha). Die wichtigsten Anbaugebiete sind das föhnverwöhnte Rheintal mit den Weinorten Berneck, Thal, Altstätten, Balgach und das Oberland mit Mels, Sargans, Bad Ragaz, Walenstadt. Aber auch die Rebberge von Rapperswil und Jona am Zürichsee gehören zu St. Gallen. Berühmt sind vor allem die gehaltvollen Blauburgunder, die manchmal jenen aus der Bündner Herrschaft kaum nachstehen, doch werden auch Riesling x Sylvaner und verschiedene Spezialitäten angebaut.

St-Léonard VS; r w ☆☆→☆☆☆ Weinbaugemeinde zwischen Sierre und Sion. Seit 1994 kontrollierte Qualitätsbezeichnung Grand cru.

St-Pierre-de-Clages VS; r w ☆☆→☆☆☆ Weindorf zwischen Sion und Martigny.

St-Saphorin VD; (r) w ☆☆→☆☆☆ **01** – Berühmte Appellation des Lavaux, die sich durch ihre subtilen, finessereichen Weißweine auszeichnet.

Süßdruck Trockener (!), hellroter Wein von Traubengut, das nur kurze Zeit an der Maische gärte und noch süß abgepresst wurde.

Sylvaner (Gros Rhin, Johannisberg) Aus dem Donauraum stammende Weißweinsorte, die vor allem im Wallis, wo sie Johannisberg und gelegentlich auch Gros Rhin genannt wird, verbreitet ist. Nachdem dort die früher zum Teil etwas in Misskredit geratene Sorte heute nur noch in der besten Produktionszone angebaut werden darf, gilt sie immer mehr als große Spezialität. Konzentrierte, würzige Weine, manchmal mit etwas Restsüße, zum Teil großartige edelsüße Spätlesen.

Syrah Aus den Côtes du Rhône stammende Rotweinsorte, die mit großem Erfolg im Wallis angebaut wird und dunkle, überaus kräftige, tanninreiche Weine ergibt.

Tartegnin VD; (r) w ☆☆ Appellation der Côte.

Terravin Gütesiegel für Waadtländer Weine.

Tessin (Ticino TI) Viertgrößter Weinbaukanton der Schweiz (961 ha), der zusammen mit dem bündnerischen Misox das Weinbaugebiet der Südschweiz bildet. Sowohl im gebirgigen Sopraceneri als auch im milderen Sottoceneri dominiert heute der Merlot als Rebsorte, doch finden sich stellenweise auch noch etwas Bondola, Cabernet Sauvignon, Cabernet franc, Pinot noir, Gamaret sowie amerikanische Rebsorten und Hybriden. Seit einiger Zeit gibt es zudem immer mehr Weiß- und Roséweine aus Merlot. Und schließlich wird auch noch Chardonnay, etwas Chasselas, Sauvignon blanc und Sémillon angepflanzt. Beste Erzeuger: Guido Brivio, Daniel Huber, Adriano Kaufmann, Christian Zündel (alle ☆☆ **96** 97 98 99).

Thurgau (TG) Ostschweizer Weinbaukanton (274 ha). Die wichtigsten Anbaugebiete befinden sich im Thurtal mit den Weinorten Weinfelden, Warth (Kartause Ittingen), im Seebachtal mit Nussbaumen, Hüttwilen, am Rhein mit Diessenhofen, Schlattingen sowie am südlichen Ufer des zum Bodensee gehörenden Untersees mit Salenstein (Schloss Arenenberg, Exil von Napoleons Stieftochter Hortense) und Steckborn. Neben dem heute dominierenden Blauburgunder wird vor allem am Untersee fast ausschließlich Riesling x Sylvaner (Müller-Thurgau) angebaut, der sozusagen ein Landeserzeugnis ist – stammt doch Hermann Müller, der mit dieser Neuzüchtung den europäischen Weinbau maßgebend beeinflusste, aus dem thurgauischen Tägerwilen. Bester Erzeuger: Hans Ulrich Kesselring (☆☆☆ **98** 99 00).

Twann BE; r rs w ☆→☆☆ Bekannte Weinbaugemeinde am Bielersee.

Vétroz VS; r w ☆☆→☆☆☆ Walliser Weinbaugemeinde zwischen Sion und Martigny, bekannt für Amigne. Seit 1993 kontrollierte Qualitätsbezeichnung Grand cru.

Vevey-Montreux VD; r w ☆☆ Aufsteigende Appellation des Lavaux. Vevey ist für sein ungefähr alle 25 Jahre stattfindendes Winzerfest berühmt, das letztes Mal 1999 gefeiert wurde.

Villeneuve VD; (r) w ☆☆→☆☆☆ Am oberen Ende des Genfersees gelegene Appellation des Chablais, bekannt für ihre kräftigen und doch finessereichen Weißweine.

Villette VD; (r) w ☆☆ Appellation des Lavaux.

Vinatura-Vitiswiss Gütesiegel für Weine aus naturnaher integrierter Produktion (IP).

Vinzel VD; w ☆☆→☆☆☆ Appellation der Côte, bekannt für ihre überaus finessereichen Weißweine.

Vispertal VS; (r) w ☆→☆☆ Weinbaugebiet im Oberwallis, bekannt für zum Teil nur noch reliktisch vorhandene autochthone oder seit langem hier eingeführte Walliser Weißweinsorten wie Gwäss, Himbertscha, Lafnetscha und Heida. Berühmt ist insbesondere Visperterminen mit seinem bis in eine Höhe von mehr als 1000 m reichenden Rebberg.

Viti Gütesiegel für Tessiner Merlot traditioneller Art.

Vully FR; (r) w ☆→☆☆ Am Murtensee gelegenes Weinbaugebiet des Kantons Freiburg, das sich durch frische, spritzige Weißweine auszeichnet.

Vully VD; (r) w ☆→☆☆ Gleichnamige Appellation des nördlichen Waadtlandes, deren Anbaugebiet landschaftlich mit jenem von Freiburg eine Einheit bildet.

Waadt (Vaud VD) Zweitgrößter Schweizer Weinbaukanton mitten im Herzen der Westschweiz (3879 ha) mit den am Genfersee und an der Rhône gelegenen Anbaugebieten La Côte, Lavaux, Chablais und dem nördlichen, bereits im Einzugsbereich des Rheins gelegenen Teil des Kantons mit den Appellationen Côtes de l'Orbe, Bonvillars, Vully. Das Waadtland ist die eigentliche Hochburg des Chasselas, doch werden hier auch aus Gamay, Pinot noir und verschiedenen Spezialitäten vorzügliche Weine gekeltert.

Wallis (Valais VS) Größter und wohl vielfältigster Westschweizer und damit auch Schweizer Weinbaukanton (5255 ha), dessen Anbaugebiete sich fast ohne Unterbrechung entlang der Rhône vom deutschsprachigen Oberwallis bis ins französischsprachige Unterwallis erstrecken. 22 000 Winzer besitzen hier an klimatisch besten Lagen Rebberge, die mit 47 verschiedenen Sorten bepflanzt sind. Neben Fendant, Johannisberg, Gamay und Pinot noir gewinnen in letzter Zeit vor allem die zum Teil weltweit einmaligen Spezialitäten an Bedeutung. Spitzenerzeuger: Jean-René Germanier, v. a. mit dem reinsortigen Syrah-Wein Cayas (☆☆☆ **96 97** 98 99 00) und dem süßen Mitis (☆☆☆ 97 98 99).

Winzerwy Gütesiegel für selbst gekelterte Ostschweizer Weine aus den Kantonen Aargau, Appenzell Innerrhoden, Baselland, Graubünden, Schaffhausen, Thurgau und Zürich.

Yvorne VD; (r) w ☆☆☆ **00** 01 – Berühmte Appellation des Chablais, die sich durch ihre kräftigen, rassigen Weißweine auszeichnet.

Zürich (ZH) Größte Stadt der Schweiz und gleichzeitig Hauptstadt des gleichnamigen größten Ostschweizer Weinbaukantons (645 ha). Die wichtigsten Anbaugebiete außerhalb der ebenfalls noch etwas Reben besitzenden Stadt sind der Zürichsee mit Meilen, Stäfa (größte Weinbaugemeinde des Kantons), Wädenswil, die Halbinsel Au (Weinmuseum), das Limmattal mit Weiningen, das Unterland mit Regensberg, Freienstein-Teufen, Eglisau, Rafz sowie das Weinland mit Winterthur, Flaach, Andelfingen, Rheinau und Stammheim. Angebaut wird vorwiegend Blauburgunder, Riesling x Sylvaner und vermehrt wieder Räuschling, Chardonnay, Freisamer, Pinot gris und Gewürztraminer als Spezialitäten.

Österreich

Die dunklen Flächen bezeichnen die Weinbaugebiete

Österreich hat sich in 15 bewegten Jahren als starkes, innovatives Erzeugerland von trockenen Weiß- und Dessertweinen feinster Qualität erwiesen. Die Rotweine (20% der Rebfläche) beginnen ebenfalls internationale Anerkennung zu finden. Durch das strenge Weingesetz von 1985 (1993 letztmals novelliert) wurden die Erträge gesenkt und in jeder Kategorie höhere Reifegrade erzielt als in der entsprechenden deutschen Klasse. Dennoch sind viele gesetzlich vorgeschriebene Regionalbezeichnungen außerhalb Österreichs kein Begriff. Alle Weine sind es wert, probiert zu werden; hier sind ausgesprochen interessante Entdeckungen zu machen.

Neuere Jahrgänge

2001	Schon wieder ein Spitzenjahr für trockene Weißweine; sehr gut auch für Spätlesen. Die Qualität bei den Roten ist dagegen eher durchwachsen.
2000	Sehr guter Jahrgang in Niederösterreich; unterschiedlich in der Steiermark wegen Ernteregen. Das Burgenland konnte wahrscheinlich den besten Jahrgang seit 1945 verbuchen.
1999	Ein großer Jahrgang; der beste für Rote seit langem. Trockene Weißweine verbinden Konzentration und Eleganz.
1998	Ein überragender Jahrgang für Spätlesen, sehr gut auch für trockene Weißweine, enttäuschend jedoch für Rote.
1997	Sehr wenige spät gelesene Weine (schlechte Bedingungen für Edelfäule), aber die roten und weißen Spitzengewächse sind reichhaltig und kraftvoll.
1996	Kleine Ernte mit unterschiedlicher Qualität. Im Allgemeinen leichte und frische Weine, die jung getrunken werden sollten, von Spitzenlagen aber auch ernst zu nehmende Weine.
1995	Regen drohte die Ernte zu vernichten, aber die Erzeuger von Spätlesen und Dessertweinen haben das große Los gezogen.

Ausbruch Sehr süßer Prädikatswein, liegt in der Qualität zwischen Beerenauslese und Trockenbeerenauslese. Die Tradition des Ausbruchs wird insbesondere in Rust gepflegt.

Ausg'steckt Heurige sind nicht das ganze Jahr geöffnet. Um potenziellen Gästen den Weinausschank anzuzeigen, wird ein grüner Buschen (Strauß von Zweigen) über das Haustor gesteckt; die Weinschänke ist also »ausg'steckt«.

Bergwein Gesetzlich definierte Bezeichnung für Weine, deren Trauben auf Weinbergen mit über 26 % Hangneigung gelesen wurden.

Blauburger Österreichische Rotweintraubenzüchtung. Kreuzung aus Blauem Portugieser und Blaufränkisch. Ergibt einfache Weine mit tiefdunkler Farbe und leichtem Körper.

Blauer Burgunder (Pinot noir) In Österreich eine Rarität mit großen Jahrgangsschwankungen. Am besten im Burgenland, im Kamptal und in der Thermenregion. Beste Erzeuger: Achs, Bründlmayer, Johanneshof, Stiegelmar, Umathum und Wieninger.

Blauer Portugieser Milde, fruchtige Weine, die in ihrer Jugend leicht gekühlt getrunken werden. Großteils für den lokalen Konsum bestimmt. Beste Erzeuger: Fischer, Lust.

Blauer Wildbacher Rote Rebe für den Schilcher.

Blauer Zweigelt Kreuzung aus Blaufränkisch und St. Laurent; ergibt hohe Erträge und eine intensive Farbe. Die besten Erzeuger (Heinrich, Nittnaus, Pitnauer, Pöckl, Umathum) haben sich allgemeine Anerkennung verschafft.

Blaufränkisch (In Deutschland Lemberger, in Ungarn Kékfrankos) Österreichs Rotweinsorte mit dem größten Potenzial, v. a. im Mittelburgenland verbreitet. Guter Körper, pfeffrige Säure, fruchtige Kirscharomen. Oft verschnitten mit Cabernet Sauvignon. Beste Erzeuger: Gesellmann, Heinrich Iby, Igler, Krutzler, Nittnaus, Ernst Triebaumer.

Bouvier Einheimische Traubensorte, liefert zumeist leichten, aromatischen Wein mit wenig Säure, besonders für Beeren- und Trockenbeerenauslesen.

Bründlmayer, Willi r w; sch ☆☆☆→☆☆☆☆ **90 92 93 94 95 97 98 99 00** 01 – Führendes Weingut in Langenlois/Kamptal. Exzellente Weine im österreichischen (Riesling, Grüner Veltliner) und internationalen Stil (Chardonnay, Rotweine); wahrscheinlich bester Sekt Österreichs.

Burgenland Bundesland und Weinbauregion (etwa 16 000 ha Weingärten) im Osten Österreichs an der ungarischen Grenze. Warmes Klima; ideale Bedingungen, v. a. für Botrytis-Weine am Neusiedler See. Unterteilt in die Weinbaugebiete Neusiedlersee, Neusiedlersee-Hügelland, Mittelburgenland und Südburgenland.

Buschenschank Bezeichnung für Heuriger.

Cabernet Sauvignon Wird in Österreich vermehrt angebaut, v. a. in Verschnittweinen verwendet.

Carnuntum r w – Seit 1994 eigenes Weinbaugebiet östlich von Wien, im Norden durch die Donau begrenzt. Beste Erzeuger: Glatzer, Pitnauer.

Chardonnay Vermehrt angebaut und häufig (v. a. von den unten mit * gekennzeichneten Erzeugern) in Eiche ausgebaut. Als »Morillon« eine Traditionsrebe in der Steiermark, mit betonter Frucht und lebendiger Säure (hier in der Regel jedoch ohne Eichenholzwürze). Beste Erzeuger: Bründlmayer*, Loimer, Malat*, Polz, Sattler*, Stiegelmar*, Tement*, Velich*, Wieninger*.

Deutschkreutz r (w) – Rotweinort im Mittelburgenland. Wichtigste Sorte ist die Blaufränkisch.

Donauland (r) w – Seit 1994 eigenständiges Weinbaugebiet westlich von Wien. Umfasst die Gebiete Klosterneuburg und Wagram. Hauptsächlich Weißwein, v. a. Grüner Veltliner. Beste Erzeuger: Fritsch, Chorherren Klosterneuburg, Leth, Wimmer-Czerny, R. Zimmermann.

Dürnstein w – Weinzentrum der Wachau mit berühmter Burgruine. Hauptsächlich Grüner Veltliner und Riesling. Beste Erzeuger: Freie Weingärtner Wachau, Knoll, Pichler, Schmidl.

Eisenstadt r w; tr s – Hauptstadt des Burgenlands und historischer Sitz der Familie Esterházy. Haupterzeuger: Esterházy.

Falkenstein w – Weinzentrum im östlichen Weinviertel nahe der tschechischen Grenze. Guter Grüner Veltliner. Beste Erzeuger: Jauk, Luckner, Heinrich und Josef Salomon.

Federspiel Mittlere Qualitätsstufe der Vinea Wachau; entspricht in etwa dem Kabinett und steht für fruchtige, elegante trockene Weißweine.

Feiler-Artinger r w; s ★★★→★★★★ **91 92 93 94 95 96 97 98 99 00** 01 – Gilt als der überragende Weinbaubetrieb in Rust seit 1993 mit Spitzendessertweinen (Ausbruch). Auch gute trockene Weißweine; Rote werden immer spannender.

Freie Weingärtner Wachau (r) w ☆☆☆ **92 93 94 95 96 97 98 99** 00 – Bedeutende und sehr gute Winzergenossenschaft in Dürnstein. Exzellenter Grüner Veltliner und Riesling.

Gamlitz w – Ort in der Südsteiermark. Erzeuger: u. a. Lackner-Tinnacher, Sattler.

Gemischter Satz Ein Verschnitt von (meist weißen) Trauben, die gemeinsam angebaut, gelesen und vinifiziert werden. Traditionell wird der gemischte Satz auch heute noch beim Heurigen serviert.

Gobelsburg, Schloss ☆☆☆ – Renommiertes Weingut mit rund 35 ha im Kamptal; 1996 zu neuem Leben erweckt. Bründlmayer hält Anteile an dem Betrieb. Exzellenter trockener Riesling und Grüner Veltliner.

Gols r w; tr s – Größte Weinbaugemeinde des Burgenlands; am Nordufer des Neusiedler Sees gelegen. Beste Erzeuger: Beck, Heinrich, Leitner, H. u. A. Nittnaus, Renner, Stiegelmar.

Grüner Veltliner Die »nationale« Weißweinsorte Österreichs (nimmt 36 % der gesamten Rebfläche ein). Ergibt fruchtigen, rassigen Wein, kann als Spätlese auch außerordentliche Klasse besitzen. Beste Erzeuger: Bründlmayer, Freie Weingärtner Wachau, Hirtzberger, Högl, Knoll, Mantler, Neumayer, Nigl, Nikolaihof, F. X. Pichler, Pfaffl, Prager, Schmelz, Walzer.

G'spritzter Beliebtes sommerliches Erfrischungsgetränk aus (zumeist) Weißwein, der mit Soda- oder Mineralwasser »aufgespritzt« ist.

Gumpoldskirchen r w; tr s – Ausflugs- und Heurigenort südlich von Wien; das Zentrum des Weinbaugebiets Thermenregion. Einzigartige, schmackhafte Weine, oft süß, aus den Sorten Zierfandler und Rotgipfler. Beste Erzeuger: Biegler, Schellmann.

Heinrich, Gernot r w; tr s ☆☆→☆☆☆ **92 93 94 96 97 98 99 00** 01 – Junges, modernes Weingut in Gols mit Pannobile und rotem Gabarinza.

Heuriger Steht erstens für den Wein der letzten Ernte, der ein Jahr lang als »Heuriger« bezeichnet wird, dann wird er zum »Alten«; zweitens wird damit die Buschenschank bezeichnet, in welcher der »Heurigenwirt« seine Weine glas- und flaschenweise ausschenkt und einfache einheimische Speisen anbietet. Eine Institution, insbesondere in Wien.

Hirtzberger, Franz w ☆☆☆☆ **90 92 93 94 95 96 97 98 99 00** 01 – Spitzenerzeuger mit 9 ha in Spitz an der Donau, Wachau; feiner trockener Riesling und Grüner Veltliner.

Horitschon Rotweingemeinde im Mittelburgenland. Beste Erzeuger: Anton Iby, Franz und Martina Weninger.

Illmitz (r) w; tr s – Durch Beeren- und Trockenbeerenauslesen bekannter Weinort im Seewinkel. Beste Erzeuger: Martin Haider, Kracher, Helmut Lang, Willi Opitz.

Jamek, Josef w ☆☆☆ **92 93 94 95 97 98 99 00** 01 – Bekanntes Weingut und Restaurant in Joching in der Wachau. In den 1950er-Jahren Wegbereiter des trockenen Weißweins. Jetzt wieder in Topform.

Jurtschitsch/Sonnhof (r) w; tr (s) ☆→☆☆ **92 93 94 95 97 98 99 00** 01 – Von drei Brüdern geführtes Gut mit guten Weißweinen (Riesling, Grüner Veltliner, Chardonnay).

Kamptal r w – Seit 1994 eigenständiges Weinbaugebiet entlang des Flusses Kamp in der nördlichen Wachau. Wichtigste Orte: Langenlois, Strass, Zöbing. Beste Erzeuger: Bründlmayer, Dolle, Ehn, Schloss Gobelsburg, Hiedler, Hirsch, Jurtschitsch, Loimer, Topf.

Kattus ☆→☆☆ Traditionsreicher Sekterzeugungsbetrieb in Wien.

Kellergassen Romantische Straßenzüge außerhalb einer Ortschaft mit Presshäusern und Kellern, die der Erzeugung, Lagerung und dem Genuss von Wein dienen; charakteristisch v. a. für das Weinviertel.

Klöch w – Insbesondere für Traminer bekannter Weinort in der Südoststeiermark. Bester Erzeuger: Stürgkh.

Klosterneuburg r w – Traditionsreiche Weinstadt im Norden Wiens mit berühmtem Benediktinerstift und bereits 1860 gegründeter Weinbauschule. Beste Erzeuger: Chorherren Klosterneuburg, Zimmermann.

Kloster Und Weinkolleg und Degustationszentrum in einem restaurierten Kapuzinerkloster bei Krems.

KMW Abkürzung für »Klosterneuburger Mostwaage«, in Österreich gebräuchliche Maßeinheit für den Zuckeranteil im Most. 1° KMW entspricht 1 % Zucker im Most.

Knoll, Emmerich w ★★★★ **93 94 95 96 97 98 99 00** 01 – Sehr traditionsbedachter und hoch angesehener Spitzenbetrieb in Loiben, Wachau, mit Paradeweinen von Grünem Veltliner und Riesling.

Kollwentz/Römerhof r w; tr (s) ☆☆→☆☆☆ **90 92 93 94 95 96 97 98 99 00** 01 – Innovativer Weinerzeuger in Großhöflein bei Eisenstadt. Sauvignon blanc, Eisweine und gute Rote.

Kracher, Alois (r) w; tr (s) ☆☆☆☆ **81 89 91 92 93 94 95 96 97 98 99 00** 01 – Kleiner Spitzenbetrieb in Illmitz; Spezialität: Prädikatsweine (Dessertweine) mit (Nouvelle Vague) und ohne Barrique-Ausbau (Zwischen den Seen). Seit 1997 auch guter Rotwein.

Krems (r) w; tr (s) – Bedeutende alte Weinstadt westlich von Wien. Hauptort des Weinbaugebietes Kremstal. Beste Erzeuger: Forstreiter, Nigl, Salomon, Walzer, Weingut Stadt Krems.

Kremstal (r) w – Seit 1994 eigenständiges Weinbaugebiet, v. a. für Grünen Veltliner und Riesling. Beste Erzeuger: Malat, Mantler, Nigl, Salomon, Weingut Stadt Krems.

Langenlois r w – Weinort im Kamptal mit rund 2000 ha Rebfläche. Beste Erzeuger: Bründlmayer, Ehn, Hiedler, Jurtschitsch, Loimer.

Lenz Moser ☆☆ Bedeutende Weinkellerei bei Krems. Lenz Moser III. erfand die Reberziehung in Hochkultur. Zum Betrieb gehören auch das Schlossweingut Malteser Ritterorden in Mailberg/Weinviertel und der Klosterkeller Siegendorf im Burgenland.

Loiben w – Weinort im unteren, breiteren Teil des Donautals in der Wachau mit idealen Voraussetzungen für Riesling und Grünen Veltliner. Beste Erzeuger: Alzinger, Freie Weingärtner, Knoll, F. X. Pichler.

Mantler, Josef w ☆☆→☆☆☆ **90 95 96 97 98 99 00** 01 – Traditionsreiches Spitzenweingut in Gedersdorf bei Krems; sehr guter Riesling, Grüner Veltliner, Chardonnay und eine fast ausgestorbene Spezialität, der Rote Veltliner (Synonym für Weißwein aus Malvasia-Trauben).

Mayer, Franz w – Mit 24 ha größter Erzeuger in Wien. Traditionsreicher Heuriger (Beethovenhaus), und als Gegensatz dazu ausgezeichnete 20-jährige Riesling- und Traminer-Weine.

Messwein Wird im Gottesdienst verwendet; kirchliches Plazet (und naturbelassener Most) sind Bedingung.

Mittelburgenland r (w); tr (s) – Von drei Hügelketten geschütztes Weinbaugebiet an der ungarischen Grenze mit hohem Rotweinanteil, vor allem Blaufränkisch. Beste Erzeuger: Gesellmann, Heinrich, Iby, Igler, P. Kerschbaum, Weninger.

Mörbisch r w; tr s – Weinort am Westufer des Neusiedler Sees, nördlich der ungarischen Gernze. Spitzenerzeuger: Schönberger.

Morillon In der Steiermark gebräuchlicher Name für Chardonnay.

Moser, Sepp ☆☆☆ **93 94 95 97 98 99 00** 01 – Weingut in Rohrendorf im Kremstal. Hocharomatische, elegante trockene Weine: Riesling, Grüner Veltliner, Chardonnay und Sauvignon blanc. Auch gute Rote aus Apleton am Neusiedler See.

Müller-Thurgau Synonym für Riesling x Silvaner.

Muskateller Seltene aromatische Traubensorte für trockene Weißweine. Am besten in der Steiermark und der Wachau. Beste Erzeuger: Gross, Hirtzberger, Lackner-Tinnacher, F. X. Pichler, Polz, Sattler.

Muskat-Ottonel Oft trockener, duftiger Weißwein; auch interessante Prädikatsweine.

Neuburger Einheimische Weißweinsorte, oftmals mit nussigem Geschmack, ist vor allem in der Wachau (elegante, blumige Weine), in der

Thermenregion (großzügig, körperreich, mild) und in den nördlicheren Teilen des Burgenlandes (kräftig, voll) anzutreffen. Beste Erzeuger: Beck, Freie Weingärtner, Hirtzberger.

Neumayer ☆☆☆ **94 95 96 97 98 99 00** 01 – Die Gebrüder Neumayer erzeugen auf dem besten Gut der neuen Region Traisental kraftvollen, markigen trockenen Grünen Veltliner und Riesling.

Neusiedlersee r w; tr s – Weinbaugebiet nördlich und östlich des Neusiedler Sees. Beste Erzeuger: Achs, Beck, Heinrich, Kracher, Nittnaus, Opitz, Pöckl, Umathum, Velich.

Neusiedler See Sehr flacher, höchstens 1,8 m tiefer Steppensee im Burgenland an der ungarischen Grenze. Begünstigt durch Temperaturausgleich und die entstehenden Herbstnebel das Auftreten der Edelfäule. Namensgeber für die Weinbaugebiete Neusiedlersee-Hügelland und Neusiedlersee.

Neusiedlersee-Hügelland r w; tr s – Weinbaugebiet westlich des Neusiedler Sees mit den Hauptorten Oggau, Rust und Mörbisch am Ufer sowie Eisenstadt an den Ausläufern des Leithagebirges. Beste Erzeuger: Feiler-Artinger, Kollwentz, Mad, Prieler, Schandl, Schönberger, Schröck, Ernst Triebaumer, Wenzel.

Niederösterreich Stellt etwa 58 % der Rebfläche Österreichs mit den Weinbaugebieten Carnuntum, Donauland, Kamptal, Kremstal, Thermenregion, Traisental, Wachau und Weinviertel.

Nigl w ☆☆☆ **92 93 94 95 96 97 98 99 00** 01 – Spitzenerzeuger im Kremstal mit komplexem trockenem Riesling und einem Grünen Veltliner, der sehr alt werden kann.

Nikolaihof w ☆☆☆ **90 91 92 94 95 97 98 99 00** 01 – Das Gut steht auf einem Fundament aus der Römerzeit. Überragender Riesling von der Lage Steiner Hund, und auch sonst sehr gute, traditionell bereitete Weine.

Nußdorf Stadtteil von Wien mit bekannten Heurigen und der erstklassigen Ried Nußberg.

Oggau Weinort am Westufer des Neusiedler Sees.

Opitz, Willi ☆☆☆☆ Kleines Weingut in Illmitz, spezialisiert auf Spätlesen wie Schilfmandl und Opitz Eins von Trauben, die auf Schilfgras des Neusiedler Sees getrocknet werden.

Pfaffl ☆☆☆☆ **90 93 94 95 96 97 98 99 00** 01 – Ein Gut in Stetten im Weinviertel bei Wien. Am bekanntesten für den roten Verschnittwein Exzellenz, aber die rassigen trockenen Grünen Veltliner sind nicht weniger eindrucksvoll. Übernahm vor kurzem das benachbarte Schlossweingut Bockfliess.

Pichler, Franz Xaver w ☆☆☆☆ **90 92 93 94 95 96 97 98 99 00** 01 – Spitzenerzeuger in der Wachau mit sehr intensivem, reichhaltigem Riesling und Grünem Veltliner (v. a. Kellerberg) und hochklassigem Muskateller. Weithin anerkannt als Nr. 1 in Österreich für trockene Weine.

Polz, Erich und Walter w ☆☆☆ **92 93 95 96 97 98 99 00** 01 – Weinbaubetrieb an der südsteirischen Weinstraße mit der besten Lage Hochgraßnitzberg für Sauvignon blanc, Chardonnay, Grauburgunder, Weißburgunder.

Prädikatswein Wein von der Qualitätsstufe Spätlese aufwärts (Spätlese, Auslese, Eiswein, Strohwein, Beerenauslese, Ausbruch und Trockenbeerenauslese). Siehe Deutschland Seite 204.

Prager, Franz w ★★★★ **90 91 92 93 94 95 96 97 98 99 00** 01 – Mit Josef Jamek einer der Innovatoren des trockenen Spitzenweißweins in der Wachau. Der neue Betreiber Anton Bodenstein führt neue Riesling-Klone ein und erzeugt großartige Prädikatsweine.

Renommierte Weingüter Burgenland 1995 von burgenländischen Spitzengütern gegründete Vereinigung, um die besten Weine der Region zu vermarkten. Mitglieder: u. a. Kracher, Triebaumer, Umathum.

Retz r w – Bedeutender Weinort im westlichen Weinviertel. Bester Erzeuger: Weinbauschule Retz.

Ried Österreichischer Ausdruck für »Lage«.

Riesling Der Name bedeutet immer Rheinriesling. Der nicht verwandte Welschriesling wird auch als solcher bezeichnet. Beste Erzeuger: u. a. Alzinger, Bründlmayer, Freie Weingärtner Wachau, Hirtzberger, Högl, Knoll, Nigl, Nikolaihof, Pfaffl, F. X. Pichler, Prager, Salomon.

Riesling x Silvaner Bezeichnung für den Müller-Thurgau; etwa 10 % der österreichischen Rebfläche sind damit bepflanzt. Beste Erzeuger: Hirtzberger, Jurtschitsch.

Rotgipfler Einheimische aromatische Traubensorte der Thermenregion. Siehe auch Zierfandler.

Rust r w; tr s – Bedeutendster Weinort im Burgenland, seit dem 17. Jahrhundert berühmt für seinen Ausbruch. Zunehmend auch Rotwein und trockene Weißweine. Beste Erzeuger: Feiler-Artinger, Schandl, Heidi Schröck, Ernst Triebaumer, Paul Triebaumer, Wenzel. Etwa ein Dutzend Erzeuger, der Cercle Ruster Ausbruch, bemüht sich um eine Renaissance ihres kräftigen, Sauternes-ähnlichen Süßweins, der aus einer Vielzahl von Rebsorten gekeltert wird. Das Niveau ist bereits sehr hoch.

Salomon-Undhof w ★★★ Sehr guter Erzeuger von Riesling, Weißburgunder und Traminer in Krems. Hervorragende Qualität seit 1995.

St. Laurent Traditionelle, potenziell sehr gute Rotweintraube mit Weichselaroma; gilt als Verwandte der Pinot-noir-Rebe. Beste Erzeuger: Fischer, Mad, Stiegelmar, Umathum.

Sattler, Willi w ☆☆→☆☆☆ **92 93 94 95 96 97 98 99 00** – Führender südsteirischer Erzeuger. Berühmt für Sauvignon blanc und Morillon. Die letzten Jahrgänge waren ausgewogener, mit weniger Eichenholzaroma.

Schilcher Roséwein aus der einheimischen Rebsorte Blauer Wildbacher mit hoher, anregender Säure; Spezialität der Weststeiermark. Probierenswert: Klug, Lukas, Reiterer, Strohmeier.

Schlumberger Bedeutendster österreichischer Schaumweinerzeuger, ausschließlich Flaschengärung nach eigener »Methode Schlumberger« in Wien. Zart und fruchtig.

Seewinkel Teil des Weinbaugebiets Neusiedlersee mit den Orten Apetlon, Illmitz und Podersdorf; ideale Voraussetzungen für Botrytis-Weine.

Servus w – Leichter, trockener Alltagsweißer aus dem Burgenland.

Smaragd Höchste Qualitätsstufe der Vinea Wachau, entspricht in etwa der trockenen Spätlese.

Spätrot Siehe Zierfandler.

Spitz an der Donau w – Weinbauort am Westende der Wachau mit kühlem Mikroklima, v. a. die Lage Singerriedel. Spitzenerzeuger: Hirtzberger, Freie Weingärtner, Högl, Lagler.

Steiermark Südlichste Weinbauregion Österreichs; ihre trockenen Weißweine erwerben sich hohe Anerkennung; umfasst die Gebiete Südsteiermark, Südoststeiermark und Weststeiermark.

Steinfeder Qualitätsstufe der Vinea Wachau für sehr leichte, duftende, trockene Weine.

Stiegelmar, Georg r w; tr s ☆→☆☆☆ **93 95 96 97 98 99 00** 01 – Spitzenerzeuger in Gols mit Chardonnay, Sauvignon blanc und Rotwein sowie ungewöhnlichen Spezialitäten. Weiße zurzeit ausdruckslos.
Strass (r) w – Weinort im Kamptal mit guten weißen Qualitätsweinen. Beste Erzeuger: Dolle, Topf.
Südburgenland r w – Kleines, südlichstes Weinbaugebiet des Burgenlandes mit guten Rotweinen. Beste Erzeuger: Krutzler, Wachter, Wiesler.
Südoststeiermark (r) w – Weinbaugebiet in der Steiermark mit inselförmig über das Land verstreuten exzellenten Weinbergen. Beste Erzeuger: Neumeister, Winkler-Hermaden.
Südsteiermark w – Bestes Weinbaugebiet der Steiermark mit sehr gefragten Weißweinen der Sorten Morillon, Muskateller, Welschriesling und Sauvignon blanc. Beste Erzeuger: Gross, Lackner-Tinnacher, Muster, Polz, Prünte, Sattler, Skoff, Tement, Wohlmuth.
Tement, Manfred w ★★★→★★★★ **90 92 93 94 97 98 99 00 01** – Renommiertes Weingut an der südsteirischen Weinstraße mit dem wunderbar im traditionellen Stil bereiteten Wein »Steirische Klassik« sowie leicht eichengewürztem Sauvignon blanc und Morillon von der Lage Zieregg. Ein Weltklasseerzeuger.
Thermenregion r w; tr s – Niederösterreichisches Weinbaugebiet mit heißen Quellen südlich von Wien; einheimische Sorten (z. B. Zierfandler und Rotgipfler) und gute Rotweine. Hauptorte: Baden, Gumpoldskirchen, Tattendorf, Traiskirchen. Beste Erzeuger: Alphart, Biegler, Fischer, Johanneshof, Schafler, Schellmann, Stadlmann.
Traditionsweingüter Winzervereinigung im Kamptal und Kremstal mit eigenen Qualitätsanforderungen. Mitglieder: u. a. Bründlmayer, Loimer, G. Malat, Nigl, Salomon-Undhof.
Traisental Neue Region: etwa 710 ha Anbaufläche unmittelbar südlich von Krems an der Donau. Vorwiegend trockene Weißweine im Stil der Wachau. Spitzenerzeuger: Neumayer.
Triebaumer, Ernst r (w); tr s ☆☆☆ **90 92 93 94 95 97 98 99 00** 01 – Kleiner Erzeuger in Rust. Einer der besten Rotweinproduzenten Österreichs. Spitzenweine: Blaufränkisch (beste Marke: Mariental) und Cabernet Sauvignon/Merlot. Auch sehr guter Ausbruch.
Umathum, Josef r w; tr s ☆☆☆ **90 91 92 94 95 97 98 99 00** 01 – Spitzenerzeuger aus Frauenkirchen im Weinbaugebiet Neusiedlersee mit sehr guten Roten, u. a. Blauburgunder. Auch guter Weißwein.
Velich w; s ☆☆☆ Der Tiglat, ein Chardonnay im burgundischen Stil (**99 00**), wird 22 Monate im Fass ausgebaut. Seit 1995 bereitet Velich auch einige der besten Prädikatsweine im Seewinkel/Burgenland.
Vinea Wachau Von Wachauer Winzern 1983 gegründete eigene Appellation mit drei Kategorien: Steinfeder, Federspiel und Smaragd.
Wachau w – Weinbaugebiet an der Donau westlich von Krems, liefert mit die besten Weine Österreichs, besonders Riesling und Grüner Veltliner. Beste Erzeuger: Alzinger, Freie Weingärtner, Hirtzberger, Högl, Jamek, Knoll, Nikolaihof, F. X. Pichler, Rudolf Pichler, Prager.
Wagram r w – Teil des Weinbaugebiets Donauland mit Lössterrassen. Beste Erzeuger: Fritsch, Leth, Wimmer-Czerny.
Weinviertel (r) w – Größtes österreichisches Weinbaugebiet zwischen der Donau und der tschechischen Grenze. Meist leichte, frische Weißweine. Hauptorte: Falkenstein, Poysdorf, Retz. Beste Erzeuger: Hardegg, Jauk, Luckner, Lust, Malteser Ritterorden, Graf Mardegg, Pfaffl, Schwarzböck, Taubenschuß, Zull.

Weißburgunder (Pinot blanc) Ist in allen österreichischen Weinbaugebieten zu finden, ergibt gute trockene Weiße und Prädikatsweine. Beste Erzeuger: Beck, Heinrich, Hirtzberger, Fischer, Gross, Lackner-Tinnacher, Polz, Tement.

Welschriesling Diese – nicht mit dem Riesling verwandte – Weißweinrebe ist in allen Regionen verbreitet und ergibt sowohl duftige, trockene, jung zu trinkende Tropfen als auch anspruchsvolle Prädikatsweine.

Weststeiermark rs – Kleines österreichisches Weinbaugebiet mit der Spezialität Schilcher. Beste Erzeuger: Klug, Lukas, Reiterer, Strohmeier.

Wien (r) w – Die Hauptstadt ist ein eigenes Weinbaugebiet mit rund 610 ha Weingärten in den Vororten. In der Regel einfache, lebendige Weine für den Heurigen. Beste Erzeuger: Bernreiter, Mayer, Schilling, Wieninger.

Wieninger, Fritz r w ☆☆→☆☆☆ **92 93 94 95 97 98 99 00** 01 – Sehr guter Erzeuger in Wien-Stammersdorf, v. a. Heuriger, Chardonnay, Blauer Burgunder sowie guter Grüner Veltliner und Riesling.

Winzer Krems Winzergenossenschaft in Krems mit zuverlässigen, festen Weißweinen.

Zierfandler Synonym für Spätrot. Fast ausschließlich in der Thermenregion vorkommende Weißweinsorte, ergibt zusammen mit dem Rotgipfler sehr kräftige, lebendige und langlebige Weine. Beste Erzeuger: Biegler, Schellmann, Stadlmann.

Luxemburg

Luxemburgs Rebfläche von 1330 ha befindet sich auf Kalksteinböden auf dem linken Ufer der Mosel. Hier herrschen die ertragreichen Rebsorten Elbling und Rivaner (Müller-Thurgau) vor, aber es gibt auch größere Bestände an Riesling, Gewürztraminer und (meist am besten) Auxerrois, Pinot blanc, Pinot gris. Sie erbringen leichte bis mittelschwere (10,5 bis 11,5 %) trockene Weine nach Elsässer Art. 70 % der Gesamterzeugung Luxemburgs werden von der Genossenschaft Vins Moselle produziert und vertrieben. Der 1988 gegründete Weingüterverband Domaine et Tradition fördert feine Qualität von edlen Traubensorten. Die Jahrgänge 89, 90, 92 und 95 sind allesamt gut; 97 war sogar hervorragend; 98 eher durchschnittlich; 99 ähnlich, aber weicher; 00 schwach; 01 wieder erheblich besser.

Spitzenerzeuger: Aly Duhr et Fils, M. Bastian, Caves Gales, Bernard Massard (überraschend gute Cuvée de l'Ecusson, ein Schaumwein nach der klassischen Methode), Clos Mon Vieux Moulin, Château de Schengen, Sunnen-Hoffmann.

Spanien und Portugal

Die dunklen Flächen bezeichnen die Weinbaugebiete

Die folgenden Abkürzungen werden im Text verwendet:

Alen	Alentejo	**Rib**	Ribatejo
Amp	Ampurdán-Costa Brava	**Rib del D**	Ribera del Duero
Bair	Bairrada	**Rib del G**	Ribera del Guadiana
Bul	Bullas	**R Alt**	Rioja Alta
Cas L	Castilla y León	**R Ala**	Rioja Alavesa
Cos del S	Costers del Segre	**R B**	Rioja Baja
El B	El Bierzo	**Set**	Setúbal
Est	Estremadura	**Som**	Somontano
La M	La Mancha	**U-R**	Utiel Requeña
Mont-M	Montilla-Moriles	**VV**	Vinhos Verdes
Nav	Navarra		
N(O)-Por	Nord(ost)portugal		
Pen	Penedès	**G**	Generoso
Pri	Priorato	**Res**	Reserva

Spanien und Portugal sind erst vor 16 Jahren der EU beigetreten (und haben, was den Großteil ihres Weins betrifft, auch den Stand des 20. Jahrhunderts erreicht). Beide Länder haben seitdem große Fortschritte gemacht und verbessern mit Hilfe von Fördermitteln der EU ihren technischen Standard immer weiter. Die positive Entwicklung hält an; sowohl in den wenigen traditionellen Qualitätsweinbaugebieten als auch in den früheren Massenweinregionen entstehen viele Spitzenerzeugnisse. Einige Produzenten verlangen jedoch überzogene Preise – und bekommen sie tatsächlich.

Heute dürfen in Spanien (abgesehen von der Sherry-Region) Galicien, Rioja, Navarra, Rueda und Ribera del Duero noch immer

das größte Interesse beanspruchen. In Portugal sind es (neben den Port-Weinbergen und Madeira) Douro, Ribatejo, Alentejo und die Zentralküste sowie der Norden. Neu definierte Anbaugebiete waren vor allem in Portugal für die alten Appellationen eine ernsthafte Herausforderung. Sogar im verschlafenen Dão haben Einzellagen-Quintas und erhebliche Investitionen des größten portugiesischen Erzeugers, Sogrape, bedeutende Fortschritte erzielt. Man konzentriert sich in Portugal jetzt auf einheimische Trauben wie Touriga Nacional, Tinta Roriz oder Trincadeira, die – auch wenn man sie anderswo kaum kennt – die eigentliche Stärke dieses Weinlandes ausmachen.

Die nachfolgende Aufstellung erfasst die besten und interessantesten Erzeuger, Typen und Regionen der beiden Länder, unabhängig davon, ob sie gesetzlich festgelegt sind oder nicht. Die geographischen Hinweise (siehe Landkarte) beziehen sich auf spanische Autonomías und Denominaciones de Origen (DO und DOC) sowie auf die portugiesischen Provinzen. Sherry, Port und Madeira, nach wie vor die ruhmreichsten Weine der beiden Nationen, sind auf den Seiten 261 bis 272 in einem eigenen Kapitel berücksichtigt.

Spanien

Neuere Jahrgänge

Rioja

2001 Geringere Erträge bei Lesegut von hoher Qualität. Hervorragendes Potenzial.
2000 Insgesamt vorzügliche Bedingungen. Reiche Ernte; nur die außergewöhnlich hohen Temperaturen im Sommer und Herbst erbrachten unterschiedliche Qualität.
1999 Verzögerte Reife, bedingt durch den schlimmsten Aprilfrost seit Menschengedenken, zudem brachte der Sommerregen Mehltau. Durchschnitt.
1998 Rekordernte in der Region. Durch wenig Sonne sowie Regen im Herbst verspätete Lese. Sehr gut.
1997 Wenig Sonne und viel Regen; große, aber uneinheitliche Ernte. Durchschnittlich bis schlecht.
1996 Der ungewöhnlich kalte Frühling und der kühle Sommer begünstigten gut strukturierte, aber ziemlich früh trinkreife Weine. Sehr gut.
1995 Allgemein günstige Wetterbedingungen. Guter Alkohol- und Säuregehalt. Ausgezeichnet.
1994 Bilderbuchwetter sorgte für Farbe, Rückgrat und Intensität, aber die Weine lassen schneller als erwartet nach. Ausgezeichnet.
1993 Wenige Sonnentage und wenig Regen. Dünne, kurzlebige Weine. Schwach.
1992 Der regenreichste Oktobert seit 50 Jahren brachte große Unterschiede in der Qualität, abhängig vom Zeitpunkt der Lese. Attraktiv, aber kurzlebig. Gut.
1991 Insgesamt kalt und regnerisch, nur der Sommer war heiß und trocken. Mäßig intensive Weine, die meisten haben den Höhepunkt bereits überschritten.

Ribera del Duero

2001 Trotz der Aprilfröste, die die Ernte verringerte, fast eine Bilderbuchsaison. Überragende Qualität.
2000 Sehr große Ernte, aber uneinheitliche Reifung aufgrund von Wetterkapriolen. Umwerfende Weine in einigen Bodegas; im Allgemeinen gut.
1999 Fast perfektes Wetter und eine Riesenernte, allerdings verursachte der Regen zur Lese eine gewisse Säurearmut. Sehr gut.
1998 Sintflutartiger Regen Anfang Herbst und Rekordpreise für Trauben. Gut.
1997 Kühl und nass mit Frost im Frühling und Sommer. Schwach.
1996 Ein herrlicher Frühling und Trockenheit im Sommer sowie Herbst ergaben eine gute Säure und langlebige Reservas. Hervorragend.
1995 Der verheerende Frost im April ließ eine Katastrophe erwarten; die darauf folgende Sonne und Wärme aber führte am Ende zu vollen, strukturierten Weinen. Hervorragend.
1994 Ein mildes Jahr ohne Frost, aber geringe Erträge. Sehr gut.
1993 Dumpf und feucht. Das scheußlichste Jahr in den Neunzigern. Schwach.
1992 Ein fruchtbares Jahr, aber zur Lese Regen. Anständige, kurzlebige Weine. Gut.
1991 Ein sonniger Sommer und warmer September brachten kräftige Weine mit großem Alterungspotenzial hervor. Hervorragend.

Navarra

2001 Verspricht ein ausgezeichneter Jahrgang mit reichhaltigen, reifen, gut ausgewogenen Weinen zu werden.
2000 Sehr trockenes Jahr mit großen Erträgen, die nach rigoroser Auslese verlangten. Die besten Weine sind mächtig und fleischig mit gutem Alterungspotenzial. Sehr gut.
1999 Das am meisten vom Frost heimgesuchte Jahr der Neunziger; Preisverfall für Trauben. Die Weine versprechen gute Struktur und Langlebigkeit. Hervorragend.
1998 Frühlingsfröste, aber trockener, heißer Sommer. Gut strukturierte Weine mit ausgezeichneter Farbe und eleganten Aromen. Sehr gut.
1997 Feuchter, wolkenverhangener Sommer. Kurzlebige Weine; schwach.
1996 Nasskalter Sommer. Weine in geringen Mengen, aber bemerkenswert frisch und aromatisch mit ausgewogener Säure. Gut.
1995 Sehr kleine Ernte, bedingt durch strengen Frost im April. Weine ähnlich wie 1994, aber durch den höheren Säureanteil langlebiger. Hervorragend.
1994 Schnee und Frost im März, gefolgt von einem ungewöhnlich heißen und trockenen Sommer. Weine von guter Struktur, Farbe, Tannin und Säure; die meisten jetzt auf dem Höhepunkt. Sehr gut.
1993 Späte, uneinheitliche Ernte. Leichte Weine, jetzt trinken. Durchschnitt.
1992 Beständig heiß und trocken. Bilderbuchreifung; Alkohol, Säure und Farbe perfekt ausgewogen. Gute Weine, wenn man sie zum richtigen Zeitpunkt genießt.
1991 Späte Lese nach einem kalten Winter. Gesunde Trauben brachten kräftige Weine hervor, die sich schön entwickelten. Gut.

Penedès

2001 Aprilfröste brachten eine Ertragsminderung, aber der trockene warme Sommer schuf die Voraussetzungen für sehr gute Weine.
2000 Trockener Winter, etwas Regen im Frühling und sehr trockener Sommer. Perfekt gereifte Trauben ergaben ausbalancierte Weine. Sehr gut.
1999 Milder Winter und Frühling, gefolgt von einem trockenen und warmen Sommer brachten enorme Erntemengen. Sehr gut.
1998 Kalter Winter und regnerisches Frühjahr. Trauben gut gereift. Sehr gute Weiße und hervorragende Rote.
1997 Milder, feuchter Winter. Gute Blüte bei strömendem Regen; große Ernte. Gute Weiße und sehr gute Rote.
1996 Kalter Winter mit viel Frost; mildes Frühjahr. Dem heftigen Regen im August folgte eine reiche Ernte. Sehr gut.
1995 Trockener, milder, windiger Winter. Die Reben konnten dank der Restfeuchtigkeit aus dem vorangegangenen Jahr Knospen bilden. Der Sommer war abwechselnd feucht und heiß. Sehr gut.
1994 Sehr trockenes Jahr mit spärlichen, unregelmäßigen Regenfällen. Kärgliche Ernte von kleinen, langsam reifenden Trauben. Sehr gut.
1993 Das trockenste der letzten Jahre. Die Reben konnten durch angesammelte Feuchtigkeit aus früheren Jahren überleben; die Ernte war gering, aber von guter Qualität. Sehr gut.
1992 Außergewöhnlich nass während der Wachstumsperiode. Langsame, unvollständige Reifung, aber passable Ernte. Gut.
1991 Ein Jahr der Kontraste zwischen heftigem Regen und hohen Temperaturen. Riesenernte. Gut.

Abadía Retuerta Cas L; r ☆☆☆ 96 97 98 **99** – Eine der modernsten Bodegas Spaniens. Kein DO-Prädikat; erzeugt aber mit illustrer Unterstützung aus Bordeaux herausragende und dabei preisgünstige Weine von Tempranillo, Cabernet Sauvignon und Merlot, v. a. **96**er El Campanario.
Agapito Rico Jumilla; r ☆☆☆ 94 96 99 00 – Aus der jungen Bodega kommen, ungewöhnlich für Jumilla, einige der besten Vinos jovenes Spaniens, v. a. die Carchelo-Weine von Syrah oder Merlot bzw. Monastrell/Tempranillo/Merlot-Verschnitt (98 99). Auch ausgezeichnete Crianzas.
Agramont Siehe Príncipe de Viana, Bodegas.
Agrícola Falset-Marca Tarragona; r ☆→☆☆ 98 – Genossenschaft an der Grenze zu Priorato mit intensiv fruchtigem Castel de Falset. Die überaus strengen jungen Weine sind nicht zu empfehlen.
Albariño Hochwertige, aromatische, feine weiße Traube in Galicien und Name des von ihr bereiteten Weins. Heute vielleicht der angesehenste Weißwein Spaniens. Siehe auch Rías Baixas, Cervera, Granbazán, Pazo de Barrantes.
Alella r (rs) w; tr s ☆☆ **91 93 94 95 96 97 98** – Kleines Anbaugebiet nördlich von Barcelona. Angenehm fruchtige Weine. (Siehe Marfil, Marqués de Alella und Parxet.)
Alicante r (w) ☆ DO – Die meisten Weine sind noch »erdig«, alkoholreich und schwer.
Alión Rib del D; r ☆☆☆ 95 96′ **98** 99′ 00 – Nach Einstellung der Produktion des 3-jährigen Valbuena erwarb Vega Sicilia eine zweite Bodega zur Erzeugung von Crianza mit 100 % Tempranillo; eindrucksvolle Ergebnisse. Kräftige Weine mit kurzer bis mittlerer Lagerfähigkeit.
Allende, Finca R Ala; r ☆☆☆→☆☆☆☆ 96 **97 98′** 99 00 – Hochgelobte, relativ neue Bodega (1994), die eleganten, eichenfassgereiften Tempranillo erzeugt. Spitzenweine: der überaus teure Aurus (**98′**) und der Einzellagenwein Calvario (99′).
Almendralejo r w ☆ Das Weinbauzentrum von Extremadura in Südwestspanien. Erzeugt den für das Spriten von Sherry benötigten Alkohol.
Alvaro Palacios Pri; r ☆☆☆☆ 93 94 95 96 **98** 99 – Begnadeter Emigrant aus Rioja, der einige der teuersten, voll im Trend liegenden Rotweine in Spanien produziert, u. a. Finca Dolfi (98′), L'Ermita (95) und Les Terrasses. Eines der wenigen Priorato-Güter, dessen Weine zu lagern sich lohnt.
Ampurdán, Cavas del Amp; r rs w ☆→☆☆ Großer Erzeuger von Weißwein (Pescador) und Rotwein (Cazador).
Ampurdán-Costa Brava r rs w ☆→☆☆ DO-Bereich, angrenzend an die Pyrenäen; v. a. Rosé- und Rotweine aus Genossenschaftsproduktion. Siehe auch Cavas del Ampurdán.
Año 4° Año (oder Años) bedeutet, dass der Wein nach 4 Jahren Lagerung abgefüllt wurde. Diese früher gebräuchliche Angabe wird inzwischen durch die Jahrgangsbezeichnung bzw. den Begriff »Crianza« weitgehend verdrängt.
Arco, Bodegas Unidas Siehe Berberana, Bodegas.
Artadi Siehe Cosecheros Alaveses.
Arzuaga, Bodegas Rib del D; r ☆☆☆ **94** 95 96 **97 98** – Neue Bodega mit spektakulärer Architektur. 149 ha für moderne, vollmundige Weine.
Bach, Masía Pen; r rs w; tr s; Res ★★→★★★ 92 **94 95 96** 97 **98** – Imposante Gutskellerei bei San Sadurní de Noya im Besitz von Codorníu. Den weißen Extrísimo gibt es sowohl süß und eichenholzwürzig als auch trocken. Ebenso gute rote Reserva.

Barbier, René Pen; r w; Res ☆☆ **91 96 97** – Im Besitz von Freixenet, bekannt für frischen weißen Kraliner, rote R. B. Reserva.
Barón de Ley R B; r (w); Res ☆☆☆ **94 95 96 97 98** – Neuere, mit El Coto verbundene Bodega; feine Gutsweine.
Barril, Masía Pri; r br; Res ☆☆☆ **87 95** – Nicht leicht zu findende Rotweine im alten Stil mit teeriger Note und ungewöhnlicher kräuterwürziger Rancio. 1998 von Cavas Hill aufgekauft und in »Mas d'en Gil« umbenannt. Neue, modernere Stilrichtungen sind zu erwarten.
Baso r w ★★ Markenbezeichnung für zuverlässigen Garnacha aus Navarra, der von dem von La Granja Remelluri gekommenen jungen Kellermeister Telmo Rodriguez bereitet wird.
Berberana, Bodegas R Alt; r (w); Res ★★→★★★ **90 91 96 98** – Jetzt Teil von Bodegas Unidas Arco, denen auch Marqués de Griñón, Marqués de Monistrol, Marqués de Cáceres, Lagunilla, Vinícola del Mediterraneo und Bodegas Hispano Argentinas gehören. Am besten sind die fruchtigen, vollen Rotweine, doch verkauft Berberana seine Weine mehr und mehr als Marqués de Griñón.
Berceo, Bodegas R Alt; r rs w; Res ☆☆→☆☆☆ **87 93 94 97 98** – Kellerei in Haro. Gute Gonzalo de Berceo Gran Reserva.
Beronia, Bodegas R Alt; r w; Res ☆☆→☆☆☆ **94 95 97** – Moderne kleine Bodega, erzeugt Rotweine im traditionellen Stil mit Eichenholzaroma sowie frische moderne Weiße. Im Besitz von Gonzáles Byass.
Bilbaínas, Bodegas R Alt; r (rs) w; tr s; sch; Res ☆☆ **90 91 93 94 95** – Alteingesessener Erzeuger von traditionellem Viña Pomal, hellerem Viña Zaco und Vendimia Especial Reservas. Der neue Eigentümer Codorníu ist dabei, modernere Weine mit weniger Eichenholzwürze einzuführen, z. B. La Vicalanda Reserva (**95**). Der weiße Monopole setzt nationale Maßstäbe. Gute Cava Royal Carlton.
Binissalem r w ☆☆ Bekanntester DO-Bereich auf Mallorca. Siehe auch Franja Roja.
Biowein Der renommierteste und älteste Erzeuger in Spanien ist Albert i Noya in Penedès mit gutem Chardonnay, Tempranillo, Cabernet Sauvignon und erstklassigem Syrah (**97**).
Blanco Weiß.
Bodega 1. Weinhandlung; 2. eine Firma, die sich mit der Herstellung, dem Verschnitt bzw. dem Versand von Wein befasst, und 3. eine Kellerei.
Bodegas de Crianza Castilla la Vieja Rueda; w; tr; sch ★★→★★★ Die Familie Sanz produziert unter einer Reihe verschiedener Etiketten (u. a. Palacio de Bornos und Con Class) Weißweine von Verdejo, Viura und Sauvignon blanc, die zu den lebendigsten von Rueda zählen. Unter den Roten sind der konzentrierte, eichenholzwürzige Almirantazgo de Castilla aus Medina del Campo und die Weine von der neuen Bodega in der DO Toro zu nennen.
Bodegas y Bebidas Teil von Allied Domecq, der Kellereien im ganzen Land gehören. Vor allem im mittleren Marktsegment zuhause. Beteiligungen an mehreren renommierten Bodegas, z. B. AGE, Campo Viejo und Marqués del Puerto.
Bodegas y Viñedos del Jalón Calatayud; r (rs) (w); tr ★★ **99 00** 01 – Die wichtigsten Marken sind der sehr ordentliche Castillo Maluenda und der Marqués de Aragón. Günstig. Daneben erzeugt die Schottin Pamela Geddes raffinierte Garnacha- (wie den Poema) und Garnacha/Syrah Weine sowie, auf eigene Rechnung, Spaniens ersten roten Schaumwein aus der murcianischen Monastrell-Traube, La Pamelita.

Bornos, Palacio de Rueda; w; sch ★★★ 99 00 01 – Erstklassige Weine von Sauvignon blanc und Verdejo. Siehe Bodegas de Crianza Castilla la Vieja.

Bretón, Bodegas R Alt; r; Res ☆☆☆ 90 91 94 95 96 – Angesehene Auswahl an Loriñón und seltenem teurem, konzentriertem Dominio de Conte 90 91 94 95 **96** (vergleichbar mit Contino).

Calatayud ☆→☆☆ **94 97 98 99** – Eine von Aragoniens 4 DOs, besonders für Garnacha. Wird von Bodegas y Viñedos del Jalón beherrscht.

Campillo, Bodegas R Ala; r (rs); Res ☆☆☆ 89 **91 92** 94 95 96 **97** – Junge, mit Faustino Martínez verbundene Bodega; erzeugt gute Weine.

Campo Viejo, Bodegas R Alt; r (w); Res ★→★★★ 91 94 95 96 **97** 98 00 – Produziert sortenreinen Tempranillo Alcorta und einige große, fruchtige rote Reservas, v. a. Marqués de Villamagna. Siehe Bodegas y Bebidas.

Can Rafols dels Caus Pen; r rs w ☆☆ 94 96 **97 98** – Junge kleine Bodega in Penedès mit fruchtigem Cabernet Sauvignon und gefälligem weißem Verschnitt aus Chardonnay, Xarel-lo und Chenin blanc; außerdem Gran Caus und preiswerterer Petit Caus. Am besten ist der sortenreine Caus Lubis Merlot, nur von dem 95er sollte man die Finger lassen.

Cariñena r (rs) (w) ★ **91 92 93 96 98** – Von Genossenschaften beherrschtes Anbaugebiet; liefert starken Alltagswein in großen Mengen; jetzt durch moderne Techniken neu belebt; die Weine werden leichter.

Casa Castillo Jumilla; r (rs) (w) ☆☆→☆☆☆ 98 99 – Julia Roch e Hijos erzeugen einige der besten Weine in Jumilla, u. a. fruchtigen Monastrell (**99**), schlankeren Las Grava (**98**) und dunklen Pie Franco (**98**) von Rebstöcken, die nie von der Reblaus befallen waren.

Casa de la Viña Valdepeñas; r (rs) (w) ★★ 94 96 **99** – Weingut im Besitz von Bodegas y Bebidas; erzeugt seit den 1980er-Jahren tadellose fruchtige Cencibel-, Crianza- und Joven-Weine (00). Jung zu trinken.

Casa Gualda La M; r ★★→★★★ 96 97 – Cencibel (Tempranillo), Cabernet Sauvignon, Crianza und junger Merlot (99) mit unschlagbarem Preis-Leistungs-Verhältnis aus der Genossenschaftskellerei Nuestra Señora de la Cabeza in Cuenca.

Castaño, Bodegas Yecla; r (w); (tr); Res ★★ 95 96 97 **98 99** 00 – Wegbereiter im abgelegenen Yecla, erzeugt saubere und gefällige Verschnitte von Monastrell mit Cabernet Sauvignon, Tempranillo und Merlot unter den Markennamen Castaño, Colección, Hecula und Pozuelo.

Castell de Remei Cos del S; r rs w ☆☆→☆☆☆ 95 96 **97** 98 **99** – Weingut und Weinberge mit Geschichte, seit 1983 wieder in Betrieb, neu ausgestattet und bepflanzt. Weine v. a. Gotim Bru (Tempranillo/Cabernet Sauvignon/Merlot), der fabelhafte 1780 und der Oda (**98**) im neuen Designer-Stil.

Castellblanch Pen; w; sch ★★ Cava-Firma in Penedès, im Besitz von Freixenet. Empfehlenswert sind Brut Zéro und Gran Castell Gran Reserva.

Castillo del Perelada, Cavas Amp; r rs w; sch; Res ☆☆→☆☆☆ 92 **93** 94 **95** – Großes Sortiment an Stillweinen und Cava, u. a. Chardonnay, Sauvignon blanc, Cabernet Sauvignon (v. a. Gran Claustro 94 95 **96**) und Schaumwein Gran Claustro Extra Brut.

Castillo de Monjardín Nav; r w ☆☆→☆☆☆ 94 97 **98** – Neue Kellerei, die leichten, eichenholzduftigen Chardonnay Reserva (97) erzeugt; auch sehr gute Rotweine, v. a. Merlot-Verschnitte (94).

Castillo de Ygay R Alt; r w ☆☆☆☆ r 25 52 64 68 75 78 82 85 87 **89** – Eine Legende. Der 64er ist immer noch überragend. Siehe Marqués de Murrieta.

Cataluña Neues DO-Gebiet, das für ganz Katalonien gilt. Die Weine können nach wie vor das Siegel einer der bereits bestehenden DOs erhalten oder das der neuen Regionalappellation, nicht aber beide zusammen.
Cava Offizielle spanische Bezeichnung für in Flaschengärung hergestellten Schaumwein und die DO für solchen Schaumwein in ganz Spanien.
Cenalsa Siehe Príncipe de Viana.
Centro Españolas, Bodegas La M; r rs w ☆☆ **93 94 95 97 98 99** 00 – Große, moderne Bodega, am bekanntesten für den respektablen roten Allozo aus 100 % Tempranillo.
Cervera, Lagar de Rías Baixas; w ☆☆☆ BV – Erzeuger einer der besten Albariño-Weine: blumig und intensiv fruchtig, sanft spritzig mit langem Abgang.
Chacolí (r) w ☆→☆☆ BV – Auffällig scharfer, oft perlender Wein von der baskischen Küste; nur 9 bis 11 % Alkoholgehalt. Die gesamte Anbaufläche von 160 ha umfasst jetzt zwei DO-Bereiche. Erzeuger: v. a. Etxaniz (Guetaria) und Aretxondo (Vizcaya).
Chivite, Bodegas Julián Nav; r (rs) w; tr s; Res ★★★ **90 92 94 95 96 97** – Größte und beste Bodega in Navarra, die jetzt einige der Spitzenrotweine Spaniens erzeugt, hocharomatisch und äußerst langlebig; außerdem blumiger, ausgewogener Weißwein, v. a. Chivite Colección 125 (**99**), sehr guter Rosado (**00**) und überragender Vendimia Tarde Moscatel, der beste in ganz Spanien. Siehe Gran Feudo.
Cigales r rs ☆→☆☆ **99** – Neu festgelegter Bereich nördlich von Valladolid, v. a. leichte, traditionell als Clarete bezeichnete Rotweine; ein Ausdruck, der inzwischen durch die EG untersagt ist.
Clos Mogador Pri; r ☆☆☆→☆☆☆☆ **94 95 96 97** – René Barbier erzeugt erstklassigen modernen Priorato Clos Mogador.
Codorníu Pen; w; sch ★★→★★★ Eine der zwei größten Firmen in San Sadurní de Noya. Produziert gute Cava mit hochmoderner Technik; 10 Mio. Flaschen reifen in den Kellern. Der Non Plus Ultra ist ausgereift. Viele bevorzugen den frischeren Anna de Codorníu oder die Spitzen-Reserva Jaume de Codorníu. Auch Eigentümer von Raïmat und Bilbaínas.
Compañía Vinícola del Norte de España (CVNE) R Alt; r (rs) w; tr ☆☆→☆☆☆ **89 90 93 94 95 96 97 98** – Berühmte Rioja-Bodega. Trotz (oder wegen?) der revolutionären neuen Kelleranlage gelingen die jungen Weine nicht mehr so gut wie früher. Einige der älteren Exemplare von Imperial und Viña Real Reserva sind allerdings spektakulär. Siehe auch Contino.
Conca de Barberà Pen; (r) (rs) w – Katalanisches Anbaugebiet für Parellada-Trauben zur Cava-Herstellung; Spitzenmarke: Torres Milmanda Chardonnay.
Con Class, Bodegas Rueda; w; tr ★★→★★★ BV – Trotz ihres unmöglichen Namens erzeugt die neue, aufstrebende Bodega aufregende Weine von Verdejo/Viura und Sauvignon blanc, v. a. Rueda Superior (**00**).
Condado de Haza Rib del D; r ★★★ **94 95 96 97** 98′ – Die neue Bodega von Alejandro Fernández erzeugt reinen, eichenfassgereiften Tinto fino. Ähnlich wie der Pesquera, aber beständiger und preisgünstiger.
Conde de Caralt, Cava Pen; r w; sch; Res ★★→★★★ Cava-Schaumwein von einer Zweigfirma von Freixenet, besonders gut der kräftige Brut oJ sowie angenehme Stillweine.
Conde de Valdemar Siehe Martínez-Bujanda.
Consejo Regulador Amtliche Organisation für Erhaltung, Kontrolle und Förderung einer Denominación de Origen.

Contino R Ala; r; Res ★★★ **89 91 94 95 96′ 97** – Sehr feiner Rotwein aus einer Einzellage, von einem Tochterbetrieb der Compañía Vinícola del Norte de España. Ausschau halten nach dem sortenreinen Graciano (**94′**) und dem preisgekrönten Viña del Olivo (**96′**).
Cosecha Ernte oder Weinlese.
Cosecheros Alaveses R Ala; r (rs) (w) ★★★ **90 92 93 94 95 96 97′** – Aufstrebendes Gut (eine ehemalige Genossenschaft), v. a. mit gutem jungem Rotwein Artadi ohne Eichenholzwürze und den Reservas Viñas de Gain, Viña El Pisón und Pagos Viejos.
Costers del Segre r rs w; sch ☆☆→☆☆☆ **92 95 96** 98 – Kleiner DO-Bereich um die Stadt Lleida (Lérida); umfasst das berühmte Weingut Raïmat.
Costers del Siurana Pri; r; (s) ☆☆☆→☆☆☆☆ **94 95 96 97** – Der Star von Priorato, Carles Pastrana, erzeugt die renommierten Weine Clos de l'Obac, Miserere und Usatges von Garnacha/Cabernet Sauvignon, manchmal auch mit Syrah, Merlot, Tempranillo und Cariñena. Wunderbarer süßer Dolç de l'Obac.
Covides Pen; r rs w; sch; Res ☆☆→☆☆☆ **93 94 95 97** 99 – Große, ehemalige Winzergenossenschaft mit gutem weißem Duc de Foix und Cabernet Sauvignon sowie Cabernet Sauvignon/Tempranillo; auch erstklassige Duc de Foix Cava.
Criado y embotellado por ... Erzeugt und abgefüllt von ...
Crianza Die »Kinderstube«, in der der Wein sich entwickelt. Neuer oder ungealterter Wein ist »sin crianza« oder jung. Rotwein »Crianza« ist mindestens 2 Jahre alt, davon 1 Jahr im Eichenfass (in einigen Gebieten 6 Monate) gereift, und darf erst im 3. Jahr freigegeben werden.
Denominación de Origen (DO) Anerkannter Weinbaubereich (siehe Seite 235).
Denominación de Origen Calificada (DOCa) Herkunftsbezeichnung für Weine besonders hoher Qualität; bisher darf nur Rioja sie tragen (seit 1991).
Domecq R Ala; r (w); Res ★★→★★★ **91 92 93 94 95 96** – Besitz der Sherry-Firma Domecq in Rioja. Preiswerte Crianza Viña Eguía und exzellente Reserva Marqués de Arienzo; duftig und mittelschwer.
Don Darias/Don Hugo Alto Ebro; r w ★ Viel verkaufte, preiswerte Rioja-ähnliche Weine aus den nicht zu einer DO gehörenden Bodegas Vitorianas am Alto Ebro. Die Rot- und Weißweine sind beide sauber.
Dulce Süß.
Elaborado y añejado por ... Erzeugung und Lagerung durch ...
El Bierzo r rs w **91 92 94 96 98 99** – Region nördlich von León, 1990 als DO-Bereich festgelegt. Spitzenwein: Luna Berberida Reserva (**98**).
El Coto, Bodegas R Ala; r (w); Res ☆☆ **91 94 95 96 98** – Am bekanntesten für die leichten, milden Rotweine El Coto und die Reservas Coto de Imaz (**94**).
Enate Som DO; r rs w; Res ☆☆→☆☆☆ **94 95 96 98 99** – Gute DO-Weine aus Somontano im Norden: leicht, sauber und fruchtig; fassvergorener Chardonnay (**98 99**) und Cabernet-Sauvignon-Verschnitte (die Crianza ist voll und saftig). Herrlicher Merlot (**98**).
Espumoso Schäumend (siehe auch Cava).
Fariña, Bodegas Toro; r w; Res ☆☆ **94 98 99 00** – Die bekannteste Bodega in der neuen DO Toro mit guten, würzigen Rotweinen. Gran Colegiata ist fassgereift, Colegiata nicht. Junger Primero. Die letzten Jahrgänge waren zu teuer und enttäuschten.

Faustino, Bodegas R Ala; r (rs) w; Res ★★→★★★ 91 93 94′ 95 96 **97** 99 – Alteingesessene Bodega mit guten Rotweinen, ehemals Faustino Martínez. Die Gran Reserva heißt Faustino I., der Spitzenwein Faustino de Autor (94′).

Fillaboa, Granxa Rías Baixas; w ☆☆☆ BV – Kleine Firma mit zartfruchtigen Albariño-Weinen.

Franja Roja Mallorca; r; Res ☆☆ **89 91** 94 97 – Die bekannteste Bodega Mallorcas in Binissalem produziert José-L.-Ferrer-Weine; die Qualitätskurve zeigt nach oben.

Freixenet Cavas Pen; w; sch ★★→★★★ Sehr großer Hersteller von guten Cavas, rivalisiert nach Neuerwerbungen mit Codorníu. Das Programm umfasst den preiswerten Cordón Negro in schwarzen Flaschen sowie Brut Barroco, Reserva Real und Premium Cuvée DS. Zum Besitz gehören: Gloria Ferrer in Kalifornien, das Champagnerhaus Henri Abelé in Reims sowie eine Schaumweinkellerei in Mexiko.

Galicien Regenreiche Region in Nordwestspanien mit beachtenswerten frischen, aromatischen, aber teuren Weißweinen, v. a. Albariño.

Generoso Alkoholstarker Aperitif oder Dessertwein.

Granbazán w; tr ☆☆☆ BV – Agro de Bazán erzeugt einen klassischen, duftigen Albariño mit erfrischender Säure.

Gran Feudo Nav; w; Res ★★→★★★ **92 93** 94 95 96 **97** – Markenname für duftigen Weißwein, erfrischenden Rosado (99) und milden, pflaumenwürzigen Rotwein; die bekanntesten Weine von Julián Chivite.

Gran Reserva Siehe Reserva.

Gran Vas Drucktank (franz.: *cuve close*) zur Herstellung billiger Schaumweine; der Ausdruck dient auch als Bezeichnung dieser Schaumweine selbst.

Grandes Bodegas Rib del D; r ☆☆→☆☆☆ 95 95 **97** – Diese vor kurzem wieder eröffnete Bodega mit ausgedehnten eigenen Weinbergen erzeugt in einer Region, die für ihr hohes Preisniveau bekannt ist, einen erschwinglichen Marqués de Velilla ohne Eichenaroma sowie teurere, intensivere Crianzas und Reservas.

Guelbenzu, Bodegas Nav; r (w); Res ☆☆→☆☆☆ 95 96 **97 98′ 99** 00 – Familienweingut in Navarra, erzeugt körperreiche, volle Rotweine, v. a. Azul, EVO und den Spitzenwein Lautus (**96 98′**).

Guitán Godello Valdeorras; w ☆☆☆→☆☆☆☆ 98 99 – Die von den Bodegas Tapada erzeugten sortenreinen Godello-Weine sind komplex und haben ein unglaublich feines Fruchtaroma. Sie zählen zu den Spitzenweinen Spaniens – durch sie erfahren die ursprünglichen Traubensorten Galiciens eine Renaissance. Die fassgereifte Variante ist noch besser.

Haro Die alte Stadt mit Stil ist das Weinzentrum von Rioja Alta.

Hill, Cavas Pen; r w; sch; Res ☆☆→☆☆☆ 91 93 **95** 96 97 **98** – Altes Haus in Penedès mit frischem trockenem Blanc Cru, gutem rotem Gran Civet und Gran Toc, erstklassigem jungem Masía Hill Tempranillo und einer delikaten Reserva Oro Brut Cava.

Ijalba, Viña R Alt; r rs w; tr ☆→☆☆☆ 95 96 97 98 **99** 00 – Vor kurzem erst gegründete Bodega mit gutem Ruf für ökologisch erzeugte jüngere Weine; außerdem ein seltener reinsortiger Graciano.

Induvasa Jumilla; r ☆☆ Aufstrebende Kellerei, die den attraktiven und preiswerten jungen Monastrell Taja (**99**) erzeugt.

Josep Anguera Beyme Tarragona; r ☆☆→☆☆☆ 97 **98 99** 00 – Kleines Familienunternehmen an der Grenze zu Priorato, das unter dem Namen Finca L'Argata herrlich fruchtige Weine von Syrah, Cabernet Sauvignon und Garnacha erzeugt, außerdem Cariñena-Verschnitte.

Joven (vino) Junger, nicht in Eiche gereifter Wein.
Jumilla r (rs) (w) ☆→☆☆☆ **91 93 96 98 99** – Anbaugebiet mit DO-Status in den Bergen nördlich von Murcia. Die traditionell alkoholstarken Weine werden jetzt durch frühere Lese und bessere Technik leichter bereitet. In kundigen Händen kann die Monastrell-Traube dunkle, duftige Weine ergeben, die es mit denen aus Ribera del Duero durchaus aufnehmen können. Siehe Agapito Rico und Casa Castillo.
Juvé y Camps Pen; w; sch ☆☆☆ **97** – Cava-Firma in Familienbesitz, mit Erfolg um Spitzenqualität bemüht; v. a. Reserva de la Familia und Gran Juvé y Camps (**96**) werden nur von feinstem Most erzeugt.
Kanarische Inseln r rs w; G ☆→☆☆ Bis vor kurzem fand man hier außer den Malvasía-Dessertweinen der Bodegas El Grifo und Bodegas Mozaga auf Lanzarote kaum einen guten Tropfen. Inzwischen hat man auf den Kanaren nicht weniger als 8 DOs ausgewiesen und modernisierte Bodegas erzeugen bessere und leichtere Weine, v. a. auf Teneriffa. Durch den Tourismus dürften die Preise hoch bleiben, doch die Weine zeichnen sich durch ein interessantes Aroma aus. Im Auge behalten.
LAN, Bodegas R Alt; r (rs) (w); Res ☆☆→☆☆☆ **91 94 95 96 97 98** 00 – Riesige moderne Bodega, vor kurzem umorganisiert, erzeugt verbesserten Lan und Lanciano sowie den Spitzenwein Culmen de Lan (**94'**).
Lanzarote Kanarische Insel mit sehr ansprechendem trockenem Malvasía, z. B. von El Grifo.
Lar de Lares Rib del G; r; Res ☆☆ **93 94 96 98** – Extraktreiche Gran Reserva der Bodegas INVIOSA in Südwestspanien. Lar de Barros dagegen ist jünger und leichter. Auch gute Cava Bonaval.
León, Jean Pen; r w; Res ☆☆☆ **82 85 87 90 91 93 94 95 96** – Kleiner Betrieb, der 1995 von Torres übernommen wurde. Guter, eichenholzwürziger Chardonnay (**99**). Die früheren Cabernet-Sauvignon-Weine waren wuchtig und lohnten eine lange Lagerung; seit 1990 geraten sie leichter. Auch überragender Merlot (**97**).
Logroño Wichtigste Stadt der Region Rioja. Haro hat mehr Charme und mehr Bodegas.
López de Heredia R Alt; r (rs) w; tr s; Res ☆☆→☆☆☆ **42 47 54 57 61 64 68 70 73 78 81 87 93 94 97** – Alteingesessene bekannte Bodega in Haro mit ausnehmend langlebigen, höchst traditionellen Weinen. Am besten sind die wirklich alten Reservas ab Jahrgang 1954; überragende 64er.
Los Llanos Valdepeñas; r (rs) (w); Res ★★ **92 94 97 98** – Eine aus der wachsenden Zahl von Bodegas in Valdepeñas, die ihren Wein in Eichenfässern ausbauen. Das Angebot umfasst eine Reserva, eine Gran Reserva sowie eine sehr teure Pata Negra Gran Reserva, sortenrein von Cencibel (Tempranillo). Ferner ein sauberer, fruchtiger Weißwein Armonioso.
Mallorca Interessante Dinge geschehen auf der Ferieninsel; man findet frischen Chardonnay (nehmen Sie lieber den ohne Eichenfassausbau), Merlot, Syrah und Cabernet Sauvignon. Außerdem weiterhin die traditionellen Sorten und Verschnitte. Führende Erzeuger sind Franja Roja, Herens de Ribas, Miguel Oliver, Son Bordils und Jaume Mesquida.
Mancha, La r w ☆→☆☆ **92 93 94 96 97 98 99** – Großes Anbaugebiet nördlich und nordöstlich von Valdepeñas. Vorwiegend Weißwein; den Rotweinen fehlt die Lebendigkeit vorzüglicher Valdepeñas-Produkte, doch gibt es deutliche Anzeichen für Besserung. Beobachtenswert.
Marfil Alella; (rs) w ☆☆ Markenname von Alella Vinícola, dem ältesten Erzeuger in Alella; heute Erzeuger von lebendigen, aber recht teuren Weißweinen im neuen Stil. Der Name bedeutet »Elfenbein«.

Marqués de Alella Alella; w; (sch) ★★→★★★ **98 99 00** (BV) – Leichte und duftige Alella-Weißweine von Parxet; z. T. Chardonnay (auch im Fass ausgebauter Allier), ferner Cava.

Marqués de Cáceres, Bodegas R Alt; r rs w; Res ★★★ **86 89 90 91 92 93 94 95 96** – Guter roter Rioja, nach moderner französischer Methode bereitet, z. B. der preisgekrönte Gaudium (**94**); ferner ein leichter, duftiger Weißwein (BV), fassgereifter Antea (**98**) und süßer Satinela.

Marqués de Griñón La M; r w ☆☆☆ **94 95 96 97 98** – Unternehmungslustiger Aristokrat, führte in der Nähe von Toledo, einer früher nicht für Wein bekannten Gegend, feinen Cabernet Sauvignon, vorzüglichen Syrah (**98**) und Petit Verdot ein. Fruchtige, ziemlich jung zu trinkende Weine. Ferner guter Rioja und Durius (**97 98**), ein roter Ribera del Duero. Jetzt im Besitz von Arco.

Marqués del Puerto R Alt; r (rs) (w); Res ☆☆→☆☆☆ **85 94 95 96 97** – Kleine Firma, vormals Bodegas López Agos; heute im Besitz von Marie Brizard. Zuverlässige Weine.

Marqués de Monistrol, Bodegas Pen; r rs; tr s; sch; Res ☆☆→☆☆☆ **92 94 95′** – Alte Bodega, heute im Besitz von Arco. Zuverlässige Cava. Frische Cabernet Sauvignon/Merlot/Tempranillo-Verschnitte.

Marqués de Murrieta R Alt; r rs w; Res ☆☆☆→☆☆☆☆ **25 42 50 52 54 60 68 70 75 78 87 89 94 95 96 97** 99 – Hoch angesehene, historische Bodega bei Logroño mit feinstem Rioja. Berühmt ist der Rotwein Castillo de Ygay und ein eichenfassgereifter Weißer im alten Stil. Neuer Rotwein Colección 2001 (99).

Marqués de Riscal R Ala; r (rs) (w); Res ☆☆☆→☆☆☆☆ **91 92 94 95 96** 97 – Bekannteste Bodega von Rioja Alavesa. Eher leichte und trockene Rotweine. Alte Jahrgänge sehr fein, danach etwas ungleichmäßig; jetzt wieder in Form. Der zu 50 % von Cabernet Sauvignon bereitete Rotwein Barón de Chirel (**94′ 95′ 96′**) ist prachtvoll. Weißweine aus Rueda, u. a. Sauvignon blanc (**00**) und in Eiche ausgebaute Reserva Limousin (**97**).

Marqués de Vargas, Bodegas y Viñedos R Ala ☆☆☆ **92 93 94 96′** – Aufsehen erregender Newcomer mit Reserva und Reserva Privada (**96′**), die beide von großartiger Konzentration und Balance sind. Der 97er ist nicht zu empfehlen.

Martínez-Bujanda R Ala; r rs w; Res ☆☆☆ **90 91 92 93 94′ 95′ 96′ 97** – 1985 neu gegründete Familien-Bodega in Rioja mit guter Ausstattung. Vorzügliche Weine, u. a. fruchtiger Sin Crianza, unwiderstehlicher Rosado, edle Valdemar Reserva reinsortig von Garnacha (**92**) sowie prächtiger, ebenfalls reinsortiger Einzellagen-Tempranillo Finca Valpiedra (**95 96**).

Mascaró, Cavas Pen; r rs w; sch ★★→★★★ **90 91 92 93** – Hersteller einer der besten spanischen Brandys, von guter Cava, zitronenfrischem, trockenem weißem Viña Franca sowie Anima Cabernet Sauvignon.

Mas Martinet Pri; r ☆☆☆→☆☆☆☆ **94′ 95′ 96 97** 99 – Erzeuger des Clos Martinet und ein Pionier von schicken, teuren Priorato-Weinen.

Mauro, Bodegas r ☆☆→☆☆☆ **95 96 97** 98 – Junge Bodega in Tudela del Duero bei Valladolid mit rundem, fruchtigem Rotwein Tinto del País (Tempranillo) und exzellentem Terrens (**96 98′**), jedoch nicht als DO anerkannt, weil ein Teil der Ernte nicht aus Ribera del Duero stammt. Produziert jetzt auch hervorragenden Toro San Roman (**98**).

Milmanda ☆☆☆ Siehe Conca de Barberà und Torres.

Montecillo, Bodegas R Alt; r (rs) w; Res ☆☆ **94 95 96 97** – Rioja-Bodega im Besitz von Osborne. Die alten Gran-Reserva-Weine sind exzellent. Großartige Crianza (**96**).

Muga, Bodegas R Alt; r (w); (sch); Res ☆☆☆ **89 91 94 95 96 97** – Kleiner Familienbetrieb in Haro, erzeugt mit die besten roten Riojas, und zwar streng nach der traditionellen Methode. Leichte Weine, sehr würzig, mit langem, komplexem Nachgeschmack. Die besten sind Prado Enea und jetzt auch der konzentrierte, außergewöhnliche Torre Muga (**91 94' 95 96 98**). Die Weiß- und Schaumweine überzeugen weniger, aber es gibt einen frischen, fassvergorenen weißen Viura (**00**).

Navajas, Bodegas R Alt; r w; Res ★★→★★★ **94 95 98** 99 00 – Kleines Haus mit preiswerten Rotweinen, Crianzas und Reservas. Auch ausgezeichneter in Eiche ausgebauter Viura-Weißwein (**98**).

Navarra r rs (w) ★★→★★★ **92 94 95 96 97 98** – DO-Weinbaugebiet, dessen stilvolle Tempranillo- und Cabernet-Sauvignon-Rotweine qualitativ eine immer härtere Konkurrenz für Rioja-Weine werden und viele davon im Preis drücken. Siehe auch Chivite, Guelbenzu, Ochoa, Palacio de la Vega, Príncipe de Viana.

Die meisten größeren Kellereien in Spanien produzieren eine stattliche Anzahl verschiedener Rot-, Weiß- und Roséweine. Die Jahrgangsangaben, die sich am Anfang eines Eintrags befinden, beziehen sich auf die besten roten Crianzas und Reservas des jeweiligen Weinguts, sind aber nur als grober Anhaltspunkt zu verstehen, da Jahrgangsqualität und Reifegrad der verschiedenen Weine stark voneinander abweichen können. Empfohlene Jahrgänge einzelner, im Text genannter Weine sind in Klammern hinter dem Namen des Weins angegeben.

Nuestro Padre Jesús del Perdón, Coop. de La M; r w ★→★★ **91 93 94 96 99** 00 01 – Preiswerter frischer weißer Lazarillo und überaus süffiger Yuntero, rein von Cencibel (Tempranillo), sowie Cencibel/Cabernet Sauvignon, eichenfassgereift.

Ochoa Nav; r rs w; Res ★★→★★★ **87 91 92' 93 94 96 97** – Kleine Familien-Bodega mit exzellentem Moscatel (**00**), jedoch bekannter durch gut gemachte Rot- und Roséweine, darunter reinsortiger Tempranillo und Merlot (**97**).

Pago de Carraovejas Rib del D; r; Res ☆☆→☆☆☆ **98'** 99 – Neues Weingut, das sich in der Region bereits durch einige sehr stilvolle, fruchtige Verschnitte von Tinto fino und Cabernet Sauvignon hervorgetan hat; durch die Missernte 1997 jedoch nur sehr geringe Mengen.

Palacio, Bodegas R Ala; r rs w; Res ☆☆☆ **90 91 93 94' 95 96 97 98** – Die gute Bodega mit alter Tradition hat sich von ihrer Mesalliance mit Seagram erholt. Sehr sauberer, typischer Cosme Palacio (**95**) und Reserva Privada (**94**).

Palacio de Fefiñanes Rías Baixas; w; tr ☆☆☆ Älteste Bodega in Rías Baixas, jetzt mit exzellenten, modernen Albariño-Weinen (BV).

Palacio de la Vega Nav; r rs w; Res ★★→★★★ **93 95 96 97 98** 00 – Neue Bodega mit saftigem Tempranillo Joven, Cabernet Sauvignon und Merlot. Sehr vielversprechend.

Parxet Alella; w rs; sch ☆☆→☆☆☆ Erzeuger von vorzüglicher, frischfruchtiger, überschäumender Cava, der einzigen aus Alella; am besten ist Brut Nature. Ferner eleganter Weißwein Marqués de Alella.

Paternina, Bodegas R Alt; r (rs) w; tr s; Res ☆→☆☆ Bekannt durch ihren Standard-Rotwein Banda Azul. Die Marke Conde de los Andes war fein, doch der berühmte 78er ist nur etwas für Liebhaber von Eichenaroma und leicht flüchtiger Säure. Jüngere Jahrgänge ebenso enttäuschend wie die anderen Rioja-Weine. Am beständigsten ist der Weißwein Banda Dorada (BV).

Pazo Ribeiro; r rs w ★★ BV – Markenname der Winzergenossenschaft Ribeiro, deren Weine dem Vinho verde ähneln. Lokalfavorit ist der raue Rotwein, doch die gefälligen spritzigen Pazo-Weißweine sind sicherer und der weiße Viña Costeira und Amadeus haben echte Qualität.

Pazo de Barrantes Rías Baixas; w ☆☆☆ BV – Neuer Albariño aus Rías Baixas aus einem Weingut des früheren Conde de Creixels von Murrieta. Delikat, exotisch, von untadeliger Qualität.

Pazo de Señorans Rías Baixas; w; tr ☆☆☆ BV – Außerordentlich duftige Weine von einer Bodega, an der sich ihre Kollegen in der DO messen lassen müssen.

Penedès r w; sch ☆→☆☆☆ **91 93 94 95 96 98 99** – DO-Anbaugebiet mit Vilafranca del Penedès und San Sadurní de Noya. Siehe auch Torres.

Pérez Pascuas Hermanos Rib del D; r; Res ☆☆☆ **91 94 95 96 97** – Winzige, mit Sorgfalt geführte Familien-Bodega. In Spanien gilt ihr fruchtiger und komplexer roter Viña Pedrosa als einer der besten im Land.

Pesquera Rib del D; r ☆☆☆ **90 91 92 93 94' 95 96' 97** – Ribera-del-Duero-Rotwein, in kleinen Mengen erzeugt von Alejandro Fernández. Robert Parker beurteilte ihn einmal als ebenbürtig mit Grands crus aus Bordeaux. Janus (**86 94**) ist eine noch teurere Spezialabfüllung. Siehe auch Condado de Haza.

Pingus, Dominio de Rib del D; r ☆☆☆☆ **95 96 97** 98 – Die spanische Antwort auf die »Garagenweine« aus Bordeaux. Besitzer Peter Sisseck, der selbst keltert, erzeugt nur 450 Kisten konzentrierte Weine auf Tempranillo-Basis von alten Reben und mit Eichenfassausbau. Aber ob sie sich halten?

Piqueras, Bodegas Almansa; r (rs) (w); (tr) ☆☆→☆☆☆ **94 95 96** 00 – Kleine Familien-Bodega mit einigen der besten Rotweine von La Mancha, u. a. Castillo de Almansa Crianza und Marius Gran Reserva.

Pirineos, Bodega Som; r rs w ☆☆ **94 95 96 97 98** 99 00 – Ehemalige

Überschätzter Priorato?

Einige neue Kreationen der DO Priorato, bereitet aus französischen Sorten und in Eiche ausgebaut, schienen mit ihrer tiefen, fast schwarzen Farbe und dem unwiderstehlichen Bukett eine nahezu unbegrenzt alterungsfähige Struktur zu haben. Doch nach verhältnismäßig kurzer Zeit in der Flasche haben sich viele davon als Enttäuschung entpuppt. In der Nachbarregion von Priorato, Tarragona, gibt es preiswertere Alternativen.

Winzergenossenschaft und bahnbrechender Erzeuger in Somontano. Am besten sind die Montesierra-Weine und die eichenfassgereifte Reserva Señorío de Lazán.

Príncipe de Viana, Bodegas Nav; r rs w ★★ **91 94 96 98** 99 00 – Großes Haus (vormals Cenalsa) für den Ausbau von Genossenschaftsweinen; vertreibt verschiedene Navarra-Weine, u. a. einen blumigen Weißen im neuen Stil und den fruchtigen roten Agramont.

Priorato r br ☆☆☆→☆☆☆☆ **92 93 94 95 96 98** 99 – DO-Enklave in Tarragona, traditionell bekannt für alkoholstarken Rancio und fast schwarze, sehr körperreiche Rotweine, dessen beste Vertreter mit ihrer brombeerhaften Art zur Spitze Spaniens zählen. Costers del Siurana, Mas Martinet und Rotllan Torra gelten ganz zu Recht als Stars in Spanien.

Raïmat Cos del S; r rs w; sch ★★→★★★ Cabernet Sauvignon **90 91 92 94 95 96 97 98** – Saubere, feste Weine aus der DO Costers del Segre bei Lleida (Lérida), von Codorníu mit Cabernet Sauvignon, Chardonnay und anderen ausländischen Rebsorten neu bepflanzt. Gute Cava reinsortig von Chardonnay. Günstig.

Rancio Bezeichnung für jede Art von maderisiertem (braun gewordenem) Weißwein mit nussigem Aroma.

Raventós i Blanc Pen; w; sch ☆☆→☆☆☆ Exzellente Cava der höchsten Preisklasse; frischer Weißer El Preludi und sortenreiner Chardonnay.

Remelluri, La Granja R Ala; r w; tr; Res ☆☆☆ **94 95 96** 98 – Der kleine Betrieb erzeugt seit 1970 sehr guten traditionellen roten Rioja; seit dem Weggang von Telmo Rodriguez sieht die Zukunft allerdings nicht sonderlich rosig aus. Der 97er war enttäuschend.

Reserva Über längere Zeiträume gereifter Wein guter Qualität. Rote Reservas müssen mindestens 1 Jahr im Fass und 2 Jahre in der Flasche gelagert sein; Gran Reserva 2 Jahre im Fass und 3 Jahre in der Flasche. Manche reifen danach noch jahrelang.

Rías Baixas w ☆☆→☆☆☆ **95 96 97** – DO-Bereich im Nordwesten mit den Unterbereichen Val do Salnés, O Rosal und Condado de Tea; hier entstehen mit die besten (und teuersten) kühl vergorenen Weißweine Spaniens, v. a. von der Albariño-Traube.

Ribera del Duero 91 94 95 96 98 99 – Modernes, aufstrebendes DO-Anbaugebiet östlich von Valladolid (der Duero heißt in Portugal Douro). Viele sehr gute Weine, u. a. ausgezeichnete Rote von Tinto fino (Tempranillo), jedoch teuer. Siehe Arzuaga, Pago de Carraovejas, Pérez Pascuas, Pesquera, Torremilanos, Vega Sicilia. Auch Mauro.

Rioja r rs w; sch ☆☆→☆☆☆☆ **64 70 75 78 81 82 85 89 91 92 94 95 96 98** 00 01– Aus dem Hochland am Ebro im Norden Spaniens kommen viele der besten spanischen Tischweine aus rund 60 Bodegas de Exportacíon. Tempranillo-Rotweine überwiegen; andere Traubensorten und Eichenholzaroma werden je nach Mode und Jahrgang hinzugefügt. Der Bereich ist in drei getrennten Verwaltungen unterstehende Gebiete unterteilt:

Rioja Alavesa Nördlich des Ebro. Aus diesem Teil kommen feine, zumeist helle und leichte, aber besonders würzige Rotweine.

Rioja Alta Südlich des Ebro und westlich von Logroño. Hier werden die meisten der feinsten und ausgewogensten Rot- und Weißweine und etwas Rosado erzeugt.

Rioja Baja Erstreckt sich östlich von Logroño und liefert schroffere, alkoholreiche Rotweine, die oft für Verschnitte verwendet werden.

Rioja Alta, Bodegas La R Alt; r (rs) w; tr (s); Res ★★★ **82 87 88 89 90 91 92 94 95 96** – Exzellente Rioja-Weine, v. a. rote Reserva Viña Alberdi, samtige Ardanza Reserva, leichtere Araña Reserva, großartige Reserva 904 und fantastische Reserva 890 (**82**) – aber die Weine halten sich nicht mehr so lange wie früher.

Riojanas, Bodegas R Alt; r (rs) (w); Res ☆☆→☆☆☆ **88 89 91 92 93 94 95 96 97** – Alte Bodega, produziert guten traditionellen Viña Albina sowie große, milde Monte Real Reserva (**96**).

Roda, Bodegas R Alt; r ☆☆☆ **92 93 94′ 95′ 96** 98′ – Ein Paar aus Katalonien entschied 1989, dass es nur in Haro den Wein seiner Träume erzeugen könne und gründete diese Bodega. Vorzüglicher, teurer Roda I (der Topwein) und Roda II. Neu: Cirsión (98′).

Rosado Rosé.
Rotllan Torra Pri; r (w); (s) ☆☆☆ **95 96 97 98** 99 – Spitzen-Amadis, Balandra, süßer Amadis Dolç und der Priorato Moscatel Reserva Especial.
Rovellats Pen; r w; sch ☆☆→☆☆☆ **94 96 97** – Kleine Familienfirma; einziges Produkt sind gute (und teure) Cavas, die in einigen spanischen Spitzenrestaurants angeboten werden.
Rueda w br ★★→★★★ **96 97 98 99** – Kleines historisches DO-Anbaugebiet westlich von Valladolid mit traditionellen, Flor entwickelnden, sherryartigen Weinen, die bis zu 17 % Alkoholgehalt erreichen. Rueda ist auch eine Quelle frischer Weißweine, v. a. von Marqués de Riscal. Die Verdejo-Traube ist seine Geheimwaffe.
Ruíz, Santiago Rías Baixas; w ☆☆→☆☆☆ BV – Kleine, angesehene Bodega (jetzt im Besitz der Bodegas Lan) in der DO Rías Baixas, deren zitronenfrischer Albariño nicht das gewohnte Niveau erreicht.
Sangría Eine Art Rotwein-Cocktail mit Eis, Zitrusfrüchten, Brandy und Limonade. Leider sehr oft ein scheußlicher Fizz.

Eine Auswahl spanischer Weine für 2003
Palo Cortado Sherry: Gonzalez Byass Apostoles
Cava: Codorníu Reina Cristina Brut
Rueda: Con Class Sauvignon Blanc '00
Navarra: Castillo de Monjardín Merlot Rosado '00
Castilla y León: Abadía Retuerta Pago Negralada '97
Conca de Barberà: Torres Grans Muralles '96
Rioja Alta: Roda Cirsíon '98
Rioja Alavesa: Marqués de Riscal Barón de Chirel '95, Contino Graciano '94

San Sadurní de Noya Pen; w; sch ★★→★★★ Stadt südlich von Barcelona, unterhöhlt mit Kellern, in denen Dutzende von Firmen Schaumwein (Cava) produzieren. Der Qualitätsstandard kann sehr hoch sein, doch der Geschmack (der Parellada- und anderer Trauben) kommt an den von Champagner nicht heran.
Sarría, Bodega de Nav; r (rs) (w); Res ★★→★★★ **94 95 96 97** – Gleich bleibend hohe Qualität, wenngleich der Weggang der Familie Duarte und der Tod des Önologen Francisco Morriones das internationale Renommee dieses Musterweinguts etwas beeinträchtigt hat.
Scala Dei, Cellers de Pri; r rs w; Res ★★→★★★ **91 93 96** 98 – Eine der ursprünglichen Bodegas in der DO Priorato mit dunklen, kräftigen Garnacha-Weinen; jetzt teilweise im Besitz von Codorniú. Cartoixa Reserva, konzentrierter junger Negre mit Brombeergeschmack. Würziger, fassgereifter Garnacha blanca Blanc Prior (**99**).
Schenk, Bodegas Valencia; r rs w ☆☆ **92 94 97** – Ordentlicher Moscatel Estrella, guter Cavas Murviedro (Monastrell/Garnacha) und Los Monteros. Nicht mit nachstehender Bodega zu verwechseln.
Schenk, Bodegas U-R; r rs w; tr ☆→☆☆ **95 98** 99 00 – Verlässliche Las-Lomas-Rotweine und frischer Rosado Bobal.
Seco Trocken.
Segura Viudas, Cavas Pen; w; sch ★★→★★★ Cava aus San Sadurní (im Besitz von Freixenet). Empfehlenswert ist der Jahrgangs-Brut (**96**), Aria (**97**) und v. a. Reserva Heredad (**96**).
Solís, Felix Valdepeñas; r rs w; tr ★★ **95 96 97 99** 00 – Die große Bodega in Valdepeñas produziert robusten, eichenfassgereiften Rotwein, Viña Albali, Reserva und frischen Weißwein.

Somontano ☆☆→☆☆☆ **91 94 95 96 98 99** – DO-Zone mit modischen Weinen in den Ausläufern der Pyrenäen. Angesichts des kühlen Klimas liegt seine Zukunft vielleicht bei Weißweinen und Pinot negro. Am bekanntesten sind die Bodegas Lalanne, eine alte französische Gründung (v. a. der Rotwein Viña San Marcos von Tempranillo, Moristel und Cabernet Sauvignon sowie der Weißwein von Macabeo und Chardonnay), die Bodega Pirineos sowie die neue Viñas del Vero. Auch Viñedos y Crianzas del Alto Aragón (hervorragendes Enate-Sortiment).

Tarragona r w br; tr s ☆→☆☆☆ **95 96 97 98 99** – Tafelweine aus dem gleichnamigen DO-Bereich; bis vor kurzem nicht weiter bemerkenswert, jetzt aber erheblich besser geworden.

Teneriffa r w ☆→☆☆ BV – Es gibt hier mittlerweile 4 DO-Bereiche, aus denen manchmal sehr viel mehr als nur ordentliche junge Weine kommen. Mit dem alten »Kanarenwein« haben sie nichts mehr gemeinsam. Beste Bodegas: Flores, Monje und Insulares (Marke Viña Norte).

Tinto Rot.

Toro r ☆→☆☆ **90 91 93 94' 95 96 98 99 01** – Dieses zunehmend in Mode kommende DO-Anbaugebiet 200 km nordwestlich von Madrid erzeugt nach wie vor kräftige, bodenständige Rotweine. Vega Sicilia hat hier nun eine Bodega gebaut; die Ergebnisse werden zeigen, zu was die Region fähig ist. Der Jahrgang 2001 war von der Menge her gering, qualitativ aber spektakulär. Siehe Bodegas Fariña.

Torremilanos Rib del D; r (rs); Res ☆→☆☆☆ **89 90 91 92 94 95 96 97 99** – Marke der Bodegas Peñalba López, eines aufstrebenden Familienbetriebs bei Aranda de Duero. Die Rotweine der Tinto-fino-Traube (Tempranillo) sind milder und ähneln einem Rioja mehr als üblicherweise.

Torres SA, Miguel Pen; r rs w; tr lbl; Res ★★→★★★★ **87 88 89 90 92 93 94 95 96 97** – Weltberühmtes Familienunternehmen, einer der Stars der internationalen Weinszene. Erzeuger hervorragender Weine aus Penedès und Bannerträger für ganz Spanien; u. a. blumiger weißer Viña Sol (**00**), Sauvignon blanc Green Label Fransola (**99**), Gran Viña Sol (**99**) Parellada, in Eiche vergorener Milmanda-Chardonnay (**98 99**), halbtrockener, würziger Esmeralda (**00**), Riesling Waltraud (**99**), die Roten Sangre de Toro (**99**) und Gran Sangre de Toro (**96 97**), vorzügliche Cabernet Sauvignon Gran Coronas Mas la Plana Reserva (**89 93 94 95 96**), frischer, milder Atrium Merlot (**98 99**) und roter Viña Magdala Pinot. Mas Borras (**96**) ist ein reiner Pinot negro. Der exzellente neue körperreiche Grans Muralles (**96 97**) stammt von einheimischen Reben (u. a. Garot). Die Familie besitzt auch in Chile, Kalifornien und China Weinberge.

Unión de Cosecheros de Labastida R Ala; r rs w; tr ☆→☆☆☆ **94 95 96 97 98** 99 00 – Alteingesessene erstklassige Rioja-Genossenschaft. Junger saftiger Montebuna, gute Crianzas und Reservas der Marke Solagüen sowie die Spitzen-Reserva Manuel Quintano (**95**).

Utiel-Requena r rs (w) ☆→☆☆ **92 93 94 96 97 98 99** – Anbaugebiet westlich von Valencia. Kräftige Rotweine, feste, extrem tanninherbe Weine für Verschnitt und leichte, blumige Rosado-Weine.

Valbuena Rib del D; r ★★★ **89 90 91 92 94 95' 97** – Wurde bisher aus denselben Traubensorten gekeltert wie Vega Sicilia, kommt aber mit 5 Jahren zum Verkauf. Manche mögen ihn lieber als seinen »großen Bruder«; mit etwa 10 Jahren ist er am besten. Siehe auch Alión.

Valdeorras r w ★→★★★ DO-Anbaugebiet östlich von Orense (Galicien), trockene und erfrischende Weine. Die besten Godello-Weine zählen heute zu den spanischen Spitzenweißen. Siehe Guitán Godello.

Valdepeñas La M; r (w) ★→★★ **90 91 95 96 98** – DO-Anbaugebiet nahe der andalusischen Grenze. Trotz hohem Alkoholgehalt sind die Weine (v. a. Rotweine) überraschend mild im Aroma. Bessere Weine altern jetzt in Eichenfässern (z. B. Los Llanos, Felix Solís und Casa de la Viña).

Valdevimbre/Los Oteros r rs w ★→★★ **94 95 96 97** – Neue beachtenswerte Region, die fruchtig trockene, erfrischende Weine liefert, v. a. von VILE (Vinos de León): z. B. junger Catedral de León, etwas reiferer Palacio de los Guzmanes und vollblütige Don Suero Reserva (**96**).

Valduero, Bodegas Rib del D; r (rs) (w) ☆☆→☆☆☆ **86 90 91 95 96** 97 – Nach nunmehr 10 Jahren hat diese Bodega einen gefestigten Ruf für gut bereiteten Wein und sehr gute preiswerte Reserva.

Valencia r w ☆ DO-Weinbaugebiet, exportiert saubere Tafelweine in großen Mengen; auch einige erfrischende Weißweine, v. a. Moscatel.

Vega Sicilia Rib del D; r; Res ☆☆☆☆ **53 60 62 64 66 68 70 73 75 76 80 81 82 83 85 86 90** – Kellerei und einer der allerbesten spanischen Weine: körperreich, fruchtig, pikant, rar und faszinierend. Bis zu 16 % Alkoholgehalt. Am besten nach 12 bis 15-jähriger Lagerung. Reserva Especial ist ein Verschnitt v. a. der Jahrgänge 62 und 79! Siehe Valbuena und Alión. Investiert jetzt auch in Tokaj, Ungarn.

Vendimia Weinlese.

Vinos de Alta Expressión

In den letzten paar Jahren ist eine neue Generation von ausgesuchten, sehr teuren Weinen in Spanien aufgetaucht. Man holt das Optimum aus der Traube, indem man auf die Frucht alter Reben zurückgreift, die zum idealen Zeitpunkt geerntet, handverlesen und in kleinen Behältern vergoren wird. Einige Beispiele:

Rioja Aurus (Allende), El Pisón (Artadi), Barón de Chirel (Marqués de Riscal), Remírez de Ganuza, Cirsión (Roda), Torre (Muga)

Conca de Barberà Grans Muralles (Torres)

Priorato Clos Mogador Reserva, Finca Dolfi (Alvaro Palacios)

Navarra Lautus (Guelbenzu)

Ribera del Duero Dominio de Pingus

Viña Weinberg. Weine wie Tondonia (López de Heredia) bestehen jedoch nicht unbedingt nur aus Trauben vom genannten Weinberg.

Viña Pedrosa Siehe Pérez Pascuas.

Viñas del Vero Som; r rs w; Res ☆☆→☆☆☆ **91 92 93 94 95 96 97 98** 99 – Weingut in Somontano. Guter sortenreiner Chardonnay, Riesling, Gewürztraminer und v. a. Val de Vos Cabernet Sauvignon (**94 96**).

Vinícola de Castilla La M; r rs w ★★ **91 92 94 95 96** 98 – Großer Betrieb in La Mancha. Schmackhafter roter und weißer Castillo de Alhambra. Spitzenweine: Cabernet Sauvignon und Cencibel (Tempranillo), Señorío de Guadianeja Gran Reserva.

Vinícola Navarra Nav; r rs w; tr; Res ☆☆ **96 97 98 99** 00 – Alteingesessene Bodega (jetzt im Besitz von Bodegas y Bebidas), aber immer noch mit durch und durch traditionellen Navarra-Weinen. Am besten: Castillo de Tiebas und Las Campanas.

Vino común/corriente Einfacher Wein.

Vino joven Siehe Joven.

Yecla r w ☆→☆☆ DO-Bereich nördlich von Murcia. Siehe auch Castaño.

Portugal

Neuere Jahrgänge

2001 Allgemein große Ernte. Erzeuger, die sorgfältige Auslese betrieben, haben sehr gute Weine zustande gebracht.
2000 Kleine Ernte bei schönem Wetter ergab ausgereifte, geschmackvolle Weine in allen Regionen.
1999 Erneut geringe Erträge, zudem trübte Regen während der Ernte die Aussichten. Weine im Süden besser als im Norden.
1998 Winzige Ernte mit der Chance auf exzellente Weine; nur im Norden durch Regen Ende September verwässert. Das Binnenland und Alentejo waren besser dran.
1997 Ein gutes Jahr im gesamten Land. Gesundes Lesegut ergab ausgewogene, reife Rotweine. Guter roter Bairrada.

Abrigada, Quinta da Alenquer; r w; Res ★★ **95 96 97 98 99** – Weingut in Familienbesitz mit charaktervollen leichten Weißweinen sowie kirschfruchtigem Periquita-Rotwein. Am besten ist der eichenfassgereifte Garrafeira.

Adega Keller, Weinkellerei.

Alenquer r w ★→★★ Vollaromatische Weine aus einem IPR-Bereich nördlich von Lissabon. Empfehlenswerte Gutsweine von den Quintas da Abrigada, das Pancas, do Carneiro und de Monte d'Oiro (Syrah).

Alentejo r (w) ★→★★★ **95 96 97 98 99 00** – Großes Gebiet in Südostportugal mit nur wenig Weinbau entlang des Tejo oberhalb von Lissabon, allerdings tritt das Potenzial für vorzüglichen Wein schnell hervor. Die meisten Weine werden bisher von Genossenschaftskellereien erzeugt. Gutsweine von Cartuxa, Cortes de Cima, Herdade de Mouchão, João Ramos, José da Sousa, Quinta do Carmo (jetzt teilweise Rothschild-Besitz), Vila Santa und Esporão zeigen Kraft und Stil. Die besten Genossenschaften befinden sich in Borba, Redondo und Reguengos. Jetzt als eigener DOC-Bereich eingestuft; die Orte Borba, Redondo, Reguengos, Portalegre, Evora, Granja-Amareleja, Vidigueira und Moura sind als eigene Appellationen anerkannt. Daneben gibt es den Vinho-regional-Bereich Alentejano.

Algarve r w ☆ Die Weine in dieser Touristengegend bestehen aus den DOC Lagos, Tavira, Lagoa und Portimão. In puncto Wein hat man freilich zu Hause nicht viel zu erzählen.

Aliança, Caves Bair; r w; sch; Res ★★ Große Firma mit Sitz in Bairrada; Schaumwein in Flaschengärung sowie verschiedene Rot- und Weißweine, u. a. gute Bairrada- und reife Dão-Weine. Hält auch Anteile in Alentejo.

Altano Douro; r **99 00** – Guter neuer Rotwein von der Symington-Gruppe (Dow's Port). Achten Sie darauf, was als Nächstes kommt.

Alvarinho Weißweintraube, die im äußersten Norden Portugals angebaut wird und blumige Weine erbringt. Im benachbarten (spanischen) Galicien als Albariño bekannt.

Ameal, Quinta do VV; w ☆☆☆ BV – Vinho verde sortenrein von Loureiro; einer der besten Vinhos verdes überhaupt.

Aragonez Erfolgreiche Traube für reinsortige Rotweine aus Alentejo. Siehe Tinta Roriz.

Arinto Weiße Traube, die in Mittel- und Südportugal am besten ist, weil sie dort ihre Säure bewahrt und duftige, frische trockene Weiße ergibt.
Arruda r w ☆ DOC-Bereich in der Estremadura mit großer Genossenschaft.
Aveleda, Quinta da VV; w ☆☆ BV – Zuverlässiger Vinho verde vom Gut Aveleda der Familie Guedes. Wird in Portugal trocken verkauft, für den Export aber leicht gesüßt. Auch gute sortenreine Weine von Loureiro, Alvarinho und Trajadura, daneben Rote vom Douro (Charamba) und aus der Estremadura (Aveleda).

Eine Auswahl portugiesischer Weine für 2003
- Redoma- und Batuta-Weine von Niepoort
- Rotweine aus Alentejo, v. a. von der Trincadeira-Traube
- Einzellagen-Quintas aus Dão, z. B. Quinta dos Roques und Quinta de Saes
- Vinha do Ponte und Maria Theresa von alten Weinstöcken der Quinta do Crasto
- Chyseia, der neue Douro-Rotwein von Symington
- Sortenreine Weine von den Trauben Touriga Nacional, Tinta Roriz/Aragonez, Tinta Cão und Trincadeira

Azevedo, Quinta do VV; w ☆☆ BV – Sehr guter Vinho verde von Sogrape, reinsortig von der Loureiro-Traube.
Bacalhôa, Quinta da Set; r; Res ★★★ **97 98 99** – Weingut bei Setúbal; sein fruchtiger, mittelschwerer Cabernet Sauvignon wird von J. P. Vinhos erzeugt.
Bairrada r w; sch ★→★★★ **90' 94 97 98 99** – DOC-Bereich in Zentralportugal für feste (mitunter adstringierende) Rotweine von der Baga-Traube. Die besten Weine von Casa da Saima, Luis Pato und Caves São João halten sich jahrelang. Die Mehrzahl der Weißweine wird von der regionalen Schaumweinindustrie verarbeitet.
Barca Velha Douro; r; Res ☆☆☆☆ **91'** – Der renommierteste Rotwein Portugals, von der Port-Firma Ferreira (jetzt im Besitz von Sogrape) am oberen Douro in kleinen Mengen bereitet; kraftvoll und nachhaltig, mit tiefem Bukett; bekommt aber immer mehr Konkurrenz.
Beira Interior ☆ DOC, in der die früheren IPR-Bereiche Castelo Rodrigo, Pinhel und Cova da Beira aufgegangen sind. Alte Weinberge mit großem Potenzial.
Beiras ☆→☆☆ Vinho regional zu dem auch Dão, Bairrada und die Granitgebirge Mittelportugals gehören.
Boavista, Quinta da Est ★★ BV – Großes Gut bei Alenquer mit immer besserer Auswahl an Rot- und Weißweinen: Palha Canas, Quinta das Sete Encostas, Espiga und ein Chardonnay, Casa Santos Lima. Der Kellermeister ist José Neiva.
Borba Alen; r ☆→☆☆ Kleine DOC im Herzen von Alentejo; gut geführte Genossenschaft; fruchtige Rotweine.
Branco Weiß.
Brejoeira, Palacio de VV (r) w ☆☆ Der bekannteste Alvarinho Portugals erfährt zunehmend scharfe Konkurrenz durch die benachbarten Vinhoverde-Güter um Monção.
Bright Brothers ★★→★★★ BV – Peter Bright, der *flying winemaker* aus Australien, hat seinen Hauptsitz in Portugal und hält Beteiligungen in Argentinien, Sizilien und Spanien. Gutes Angebot an Douro-, Ribatejo-, Estremadura- und Beiras-Weinen. Siehe auch Fuiza Bright.

Buçaco Dão; r (rs) w; Res ★★★★ r **53 59 62 63 70 78 82 85 89 92** w **91 92 93** – Die jüngsten Jahrgänge enttäuschten. Legendäre Spezialität des Palace-Hotels in Buçaco bei Coimbra, anderswo nicht anzutreffen. Ein Erlebnis, das die Anreise lohnt; auch Schloss und Park sind sehenswert.

Bucelas w ☆☆☆ Winziges Anbaugebiet nördlich von Lissabon, das von drei Winzern bewirtschaftet wird. Attraktive Weine aus der Arinto-Traube von Quinta da Romeira.

Cadaval, Casa Rib; r w ☆☆ **97 98 99** – Gute sortenreine Rotweine, v. a. von Trincadeira. Außerdem Pinot noir und Cabernet Sauvignon.

Camarate, Quinta de Est; r ★★ **97 98 99** – Beachtlicher Rotwein von José Maria da Fonseca in Azeitão, südlich von Lissabon, mit deutlichem Cabernet-Sauvignon-Anteil.

Carcavelos br; s ☆☆☆ Normalerweise oJ – Sehr kleiner DOC-Bereich westlich von Lissabon; süße, seltene Aperitif- und Dessertweine, fast wie Madeira mit Honigsüße (durchschnittlicher Alkoholgehalt 19 %). Einziger Erzeuger ist heute Quinta dos Pesos, Caparide.

Carmo, Quinta do Alen; r w; Res ★★★ **87' 93 94 96 97** 98 – Schöne kleine Adega im Alentejo, 1992 zum Teil durch die Rothschilds von Château Lafite übernommen. 50 ha sowie Korkeichenwälder. Frischer Weißwein, besser ist der Rotwein. Zweitwein: Dom Martinho.

Carneiro, Quinta do Alenquer ☆☆ r **98 99 00** w BV – Weingut im neuen Stil mit guten mittelschweren Roten aus den Traubensorten Periquita, Trincadeira Preta, Tinta Roriz und Touriga Nacional.

Cartaxo Rib; r w ★ Jetzt ein DOC-Bereich im Ribatejo, nördlich von Lissabon, mit einfachen, in der Hauptstadt beliebten Weinen.

Cartuxa, Herdade de Alen ☆☆→☆☆☆ r **90 94 96 97** w BV – Großes Weingut nahe Evora mit etwa 200 ha Anbaufläche. Große, reife, aromatische Rotweine, v. a. Pera Manca (**91 94 95**), einer der besten (und teuersten) Rotweine Alentejos, sowie weiche, sahnige Weißweine. Außerdem: Monte de Pinheiros und Fundacao Eugenio de Almeida.

Carvalhais, Quinta dos Dão ☆☆☆ r **97 98 99** w BV – Ausgezeichneter Einzellagenwein von Sogrape. Einige gute reinsortige Rotweine von Touriga Nacional und Alfronchiero Preto sowie weißer Encruzado.

Casal Branco, Quinta de Rib; r w ☆☆ Großes Gut in Familienbesitz mit guten Rot- und Weißweinen. Spitzenwein ist der rote Falocoaria (**97 98**).

Casal García VV; w ☆☆ BV – Viel verkaufter Vinho verde von Aveleda.

Casal Mendes VV; w ☆ BV – Der Vinho verde von Caves Aliança.

Castelão Der offizielle Name für die Periquita-Traube, die im ganzen südlichen Portugal angebaut wird, insbesondere in Terras do Sado. Ergibt himbeerige Rotweine mit festen Geschmacksnoten, die im Alter Anklänge an Teer hinzugewinnen. Auch als João de Santarem bekannt.

Chryseia Douro; r ☆☆☆ **00** – Bruno Prats aus Bordeaux bereitet diesen dichten und doch eleganten Wein von Vintage-Port-Trauben in Zusammenarbeit mit der Familie Symington. Hier wird ein Star geboren.

Colares r ☆☆ Kleines DOC-Anbaugebiet an der Sandküste westlich von Lissabon. Die überaus tanninreichen, dunklen Rotweine im alten Stil stammen von nicht veredelten Reben. Die Weine müssen altern, aber das Motto »je älter desto besser« gilt hier nicht unbedingt (siehe Silva).

Consumo (vinho) Einfacher Gebrauchswein.

Cortes de Cima r ☆☆☆ **98 99** 00 – Weingut bei Vidigueira (Alentejo) in dänischem Besitz. Gute Rotweine von Aragones-, Trincadeira- und Periquita-Trauben. Zweiter Markenname: Chamine. Unter dem Etikett Incognito auch Syrah.

Côtto, Quinta do Douro; r w; Res ☆☆☆ r **97 98 99** w BV– Bahnbrechende Tafelweine aus dem Portweinland; der sehr gute Grande Escolha (**87 90 94 95**) und der Quinta do Côtto sind dunkle, fruchtige, gerbstoffreiche Rotweine, bei denen sich lange Lagerung lohnt. Auch Port.

Crasto, Quinta do Douro; r; tr s ★★★ **98 99 00** 01 – Spitzenweingut bei Pinhão, auf dem Port und hervorragende eichenfassgereifte Rote erzeugt werden. Exzellente reinsortige Weine (Touriga Nacional, Tinta Roriz) und Reserva (**98**). Sehr zu empfehlen sind der Vinha do Ponte (**98**) und der Maria Theresa (**98**), deren Trauben von separat stehenden alten Rebstöcken stammen.

Dão r w; Res ☆☆→☆☆☆ **96 97 98 99 00** 01 – Früher eher schwacher DOC-Bereich um die Stadt Viseu, holt jetzt aber rasch auf. Ganz vorneweg die Privatgüter, die solide Rote mit Feinheit im Alter und kräftige trockene Weiße produzieren. Die meisten werden unter Markennamen verkauft. Siehe aber auch Roques, Maias, Saes, Fonte do Ouro, Terras Altas, Porta dos Cavalheiros, Grão Vasco, Duque de Viseu usw.

DFJ Vinhos r w ☆→☆☆☆ BV – Erfolgreiches Joint-Venture-Unternehmen mit preisgünstigen Weinen v. a. in Ribatejo und Estremadura. Empfehlenswerte Marken sind: Ramada (rot und weiß), Segada (rot und weiß), Manta Preta (rot) und Grand'Arte (rot und weiß).

DOC (Denominação de Origem Controlada) Amtlich anerkannter Weinbaubereich. Es gibt in Portugal inzwischen insgesamt nur noch 27 DOC-Bereiche, da in der letzten Zeit etliche Gebiete zusammengefasst worden sind. Vgl auch IPR und Vinho regional.

Doce (vinho) Süß(wein).

Douro r w ☆☆→☆☆☆☆ **91 95 96 97 98** 99 00 01 – Fluss im Norden. Im Tal wachsen Reben für Port und überaus interessante Tafelweine. Am besten sind Barca Velha, Quinta do Côtto, Redoma und die neuen Weine von Symington (siehe Altano). Beobachtenswerter Bereich.

Duas Quintas Douro ☆☆☆ r **97 98 99** 00 w BV – Vollmundiger Rotwein vom Portweinhändler Ramos Pinto. Sehr gute Reserva (**91 92 94 95 97**).

Duque de Viseu Dão ☆☆☆ r **98 99 00** w BV – Hochwertiger Rotwein von Sogrape.

Entre Serras r w ☆ BV – Gut in Beiras, von dem sauberer, fassgereifter Chardonnay (BV) und weiche, leichte Rotweine kommen.

Esporão, Herdade do Alen ☆☆→☆☆☆ r **98 99** 00 w BV – Eindrucksvolles Gut im Besitz der Firma Finagra SA. Seit 1992 werden von dem Australier David Baverstock Weine erzeugt: voller, reifer Weißwein mit leichtem Eichenholzaroma, fruchtiger, junger roter Alandra sowie der hervorragende Esporão – einer der besten Rotweine aus Alentejo. Auch empfehlenswert: Monte-Velho-Rotweine mit leichtem Eichenfassaroma und fruchtige Weißweine. Guter sortenreiner Aragonez, Trincadeira und Cabernet Sauvignon.

Espumante Schaumwein.

Esteva Douro; r ★ BV – Sehr süffiger junger Douro-Rotwein der Portweinfirma Ferreira.

Estremadura ★ Vinho regional an der Westküste Portugals, die manchmal »Oeste« genannt wird. Große Winzergenossenschaften. Alta Mesa, Ramada und Portada sind gute und günstige Weine von den lokalen Erzeugern und Genossenschaften. IPR-Bereiche: Encostas d'Aire und Alcobaca; DOCs: Alenquer, Arruda, Obidos, Torres Vedras.

Evel Douro; r ☆☆→☆☆☆ **99 00** – Douro-Weine von Real Vinícola, die sich erheblich verbessert haben. Ausschau halten nach dem roten Grande Escolha.

Fernão Pires Weiße Traube für reif-aromatische, leicht würzige Weißweine in Ribatejo. (In Bairrada bekannt als Maria Gomes.)

Ferreirinha, Reserva Douro; r ☆☆☆ **89 90 92** – Zweitetikett von Barca Velha aus nicht so idealen Jahren.

Fojo, Vinha da r ☆☆☆ **96 98** 99 – Spitzen-Quinta im Bereich Douro; mit den Füßen gekelterte dichte Rotweine.

Fonseca, José Maria da Est; r w; tr s; sch; Res ☆☆→☆☆☆ Altehrwürdige Firma in Azeitão bei Lissabon mit einer Weinauswahl, wie man sie größer und reichhaltiger in Portugal kaum findet, u. a. weißer trockener d'Avillez, Pasmados und Quinta de Camarate sowie roter d'Avillez, Periquita, Pasmados, Primum, Terras Altas, Dão, mehrere Garrafeira-Weine und der berühmte Dessertwein Setúbal. Zum Fonseca-Besitz gehört auch José da Sousa. Der Rosado Lancers ist nicht ganz so vornehm, Lancers Brut hingegen ein angenehmer Schaumwein, hergestellt nach dem in Russland erfundenen Durchlaufverfahren.

Fonte do Ouro Dão ☆☆ r **98 99 00** w BV – Guter, ausgeglichener Rotwein von einer gut geführten Privatkellerei. Auch Einzellagen-Quinta Touriga Nacional (**97 98**) unter dem Etikett Boas Quintas. Zweitetikett: Quinta da Giesta.

Foz do Arouce, Quinta da Beiras; r ☆☆ **96 97 98** 99 w BV – Großer, fassgereifter Rotwein aus dem Herzen von Beiras.

Franqueira, Quinta da VV; w ☆☆ BV – Typischer trockener und duftiger Vinho verde vom englischen Winzer Piers Gallie.

Fuiza Bright Rib; r w ★★ BV – Joint Venture mit Peter Bright (siehe Bright Brothers). Guter Chardonnay, Sauvignon blanc, Merlot und Cabernet Sauvignon.

Gaivosa, Quinta da Douro; r ☆ **95 96 97 98 99** – Bedeutendes Weingut nahe Regua. Erzeugt tiefe, konzentrierte, fassgereifte Rotweine aus Port-Trauben. Die Zweitmarke Quinta do Vale da Raposa (BV) ist ein leichter, fruchtiger Rotwein vom gleichen Erzeuger. Drittmarke: Quinta do Estação (BV).

Garrafeira Etikettenbegriff. Die »Privat-Reserva« eines Händlers. Mindestausbauzeit 2 Jahre im Fass und 1 Jahr in der Flasche, oft aber viel länger. Meistens die Spitzensorte des Hauses, deren Herkunft früher oft unbestimmt war, jetzt aber auf dem Etikett angegeben werden muss.

Gatão VV; w ☆ BV – Zuverlässiger einfacher Vinho verde von Borges & Irmão, duftig, etwas gesüßt.

Gazela VV; w ☆☆ BV – Zuverlässiger Vinho verde von Sogrape in Barcelos.

Generoso Alkoholstarker Aperitif oder Dessertwein.

Grão Vasco Dão; r w ★★ BV – Eine der besten und größten Dão-Marken aus einer neuen Hightech-Adega in Viseu. Feiner roter Garrafeira; frischer junger Weißwein. Im Besitz von Sogrape.

IPR (Indicação de Proveniência Regulamentada) DOC-Vorstufe.

José da Sousa Alen; r; Res ☆☆→☆☆☆ **98 99** 00 – Kleiner Betrieb im Besitz von José Maria da Fonseca; Erzeuger von höchst raffinierten, körperreichen Alentejo-Weinen (solide, mit den Füßen gekelterte Garrafeiras **93 94 97 98**, jetzt im Stil etwas leichter), die in irdenen *anforas* vergoren werden und in Eiche reifen.

J. P. Vinhos Set; r w; sch; Res ☆→☆☆☆ Gut ausgerüsteter Weinbaubetrieb mit reicher Auwahl, u. a. João Pires Dry Muscat; Rotweine: Meia Pipa, Tinto da Anfora und Quinta da Bacalhôa. Cova da Ursa ist fassvergorener Chardonnay.

Lagoalva, Quinta da r w ☆☆ **97 98 99 00** – Wichtiges Weingut in Ribatejo mit guten Rotweinen aus regionalen Rebsorten sowie Syrah. Zweitetikett: Monte da Casta. Auch guter Chardonnay.

Lancers Est; rs w; sch ☆ Süßer, mit Kohlensäure versetzter Rosé und ein weißer Schaumwein; wird von J. M. da Fonseca in großem Umfang nach den USA exportiert.

Loureiro Nach Alvarinho die beste Vinho-verde-Traube: ergibt frische, duftige Weißweine.

Madeira br; tr s ☆☆→☆☆☆☆ Portugals Atlantikinsel, von der die berühmten gespriteten Dessertweine und Aperitifs stammen. Siehe Kapitel »Sherry, Port und Madeira«.

Maduro (vinho) »Reifer« Tischwein, im Gegensatz zum »grünen« Vinho verde.

Maias, Quinta das Dão ☆☆ r **99 00** w BV – Neuartige Quinta; solide, lagerfähige Rotweine.

Mateus Rosé Bair; rs (w) ☆ Der meistverkaufte mit Kohlensäure versetzte Rosé der Welt, halbtrocken, wird von Sogrape jetzt bei Anadia in Bairrada produziert.

Messias r w ☆→☆☆ Große Firma mit Sitz in Bairrada; Anteile im Douro-Gebiet (auch Port). Rotweine alten Stils sind am besten.

Minho Nach dem Fluss, der die Nordwestgrenze zu Spanien bildet, ist eine Vinho-regional-Zone benannt.

Monção Nördlicher Teil des Vinhos-Verdes-Gebiets am Minho. Hier entstehen die besten Weine dieser Art aus der Alvarinho-Traube. Siehe Brejoeira.

Morgadio de Torre VV; w ☆☆ BV – Vinho verde der Spitzenklasse von Sogrape. Weitgehend aus der Alvarinho-Traube.

Mouchão, Herdade de Alen; r; Res ☆☆☆ **82 89 90 91 92** 94 **95** – Vielleicht das Spitzenweingut in Alentejo; während der Revolution von 1974 zerstört, inzwischen neu bestockt und völlig wieder hergestellt. Guter, kraftvoller Zweitwein unter dem Namen Dom Rafael.

Mouro, Quinta do Alen; r ☆☆☆☆ **98 99** – Fantastischer Rotwein im alten Stil aus der Nähe von Estremoz.

Palmela Set; r w – Der neue DOC-Bereich umfasst die Kalksteinhöhen der Serra d'Arrabida und die sandigen Ebenen um die gleichnamige Stadt. Rotweine von Periquita können langlebig sein. Siehe Pegos Claros.

Pancas, Quinta das Est; r w; Res ☆☆ **97 98 99** 00 w BV – Aufstrebendes Weingut nahe Alenquer. Kompakter Cabernet Sauvignon und ausgewogener Chardonnay mit Eichenholzton. Überragende Touriga Nacional Reserva (**95**) und sehr guter trockener weißer Arinto: Quinta de Dom Carlos.

Pato, Luis Bair; r; sch ☆☆→☆☆☆ **95 96 97 99** – Spitzenweingut in Bairrada. Tanninstarke Rote, u. a. überragender Quinta do Ribeirinho und João Pato. Die 95er Rotweine, v. a. Quinta do Ribeirinho Pé Franco, sind bemerkenswert. Formal gehört das Gut zwar zur DOC Bairrada, doch Luis Pato hat sich mit den Behörden überworfen und alle seine Weine nur noch als Vinho regional Beiras klassifiziert. Er bereitet auch Schaumwein nach der klassischen Methode.

Pegos Claros r **95 96 98** 99 – Kompakter, traditionell bereiteter Rotwein aus dem Bereich Palmela. Endlich der Beweis dafür, dass die Periquita-Traube einen ernst zu nehmenden Wein ergeben kann.
Periquita Der Spitzname für die Castelão-Traube; aber auch der Markenname eines erfolgreichen Rotweins von José Maria da Fonseca (BV). Periquita Classico ist ein kräftiger Roter im alten Stil (**94 95**).

Eine allgemeine Regel für Portugal: Wählen Sie von den Weißweinen die jüngsten Jahrgänge.

Pires, João w BV – Duftiger, halbtrockener Wein auf Muskateller-Basis von J. P. Vinhos.
Planalto Douro; w ☆☆ BV – Guter Weißwein von Sogrape.
Ponte de Lima, Cooperativa de VV; r w ☆☆ Erzeugt einen der besten knochentrockenen Vinho-verde-Rotweine sowie einen erstklassigen, trockenen und fruchtigen Weißwein.
Porta dos Cavalheiros Dão ☆☆→☆☆☆ **97 98** – Rote und weiße Dão-Weine im traditionellen Stil aus den Caves São João. Die Reservas (mit Korketikett) können umwerfend sein (**85 95 96**).
Portalegre Alen; r w ☆→☆☆☆ DOC-Bereich an der spanischen Grenze. Kräftige, duftige granatrote Weine mit guter Haltbarkeit; alkoholstarke Weißweine. Der beste Rote ist José Maria da Fonsecas hocharomatischer d'Avillez. Auch die örtliche Genossenschaft produziert vielversprechende Weine.
Quinta Weingut.
Ramada Siehe Estremadura.
Ramos, João Portugal Alen; r w; BV – Erzeuger der Weine Vila Santa (**99 00**) und Marqês de Borba. Die Reserva des Letzteren ist ziemlich teuer.
Raposeira Douro; w; sch ☆☆ Bekannter Schaumwein in Flaschengärung aus Lamego; der Bruto verdient den Vorzug.
Real Vinícola ☆☆→☆☆☆ Gigant im Port-Handel (siehe Seite 269); produziert außerdem zunehmend bessere Douro-Weine: Evel, Quinta dos Aciprestes, Quinta do Cidro.
Redoma ☆☆☆ r **98 99 00** w BV – Besonders gute rote und weiße Douro-Weine des Portweinhändlers Niepoort. Rotwein kann altern. Außerdem köstlicher Rosé.
Redondo Alen; r w ☆ DOC im Herzen Alentejos mit einer gut geführten Genossenschaft. Bestes Weingut: Roque Vale.
Reguengos Alen; r (w); Res ☆→☆☆☆ Wichtige DOC an der Grenze zu Spanien; Sitz der Weingüter José da Sousa und Esporão, außerdem große Genossenschaften mit guten Rotweinen.
Ribatejo r w – Die zweitgrößte Weinregion Portugals ist nun auch zur DOC aufgestiegen; mit einer Anzahl von Orten, die ihre eigene lokale Appellation führen dürfen: Almeirim, Cartaxo, Coruche, Chamusca, Tomar, Santarém. Mittelschwere Rote, dazu einige Weine von internationalen Trauben wie Cabernet Sauvignon, Merlot, Pinot noir, Chardonnay und Sauvignon blanc.
Ribeirinho, Quinta do Siehe Pato, Luis.
Roques, Quinta dos Dão; ☆ r **96 97 98 99** 00 w BV – Vielversprechendes Weingut für große, solide Rotweine mit Eichenholzaroma. Gute reinsortige Weine von Touriga Nacional, Tinta Roriz, Tinta Cão und Alfrocherio Preto.

Rosa, Quinta de la Douro; r ☆☆ **97 98 99 00** – Fester, eichenfassgereifter Rotwein aus Portweinlagen; die Reserva ist besonders bemerkenswert. Amarela heißt die leichtere Zweitmarke.
Rosado Rosé.
Saes, Quinta de Dão; r w ☆☆☆ **97 98 99 00** – Kleines Weingut in den Bergen mit ausgefeilten Weinen. Quinta de Pellada produziert unter demselben Besitzer ebenfalls gute Weine.
Saima, Casa da Bair; ☆☆☆ r **97 98 99** w BV – Kleines Handelshaus; große, tanninherbe Rotweine (v. a. Garrafeiras **91 95′ 97′**) und einige verblüffende Weißweine.
Santar, Casa de Dão; r ☆☆☆ **98 99 00** – Etabliertes Weingut, das ein hochwillkommenes Comeback feiert. Rotweine erheblich besser als die recht altmodischen Weißen.
São Domingos, Comp. dos Vinhos de Est; r w ☆ BV – Rotweine (Espiga, Palha-Canas) von einem von José Neiva geführten Weingut.
São João, Caves Bair ★★★ r **97 98** Res **95** w BV – Kleiner traditioneller Erzeuger, der Weine der Spitzenklasse auf die altmodische Art bereitet. Die Rotweine sind über Jahrzehnte lagerfähig. Sein Bairrada heißt Frei João, der Dão Porta dos Cavalheiros. Poço do Lobo ist ein gut strukturierter Cabernet Sauvignon.
Seco Trocken.
Serradayres ☆ BV – Roter Alltagswein; erlebt seit der Übernahme durch Caves Dom Teodosio eine Art Comeback.
Setúbal (r) (w) br; (tr) s ☆☆☆ Winziges Anbaugebiet südlich des Tejo; hier erzeugt Fonseca einen stark aromatischen Dessertwein auf Muskateller-Basis, der üblicherweise mit 6 und 20 Jahren verkauft wird.
Sezim, Casa de VV; w ☆☆ BV – Schönes Weingut mit sehr gutem Vinho verde.
Silva, Antonio Bernardino Paulo da Colares; r (w); Res ☆☆ **89 90 92** – Colares Chitas ist noch einer der ganz wenigen Klassiker dieser Art.
Sogrape ☆→☆☆☆☆ Größte Weinfirma Portugals, teilweise im Besitz von Bacardi. Erzeugt werden Vinho verde, Dão, Bairrada, Alentejo, Mateus Rosé; jetzt auch Besitzer der Port-Firmen Ferreira und Offley.
Tamariz, Quinta do VV; w ☆ Duftiger Vinho verde reinsortig aus der Loureiro-Traube.
Teodosio, Caves Dom Rib; r w – Der große Erzeuger in Ribatejo meldet sich auf angenehme Weise zurück. Unter der Marke Serradayres werden Alltagsweine produziert, es ist aber auch ein hervorragender Trincadeira-Rotwein von der Quinta de Almargem im Angebot.
Terras Altas Dão; r w; Res ☆ BV – Markenbezeichnung für roten und weißen Dão von José Maria da Fonseca.
Terras do Sado Vinho regional von den sandigen Ebenen an der Sado-Mündung.
Tinta Roriz Wichtige (rote) Port-Traube für gute Douro-Tafelweine. Wird zunehmend auch andernorts für ähnlich körperreiche Weine angebaut. Diese portugiesische Tempranillo-Variante ist in Alentejo auch unter der Bezeichnung Aragonez bekannt.
Tinto Rot.
Tinto da Anfora Alen; r ★★ **97 98 99 00** – Der neue, wuchtig-schwere Rote heißt Tinto da Anfora Grande Escolha. Leichtere Exemplare unter dem Namen Montes das Anforas.
Torres Vedras Est; r w ☆ DOC-Gebiet nördlich von Lissabon, bedeutender Lieferant von Massenwein, berühmt für Wellington-Produktionen; mit eine der größten Genossenschaften Portugals.

Touriga Nacional Rote Spitzentraube für Portweine und Douro-Tafelweine; jetzt auch v. a. in Dão, Alentejo und in der Estremadura.
Trás-os-Montes Vinho regional im bergigen Nordostportugal. Rot- und Weißweine von internationalen Rebsorten, die im Dourotal wachsen. Außerdem die IPR-Bereiche Chaves, Mirandês und Valpacos.
Trincadeira Sehr gute rote Traube in Alentejo für würzige unverschnittene Weine.
Tuella r w ☆☆ BV – Günstige rote Douro-Weine von Cockburn.
Vallado ☆☆ r **97 98 99 00** w BV – Douro-Weingut in Familienbesitz; sehr gute Weine.
Velhas, Caves Bucelas; r w; Res ☆ Ziemlich rustikale Rotweine.
Verde Grün (siehe Vinhos Verdes).
Vidigueira Alen; r w ☆ DOC für traditionell bereitete ungereifte Weißweine von vulkanischen Böden sowie einige Rotweine mit pflaumenartigem Geschmack.
Vinho regional Größere Landweinregion mit demselben Status wie französische Vins de pays; im Einzelnen: Algarve, Alentejano, Beiras, Estremadura, Ribatejano, Minho, Trás-os-Montes, Terras do Sado. Siehe auch DOC und IPR.
Vinhos Verdes r ☆ w ☆→☆☆☆ DOC-Anbaugebiet zwischen dem Douro und der Nordgrenze zu Spanien. Von hier stammt der »grüne Wein« (rot oder weiß) aus sehr säurehaltigen Trauben. Ursprünglich entstand das leichte Perlen durch Zweitgärung; heute wird meist Kohlensäure zugesetzt. Vinho verde ist im Frühjahr nach der Ernte genussreif.

Sherry, Port und Madeira

Sherry, Port und Madeira sind die klassischen gespriteten Weine Spaniens und Portugals. Sherry, der berühmteste unter ihnen, genießt seit 1996 gesetzlichen Schutz: Weine, die nicht spanischen Ursprungs sind, dürfen seitdem nicht mehr als »Sherry« bezeichnet werden. Wie alle gespriteten Weine hat auch der Klassiker aus Jerez in den letzten Jahren einen Imageverlust hinnehmen müssen, doch bleibt er ein hervorragender Aperitif für ein gutes Essen und hat unter allen Weinen von Klasse wahrscheinlich das beste Preis-Leistungs-Verhältnis. Da er durch fortwährendes Verschneiden von verschiedenen Weinen aus unterschiedlichen Jahren in der Solera erzeugt wird, gibt es keinen Jahrgangs-Sherry.

Der Portweinmarkt hat im Jahr 2001 große Verwerfungen erfahren, aus denen drei Häuser als die großen Gewinner hervorgingen – Symington, Taylor's und Sogrape. Ihnen gehören jetzt die meisten bedeutenden Marken. Port-Firmen (also Erzeuger, Hersteller von Verschnitten und Abfüller) sind in diesem Geschäft immer noch wichtiger als die Winzer. Daher finden Sie in diesem Abschnitt sowohl die Namen der Weine wie auch die der Port-Firmen zusammen mit den Namen und den Jahrgängen (sofern vorhanden) ihrer besten Weine.

Das Millenniumsjahr brachte für Portwein den dritten Jahrgang mit geringem Ertrag in Folge. Sowohl 1998 als auch 1999 wurden einige gute Einzellagen-Ports (Single Quinta) erzeugt, und 2000 ist nun von den meisten Häusern als Jahrgang deklariert worden.

In Madeira beginnt die relativ neue Kategorie Colheita (»Ernte«) auf den Markt zu kommen. Weine mit dieser Bezeichnung stammen aus einem einzigen Jahrgang und werden bereits nach sechs Jahren Reifung im Holzfass in Flaschen abgefüllt (zum Vergleich: ein Jahrgangs-Madeira muss mindestens 20 Jahre liegen). Damit soll ein besserer Absatz der Weine erreicht werden.

Neuere deklarierte Port-Jahrgänge

2000 Ausgezeichnete Bedingungen – die meisten Firmen haben den Jahrgang deklariert. Für lange Lagerung.

1997 Feine Weine mit gutem Tanninrückgrat und der Chance, sehr alt zu werden. Von den meisten Port-Firmen deklariert. Ab 2012 trinken.

1994 Herausragender Jahrgang mit reifer, fülliger Frucht, die im Moment noch die darunter liegende Struktur überlagert. Überall deklariert. Zwischen 2010 und 2030 trinken.

1987 Dichte Weine, über den Durchschnitt hinaus haltbar – aber nur von einer Hand voll Firmen deklariert. Jetzt bis 2015.

1985 Allgemein deklarierter Jahrgang, der sich zunächst sehr gut anließ, dann aber einige unliebsame Überraschungen in der Flasche entwickelte. Für die Besten jetzt bis 2020.

1983 Feine, kraftvolle Weine mit sehnigen Tanninen. Von den meisten Firmen deklariert. Jetzt bis 2020+. Die Besten müssen noch lagern.

1982 Weiche, eher einfache, leicht reifende Weine, denen einige Firmen bei der Deklaration vor den 83ern den Vorzug gaben. Bald trinken.
1980 Herrliche Weine voller Frucht, gerade richtig für jetzt oder in den nächsten 15 Jahren. Von den meisten Firmen deklariert.
1977 Volle, reife Weine, die von allen größeren Häusern ausgenommen Cockburn, Martinez und Noval deklariert wurden. Jetzt trinken, die Besten haben aber noch viel Zeit.
1975 Weich und früh gereift. Austrinken.
1970 Klassische, fest strukturierte Weine, die jetzt erst ihren Höhepunkt erreichen. Jetzt bis 2020+.
1966 Schöner Jahrgang; die besten der sowohl kraftvollen wie eleganten Weine können es mit den 63ern aufnehmen. Jetzt bis 2020+.
1963 Klassischer Jahrgang; einer der besten des 20. Jahrhunderts (mit entsprechenden Preisen). Gewisse Unterschiede zwischen einzelnen Flaschen, aber die Weine werden ein Leben lang halten.

Abad, Tomás Kleine Sherry-Bodega im Besitz von Lustau. Sehr guter leichter Fino.

Almacenista Individueller, ausgereifter, aber unverschnittener Sherry; meist dunkle trockene Weine für Kenner. Oft superb und sehr preiswert; siehe Lustau.

Alvear Mont-M; G – Größter Erzeuger von exzellenten sherryartigen Aperitif- und Dessertweinen in Montilla-Moriles.

Barbadillo, Antonio Weitaus die größte Firma in Sanlúcar mit einer großen Auswahl von in ihrer Art meist exzellenten Manzanilla-Weinen und Sherrys, u. a. Sanlúcar Fino, superber Solera Manzanilla Pasada, Fino de Balbaina, trockener Principe Amontillado. Wunderbarer, unbehandelter Saca de Invietro Manzanilla. Auch junge Tafelweine mit dem Namen Castillo de San Diego.

Barbeito Eine der letzten selbstständigen Firmen im Madeira-Handel (jetzt mehrheitlich in japanischem Besitz) mit ungewöhnlichen Jahrgangsweinen, z. B. Malmsey 1901 und, als letztem, Bual 1960.

Barros Almeida Großes Portweinhaus in Familienbesitz mit mehreren Marken (u. a. Feist, Feuerheerd, Kopke) und exzellentem 20-Year-Old-Tawny sowie vielen Colheita-Weinen.

Barros e Sousa Winziger Madeira-Erzeuger in Familienbesitz mit alten »Lodges« (Lagerhäusern) im Zentrum von Funchal. Außerordentlich feine, jetzt aber seltene Jahrgänge, außerdem gute 10 Jahre alte Weine.

Blandy Die Spitzenmarke der Madeira Wine Company. Berühmtestes Erzeugnis des Hauses: Duke of Clarence Rich Madeira. Die 10-Year-Old-Reserva (Verdelho, Bual, Malmsey, Sercial) ist gut. Viele herrliche alte Jahrgangsweine von Blandy (z. B. 54er Malmsey, 20er Bual und 40er Sercial) sind mittlerweile überwiegend auf Auktionen zu finden. Erste Colheita-Weine des Jahrgangs 1994.

Blázquez Sherry-Bodega in Puerto de Santa Maria (im Besitz von Domecq) mit hervorragendem Fino, Carta Blanca, sehr altem Solera Oloroso Extra und Carta Oro Amontillado al natural (ungesüßt).

Bobadilla Große Bodega in Jerez, kürzlich von Osborne übernommen; am bekanntesten – v. a. bei spanischen Kennern – durch sehr trockenen Victoria Fino sowie Brandy Bobadilla 103.

Borges, H. M. Selbstständiges altes Madeira-Handelshaus mit gutem Ruf.

Bual Eine der besten Traubensorten von Madeira, erbringt einen weichen, rauchigen, süßen Wein, aber meist leichter und nicht so voll wie Malmsey (siehe auch Seite 263 und 267).

Burdon Von Engländern gegründete Sherry-Bodega, im Besitz von Caballero. Spitzenprodukte: Puerto Fino, Don Luis Amontillado und rosinensüßer Heavenly Cream.

Burmester Das Portweinhaus, ehemals in Familienbesitz, gehört jetzt dem großen Korkproduzenten Amorim. Feiner, milder, süßer 20-Year-Old-Tawny; sehr gute Auswahl an Colheita-Weinen sowie ein Einzellagen-Port: Quinta Nossa Sra. do Carmo. Jahrgänge: **70 77 80 85 89** 91 92 94 95 97.

Caballero Bedeutende Sherry-Firma in Puerto de Santa María, am bekanntesten durch Pavón Fino, Mayoral Cream Oloroso, exzellente Burdon-Sherrys und Ponche-Orangenlikör. Auch Eigentümer von Lustau.

Cálem Alter portugiesischer Betrieb, der einen sehr guten Ruf hatte; die neueren Jahrgänge fallen jedoch ab. Jahrgänge: **63 66 70 75 77 80 83 85** 91 94 97. Zuverlässiger, leichter Tawny und eine gute Auswahl an Colheita-Weinen. Wurde 1998 verkauft, die Quinta da Foz (**84 86 87 88 89 90** 92 95) bleibt jedoch in Familienbesitz.

Churchill 82 85 91 94 97 – Erst 1981 gegründet, genießt die Port-Firma bereits hohes Ansehen. 1999 wurde eine eigene Quinta erworben. Sehr guter, traditioneller LBV. Die Einzellagen-Ports (**83 87** 90 92 95 98) heißen Quinta da Agua Alta und Quinta da Gricha.

Cockburn Port-Firma in englischem Besitz (Allied-Domecq) mit einer Reihe von Weinen, u. a. sehr populärer, fruchtiger Special Reserve. Feiner Vintage Port v. a. aus dem oberen Dourotal. Kann in jungen Jahren schon zu weit entwickelt scheinen, hat aber große Haltbarkeit. Jahrgänge: **63 67 70 75 83 85** 91 94 97.

Colheita Portwein mit Jahrgangsangabe, der mindestens sieben Winter im Fass gelegen hat, also eigentlich ein Vintage Tawny. Das Abfülldatum ist ebenfalls auf dem Etikett angegeben. Ausgezeichnete Beispiele von Cálem, Kopke, Krohn, Niepoort und C. da Silva (Dalva). Die Bezeichnung Colheita wird nun auch für Madeira-Weine aus einem einzelnen Jahrgang angewendet. Siehe auch Blandy.

Cossart Gordon Früher ein führendes Madeira-Handelshaus (gegründet 1745), neben Blandy jetzt eine der beiden Spitzenmarken der Madeira Wine Company; nicht ganz so gehaltvoll wie Blandy. Am bekanntesten durch Good Company Finest Medium Rich; produziert außerdem 5-jährige Reserva, alte Jahrgänge (als letzter 1974) und Solera (v. a. Bual 1845).

Seit 1993 müssen Madeira-Weine, die als Sercial, Verdelho, Bual oder Malmsey bezeichnet werden, zu 85 % aus der jeweils genannten Traubensorte bestehen. Die Mehrzahl aller Madeiras wird jedoch von der vielseitigen Tinta Negra Mole bereitet, die je nach Verarbeitung ohne weiteres die oben genannten Traubensorten imitieren kann. Ihre Weine müssen jedoch die Bezeichnungen Seco (trocken), Meio Seco (halbtrocken), Meio Doce (mittelreich) oder Doce (reich) tragen. Inzwischen wird durch Neuanpflanzungen das Angebot an seltenen klassischen Rebsorten vermehrt.

Crasto, Quinta do Wohlhabendes Gut mit Portweinen, die an Qualität gewinnen, v. a. LBV. Jahrgänge: **85 87** 91 94 95 97.

Croft Eines der ältesten für Vintage Port bekannten Handelshäuser (seit 1678); jetzt im Besitz von Taylor's. Gut ausgewogene Jahrgangsweine, meist früh reifend (seit 1966). Jahrgänge: **63' 66 67** 70 **75** 77 **82 85** 91 94; unter dem Namen Quinta da Roeda finden sich leichtere Weine aus anderen Jahrgängen (**78 80** 83 87 95 97). Der populärste Verschnitt heißt Distinction. Morgan ist eine kleine eigenständige Firma (siehe auch Delaforce). Auch im Sherry-Handel tätig.

Croft Jerez Das erst 1970 gegründete und jetzt zu Gonzáles Byass gehörende Haus ist eine der erfolgreichsten Sherry-Firmen. Wohlbekannt für den süßen Pale Cream Croft Original und den trockeneren Croft Particular. Außerdem trockener, eleganter Fino Delicado und ein erstklassiger Palo Cortado zum günstigen Preis.

Crusted Bezeichnung für einen jahrgangsartigen, aber meist aus verschiedenen Jahrgängen verschnittenen Port, der jung abgefüllt und in der Flasche gelagert wurde, sodass sich eine »Kruste« bildet. Muss dekantiert werden.

Cruz Mächtige Port-Marke; Marktführer in Frankreich (40 % aller Port-Exporte gehen nach Frankreich). Standard-Tawny in französischem Stil bedeutet: süß und sanft. Im Besitz der französischen Gesellschaft La Martiniquaise.

Port und die feine Lebensart

Vintage Port ist fast ebenso sehr ein Ritual wie ein Getränk. Er muss immer sorgfältig dekantiert werden, da er infolge seiner Bereitungsart ein starkes Depot in der Flasche bildet. Am sichersten ist es, ihn durch einen Kaffeefilter oder ein Stück Musselintuch in einen Dekanter oder eine sauber gespülte Flasche zu gießen. Mit Ausnahme sehr alter Exemplare kann Portwein wenigstens einen Tag, ja sogar eine ganze Woche, bevor er auf den Tisch kommen soll, dekantiert werden. Bei Tisch wird dann der Dekanter im Uhrzeigersinn herumgereicht. Jahrgangs-Port kann ungeheuer langlebig sein. Über die im Text genannten hinaus waren folgende ältere Jahrgänge besonders gut: 04 08 11 20 27 34 35 45 50 55 60. Über 30 Jahre alte Flaschen haben für gewöhnlich sehr brüchige Korken. Aus diesem Grund bricht man den Flaschenhals oft mit glühend heißen »Port-Zangen« ab – ein beliebter Partytrick, wenn man darin Übung hat.

Delaforce Besonders in Deutschland bekannte Port-Firma im Besitz von Taylor's. His Eminence's Choice ist ein sehr angenehmer 10-jähriger Tawny. Vintage Character ist ebenfalls gut. Jahrgangsweine sind sehr fein, gehören aber zu der leichteren Art: **55 58 60 63 66** 70' **75** 77 **82 85** 94; Quinta da Corte **78 80 84** 87 91 95 97.

Delgado Zuleta Alteingesessene Firma in Sanlúcar, am bekanntesten durch vorzüglichen La Goya Manzanilla Pasada.

Domecq Sehr große Sherry-Bodegas in Jerez, Familienbetrieb, vor kurzem mit Allied-Lyons zu Allied-Domecq verschmolzen; berühmt durch den Brandy Fundador und andere. Double Century Original Oloroso, die Hauptmarke, wurde ersetzt durch Pedro Cream Sherry. La Ina heißt der ausgezeichnete Fino. Weitere berühmte Weine: Celebration Cream, Botaina (alter Amontillado) und der hervorragende Rio Viejo (sehr trockener Oloroso) sowie Capuchino (Palo Cortado). Neu eingeführt: eine Serie wundervoller alter Solera-Sherrys (trockener Sibarita, Amontillado 51-1a und süßer Venerable Oloroso). Auch in Rioja und Mexiko.

Don Zoilo Luxus-Sherry-Marke, u. a. tiefer, samtiger Fino; von den Bodegas Internacionales an die Medina-Gruppe verkauft.

Dow's Markenname von Silva & Cosens, die 1998 ihr 200-jähriges Bestehen feierten und jetzt ebenso wie Graham, Warre, Smith Woodhouse, Gould Campbell, Quarles Harris und Quinta do Vesuvio zur Symington-Gruppe gehören. Im Stil bewusst etwas trockener als die anderen genannten Häuser. Sehr gute Auswahl an Portweinen einschließlich dem Einzellagen-Port Bomfim (**78 79 82 84** **86 87 88** 89 **90** 92 95 98) und der überragenden Jahrgänge: **63 66 70** **72 75** **77 80 83** 85 91 94 97. Neues Gut: Quinta da Senhora da Ribeira (98 99).
Duff Gordon Durch El Cid Amontillado bekannt gewordene Sherry-Firma im Besitz von Osborne. Dieser Name wird auch als Zweitetikett für Portwein verwendet. Guter Fino Feria und Nina Medium Oloroso.
Eira Velha, Quinta da Kleines Port-Gut mit Jahrgangsweinen alten Stils; Vertrieb durch Martinez. Jahrgänge: **78 82** **87** 92 94 95.
Ferreira Einer der größten Port-Erzeuger und -Händler in portugiesischem Besitz (seit 1751). In Portugal Marktführer. Bekannt für alten Tawny und saftig-süßen, relativ leichten Vintage Port: **63 66 70 75 77 78 80 82** **85 87** 91 94 95 97. Auch Dona Antónia Personal Reserve, herrlich voller Duque de Bragança Tawny sowie Einzellagenweine Quinta do Seixo und Quinta da Leda.
Flor Eine Hefeschicht auf der Oberfläche von Fino Sherry und einigen ähnlichen Weinen; unter ihrem Einfluss oxidiert der Wein allmählich und ändert seinen Geschmack auf positive Weise.
Fonseca Guimaraens Hoch angesehene Port-Firma in englischem Besitz, verbunden mit Taylor. Robuste Jahrgangsweine von tiefer Farbe, allererste Klasse. Fonseca **63' 66' 70** **75** 77 **80 83 85** 92 94' 97. Fonseca Guimaraens **76'** **78 82 84** **86 87 88** 91 94 95 98. Quinta do Panascal **78** 98 heißt ein Einzellagen-Port. Auch köstlicher Vintage Character Bin 27.
Forrester Port-Firma und Eigentümerin der berühmten Quinta da Boa Vista, jetzt im Besitz von Sogrape. Ihre Jahrgangsweine sind oft rund, »dick« und süß, gut für relativ frühen Verbrauch. Baron de Forrester ist ein sehr guter Tawny. Jahrgänge (Offley Forrester): **63 66 67 70 72 75** **77 80 82** **83 85 87** **89** 94 95 97.
Garvey Berühmte alte Sherry-Firma in Jerez, jetzt im Besitz von José María Ruiz Mateos. Die feinsten Weine sind der tiefe Fino San Patricio, Tío Guillermo Dry Amontillado und Ochavico Dry Oloroso. Die populärste Marke ist San Angelo Medium Amontillado. Auch Bicentenary Pale Cream.
González Byass Sehr große Familienfirma, liefert den berühmtesten Fino Sherry der Welt, der zudem einer der besten ist: Tío Pepe. Weitere Marken: La Concha Medium Amontillado, Elegante Dry Fino, El Rocío Manzanilla Fina (neu), San Domingo Pale Cream, Nectar Cream und Alfonso Dry Oloroso. Der Amontillado del Duque steht auf höherer Stufe, ebenso der trockene Oloroso Matusalem und der besonders zu empfehlende Apostoles Palo Cortado. Der großartige Millennium ist aus den ausgesuchtesten Olorosos hergestellt worden. Produziert auch den Verkaufsschlager Soberano und erlesene Lepanto-Brandys.
Gould Campbell Port-Firma, Mitglied der Symington-Gruppe. Günstige Vintage Ports **70** **77 80 83** 85 91 94 97.
Gracia Hermanos Mont-M – Diese Firma gehört wie Pérez Barquero zur Compañia Vinícola del Sur und erzeugt Montillas von guter Qualität. Markennamen u. a. María del Valle Fino, Montearruit Amontillado, Oloroso Cream und Dulce Viejo PX.

Graham's 63' 70 – Port-Firma, berühmt durch einige der vollsten, süßesten und besten Jahrgangs-Ports, die größtenteils aus der eigenen Quinta dos Malvedos stammen (**76 78 79 80 82 84 86 87 88** 90 92 95 98). Ausgezeichnete Marken sind außerdem Six Grapes, Ruby, LBV sowie 10- und 20-Year-Old-Tawny. Jahrgänge: **63 66 70 75 77 80 83** 85 91 94 97.
Guita, La Berühmte alte Bodega in Sanlúcar; feinster Manzanilla Pasada.
Hartley & Gibson Siehe Valdespino.
Harvey's Wichtige Säule des Allied-Domecq-Imperiums, zu dem auch Domecq und Terry gehören. Weltberühmt durch die süßen Sorten Bristol Milk und Bristol Cream; ferner Club Amontillado und Bristol Dry (beide Medium); Luncheon Dry und Bristol Fino (nicht sehr trocken). Sehr gutes Sherry-Programm »1796«, das Fine Old Amontillado, Palo Cortado und Rich Old Oloroso umfasst.

Port und Madeira für 2003
White Port: Churchill
Günstige Einzellagen-Ports: Dow's Quinta do Bomfim 87er, Taylor's Quinta de Vargellas 87er, Martinez Quinta da Eira Velha 92er
Herausragende Vintage Ports: Croft 63er, Fonseca 66er, Taylor's 63er, Dow's 66er, Graham's 70er und 80er, Smith Woodhouse 77er
Colheita Madeira: von Blandy und Cossart Gordon
10 und 15 Jahre alter Madeira: von Henriques & Henriques
Vintage Madeira: Leacock Malvasia 78er, Pereira d'Oliveira Verdelho 66er, Cossart Gordon Bual 58er, Justino Henriques Verdelho 34er, Justino Henriques Malmsey 33er, Pereira d'Oliveira Bual 22er

Henriques & Henriques Unabhängige Madeira-Firma mit großer Auswahl an gut strukturierten, vollen Weinen – die 10-jährigen haben schon Medaillen gewonnen, die 15-jährigen sind umwerfend. Ferner ein guter extra trockener Aperitif Monte Seco und sehr feine alte Reserva- und Jahrgangsweine: Bual **54 57**, Malmsey **54**, Sercial **44**. Scherzhaft heißt es: »Es gibt nur zwei Namen für Madeira …«
Henriques, Justino Größte Madeira-Firma, wenn man den Ausstoß an Massenwein als Maßstab nimmt, mit modernem Lagerhaus (»Lodge«) außerhalb von Funchal. Guter 10-jähriger und Jahrgangs-Madeira, z. B. der 1934er Verdelho.
Hidalgo, Vinícola Alte Familienfirma in Sanlúcar; eine der bekanntesten aus dieser Region für Spitzen-Sherrys: heller Manzanilla La Gitana, feiner Oloroso Seco, ein sehr schön weicher und tiefer Jerez Cortado sowie erstklassiger neuer Pastrana Manzanilla Pasada.
Internacionales, Bodegas Die Perle des ehemaligen RUMASA-Konzerns mit berühmten Häusern wie Bertola, Varela und Diez-Merito; wurde von dem Unternehmer Marcos Eguizabal übernommen und an José Medina weiterverkauft.
Jerez de la Frontera Zentrum der Sherry-Industrie zwischen Cádiz und Sevilla in Südspanien. Das Wort Sherry ist eine Verballhornung des Namens Jerez. Französisch: Xérès.
Kopke Das älteste Portweinhaus, 1638 von einem Deutschen gegründet, jetzt im Besitz von Barros Almeida. Jahrgangsweine in anständiger Qualität; einige allerdings ausgezeichnet (**70 74 75 77 78 79 80 82 83 85 87 89** 91 94 97) sowie exzellente Colheita-Weine.

Krohn Kleine Familienfirma mit erstklassiger Auswahl an Colheita-Weinen, von denen einige aus dem 19. Jahrhundert stammen.

LBV (Late-Bottled Vintage) Portwein aus einem einzigen Jahrgang, der länger als Jahrgangs-Port (etwa 5 Jahre) in Holzfässern gelagert wird. Er ist dann beim Abfüllen heller und altert rascher. So genannter traditioneller (ungefilterter) LBV muss jetzt 3 weitere Jahre in der Flasche reifen, um sich zu qualifizieren (Churchill, Ferreira, Niepoort, Noval, Smith Woodhouse und Warre).

Leacock Eine der ältesten Madeira-Firmen, heute Marke der Madeira Wine Company. Die einfache Serie St. John ist sehr anständig. Ausgezeichneter 10-Year-Old-Malmsey Special Reserve und 15-Year-Old-Bual. Auch ältere Jahrgänge sind erhältlich: Bual (34) und Verdelho (54).

Lustau Einer der größten Familienbetriebe im Sherry-Geschäft in Jerez (jetzt mehrheitlich im Besitz von Caballero), beliefert andere Firmen, hat aber selbst mit Dry Lustau (v. a. Fino und Oloroso) und mit Jerez Lustau Palo Cortado beispielhafte Sorten. Pionierleistungen mit ausgezeichnetem Almacenista und Landed Age; Amontillado und Oloroso vor dem Versand in eleganten Flaschen gereift. Siehe auch Abad.

Macharnudo Eine der besten Sherry-Lagen nördlich von Jerez, berühmt für Weine höchster Qualität, sowohl Fino als auch Oloroso.

Madeira Wine Company 1913 durch zwei Firmen als Madeira Wine Association gegründet, später schlossen sich alle weiteren britischen Madeira-Firmen (insgesamt 26) an, um in den harten Zeiten bestehen zu können. Bemerkenswert ist, dass drei Generationen später ihre Weine, die doch gemeinsam gelagert und gepflegt wurden, den jeweiligen Stil des Hauses bewahrt haben. Blandy und Cossart Gordon sind die Spitzenmarken. Heute ist die Firma im Besitz der Symington-Gruppe (siehe auch Dow's).

Malmsey Die süßeste und vollste Form des Madeira; dunkel bernsteinfarben, voll und honigduftig, jedoch mit der für Madeira charakteristischen eigenartigen Schärfe. Der Begriff entstand im Englischen durch eine Verballhornung von »Malvasía« (oder dem griechischen »Monemvasia«). Siehe auch Seite 263.

Martinez Gassiot Zweigfirma von Cockburn, bekannt v. a. durch den exzellenten, vollen und pikanten Portwein Directors 20-Year-Old-Tawny, Crusted und LBV. Jahrgänge: **63 67 70 75 82 85 87** 91 94 97.

Marqués del Real Tesoro Altes, durch Manzanilla und Amontillado berühmtes Sherry-Haus, inzwischen von José Estévez übernommen, der trotz Umsatzrückgang eine funkelnagelneue Bodega – die erste seit Jahren – gebaut und vor kurzem das geschichtsträchtige Familienunternehmen Valdespino gekauft hat. Die Solera für den sehr guten Fino Tío Mateo (jetzt histaminfrei) wurde von der mittlerweile stillgelegten Harvey's-Firma Palomino & Vergara bezogen.

Medina, José Ursprünglich eine Familien-Bodega in Sanlúcar, jetzt einer der größten Exporteure, insbesondere nach den Niederlanden. Durch die Übernahme der Gebäude und des großen Warenbestands der ehemaligen Bodegas Internacionales und den jüngsten Kauf von Williams & Humbert dürfte die Medina-Gruppe, zu der auch Pérez Megia und Luis Páez gehören, zum größten Sherry-Erzeuger und -Händler geworden sein (Marktanteil 25 %).

Miles Vormals Rutherford & Miles; Madeira-Handelshaus, berühmt durch Old Trinity House Medium Rich u. a. Jüngster Jahrgang ist der 1973er Verdelho. Heute eine Marke der Madeira Wine Company.

Montecristo Mont-M – Markenname für umsatzstarke Montillas, die von der Compañía Vinícola del Sur erzeugt werden.

Montilla-Moriles G – DO-Region bei Córdoba. Die frischen, sherryartigen Finos, Amontillados und köstlichen P.-X.-Weine haben einen natürlichen Alkoholgehalt von 14 bis 17,5 % und werden nicht gespritet. Die besten ergeben einen einzigartig süffigen Aperitif.

Niepoort Mittelgroße Port-Firma (holländischer Familienbetrieb) mit einer langen Reihe feiner Jahrgänge (**63 66 70 75 77 78 80 82** 83 87 91 92 94 97) und ausnehmend guter Colheita. Ebenfalls hervorragend: der Einzellagen-Port Quinta do Passadouro (91 92 94 95 97 98).

Noval, Quinta do Historisches Portweinhaus, heute im Besitz des französischen AXA-Konzerns; mit intensiv fruchtigem, festem und elegantem Jahrgangs-Port; wenige noch auf der Quinta vorhandene ungepfropfte Reben liefern kleine Mengen Nacional – überaus dunkel, voll, samtig, langsam reifend. Sehr guter 20-Year-Old-Tawny. Jahrgänge: **63 66 67 70 75 78 82** 85 87 91 94 95 97. Zweitetikett: Silval (98). Auch traditioneller (ungefilterter) LBV.

Offley Forrester Siehe Forrester.

Osborne Sehr große spanische Firma für Sherry und Qualitätsportwein, z. B. Fino Quinta, Coquinero, trockener Amontillado, 10 RF (Reserva Familiar) Medium Oloroso. Duff Gordon wird auch als Zweitetikett für Osborne-Portweine verwendet. 1995 und 1997 deklarierte gute Vintage Ports. Achtung: eine Reihe von sehr guten Rare-Sherrys, Spitzenqualität in nummerierten Flaschen.

Paternina, Federico Als Marcos Eguizabel aus Rioja die Sherry-Firma Diez-Merito kaufte, hielt er drei Weine zurück, um sie unter dem Namen Paternina zu verkaufen: Fino Imperial, Oloroso Victoria Regina und Pedro Ximenez Vieja Solera.

Pereira d'Oliveira Vinhos 1850 gegründete Madeira-Firma in Familienbesitz. Sehr gute Standardserie sowie 5- und 10-Year-Old-Produkte; feine alte Reserva Verdelho 1890, Bual 1908 und Malvasia 1895.

Pérez Barquero Mont-M – Gehörte früher, wie auch Gracia Hermanos, zum RUMASA-Konzern. Exzellente Amontillados, wie z. B. Gran Barquero Fino, Amontillado und Oloroso.

Pinhão Kleiner Ort im Herzen des Portweinlandes, am oberen Douro.

Poças Junior Familienfirma mit steigender Qualität, die sich auf Tawnies und Colheitas spezialisiert hat. Guter LBV und Vintage-Port (97).

Ponche Ein würziger Magenbitter aus altem Sherry und Brandy, gewürzt mit Kräutern und Orangen; in prächtig silbernen Flaschen angeboten. Siehe Caballero und Soto.

Puerto de Santa María Zweitwichtigste Stadt und früherer Hafen des Sherry-Bereichs mit einer Reihe von bedeutenden Bodegas.

P. X. Kurz für Pedro Ximénez, die in Jerez zum Süßen von Verschnitten verwendete, teilweise sonnengetrocknete Traube.

Quarles Harris Eines der ältesten Portweinhäuser, gegr. 1680, heute im Besitz der Symington-Gruppe (siehe Dow's). Kleine Mengen LBV, weich und ausgewogen. Jahrgänge: **63 66 70 75 77 80 83** 85 91 94 97.

Quinta Portugiesisches Wort für »Weingut«. Auch üblicherweise Bezeichnung für meist – zumindest laut Gesetz – zu 100 % aus den Weinbergen des betreffenden Guts stammenden und in guten, aber nicht außergewöhnlichen Jahren bereiteten Jahrgangs-Port. Heute erzeugen mehrere exzellente Quintas selbstständig Weine aus Spitzenjahrgängen, v. a. Vesuvio, La Rosa und Passadouro.

Rainwater In den USA üblicher leichter, nicht allzu süßer Madeira-Verschnitt.

Ramos-Pinto Dynamische kleine Port-Firma; Spezialität: Einzellagen-Tawnies mit Stil und Eleganz, Jahrgangs-Port oft eher leicht. Nun im Besitz des Champagnerhauses Louis Roederer.

Real Companhia Vinícola do Norte de Portugal Auch bekannt als Royal Oporto Wine Company und Real Companhia Velha; großes Portweinhaus mit langer politischer Geschichte. Viele Marken und mehrere Quintas, u. a. Quinta dos Carvalhas mit Tawny und Colheita. Vintage Port war bisher nicht empfehlenswert; der 97er verspricht jedoch Besseres. Einige gute gereifte Tawnies.

Rebello Valente Siehe Robertson.

Régua Wichtigste Stadt im Dourotal; Zentrum für Portweinerzeuger und Winzer.

Robertson Marke von Sandeman; der Name wird für den Export nach den Niederlanden weiter verwendet. Rebello Valente: Markenname für Jahrgangs-Portweine, die früher einen guten Ruf hatten (**63 66 67 70**), inzwischen aber leichter ausfallen und rasch reifen.

Sherry hat Stil(e)

Fino Die leichtesten und feinsten Sherrys, völlig trocken, sehr blassfarben, delikat, doch pikant. Fino soll stets kühl und frisch getrunken werden, da er nach dem Öffnen der Flasche schnell an Qualität verliert. Deshalb sind »halbe Flaschen« sehr zu empfehlen. Beispiel: Tío Pepe.

Manzanilla Ein blasser trockener Wein (kein Sherry im engeren Sinn), meist zarter als ein Fino; reift im Gegensatz zum heißen Jerez, das im Landesinneren liegt, im gemäßigteren maritimen Klima von Sanlúcar de Barrameda. Beispiel: La Gitana.

Amontillado Ein Fino, der zur Verstärkung seiner Farbe, seines Gehalts und seiner Ausdruckskraft im Fass gealtert ist. Von Natur aus trockene Weine. Beispiel: Almacenista von Lustau.

Oloroso In der Jugend schwerer und weniger brillant als Fino, reift aber zu größerer Fülle und Würze heran. Von Natur aus trocken, wird aber für den Verkauf meist gesüßt. Beispiel: Rio Viejo.

Palo Cortado Ein seltener Sherry-Stil, der Oloroso nahe kommt, mit einigen Anklängen an Amontillado. Trocken, jedoch voll und weich. Nicht leicht zu finden, aber lohnend. Beispiel: Sibarito von Domeq.

Cream Sherry Wird durch Süßen eines gut gealterten Oloroso bereitet. Beispiel: Bristol Cream.

Und außerdem Manzanilla Pasada – halb Fino, halb Amontillado; Pale Cream – gesüßter Fino; Amoroso, Brown Sherry, East India Sherry – Varianten von Cream Sherry.

Rosa, Quinta de la Feiner Einzellagen-Port der Familie Bergqvist in Pinhão. Neuerdings Rückkehr zu althergebrachten Methoden und steinernen *lagares* (Behälter). Besonders empfehlenswert: **85 88 90** 91 92 94 95 96 97 98.

Royal Oporto Siehe Real Companhia Vinícola do Norte de Portugal.
Rozès Port-Firma im Besitz des Champagnerhauses Vranken. Ihr einfacher Ruby ist in Frankreich sehr beliebt; auch Tawny. Jahrgänge: **63 66 67 77 83 85 87** 91 94' 95 97.
Ruby Die jüngste (und billigste) Portweinsorte: einfach, süß und rot. Die besten dieser Art sind kräftig und bukettreich, andere jedoch nur stark und eher dünn.
Sanchez Romate 1781 gegründetes Familienunternehmen in Jerez. In der spanischsprachigen Welt am bekanntesten, besonders durch den Brandy Cardenal Mendoza. Guter Sherry: Fino Cristal, Oloroso Don Antonio, Amontillado NPU (»Non Plus Ultra«).
Sandeman Die riesige Firma wurde von dem Schotten George Sandeman mit Niederlassungen sowohl in Porto als auch in Jerez gegründet. Die aufs Sorgfältigste bereiteten Sherrys umfassen den beliebten Medium Amontillado, Don Fino sowie Armada Cream. Auch seltene und außergewöhnliche Sherrys sind im Angebot, etwa der Palo Cortado Royal Ambrosante oder die Olorosos Imperial Corregidor und Royal Ambrosante, beide in süß und trocken erhältlich. Auch eine große Portweinfirma. Founder's Reserve heißt der bekannte Vintage Character; die Tawnies sind viel besser. Neu: Partners' Ruby (94); die Jahrgangsweine waren anständig, einige ältere hervorragend (**63 66 70 75 77 80 82** 85 94 97), die neueren sind aber eher leicht. Der 97er wird Vau Vintage genannt.
Sanlúcar de Barrameda Sherry-Stadt am Meer (siehe auch S. 269).
Sercial Die in Madeira für den trockensten Wein der Insel – feinster Aperitif – angebaute Traube. Siehe auch Seite 263.
Silva Vinhos Neuer Madeira-Erzeuger (gegründet 1990) mit modernen »Lodges« in Estreito de Camara de Lobos. Gute einfache Weine von Tinta-Negra-Mole-Trauben.
Silva, C. da Firma im Besitz von Ruiz Mateos (Garvey). Vorwiegend günstiger Ruby- und Tawny-Port, aber auch gute alte Tawnies und überragende Colheitas unter dem Etikett Dalva.
Smith Woodhouse 1784 gegründete Port-Firma, heute im Besitz der Symington-Gruppe (siehe Dow's). Gould Campbell ist eine Tochtergesellschaft. Relativ leichte, gefällige Weine, u. a. Old Lodge Tawny und Lodge Reserve Vintage Character (weit verbreitet in USA). Sehr feine Jahrgänge: **63 66 70 75 77' 80 83** 85 91 94 97. Einzellagen-Port: Madalena (95 98) in zweitklassigen Jahren.
Solera Bei der Herstellung von Sherry angewandtes System. Es besteht darin, dass Fässer mit reiferem Wein nach und nach mit etwas jüngerem Wein derselben Sorte aufgefüllt werden. Auf diese Weise wird ein einheitliches Endprodukt angestrebt. Die meisten handelsüblichen Sherrys sind Verschnitte aus mehreren Solera-Weinen.
Soto, José de Die durch die Erfindung von Ponche berühmt gewordene Familienfirma, die sich jetzt im Besitz von José María Ruiz Mateos, dem ehemaligen RUMASA-Eigentümer, befindet, erzeugt auch eine Reihe guter Sherrys, v. a. delikaten Fino und Fino Ranchero mit mehr Körper.
Tawny Ein Portwein, der jahrelang in Holzfässern gelagert wurde (im Gegensatz zu Jahrgangs-Port, der in Flaschen gelagert wird), bis er eine bräunliche Farbe annimmt. Viele Spitzen-Tawnies sind »20-Year-Old«. Billiger Tawny ist aus rotem und weißem Port gemischt. Man schmeckt den Unterschied.
Taylor, Fladgate & Yeatman (Taylor's) Von vielen als die beste Port-Firma bezeichnet, besonders bekannt durch vollen, reichhaltigen, langlebigen

Jahrgangs-Port sowie Tawny mit Altersangabe (z. B. 40-Year-Old, 20-Year-Old usw.). Der charakteristische Veilchenduft soll bei Taylor's vom Gut Vargellas stammen. Jahrgänge: **63 66 70 75 77 80** 83 85 92 94 97. Weniger gute Quinta-de-Vargellas-Jahrgänge gehen unverschnitten in den Handel (**67 72 74 76 78 82 84 86 87 88 91** 95 98). Jetzt auch Einzellagenwein Terra Feita (**82 86 87 88 91** 95 96). Auch der LBV gehört zu den besseren seiner Art.

Terry, Fernando A. de Prächtige Bodegas in Puerto de Santa María, jetzt Teil von Allied-Domecq. Erzeugen Maruja Manzanilla sowie eine Reihe beliebter Brandys. Alle Harvey's-Sherrys werden in der riesigen modernen Anlage El Pino verschnitten und abgefüllt.

Tío Pepe Der berühmteste Fino Sherry (siehe González Byass).

Toro Albalá, Bodegas Mont-M – Familienbetrieb, der in einem ehemaligen Elektrizitätswerk aus dem Jahr 1920 arbeitet. Dementsprechend werden unter dem Markennamen Eléctrico Finos, Amontillados und ein P. X. erzeugt; zählen zu den besten in Montilla und ganz Spanien.

Valdespino Berühmte Bodega in Jerez, kürzlich von José Estévez (Marqués del Real Tesoro) aufgekauft. Besitzer der Einzellage Inocente, mit hervorragendem, gealtertem Fino dieses Namens. Tío Diego heißt der trockene Amontillado, Solera 1842 ist ein Oloroso und Don Tomás der Spitzen-Amontillado; Matador ist die populäre Marke. In den USA, wo ihre Sherrys den zweitgrößten Marktanteil besitzen, werden sie immer noch unter dem Namen Hartley & Gibson verkauft.

Verdelho Madeira-Traube für halbtrockene Weine; fast scharf im Geschmack, aber ohne die strenge Säure der Sercial-Traube. Angenehmer Aperitif und ein guter Madeira zu allen Gelegenheiten. Großartige alte Jahrgangsweine. Siehe auch Seite 263.

Vesuvio, Quinta do Sehr großes Ferreira-Gut aus dem 19. Jahrhundert am oberen Douro, jetzt im Besitz von Symington. 52 ha bestockt. Besonders empfehlenswert: **89 90 91 92** 94 95 97 98 99.

Vila Nova de Gaia Stadt am Südufer des Douro bei Porto, wo die größten Portweinfirmen ihre Weine in alten, »Lodges« genannten Lagerhäusern reifen lassen.

Vintage Character Ein etwas irreführender Ausdruck für einen vollen und körperreichen Portwein guter Qualität, etwa einen Premium-Ruby. Ihm fehlt der herrliche Duft eines Vintage Port.

Vintage Port Der beste Port aus besonders guten Jahrgängen wird nach nur 2-jähriger Fasslagerung abgefüllt und reift dann sehr langsam über 20 Jahre und mehr in der Flasche. Er bildet dabei starke Ablagerungen und muss dekantiert werden.

Warre's Die älteste britische Port-Firma überhaupt (seit 1670), seit 1905 im Besitz der Familie Symington (siehe Dow's); feine, elegante, lang reifende Jahrgangsweine, guter Tawny (Nimrod), Vintage Character (Warrior) und exzellenter LBV. Außerdem der Einzellagen-Port Quinta da Cavadinha (**78 79 82 84 86 87 88 89 90** 92 95 98). Jahrgänge: **63 66 70' 75 77' 80 83** 85 91 94 97.

White Port Aus weißen Trauben hergestellter, daher goldfarbener Port. Wurde früher süß, heute häufiger trocken bereitet. Erzeuger: Niepoort, Churchill, Barros. Mit Tonic probieren.

Williams & Humbert Berühmte erstklassige Sherry-Bodega, jetzt im Besitz der Medina-Gruppe. Dry Sack (Medium Amontillado) ist der Bestseller, Pando ein ausgezeichneter Fino. Canasta Cream und Walnut Brown

sind gut in ihrer jeweiligen Klasse. Dos Cortados ist der berühmte trockene alte Palo Cortado des Hauses. Empfehlenswert auch der berühmte Brandy Gran Duque de Alba, der von Diez-Merito erworben wurde.
Wisdom & Warter Alte Bodega mit gutem Sherry, v. a. Amontillado Tizón und sehr seltenem Solera. Auch Fino Olivar. Im Besitz von González Byass.

Alkoholgehalt des Weins
Das Alkoholpotenzial der Weine variiert stark. Ein schwerer Wein wie etwa Châteauneuf-du-Pape, Château d'Yquem oder Spätlese-Zinfandel enthält meist doppelt so viel Alkohol wie ein leichter deutscher Wein. Es ist der Alkohol, der uns einen Wein als »körperreich« empfinden lässt, wobei er aber durch Geschmackselemente, Zucker, Säuregehalt, Tannin und verschiedenartige Extrakte ausgeglichen sein muss. Ohne begleitendes reiches Bukett würde er zu hitzig und ungefällig schmecken.
Typische Alkoholstärken, im Labor durch Analysen kommerzieller Muster ermittelt (Volumenprozent):
Deutscher Tafelwein 8–11
Deutscher Kabinett 8–9
Deutsche Auslese 10–10,5
Deutsche Beerenauslese 12,8–14
Französischer Tafelwein 9–12
Roter Bordeaux 10,5–13
Bordeaux Cru classé 11–12
Beaujolais-Villages 10–10,5
Muscadet 12
Elsässer Riesling 10,5–11,5
Chablis Premier cru 10,5–12,7
Beaune 11–14
Chambertin 12,4
Châteauneuf-du-Pape 12,6+
Montrachet 12,6
California Zinfandel 12–16
California Chardonnay 10,5–13,5
California Cabernet Sauvignon 11,44
Australischer Cabernet Sauvignon/Shiraz 13,8
Barolo 12–14
Chianti 12–13
Valpolicella 11,7
Rioja Reserva 12,5
Sauternes 12–15
Château d'Yquem 13,5–16
Fino Sherry 18–20
Oloroso Sherry 18–20
Jahrgangs-Port 19–20
Madeira 17–19

England

Heute produzieren über 300 Weinbaubetriebe auf rund 810 ha durchschnittlich mehr als zwei Millionen Flaschen pro Jahr. Obwohl es sich zumeist um Weißweine aus fruchtigen deutschen Kreuzungen handelt, werden immer mehr interessante Rotweine von Pinot noir und Dornfelder, aber auch von der neuen Rebsorte Rondo, erzeugt. Auch Schaumweine in Flaschengärung von Chardonnay und Pinot noir, die dem Champagner nachzueifern versuchen, sind einer der großen Erfolge des englischen Weinbaus. Die United Kingdom Vineyards Association vergibt seit 1994 für die nationale Weinindustrie ein von der EU anerkanntes Qualitätssiegel. Leider sind hier nur natürliche Rebsorten zugelassen, sodass Winzer, die Hybridreben wie die sehr wertvolle Seyval blanc oder andere verwenden, ausgeschlossen bleiben. Vor »British Wine« sollte man sich übrigens hüten: Er ist weder britisch noch Wein im eigentlichen Sinn und hat mit dem Folgenden nichts zu tun.

Neuere Jahrgänge

2001 Das wärmste Jahr seit Beginn der Wetteraufzeichnungen in England mit Qualitätsweinen in vielen Kellereien. Sehr würzige Bacchus-Weine; gute, langlebige Rote.

2000 Ein kühles Jahr mit einem feuchten Herbst. Weiße besser als Rote; Schaumweine sollten gut geworden sein. Die besten Tropfen halten sich, den Großteil aber innerhalb von zwei Jahren trinken.

1999 Durchschnittliche Erträge und ein warmer Sommer unterstützten die Entstehung interessanter Weine, v. a. von Rebsorten wie Bacchus und Seyval blanc.

1998 Allgemein ein warmes Jahr mit einem schönen Herbst. Der Westen schnitt besser ab als der Osten, wo frühe Fröste einigen Schaden anrichteten. Schaumweine sollten gut sein.

1997 Strenger Frost im Mai reduzierte den Ertrag in fast allen Weinbergen und im ganzen Land wurde nur wenig geerntet. Fruchtige Sorten wie Bacchus gediehen gut.

1996 Obwohl die Lese in diesem Jahr länger dauerte als je zuvor, entstanden in allen Regionen alterungsfähige Weine. Dunkle Sorten wie Rondo oder Dornfelder konnten ausreifen.

Adgestone Bei Sandown, Isle of Wight – 3,2 ha großer Weinberg an einem Hang mit Kalkboden. Gegründet 1968; neue Eigentümer, neuer Kellermeister.

Astley Worcestershire ☆☆ 99 00 – 2 ha erbringen ordentliche Weine, u. a. preisgekrönte Madeleine Angevine, Kerner und Huxelvaner.

Barnsole Kent ☆☆ 98 – Von der 1993 bestockten, 1,4 ha großen Rebfläche kommt eine ordentliche Reihe von Weinen. Regelmäßig mit dem Gütesiegel Quality and Regional Wine ausgezeichnet.

Battle Wine Estate Battle, East Sussex ☆☆ 13,3 ha, mit einem Winzer, der in Neuseeland gelernt hat. Die Weine sind von zuverlässiger Qualität.

Bearsted Maidstone, Kent ☆☆ 98 – 1,5 ha, gegründet 1986; guter Bacchus und jetzt auch guter Schaumwein.

Beaulieu Abbey Brockenhurst, Hampshire ☆ 00 – 0,6 ha; gegründet 1958 von der Familie Gore-Browne auf einem alten Klostergelände. Guter Rosé und Schaumwein.

Beenleigh Manor Totnes, Devon ☆☆☆ 00 – Etwa 0,15 ha Rebfläche unter Kunststoffabdeckungen. Produziert werden winzige Mengen von preisgekröntem Cabernet Sauvignon/Merlot mit Eichenfassausbau.

Biddenden Bei Tenterden, Kent ☆☆ 8 ha, 1972 mit verschiedenen Rebsorten bestockt. Ortega und Dornfelder lohnen einen Versuch. Auch sehr guter Schaumwein.

Bookers Bolney, West Sussex – 2,4 ha Müller-Thurgau u. a.; steigende Qualität.

Bothy Abingdon, Oxfordshire – 1 ha; gute Auswahl sauber bereiteter Weine, v. a. Ortega-Optima. Angesehener Schaumwein und preisgekrönte Süßweine.

Boze Down Whitchurch-on-Thames, Oxfordshire ☆☆ 2,2 ha. Breite Palette qualitativ hochwertiger Weine. Die Roten sind einen Versuch wert. Gute Website (www.bozedown.com).

Breaky Bottom Lewes, East Sussex ☆☆ 96 – Gute trockene Weine, v. a. der Seyval blanc. Der 96er Schaumwein ist bereits sehr gut und wird immer noch besser.

Bruisyard Saxmundham, Suffolk – 4 ha Müller-Thurgau; gegründet 1974; u. a. Eichenfassausbau und Schaumwein, beide probierenswert. Kellerei und Kräutergarten für Besucher zugänglich.

Camel Valley Bodmin, Cornwall ☆☆ 99 00 – 1,8 ha mit guter Qualität, v. a. der 99er Cornwall Brut und der 99er Roséschaumwein.

Carr Taylor Hastings, East Sussex – 8,5 ha, 1973 gegründet. Gute Schaumweine. Gehört jetzt zusammen mit den Firmen Chapel Down und Lamberhurst zu English Wines plc.

Carters Colchester, Essex ☆☆ 1,7 ha, jetzt bemerkenswerte Weine. Der rote Dornfelder gewann 1998 in East Anglia den Preis »Wine of the Year«. Außerdem guter Schaumwein und sehr guter Bacchus.

Chapel Down Tenterden, Kent ☆☆☆☆ 99 00 – Größter Weinproduzent in Großbritannien. Am besten: schäumender Epoch Brut, roter Epoch, Bacchus und Downland Oak. Beliefert British Airways, das britische Parlament und große Kaufhausketten. Jetzt Sitz der Firma English Wines plc, zu der auch Lamberhurst und Carr Taylor gehören.

Chiddingstone Edenbridge, Kent ☆ 14,5 ha. Trockene Weine, v. a. fassgereift. Guter Pinot Blanc de Noir. Der Chasselas ist einen Versuch wert.

Chilford Hall Linton, Cambridgeshire ☆ 98 99 – 7 ha, 1972 gegründet. Umfassendes Angebot von trockenen Weinen.

Chiltern Valley Henley-on-Thames, Oxfordshire – 0,4 ha auf hoch gelegenem Kreideboden; dazu werden Trauben örtlicher Erzeuger angekauft. Weine u. a. Old Luxters Dry Reserve. Die Schaumweine machen sich.

Coddington Ledbury, Herefordshire – 0,96 ha, 1982 gegründet. Weine machen sich.

Danebury Stockbridge, Hants – 2,1 ha mit Auxerrois, Bacchus u. a. Qualität im Steigen; ordentlicher Schaumwein.

Davenport Rotherfield, East Sussex ☆☆ 98 99 – Junge Kellerei mit ernst zu nehmenden Weinen. Der Kellermeister hat in Australien gelernt. Erste Auszeichnungen; Tendenz in Richtung ökologischer Anbau. Schaumweine werden besser.

Denbies Dorking, Surrey ☆☆☆ 99 00 – 106 ha. Englands größter Weinbaubetrieb. Ein Besuch der imposanten Kellerei lohnt sich. Sehr guter Riesling; die Rot- und Dessertweine werden besser.

Eglantine Loughborough, Leicestershire – 1,3 ha Weinberg mit vielen Rebsorten. Der süße Madeline Sylvaner gewinnt Medallien.

English Wine Centre Alfriston, East Sussex – Weingrossist ohne eigene Anbauflächen, aber mit großer Vielfalt im Angebot.

Frithsden Hemel Hempstead, Hertfordshire – 0,8 ha Anbaufläche; probierenswert Ortega und Kerner.

Frome Valley Vineyard Bishops Frome, Herefordshire ☆ 1 ha; preisgekrönte, gut präsentierte Weine, die bei Three Choirs bereitet werden. Auf Besucher eingerichtet.

Gifford's Hall Bury St Edmunds, Suffolk – 3,6-ha-Betrieb mit interessanten (auch eichenfassgereiften) Weinen und Besichtigungsmöglichkeit.

Glyndwr Vineyard Llanblethain, Wales – 1,4 ha; mildes Seeklima. Weinbereitung bei Three Choirs. Beachtliche Schaumweine, auch die Roten lohnen sich. Ältester kommerziell betriebener Weinberg in Wales.

Great Stocks Billericay, Essex ☆ 2,6 ha Weinberg mit interessanten Weinen, v. a. der 95er Verschnitt Symphony sowie Orion mit Eichenholzaroma. Weine werden bei Davenport bereitet.

Hale Valley Wendover, Bucks – 0,6 ha. Interessante Weine, im Auge behalten.

Halfpenny Green Staffordshire – 6 ha, v. a. guter Madeleine Angevine und Schaumwein.

Harden Farm Penshurst, Kent – 4,8 ha. Bacchus und Schönburger sind gut; Hauptlieferant von Chapel Down.

Harling Norwich, Norfolk – 2,6 ha Müller-Thurgau und Bacchus unter neuem Eigentümer. Die Weine werden bei Shawsgate bereitet.

Hendred Berkshire – 2,4 ha, 1971 bepflanzt. Interessanter Seyval blanc und Madeleine Angevine.

Hidden Spring Horam, East Sussex ☆☆ 3 ha. Zuverlässig gute Weine, v. a. Sunset Rosé. Weinbereitung bei Valley.

Horton Estate Wimborne, Dorset – 3,6 ha. Bacchus, Reichensteiner und eine Auswahl an roten Sorten. Vielversprechende Weine.

Ickworth Suffolk; 99 00 – 0,8 ha. Erwirbt sich erste Auszeichnungen und einen guten Ruf.

La Mare Jersey, Channel Islands – Die Weine sind sauber, aber verbesserungsfähig; es wird weiter investiert.

Lamberhurst Kent ☆ 10,5 ha. Kam 2000 in neuen Besitz und gehört jetzt zu English Wines plc. Alle Weine werden bei Chapel Down bereitet.

Leeds Castle Maidstone, Kent ☆ Alteingesessener Betrieb mit 1,3 ha Anbaufläche. Müller-Thurgau und Seyval blanc. Verkauf nur auf dem Schloss. Bereitung bei Tenterden. Der 98er Seyval blanc gewann die Laughton Trophy.

Leventhorpe Yorkshire – Der 2,2 ha große nördlichste Weinberg mit kommerziellem Anbau in England wurde 1986 angelegt und liefert guten Madeleine Angevine, Madeleine Sylvaner und Seyval blanc.

Llanerch South Glamorgan, Wales ☆ 2,2 ha, 1986 angelegt. Weine der Marke Cariad mit sich entwickelndem und zu Recht preisgekröntem individuellem Stil. Guter Rosé und Schaumwein.

Meopham Valley Kent; 99 – 1,9 ha, gegründet 1991. Bereitet jetzt interessante Weine, v. a. Pinot gris.

Mersea Vineyard East Mersea, Essex ☆☆ 2,7 ha. Das 1985 gegründete Weingut, an der Sonnenseite der kleinen Insel nahe Colchester gelegen, erzeugt verlässlich gute Weine. Bereitung bei Chapel Down und Valley.
Moorlynch Bridgewater, Somerset – 1,5 ha einer idyllischen Farm. Gute Weine, v. a. 97er Special Reserve und Roséschaumwein.
New Hall Bei Maldon, Essex – Etwa 40 ha auf einem Hof mit gemischtem Anbau. Sehr guter 2000er Bacchus. Liefert Trauben an andere Kellereien, z. B. Chapel Down, Three Choirs und Valley.
Northbrook Springs Bishops Waltham, Hampshire ☆☆ 5 ha; Weine immer besser, z. T. preisgekrönt. Beachtliche Schaumweine. Unterstützt das »Quality-Wine«-Modell.
Nutbourne Bei Pulborough, West Sussex ☆☆ 00 – 6 ha. Der Sussex Reserve gewann 2000 eine Medaille.
Nyetimber West Chiltington, West Sussex ☆☆☆☆ Knapp 16 ha großer Betrieb, 1988 mit Chardonnay, Pinot noir und Pinot meunier bepflanzt. Erzeugt nur klassische Schaumweine. Die 94er Cuvée Aurora gewann 2001 die Gore-Brown Trophy. Weine von ausgezeichneter Qualität, die lange in der Flasche altern können. Vorbildhaft für die englische Schaumweinproduktion.
Penshurst Tunbridge Wells, Kent – 5 ha seit 1972; u. a. guter Seyval blanc und Müller-Thurgau. Schöner, moderner Betrieb.
Plumpton College Lewes, East Sussex – Dem College angeschlossenes Versuchsgut, auf dem Kurse für Weinbau und Weinbereitung abgehalten werden. Kleine Kellerei; Qualität steigend. Hat seit kurzem Rebflächen in Ditchling gepachtet und beliefert Chapel Down.
Priors Dean Alton, Hampshire – Knapp 0,4 ha. Guter 98er Seyval blanc. Die Weine werden bei Valley bereitet.
Ridge View Ditchling Common, East Sussex ☆☆☆ 6,5 ha Weinberg, 1995 angelegt, mit Chardonnay, Pinot noir und Pinot meunier für Qualitätsschaumwein nach der klassischen Methode. Die 97er Cuvée Merret Bloomsbury und der Fitzrovia Rosé oJ sind sehr gut. Trendsetter in der englischen Schaumweinerzeugerlandschaft
Rosemary Isle of Wight – Mit 11,3 ha der größte Weinberg auf der Isle of Wight. Weine von unterschiedlicher Qualität, nur langsame Fortschritte.
St Augustine's Aust, Gloucestershire ☆ Guter Madeleine Angevine. Bereitung bei Three Choirs.
Sandhurst Cranbrook, Kent ☆☆ 5,5 ha. Bacchus, Rote und Süßweine von hoher Qualität. Weinbereitung bei Tenterden. Traubengroßlieferant für Chapel Down.
Seddlescombe Organic Robertsbridge, East Sussex – Großbritanniens wichtigster Betrieb mit ökologischem Weinbau. 3,2 ha. Erzeugt eine Reihe von Weinen, die sich einiger Beliebtheit erfreuen. Ein paar davon sind interessant.
Sharpham Totnes, Devon ☆☆☆ 99 00 – 4 ha. Aus dem preisgekrönten Weinberg kommen beständig gute Weine. Der 99er mit Fassgärung und die 2000er Estate Selection haben Medaillen gewonnen,
Shawsgate Framlingham, Suffolk ☆☆☆ 5 ha. Im Jahr 2000 Besitzerwechsel. Der 2000er Bacchus hat die Jack Ward Trophy gewonnen.
Standen East Grinstead, West Sussex – 1 ha. Junger, vielversprechender Winzer, spezialisiert sich auf Schaumwein.
Sugar Loaf Wales ☆ 1,6 ha. Produktion bei Three Choirs. Preisgekrönt.

Tenterden Kent ☆☆☆ 7,5 ha, 1977 angelegt. Weine von beständiger Qualität, u. a. Estate Dry und Cinque Ports Classic. Gehört jetzt zu English Wines plc; Sitz der Kellerei Chapel Down.

Three Choirs Gloucestershire ☆☆☆ 99 00 – 30 ha, 1974 angelegt. Sehr gute Weine sind Estate Reserve Bacchus, Phoenix und Siegerrebe. Äußerst populär der English Nouveau, ausgezeichneter Schaumwein. Zweitgrößter Erzeuger in Großbritannien.

Tiltridge Upton-upon-Severn, Worcestershire; 99 – 0,4 ha. Kleiner Erzeuger mit guter Nachfrage in der Umgebung. Interessante Weine; sehr gut der Schaumwein Elgar Dry.

Titchfield Titchfield, Hampshire – 0,5 ha, 1988 angelegt. Gute Qualitätsweine, die bei Three Choirs gekeltert werden.

Valley Twyford, Berkshire ☆☆☆☆ 98 99 00 – 8 ha. Großbritanniens erfolgreichster Weinerzeuger mit einer respektablen Reihe von hochklassigen Weinen. Der in Eiche ausgebaute Fumé, der Clocktower Pinot noir und der Schaumwein Ascot sind alle lohnend. Keltert auch für viele andere Winzer.

Warden Abbey Bedfordshire ☆☆ 99 – 2,3 ha, 1986 angelegt. Die kundig bereiteten Weine gewinnen regelmäßig Preise. Besonders zu empfehlen die Marke Warden Vineyard und die Schaumweine.

Webbsland Wickham, Hampshire; 99 00 – 3 ha, gergündet 1993. Guter Pinot noir; allgemein werden die Weine besser.

Wickham Shedfield, Hampshire ☆☆ 99 00 – 7,2 ha (seit 1984). Zuverlässige Weine, v. a. 99er Vintage Selection und 2000er Fumé. Besitzerwechsel im Jahr 2000.

Wooldings Whitchurch, Hampshire ☆ 00 – 4,8 ha. Breites Angebot an Weinen; Qualität ordentlich bis gut.

Worthenbury Wrexham, Wales; 00 – 0,25 ha Rebfläche unter Kunststofffolie mit Pinot noir, Chardonnay und Sauvignon blanc.

Wroxeter Roman Shrewsbury, Shropshire – 2,4 ha Anbaufläche an einem Ort, wo sich einst eine alte römische Stadt befand. Qualität steigend.

Wylye Valley Warminster, Wiltshire ☆ 3,5 ha, 1989 angelegt. Die Weine haben erste Preise gewonnen.

Wyken Bury-St-Edmunds, Suffolk; 99 – 2 ha, 1988 angelegt. Gute Weine aus dem 1992er-Jahrgang: Auxerrois, Bacchus und Kernling. Preisgekröntes Restaurant.

Mittel- und Südosteuropa

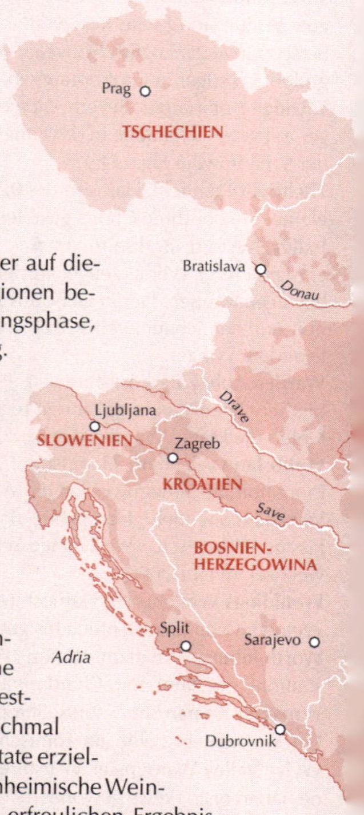

Zu behaupten, manche Teile der auf dieser Karte verzeichneten Regionen befänden sich noch in einer Übergangsphase, wäre eine kapitale Untertreibung. Der Bildung neuer regionaler Autonomien und Staaten folgen jedoch oft größere Anstrengungen im Weinbau. In einigen Fällen, über die viel berichtet wurde, nahm das derartige Formen an, dass international agierende *flying winemakers* ihre Zelte aufschlugen, wo gerade Erntezeit war, und für gewöhnlich aus gängigen Rebsorten Weine produzierten, die ins Sortiment westlicher Supermärkte passten – manchmal aber auch erheblich bessere Resultate erzielten. Dies wirkt sich auch auf die einheimische Weinerzeugung aus, und oft mit dem erfreulichen Ergebnis, dass frischere und fruchtigere Weine der verschiedensten Geschmacksrichtungen entstehen.

In den ehemaligen kommunistischen Ländern sind die alten Staatsbetriebe in den vergangenen zehn Jahren durch neue Erzeugerfirmen und Familienbetriebe ersetzt worden. Sie etablieren nun ihren eigenen Stil und treten mit frischen und fruchtigen bzw. mit komplexeren, ausgereiften Weinen in den Wettbewerb ein.

Bisher haben sich Ungarn und Bulgarien sowie Slowenien und die tschechische Republik hierbei besonders hervorgetan. In anderen ehemals kommunistisch beherrschten Staaten ist das Potenzial noch entwicklungsfähig, wobei besonders Rumänien aufholt. Für Griechenland gibt es keinen Zweifel: Hier ist definitiv ein neues Weinzeitalter angebrochen.

Die Stichwörter in diesem Kapitel sind nach Ländern geordnet, die alle auf der nebenstehenden Karte verzeichnet sind. Aufgenommen wurden darüber hinaus im alphabetischen Verzeichnis Erzeuger, wichtige Begriffe und die bedeutendsten Traubensorten.

Die dunklen Flächen bezeichnen
die Weinbaugebiete
WAKEI
est
GARN
RUMÄNIEN
MOLDAWIEN
Kishinev
Prut
Olt
Timisoara
Belgrad
Donau
Bukarest
Donau
Varna
BULGARIEN
RBIEN
Sofia
Schwarzes Meer
Plovdiv
Skopje
MAKEDONIEN
TÜRKEI
Euros
Istanbul
Thessaloniki
IEN
GRIECHENLAND
Ägäis
TÜRKEI
Izmir
Patras
Athen

Ungarn

Ungarn war mit Osteuropas feinsten und individuellsten Weinen in das kommunistische Zeitalter gestartet. Übrig geblieben waren zerstörte Traditionen und noch unausgegorene moderne Alternativen. Die vergangenen zehn Jahre brachten eine revolutionäre Entwicklung. Die Erzeuger haben Kapital und einen Teil ihrer Erträge in bessere Kellerausstattung investiert, ihre Verfahren verbessert und die Pflanzungen internationaler Rebsorten vergrößert. Recht ordentliche Standardsorten sind jetzt leicht zu finden. Nach den anfänglichen Jahren des Experimentierens gibt man nun erprobten Weinbereitungsmethoden und einem klaren Weinstil den Vorzug. Dies gilt insbesondere für die Rotweine aus Villány, Szekszárd und Eger. Die Renaissance des Tokajers, zweifellos die großartigste Weinspezialität Südosteuropas, steht weiterhin in voller Blüte, und die einheimischen (ausschließlich weißen) Traubensorten bilden das Rückgrat für die traditionell beliebten feurigen, kräftigen, vollblütigen Weine Ungarns. 2000 ist möglicherweise einer der besten Jahrgänge der letzten 100 Jahre.

Alföld Die große ungarische Ebene, Quelle für Alltagswein (hauptsächlich westliche Sorten) und bessere Qualitäten, beinhaltet die drei Weinbezirke Hajós-Baja, Csongrád und Kunság.

Aszár-Neszmély Weißweinregion in Nordwestungarn nahe der Donau. Anbau einheimischer und westlicher Sorten.

Aszú Durch Botrytis geschrumpfte Trauben und der süße Wein, der daraus gekeltert wird (ähnlich wie in Sauternes). Das Wort bezeichnet sowohl den Wein als auch die getrockneten Beeren.

Aszú Eszencia Tokaji; br; s ☆☆☆☆ **57 63 93** – Die zweite Qualitätskategorie des Tokajers (siehe Eszencia): sieben Butten und mehr; ein bernsteinfarbener Zaubertrank, wie ein himmlischer, butterweicher Scotch.

Badacsony w; tr s ★★→★★★ Weinbezirk am Nordufer des Plattensees, Heimat der Kéknyelű-Rebe. Der Basaltboden kann volle, hocharomatische Weißweine hervorbringen, gut bereitete Rieslinge und Szürkebarát zeigen feine mineralische Noten. Führend ist die Kellerei Szent Orbán des Erzeugers Szeremley.

Balaton Der Plattensee, wie der Balaton auf Deutsch genannt wird, ist der größte europäische Süßwassersee. Viele gute Weine führen seinen Namen. Die Endung »-i« (z. B. Balatoni, Egri) entspricht der deutschen Endung »-er« an Ortsnamen.

Balatonboglár r w; tr s ★★→★★★ Fortschrittlicher Weinbezirk am Südufer des Plattensees, besonders gut für Weiße (Chardonnay, Sémillon, Muscat). Auch Schaumweine nach dem Tankgärungsverfahren. Die gleichnamige Großkellerei im Besitz von Hungarovin bietet eine umfassende Auswahl an weißen Qualitätsweinen inkl. Schaumwein.

Bátaapáti Kastélyborok Markenname einer Kellerei bei Szekszárd, teilweise im Besitz von Antinori (Italien). Tibor Gál bereitet sehr guten Sauvignon blanc, Chardonnay und Tramini; auch Kékfrankos und andere Rote.

Bikavér Eger; r ☆ Erlauer Stierblut ist der historische Name des Rotweins von Eger; gute Beispiele sind voll und ausgeglichen, aber die heutige

Exportversion ist höchst uneinheitlich. Steht jetzt unter Aufsicht, um die Identität zu wahren und das Niveau zu heben (siehe Eger). Meistens ein Verschnitt von drei Traubensorten, darunter Kékfrankos, Cabernet Sauvignon, Kékoporto und Merlot. Wird auch in Szekszárd produziert.

Bock, József Familienbetrieb in Villány; erzeugt kräftige sortenreine und verschnittene Rotweine.

Bodroy-Várhegy Tokajer-Kellerei mit Rückhalt in Frankreich und einigen köstlichen Weinen.

Bodvin Privates, 6,5 ha großes Tokajer-Weingut in Mád, das Aszú und andere Weine v. a. in die USA exportiert.

Bor Wein. Vörös bedeutet Rotwein, Fehér Weißwein; Asztali ist Tafelwein.

Butte Siehe Puttonyos.

Dégenfeld, Grof Großer Tokajer-Erzeuger in Tarcal mit 60 ha Anbaufläche, dessen Produktion mehr und mehr in Schwung kommt.

Disznókő Bedeutendes, erstklassiges Tokajer-Weingut, seit 1992 im Besitz von AXA, einer französischen Versicherung. Aszú und andere Weine dürften Spitzenklasse sein; der erste Jahrgang (93) ist sehr voll, mit einem Hauch Sauternes.

Dusóczky, Tamás Alter Tokajer-Aristokrat mit kleiner Produktionsmenge.

Édes Süßer Wein (jedoch nicht so zuckerig wie Aszú).

Eger r w; tr s ☆→☆☆☆ Das bekannteste Rotweinzentrum Nordungarns: Schöne Barockstadt mit Kellern voll Bikavér. Außerdem frischer weißer Leányka (heute vielleicht der beste Wein dieser Gegend), Olaszrizling, Chardonnay und Cabernet Sauvignon. Spitzenerzeuger: Vilmos Thummerer (beständiger Bikavér), Tibor Gál, Pók Tamás, Ostoros Bor, Béla Vincze und potenziell der riesige Egervin.

Eszencia ☆☆☆☆ Sagenumwobene Quintessenz des Tokajers: intensiv süßer und aromatischer Wein von edelfaulen Trauben. So gut wie alkoholfreier Traubenmost, dem wundertätige Eigenschaften nachgesagt werden; sein Zuckergehalt kann mehr als 750 g/l betragen. Auf dem Markt nimmt seinen Platz jetzt Aszú Eszencia ein.

Etyek Bei Budapest. Quelle für moderne Standardweine, v. a. Chardonnay, Sauvignon blanc, besonders von Hungarovin.

Ezerjó »Tausendfacher Segen«, weit verbreitete traditionelle Rebsorte, die in Mór einen der besten ungarischen Weißweine hervorbringt: mit eigener Note, duftig und mit leichtem Grapefruit-Aroma.

François President 1882 von Franzosen gegründete Schaumweinkellerei in Budafok bei Budapest. Der Jahrgangssekt President ist recht ordentlich.

Furmint Die klassische, feurige Tokajer-Traube mit großem Aroma und genug Säure wird am Plattensee (Balaton) und in Somló auch für Tafelwein angebaut.

Gál, Tibor Erzeuger in Eger für Bikavér mit Barrique-Ausbau, auch eichenholzwürziger Chardonnay unter dem Etikett GIA.

Gere, Attila Familienbetrieb in Villány mit guten, zukunftsträchtigen Rotweinen, v. a. eichenfassgereiftem Cabernet Sauvignon (93). Zweitetikett: Gere & Wenninger (Cuvée Phoenix).

Hajós Pincék Alföld; r ★ Hübscher Ort in Südungarn mit 1500 Weinkellern; überwiegend traditionelle Familienbetriebe. Einige hochwertige Rotweine im leichteren Stil.

Hárslevelű »Lindenblättriger«; Traubensorte in Debrő für sanften, milden Wein mit Pfirsichnote sowie als zweite Sorte im Tokajer verwendet (vgl. Sémillon/Sauvignon blanc in Sauternes).

Helvécia (Kecskemét) Historische Kellerei im Alföld. Die Rebbestände sind ungepfropft, weil die Reblaus im Sandboden nicht vorankommt. Modernistische Weiß- und Roséweine; traditionelle Rote.

Hétszőlő Erstklassiges Weingut mit 46 ha in Tokaj, im Besitz von Grands Millésimes de France und der japanischen Firma Suntory. Zweitetikett: Dessewffy.

Hilltop Neszmély Kellerei in Aszár-Neszmély; Weine im westlichen Stil mit dem preisgekrönten Woodcutters White von der vor Ort gezogenen Hybridrebe Cerszegi Fuszeres.

Hungarovin Weinhandels- und -erzeugerorganisation mit riesigen Kellereien in Budafok bei Budapest; bietet vorwiegend »westliche Sortenweine« sowie Schaumwein in Tank- und Flaschengärung und nach dem Transvasierverfahren an. Jetzt im Besitz des deutschen Sektspezialisten Henkell.

János Arvay Tokajer-Kellerei in Familienbesitz mit wachsendem Renommee.

Kadarka Die in Ungarn verbreitetste traditionelle Rotweintraube; im Süden in großen Mengen angebaut, kann aber (z. B. in Szekszárd und Villány) schöne Würze und Langlebigkeit entwickeln. Gilt vielen als wesentlicher Bestandteil von Bikavér.

Kecskemét Bedeutende Stadt im Alföld, Quelle für Alltags- und bessere Weine.

Kékburgundi Ungarisch für Spätburgunder bzw. Pinot noir.

Kékfrankos Ungarisch für Blaufränkisch (angeblich mit Gamay verwandt). Liefert in vielen Gegenden, z. B. in Sopron, gute leichte oder körperreiche Rotweine und gehört in Eger zum Bikavér-Rezept.

Kéknyelű »Blaustengler«; hocharomatische, wenig ertragreiche Weißweintraube, ergibt den besten und kräftigsten Wein vom Badacsony. Sollte blumig und würzig sein. Beachtenswert die aromatischen, fruchtigen Weißweine des Spitzenerzeugers Huba Szeremley.

Királyleányka Siehe Leányka.

Királyudvar Bedeutende neue Tokajer-Kellerei in Tarcal, geleitet von István Szepsy. Hier sind Spitzenweine zu erwarten.

Kiskunság Größte Region in der Ebene. Guten Kadarka liefert v. a. Kiskörös.

Különleges Minőség Besondere Qualität: höchste offizielle Qualitätsstufe.

Lauder-Lang Partnerschaft im Ausland lebender prominenter Ungarn für die Tokajer-Produktion in Mád. Besitzt auch Weingärten und eine Kellerei in Eger sowie das berühmte Restaurant Gundel in Budapest.

Leányka »Mädchentraube«; alte ungarische Weißweintraube, die überaus würzigen, leichten, trockenen Wein erbringt. Királyleányka, »Königmädchentraube«, ist eine andere – und vermutlich bessere – Sorte.

Mád Altes Handelszentrum in der Region Tokaj. Erzeuger: u. a. Royal Tokaji, Szepsy, József Monyok, Vince Gergely.

Mátraalja (r) w ★★ Weinbaugebiet in den Ausläufern des Mátragebirges in Nordungarn, rund um die Stadt Gyöngyös (Sitz einer großen, modernisierten Kellerei) mit Debrő und Nagyréde. Vielversprechender, trockener weißer Szürkebarát, Chardonnay, Muskotály und Sauvignon blanc. Investitionen aus Frankreich und Australien, jetzt auch aus Deutschland.

Mecsekalja Distrikt in Südungarn, bekannt durch die guten Weißweine von Pécs, v. a. Schaumweine.

Megyer, Château Weingut des Gemeinschaftsunternehmens zwischen dem Tokay Trading House und den französischen Investoren Sárospatak (siehe auch Château Pajzos). Exzellenter Aszú.
Mézes Mály Neben Czárfás historisch die beste Lage der Tokajer-Region. Beide liegen in Tarcal.
Minőségi Bor Qualitätswein. Ungarns Appellation Contrôlée.
Mór Nordungarn; w ☆☆→☆☆☆ Seit langem für frischen, trockenen Ezerjó bekanntes Gebiet. Jetzt auch Riesling und Sauvignon blanc. Die Weine werden jetzt überwiegend exportiert.
Muskotály Gelber Muskateller. Erbringt in Tokaj und Eger leichte, aber langlebige Weine. Zum Teil in Tokaji-Verschnitten (vgl. Muscadelle in Sauternes), gelegentlich auch zu wundervollem, reinsortigem Aszú-Wein verarbeitet.
Nagyburgundi Wörtlich »großer Burgunder«; eine einheimische Traube, die oft mit Kékfrankos verwechselt wird. Sie liefert saubere, feste Weine, besonders um Villány und Szekszárd.
Olaszrizling Ungarischer Name für italienischen oder Welschriesling. Bessere Sorten können ein Aroma von gebrannten Mandeln haben.
Oremus Altehrwürdiges Weingut der Gründerfamilie Rákóczi; wird jetzt durch die spanischen Besitzer von Vega Sicilia wieder hergestellt. Firmensitz jetzt in Tolcsva. Erstklassiger Aszú.
Pajzos, Château Weingut in Tokaj und neben Château Megyer Teil des Gemeinschaftsunternehmens zwischen dem Tokay Trading House und Sárospatak (siehe auch Château Megyer). Exzellenter Aszú.
Pécs Mecsek; (r) w ★→★★ Größerer Weinort in Südungarn. Gute Schaumweine, Olaszrizling, Pinot blanc usw.
Pinot noir Damit ist meist Kékburgundi gemeint (siehe dort).
Plattensee Siehe Balaton.
Puttonyos (Butten) Das Maß für den Süßgehalt des Tokajers. Eine Butte besteht aus 25 kg (traditionell eine Trage voll) Aszú-Trauben. Die Zahl der Butten (zwischen 3 und 7), die einem Fass (136 l) des trockenen Grundweins beigemischt werden, bestimmt den Süßgehalt des Endprodukts (3 Butten = 60 g Zucker/l, 4 = 90, 5 = 120, 6 = 150). Aszú Eszencia muss mindestens 180 g/l aufweisen. Siehe dazu auch Eszencia, ein wirklich klebriges Produkt.
Royal Tokaji Wine Co. Englisch-dänisch-ungarisches Gemeinschaftsunternehmen in Mád (Tokaj) mit Vorreiterfunktion, 81 ha Anbaufläche, vorwiegend erste und zweite Klasse. Der erste Wein (1990): eine Offenbarung; auch der 91er und v. a. der 93er Jahrgang haben eine Renaissance des Tokajers eingeläutet; der 95er, 99er und 2000er folgen. Als Mitbegründer kann ich nicht verschweigen, dass ich daran beteiligt bin.
Siklós Stadt und Teil des Villány-Siklós-Weindistrikts in Südungarn; vorwiegend kleine Erzeuger; besonders Hárslevelű, vielversprechend auch der reife, fruchtige Chardonnay, ferner Tramini und Olaszrizling.
Somló Nordungarn; w ☆☆ Kleines Weinbaugebiet in isolierter Lage nördlich vom Plattensee, liefert (ehemals hoch angesehene) Weißweine von der Furmint- und der Juhfark (= Schafschwanz)-Traube; sowohl traditionell fassvergoren als auch in frischem fruchtigem Stil. Spitzenerzeuger sind u. a. Fekete, Inhauser.
Sopron Westungarn; r ☆☆→☆☆☆ Kleine ungarische Enklave im Burgenland, südlich vom Neusiedler See (siehe Österreich); bisher für leichtere Rotweine wie Kékfrankos und süße Weine nach österreichischer Art bekannt, vielversprechend aber auch für Weiße wie Sauvignon blanc.

Szamorodni Auf Deutsch: »wie er geboren wurde«. Bezeichnung für Tokajer, bei dem im Weinberg keine Auslese erfolgt. Kann trocken oder (ziemlich) süß sein, je nachdem, wie viele Aszú-Trauben »zufällig« hineingeraten. Als Aperitif zu empfehlen. In Jahren, die Tokajer-Aszú-Jahrgangsweine hervorbringen, kann süßer Szamorodni durchaus Aszú-Charakter zu einem erheblich niedrigeren Preis bieten. Trockener Szamorodni ist Ungarns Sherry.

Száraz Trocken, insbesondere bei Tokaji Szamorodni.

Szarvas Ehemals königlicher Tokaji-Weinberg in Tarcal; immer noch in Staatsbesitz. Eine der klassischen Spitzenlagen.

Szekszárd r ☆☆→☆☆☆ Bezirk im südlichen Mittelungarn, einige der besten Roten des Landes von Cabernet Sauvignon und Merlot. Außerdem Kadarka, der 3 bis 4 Jahre Reifezeit braucht, auch mit Edelfäule (Nemes Kadar). Guter Bikavér aus organischem Anbau, guter Chardonnay und Olaszrizling. Die Qualitätsweine sind leichter und feiner als die aus Villány. Erzeuger: u. a. Vesztergombi, Peter Vida, Heimann.

Szepsy, István Legendärer Familienname in Mád, der mit einer makellosen kleinen Produktion von sehr alterungsfähigem Tokaji Aszú verknüpft ist. Die Familie Szepsy hat den Tokajer 1630 »erfunden«.

Szeremley, Huba Führendes Weingut in Badacsony. Seine Riesling-, Szürkebarát-, Kéknyelű- und Zeusz-Weine sind Prototypen für den modernen Stil. Auch feiner Kékfrankos von der Tihany-Halbinsel.

Szürkebarát Wörtlich »grauer Klosterbruder«: ungarisch für Pinot gris; zu viele davon sind süße Touristenweine vom Plattensee. Dennoch ist dies eine der besten Trauben Ungarns, man muss nur warten, bis große, trockene Weißweine erzeugt werden.

Tarcal Gemeinde in der Tokajer-Region mit den beiden Spitzenlagen und etlichen guten Erzeugern.

Tiffán, Ede Winzer in Villány mit körperreichen, eichenholzwürzigen Rotweinen.

Tokajbor Neue Tokajer-Kellerei in Bodrogkeresztúr. Im Auge behalten.

Tokaji (Tokajer) w; tr s ★★→★★★★ Der berühmte süße Likörwein Ungarns (seit ca. 1660), einem hocharomatischen, äußerst kräftigen Sauternes mit trockenem Abgang vergleichbar, stammt aus den Bergen an der Grenze zur Ukraine im Nordosten. Der Bereich umfasst 5400 ha in den Tokaj-Hegyalja-Hügeln. Siehe Aszú, Eszencia, Furmint, Puttonyos, Szamorodni. Auch trockener Tafelwein mit eigenem Charakter.

Tokaj Trading House In Staatsbesitz befindliche Firma mit 72 ha Anbaufläche der überragenden Lage Szarvas und vielen anderen. 60 % der Weine werden in Ungarn verkauft.

Tramini Gewürztraminer, besonders in Siklós.

Villány r rs (w) ★★ Führende Region für körperreiche Rotweine um die gleichnamige Stadt in Südungarn. Villányi Burgundi: zumeist Kékfrankos, durchaus gut. Auch Cabernet Sauvignon und Cabernet franc eröffnen gute Aussichten. Zuverlässige Weine. Eine Region im Aufbruch. Siehe auch Nagyburgundi.

Villány-Siklós Nach den zwei Städten benannte Weinbauregion im Süden. Hohe Qualität u. a. von Bock, Attila Gere, Günzer, Malatinsky, Molnár, Polgar, Tiffán, Villány Borászat und Vylyan.

Zéta Eine Kreuzung von Bouvier und Furmint, die von einigen Winzern bei der Herstellung von Aszú verwendet wird; auch reinsortig mit einem Bukett von Birnen und grünen Äpfeln. Schwindende Produktion.

Zeusz Neuere Rebsorte für aromatische süße Weißweine.

Bulgarien

2001 war der erste Jahrgang unter dem neuen Weingesetz nach französischem Vorbild, das genaue Vorschriften zur Weinerzeugung für die fünf Anbauregionen eingeführt hat. Die Tendenz zur Niveauverbesserung spiegelt sich in den Verkaufszahlen sowohl des heimischen wie auch des Exportmarktes wider, wo die Nachfrage nach Qualitätsprodukten rasant gestiegen ist.

In der Donauebene hat man sich auf fruchtige Weiß- und Rotweine spezialisiert (Svishtov und Rousse), während Lyaskovets, Pavlikeni und Suhindol weiter im Süden gut ausgewogene Rote produzieren. Die Region am Schwarzen Meer eignet sich besonders für frische trockene und fruchtige Weiße von Targovishte, Shumen und Pomorie. Die größte und ertragreichste Region, das Thrakische Tal mit seinen konstant hohen Temperaturen, erbringt reichhaltige, lagerfähige Rote, v. a. von Haskovo, Iambol, Sliven und Assenovgrad. Das Strumatal im Südwesten ist die heißeste Gegend, hier werden von Damianitza und Harsovo gehaltvolle, außerordentlich langlebige Rotweine gekeltert.

Die ausländischen Investitionen fließen weiterhin in die Modernisierung der etablierten Kellereien; gleichzeitig bringt eine Reihe von neuen Unternehmen eine willkommene Belebung und Abwechslung in die bulgarische Weinwelt.

Assenovgrad r ☆☆ Bedeutende Kellerei bei Plovdiv. Mavrud (**00**) und Cabernet Sauvignon halten sich gut.

Blueridge, Sliven r (w) ★★★ Die neueste und größte Kellerei Bulgariens, mit australischer Unterstützung gestaltet.Cabernet Sauvignon und Merlot sowie Chardonnay (**01**) haben zufriedene Abnehmer gefunden.

Boyar Estates Die Domaine Boyar ist mit Vinprom Rousse fusioniert; der neu entstandene Konzern ist eine der größten Gesellschaften in Osteuropa, der seine Produkte weltweit unter den Namen Domaine Boyar, Blueridge und Vinprom Rousse vermarktet.

Burgas (r) rs w ☆→☆☆ Badeort am Schwarzen Meer. Besondere Spezialität sind Roséweine, daneben gefällige Weiße und auch einige gute Rotweine.

Cabernet Sauvignon Gedeiht in Bulgarien sehr gut (die Anbaufläche ist 4-mal so groß wie in Kalifornien). Ihr Wein ist dunkel, kräftig und fruchtig; bereits jung genussreif. Spitzenqualitäten altern aber auch gut. Gute Beispiele sind Iambol, Sliven, Suhindol und Rousse.

Chardonnay Zunächst nicht so erfolgreich wie Cabernet Sauvignon, erzielt jetzt aber bessere Ergebnisse in den nördlichen und östlichen Regionen. Sehr trockener, aber vollmundiger Wein; neuere Beispiele versprechen Gutes; v. a. von Targovishte, Shumen und Slaviantsi.

Controliran Qualitätskategorie, ähnlich wie DOCG und AOC. 2000 trat ein neues Weingesetz in Kraft.

Damianitza r ☆☆ Kellerei in Melnik, spezialisiert auf die einheimische Melnik-Traube. Auch Merlot und der neue Redark (**00**).

Dimiat Die verbreitete einheimische Weißweintraube wird im Osten, zur Küste hin angebaut. Gute Beispiele von Blueridge (**01**) und Black Sea Gold.

Donau Grenzfluss zu Rumänien. Die Weinberge von Rousse und Svishtov profitieren von der Nähe zum Fluss, v. a. für Rotweine.
Gamza Rotweintraube, die ungarische Kadarka. V. a. die Weine aus der Donauebene im Norden besitzen ein gutes Potenzial. Spezialisten sind u. a. Pavlikeni, Novo Selo, Suhindol und Pleven.
Harsovo Region im Südwesten, v. a. mit Melnik.
Haskovo r (w) ☆☆→☆☆☆ Vor kurzem privatisierter Betrieb im Süden mit eigenen Anbauflächen, spezialisiert auf Merlot; die Kellereien Stambolovo und Sakar sind Zweigfirmen.
Iambol r w ★★→★★★ Weinbaubetrieb im Besitz von Boyar Estates, spezialisiert auf Cabernet Sauvignon und Merlot.
Karlovo Stadt in Mittelbulgarien, berühmt durch das »Tal der Rosen«. Besonders gut: weißer Misket.
Khan Krum Zweigbetrieb der Kellerei Preslav mit Weißwein, v. a. Chardonnay Reserve.
Korten r ☆☆→☆☆☆ Unterbereich von Sliven. Korten-Cabernet-Sauvignon ist tanninbetonter als die meisten anderen.
Landwein Regionaler Wein (vgl. den französischen Vin de pays), oft Verschnitte von zwei Rebsorten mit eigener Geschmacksrichtung.
Lovico Suhindol r w ☆☆→☆☆☆ In diesem Ort wurde 1909 die erste und älteste Winzergenossenschaft Bulgariens gegründet. Gamza- sowie Cabernet-Sauvignon- und Merlot-Verschnitte.
Mavrud Traubensorte und ihr dunkler Rotwein mit Pflaumenaroma aus Südbulgarien, v. a. Assenovgrad. Über 20 Jahre lagerfähig. Gilt als beste einheimische rote Sorte Bulgariens.
Melnik Ort im äußersten Südwesten und ihre viel gelobte Traube. Der dortige Rotwein ist so dick, dass es heißt, man könne ihn in einem Taschentuch mitnehmen. Braucht mindestens 5 Jahre Reifezeit und hält sich 15 Jahre. Auch reifer, entfaltungsfähiger Cabernet Sauvignon.
Merlot Die milde rote Sorte gedeiht vor allem im Distrikt Haskovo in Südbulgarien. Ausgezeichnete Weine stammen z. B. von Stambolovo, Iambol, Lyubimets und Elhovo im Süden sowie von Shumen und Lovico Suhindol im Norden.
Misket Einheimische bulgarische Traubensorte; erbringt mild-aromatischen Wein. Grundlage der meisten weißen Landweine.
Muskat-Ottonel Eine in Ostbulgarien angebaute Muskateller-Sorte. Sie liefert liebliche, fruchtige Weißweine.
Novo Selo Guter Gamza-Rotwein aus dem Norden.
Oriachovitza r ☆☆ Zweigbetrieb der Kellerei Stara Zagora. Bedeutender Bereich im Süden für Cabernet Sauvignon Controliran und Merlot. Volle, würzige Rotweine, nach 4 bis 5 Jahren am besten. Neuerdings guter Cabernet Sauvignon Reserve.
Pamid Leichter Alltagsrotwein aus Südost- und Nordwestbulgarien.
Pavlikeni r ☆→☆☆ Auf Merlot und Cabernet Sauvignon spezialisierter Erzeuger.
Peruschtitza r ☆→☆☆ Kellerei nahe Plodiv. Nur Rotweine, v. a. von Mavrud, Cabernet Sauvignon und Rubin-Trauben.
Pleven Kellerei im Norden mit Pamid, Gamza und Cabernet Sauvignon. Zugleich Bulgariens Weinforschungsanstalt.
Plovdiv Stadt in der südlichen Weinbauregion mit gutem Cabernet Sauvignon und Mavrud. Die Weinbereitung erfolgt meist in Assenovgrad und Peruschitsa. Die meisten bulgarischen Önologen studieren hier an der Universität im Fachbereich Lebensmitteltechnik.

Pomorie (r) w ☆☆ Kellerei im Osten an der Schwarzmeerküste; Weiß- und Rotweine, v. a. Chardonnay und Muskat.
Preslav w ☆☆ Bekannte Weißweinkellerei in der Ostregion. Auch guter Branntwein.
Reserve Bezeichnung auf Etiketten für eichenfassgereifte Auslesen. Weißwein reift mindestens 2, Rotwein mindestens 3 Jahre in großen Fässern aus Eiche.
Riesling Gelegentlich Rheinriesling, meist jedoch Welschriesling für halbtrockene und trockene Weißweine.
Rkatsiteli Eine der am weitesten verbreiteten Trauben der Welt; in Bulgarien ist sie als Rikat bekannt. Im Nordosten wird sie vielfach zu trockenen bis lieblichen weißen Verschnittweinen verarbeitet.
Rousse r w ★★ Große Kellerei an der Donau, jetzt mit Domaine Boyar zu Boyar Estates fusioniert. Frische Weißweine, mit modernster Technik bereitet, v. a. Sauvignon blanc und Chardonnay. Sehr gute Rotweine, u. a. Cabernet Sauvignon aus dem Yantratal.
Rubin Bulgarische Kreuzung (Nebbiolo x Syrah); oft verschnitten mit Cabernet Sauvignon oder Merlot.

Eine Auswahl bulgarischer Weine für 2003
Rotwein Blueridge Cabernet Sauvignon Bin 316 '01, Blueridge Merlot Bin 617 '01, Iambol Domaine Boyar Cabernet Sauvignon '01
Weißwein Muscat- und Ugni-blanc-Landweine von Slaviantsi, Chardonnay '01 von Shumen
Verschnitte einheimischer Rebsorten Blueridge Dimiat '01, Assenovgrad Mavrud '01
Reserve Stambolovo Merlot Reserve '94, Iambol Oravinifera Cabernet Sauvignon Reserve '99, Oriachovitza Merlot/Cabernet Sauvignon Reserve '94, Domaine Boyar Royal Reserve Cabernet Sauvignon '96

Sakar Weinbaubereich im Südosten mit Merlot, der zum besten Bulgariens zählt.
Sauvignon blanc Wird in Ost- und Nordbulgarien angebaut, v. a. von Shumen und Targovishte.
Shumen r w ★★→★★★ Region und Kellerei im Besitz von Boyar Estates, v. a. Weißwein, aber auch Rotweine im Stil der Neuen Welt: Premium Oak Chardonnay (**01**) und Merlot (**00**).
Slaviantsi (r) w ☆☆→☆☆☆ Kellerei mit vorwiegend Weißweinen, besonders Muskat, Chardonnay, Misket und Ugni blanc. Rotweine ebenfalls im Kommen, v. a. Cabernet Sauvignon.
Sliven r (w) ★★ Große Weinbauregion im Süden, v. a. mit Cabernet Sauvignon. Auch Merlot und Pinot noir, oft zu einem Landwein verschnitten. Außerdem Misket und Chardonnay. Vini Sliven erzeugt Rot- und Weißweine. Vielversprechender, in Barriques ausgebauter Cabernet Sauvignon.
Stambolovo Weinbaubereich in Haskovo, v. a. für Merlot; empfehlenswert: Azbuka Merlot (96).
Stara Zagora Region und Kellerei im Süden, v. a. Cabernet Sauvignon und Merlot bis Reserve-Qualität.
Sunguarlare Zweigbetrieb der Kellerei Slaviantsi. Bemerkenswerter Misket, delikat und duftig. Auch Chardonnay.
Svishtov r ☆☆→☆☆☆ Region und Kellerei an der Donau. Nur Rotweine, insbesondere fein ausgewogener Cabernet Sauvignon Auch guter Roséwein von dieser Traube (**01**).

Targovishte w ☆☆→☆☆☆ Region und Kellerei im Osten. Weißweine von hoher Qualität, v. a. Chardonnay (auch fassvergoren) und Sauvignon blanc. Vielversprechende neue Reihe Tuk Tam.

Varna w ☆ Küstenregion am Schwarzen Meer; Weißwein, v. a. Chardonnay (buttrig oder ohne Eichenholzwürze), Sauvignon blanc und Dimiat. Auch Aligoté und Ugni blanc (manchmal als Verschnitt).

Das ehemalige Jugoslawien

Vor seiner Auflösung 1991 war Jugoslawien ein zuverlässiger Lieferant von Weinen internationalen Kalibers, wenn nicht sogar generell von aufregender Qualität. Jetzt arbeiten die neu formierten Staaten wieder auf den Export hin und entwickeln neue, eigene Traditionen der Weinbereitung. Die derzeitigen politischen Wirren und die wachsende Konkurrenz durch andere osteuropäische Anbieter machen allerdings kommerzielle Kontakte schwierig, außer mit Slowenien, dessen »Riesling« als Pionier im Export fungierte, inzwischen gefolgt von Cabernet Sauvignon, Pinot blanc, Traminer und anderen. Abgesehen vom zentralen Hochland Bosniens wird in allen Regionen Wein produziert, traditionell von großen Genossenschaften, wenngleich neuerdings auch kleinere private Unternehmen entstanden sind. An der dalmatinischen Küste (Kroatien) und in Mazedonien gedeihen gute Lokalgewächse, die tief in der Antike verwurzelt sind. In Dalmatien zum Beispiel versprechen neue Investitionen und westliche Technologie in Kombination mit einigen einheimischen Weinen interessante Ergebnisse. Probleme gibt es weiterhin bei Vertrieb und Lagerung. Die besten Tropfen kommen direkt aus den Kellern der Erzeuger.

Slowenien

Barbara Sehr guter Schaumwein von Janez Istenič und seiner Familie in Bizeljsko.
Bela Krajina Bereich an der Kolpa mit der Spezialität Ledeno Vino Laški Rizling von spätgelesenen, gefrorenen Trauben.
Beli Pinot Pinot blanc, eine sehr beliebte Traube.
Belo vino Weißwein.
Bizeljsko Sremič Bereich an der Save. Vollmundige Rotweine von Lokalrebsorten sowie Laški Rizling.
Brda (auch **Goriška Brda**) In Westslownien zwischen dem Soča-Fluss und der italienischen Grenze gelegen. Viele Privatkeller mit exzellenten Weinen (Kristancič, Simcič, Sčurek).
Çrno vino Im Dialekt der Name für Rotwein (siehe Rdeče vino). Çrno heißt eigentlich »schwarz«.
Çurin praprotnik Nummer eins bei den süßen Weißweinen (Spätlese, Eiswein, Auslese).
Cviček Traditioneller dunkler Rosé oder heller Rotwein; aus Dolenjska mit wenig Alkohol und viel Säure.
Dolenjska Bereich an den Flüssen Krka und Save und an der kroatischen Grenze: Cviček, Laški Rizling und Modra Frankinja (trockener Rotwein).
Dravetal Siehe Podravje.
Društvo vinogradnikov Winzergenossenschaft im Brda mit 45 Erzeugern/Kellereien (Weine wie an der Save und Drave).
Gornja Radgona Kellerei, die Schaumweine nach alter Champagnermethode erzeugt. Außerdem Weißweine (wie Traminec).
Graševina Slowenisch für italienischen Riesling (auch Welschriesling, Laški Rizling genannt), den normalen Riesling der Region.

Hlupič (Haribor) Erzeuger feiner Weißer aus der Gegend um Haloze.
Jeruzalem Der berühmteste slowenische Weinberg in der Nähe von Ljutomer. Die besten Weine sind Laški Rizling, Renski Rizling und Sauvignon; auch Auslese, Spätlese, Eiswein.
Kakovostno vino Qualitätswein (Stufe unter Vrhunsko vino).
Kontrolirano poreklo Herkunftsgarantie: Der Wein muss zu 80 % aus dem genannten Bereich stammen.
Koper Stadt und Weinbaugebiet an der Küste, gut für vollmundigen Merlot und Bordeaux-ähnlichen Rdeci-Capris-Verschnitt.
Kmetijska zadruga Genossenschaft von Weinbauern.
Kraški Adjektiv für Weine, die im küstennahen Gebiet auf Karstgestein wachsen, eine für Refosco-Weine, z. B. Kraški Teran und eichenfassgereiften Teranton, berühmte Gegend.
Laški Rizling Weiterer Name für italienischen Riesling. Liefert den bekanntesten, wenn auch nicht qualitativ wertvollsten slowenischen Wein; Exportspitzenmarke: Cloburg aus der Region Podravski an der Drave.
Ljutomer-Ormož Das bekannteste und wohl beste Weißweingebiet Sloweniens im Osten (Drave), berühmt für seinen Laški Rizling; in seinen besten Vertretern reich und sehr befriedigend. Die Exportqualität kann unterschiedlich sein. Die Kellerei Ormož bietet außerdem Schaumwein und Spätlesen.
Malvazija Alte Weißweintraube griechischen Ursprungs, liefert in Westslowenien üppige (inzwischen aber auch lebendige, frische) Weine.
Maribor Bedeutendes Weinzentrum im Nordosten (Drave). Weißweine, hauptsächlich von Vinag, u. a. Laški Rizling, Riesling, Sauvignon blanc, Pinot blanc, Traminec; auch der Verschnitt Mariborcan.
Merlot Vernünftige Qualität in Slowenien, vergleichbar mit dem benachbarten Nordostitalien.
Metlika Weinzentrum am Fluss Kolpa im Bereich Bela Krajina.
Namizno vino Tafelwein.
Podravje Weinregion mit vielen kleinen Rebgärten. Weine: Laški Rizling, Renski Rizling (Rheinriesling), Šipon (Furmint), Sauvignon (Sauvignon blanc). Auch einige gute Chardonnay-Weine.
Posavje Zentralslowenien; leichte trockene Rotweine, z. B. Cviček. Auf dem Nordufer Weißwein, z. B. Laški Rizling, Silvaner und neuerdings Chardonnay und Sauvignon blanc.
Poznatgratev Spätlese.
Primorje (littoral) Küstenregion an der Grenze zu Italien (Collio). Hauptsächlich Rotweine: Cabernet Sauvignon, Merlot (gereift in slowenischer Eiche), Barbera und Refosco.
Ptuj Historische Weinstadt mit alteingesessener Genossenschaft; saubere Weine, hauptsächlich weiße.
Radgona-Kapela Bereich an der Mura unmittelbar an der österreichischen Grenze; v. a. Spätlesen, z. B. Radgonska Ranina, auch Schaumwein nach der klassischen Methode.
Radgonska Ranina Ranina ist die österreichische Bouvier-Traube. Radgona liegt bei Maribor. Der Wein ist süß und trägt die Handelsbezeichnung Tigrovo Mleko (Tigermilch).
Rdeče vino Rotwein.
Refošk Die sehr gute italienische rote Refosco-Traube wird in Ostslowenien und in Istrien (Kroatien) unter dem Namen Teran angebaut.
Renski Rizling Rheinriesling ist in Slowenien selten, kleinere Produktion in Ljutomer-Ormož. Altert gut.

Rizling Der Name steht nie alleine, sondern wird stets in der Kombination Laški Rizling oder Renski Rizling angegeben.
Sauvignon (Sauvignon blanc) Sehr gut, wenn entsprechende Voraussetzungen gegeben sind; ansonsten grauenhaft.
Savetal Siehe Posavje.
Šipon In Ungarn Furmint genannte Rebsorte; mit einheimischen Preisen ausgezeichnet, hat vielleicht Zukunft. Gut lagerfähig
Slamniak Laški Rizling, trocken aus Weinkellereien von Ljutomerčan, Ljutomer.
Slovenijavino Sloweniens größter Exporteur; kauft Weine (v. a. Welschriesling) zum Verschneiden. Marken: Slovin, Ashewood und Avia.
Teranton Rotwein von besonders guten Trauben; reift 6 Jahre vor der Freigabe.
Tigrovo Mleko Wein aus Radgonska Ranina (nicht mehr auf dem Markt).
Tokaj Einheimischer Name für Pinot gris, liefert in Slowenien wie in Nordostitalien ziemlich schwere Weißweine.
Vinag Große Kellerei in Maribor. Spitzenwein: Cloburg Laški Rizling.
Vinakras Weinberge in Sezana für tiefroten, frischen Teran.
Vipava Flachland in der Region Littoral; zukunftsorientiert; traditionell Export nach Österreich und Deutschland: guter Cabernet Sauvignon, Merlot, Barbera, Chardonnay und Verschnittwein Vrtovcan.
Vrhunsko vino Wein in Spitzenqualität.

Kroatien

Babič Rotwein aus Dalmatien, besser haltbar als gewöhnlicher Plavac.
Badel Spitzenhändler für kroatische Weine.
Banat Region, zum Teil in Rumänien, mit modernen Weinkellereien, die anständigen Riesling liefern.
Baranjske Planote Slawonischer Bereich: guter Riesling und »weißer Burgunder« Burgundac Bijeli.
Benkovac Stadt und Weinkellerei; die Weine (v. a. Rosé) haben sich seit dem Krieg wieder erholt.
Bogdanuša Lokale Weißweintraube auf den Dalmatinischen Inseln, besonders Hvar und Brač. Dem Chardonnay ähnlicher, runder, erfrischender, leicht duftiger Wein, der bei Kaltgärung und Eichenfassausbau überraschende Ergebnisse bringen kann.
Bolski Plavac Kräftiger, roter Spitzenwein aus Bol auf der Insel Brač.
Burgundac Bijeli Die in Slawonien angebaute Chardonnay-Traube.
Dalmacijavino Winzergenossenschaft mit Sitz in Split, vertreibt eine Vielzahl von Küsten- und Inselweinen.
Dalmatien Die Küste von Rijeka bis Dubrovnik. Hat eine Vielfalt an charaktervollen Weinen aufzuweisen; leider herrschen starke, alkoholreiche Weine traditionell vor, auch wenn mehr und mehr fruchtigere Stile anzutreffen sind.
Dingač Name eines Weinbergs am steilen Westhang von Peljesac (mittlere dalmatinische Küste). Traditionell schwerer, süßlicher Rotwein aus der einheimischen Plavac-Mali-Traube; jetzt aber auch verstärkt robuste, trockene Rotweine, denen die Reifung in Eichenfässern oder in der Flasche gut bekommt.
Faros Gehaltvoller, lang haltbarer Rotwein von der Insel Hvar.
Graševina Lokalbezeichnung für den weit verbreiteten Laški Rizling. Am besten aus Kutjevo.

Grgich, Miljenko Kalifornischer Kellermeister von Grgich Hills (siehe dort), der jetzt zu seinen kroatischen Wurzeln zurückkehrt. In der Kellerei im westlichen Stil auf der Halbinsel Pelješac entsteht roter Plavac und weißer Pošip.
Grk Weiße Traube; eine Spezialität der Insel Korčula; liefert starken, Sherry-ähnlichen und einen leichteren hellen Wein.
Istrien Halbinsel in der nördlichen Adria; der Hauptort ist Poreč mit verschiedenartigen angenehmen Weinen, u. a. ganz gutem Merlot. Der sehr trockene Teran schmeckt herrlich zu den Trüffeln der Gegend. Außerdem alkoholreicher Pinot gris und Pinot blanc von guter Qualität. Beliebt vor Ort ist der historische »Malmsey«.
Istravino Rijeka Weinhändler mit der längsten Tradition in Kroatien.
Ivan Dolac Trockener, fruchtig-aromatischer Roter von guter Qualität.
Kontinentalna Hrvatska Gebiet im Landesinneren; hauptsächlich Weißweine (Graševina).
Krk Die Insel, geschichtlich die Heimal der Illyrer, produziert Schaumwein und köstlichen weißen Zlahtina.
Maraština Starker, kräuterduftiger trockener Weißwein aus Dalmatien; der beste kommt von Lastovo.
Opol Angenehm leichter, heller Rotwein aus der Plavac-Traube, um Split, Šibenik sowie von den Inseln Hvar und Brač.
Pelješac Halbinsel mit wunderschöner Terrassenlandschaft; Qualitätsweinregion in Dalmatien. Siehe Grgich.
Plavac Mali Dalmatiens heimische Rotweintraube; ergibt körperreiche, kraftvolle und langlebige Weine. Siehe Dingač, Postup, Opol, Tomič. Es gibt auch eine weiße Version namens Plavac Bijeli.
Plenkovič Erzeuger auf der Insel Hvar mit hochwertigen Rot- und Weißweinen. Reinsortig zeigt Bogdanuša vielversprechende Ansätze, wird aber meist verschnitten.
Polu Halb-. Polu-slatko bedeutet »lieblich«, polu-suho »halbtrocken«.
Portugizac Blauer Portugieser; einfacher Rotwein.
Pošip Gefälliger Weißwein aus Dalmatien, angeblich dieselbe Traube wie Furmint.
Postup Weicher, schwerer dalmatinischer Rotwein von der Halbinsel Pelješac bei Korčula. Er genießt dort hohes Ansehen.
Prosek Dessertwein aus Istrien und Dalmatien; 15 % Alkohol (oft fast Portwein-ähnlich).
Slawonien Gegend in Nordkroatien, an der ungarischen Grenze zwischen Slowenien und Serbien.
Stolno vino Tafelwein.
Teran Kräftiger, dunkler Rotwein aus Istrien. Siehe Refošk (Slowenien).
Tomič, Andro Erzeuger von renommiertem Plavac auf der Insel Hvar.
Vrhunsko vino Neue, auf der Herkunft beruhende Bezeichnung für Qualitätsweine.
Vugava Viska Seltene weiße Traube auf Vis in Dalmatien, der Legende nach mit der Viognier-Traube im Rhônetal verwandt.

Serbien

Das Land hat mit der Prokupac eine autochthone Rebe, die reinsortig leichte, fruchtige Weine erbringt, oft aber mit Pinot noir oder Gamy verschnitten wird. Im Südosten, nahe der Grenze zu Bulgarien, haben die in den Achtzigerjahren angelegten Weingärten mit Cabernet Sauvignon und Merlot nun ein gutes Alter erreicht.

Bosnien und Herzegowina

Blatina Alte rote Rebsorte und Wein aus Mostar, vom kiesigen Westufer des Flusses Neretwa.
Kameno Vino Weißwein aus dem einzigartigen bewässerten Weinberg in der Wüste des Neretwatals.
Mostar Bedeutet »Alte Brücke«. War das islamisch geprägte Weinzentrum der Herzegowina, doch die Kellereien wurden im Bürgerkrieg zerstört. Ljubuski und Citluk befinden sich im Wiederaufbau. Standen einst für hervorragenden weißen Žilavka und roten Blatina.
Samotok Heller roter (ružica) Wein aus Vorlaufmost (ohne Pressung).
Žilavka Weiße Rebsorte aus Mostar. Ergibt eher neutrale Exportweine, mitunter jedoch trocken und pikant sowie von bemerkenswerter Fruchtigkeit mit leichtem Aprikosenaroma.

Mazedonien

Empfohlene Kellereien: Povardarie-Negotine, Bovin-Negotino (für Cabernet Sauvignon, Merlot, Pinot noir und Vranec). Lozar-Veles (für Sauvignon blanc, Chardonnay und Zilavka).

Belan Weißer Grenache. Ergibt neutralen Gemischtwein.
Crna Reka Fluss mit vielen aufgestauten Seen zur Bewässerung.
Kadarka Bedeutende rote Rebsorte in Ungarn; hier ist sie ihrem Ursprungsland am Ohridsee näher.
Kratosija Vor Ort sehr beliebte Rotweinsorte. Saubere Weine.
Plovdina Einheimische, dunkelrote Traube, aus der milde Weine (rot und weiß) erzeugt werden. In der Regel Verschnitt mit dem aromatischeren Prokupac.
Prokupac Die wichtigste rote Rebsorte in Serbien und Mazedonien. Ergibt dunklen Rosé (Ružica) und körperreichen, charaktervollen Rotwein, v. a. in Župa. Die dunkelrote Plovdina wird oft der Geschmeidigkeit halber zugefügt.
Rkatsiteli Häufig verschnittene russische Rebsorte (weiß).
Temjanika Traube für würzige, liebliche Weißweine.
Teran Aus Istrien eingeführte Rebe, aber die mazedonische Version hat nicht ganz so viel Stil.
Tikves Beliebte Hügelregion mit einem Rebareal von rund 8000 ha. Das Traubengut wird v. a. für gefälligen, dunkelroten Kratosija- und frischen trockenen Smederevka-Wein verwendet. Wird in seiner Heimat mit Mineralwasser gemischt.

Traminac Traminer; wird auch in der Woiwodina und in Slowenien angebaut.
Vardartal Leitet die Klimaströme des Ägäischen Meers zu den Weinbergen im Landesinneren (so wie das Rhônetal die warme Mittelmeerluft ins Innere Frankreichs führt).
Vranec Örtlich verwendeter Name für die Vranac-Rebe aus Montenegro. Mäßige Qualität.
Vrvno Vino Kontrollierte Herkunftsbezeichnung für Qualitätsweine.

Montenegro

13. Juli Staatlich kontrollierte Winzergenossenschaft mit modernster Technik aus Italien außerhalb von Podgorica. Vranac erreicht Spitzenqualität.
Crmnica See- und Küstenweinberge, v. a. für Kadarka (vgl. Mazedonien).
Cemovsko Polje Weite, steinige, ebene Halbwüste, v. a. für Vranac. Vielversprechende Zukunft.
Duklja Spät gelesene, liebliche Vranac-Variante.
Krstac Montenegros weiße Spitzenrebsorte und der davon erzeugte Wein; v. a. aus Crmnica.
Merlot Seit 1980 gute Ergebnisse mit Reifung in Holzfässern.
Podgorica Alter, wieder eingeführter Name für die Hauptstadt Titograd.
Vranac Weit verbreitete, kräftige örtliche Rebsorte und der davon erzeugte Rotwein. Preiswert.

Die ehemalige Tschechoslowakei

Die ehemalige Tschechoslowakei wurde im Januar 1993 in die Tschechische Republik (mit Böhmen und Mähren) und die Slowakische Republik aufgespalten. Zwar hatte diese Region, in der vor allem Weißweine entstehen, so gut wie keine Tradition als Exportland, doch seit 1989 tauchen auch hier gute Weine auf. 1997, 1999 und 2000 waren herausragende Jahrgänge. Aus den Etiketten geht hervor, ob es sich um Verschnitte oder sortenreine Weine handelt. Preis- und probierenswert sind sie alle. Privatisierung sowie Investitionen und Beratung aus dem Ausland haben den Grundstein für die zukünftige Entwicklung gelegt.

Tschechien

Mähren

Die mährischen Weine sind in Prag besonders beliebt. Die Rebgärten liegen an den Donaunebenflüssen. Viele Weine kommen von der Grenze zu Österreich und werden aus denselben Rebsorten bereitet, z. B. Grüner Veltliner, Müller-Thurgau, Sauvignon blanc, Traminer, St. Laurent, Spätburgunder, Weißburgunder, Blauer Portugieser, Frankovka (Limberger), Rhein- und Welsch- (Vlassky) Riesling. Erzeuger sind z. B. **Mikros Mikulov** (frische, fruchtige Tropfen),

Znovin Satov (modern, meist Weißwein, Trauben von Winzern und Genossenschaften der Umgebung), **Jaroslavice** (in Eiche ausgebaute Rotweine), **Vinium** (seit 1936, jetzt eine privat geführte Genossenschaft: vorwiegend Weißwein, aber auch leichte fruchtige Rote wie der Moravia Hills Dry Red), **Vinne Sklepy Valtice** (historisches Weingut in Südmähren, jetzt eine Genossenschaft in privatem Besitz: sauberer, schmackhafter Weißwein und aromatischer Roter) sowie **Znojmo** (alteingesessenes Gut mit Weinbergen auf idealem Kalksteinboden; lokale weiße Trauben; preisgekrönt der süße Pinot gris '93 von Sobes). Weitere Bereiche: Prímetice (vollaromatische Weißweine), Blatnice, Hustopeče, das sonnenverwöhnte Pálava, Saldorf (v. a. Sauvignon blanc und »Rynsky Ryzlink«) sowie Velké Pavlovice (guter Ruländer, Traminer, St. Laurent und preisgekrönter Cabernet Sauvignon '92, weiterhin im Aufwärtstrend). Außerdem gibt es in Mähren einige Schaumweine.

Böhmen

Weinbau seit dem 9. Jahrhundert. Gleiche geographische Breite wie Ostdeutschland, daher ähnliche Weine. Die besten Bereiche liegen nördlich von Prag, im Elbtal und (am bekanntesten) bei Mělnik. König Karl IV. brachte im 15. Jahrhundert burgundische Reben hierher; heute herrschen Riesling, Ruländer und Traminer vor. Auch interessanter Pinot noir. Böhmischer Sekt aus Stary Plzenec ist beliebt; er wird meist mit Rebgut aus der Slowakei und Mähren in Tankgärung bereitet. Aber auch Schaumweine, die nur als Rachenputzer taugen, werden vermehrt produziert. Führende Kellereien: **Lobkowitz** (in Mělnik), **Roudnice**, **Litomerice**, **Karlstein**.

Slowakei

Der größte Teil des Weins der ehemaligen Tschechoslowakei wird hier produziert, die Rebfläche nimmt allerdings ab. Die besten Weinberge liegen im Osten, anschließend an die Tokajer-Rebfläche in Ungarn. Die Slowakei baut ungarische Rebsorten an, aber auch internationale (Riesling, Gewürztraminer, Pinot blanc, Sauvignon blanc und Cabernet Sauvignon) und erzeugt auch ein wenig Tokajer. Wichtige Bereiche: Malokarpatská Oblast (der größte Bereich, in den Ausläufern der kleinen Karpaten; v. a. Ruländer, Riesling, Traminer, Limberger usw.), Malá Trna, Nové Mesto, Skalice (kleiner Bereich, v. a. Rotwein) sowie Bratislava, Pezinok und Modra (in den Tatraausläufern).

Rumänien

Rumänien hat eine alte, möglicherweise bis zu 6000 Jahre zurückreichende Weinbautradition, aber ein gutes Qualitätspotenzial wurde jahrzehntelang damit verschwendet, die Sowjetunion mit billigem süßem Wein zu beliefern. Die politische Lage hat leider wenig Fortschritt erlaubt. Nach wie vor ist Masse das Hauptziel, aber mit moderner Ausstattung, ausländischem Know-how und einem wachsenden Bewusstsein für Weinbergpflege kann hier und da schon ein Bruchteil des enormen Potenzials Rumäniens realisiert werden. Die vollen, weichen Rotweine aus Dealul Mare (v. a. Pinot noir) sind bereits dabei, sich ein ausgezeichnetes internationales Ansehen zu erwerben. Was jetzt gebraucht wird, sind weitere Investitionen und meht Beständigkeit.

Alba Iulia Gebiet in der kühlen Tîrnăve-Region in Siebenbürgen. Bekannt für aromatischen, halbtrockenen Weißwein aus Welschriesling, Fetească und Muskat-Ottonel; auch Schaumwein in Flaschengärung.

Aligoté Traube für angenehm frischen Weißwein; 4400 ha Anbaufläche (an zweiter Stelle hinter Frankreich).

Băbească neagră »(schwarze) Großmuttertraube«; traditionelle Rotweintraube im Bereich Focsani, die helle Tropfen von geringem Körper erbringt.

Banat Ebene an der Grenze zu Serbien. Einfacher Welschriesling, Sauvignon blanc, Muskat-Ottonel und der lokale Banat-Riesling; außerdem leichter roter Cadarca, Cabernet Sauvignon sowie Merlot.

Burgund Mare Name einer Rebe, der auf das Burgenland (Österreich) verweist, wo die Sorte Blaufränkisch heißt (in Ungarn Kékfrankos).

Buzauhöhen Gute Rotweine (Cabernet Sauvignon, Merlot, Burgund Mare) aus dem Gebiet hinter Dealul Mare.

Cabernet Sauvignon Wird vor allem in Dealul Mare zunehmend angebaut, liefert dunklen, intensiven Wein.

Carl Reh Neue Kellerei mit deutschem Besitzer in Oprisor.

Carpathian Winery Erzeuger in Dealul Mare mit hervorragendem Pinot noir. Der Telegraph Hill 2000 ist besonders zu empfehlen.

Chardonnay Einige süße Weine, inzwischen gibt es aber zunehmend moderne trockene und in Eiche gereifte Versionen, v. a. aus Murfatlar und Siebenbürgen.

Coteşti Wärmerer Teil des Bereichs Focsani mit tiefdunklen Rotweinen von Pinot noir, Merlot usw. sowie trockenen Weißen. Achten Sie auf die 95er Marom Merlot Spätlese.

Cotnari Weinbaugebiet an der nördlichen Grenze der Moldauregion. Das warme Mikroklima bietet beste Bedingungen für Edelfäule. Rumäniens berühmtester historischer Wein (selten geworden), ein leichter weißer Dessertwein von Lokalrebsorten (Grasă, Fetească Alba, Tamaiîoasa, Francusa). Schmeckt wie sehr zarter Tokajer.

Crisana Westliche Weinbauregion mit dem historischen Minis (seit dem 15. Jahrhundert: Rotweine, v. a. Cadarca und lebhafter weißer Mustoasa), Silvania (besonders die erst seit kurzem angebaute Fetească-Traube), Diosig und Valea lui Mihai.

Dealul Mare »Der große Berg«. Bedeutendes, modern arbeitendes und gut gelegenes Weinbaugebiet in den südöstlichen Ausläufern der Karpaten. Rotweine aus Fetească neagră, Cabernet Sauvignon, Merlot, Pinot noir usw. sowie Weißweine von der Tamaiîoasa-Traube. Hier gab es Investitionen aus Frankreich. Halten Sie Ausschau nach der Marke Dionis (feine Rotweine).

Dobrogea Sonnige, trockene Schwarzmeerregion einschließlich Murfatlar. Gute Qualität.

DOC Neue Klassifizierung für Weine höherer Qualität; ersetzt VS und VSO.

DOCG (früher VSOC). Weine der Spitzenklasse. CMD: Spätlese; CMI: Spätlese mit Edelfäule; CIB: Auslese von edelfaulen Trauben (wie Beerenauslese).

Drăgăşani Weinbaugebiet am Olt südlich der Karpaten; Weinerzeugung seit der Römerzeit. Hier werden traditionelle und »moderne« Traubensorten (besonders Sauvignon blanc) angebaut. Guter Muskat-Ottonel und Rotwein (Cabernet Sauvignon).

Fetească Rumänische Weißweintraube mit würzigem, Muskateller-ähnlichem Aroma. Es gibt zwei Arten: F. Alba (entspricht der ungarischen Leányka, alterungswürdig und mit höherem Potenzial, besonders bei sorgfältiger Behandlung; bildet die Grundlage für Schaumwein und süßen Cotnari) und F. Regala (für Schaumwein geeignet).

Fetească neagră »Schwarze Mädchentraube«. Die rote Fetească. Schwierig zu handhaben, kann aber tiefe, körperreiche Rotweine mit viel Charakter und langer Haltbarkeit ergeben.

Focsani Großes Weinbaugebiet in der Moldauregion; umfasst die Bereiche Coteşti, Odobeşti und Nicoreşti.

Grasă Eine Form der ungarischen Furmint-Traube, die in Rumänien angebaut und u. a. im Cotnari verwendet wird; anfällig für Edelfäule. Grasă bedeutet »fett«.

Iaşi Region mit frischen, säuerlichen Weißweinen (bes. Fetească Alba, ferner Welschriesling, Aligoté und Muskat-Ottonel im Spumante-Stil), z. B. Bucium, Copu, Tomeşti. Außerdem Rotweine: Merlot, Cabernet Sauvignon und einige der besten Băbească.

Jidvei Weinbaubetrieb in den kühlen Karpaten (Tîrnăve) im nördlichsten Weinbaugebiet Rumäniens. Gute Weißweine: Fetească, Furmint, Riesling, Sauvignon blanc.

Lechinta Weinbaubereich in Siebenbürgen. Weine von Lokaltrauben mit schönem Bukett.

Merlot Der Ackergaul unter Rumäniens Trauben; hat von allen roten Sorten die weiteste Verbreitung.

Moldau Die Nordostprovinz. Größtes rumänisches Weinbaugebiet mit 12 Bereichen, u. a. Iaşi, Focsani und Panciu; gemäßigtes Klima, gutes Weinbaupotenzial.

Murfatlar Großes, modernes Weinbaugebiet beim Schwarzen Meer, spezialisiert auf süße Weine, u. a. Chardonnay und Cabernet-Sauvignon-Spätlesen (die zweitbesten Voraussetzungen für Edelfäule – vgl. Cotnari). Jetzt auch volle trockene Rot- und Weiß- sowie Schaumweine.

Muskat-Ottonel Der osteuropäische Muskateller ist in Rumänien eine Spezialität, v. a. im kühlen Siebenbürgen; trockene Weine in der Moldau.

Odobeşti Der mittlere Teil von Focsani; Weißweine aus Fetească- und Riesling-Trauben.

Panciu Kühle Region der Moldau nördlich von Odobeşti. Gute stille und perlende Weißweine.

Paulis Kleine Gutskellerei in der gleichnamigen Stadt. In kleinen Holzfässern gealterter Merlot ist einer ihrer Schätze.

Perla Spezialität von Tîrnăve: ein gefälliger lieblicher Weißweinverschnitt aus Welschriesling, Feteascǎ und Muskat-Ottonel.

Pinot gris In Siebenbürgen und Murfatlar weit verbreitet. Volle, leicht aromatische Weine, erinnern im Stil eher ans Elsass als an den italienischen Pinot grigio.

Pinot noir Wird im Süden angebaut; überrascht oft durch Geschmacksfülle und Charakter.

Prahova Winecellars Vielversprechendes britisches Unternehmen mit sieben Kellereien in Dealul Mare, verwendet einheimische und internationale Rebsorten, u. a. Sangiovese. Versuchen Sie den 99er Pinot noir.

Premiat Zuverlässiges Programm an Qualitätsweinen für den Export.

Riesling (Welschriesling). Sehr verbreitet; meistens mangelhaft bereitet, aber das Potenzial ist vorhanden.

Sauvignon blanc Oft der schmackhafteste Weißwein Rumäniens, vor allem in Verschnitten mit Feteascǎ.

Siebenbürgen Gebirgsregion in der Landesmitte. Siehe Alba Iulia, Lechinta, Tîrnăve.

Tamaiîoasa romaneascǎ Traditionelle Weißweintraube, ihres exotischen Buketts und Geschmacks wegen auch »Frankincense« genannt. Würzige, liebliche Weine, oft aus edelfaulen Trauben.

Tîrnăve Bedeutendes Weinbaugebiet in Siebenbürgen, bekannt durch Perla und vor allem rote Feteascǎ. Gute Gegend für trockene und aromatische Weine (v. a. Pinot gris, Gewürztraminer), z. B. von Jidvei. Auch Schaumwein in Flaschengärung.

Valea Cǎlugǎreascǎ »Das Tal der Mönche«; Teil des Weinbaugebiets Dealul Mare mit einer fortschrittlichen Forschungsanstalt. Bewundernswert der Cabernet Sauvignon, Merlot, Pinot noir, Welschriesling und Pinot gris.

Vin de Masa Klassifikation für einfachsten Wein; wird ausschließlich lokal getrunken.

Vinexport 1990 gegründete, rasch expandierende Firma. Kontrolliert 80 % des rumänischen Weinexports.

Vinterra Niederländisch-rumänisches Unternehmen. Spitzenwein ist der 99er Merlot.

Griechenland

Seit dem Eintritt Griechenlands in die EG 1981 hat seine veraltete Weinindustrie auf eine raschere Gangart umgeschaltet. Ein Teil der griechischen Weine ist nach wie vor recht primitiv, aber inzwischen wurde ein neues Appellationssystem eingerichtet und in den letzten Jahren sind urplötzlich großen Mengen an exzellenten Tropfen auf den Weltmarkt gekommen. Die modernen, aber immer noch authentisch griechischen Weine sind gut bereitet und sehr wohl wert, getrunken zu werden.

Agiorghitiko In der Region Nemea verbreitet angebaute Rotweintraube. Außerordentlich entwicklungsfähig.

Agioritikos Halbtrockene Weiß- und Roséweine von Agios Oros bzw. dem Berg Athos, der Kloster-Halbinsel in Chalkidike. Markenname für Tsantalis.

Antonopoulos ☆☆→☆☆☆ Bedeutender Erzeuger von weißem Mantinia, Adoli Ghis, nussigem Chardonnay ohne Eichenholzwürze, sehr gutem Cabernet Sauvignon und Cabernet Sauvignon/Nea Dris (**96 97 98 00**). Im Auge behalten.

Argyros ☆☆→☆☆☆ Spitzenerzeuger auf Santorin mit delikatem (und teurem) Vinsanto, der 20 Jahre im Fass reift. Aktueller Jahrgang: 83.

Attika Schrumpfende Rebflächen um Athen, v. a. für Retsina.

Boutari, J. & Sohn ☆→☆☆ Handelshaus in Naoussa; auch Goumenissa-Kellereien auf Santorin und Kreta. Breites Angebot von Weinen aus ganz Griechenland. Neue sortenreine Weine von Assyrtiko und Moscofilero (weiß) sowie Agiorghitiko und Xynomavro (rot).

Calliga ☆ Markenname, jetzt im Besitz von Kourtakis. Guter Montenero und Rubis von der Agiorghitiko-Traube.

Cambas, Andrew ☆→☆☆ Marke im Besitz von Boutari. Sehr günstiger Chardonnay und Cabernet Sauvignon.

Carras, Domaine ☆☆ Weingut in Sithonia, Chalkidike, Nordgriechenland, mit eigener AC Côtes de Meliton. Der 98er Syrah stammt von alten Reben. Seit 2000 unter neuer Führung.

Cava Offizielle Bezeichnung für im Fass ausgebaute rote und weiße Stillweine, z. B. Cava Boutari (Naoussa/Nemea).

Emery ☆☆ Historischer Erzeuger auf Rhodos, spezialisiert auf lokale Rebsorten. Markennamen: Villare und Grand Rose. Auch guter Schaumwein nach der traditionellen Methode.

Gaia ☆☆☆ Spitzenerzeuger in Nemea; fruchtige Tropfen unter dem Etikett Notios; neuer Agiorghitiko (01); Spitzenwein: Gaia Estate (**97 98 99 00**). Auch Thalassitis aus Santorin mit und ohne Eichenholzwürze. Erstaunlicher Retsina namens Ritinitis Nobilis.

Gentilini ☆☆→☆☆☆ Erfolgreicher Weißwein von der Robola-Traube aus Kefallenia. Die eichenfassgereifte Version heißt Fumé.

Gerovassiliou ☆☆☆ Perfektionistisches kleines Weingut bei Saloniki; Rhône-ähnliche Rotweine: Krima (99), Syrah (00). Die Weißen sind unnachahmlich, v. a. feiner Viognier.

Goumenissa AC ☆→☆☆ Appellation im Westen Makedoniens; eichenholzwürziger Rotwein. Besonders Boutari, Aidarini.

Hatzimichalis, Domaine ☆ Kleines Weingut und Handelshaus in Atalanti; große Bandbreite mit griechischen und französischen Rebsorten. Spitzenwein: Cava. Rotweine besser als die Weißen.
Katogi-Strofilia ☆→☆☆ Das Ergebnis der im März 2001 erfolgten Fusion von Katogi und Strofilia. V. a. griechische Rebsorten, aber auch Chardonnay und Cabernet Sauvignon werden verarbeitet.
Katsaros ☆☆→☆☆☆ Kleine Kellerei am Olymp mit sehr hohem Niveau. Biologischer Anbau. Weine: fassgereifter Cabernet Sauvignon Ktima Katsaros, Merlot (97 98 99 00), neuerdings Chardonnay.
Kefallenia (Kephalonia) Ionische Insel im Westen mit gutem weißem Robola und Muskateller.
Kir-Yanni ☆☆→☆☆☆ Hochwertige Weinberge in Naoussa und auf Amindeo. Nerviger weißer Samaropetra und Chardonnay (01), guter Syrah (00). Spitzenwein ist der Naoussa Ramnista (00).
Kouros ☆☆ Zuverlässiger, viel verkaufter weißer Patras und roter Nemea von Kourtakis.
Kourtakis, D. ☆☆ Weinhandelshaus in Athen mit mildem Retsina und gutem dunklem Nemea.
Kreta Steigende Qualität. Führende Erzeuger: Alexakis, Creta-Olympias, Lyrarakis.
Ktima Gut, Hof. Nicht nur für Weingüter verwendet.
Lazaridis, Nico ☆☆ Familiengut in Drama, nordöstlich von Thessaloniki. Spektakuläre postmoderne Kellerei. Üppiger Merlot (00); Spitzenwein: Magico Vouno (98).
Lazaridis, Domaine Kostas ☆☆→☆☆☆ Nicht zu verwechseln mit Nico Lazaridis. Hohe Qualität bei Rot-, Rosé- und Weißweinen unter dem Etikett Amethystos. Spitzenwein: rote Cava (99).
Lemnos AC – Appellation der Ägäisinsel mit Dessertweinen von der Genossenschaft und köstlichem gespritetem Muscat d'Alexandrie. Jetzt auch trockene Muskateller-Weine von der Kellerei Kyathos-Honas.
Makedonien Qualitätsweinregion im Norden für Xynomavro.
Malagousia Wieder entdeckte duftige weiße Rebsorte. Haupterzeuger: Carras, Gerovassiliou (seit 2001 auch sortenreine Weine, sonst Verschnitt mit Assyrtiko), Matsa.
Mantinia AC – Appellation auf dem Peloponnes. Frischer, traubiger Moscofilero.
Matsa, Château ☆☆→☆☆☆ Kleiner Erzeuger in Attika, der das Potenzial der einheimischen Rebsorten optimal ausschöpft. Spitzenwein: Savatiano Vieilles Vignes. Auch stilvoller Laoutari und exzellenter Malagousia.
Mavrodaphne AC – Wörtlich »schwarzer Lorbeer«: Appellation und rote Rebsorte; fassgereifte Weine ähnlich wie Port oder Recioto (auf 15 bis 22 % angereichert); eine Spezialität der Region Patras.
Mercouri ☆☆→☆☆☆ Familienweingut auf dem Peloponnes; sehr feiner roter Refosco und delikater Roditis. Auch neue Cava (00), schöner Refosco dal pedunculo rosso und Mavrodaphne-Verschnitt.
Moscofilero Hochwertige Traube mit Rosenduft und guter Säure.
Naoussa AC r – Region mit qualitativ hochwertigem Xynomavro. Eine der beiden Gegenden in Griechenland, wo sich bald eine »Cru«-Bezeichnung entwickeln könnte. Exzellente Jahrgänge: u. a. 94 97 00.
Nemea AC r – Region auf dem östlichen Peloponnes. Dunkle würzige Weine von der Agiorghitiko-Traube, die oftmals das Rückgrat vieler (nicht immer griechischer) Verschnittweine bilden. Das obere Nemea

verdient eine eigene Appellation; Koutsi ist erster Anwärter auf einen Cru-Status.

Oenoforos ☆☆ Guter Erzeuger auf dem Peloponnes. Sein weißer Asprolithi von der Roditis-Traube ist Klassenprimus. Dazu eleganter Lagorthi, frischer Chardonnay, subtiler Cabernet Sauvignon.

Oktana ☆ Joint Venture von Antonopoulos, Katogi-Strofilia und Mercouri. Neue Kellerei in Asprokambos im oberen Nemea. Fassreifung und viele unterschiedliche Stile.

Papaïoannou ☆☆→☆☆☆ Spitzenerzeuger in Nemea. Sehr klassische Rotweine, u. a. von Pinot noir; vollmundige eichenholzwürzige Weißweine. Spitzenwein: Ktima Papaïoannou Palea Klimata von alten Reben (97 98).

Patras AC – Weißwein auf Roditis-Basis. Die Stadt ist ein bedeutender Weinort am Ionischen Meer; Heimat des Mavrodaphne.

Pegasus, Château ☆→☆☆ Weingut in Naoussa mit gutem Rotwein, der 10 Jahre lagern kann. Biologisch-organischer Anbau.

Peloponnes Die bergige Landmasse im Süden des griechischen Festlands, trägt die Hälfte der gesamten Rebfläche Griechenlands, u. a. Nemea, Mantinia und Patras.

Rapsani Interessanter, eichenfassgereifter Rotwein vom Berg Ossa. Etwas kratzend, bevor er von Tsantalis aufgemöbelt wurde.

Retsina Eine Spezialität aus Attika: Weißwein mit Zusatz von Harz der Aleppo-Kiefer, passt eigentümlich gut zu gewissen griechischen Speisen. Eigenkonsum im Land im Schwinden begriffen.

Rhodos Östlichste der griechischen Inseln; Heimat der weißen Athiri-Traube, die einen cremig-trockenen Wein ergibt. Spitzenweine: Rodos 2400 der Genossenschaft Caïr sowie Villare von Emery. Auch Schaumwein.

Robola Gute, zitronenfrische weiße Rebsorte, Spezialität von Kefallenia und der anderen Inseln im Ionischen Meer.

Roditis Weiße Traube, in ganz Griechenland verbreitet. Am besten bei niedrigen Erträgen.

Samos AC – Ägäisinsel, seit alters berühmt für ihren süßen, blassgoldenen Muskateller. Am besten sind Anthemis (gespritet) und Nectar (sonnengetrocknet). Seltene alte Abfüllungen können überragend sein.

Santorin Vulkaninsel nördlich von Kreta; hier wird saftiger, süßer Vinsanto aus sonnengetrockneten Trauben sowie ein sehr mineralischer, extrem trockener Weißwein von der ausgezeichneten Assyrtico-Traube erzeugt. Gute Exemplare mit Eichenholzwürze. Spitzenerzeuger: Argyros, Gaia, Sigalas. Neue Kellerei Hadjidakis.

Savatiano Weiße Traube für Retsina. Oft als zu sanft beurteilt, siehe aber auch Château Matsa.

Semeli, Château ☆☆ Weingut bei Athen mit gutem Weiß- und Rotwein, u. a. Cabernet Sauvignon.

Skouras ☆☆ Innovative Weine vom Peloponnes, z. B. Viognier (Cuvée Eclectic). Bester Wein: roter Megas Oenos (99). Neu ist die Grande Cuvée (98) aus dem oberen Nemea.

Spiropoulos, Domaine ☆☆ Qualitätserzeuger in Mantinia mit biologischem Anbau. Zunehmend besserer eichenholzwürziger roter Porfyros (Agiorghitiko/Cabernet Sauvignon/Merlot). Der Schaumwein Odi Panos zeigt gutes Potenzial.

Tsantalis ☆→☆☆ Erzeuger und Handelshaus in Agios Pavlos; Weinberge in Naoussa, Maronia und Rapsani. Großes Sortiment von Land- und

Appellationsweinen; jetzt auch eine Serie mit sortenreinen Tropfen: Assyrtiko/Sauvignon blanc und Athiri (weiß) sowie Agiorghitiko, Merlot und Syrah (rot).
Tselepos ☆☆→☆☆☆ Spitzenerzeuger in Mantinia; Griechenlands bester Gewürztraminer (01). Frischer eichenholzwürziger Chardonnay, solider Nemea (00), sehr guter Cabernet Sauvignon/Merlot (99), stilvoller Merlot (00). Villa Amalia ist ein Schaumwein nach der klassischen Methode mit Tendenz nach oben.
Voyatzi Ktima ☆☆ Kleiner Erzeuger nahe Kozani. Fetter weißer Malvasia aromatica und Roditis. Rote Spitzenweine: Ktima Voyatzi (00), Xynomavro und Cabernet-Sauvignon-Verschnitt.
Xynomavro Die süffigste der vielen einheimischen griechischen Rotweintrauben, obwohl der Name eigentlich säuerlich-schwarz bedeutet. Wird im kühleren Norden angebaut und dient als Grundlage für Naoussa, Goumenissa und Amindeo. Hohes Potenzial.
Zitsa AC im gebirgigen Nordepirus. Delikater weißer Debina in stiller oder perlender Version.

Zypern

Die Insel exportiert hauptsächlich Rotweine in ordentlicher Qualität und gespritete Likörweine. Das feinste Produkt der Insel ist allerdings der reichhaltige, süße Commandaria. Obwohl der Export durchaus von Bedeutung ist, konsumieren die über zwei Millionen Touristen pro Jahr die erzeugten Weine auch reichlich vor Ort, mit steigender Tendenz. Die Weingärten befinden sich vorwiegend auf Kalksteinböden in den Ausläufern des Troodos-Gebirges in Höhen zwischen 250 und 1600 Metern über dem Meeresspiegel. Vier große Erzeugerbetriebe dominieren die Weinproduktion der Insel, die alle Kellereien in der Nähe der Seehäfen betreiben, um einen reibungslosen Export zu gewährleisten. Bis vor kurzem wurden nur zwei lokale Rebsorten angebaut, inzwischen sind zwölf weitere dazugekommen, einschließlich natürlich der internationalen Favoriten. Eine weitere neuere Entwicklung ist die Einrichtung von kleineren, regionalen Kellereien innerhalb der Weinanbauzonen. Einige davon gehören zu den vier Großbetrieben, andere sind von neuen Produzenten errichtet worden. Von der Reblaus ist die Insel bisher verschont geblieben.

Afames Gebiet an den südlichen Hängen des Troodos-Gebirges; zugleich Name eines trockenen, sehr würzigen Rotweins (Mavron) von SODAP (eine große Genossenschaft in Limassol).
Arsinoe Köstlicher fruchtiger trockener weißer Xynisteri von SODAP, trägt den Namen einer bedauernswerten jungen Dame, die einst von Aphrodite in Stein verwandelt wurde.
Commandaria Seit uralten Zeiten in den Hügeln im Norden von Limassol erzeugter brauner Dessertwein hoher Qualität, benannt nach einem Kreuzritterorden. Das Gebiet ist auf 14 Ortschaften begrenzt, in denen der Wein von sonnengetrockneten Xynisteri- und Mavro-Trauben im Solera-Verfahren produziert wird. Die besten Vertreter (bis zu 100 Jahre

alt) sind ganz vorzüglich: unglaublich süß, duftig und konzentriert – echte Juwelen also; das meiste aber ist ordentlicher Messwein.

Emva Markenname für trockene, halbtrockene und süße Weine im Sherry-Stil.

ETKO Einer der vier größten Betriebe mit Sitz in Limassol. 16 verschiedene Weine, der beste ist der rote Ino; außerdem Nefel (weiß), Olympus, Cornaro Carignan, Cornaro Grenache und Semeli (alle rot).

Kalo Khorio Bedeutender Commandaria-Weinort mit ausschließlich Xynisteri-Anbau.

KEO Größte und zielstrebigste Firma in Limassol; betreibt auch drei Kellereien. Das Angebot umfasst die Marken Alkion, Aphrodite (trockener weißer Xynisteri), Bellapais (spritziger halbtrockener Weißer und Rosé), Thisbe (halbtrockener Weißer), Rosella (trockener, duftiger Rosé), Heritage (voller, eichenholzwürziger trockener Roter von Maratheftiko), Othello (fester trockener Roter, am besten nach 3 bis 4 Jahren) und Domaine d'Ahera (samtiger trockener Roter). Auch süßer, gespriteter Commandaria St. John. Standardweine Dry White und Dry Red preiswert.

Kokkineli Lieblicher dunkler Rosé; der Name ist verwandt mit Koschenille (roter Farbstoff). Wird von allen bedeutenden Kellereien produziert.

Laona Größte der kleinen Kellereien in der Gegend von Arsos, jetzt im Besitz von KEO. Gute Auswahl an Weinen, u. a. ein eichenfassgereifter Rotwein und ein fruchtiger, trockener Weißer.

Limassol Weinhafen im Süden. Sitz aller großer Betriebe.

Loel Einer der großen Produzenten. Das Sortiment umfasst die Rotweine Orpho Negro und Hermes sowie reinsortige Weiße von Palomino und Riesling; außerdem süßer, gespriteter Commandaria Alasia und Brandy.

Marathasa Region in des Ausläufern des Troodos-Gebirges.

Maratheftiko Die Traubensorte der Zukunft in Zypern: Rebstöcke von hoher Qualität bringen konzentrierte Rotweine hervor; in Farbe und Tannin dem Cabernet Sauvignon ähnlich.

Mavro Die schwarze Traube von Zypern. Rebgut von hoch gelegenen Weinbergen kann Qualität erbringen, andernfalls ordentliche, akzeptable Weine.

Monte Roya Moderne Kellerei im Kloster Chryssoroyiatissa.

Muskat Alle größeren Firmen produzieren gefälligen, preiswerten Muskateller.

Ophtalmo Dunkle Traube für Rot- und Roséwein: leichter und säuerlicher als Mavron.

Othello Guter trockener Standardrotwein (Mavron- und Ophtalmo-Trauben aus Pitsilia); sauber, rundum befriedigend, von KEO. Mit 3 bis 4 Jahren am besten.

Palomino Milder, trockener Weißwein aus der gleichnamigen (Sherry-) Traube, erzeugt von Loel und SODAP. Eiskalt sehr süffig. Wird zur Erzeugung von »Zypern-Sherry« importiert.

Pitsilia Region südlich vom Olymp; einige der besten Weine.

Semeli Guter, traditioneller Rotwein von ETKO. Im Alter von 3 bis 4 Jahren am besten.

SODAP Die Winzergenossenschaft gehört zu den vier Großproduzenten der Insel. Weißweine: u. a. Arsino, Artemis und Danae; Rotweine: u. a. Afames sowie sortenreine Tropfen von Carignan und Grenache. Jetzt auch eine Reihe namens Island Vines: moderne, frische, preiswerte Rot- und Weißweine.

Xynisteri Die auf Zypern heimische, aromatische Weißweintraube, bringt delikate, fruchtige Weine hervor.

Die ehemalige Sowjetunion

Auf die 12 GUS-Republiken (Gemeinschaft Unabhängiger Staaten) der ehemaligen UdSSR entfallen nur noch 3 % der Weinproduktion weltweit. Seit der Umwälzung von 1991 hat es wenig Fortschritt gegeben, nur hier und da können einzelne Erzeuger trotz fehlender gesetzlicher Regelungen und mangelner Investitionen interessante Weine bereiten.

Russland

Eine wirkliche Weinkultur hat es in Russland nie gegeben. Hauptproduktionsgebiet ist der Bezirk Krasnodar an der Nordküste des Schwarzen Meers, wo 80 % des russischen Weins erzeugt wird. Süße Tropfen überwiegen, der Anteil an trockenen Weinen wächst aber schnell. Es wird anständiger Cabernet Sauvignon, Merlot, Riesling und Rkatsiteli (Anapa, Temruk) und süßer Schaumwein Tsimlanskoye Schampanskoe (Rostov) erzeugt. Abrau Durso brut, eine Spezialität, ist klassischer Schaumwein (seit 1870), der in einem ähnlichen Klima wie in der Champagne aus Aligoté, Chardonnay und Cabernet franc entsteht; ferner Muskateller-Weine. Spitzenerzeuger ist Fanagoria an der Nordküste des Schwarzen Meers mit Merlot, Cabernet Sauvignon, Riesling und Chardonnay.

Ukraine (einschließlich Krim)

Die Ukraine ist das zweitgrößte Erzeugerland der GUS. Dass man auf der Krim erstklassige Dessertweine bereitet, wurde 1990 auf einer Auktion deutlich, bei der alte Weine aus der Sammlung des letzten Zaren in Massandra nahe Jalta (wo bis heute produziert wird) versteigert wurden. Mehr als achtbar die gespriteten Schaumweine in Flaschengärung wie Alupka von Novy Svet und Grande Duchesse aus einer 1896 von Henri Roederer gegründeten Kellerei in Odessa. Die Rotweine zeigen gutes Potenzial, z. B. Alushta. Die Ukraine erzeugt auch Aligoté- und Artmovskoe-Schaumwein, hauptsächlich aus rumänischen Rebsorten. Im Auge behalten.

Moldawien

Für die Weinproduktion hat Moldawien innerhalb der GUS-Staaten die größte Bedeutung, sowohl im Hinblick auf die erzeugte Menge als auch auf das vorhandene Potenzial. Ein Drittel des Landeseinkommens wird mit Weinbau erwirtschaftet. Weinbauregionen sind v. a. Bugeac im Süden, ferner Nistrean, Codrean und die Nordregion. In den Weinbergen finden sich Sorten wie Cabernet Sauvignon, Pinot noir, Merlot, Saperavi (fruchtig), Riesling, Chardonnay, Pinot gris, Aligoté und Rkatsiteli; erzeugt wird eine breite Palette an Weinstilen. Eine Ahnung, was Moldawien leisten kann, vermittelte der 1992 herausgekommene 63er Negru de Purkar. Spitzenerzeuger sind Purkar, Cahul, Kazayak und Hincesti, gut ist auch Cricova. Investitionen aus dem Westen und aus Australien (Penfolds seit 1993) in Hincesti sowie vor kurzem von der örtlichen Vininvest-Gesellschaft haben moderne, hygienische Weinbereitungsmethoden ins Land gebracht. Moldawiens wohl modernster Wein, Rymans Hincesti Chardonnay, ist sehr gut. Die Mehrheit der 127 Erzeugerbetriebe ist mittlerweile privatisiert; auch wenn nicht alles reibungslos vonstatten geht, sind die Fortschritte beachtlich. Das Klassifikationssystem, das Appellationen ausweist, ist jetzt in Kraft getreten. Eine eindrucksvolle Touristenattraktion ist die Kellerei von Cricova mit einem Tunnelsystem von insgesamt 120 km Länge.

Georgien

Wohl die älteste Weinregion der Welt – zum Teil sind uralte Methoden, wie etwa das Vergären des Weins in Tonkrügen (Kveris), immer noch gebräuchlich. Für den Export werden mit etwas moderneren Techniken Verschnittweine wie Mukuzani oder Tsinandali hervorgebracht; im Hausgebrauch sind die Georgier aber jeder Modernisierung abhold. Kachetien (Ostgeorgien), wo zwei Drittel von Georgiens Wein produziert wird, ist seit jeher berühmt für schwere Rot- (Saperavi) und annehmbare Weißweine (Tibaani, Rkatsiteli, Telavi). Kartli ist die wichtigste Weinregion. Georgischer Schaumwein ist sehr preiswert und süffig, er reizt ausländische Firmen, hier zu investieren. Ausrüstung, Techniken und Gepflogenheiten werden moderner und Wein aus Georgien könnte langfristig zum Exportschlager werden.

Asien

China

Nach der kürzlich erfolgten Einigung über die Aufnahme Chinas in die WTO wird die chinesische Weinindustrie mit Investitionen und Technologie aus dem Ausland überschüttet. Nicht nur im nördlichen Zentralchina und in den Küstengebieten von Shandong werden neue Rebflächen angelegt, die Investitionen führen auch in weniger bekannten Regionen zu Verbesserungen. Selbst die trockenen Gebiete der Turfansenke werden genutzt; immerhin fast 20 % der gesamten Weinproduktion des Landes stammen von hier. Im Bezirk Shacheng, nördlich der großen Mauer, sind vor kurzem Cabernet-Sauvignon- und Merlot-Reben eingeführt worden. Auch längs der Ufer des Gelben Flusses (Hwangho), in den Provinzen Anhui und Henan, ist der Weinbau wieder aufgelebt. Selbst in Yunnan, an der Grenze zu Vietnam, und in den nordöstlichen Gebieten, die an Korea angrenzen, sind Weinunternehmen gegründet worden. Beim Wettbewerb Chardonnay du Monde des OIV im Juli 2001 in Bordeaux gewann der 1999er Huadong Premium Chardonnay die Bronzemedaille. Empfehlenswerte Erzeuger sind u. a. Huadong (Shandong) sowie Dragon Seal und Great Wall Torres (Hebei). Auf das neue Joint-Venture-Unternehmen Langfang Castel – Changyu Wine Co. Ltd. (Shandong) sollte man ein Auge haben.

Indien

Die sehr kleine Weinindustrie wird von der südöstlich von Bombay gelegenen Kellerei Château Indage dominiert (70 % der Gesamtproduktion des Landes), deren Schaumweine auf Chardonnay- und Pinot noir-Basis international überraschend hohe Anerkennung finden: Omar Khayyám, Marquise de Pompadour (süß) und Celèbre (Jahrgangssekt). Die Stillweine umfassen unverschnittene europäische Sorten, aber auch Verschnitte mit einheimischen Trauben. Markennamen u. a. Chantilli, Soma, Riviera und Vin Ballet. Der andere Erzeuger von Bedeutung ist Grover mit Sitz südlich von Bangalore. Neu aufgetaucht ist die Kellerei Sula, nordöstlich von Bombay.

Japan

Japans Weinindustrie konzentriert sich in der Präfektur Yamanashi (Honshu) westlich von Tokio. Weitere wichtige Regionen sind die Präfekturen Nagano und Yamagata nördlich von Tokio und die Nordinsel Hokkaido. Japaner bevorzugen gefühlsmäßig die Kôshû-Traube, auf der einstmals die gesamte Weinindustrie beruhte. Inzwischen sind jedoch 80 % der 22 250 ha Rebfläche mit *Vitis-labrusca*-Sorten oder deren Hybriden bepflanzt (z. B. Delaware, Kyoho, Campbell's Early Muscat und Muscat Bailey A). Es sind zwar in erster Linie Tafeltrauben, dienen aber auch zur Weinbereitung. Relativ neue Pflanzungen von Chardonnay, Cabernet Sauvignon, Cabernet franc und Merlot haben eine neuen Markt für japanische Luxusweine geschaffen, das Niveau kann hoch sein, doch die Mengen sind bescheiden (1000 ha). Um ungeeignete Rebsorten, schwierige Anbaubedingungen und die extrem hohen Kosten wettzumachen, wird Rohmaterial zur Weinbereitung oder zum Verschneiden aus dem Ausland eingeführt. Zweideutige Etikettierungsvorschriften sorgen dafür, dass kleinste Mengen ursprünglich japanischen Weins für viele Abfüllungen ausreichen; sogar Spitzenweine werden in irgendeiner Form gestreckt. Etwa zwei Drittel der Gesamtproduktion stammt von fünf Großproduzenten: Mercian, Suntory, Sapporo (Polaire), Manns und Kyowa Hakko Kogyo (Ste. Neige). Die interessantesten (und teuersten) Weine der großen Erzeuger sind Kikyogahara Merlot von Mercian und Jyonohira Cabernet Sauvignon mit schöner Fülle und Qualität von Suntory. Andere, kleinere Unternehmen produzieren Spitzenweine von Kôshû und/oder klassischen westlichen Rebsorten, u. a. Ch. Lumière, Marufuji (Rubaiyat), Grace, Kizan, Katsunuma Jozo, Alps, Takeda, Okuizomo und Kobe Wines. Die Kellerei Tokachi erzeugt interessante Weine von wilden Reben von der Insel Hokkaido.

Die Levante

Türkei

Der größte Teil der türkischen Rebfläche von 600 000 ha produziert Tafeltrauben, nur 3 % davon nutzt man zur Weinherstellung. Die Weine aus Thrakien, Anatolien und von der Ägäis können bemerkenswert süffig sein. Einheimische Rebsorten wie Emir und Narince (für Weißwein) und Bogazkere sowie Oküzgözü (für Rotwein) werden neben Riesling, Sémillon, Pinot noir, Grenache, Carignan und Gamay verarbeitet. Trakya-Weißweine (leichter Sémillon aus Thrakien) und ostanatolische Buzbag-Rotweine sind die bekannten Standardsorten des staatlichen Herstellers Tekel (21 Kellereien); Diren, Doluca, Karmen, Kavaklidere und Taskobirlik sind Privatfirmen mit anständiger Qualität. Der rote Villa Neva (Thrakien) und der Villa Doluca, beide von Doluca, sind ebenfalls gut. Kavaklidere produziert schönen, leichten Primeur aus lokalen Rebsorten (Cankaya ist weiß, Yakut rot). Der originellste und auffälligste Wein aber bleibt der Buzbag.

Libanon

Die kleine libanesische Weinproduktion (3000 ha) hat ihr Zentrum im Bekaatal östlich von Beirut. Die älteren Kellereien sind glorreiche Überlebende des Bürgerkriegs. Es gibt einige rote Qualitätsweine, in denen französischer Einfluss zu spüren ist.

Clos St-Thomas r (w) – Kleiner Erzeuger. Der Ch. St-Thomas ist ein weicher, fruchtiger, abgerundeter Rotwein.

Kefraya r w ☆☆ Duftiger Ch. Kefraya Comte de M. (**96** 97), ein Verschnitt aus Cabernet Sauvignon, Mourvèdre und Syrah. Auch frischer Rosé und opulenter Dessertwein Lacrima d'Oro.

Ksara r w – Das 1857 von Jesuiten gegründete Weingut wird jetzt modernisiert. Würziger, aromatischer Cabernet Sauvignon Ch. Ksara (**97** 98), fruchtiger roter Réserve du Couvent mit gutem Preis-Leistungs-Verhältnis und guter, sauberer Chardonnay.

Massaya r w – Französisch-libanesisches Gemeinschaftsunternehmen, das bislang seinem eigenen Anspruch noch nicht gerecht geworden ist.

Musar, Château r (w) ☆☆☆☆ Herrlicher, einzigartiger Cabernet Sauvignon mit einem Schuss Cinsault (**86 88** 91 93 94 95), der mit dem Alter immer besser wird. Leichter ist der rote Hochar Père et Fils, ebenfalls von Cabernet Sauvignon und Cinsault. Außerdem ein körperreicher eichenholzwürziger Weißwein von der einheimischen Obaideh-Traube.

Wardy r w – Vielversprechendes Weingut mit gutem Chardonnay und Sauvignon blanc. Rotweine werden unter dem Namen Ch. les Cèdres angeboten.

Israel

Baron Edmond de Rothschild legte in den Achtzigerjahren des 19. Jahrhunderts den Grundstein für eine moderne Weinwirtschaft, doch lange Zeit produzierten die israelischen Kellereien recht bescheidene Gewächse. Erst vor kurzer Zeit, als klassische Rebsorten in kühleren, hoch gelegenen Gebieten wie dem oberen Galiläa und den Golanhöhen (1200 m) angepflanzt wurden, fand so etwas wie eine Weinrevolution statt. Beständige Investitionen in moderne Technik und Kellermeister mit internationaler Erfahrung haben einschneidende Veränderungen bewirkt.

Amphorae r w – Neue, hochinteressante Boutique-Kellerei. Sehr vielversprechender Chardonnay und Cabernet Sauvignon.

Barkan r w – Die zweitgrößte Kellerei in Israel hat neue Rebflächen in der Negevwüste angelegt. Guter Cabernet Sauvignon.

Binyamina r w – Ordentliche Rotweine, die in amerikanischer Eiche ausgebaut werden, sowie aromatischer Muskateller.

Carmel r w; sch – Der größte Erzeuger Israels mit Kellereien in Zichron Yaacov, Rishon LeZion und Ramat Arad. Spitzenwein: Private Collection Cabernet Sauvignon. Die Vineyards-Selected-Weine bieten ein gutes Preis-Leistungs-Verhältnis.

Castel r (w) ☆☆ Kleiner Familienbetrieb im Bergland von Judäa mit elegantem, subtilem Cabernet Sauvignon/Merlot (**96** 97 98). Zweitetikett: Petit Castel. Auch gut bereiteter klassischer Chardonnay.

Dalton r w – Kellerei im oberen Galiläa mit grasigem Sauvignon blanc und zunehmend hochwertigem Merlot und Cabernet Sauvignon.

Flam r – Junge Boutique-Kellerei; vielversprechender Cabernet Sauvignon und Merlot

Galil Mountain r w – Gemeinschaftsunternehmen von Kibbuz Yiron und der Golan Heights Winery mit Rebgärten an der libanesischen Grenze.

Margalit r ☆ Exklusive kleine Kellerei. Körperreicher Cabernet Sauvignon (**93** 95 99), intensiver Merlot, seltener Carignan.

Recanati r w – Neue Kellerei mit Cabernet Sauvignon, Merlot und Chardonnay.

Soreq Tal Shahar Vineyard r – Kleines Weingut. Die letzten Cabernet-Weine zeigen Qualität.

Tishbi Estate r w; sch – Familienbetrieb mit in Eiche ausgebautem Chardonnay sowie besser werdendem Merlot.

Tzora r w – Kibbuz-Kellerei mit ausgesprochen »mediterranen« Weinen; am besten sind der Cabernet Sauvignon und der Sauvignon blanc .

Yarden r w; sch ☆☆☆ Der Anführer des israelischen Aufbruchs in eine neue Weinwelt, auf den Golanhöhen gelegen. Vielschichtiger, eichenholzwürzigen Cabernet Sauvignon (**85 90** 93 97), komplexer Merlot (**93** 97), hochwertiger Pinot noir (99) und fassvergorener Chardonnay. Ausgezeichnete Reserve-Sonderabfüllungen unter dem Etikett Katzrin, ein Verschnitt von Cabernet Sauvignon, Merlot und Cabernet franc (**90** 93 96). Zweitwein ist Gamla mit gutem Preis-Leistungs-Verhältnis.

Nordafrika

Algerien

Mit vereinten Kräften haben es der Islam und die EU fertig gebracht, dass die einst umfangreiche Rebfläche Algeriens weiter schrumpft. Viele Weinstöcke sind inzwischen über 40 Jahre alt und werden nicht mehr durch neue ersetzt. Ordentliche und zum Teil kraftvolle Rot-, Weiß- und v. a. Roséweine entstehen noch in den Küstenbergen von Tlemcen, Mascara (guter Ruf für Rot- und Weißwein), Haut-Dahra (starker Rotwein, Rosé), Zaccar, Thessalah, Médéa und Aïn-Bessem (Bouira besonders gut). Sidi Brahim ist ein süffiger Markenrotwein. Während der französischen Kolonialzeit hatten diese Weine VDQS-Status. Außerdem produziert Algerien auch Korken.

Marokko

Der beste nordafrikanische Wein kommt aus Weingärten entlang der Atlantikküste zwischen Rabat und Casablanca (leichte, fruchtige Tropfen, darunter der »Vin gris« von weiß gekelterten roten Trauben) sowie aus der Gegend um Meknès und Fès, die auch am bekanntesten ist. Die Rebfläche ist von 77 000 auf 14 000 ha zurückgegangen, Großinvestitionen von französischen Unternehmen wie William Pitters oder der Castel-Gruppe leiten aber eine Umwandlung der Weinwirtschaft Marokkos in die Wege. Das erste Haus am Platze ist Celliers de Meknès, aber auch Cépages de Meknès, Cépages de Boulaouane und SADAY bereiten Weine von guter Qualität. Achten Sie auf Weine wie L'Excellence de Bonassia (ein reifer Cabernet Sauvignon/Merlot-Verschnitt) und Domaine de Sahari oder die preisgünstigen Atlas Vineyards und El Baraka.

Tunesien

Die Rebfläche Tunesiens umfasst heute rund 15 000 ha gegenüber 48 000 ha vor 15 Jahren. Die Spezialitäten des Landes waren süße Muscat- und leichte Roséweine, inzwischen werden auch anständige Rote produziert. In den Weingärten an der Küste herrscht das kühlste Klima. Ein Erzeuger, den man im Auge behalten sollte, ist Selian; den besten Wein bereitet die Accademia del Sole, mit einem sizilianischen Investor und einem Kellermeister aus Australien.

Malta

Halten Sie die Augen offen nach den echten Malteserweinen, die unter den Namen Meridiana und Marnisi auf den Markt kommen. Der Vorreiter Meridiana wird von Antinori unterstützt und produziert erstaunlich guten Chardonnay Isis, Cabernet Sauvignon/Merlot-Verschnitt Melquart, Merlot Nexus, dichten, eichenholzwürzigen Syrah Bel und den Spitzen-Reserve Celsius Cabernet Sauvignon. Andere Weine werden möglicherweise von importierten Trauben bereitet.

Nordamerika

Kalifornien

Die kräftige Expansion der kalifornischen Weinindustrie wurde im Jahr 2002 erstmals gedämpft. Die Ernte 2001 fiel pro Hektar um 20 bis 25 % geringer aus, durch Neuanpflanzungen erreichte der absolute Wert mit 3 Millionen Tonnen allerdings den zweithöchsten Stand seit je.

Das Nachlassen des Preisauftriebs auf dem allgemeinen Markt zeigte indes kaum direkte Wirkung auf seltene Gewächse oder Spitzenweine. Für Cabernet-Sauvignon-Traubengut aus dem Napa Valley musste erneut mehr bezahlt werden als im Vorjahr; manche Winzer verlangten 3000 bis 5000 Dollar pro Tonne.

Die USA sind derzeit das Land mit dem drittgrößten Weinkonsum der Welt. Das Gesamtwachstum hat sich zwar verlangsamt, der Pro-Kopf-Verbrauch nimmt aber weiter zu. Der Terroranschlag vom 11. September hat sich auf das Weingeschäft nicht etwa dadurch ausgewirkt, dass der Verkauf dramatisch zurückgegangen wäre. Es hat vielmehr ein spürbarer Wechsel stattgefunden von der Lieferung an Restaurants hin zur Versorgung des Einzelhandels.

Die Medienhysterie über die Bedrohung der Weinberge durch die Pierce-Krankheit, die von einer bestimmten Heuschreckenart übertragen wird (vgl. auch Seite 327), hat sich als weit überzogen herausgestellt. In schlecht gepflegten Rebgärten kann die Krankheit durchaus großes Unheil anrichten, aber Winzer, die sich des Problems bewusst waren, haben den Schaden auf ein Minimum eingegrenzt. Von einer Ausbreitung kann also gar nicht die Rede sein.

Kalifornien bleibt die Hochburg von sauberen, äußerst fruchtigen, intensiv vollreifen Weinen, die eine Menge neue Eiche vertragen können. Man legt heutzutage mehr Wert auf feinere Noten, als das noch vor 20 Jahren der Fall war, dennoch ist der Stil der Neuen Welt überall in Kalifornien weiterhin gut vertreten. Syrah und Cabernet franc haben die größten Fortschritte gemacht. Auch Sangiovese, Pinot gris (bzw. Pinot grigio), Viognier, Marsanne und Roussanne stoßen auf Interesse, gewinnen aber weniger rasch an Boden. Ein echter Boom herrscht derzeit für roten Zinfandel. Er wird regelmäßig zu 20 bis 40 Dollar pro Flasche gehandelt; noch 1995 waren zweistellige Preise eine Seltenheit. Ein Zinfandel-Fest Ende Januar in San Francisco zieht jedes Jahr 10 000 Besucher an.

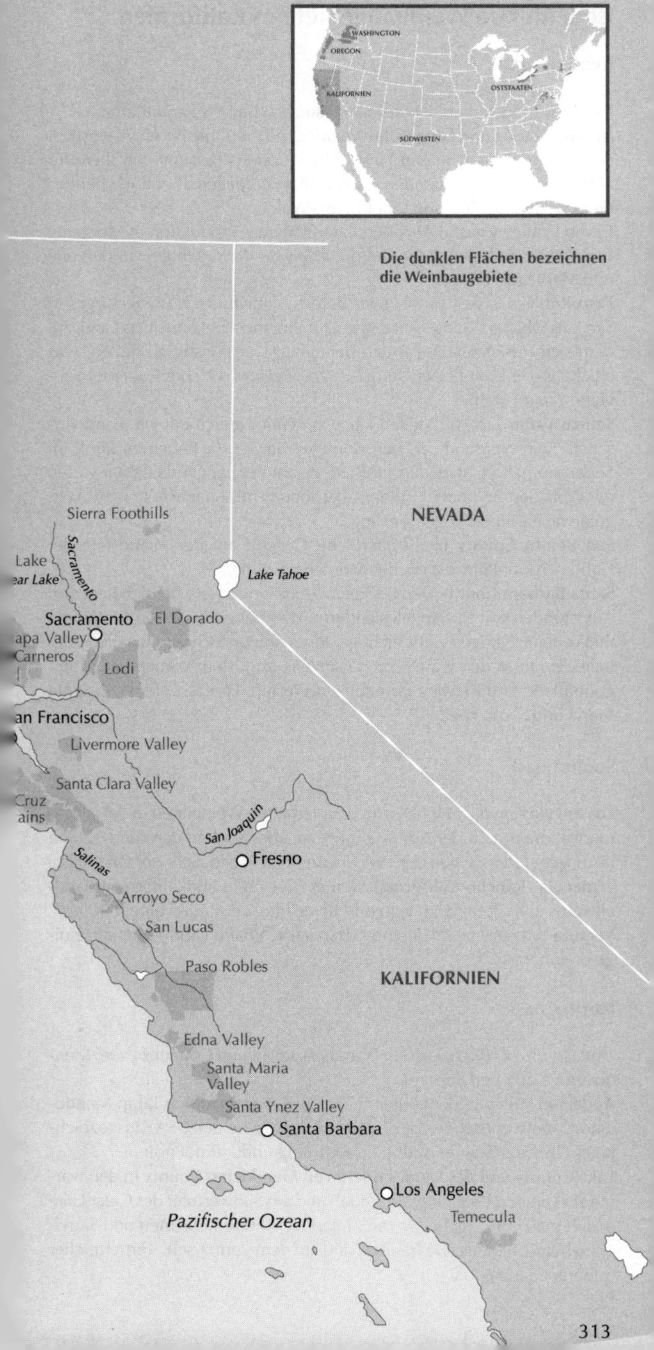

Die dunklen Flächen bezeichnen die Weinbaugebiete

Bedeutende Weinbaugebiete in Kalifornien

Central Coast

Langer Küstenstreifen von der San Francisco Bay bis Santa Barbara.

Arroyo Grande und Edna Valley Vorwiegend maritime Bereiche westlich des Küstengebirges im San Luis Obispo County. Bekannt vor allem für zitronigen, elegant reifenden Chardonnay; erzeugen aber auch Kaliforniens beste Viognier- und Pinot-blanc-Weine.

Carmel Valley Coastal AVA Bereich mit kleiner Produktion in Monterey County, besser bekannt für Golfplätze als für Wein. Einige wundervolle rote Meritage-Weine.

Paso Robles Großer, produktiver Bereich östlich des Küstengebirges in San Luis Obispo County. Seit langem für Zinfandel bekannt. Das Land, auf dem sich früher Alfalfa-Farmen befanden, war günstig zu haben, was etliche große Weinfirmen anlockte. Vorwiegend weicher Cabernet Sauvignon und Syrah.

Salinas Valley Ein 100 Meilen langer, ebener Bereich mit v. a. Landwirtschaft. Sein Nordende an der Monterey Bay ist für Reben zu kühl, im Süden enthält er aber den größten zusammenhängenden Weingarten der Welt (San Bernbabe). Feiner Chardonnay mit Ananasnote im Bukett, guter, nektarinenduftiger Riesling.

San Benito County Heiße ländliche Gegend auf der Inlandseite der Gabilan Mountains östlich des Monterey County.

Santa Barbara County Der größte und renommierteste Bereich liegt drei Autostunden von Los Angeles entfernt. Hier haben viele Berühmtheiten ihr Weingut. Saftiger, vielschichtiger Pinot noir und Chardonnay; vorzüglicher Syrah in den wärmereren Canyons im Osten; vornehmer Sauvignon blanc und Riesling im nebligen Westen. Umfasst die AVAs Santa Maria und Santa Ynez.

South Coast

Los Angeles Ein paar Hobbywinzer unterhalten Weingärten in der Megalopolis, die u. a. in der AVA Malibu Cyn, aber auch in den rund 320 ha historischer Rebflächen der AVA Cucamonga liegen. Schöner Grenache.

Temecula (Rancho California) Kleiner Bereich in Südkalifornien, landeinwärts zwischen San Diego und Riverside; v. a. Weißweine. 800 ha.

Ventura Wasserscheide und Bereich mit fruchtbarer Landwirtschaft; einige Weinberge.

North Coast

Umfasst die nördlich von San Francisco gelegenen Counties Lake, Mendocino, Napa und Sonoma.

Anderson Valley In dem kühlen, der Küste zugewandten Tal in Mendocino County entstehen die besten Schaumweine der USA, ausgezeichneter Gewürztraminer und sich rasch steigernder Pinot noir.

Lake County und das Landesinnere von Mendocino County In den warmen bis heißen Bereichen um Ukiah und am Südwestufer des Clear Lake erzielt man gute Ergebnisse mit Zinfandel, Rhône-Rebsorten und Sauvignon blanc. Italienische Trauben sind auf dem Vormarsch. Körperreicher Cabernet Sauvignon.

Napa Valley Das bekannteste Weinbaugebiet, genau nördlich der San Francisco Bay. Durch seine im Verhältnis zur Zahl der Weingüter (etwa 30% der kalifornischen Erzeuger) geringe Größe ist das Rebland im Napa Valley zum teuersten außerhalb Europas geworden. Die Vielfalt an Böden, Mikroklimaten und Geländeformationen auf so engem Raum fördert die Entstehung von sehr unterschiedlichen Weinen (v. a. Cabernet Sauvignon, Merlot, Sauvignon blanc). Es gibt ein Dutzend AVAs, darunter z. B. Oakville, Rutherford, Stag's Leap, Mt. Veeder sowie Carneros am Südende, direkt an der Bucht (mit Chardonnay und Pinot noir). Alles in allem etwas über 16 000 ha. Entwickelt sich schnell in ein Mekka internationaler Gourmets mit Preisen, die nicht so leicht zu schlagen sind.
Northern Sonoma Sowohl warme Bereiche wie Alexander Valley, Dry Creek oder Knights Valley wie auch kühlere, etwa Russian River Valley. Nervenzentrum der Weinkultur ist Healdsburg. Überall längs der River Road und der Westside Road bis hinunter zum Pazifik großartiger Pinot noir und Chardonnay. In Dry Creek wunderbarer Zinfandel. Saftiger, zugänglicher Cabernet Sauvignon aus dem Alexander Valley.
Sonoma Valley und Carneros Vom Napa Valley durch die 730 Meter hohen Mayacamus Mountains getrennt. Carneros AVA am Südende, direkt an der San Francisco Bay, gehört zu beiden Bereichen und ist ihr jeweils kühlster Teil; spezialisiert auf Schaumwein, Pinot noir und Chardonnay. Der Hauptplatz der Stadt Sonoma hat immer noch einen ländlichen Touch. Die Rebflächen von Sonoma Valley sind größer als die von Napa Valley.

Die Bay Area

Contra Costa County Die historische Anbauregion am Nordhang des Mt. Diablo wird mehr und mehr von Wohnhäusern verdrängt. Von den verbleibenden alten Rebstöcken stammen schöne Zinfandel-Weine und Rote im Rhône-Stil.
Livermore Kiesböden östlich der Berge, in denen die San Francisco Bay liegt. Durch kreative Planung nimmt man hier dem Siedlungsdruck die Spitze. Der beste Sémillon Kaliforniens.
Santa Clara Valley Das weite Tal südlich der Bucht, einst ein bedeutendes Weingebiet, ist jetzt zum Silicon Valley geworden. Übrig gebliebene Gebiete wie Hecker Pass können heute immer noch für eine Überraschung gut sein.
Santa Cruz Mountains Steile Hügel zwischen Bay und Pazifik. Nur wenig Rebfläche, aber einige Kellereien der Spitzenklasse, z. B. Ridge. Recht kalt auf der Meerseite.

Central Valley

Lodi und The Delta Das hydrologische Zentrum Kaliforniens, reicht von Sacramento bis Stockton. Kühler als sowohl die Nord- als auch die Südhälfte des Central Valley. Clarkesburg im Westen erzeugt den besten Chenin blanc Kaliforniens; Lodi, das im Osten bis an die Sierra reicht, produziert dichten Zinfandel.
Sacramento Valley Der Nordteil des landwirtschaftlichen Herzstücks von Kalifornien produziert in der Dunnigan Hills AVA erschwingliche Weine von Rhône-Sorten.

San Joaquin Valley Fruchtbar und heiß, Herkunft der meisten Konsum- und gepriteten Dessertweine Kaliforniens. Über 81 000 ha.

Sierra Foothills

Amador County Region mit warmem Klima, in der alte Zinfandel-Reben marmeladige, intensive Weine mit charakteristischem metallischem Nachgeschmack hervorbringen. Experimente mit roten Spitzensorten von der Rhône und sortenreinen Weinen von italienischen Trauben beginnen gute Erfolge zu zeitigen.
Calaveras County Südlichster Bereich der 3 Weinbaubereiche in den Sierra Foothills; das Tor zum großartigen Yosemite Nationalpark. Guter Cabernet franc.
El Dorado County Kaliforniens Vorposten des Weinbaus in hoch gelegenen Zonen mit etlichen Weinbergen in 900 m Höhe. Es gibt 2 Bereiche: Im Gebiet um Placerville finden sich 4 der besten Kellereien Kaliforniens, der andere namens Fairplay besitzt den Charme des Exzentrischen.

Neuere Jahrgänge

Das Klima in Kalifornien ist bei weitem nicht so beständig wie sein Ruf als »land of sunshine«. Zwar kommen alles in allem die Trauben mit Regelmäßigkeit zur Reife, doch gibt es in vielen Gegenden strenge Frühlingsfröste, manchmal auch eine verregnete Lese und nur allzu oft Dürre.
Die Weine aus dem San Joaquin Valley fallen von Jahr zu Jahr am gleichmäßigsten aus. Bei ihnen sagt der Jahrgang, sofern einer angegeben ist, mehr über das Alter des Weins aus als über seinen Charakter.
Für die Weinberge im Bereich Central Coast gelten in Bezug auf die Jahrgänge andere Maßstäbe als für die North Coast oder die Sierra Foothills. Regen zur Ernte spielt hier kaum eine Rolle, da er meist nicht vor Mitte Dezember eintritt. Klimatisch sind die Weingärten der Central Coast vom kühlenden Meer geprägt. Die Trauben reifen langsamer und werden drei bis sechs Wochen später geerntet als in den Inlandsbereichen der North Coast wie etwa Napa.
Die folgende Aufstellung der Jahrgänge bezieht sich auf die Bedingungen, die an der North Coast für Cabernet Sauvignon und Zinfandel herrschten.

2001 Wenig Regen im Winter, teilweise heiß im März, strenge Fröste im April, der heißeste Mai seit Menschengedenken, und bis zum Oktober kein Regen mehr. Die ersten Anzeichen deuten auf hervorragende Qualität hin, aber auch Ungleichmäßigkeiten sind wahrscheinlich, da die gesamte Ernte auf einmal reif wurde.

2000 Ein Erdbeben in Napa und ein fürchterlicher Südsturm Anfang September lösten einigen Schrecken aus, verursachten aber keinerlei Schäden. Größter Ertrag in der Geschichte, der aber hauptsächlich durch neue Rebflächen bedingt ist. Gute Qualität.

1999 Ein sehr kalter Frühling und Sommer sorgten für eine extrem späte Ernte. Da aber im Herbst Regen ausblieb, kam die Frucht schadlos davon. Ein hoher natürlicher Säuregehalt und der heiße Oktober begünstigten Weine von tiefer Farbe und intensivem Geschmack. Nur 10–40 % der üblichen Erntemenge. Herausragende Qualität.

1998 Die ungleichmäßige Ernte zog sich bis in den November hin. Weine von angemessen bis furchtbar.

1997 Großer Ertrag, sehr aromatische Rotweine mit hohem Extraktgehalt, besonders erfreulich noch in ihrer jugendlichen Fülle. Eindeutig besser als der vorhergehende und der darauf folgende Jahrgang.

1996 Sehr kleiner Ertrag, stark strukturierte Weine, aber zu wenig Aroma, um charmant zu sein. Muss altern.

1995 Geringer Ertrag, große Vitalität, die sich langsam entwickelt. Guter Zinfandel, großartiger Cabernet Sauvignon. Seit 1990 der beste Jahrgang für den Keller.
1994 Mildes Wetter während des Wachstums, trocken während der späten Ernte. Wunderbarer Zinfandel, geschmeidiger Cabernet Sauvignon. Süffige Weine, jetzt hervorragend zu trinken.
1993 Bescheidenes, unauffälliges aber ordentliches Jahr an der North Coast; spektakulär in den Sierra Foothills, wo konzentrierte Zinfandel-Weine mit erfrischender Säure gekeltert wurden. Austrinken.
1992 Seltsam unbeständig. Einige leer, andere hingegen aromatisch und lebendig.
1991 Sehr späte Lese, sehr großer Ertrag: 30–50 % über dem Durchschnitt und die doppelte Menge des winzigen 90er Jahrgangs. Schlanke, rassige Weine, die am meisten europäisch anmutenden seit Jahren. Brauchten lange, um sich in der Flasche zu entfalten.
1990 Ein kalifornischer Bilderbuchjahrgang mit kleiner Ernte. Die Entwicklung ist wunderbar verlaufen, für Sammler hat sich eine hervorragende Wertsteigerung ergeben. Cabernet Sauvignon derzeit großartig.
1989 Der Regen bei der Ernte bescherte den Winzern Herzattacken. Wurde in der Presse sehr heruntergemacht, wodurch man einige Schnäppchen machen konnte, da der Cabernet Sauvignon in den meisten Fällen so schlecht auch wieder nicht war. Jetzt aber doch im Schwinden begriffen.
1988 Nichtssagend, lässt es an Konzentration und Struktur mangeln.
1987 Das erste Jahr einer langen Dürre. Cabernet Sauvignon und Zinfandel sehr dunkel und konzentriert. Nachdem sie sich ein Jahrzehnt lang hart und kompromisslos gaben, entfalten sie nun auch etwas Charme neben ihrer Stärke. Die Besten werden noch fünf Jahre halten.
1986 Ein Standardjahr mit Durchschnittsweinen ohne negative wie positive Überraschungen.
1985 Sehr kühler Jahrgang, der die Weine mit einem Stahlrohr als Rückgrat ausstattete. Heute sind diese Weine durch die Entwicklung ihres Buketts und ihre Ausgewogenheit sehr verlässlich geworden.
1984 Ein warmes Jahr. Schon früh ausdrucksvolle, inzwischen altersschwache Weine.
1983 Ein warmes Jahr. El Niño brachte Regen zur Lese. War nie richtig gut.
1982 Ein kühles Jahr mit El-Niño-Regen bei der Ernte. Inzwischen riskant.
1981 Selbst die Besten dieses heißen Jahrgangs haben jetzt den Höhepunkt weit überschritten.
1980 Sehr kühle Wachstumsperiode, gefolgt von einer heftigen Hitzewelle während der Lese. Die großen Kellereien hatten Schwierigkeiten, Weine von kleinen Erzeugern sind heute immer wieder für Überraschungen gut.

Weinbaubetriebe in Kalifornien

Acacia Napa ☆☆☆ Chardonnay **96** 97 98 99 Pinot noir **91 92 93** 94 95 **96** 97 98 99 – Lange spezialisiert auf haltbaren, tiefen Carneros-Chardonnay und Pinot noir, beide qualitativ hochwertig. Jetzt wieder Rückkehr zu Einzellagenweinen, die eine Zeit lang aufgrund von Reblausproblemen zu Verschnitten mit besonders intensivem Eichenholzaroma verarbeitet wurden.

Ahlgren Santa Cruz Mountains ☆☆☆ Vorzüglicher Chardonnay von der Lage Ventana in Monterey City und bemerkenswerte Cabernet-Sauvignon-Weine von der Lage Besson in Gilroy sowie der Bates Ranch in den Santa Cruz Mountains.

Alban Edna Valley ☆☆☆ Ein Pionier beim Anbau von Rhône-Sorten und die Messlatte für Weine von Viognier in Kalifornien. Die Erzeugerabfüllung ist lebhafter als die Central-Coast-Version. Kleine Mengen hervorragender Grenache. Der Reva Syrah gehört zu den Besten Kaliforniens der letzten 4 Jahre.

Alderbrook Sonoma ☆☆ Hier geben sich die verschiedenen Kellermeister die Klinke in die Hand, doch der neue Eigentümer (seit 1994) bemüht sich unbeirrt um einen ansprechenden Stil, v. a. Chardonnay, Syrah und Zinfandel.

Alexander Valley Vineyards Sonoma ★★ Cabernet Sauvignon ist von 6 Weinen wahrscheinlich derjenige, der dem Potenzial des guten Weinbergs am ehesten nahe kommt. Im günstigsten Fall ausgefallene Weiße.

Anapamu ★★ Eine Marke des Gallo-Imperiums: guter Chardonnay von Trauben aus der Nähe von Monterey, gekeltert in Dry Creek.

Andrew Murray Santa Barbara ☆☆ **95** 97 98 – Kleiner Erzeuger mit am Hang angelegten Rebflächen, dadurch kleine Erträge. Guter Syrah, großartiger Roussanne.

Araujo Napa ☆☆☆☆ Eisele Weinberg, jetzt Weingut. Dunkler, tanninherber Cabernet Sauvignon, so wie Joe Phelps ihn berühmt gemacht hat.

Arrowood Sonoma ☆☆→☆☆☆ Chardonnay 97 **98** 99 Cabernet Sauvignon **85 87 90 91 92 94** 95 96 97 98 – Dick Arrowood, der langjährige Kellermeister von Chateau St Jean, ist in Spitzenform mit geschmeidigem, langlebigem Cabernet Sauvignon, Chardonnay (v. a. Reserve) für Eichenliebhaber. 2000 an Mondavi verkauft.

Artesa Napa ☆ Stillweine aus der wunderschönen Kellerei, die früher Codorníu hieß und immer noch im Besitz der gleichnamigen Firma ist.

Artisans and Estates Eine Sammlung von Weingütern im Besitz von Jess Jackson (von Kendall-Jackson); jedes mit einem eigenen Kellermeister. Seit 1988 ist das Unternehmen durch Ankäufe in atemberaubendem Tempo expandiert. Unter den Topbesitzungen befinden sich: Hartford Court, Alexander Mountain Estates, Matanzas Creek und Stonestreet (alle in Sonoma); Kristone und Cambria in Santa Barbara sowie Cardinale und Lokoya in Napa. Die Mittelklasse enthält u. a. La Crema, Edmeades, Robert Pepi, Bailey & Brock. Hat auch Güter in Italien und Chile sowie eine eigene Böttcherei in Frankreich. Und immer noch ist kein Ende in Sicht.

Atlas Peak Napa ☆☆ Kellerei im Besitz von Allied-Domecq mit Sangiovese und Sangiovese/Cabernet Sauvignon-Verschnitt der Marke Consenso. Die Trauben stammen von den Antinori-Besitzungen in den Bergen im Osten.

Au Bon Climat Santa Barbara ☆☆☆ Chardonnay **93 94 95 96** 97 98 99 Pinot noir **90 93** 94 **95** 96 97 – Jim Clendenen verfolgt eine eigene Linie: Chardonnay mit kräftiger Toastnote, aromatischer Pinot noir, spritziger Pinot blanc. Bordeaux-Sorten unter dem Etikett Vita Nova, italienische unter Podere de los Olivos. Siehe auch Qupé.

Babcock Vineyards Santa Barbara ☆☆☆ Sehr kühl gelegene Besitzung im westlichen Santa Ynez Valley. Hohes Renommee für Pinot noir und Chardonnay; der Eleven Oaks (Sauvignon blanc) gehört zu den bessern Exemplaren in Kalifornien. Eindrucksvolles Debüt mit Syrah.

Barnett Napa ☆☆ Verblüffender Cabernet Sauvignon von einem winzigen, hoch am Spring Mountain gelegenen Gut.

Bei Cabernet Sauvignon aus dem Napa Valley und anderen Bereichen der Nordküste kann man davon ausgehen, dass sie sich acht Jahre lang halten. Nur die bekanntermaßen Haltbaren bleiben länger als 15 Jahre frisch.

Barnwood Santa Barbara ☆☆ 98 – Etwas abseits in der nordwestlichen Ecke des Distrikts gelegen. Hat Laetitia erworben, um an der Küste besser präsent zu sein. Günstiger Cabernet Sauvignon.

Beaucanon Napa ☆☆ Die Besitzer von Lebègue in Bordeaux bringen hier von eigenen 100 ha Rebfläche beständig geschmeidigen, stilvollen Cabernet Sauvignon, Merlot und immer besseren Chardonnay hervor. Zweitetikett: La Crosse.

Beaulieu Vineyard Napa ★★→★★★ Cabernet Sauvignon **58 65 73 78 85 90 91** 95 96 – Das Kronjuwel der Firma UDV ist zu Recht am bekanntesten für den langlebigen, in amerikanischer Eiche ausgebauten Cabernet Sauvignon Georges de Latour Private Reserve. Auch der Carneros Chardonnay verdient Beachtung. Günstige Weine werden unter der Marke Beautour, Versuchsweine unter Signet verkauft.

Belvedere Sonoma ★★ William Hambrecht verwendet vorwiegend seine eigenen Trauben für Cabernet Sauvignon aus dem Alexander Valley, Zinfandel vom Dry Creek Valley und Russian-River-Chardonnay.

Benessere Napa ☆☆ Einer der fünf Spitzen-Sangiovese-Weine aus Kalifornien.

Benziger Family Winery Sonoma ☆☆ Hieß Benziger of Glen Ellen bis zum Verkauf von Proprietor's Reserve an UDV (ehemals Heublein). Verwendet jetzt ausschließlich Sonoma-Trauben und ist begeistert vom Eichenaroma; das Angebot umfasst die ganze Palette.

Beringer Blass Napa ☆☆→☆☆☆ Chardonnay **97 98 99** Cabernet Sauvignon **80 87 90 91** 92 94 95 96 97 98 99 – Im Jahr 2000 von der australischen Gesellschaft Mildara-Blass (Fosters) gekaufte, sehr alte Kellerei. Das Angebot reicht von der überragenden Spitzenserie (Reserve, Einzellagen-Cabernet-Sauvignon) bis hin zu neu eingeführten Gebrauchsweinen unter dem Etikett Beringer Founder's Estate (vormals Hudson Estate). Beringer ist auch Eigentümer von Chateau St Jean, Chateau Souverain, Meridian, Napa Ridge und der Stag's Leap Winery.

Bernardus Carmel Valley ☆☆☆ Kräftige Meritage-Weine von dicht bestockten Hanglagen. Das Luxusrestaurant in der Stadt beschäftigt einen Spitzensommelier aus Südfrankreich.

Biale Napa ☆☆ Kleiner Spezialist für Zinfandel, der hauptsächlich Lesegut aus Napa verwendet.

Black Sheep Calaveras County ☆☆ Jedes Jahr besserer Zinfandel aus Amador und Calaveras.

Boeger El Dorado ☆☆ Vorwiegend Gutsweine. Attraktiv: Merlot, Barbera, Zinfandel – alle weniger eindrucksvoll als die von vielen benachbarten Gütern.

Bonny Doon Santa Cruz Mountains ★★★ Randall Grahm hält den Rhône-Reben eisern die Treue. Er liebt Wortspiele, und so tragen seine Weine eigenwillige Namen wie Vin Gris de Cigare Volant (Rosé), Cigare Volant und Grenache Village (beide rot). Aber auch italienische Rebsorten kommen jetzt ins Gespräch; außerdem sehr günstige Pacific Rim Riesling-Weine (z. T. von echten Moselreben).

Bouchaine Carneros ☆☆ Chardonnay **94** 95 **96** 97 99 Pinot noir **92 93 94 95** 96 97 98 99 – In den späten Neunzigerjahren wieder auf die Füße gekommen mit seinen erheblich verbesserten Chardonnay- und Pinot-noir-Weinen.

Brander Vineyard, The Santa Barbara ☆☆ Gutsweinerzeuger aus dem Santa Ynez Valley, der sich neuerdings bei seinen Sauvignon-blanc-Weinen und Cabernet-Sauvignon-Verschnitten mehr auf Kraft denn auf Finesse verlegt.

Bruce, David Santa Cruz Mountains ☆☆☆ Pinot noir **95 96** 97 98 99 – Altbekannte Quelle für exzentrischen, durchschlagskräftigen Chardonnay (hat sich inzwischen etwas gemäßigt); Pinot noir (aus eigenen und Sonoma-Trauben) ist eine besondere Stärke.

Buehler Napa ☆☆ Chardonnay **95 96** 97 98 99 Cabernet Sauvignon **90 91 92 93 94** 95 96 97 98 – Erzeuger in den östlichen Bergen, der sich seit kurzem mit recht hohen Preisen wieder am Markt behauptet: Cabernet Sauvignon und Zinfandel aus Napa sowie Russian-River-Chardonnay.

Buena Vista Carneros ☆☆ Chardonnay **96 97** 98 99 Cabernet Sauvignon **91 92 93 94** 95 96 97 98 – Ist von einem ehemals traubigen Stil übergegangen zu einem, der die Hand des Kellermeisters deutlich erkennen lässt: v. a. Chardonnay.

Burgess Cellars Napa ☆☆ Der Nachdruck liegt auf dunklen, wuchtigen Roten mit kräftigem Eichenholzaroma; Cabernet Sauvignon ziemlich flach, Zinfandel gewinnt an Kontur.

Bynum, Davis Sonoma ☆☆ Chardonnay **96 97 98** 99 Pinot noir **91 92 93 94 95 96** 97 98 99 – Lange Zeit unterbewertet, macht jetzt aber mit charakteristischen Einzellagenweinen von sich reden, v. a. Pinot noir aus dem Russian River Valley.

Byron Vineyards Santa Barbara ☆☆ Chardonnay **96 97** 98 99 Pinot noir **93 94 95** 96 97 98 99 – Gut gehende Kellerei im Besitz von R. Mondavi; Gutswein Pinot noir führt, knapp gefolgt von Chardonnay.

Cafaro Napa ☆☆☆ Herstelleretikett für robusten bis resistenten Cabernet Sauvignon und Merlot.

Cain Cellars Napa ☆☆☆ Cain Five **85 86 87 90 91** 92 **94** 95 96 97 98 – Stilvoller, geschmeidiger Cain Five, ein Verschnitt von Cabernet Sauvignon und 4 anderen Sorten aus eigenen Lagen am Spring Mountain. Cain Cuvée steht seinem großen Bruder Cain Five in nichts nach; der Sauvignon blanc Musqué aus Monterey ist ebenfalls gut.

Cakebread Napa ☆☆ Chardonnay **96 97** 98 99 Cabernet Sauvignon **85 87 90 91 92** 94 95 97 98 – Jetzt bis zu 3 Abfüllungen Cabernet Sauvignon, alle herzhaft und mit deutlichem Eichenaroma.

Calera San Benito ☆☆☆ Chardonnay **97** 98 99 Pinot noir **91 92** 93 **94 95** 96 97 98 – Die trockenen, sonnigen, kalkreichen Weinberge nahe Chalone ergeben aufstrebende Gutsweine – Pinot noir mit Rhône-Charakter, benannt nach den jeweiligen Parzellen des Weinbergs (Jensen, Reed, Selleck). Außerdem bukettreichster Viognier.

Callaway Temecula ☆ Chardonnay **94 95 96** 97 98 99 – Kauft Rebgut außerhalb der eigenen Region an, um die neuen reinsortigen Coastal-Weine zu Kampfpreisen anzubieten.

Cambria Santa Barbara ☆☆ Gehört zu Kendall-Jacksons Gruppe Artisans and Estates. Chardonnay wie üblich toastwürzig, der Pinot noir ist verlockender.

Canandaigua Große New Yorker Firma (in Kalifornien bereits die größte nach Gallo) und seit langem eine feste Größe im unteren Marktsegment (Richard's Wild Irish Rose, Taylor California Cellars u. a.). Zeigt neuerdings höhere Ambitionen, zunächst versuchsweise durch den Kauf von Dunnewood, dann, schon angriffslustiger, mit Simi und verleibt sich nun auch noch Franciscan Estates, Estancia und Mt. Veeder ein. 2001 kam Ravenswood hinzu.

Carmenet Sonoma ☆☆→☆☆☆ Cabernet-Sauvignon-Verschnitt **87 90 91 92 94** 95 96 97 98 – Reifer Cabernet Sauvignon von hohen Lagen mit fantasievolleren Namen (Dynamite, Moon Mountain, Vin de Garde); im Besitz von Chalone.

Carneros Creek Carneros ☆☆→☆☆☆ Pinot noir **92 93 94 95** 96 97 98 99 – Erzeuger, der intensive Studien über das lokale Klima und neue Klone in Carneros durchführt. Bietet alljährlich 5 Weine von Pinot noir: die eher leichten Fleur de Carneros und Côte de Carneros sowie die dunkleren, volleren Estate, Reserve und Francis Mahoney Estate. Der Einzellagenwein Las Brisas ist im Kommen.

Carneros, Domaine Carneros ☆☆☆ Der spektakuläre Vorposten von Taittinger in Carneros orientiert sich am herben Stil des Haupthauses in der Champagne. Vintage Blanc de Blancs ist die Luxus-Cuvée, Stillwein von Pinot noir ebenfalls eindrucksvoll.

Castoro San Luis Obispo ★★ Beachtliches Weingut in Paso Robles mit Cabernet Sauvignon und Zinfandel. Der clevere Kellermeister Nils Udsen hat ein Händchen für frische, fruchtige Aromen. Edle Nouveau-Weine; sehr guter und preiswerter Zinfandel. Die Übrigen, v. a. Cabernet Sauvignon, verlässlich.

Caymus Napa ☆☆☆→☆☆☆☆ Cabernet Sauvignon **87 90 91 92 94** 95 96 97 98 – Der dunkle, schnell reifende Cabernet Sauvignon Special Selection mit sprichwörtlich amerikanischem Eichenholzaroma ist das viel gepriesene Herzstück; dicht gefolgt von der etwas leichteren Standardabfüllung. Weinberge in Monterey und Sonoma für andere Rebsorten in Entwicklung.

Chalk Hill Sonoma ☆☆ Großes Weingut bei Windsor; Chardonnay, Sauvignon blanc und Cabernet Sauvignon in immer neuen Stilrichtungen.

Chalone Monterey ☆☆☆ Chardonnay **94 95** 96 97 98 99 – Einzigartiges Weingut hoch oben in den Gavilan Mountains; Quelle für Chardonnay mit Feuersteinaroma und dunklen, gerbstoffreichen Pinot noir, beide Burgund-Imitationen, die sich langsam entfalten; der Pinot noir kann 15 Jahre lagern. Pinot blanc und Chenin blanc nach dem Vorbild des Chardonnay. Zum Besitz gehören noch Acacia, Carmenet, Edna Valley Vineyard, Echelon Gavilan und Canoe Ridge (Washington). Verbindungen mit den Rothschilds (von Lafite).

Chandon, Domaine Napa ☆☆ Weinberge und Stil entwickeln sich allmählich. Wachsende Vielfalt, mit der der kalifornische Zweig von

Moët & Chandon eine neue Ära einläutet. Besonders gut: Reserve oJ und Etoile Rosé. Unlängst sind Stillweine hinzugekommen.

Chappellet Napa ☆☆☆ Cabernet Sauvignon **75 76 78 84 86 87 90** 91 92 **94** 95 96 97 98 99 – Schöne Weinberge in Form eines Amphitheaters. Cabernet Sauvignon (immer zum Lagern geeignet) mit neuer Grazie, v. a. unter dem Etikett Signature. Chenin blanc, ein klassischer Napa-Wein, jetzt mit einem Hauch Eichenholz. Zarter Chardonnay; seit neuestem auch leichter Sangiovese. Außerdem guter Cabernet franc, Merlot, Tocai friulano und ein Moelleux-Dessertwein.

Chimney Rock Napa ☆☆→☆☆☆ Cabernet Sauvignon **87 90 91 92 94** 95 **96** 97 98 99 – Der einst rassige Stag's Leap District Cabernet Sauvignon ist jetzt fülliger und hat durch eine raffinierte Spalierziehung ein kräftigeres Aroma von Schwarzen Johannisbeeren.

Christopher Creek Sonoma ☆☆☆ Fred Wassermann als neuer Chef hat eine spürbare Verbesserung der bereits ausgezeichneten Weine von Syrah und Petite Sirah bewirkt.

Cline Cellars Carneros ☆☆ Ursprünglich Contra Costa (wichtige Weinberge noch vorhanden), jetzt in Sonoma/Carneros, immer noch vorwiegend den kräftigen Rhône-Ranger-Sortenweinen und -Verschnitten zugetan, z. B. Côtes d'Oakley und Mourvèdre.

Clos du Bois Sonoma ☆☆→☆☆☆ Chardonnay **96** 97 98 Cabernet Sauvignon **87 90 91 92 94** 95 **96** 97 98 99 – Große (400 000 Kisten), zu Allied-Domecq gehörende Firma in Healdsburg. Die Kellermeisterin Margaret Davenport hat mit Cabernet Sauvignon, Pinot noir und Chardonnay einen Riesenschritt nach vorne geschafft. An der Spitze sind Einzellagenweine, u. a. Cabernet Sauvignon Briarcrest und Chardonnay Calcaire.

Clos du Val Napa ☆☆ Chardonnay **94 95 96** 97 98 99 Cabernet Sauvignon **85 87 90 91** 92 **94** 95 96 97 98 99 – Unter französischer Leitung. Elegante, verlässliche Weine, Kanditaten für lange Reifung. Das Weingut hat noch eine schöne Auswahl älterer Jahrgänge von Cabernet-Sauvignon-Gewächsen und Verschnitten von Sémillon und Sauvignon blanc.

Clos Pegase Napa ☆☆ Chardonnay **95 96** 97 98 99 Cabernet Sauvignon **90 91 94** 95 96 97 98 99 – Weingut und Museum in postmodernem Stil; intelligenter Anbau von Chardonnay in Carneros und Cabernet Sauvignon in Calistoga.

Cohn, B. R. Sonoma ☆☆→☆☆☆ Früher Spezialist für Gutswein Cabernet Sauvignon, kauft jetzt Trauben bis aus Paso Robles an; Ergebnis offen.

Collier Falls Dry Creek ☆☆ **97** 98 99 – Erzeuger am nördlichen Ende des Tals mit außergewöhnlichem Zinfandel, den er für sich selbst bereitet.

Constellation Siehe Franciscan Vineyard.

Corison Napa ☆☆→☆☆☆ Cabernet Sauvignon **87 90 91 94** 95 **96** 97 98 99 – Langjährige Kellermeisterin von Chappellet produziert auf eigene Rechnung einen geschmeidigen, geschmacksintensiven Cabernet Sauvignon, der sich lange zu halten verspricht.

Cosentino Napa ☆☆ Pinot noir **94 95 96** 97 98 99 – Unermüdlicher Erzeuger und Gutsbesitzer, immer in Bewegung. Die Ergebnisse manchmal sonderbar, manchmal brillant, jedoch niemals langweilig. Die im unteren Preissegment weit verbreitete Marke heißt Crystal Valley.

Crocker-Starr St Helena ☆☆☆ 97 98 – Ein ehemaliger Kellermeister von Spottswoode hat sich mit dem Ururenkel jenes Mannes zusammengetan, der einst den westlichen Teil der transkontinentalen Eisenbahn baute. Drei Weine auf Cabernet-franc-Basis im Angebot; alle sind hervorragend.

Cuvaison Napa ☆☆ Chardonnay **96** 97 98 99 Merlot **87 90 91 94** 95 96 97 98 99 – Gutswein Carneros-Chardonnay ist beständig fein, auch wenn er etwas fülliger und eichenholzwürziger ausfällt als früher. Neuer Cabernet-Sauvignon-Gutswein überflügelt allmählich den Merlot.

Dalla Valle Napa ☆☆☆☆ Erzeuger in den Bergen, der mit seinen neuen geschmeidigen Rotweinen Kultstatus erreicht hat (Maya auf Cabernet-Sauvignon-, Pietre Rosso auf Sangiovese-Basis).

Dehlinger Sonoma ☆☆☆ Pinot noir **94 95** 96 97 98 99 – Tom Dehlinger verlagert seinen Schwerpunkt auf immer pflaumenduftigere Pinot-noir-Gutsweine vom Russian River Valley und tut gut daran. Auch Chardonnay und Syrah.

DeLoach Vineyards Sonoma ☆☆☆ Chardonnay **94 95 96 97** 98 99 – Der vollfruchtige Chardonnay bildet noch immer den Grundstock dieser zuverlässigen Kellerei im Russian River Valley; auch die gewaltigen Einzellagen-Zinfandel-Weine mit Namen Papera bzw. Pelletti finden ihre Abnehmer.

Diamond Creek Napa ☆☆☆☆ Cabernet Sauvignon 84 **85 87 90** 91 92 93 **94 95** 96 97 98 99 – Die herben, erstaunlich teuren Kult-Cabernet-Sauvignon-Weine aus Berglagen bei Calistoga tragen Einzellagennamen wie Gravelly Meadow und Volcanic Hill. 3000 Kisten.

Dominus Napa ☆☆☆ **84 85 87 90 91 95 96** 97 98 99 – Christian Moueix aus Pomerol ist nun der Alleinbesitzer des guten Napanook-Weinbergs und der elegant-nüchternen Kellerei (1998). Der Stil hat sich seit Mitte der Neunziger mehrfach verändert; seit dem Umzug in die eigenen Gebäude gibt viel mehr die Frucht den Ton an.

Dry Creek Vineyard Sonoma ☆☆ Tadellose Quelle für trockene, geschmackvolle Weißweine, v. a. Chardonnay und Fumé blanc, aber auch Chenin blanc; Cabernet Sauvignon und Zinfandel etwas unterbewertet. 110 000 Kisten.

Duckhorn Vineyards Napa ☆☆☆ Merlot **90 91 94 95 96** 97 98 99 – Bekannt für dunklen, gerbstoffreichen, fast pflaumenhaft reifen Einzellagen-Merlot (v. a. Three Palms) und Verschnitt auf Cabernet-Sauvignon-Basis: Howell Mountain. Der Goldeneye Pinot noir, der im Anderson Valley bereitet wird, überraschte den Markt mit großem Gewicht und außergewöhnlicher Intensität.

Dunn Vineyards Napa ★★★★ Cabernet Sauvignon **87 89 90 91 92 94 95** 96 97 98 99 – Randall Dunn, Besitzer und Kellermeister, produziert dunklen, gerbstoffreichen, herben Cabernet Sauvignon vom Howell Mountain und etwas milderen von der Talsohle. 4000 Kisten.

Eberle Winery San Luis Obispo ★★ Ein stämmiger Ex-Football-Star erzeugt hier eigenwilligen Cabernet Sauvignon und Zinfandel. Empfehlenswert auch deren genaues Gegenteil, der Muskateller Canelli.

Edizione Pennino Napa ☆☆ Teure Weine, Zinfandel ist der beste.

Edna Valley Vineyard San Luis Obispo ☆☆ Chardonnay 96 **97** 98 99 – Deutlich toastiger Chardonnay aus dem Gemeinschaftsunternehmen eines Winzers mit Chalone. Der Pinot noir sollte bald nach dem Erntejahr getrunken werden. 48 000 Kisten.

Edwards, Merry Russian River ☆☆☆ Die berühmte Weinberaterin hat ihren eigenen Weinberg im Bereich Russian River mir Pinot noir bestockt. 1997 und 1998 Spitzenergebnisse.

Estancia Etikett von Constellation mit günstigem Chardonnay, Sauvignon blanc und Pinot noir aus Monterey sowie Cabernet Sauvignon aus dem Alexander Valley.

Etude Napa ☆☆☆☆ Pinot noir **94 95 96 97** 98 99 – Eigene Kellerei des angesehenen Beraters und Kellermeisters Tony Soter. Sehr guter Napa-Cabernet-Sauvignon, der vom glänzenden Carneros-Pinot-noir noch übertroffen wird. Ermutigende Versuche mit Pinot blanc, Pinot gris und Pinot meunier. Soter selbst ist nach Oregon umgezogen und gründet dort eine neue Kellerei.

Far Niente Napa ☆☆ Chardonnay **96 97** 98 99 Cabernet Sauvignon **91 94 95 96** 97 98 99 – Üppige Weine sind das Ziel des Nobelgutes im Zentrum Napas.

Farrell, Gary Sonoma ☆☆☆☆ Nach vielen Jahren der Gemeinschaftsproduktion baut der Kellermeister des brillanten, lagerfähigen Pinot noir aus dem Russian River Valley seine eigene Anlage. Auch exzellenter Merlot und Zinfandel sowie extrem toastwürziger Chardonnay.

Ferrari-Carano Sonoma ☆☆ Prunkvolle Kellerei, bezieht von ausgedehnten Anbauflächen Rebgut für eine Reihe ausladender Weine, die sehr gut zu dem Anwesen passen. Von den neuen Weinbergen im Gebirge mit italienischen und Bordeaux-Sorten kommen schlankere Modelle.

Fess Parker Santa Barbara ☆☆ Gehört einem in Amerika aus Fernsehserien bekannten Schauspieler; Kellermeister ist sein Sohn Eli. Passabler Chardonnay und Pinot noir, eindrucksvoller Riesling. Der Syrah ist seit 1992 jedes Jahr sehr gut geraten.

Fetzer Mendocino ★★ 3 Millionen Kisten; im Besitz von Brown-Forman. Beständig guter Wein – von preiswerten Sorten (Sundial, Valley Oaks) bis hin zu teuren Reserve-Abfüllungen. Immer größere Flächen mit ökologischem Anbau, der Bonterra ist zu 100 % ein Biowein.

Ficklin San Joaquin ☆☆ Verarbeitete als erster in Kalifornien Douro-Rebsorten. Seit 1948 ist Tinta der beste »Port« des Landes; manchmal mit Jahrgang.

Fiddlehead ☆☆☆ Die Kellermeisterin Kathy Joseph pendelt zwischen ihrer Wohnung (wo sie auch ihr Büro hat) in der Nähe von Sacramento und zwei Kellereien, in denen sie Räume gemietet hat: eine in der AVA Arroyo Grande (San Luis Obispo) und eine in Oregon. Schöner Sauvignon blanc und erstklassiger Pinot noir.

Field Stone Sonoma ☆☆ Der hocharomatische Gutswein Cabernet Sauvignon aus dem Alexander Valley findet viel zu wenig Beachtung. Petite Sirah von alten Rebstöcken kann eindrucksvoll sein.

Firestone Santa Barbara ☆☆ Chardonnay **96** 97 98 Merlot **94 95 96** 97 98 99 – Feiner Chardonnay überstrahlt den köstlichen Riesling, ohne ihn in den Schatten zu stellen.

Fisher Sonoma ☆☆ Sonoma-Trauben vom Bergrücken für oftmals feinen Chardonnay; im beständigen Cabernet Sauvignon dominieren Trauben aus Napa. 10 000 Kisten.

Flora Springs Wine Co. Napa ☆☆ Chardonnay **96** 97 98 99 Trilogy **87 90 91 94** 95 **96** 97 98 99 – Alter Steinkeller voller Eichenfässer, und so schmecken auch die Weine, v. a. der gutseigene Sauvignon blanc Soliloquy und der Cabernet-Sauvignon-Verschnitt Trilogy. Außerdem sortenreiner Sangiovese.

Fogarty, Thomas Santa Cruz Mountains ☆☆ Feiner Gewürztraminer von Ventana gibt das Tempo an; das gesamte Programm ist sauber bereitet.

Folie à Deux Napa ☆☆ Der Doyen der Weinbereitung in Napa, Dr. Richard Peterson, hat Scott Harvey auf sein kleines Gut angeheuert, der zu dem hier schon immer bereiteten feinsten Napa-Cabernet-Sauvignon jetzt auch außerordentlichen Zinfandel Amador keltert.

Foppiano Sonoma ☆☆ Alteingesessene Winzerfamilie, bringt Jahr für Jahr unter dem Familiennamen feine Rotweine hervor, v. a. Petite Sirah und Zinfandel. Weißweine unter dem Etikett Fox Mountain.
Forman Napa ☆☆☆ Der Kellermeister, der in den 1970er-Jahren den Ruhm von Sterling begründete, produziert nun exzellenten Cabernet Sauvignon und Chardonnay auf eigene Rechnung. 15 000 Kisten.
Foxen Santa Barbara ☆☆☆ Pinot noir **92 93 94 95** 96 97 98 – Kleiner Erzeugerbetrieb zwischen den Tälern Santa Ynez und Santa Maria. Immer kräftiger, häufig brillanter Pinot noir.
Franciscan Vineyard Napa ☆☆☆ Cabernet Sauvignon **85 87 89 90 91 94** 95 **96** 97 98 99 – Großer Weinbaubetrieb in Oakville mit stilvollem Cabernet Sauvignon, Zinfandel und ungeheuer eichenholzwürzigem Chardonnay, versucht sich jetzt an Vergärung mit wilden Hefen. Nach dem Verkauf an Constellation sind Agustin Huneeus noch die Marken Quintessa und, in seinem Heimatland Chile, Veramonte geblieben.
Franzia San Joaquin ☆ Preisgünstige Alltagsweine der Marke Franzia Corbett Canyon u. a. »Bottled in Ripon« im Regal stehen lassen. Größter Erzeuger von Schlauchwein in Pappkartons.
Freemark Abbey Napa ☆☆ Chardonnay **96** 97 98 99 Cabernet Sauvignon **80 85 87 91 92 94 95** 96 97 98 99 – Heute unterbewertet, jedoch beständige, unverwüstliche Cabernet Sauvignon (v. a. Einzellagen Sycamore und Bosche) mit viel Tiefe und Stil. Sehr gut der köstlich sortentypische Chardonnay.
Frog's Leap Napa ☆☆→☆☆☆ Cabernet Sauvignon **87 90 91 94** 95 96 97 – Kleiner Weinbaubetrieb, so charmant wie sein Name (und die T-Shirts), darüber hinaus mit biologisch-organischem Anbau. Schlanker, rassiger Sauvignon blanc, der toastwürzige Chardonnay ist eher das Gegenteil. Zinfandel, Cabernet Sauvignon und Merlot müssen alle reifen.
Gabrielli Mendocino ☆☆ Im Wesentlichen ein Kellermeisteretikett für günstige unverschnittene Weine aus der Region Ukiah.
Gainey Vineyard, The Santa Barbara ☆☆ Pinot noir ist am besten, aber Chardonnay, Sauvignon blanc und Cabernet Sauvignon haben auch Beachtung verdient. 12 000 Kisten.
Gallo, E. & J. San Joaquin ☆→☆☆ Nachdem der mit 40 Millionen Kisten größte Familienbetrieb der Welt die Szene der Alltagsweine (mit eigenwilliger Namensgebung wie Hearty Burgundy, Pink Chablis usw.) im Griff hat, kommt er nun mit einem ganzen Sortiment unverschnittener Regionalweine auf den Markt, z. B. Anapauma, Marcellina, Turning Leaf, Zabaco u. a.; einige von Modesto, andere über Gallo Sonoma.
Gallo Sonoma Sonoma ★★→☆☆☆ Chardonnay **96 97 98** 99 Cabernet Sauvignon **91 92 94 95 96** 97 98 99 – Der Betrieb mit einem Ausstoß von 3 Millionen Kisten wird mittlerweile von der dritten Generation geführt. Vor allem Weine von kleinen Einzellagen in Sonoma. Das Potenzial für wirklich beeindruckende Tropfen ist da.
Gan Eden Sonoma ☆☆ Erzeuger von traditionellen, koscheren sortenreinen Weinen; hat beachtliche Anerkennung für Chardonnay erhalten.
Geyser Peak Sonoma ★★→☆☆☆ Wurde 1999 von Henry Trione an den Branntweinerzeuger Jim Beam verkauft. Der australische Kellermeister Daryl Groom, der anlässlich der Partnerschaft mit Penfolds kam, bleibt dem Haus erhalten. Er bereitet guten Chardonnay, famosen Sauvignon blanc und Syrah sowie einen überragenden Reserve Alexandre.
Gloria Ferrer Carneros ☆☆ Ursprünglich wollte das spanische Cava-Haus Freixenet hier nur klassischen Schaumwein erzeugen. Inzwischen

haben der rauchige Carneros-Chardonnay und der seidige Pinot noir aus verschiedenen Klonenselektionen gleiche Wertigkeit erlangt – womöglich liegen sie sogar schon vorne.

Grace St Helena ☆☆☆ **90** 91 92 **94** 97 – Einer der original Cabernet-Sauvignon-Weine mit Kultstatus, aus einem Weinberg mit nur 0,8 ha Fläche. Der Besitzer ist Abstinenzler, bereitet werden die Weine von der ehemaligen Börsenbrokerin Heidi P.-B.

Greenwood Ridge Mendocino ☆☆☆ Pinot noir **96** 97 **98** – Alteingesessener Spezialist für rassigen Anderson-Valley-Riesling, neuerdings geschätzt für seinen Sauvignon blanc mit Melonenaroma und den kräuterwürzigen Merlot. Der Pinot noir beginnt allmählich auch zu überzeugen. 4000 Kisten.

Grgich Hills Cellars Napa ☆☆☆ Chardonnay **95** **96** 97 98 99 Cabernet Sauvignon **80** **85** **87** **90** **91** **94** 95 96 97 98 99 – Der Kellermeister Grgich und der Winzer Hills arbeiten gemeinsam an reinem Sauvignon blanc, stark eichenholzwürzigem Chardonnay, langlebigem Cabernet Sauvignon und zu wenig beachtetem, spätleseartig lieblichem Riesling. Ferner pflaumiger Sonoma-Zinfandel. 60 000 Kisten.

Groth Vineyards Napa ☆☆→☆☆☆ Cabernet Sauvignon **85** **86** **87** **90** **91** **94** 95 96 97 98 99 – Das Weingut in Oakville schiebt sich mit Cabernet Sauvignon und Sauvignon blanc in die Napa-Spitzengruppe vor. Ferner sehr guter Chardonnay. 30 000 Kisten.

Guenoc Vineyards Lake ☆☆ Ehrgeiziges Weinbauunternehmen (mit eigenem AVA-Bereich) unmittelbar nördlich vom Napa County. Der Besitz war einst Lillie Langtrys Herausforderung an Bordeaux. Neuerdings werden die Weine nicht mehr derart mit Eiche voll gepumpt.

Gundlach-Bundschu Sonoma ☆☆ Chardonnay 96 **97** 98 99 Cabernet Sauvignon **90** **91** **94** 95 **96** 97 98 99 – Ein in fünfter Generation mit Elan wieder erweckter Name aus der Pionierzeit. Die vielseitige Rhinefarm-Lage steht für denkwürdigen, individuellen Gewürztraminer, Merlot, Zinfandel und Pinot noir. 50 000 Kisten.

Hagafen Napa ☆☆ Der erste und wahrscheinlich auch beste Erzeuger von seriösem koscherem Wein, v. a. Chardonnay und Johannisberg Riesling. 6000 Kisten.

Handley Cellars Mendocino ★★ Chardonnay **95** **96** 97 98 99 Pinot noir **96** **97** **98** 99 – Erzeugerbetrieb im Besitz des Kellermeisters mit exzellenten, klassischen Anderson-Valley-Weinen: Chardonnay, Gewürztraminer, Pinot noir und (kleinste Mengen) klassischer Schaumwein. Auch sehr guter Sauvignon blanc und Chardonnay vom Weinberg der Familie im Dry Creek Valley.

Hanna Winery Sonoma ☆ 240 ha Anbauflächen im Russian River und Alexander Valley mit brauchbarem Chardonnay, Cabernet Sauvignon und Sauvignon blanc.

Hanzell Sonoma ☆☆ Chardonnay **96** **97** 98 99 Pinot noir 94 **95** **96** 97 98 99 – Der verstorbene Gründer revolutionierte Ende der 1950er-Jahre den kalifornischen Chardonnay und Pinot noir durch Einführung französischer Eichenfässer. Nach dreimaligem Besitzerwechsel bringen die gutseigenen Anbauflächen von denselben zwei Rebsorten äußerst starke Weine hervor.

Harlan Estate Napa ☆☆☆☆ Cabernet Sauvignon **91** **92** **93** **94** 95 **96** 97 98 99 – Rassiger Cabernet Sauvignon von einem kleinen Weingut in den westlichen Bergen oberhalb von Oakville, das Spitzenpreise verlangt, aber auch verdient.

Hartford Court Sonoma ☆☆☆ Spezialist in Kendall-Jacksons Gruppe Artisans and Estates; vielversprechend mit Einzellagen-Pinot-noir, Chardonnay von nahe an der Küste gelegenen Weinbergen und wunderbarem Zinfandel von alten Reben.
Hartwell Napa ☆☆ Kleiner Erzeuger mit Luxusklassen-Image. Gutes Potenzial für Cabernet Sauvignon.

Pierce's Disease
Diese durch eine bakterielle Infektion verursachte Rebenkrankheit wurde im Jahr 2000 zu einem ernsten Thema, als eine Heuschreckenart namens glassy-winged sharpshooter *(»glasflügeliger Scharfschütze«) in Schwärmen über landwirtschaftliche Flächen in Kalifornien herfiel. Einige Weinbaubereiche wurden besonders hart getroffen, doch die zum Teil hysterischen Medienberichte erwiesen sich als übertrieben. Selbst kleine Erzeuger konnten sich der Plage mit dem Versprühen von Insektengift und sorgfältiger Pflege des Weinbergs erwehren. Die Krankheit hat sich seitdem kaum weiter ausgebreitet. Neuere Forschungen an der University of California in Davis machen begründete Hoffnung, dass das Problem in den nächsten fünf Jahren in den Griff zu bekommen ist.*

Heitz Napa ☆☆☆→☆☆☆☆☆ Cabernet Sauvignon **74 78 80 87 91** 92 94 95 96 97 98 99 – Auf dem dunklen, tiefen Cabernet Sauvignon Martha's Vineyard beruht der Ruf dieser Kellerei, und das schon seit den 1960er-Jahren, als der 2000 verstorbene individualistische Winzer neue Standards in der Branche setzte. Der neuere Trailside Vineyard ist Martha's Vineyard ebenbürtig.
Heller Estate Monterey ☆☆→☆☆☆ Cabernet Sauvignon **83** 95 96 97 – Durch neue Eigentümer wieder belebtes Weingut. Der erdige, mittelgewichtige Cabernet Sauvignon aus dem Carmel Valley ist empfehlenswert; voller Chardonnay. Die Cachagua-Reihe ist ☆☆.
Hendry Napa ☆☆ Schon lange als Traubenproduzent für andere Erzeuger bekannt, bereitet dieser Winzer nun auch selbst anständigen Cabernet Sauvignon und Zinfandel.
Hess Collection, The Napa ★★→★★★ Chardonnay **95 96** 97 98 Cabernet Sauvignon **87 91 94 95** 96 97 – Weinkellerei und Museum eines Schweizer Kunstsammlers im ehemaligen Kellereigebäude von Mont La Salle der Christian Brothers. Zunehmend eindrucksvoller Cabernet Sauvignon vom Mount Veeder. Chardonnay neuerdings aus dem American Canyon. 60 000 Kisten. Das Etikett Hess Selection mit 300 000 Kisten steht für preiswerte Weine verschiedenen Ursprungs.
Hill Winery, William Napa ☆☆ Teil von Allied-Domecq; im Aufwärtstrend mit (für kalifornische Verhältnisse) subtilem Chardonnay und noch stärker mit aromatischem, seidigem Cabernet Sauvignon.
Hop Kiln Sonoma ☆☆ Erzeuger von manchmal überraschend feinem Valdiguie (auch bekannt als Napa-Gamay). Der Gewürztraminer aus dem Russian River Valley ist vollmundig und substanzreich.
Husch Vineyards Mendocino ☆☆ Anbauflächen im Anderson Valley für oft feinen Pinot noir. Aus dem Ukiah Valley kommen manchmal guter Sauvignon blanc und Cabernet Sauvignon.
Indian Springs Nevada County, Sierra Foothills ☆☆ Großes 180-ha-Gut; die Weine werden von dem Berater Jed Steele bereitet. Sangiovese beginnt, interessant zu werden.

Iron Horse Vineyards Sonoma ☆☆ Chardonnay 95 **96 97** 98 99 – Großer Besitz am Russian River, am besten sind die nach der klassischen Methode bereiteten Schaumweine, die zwischen Finesse und Wuchtigkeit schwanken. Chardonnay kann überragend sein. Außerdem Cabernet Sauvignon und Sangiovese aus einem angegliederten Weinberg im Alexander Valley.

J Sonoma ☆☆☆ Entstanden als Teil von Jordan, jetzt eigenständig in den ehemaligen Kelleranlagen von Piper-Sonoma. Die Grundlage bildet der cremige Brut (**90 91 92 93**) nach der klassischen Methode. Seit kurzem auch Stillwein von Pinot noir.

Jade Mountain Napa ☆☆→☆☆☆ Verfolgt nach dem Verkauf an Chalone mit Rhône-Rebsorten (v. a. Syrah) hoch gesteckte Ziele.

Jarvis Napa ☆ Die spektakuläre unterirdische Konstruktion verschleiert recht erfolgreich das bescheidene Niveau einer Reihe von teuren Weinen vornehmlich aus Bordeaux-Sorten und Chardonnay.

Jekel Vineyards Monterey ☆☆ Chardonnay **97** 98 99 – Der reife, saftige Riesling genoss bisher das größte Ansehen. Er bleibt ein verlässlicher Faktor, aber die Bordeaux-Verschnitte von der eigenen Lage Sanctuary haben sich außerordentlich verbessert. Besitzer ist Brown Forman.

Jessie's Grove Lodi ☆☆ Alte Zinfandel-Reben liefern gute Ergebnisse für das neue Unternehmen der Farmerfamilie.

Jordan Sonoma ☆☆☆ Cabernet Sauvignon **85 87 90 91 94 95 96** 97 98 99 – Extravaganter Weinbaubetrieb im Alexander Valley, der feinsten Bordeaux zum Vorbild nimmt für seinen sehr lange haltbaren Cabernet Sauvignon. Typisch kalifornisch toastwürziger Chardonnay.

Karly Amador ☆☆ Ambitiöse Quelle für Zinfandel aus den Sierra Foothills.

Kautz-Ironstone Lodi und Calaveras County ☆☆ Das Vorzeigeunternehmen in den Sierra Foothills hat es innerhalb von 5 Jahren auf einen Ausstoß von 300 000 Kisten gebracht. Eine Anlage für Massenwein in Lodi treibt das Wachstum weiter voran. Das breite Angebot mit anständigen Preisen wird von einem schönen Cabernet franc angeführt.

Keenan Winery, Robert Napa ☆☆ Der Weinbaubetrieb am Spring Mountain erzeugt geschmeidigen, verhaltenen Cabernet Sauvignon und Merlot. Auch Chardonnay.

Kendall-Jackson Lake ☆☆→☆☆☆ Enormer Erfolg mit Weinen für ein möglichst breites Publikum, v. a. halbtrockenem toastigem Chardonnay aus Rebgut von verschiedenen Winzern. Noch beachtenswerter durch die Entwicklung einer Vielzahl verschiedenartiger Kellereien unter der Schirmherrschaft von Artisans and Estates.

Kenwood Vineyards Sonoma ☆☆ Cabernet Sauvignon **87 90 91 95** 96 97 98 99 – Der Einzellagen-Cabernet-Sauvignon Jack London und die verschiedenen Zinfandel-Weine werden hoch bewertet. Zuverlässig günstig der Sauvignon blanc. Seit kurzem dieselben Eigentümer wie Korbel.

Kistler Vineyards Sonoma ☆☆☆☆ Chardonnay **95 96** 97 98 99 – Weiterhin bemüht um Einzellagen-Pinot-noir nach burgundischem Vorbild, vorwiegend vom Russian River (größter Erfolg). Außerdem Chardonnay von der toastigen und buttrigen Art, jedoch so straff und sehnig, dass er einige Jahre in der Flasche liegen muss.

Korbel Sonoma ★★ Alteingesessener Spezialist für Schaumwein nach der klassischen Methode, der besonderen Nachdruck auf starke Fruchtnoten und intensiven Schaum legt. Natural ist die Spitzenmarke. Von Anhauser-Busch aufgekauft.

Krug, Charles Napa ☆→☆☆ Cabernet Sauvignon **91 92 94** 95 96 97 98 99 – Historisch bedeutende Kellerei mit stets sauberen Weinen. An der Spitze steht Cabernet Sauvignon, dicht gefolgt von Carneros-Pinot-noir. CK-Mondavi ist ein stets süßer Alltagswein.

Kunde Estate Sonoma ☆☆ Chardonnay **96 97** 98 99 – Langjähriger großer Winzer, auch Weinerzeuger von buttrigem Chardonnay und aromatischem Sauvignon blanc (mit einem leichten Viognier-Ton); die Rotweine kommen weiterhin gut an.

Laetitia San Luis Obispo ☆☆ Jetzt im Besitz von Barnwood; Konzentration auf Gutsstillweine. Funkelnder Pinot noir, Pinot blanc womöglich ebenso. Auch Chardonnay.

Laird Napa ☆☆☆ Gewinnt rasch an Ansehen mit seinem körperreichen Chardonnay.

La Jota Napa ☆☆ Tanninherber Cabernet Sauvignon von einem kleinen Weingut am Howell Mountain.

Lambert Bridge Sonoma ☆☆ Die neuen Erzeugnisse aus dem kurzzeitig stillgelegten Weinkeller im Dry Creek Valley gelten bisher als überaus interessant.

Lamborn Howell Mountain ☆☆ Exzellent gelegenes Gut. In der neuen Anlage werden konzentrierte, pfeffrige Zinfandel-Weine bereitet. Solide Leistungen.

Kalifornische Erzeuger für 2003

Dutton-Goldfield Eindrucksvolle Reihe von Pinot-noir-Weinen aus Sonoma.

Paul Hobbs Der ausgezeichnete Erzeuger bezieht seine Trauben aus Carneros.

Kuleto Estate Beachtlicher Sangiovese von einem erfolgreichen Restaurant-Designer.

Mueller Außergewöhnlicher Pinot noir vom Russian River.

Scherrer Dichter, vollmundiger Zinfandel von alten Reben aus dem Alexander Valley.

Landmark Sonoma ☆☆ Chardonnay 96 **97** 98 99 – Etablierter Chardonnay-Spezialist; in letzter Zeit zu toastig-butterig.

Lang & Reed Napa ☆☆ Neuer Spezialist für Cabernet franc im Loire-Stil.

Latcham Fairplay, El Dorado ☆☆ Eine Reihe von Standardweinen mit einem herausragenden Petite Sirah unter dem Etikett Granite Springs. Auch nach dem Cabernet franc sollte man sich umsehen.

Laurel Glen Sonoma ☆☆☆ Cabernet Sauvignon **85 86 90 91 94 95** 96 97 98 99 – Großer, herber und eindeutig von der Region geprägter Cabernet Sauvignon aus steiler Hügellage im AVA-Unterbereich Sonoma Mountain. 5000 Kisten. Counterpart ist das günstigere, umsatzstärkere Zweitetikett.

Lava Cap El Dorado ☆☆☆ Ausdrucksstarke, aber eindeutig unterbewertete Weine; faszinierender Zinfandel und Cabernet Sauvignon. Sehr konzentrierter Petite Sirah von zugekauftenTrauben, der in seinem fünften Jahr am besten ist.

Leeward Winery Ventura ☆ Chardonnay **97** 98 99 – Chardonnay mit starker Toastnote von der Central Coast ist die Hauptstütze. 18 000 Kisten.

Lewis Napa ☆☆☆ Zugekauftes Rebgut und die Zusammenarbeit mit dem Berater Paul Hobbes haben ein Wunder an den Merlot- und Chardonnay-Weinen vollbracht. Der Besitzer ist ein Autorennfahrer.

Lockwood Monterey ☆☆ Großer Weinberg (670 ha) im südlichen Salinas Valley. Lockwood und das Zweitetikett Shale Creek sind im Stil kaum zu unterscheiden, Lockwood hat jedoch eine größere Bandbreite.
Lohr, J. Central Coast ☆→☆☆ Große, weit reichende Firma, die mit Cabernet Sauvignon Seven Oaks aus Paso Robles ganz oben steht. Die Gebrauchsweine laufen unter dem Namen Cypress.
Lolonis Mendocino ☆☆ Bedeutender Erzeuger im Ukiah Valley mit einer Reihe beständig attraktiver reinsortiger Weine von eigenen Rebstöcken.
Long Meadow Napa ☆☆ 98 – Wunderschöne neue Anlage aus gestampftem Lehm mit Kellerei und Olivenpresse. Großes Potenzial. Die Herrin der Kelter ist Cathy Corison.
Long Vineyards Napa ☆☆☆ Chardonnay 96 **97** 98 99 Cabernet Sauvignon **80 85 86 87 90 91 94 95** 96 97 98 99 – Kleiner Nachbarbetrieb von Chappellet, bringt üppigen Chardonnay und schmackhaften Cabernet Sauvignon hervor. Sehr hohe Preise.
Longoria Winery Santa Barbara (☆☆→☆☆☆) Lange bei Gainey tätig gewesener Kellermeister, der sich jetzt selbstständig gemacht hat und brillanten Pinot noir erzeugt.
Luna Napa ☆☆ Der italienische Stil, den der Kellermeister John Konigsgaard (früher bei Newton) pflegt, überzeugt nicht beim Pinot gris, bringt aber einen interessanten Sangiovese hervor.
Lynmar Russian River ☆☆☆ Das neue Unternehmen ist mit 3 überragenden Jahrgängen Pinot noir in Folge gestartet. Der Quai Hill ist mit 30 Dollar schon fast ein Schnäppchen.
MacRostie Carneros ☆☆ Butteriger Chardonnay ist das Flaggschiff. Auch Merlot und Pinot noir mit kräftigem Eichenaroma.
Madroña El Dorado ☆☆ Mit seinen Rebflächen hoch oben in den Sierra Foothills ist das Unternehmen ein Pionier für den Weinbau in hohen Lagen. Der Ringkampf zwischen Tannin und Säure, der den Rotweinen zu schaffen macht, kommt dem Riesling zugute. Ein normaler Riesling ist nach 6 Jahren am besten, die Spätlese ist immer vorzüglich.
Markham Napa ☆☆ Cabernet Sauvignon **87 90 91 94 95** 96 97 98 99 – Neuerdings gut bis exzellent, v. a. Merlot und Cabernet Sauvignon von eigenen Weinbergen. Auch Sauvignon blanc empfehlenswert.
Martin Brothers San Luis Obispo ☆☆ Ganz und gar auf italienische Sorten (Nebbiolo, Sangiovese) oder italienischen Stil (»Vin Santo«, Chardonnay, im Kastanienholzfass gereift) spezialisiert.
Martini, Louis M. Napa ☆☆ Zieht durch beharrliche Bemühungen um wirklich alterungswürdigen Cabernet Sauvignon Reserve, Merlot, Zinfandel und Barbera von guten Lagen (Monte Rosso, Los Vinedos, Glen Oaks u. a.) endlich wieder mehr Aufmerksamkeit auf sich.
Masson Vineyards Monterey ☆ Supermarktweine von Canandaigua.
Matanzas Creek Sonoma ☆☆☆ Chardonnay **96 97** 98 99 Merlot **94 95 96** 97 98 99 – Hier hat man es darauf angelegt, die teuersten Merlot- und Chardonnay-Weine Kaliforniens zu produzieren; mit zwiespältigen Ergebnissen allerdings. Die Kellerei wurde im Jahr 2000 an Artisans and Estates verkauft.
Mayacamas Napa ☆☆ Chardonnay **96** 97 98 99 Cabernet Sauvignon **85 87 90 91** 92 94 95 96 97 98 – Erstklassiger kleiner Weinberg mit gehaltvollem Chardonnay und festem (nicht mehr stahlhartem) Cabernet Sauvignon. Etwas Sauvignon blanc und Pinot noir. 5000 Kisten.

Mazzocco Sonoma ☆☆ Guter Chardonnay und Cabernet Sauvignon mit weiterhin positiver Entwicklung aus den Gütern im Alexander und Dry Creek Valley.

McDowell Valley Vineyards Mendocino ☆☆ Markenname einer Familie, deren Herz an Rhône-Rebsorten hängt; v. a. Syrah von alten Weinstöcken sowie Grenache.

Meridian San Luis Obispo ☆☆ Aufstrebender Weinbaubetrieb, verwandt mit Beringer, der mit Einzellagen-Chardonnay aus dem Edna Valley gezeigt hat, was er kann. Auch Paso-Robles-Syrah, Santa-Barbara-Chardonnay, Pinot noir und Cabernet Sauvignon aus Paso Robles. 300 000 Kisten.

Meritage Der Name wurde in den frühen 1980er-Jahren in Kalifornien geprägt (reimt sich auf *heritage* – Erbe) und seitdem als Warenzeichen für weiße oder rote Verschnittweine aus Bordeaux-Sorten verwendet. Die Weißen haben sich bislang nicht durchgesetzt, aber die Roten haben die kalifornische Sicht auf Cabernet Sauvignon verändert.

Merryvale Napa ☆☆ Viel Eichenholzwürze in rotem und weißem Meritage und Chardonnay. Cabernet Sauvignon ist eher Durchschnitt.

Michael, Peter Sonoma ☆☆→☆☆☆ Zum Teil Lagen im Knights Valley, zum Teil Zukauf am Howell Mountain: großer, französisch anmutender Chardonnay, Merlot, Cabernet Sauvignon.

Michel-Schlumberger Sonoma ☆☆ Wieder stärker werdende Kellerei im Dry Creek Valley, am besten der Cabernet Sauvignon.

Miner Napa ☆☆ Schön ausgewogene Weine; besonders guter Ruf für Merlot.

Mirassou Central Coast ☆☆ Winzer in der 5. Generation und Wegbereiter in Monterey (Salinas Valley). Erhielt höchste Auszeichnungen für klassischen Pinot-blanc-Schaumwein. Empfehlenswert: Chardonnay und Pinot noir.

Mitchell, Charles Fairplay, El Dorado County ☆☆ Ansprechendes Äußeres, exzentrischer Besitzer. Gute Meritage-Rotweine und ein schöner Barbera aus Rebgut, das von L. A. Cetto in Baja/Mexiko bezogen wird.

Mondavi, Robert Napa ★★→☆☆☆☆ Brillanter Erneuerer, der anderen Erzeugern jetzt bei reinsortigen Weine für jeden Geldbeutel eine Lektion erteilt. Beste Weine in absteigender Reihenfolge: Napa Valley Reserve (kräftige Weine zu saftigen Preisen), eine Reihe Napa Valley Apellationen (u. a. Carneros-Chardonnay, Oakville-Cabernet-Sauvignon), Napa Valley (Grundproduktion), Coastal Series (z. B. Central-Coast-Chardonnay, North-Coast-Zinfandel usw.), RM-Woodbridge (kalifornische Appellation für die Grundproduktion, auch die etwas teurere Reihe Twin Oaks). Besitzt auch Famiglia di Robert Mondavi, Opus One, Byron, Caliterra (Chile), Luce und Ornelia (Italien) sowie Vichon (Frankreich). Mit der 2001 in der Stadt Napa eröffneten Galerie Copia, die dem Zusammenhang von Essen und Kunst gewidmet ist, hat sich Mondavi ein Denkmal noch zu Lebzeiten gesetzt.

Montelena, Chateau Napa ☆☆☆ Chardonnay **96 97** 98 Cabernet Sauvignon **90 91** 92 94 95 96 97 98 99 – Verhaltener, alternswerter Chardonnay und kürzlich veränderter (91 92), aber weiterhin kraftvoller, gerbstoffreicher, unendlich haltbarer Cabernet Sauvignon vom Gut Calistoga.

Monteviña Amador ☆☆ Im Besitz von Sutter Home werden verstärkt italienische Rebsorten erprobt (30 Versuchspflanzungen), aber der herzhafte Sierra-Foothills-Zinfandel bleibt der Grundstock.

Monticello Cellars Napa ☆☆ Cabernet Sauvignon **87 90** 91 **94 95** 96 97 98 99 – Die Hauptlinie unter dem Monticello-Etikett; Reserve-Weine unter Corley. Beide mit Chardonnay und Cabernet Sauvignon. Reserve Pinot noir ist der interessanteste.

Mont St John Carneros ☆☆ Alte Napa-Weinfamilie; erzeugt preiswerten Pinot noir und Chardonnay aus eigenen Lagen. Trauben für soliden Cabernet Sauvignon werden zugekauft.

Moraga Bel Air ☆☆☆ **95** 96 97 – Cabernet Sauvignon mit Kultstatus von dem teuersten Weinberg der USA (2,8 ha). Besitzer ist Tom Jones, der ehemalige Geschäftsführer von Northrup, Tony Soter berät.

Morgan Monterey ☆☆→☆☆☆ Pinot noir **94** 95 96 97 98 – Kellermeistermarke. Verschnitte auf der Grundlage von Pinot noir aus Monterey und Carneros; der tiefe, erdige, möglicherweise haltbare Reserve ist jetzt ausschließlich aus Monterey. Auch toastiger Chardonnay.

Mount Eden Vineyards Santa Cruz Mountains ☆☆→☆☆☆ Chardonnay **96 97** 98 99 – Teurer, gewichtiger Chardonnay aus alten Martin-Ray-Weinbergen sowie sanfterer aus Monterey. Ferner Pinot noir und Cabernet Sauvignon.

Mount Veeder Napa ☆☆ Der einst stahlharte Cabernet Sauvignon aus dem AVA-Bereich Mount Veeder ist mittlerweile nur noch herb, genauso wie der neue rote Meritage; im Besitz von Franciscan Vineyard.

Mumm Napa Valley Napa ☆☆ Gemeinschaftsunternehmen von G. H. Mumm und Seagram. Das Angebot umfasst z. B. munteren Blanc de Noirs, charaktervollen Winery Lake aus Einzellage und üppigen, luxuriösen DVX.

Murphy-Goode Sonoma ☆☆ Größerer Besitz im Alexander Valley. Sauvignon blanc, Merlot und Cabernet Sauvignon sind eine Probe wert. Reserve-Weine mit intensivem Eichenholzaroma.

Nalle Sonoma ☆☆☆ Zinfandel **90 94 95** 96 **97** 98 99 – Kellermeistermarke; Betrieb im Dry Creek Valley, versteht sich hervorragend auf Zinfandel: wundervolles Beerenaroma in der Jugend, ebensolches und noch mehr im Alter. 2500 Kisten. Ein Meister des hellen »Claret«-Stils.

Navarro Vineyards Mendocino ★★→★★★ Chardonnay 95 **96** 97 98 99 – Aus dem Anderson Valley kommt hervorragend haltbarer Chardonnay und vielleicht der beste Gewürztraminer des Staates. Noch ausgesuchter: Spätlese-Riesling und -Gewürztraminer. Der Pinot noir ist nicht zu verachten. Nur die niedrigen Preise halten die großen Weinsammler davon ab, hier ihren Favoriten zu finden.

Nevada City Sierra Foothills ☆☆ Breites Angebot an Touristenartikeln neben dem außergewöhnlichen Cabernet franc. Die Kellerei ist das kulturelle Zentrum des Berglands.

Newton Vineyards Napa ☆☆→☆☆☆ Chardonnay **97** 98 99 Cabernet Sauvignon **87 94 95** 96 97 98 99 – Zunehmend luxuriöses Weingut; der früher gravitätische Stil bei Chardonnay, Cabernet Sauvignon und Merlot hat sich inzwischen zu Opulenz gewandelt.

Neyers Napa ☆☆☆ Etikett eines Marketingexperten, der aber önologisch von Ehren Jordan, einem hoch qualifizierten Fachmann, beraten wird. Rundum gute Qualität, Syrah großartig.

Niebaum-Coppola Estate Napa ☆☆ Rubicon **91** 92 **94 95** 96 **97** 98 99 – Luxuriöses, eigenwilliges Hobby des Filmregisseurs Coppola. Seit der Übernahme der Inglenook-Kellerei (ohne den Namen) mit 89 ha Rebfläche kam der Betrieb in Schwung. Der Spitzenwein Rubicon ist herrlich, was man nicht von allen der geringeren Verschnitte sagen kann.

Oakville Ranch Napa ☆☆ Faszinierender Besitz auf dem Bergrücken östlich von Yountville. Am besten sind die tief gefärbten, konzentrierten Weine von Cabernet Sauvignon, aber auch der buttrige, dichte Chardonnay hat seine Anhänger.

Olivet Lane Sonoma ☆ Vertriebsmarke von Merry Edwards: angenehmer Chardonnay mit wenig Eiche.

Opus One Napa ☆☆☆☆ Cabernet Sauvignon **85 87 90** 91 92 93 **94 95** 96 **97** 98 99 – Gemeinschaftsunternehmen von Robert Mondavi und der Baronin Philippine de Rothschild. Die spektakuläre Kellerei bringt mehr und mehr brillante Weine hervor. Mouton-Rothschild muss sich in Acht nehmen.

Pacific Echo Anderson Valley ☆☆ Ehemals im Besitz von Scharffenberger, jetzt bei Pommery. Das Rebgut kommt nicht mehr ausschließlich aus dem Anderson Valley.

Pahlmeyer Napa ☆☆☆ Der Meritage-Erzeuger mit Kultstatus hat südlich von Atlas Peak über 80 ha neu bestockt. Verlässlicher Verschnitt auf Merlot-Basis.

Paradigm Napa ☆☆☆ Das Potenzial des Weinberg im westlichen Oakville ist nahezu unbegrenzt. Die ersten 3 freigegebenen Jahrgänge konnten sich mit den Besten im Tal messen.

Paraiso Springs Monterey ☆ Neuer Erzeuger im Aufwind; Besitzer ist ein großer Traubenproduzent in Salinas.

Patz & Hall Napa ☆☆☆☆ Carneros-Chardonnay von individuellen Rebbergen, der mit seiner lebhaften Struktur und dank aufwendiger Bereitung seinem guten Ruf gerecht wird.

Pecota, Robert Napa ☆☆ Jung zu trinkender Cabernet Sauvignon, Sauvignon blanc, Chardonnay und Gamay.

Pedroncelli Sonoma ☆☆ Alter Dry-Creek-Familienbetrieb. Die Rotweine, u. a. von Einzellagen, sind zu streng und verschlossen für einen leichten Genuss. Die Weißen sind leichter zugänglich.

Perry Creek Fairplay, El Dorado ☆☆ Die große Menge an Weinen, die für Touristenkehlen bestimmt sind, und der Zigarrenverkauf im Probierkeller überschatten das außerordentliche Verdienst, das dieses Gut für seinen Zinfandel erworben hat.

Phelps, Joseph Napa ☆☆☆ Chardonnay **96** 97 98 99 Cabernet Sauvignon **85 87** **90** **91** **94** **95** 96 97 98 99 – Luxusweinbaubetrieb mit makellosem Qualitätsstand, u. a. sehr guter Chardonnay und Cabernet Sauvignon (v. a. Backus) sowie Insignia auf Cabernet-Sauvignon-Basis. Vielversprechende Weine von Rhône-Sorten unter dem Etikett Vin du Mistral.

Philips, R. H. Yolo, Sacramento Valley ☆→☆☆ Pionier in den Dunnigan Hills nordwestlich von Sacramento, der auf dem großen Besitz alles ausprobiert. Am erfolgreichsten mit Syrah, Viognier und ausgesprochen preisgünstigem Chardonnay der Marke Toasted Head. 2000 an die kanadische Firma Vincor verkauft.

Pine Ridge Napa ☆☆→☆☆☆ Am besten sind die eleganten, nach dem Bereich etikettierten Cabernet-Sauvignon-Weine (Rutherford, Stag's Leap usw.). Auch Merlot weiß zu gefallen. Der trockene, eichenholzwürzige Chenin blanc Petite Vigne ist faszinierend, und es gibt natürlich auch Chardonnay.

Potelle, Chateau Napa ☆☆ Ein französisches Ehepaar produziert hier still und bescheiden eindrucksvollen Chardonnay (die Reserve-Version ist noch toastwürziger) und kräftigen Cabernet Sauvignon von Lagen am Mount Veeder. Geradezu aggressiv der Zinfandel VGS aus Amador.

Preston Sonoma ☆☆ Einer von Kaliforniens ersten »Terroiristen«; konzentriert sich auf Weine, die für seine Lagen im Dry Creek Valley am besten geeignet sind, v. a. Zinfandel, Barbera und Rhône-Sorten.

Pride Mountain Spring Mountain, Napa ☆☆☆ Die Spitzenlage an einem Hang tut das ihre, um in den schönen Weinen von Bordeaux-Sorten die Fruchtaromen hervortreten zu lassen.

Quady Winery San Joaquin ☆☆ Fantasievolle Muskateller-Dessertweine aus Madera, u. a. viel gepriesener Essencia mit Orangenaroma, dunkler Elysium und an Moscato d'Asti orientierter Electra. Starboard ist ein Versuch mit »Port« (der Name verspricht mehr, als der Wein hält).

Quintessa Napa ☆☆☆ Hervorragendes Gut der Familie Huneeus auf dem Silverado-Trail. Erwartungsgemäß sehr hoher Standard. Siehe auch Franciscan Vineyard.

Quivira Sonoma ☆☆ Sauvignon blanc, Zinfandel und andere vom Weingut im Dry Creek Valley. Bei den jüngeren Jahrgängen kommt dem Eichenholz mehr Bedeutung zu als dem Weinberg.

Qupé Santa Barbara ☆☆→☆☆☆ Kapriziöser Kellergefährte von Au Bon Climat. Marsanne, Pinot blanc und Syrah – alle sehr probierenswert.

Rafanelli, A. Sonoma ★★ Cabernet Sauvignon **90** 91 **94 95** 96 97 98 99 Zinfandel **94** **95** 96 **97** 98 99 – Herzhafter, verlockend rustikaler Zinfandel aus dem Dry Creek Valley; Cabernet Sauvignon mit auffallender Intensität.

Rancho Zabaco ★★ Name einer Marke von Gallo: guter Zinfandel von Trauben aus Mendocino, gekeltert in Dry Creek.

Ravenswood Sonoma ☆☆ Ursprünglich ziemlich erfolgreich wegen (oder trotz) seines alkoholstarken Einzellagen-Zinfandels. 2001 von Constellation gekauft.

Raymond Vineyards and Cellar Napa ☆☆ Chardonnay **97** 98 99 Cabernet Sauvignon **87** **90** **91 92 94** 95 96 97 98 99 – Familienbetrieb der alten Schule im Napa Valley, jetzt mit japanischen Partnern. Generations heißen Spitzen-Chardonnay und -Cabernet-Sauvignon mit guter Eichenholzwürze. Amberhill ist die Zweitmarke, ein beständiger, preiswerter Gebrauchswein.

Renaissance North Yuba, Sierra Foothills ☆☆ Das ehrgeizige Unternehmen hat bisher unterschiedliche Ergebnisse geliefert und legt den schon beinahe religiösen Eifer einer Künstlergemeinschaft an den Tag. Doch mag man auch einiges fragwürdig finden, so sind in den letzten 6 Jahren durch den französisch-israelischen Kellermeister doch beachtliche Schritte vorwärts gemacht worden. Die 20 Kisten 99er Roussanne waren die besten, die es je in Kalifornien gab.

Renwood Amador ☆☆ Überaus ehrgeiziger Unternehmer aus Boston, der sich rasch vergrößert, aber am alten, knüppelharten Stil vergangener Jahre festhält. Einige Einzellagenabfüllungen von Zinfandel, Syrah und Barbera sind so reif und monumental wie Rotwein nur sein kann. Sie sind übermächtig – erst nach ein paar Jahren beginnen sie ihren Rosinenduft zu enthüllen.

Ridge Santa Cruz Mountains ☆☆☆☆ Cabernet Sauvignon **85 87** **90** 91 **94 95** 96 **97** 98 – Bei Kennern hoch angesehener Weinbaubetrieb, verarbeitet Trauben aus Napa (York Creek) und eigenen Berglagen (Monte Bello) zu konzentriertem Cabernet Sauvignon, der lange Flaschenreife verdient, aber nicht mehr so lange gelagert werden muss wie früher (Monte Bello von 1990 und 1991 ist leichter zugänglich als der von 1980). Schwerpunkt bleibt jedoch bei Zinfandel und anderen Rotweinen aus Sonoma (Lytton Springs) und San Luis Obispo (Dusi). Auch herausragender, sanfter Chardonnay aus Santa Cruz.

Rochioli, J. Sonoma ☆☆☆☆ Pinot noir **94** **95** 96 **97** 98 99 – Alteingesessener Winzer vom Russian River, der 4 verschiedene Pinots noirs auf seinen beachtlichen Anbauflächen erzeugt. Beliebt und begehrt unter eigenen und fremden Etiketten. Auch sehr guter Sauvignon blanc.

Roederer Estate Mendocino ☆☆☆ Zweigniederlassung des Champagnerhauses aus Reims, seit 1988 im Anderson Valley. Der füllige Roederer-Stil macht sich v. a. in der Luxus-Cuvée l'Ermitage bemerkbar. Verblüfft die Champagnerfundamentalisten immer noch. 25 000 Kisten, vermutlich bald dreimal so viel. Wird in Europa als Quartet verkauft.

Rombauer Vineyards Napa ☆☆ Eichenholzwürziger Chardonnay, dunkler Cabernet Sauvignon (v. a. die Reserve-Version Meilleur du Chai). Besitzt jetzt auch die wieder in Betrieb genommene Sektkellerei Hanns Kornell und Kellereien in Napa.

Ross, Stephen San Luis Obispo ☆☆ Recht guter Pinot noir; Lesegut hauptsächlich aus Santa Barbara.

St Amant Lodi ☆☆ Im östlichsten Teil der großen AVA Lodi, direkt an der Grenze zu Amador County gelegen; großes Geschick im Keller. Die Rhône-Sorten sind passabel, Zinfandel ist recht gut.

St Clement Napa ☆☆→☆☆☆ Chardonnay **96** **97** 98 99 Cabernet Sauvignon **85** **87** **90** **91** **94** **95** 96 **97** 98 99 – In japanischem Besitz; Hinwendung zu stämmigerem, eichenholzwürzigerem Stil bei den neueren Jahrgängen: Sauvignon blanc, Cabernet Sauvignon und Merlot (alle Napa) sowie Carneros-Chardonnay.

St Francis Sonoma ★★ Chardonnay 96 **97** 98 99 Cabernet Sauvignon **87** **90** **91** **92** **94** **95** 96 97 98 99 – Süffiger Chardonnay (Reserve mit deutlich stärkerer Eichenholznote). Merlot und Cabernet Sauvignon sind leicht mit amerikanischer Eiche gewürzt.

St Gregory, Domaine Mendocino ☆☆ Partneretikett von Monte Volpe für Weine von französischen Rebsorten.

St Jean, Chateau Sonoma ☆☆→☆☆☆ Chardonnay **96** **97** 98 99 – Im Stil immer kräftig und alkoholstark; insbesondere seit die Eigentümer von Beringer die Firma von Suntory übernommen haben. Bekannt für Einzellagen-Chardonnay (Robert Young, Belle Terre); die Rotweine erregen jetzt Aufsehen.

Saintsbury Carneros ☆☆☆ Chardonnay **95** **96** 97 98 99 Pinot noir **94** **95** 96 97 98 99 – Erzeugerbetrieb, kämpft um den feinsten und langlebigsten Pinot noir im AVA-Bereich Carneros. Auch der leichtere Pinot noir Garnet und der eichenholzwürzige Chardonnay sind sehr gut. 60 000 Kisten.

St Supéry Napa ☆☆ In französischem Besitz (vgl. Skalli); sehr aktiv, seit der Önologe Michel Rolland als Berater tätig ist. Die meisten Trauben kommen von der Dollarhide Ranch im Pope Valley östlich von Napa. Der Sauvignon blanc gerät in diesem heißen Klima erstaunlich frisch und schmackhaft. In den meisten Verkostungen der letzten Zeit hat der rote Meritage ziemlich gut abgschnitten.

Sanford Santa Barbara ☆☆☆ Pinot noir **92** **94** **95** 96 97 98 99 – Ausdrucksstark bis überragend, v. a. Barrel Select. Chardonnay und Pinot noir ebenfalls nie schwach. Beachtung verdient auch der regionstypische Sauvignon blanc.

Santa Barbara Winery Santa Barbara ☆☆ Chardonnay **96 97** 98 99 Pinot noir **94 95** 96 97 98 99 – Ehemals ein Erzeugerbetrieb von Konsumwein, jetzt in der Spitzenklasse der Region, v. a. mit Chardonnay Reserve und Pinot noir. Auch Sauvignon blanc und Riesling.

Sarah's Vineyard Hecker's Pass, Santa Clara Valley ☆☆☆ Marilyn Taylor, die charmanteste aber auch exzentrischste Persönlichkeit der Weinwelt, hat hier große Kreszenzen bereitet, das Gut aber im Jahr 2001 verkauft. Einer der besten Merlot-Weine Kaliforniens von der Lage Radike bei Paso Robles.

Sattui, V. Napa ☆☆ Führend als reiner Direktverkäufer (d. h. vom Gut oder per Versand). Massiven Cabernet Sauvignon oder den edleren Riesling wählen.

Sausal Sonoma ☆☆ Beständiger, großer Betrieb im Alexander Valley; Zinfandel und Cabernet Sauvignon.

Schramsberg Napa ☆☆ Seit Jahrzehnten einer der besten Schaumweinproduzenten Kaliforniens. Reserve vorzüglich. Blanc de Noirs hervorragend, 2 bis 10 Jahre Reifezeit lohnen sich. Die Luxus-Cuvée J. Schram ist Amerikas »Krug«. Der Gründer Jack Davies starb 1998; die Familie führt den Betrieb weiter.

Schug Cellars Carneros ☆☆ Der in Deutschland geborene und zum Kellermeister ausgebildete Eigentümer versucht sich an verschiedenen Sorten, aber sein größtes Interesse gilt Carneros-Chardonnay und Pinot noir, die auch seine größten Weine ausmachen.

Screaming Eagle Napa ☆☆☆☆ Ein Beispiel für das neue Rezept in Napa: Man nehme einen Cabernet-Sauvignon-Erzeuger und einen Önologen als Berater – heraus kommen kleine Mengen Kultwein zu astronomischen Preisen.

Seavey Napa ☆☆☆ Etwas versteckt gelegen in den Bergen im Osten. Erzeugt schweren, reifen Cabernet Sauvignon; Merlot mit Maulbeeraroma ist auf dem Weg. Außerdem passabler Chardonnay.

Sebastiani Sonoma ☆→☆☆ Umfangreicher alter Familienbetrieb, hauptsächlich für billigere Weine (August Sebastiani Country, Vendange, Taulus), aber vor allem Sonoma Cask kann auch auf einem höheren Preisniveau konkurrieren. 4 Millionen Kisten.

Seghesio Sonoma ★★ Konzentriert sich jetzt auf überragende, lange haltbare Zinfandel-Weine von eigenen Anbauflächen im Alexander und Dry Creek Valley. Nicht zu verachten sind aber auch die kleineren Mengen an Sangiovese Vitigno Toscano und Pinot noir.

Sequoia Grove Napa ☆☆ Dunkler und fester Cabernet Sauvignon aus dem Napa Valley (Napa, Estate). Der Chardonnay ist neuerdings fester, frischer und haltbarer.

Seven Hills San Luis Obispo ☆☆ Die riesige australische Neuinvestition östlich von Paso Robles erzeugt ausladenden Shiraz sowie, in Zusammenarbeit mit Paragon Vineyards im Edna Valley, Chardonnay und Pinot noir. Was die Australier mit den hiesigen Trauben anstellen, das ist schon bemerkenswert.

Shafer Vineyards Napa ☆☆☆ Cabernet Sauvignon **90 91 94 95 96** 97 98 99 – Mit dem 95er Jahrgang überdeckt der Eichenton den Charakter des Einzellagen-Chardonnay Red Shoulder Ranch (Carneros); auch beim Cabernet Sauvignon Hillside Select (Stag's Leap District) und dem von Sangiovese dominierten Firebreak ist dieselbe Tendenz zu finden.

Sierra Vista El Dorado ☆☆☆ Ein überzeugter Anhänger von Rhône-Sorten auf hohen Lagen in den Sierra Foothills. Im Stil elegant, von mittlerem Körper und fruchtbetont. Der Five Star Reserve Syrah hat eine öffentliche Verkostung in London vor einigen französischen und australischen Spitzenweinen gewonnen. Auch der Zinfandel ist sehr gut. Preislich kommt man am besten mit dem Verschnitt Fleur de Montagne nach Châteauneuf-du-Pape-Manier weg.

Silverado Vineyards Napa ☆☆→☆☆☆ Chardonnay **95 96** 97 98 99 Cabernet Sauvignon **85 87 90 91 94 95 96** 97 98 99 – Stattlicher Weinbaubetrieb im Besitz von Disney auf einem Berg in Stag's Leap District mit großen Anbauflächen vor Ort und in ganz Napa. Cabernet Sauvignon, Chardonnay, Sauvignon blanc und Sangiovese beständig fein bereitet.

Silver Oak Napa/Sonoma ☆☆☆ Getrennte Kellereien in Napa und im Alexander Valley erzeugen nur Cabernet Sauvignon; die Eigentümer haben es mit der extremen amerikanischen Eichenholznote etwas zu weit getrieben.

Simi Sonoma ☆☆ Historischer Weinbaubetrieb, der sein Angebot vorübergehend etwas eingeschränkt hatte; erzeugt jetzt, unter neuen Besitzern, wieder eine große Auswahl reinsortiger Weine. Im Mittelpunkt stehen immer noch langlebiger Cabernet Sauvignon und Chardonnay. Die Reserve-Weine wirken, wie so oft, etwas zu getrimmt.

Sinskey Vineyards, Robert Napa ☆☆ Kellerei in Stag's Leap, Weinberge in Carneros; kräftig eichenholzgewürzter, fester Chardonnay, Merlot und Pinot noir.

Smith-Madrone Napa ☆☆ 95 **96 97** 98 99 – Chardonnay vom Spring-Mountain-Betrieb ist durch Höhen und Tiefen gegangen; jetzt ist er oben. Bewundernswerter Riesling in fast schon verlorener Napa-Tradition. Nicht versäumen.

Sonoma-Cutrer Vineyards Sonoma ☆☆→☆☆☆ Chardonnay **95 96** 97 98 99 – Hochspezialisierter Chardonnay-Betrieb, der momentan nicht in Höchstform ist mit seinen Spitzeneinzellagenweinen Les Pierres und Cutrer. Der Eigentümer von Fetzer, Brown-Forman, erwarb 80 % der Anteile im Jahr 1999.

Souverain, Chateau Sonoma ★★→☆☆☆ Cabernet Sauvignon **87 90 91 94** 95 96 97 – Spitzen-Chardonnay aus Carneros, Cabernet Sauvignon aus dem Alexander Valley sowie Dry-Creek-Valley-Zinfandel, alle mit kräftigem Eichenaroma. Die Sonoma-County-Abfüllungen sind allzu einfach gestrickt. Gleicher Eigentümer wie Beringer.

Spottswoode Napa ☆☆☆ Cabernet Sauvignon **87 89 91 94 95 96** 97 98 99 – Fester, nachhaltiger Luxus-Cabernet-Sauvignon aus kleinen eigenen Lagen in der Stadt St Helena. Ferner ein geschmeidiger, ausgefeilter Sauvignon blanc. 3500 Kisten.

Staglin Napa ☆☆☆ Cabernet Sauvignon **90** 91 **94 95 96** 97 98 99 – Aus dem kleinen Rutherford-Weinberg, der von André Tchelistchew angelegt wurde, kommt beständiger, überragender und auffallend seidiger Cabernet Sauvignon und ebensolcher Sangiovese.

Stag's Leap Wine Cellars Napa ☆☆→☆☆☆☆ Cabernet Sauvignon **78** 84 **86 87 90 91 93 94 95** 96 97 98 99 – Vielgepriesener Weinberg mit seidigem, verführerischem Cabernet Sauvignon (SLV, Fay, Spitzensorte Cask 23), Merlot; auch nicht vom Gut stammende Weine empfehlenswert; ferner Chardonnay, Sauvignon blanc und Riesling. 50 000 Kisten.

Stag's Leap Winery Napa ☆☆ Seit dem Kauf durch Beringer 1997 sind die früher zuverlässigen Sorten Chenin blanc und Petite Sirah dem Cabernet Sauvignon und Chardonnay gewichen.

Steele Wines Lake ☆☆→☆☆☆ Der langjährige Kendall-Jackson-Kellermeister ist an der Küste ständig auf der Suche v. a. nach Einzellagen-Chardonnay: stark eichenholzgewürzt und ganz schön teuer. Shooting Star heißt das Zweitetikett.

Sterling Napa ☆☆→☆☆☆ Malerischer Weinbaubetrieb mit ausgedehnten Anbauflächen im Besitz von Seagram, unerklärliche Höhen und Tiefen. Herber Sauvignon blanc und feste Standardabfüllung von Cabernet Sauvignon, meist zuverlässig und attraktiv.

Eine Auswahl kalifornischer Weine für 2003

August Briggs Einer der drei Spitzen-Pinot-noir-Weine aus Carneros sowie ein schöner Napa Zinfandel.

Craig Verlässlicher Erzeuger von Napa Cabernet Sauvignon der Oberklasse.

Echelon Sehr preisgünstige Weine der Chalone-Gruppe, v. a. Pinot noir.

Gott Gewichtiger Amador-Zinfandel, zum Bersten voll gepackt mit Beerenfrucht.

Kirkland Ranch Ableger eines großen Rinderzuchtbetriebs südöstlich von Napa mit kräftigem Merlot.

Plumpjack Ein junger Politiker, der vielleicht der nächste Bürgermeister von San Francisco wird, bereitet hier wirklich guten Cabernet Sauvignon.

Rubissow-Sargent Guter Cabernet Sauvignon vom Mt. Veeder zu vernünftigen Preisen.

Spencer Roloson Konzentrierte Zinfandel-Weine aus dem Chiles Valley in Napa.

Stony Hill Napa ☆☆☆ Chardonnay **93 94 95** 96 97 98 99 – In den vergangenen 30 Jahren sind viele der besten Weißweine Kaliforniens in diesem Weinbaubetrieb im Hügelland entstanden. Der Gründer Fred McCrea starb 1977, seine Witwe Eleanor folgte ihm 1991; jetzt führt Sohn Peter die Familientradition fort. Der Chardonnay (gutseigener und der nicht gutseigene SHV) ist nicht mehr so stahlig, dafür fleischiger als früher. Riesling und Gewürztraminer mit einem Hauch Eichenholzwürze wirken verhalten, lohnen aber dennoch längere Lagerung.

Storybook Mountain Napa ★★★ Der einzige erklärte Zinfandel-Spezialist in Napa erzeugt straffe Guts- und Reserve-Weine aus dem Calistoga-Weinberg.

Strong Vineyard, Rodney Sonoma ☆☆ Chardonnay 96 **97** 98 99 Cabernet Sauvignon **90** 91 **94 95** 96 97 98 99 – Früher Sonoma Vineyards; erzeugt gute Standardabfüllungen, bessere Einzellagenweine (Cabernet Sauvignon Alexander's Crown, Chardonnay Chalk Hill, Sauvignon blanc Charlotte's Home, Pinot noir River East). Der Name Windsor und die dazugehörigen Anlagen wurden im Jahr 2000 von der australischen Firma Mildara-Blass erworben, die sich dadurch einen Zugang zu direkten Lieferungen verschaffen will.

Summit Lake Howell Mountain ☆☆ Zinfandel von alten Rebstöcken aus einem historischen Weinbaubereich. Würzig, mittlerer Körper.

Sutter Home Napa ☆ Berühmt für lieblichen White Zinfandel und schweren Amador-Zinfandel. Die Firma wächst und strebt mit der Signature-

Reihe nach höheren Weihen. Die Reihe M Trinchero ist für unverschnittene Napa-Weine der mittleren Preisklasse.

Swan, Joseph Sonoma ☆☆ Zinfandel **90** 91 **94 95** 96 **97** 98 99 – Auch der Schwiegersohn des verstorbenen Joe Swan erzeugt enorm kräftigen Zinfandel und Pinot noir.

Swanson Napa ☆☆→☆☆☆ Cabernet Sauvignon 91 92 **94 95** 96 97 98 99 – Die Rotweine sind der Maßstab dieses Hauses, v. a. herzhaft eichenholzwürziger Cabernet Sauvignon, Sangiovese und Syrah.

Tablas Creek Paso Robles ☆☆☆ Robert Haas und der Eigner von Beaucastel bringen ihr Geschäft mit Sorten von der südlichen Rhône in Gang. Rote und weiße Verschnitte gleichermaßen sehr lecker.

Taft Street Sonoma ☆☆ Nach gemütlicher Gangart schlägt der Betrieb jetzt mit preiswerten Chardonnay vom Russian River ein scharfes Tempo an. Ferner guter Merlot. 18 000 Kisten.

Talbott, R. Monterey ☆☆ Gut situierter Besitzer; bemüht sich erfolgreich um große, toastwürzige Chardonnay-Weine aus den AVA-Bereichen Santa Lucia Highlands und Carmel Valley.

Talley Vineyards San Luis Obispo ☆☆ Weingut in Arroyo Grande (nahe der Grenze zu Santa Barbara) mit außergewöhnlichem Pinot noir; auch Chardonnay.

Tanner, Lane Santa Barbara ☆☆ Pinot noir 93 94 **95 96 97** 98 99 – Besitzer und Hersteller mit oft superbem Einzellagen-Pinot-noir (Bien Nacido, Sierra Madre Plateau). Gleich trinken oder lagern. Jetzt auch Syrah.

Terre Rouge, Domaine de la Amador County ☆☆☆ Der frühere Weinhändler ist ein Spezialist für Rhône-Rebsorten mit einer Reihe ausgezeichneter Winzer, die ihm das Rebgut liefern. Syrah und Grenache sind beide erstklassig; bemerkenswert auch die als Eastin etikettierten Zinfandel-Weine von einem alten Weinberg in Fiddletown.

Thoma-Sketchbook Mendocino ☆☆ Der Investor aus Chicago hat sich in der alten Parducci-Kellerei niedergelassen, wo Dennis Patton (ehemals Hidden Cellars) jetzt eine neue Heimat gefunden hat. Großes Potenzial, v. a. bei den alten Stöcken mit italienischen Sorten im Ukiah-Gebiet.

Toasted Head Central Valley ★★ Neue Marke von R. H. Philips. Der buttrige, toastwürzige 2000er Chardonnay ist ein wirklich großer Wein.

Torres Estate, Marimar Sonoma ☆☆☆ Pinot noir 93 94 **95 96 97** 98 99 – Die Schwester des großen Katalanen produziert ultrabuttrigen Chardonnay und feinen Pinot noir vom Besitz im Russian River Valley.

Trefethen Napa ★★★ Chardonnay **90** 91 **93** 94 **95** 96 97 98 99 Cabernet Sauvignon **80 85 87** 90 **91 94 95** 96 97 – Hoch angesehener Familienbetrieb. Sehr guter, trockener Riesling. Straffer Chardonnay für lange Lebensdauer (die spät freigegebenen Library-Weine beweisen es). Cabernet Sauvignon zeigt zunehmende Tiefe. Empfehlenswerte preisgünstigere Weine unter dem Etikett Eshcol.

Truchard Carneros ☆☆→☆☆☆ Aus der wärmeren, zum Landesinneren gelegenen Seite von Carneros stammt der schmackhafte, fest strukturierte Merlot, der dem AVA-Bereich zu eigener Identität verhilft. Cabernet Sauvignon ist sogar noch besser.

Tudal Napa ☆☆ Cabernet Sauvignon **90** 91 **94 95** 96 97 98 99 – Kleines Weingut nördlich von St Helena; beständige Quelle für dunkle, feste, langlebige Cabernet Sauvignon.

Tulocay Napa ☆☆ Pinot noir **90 92 94 95** 96 97 98 99 – Sehr kleiner Weinbaubetrieb in Napa City; v. a. Pinot noir von wohlgelungener Art; auch der Cabernet Sauvignon ist beachtenswert.

Turley Napa ☆☆☆ Früher Partner bei Frog's Leap, spezialisiert sich jetzt auf kernige, alkoholstarke Einzellagenweine: Zinfandel und Petite Sirah von alten Reben. Ehren Jordan berät. 2001 wurde Pesenti in Paso Robles gekauft.

Turnbull Wine Cellars Napa ☆☆ Der früher stark nach Minze duftende Cabernet Sauvignon (95 96) gibt sich jetzt klassischer und zurückhaltender. Der neue Sangiovese (95) macht ebenfalls einen guten Eindruck. Das Gut befindet sich gegenüber der Robert Mondavi Winery.

Ventana Monterey ☆☆ 1978 gegründeter Weinbaubetrieb. Das Aushängeschild der betriebseigenen Weinberge sind der Chardonnay und vor allem der Sauvignon blanc aus geklonter Musqué-Traube.

Viader Napa ☆☆ Cabernet-Sauvignon-Verschnitt **94 95** 96 97 98 – Die Argentinierin Delia Viader floh nach Kalifornien, um sich in den Hügeln über St Helena ihren Traum zu erfüllen: einen dunklen Verschnitt auf Cabernet-Sauvignon-Basis.

Viansa Sonoma ☆☆ Neben den obligatorischen Chardonnay- und Merlot-Weinen hat Sam Sebastiani im Andenken an seine Vorfahren jetzt auch italienische Sortenweine auf dem Programm, darunter sogar (für Kalifornien) Raritäten wie Arneis, Dolcetto und Freisa.

Vino Noceto Amador ☆☆ Kaliforniens Paradebeispiel für Sangiovese. Früher Winzeretikett, 1999 auf volle Gutsweinerzeugung umgestiegen.

Vyd 29 St Helena ☆☆☆ 96 **97** 98 – Der winzige Weinberg am Highway 29 hat die Hausnummer 2929. Feiner Cabernet Sauvignon, der bei Grace bereitet wird.

Wente Vineyards Livermore und Monterey ☆☆ Historischer, auf Weißwein spezialisierter Betrieb, v. a. Livermore Sauvignon blanc und Sémillon. Die lieblichen Monterey-Riesling-Weine sind oft ausnehmend gut. Ferner etwas klassischer Schaumwein. Ist auch Eigentümer von Concannon. 300 000 Kisten.

Whitehall Lane Napa ☆☆ Der massiv eichenholzwürzige Chardonnay und der schwere Cabernet Sauvignon sind engere Wahl. Eine Familie aus San Francisco ist nun der dritte Besitzer innerhalb von 25 Jahren.

Wild Horse Winery San Luis Obispo ☆☆→☆☆☆ Pinot noir 92 93 **94 95** 96 97 98 99 – Der Eigentümer und Winzer hat eine besondere Gabe für Pinot noir (Trauben aus Santa Barbara und San Luis Obispo). Auch beachtenswerter Chardonnay und Cabernet Sauvignon.

Williams Selyem Sonoma ☆☆☆ Pinot noir **90 91 92 93 94 95** 96 97 98 99 – Intensiver, rauchiger Pinot noir vom Russian River, v. a. aus Weinbergen von Rochioli und Allen. Die Anbauflächen reichen jetzt auch bis an die Küste von Sonoma und nach Mendocino. Der neue Mehrheitseigner (1998) aus New York sitzt noch nicht sehr fest im Sattel.

Woltner, Chateau Napa ☆☆→☆☆☆ Exzellenter Chardonnay von einem Howell-Mountain-Weingut (unter anderem der teure Frederique); 1995 kam ein Rotwein auf Cabernet-Sauvignon-Basis hinzu. Im Besitz der ehemaligen Eigentümer von Château La Mission Haut-Brion.

Young's Amador County ☆☆☆ Kleiner Erzeuger von sehr feinem Barbera und Zinfandel.

Zaca Mesa Santa Barbara ☆☆ Wechsel von Chardonnay und Pinot noir auf Rhône-Rebsorten (v. a. Marsanne und Syrah) und gutseigene Verschnitte (Cuvée Z).

ZD Napa ☆☆ Pinot noir 93 **95** 96 **97** 98 99 – Massiver Chardonnay mit kräftiger Würze von amerikanischer Eiche ist typisch für ZD. Der Pinot noir ist oft feiner. 18 000 Kisten.

Der pazifische Nordwesten

Das Weinland des pazifischen Nordwestens umfasst drei aneinander angrenzende Staaten. In Oregon sind gut 6000 ha mit *vinifera*-Reben bepflanzt (v. a. im Willamette Valley). Der Staat Washington beherbergt über 14 000 ha Weingärten, die sich in der wärmeren und trockeneren Hälfte östlich der Cascade Mountains konzentrieren. Das Rebland von Idaho liegt noch ein Stückchen weiter im Osten am Snake River

In Oregon fährt man gut mit Rebsorten aus Burgund und dem Elsass; die Dijon-Klone von Chardonnay und Pinot noir, die jetzt allenthalben gepflanzt worden sind, versprechen frühere Reifung und potenziell komplexere Weine. Jenseits des Columbia River, im östlichen Washington, lässt das wärmere, trockenere Klima des Columbia Valley dickschaligere Sorten (Merlot, Cabernet Sauvignon, Cabernet franc und die neuerdings hoch gehandelte Syrah) gut reifen. Auch in den wärmeren Appellationen Südoregons und Idahos gedeihen diese Trauben.

Die größten Kellereien im pazifischen Nordwesten wirken klein im Vergleich zu jenen in Kalifornien. Die meisten der über 380 Betriebe – ihre Anzahl wächst von Jahr zu Jahr – erzeugen weniger als 30 000 Kisten jährlich, viele sogar nur 2000 bis 5000. Die Appellation mit dem größten Glanz und den stärksten Zuwächsen ist Walla Walla Valley in Washington, wo die Zahl der Erzeuger innerhalb eines Jahres von zehn auf 30 gestiegen ist und die Rebfläche sich im gleichen Zeitraum verdoppelt hat.

Neuere Jahrgänge

2001 Sehr vielversprechender Jahrgang. Weniger säurehaltig und konzentriert als die drei vorhergehenden Jahre; zu erwarten sind weichere Weine für frühen Genuss.
2000 Durchweg solider Jahrgang mit hohen Erträgen und konzentrierten, gut strukturierten Weinen.
1999 Exzellent. Eine ideale Wachstumsperiode resultierte in ausgewogene Weine. Jetzt bis 2008.
1998 Überall hervorragend. Reduzierte Erträge und Konzentration in Oregon; größere Mengen und Qualität in Washington. Jetzt bis 2003.
1997 Regen in Oregon ergab harte, magere Weine – jetzt trinken. Hohe Erträge und mehr Ausgewogenheit in Washington. Jetzt bis 2006.

Oregon

Abacela Vineyards Umpqua Valley ☆☆☆ **97** **98** 99′ – Neuer Erzeuger von wundervollen und interessanten Weinen, herausragend Tempranillo, Dolcetto, Cabernet franc und Syrah.
Adelsheim Vineyard Yamhill County ☆☆☆ **91 92 93** **94 95 96** 97 **98** 99′ – Sanft ausgewogener Pinot noir; Chardonnay von einem neuen Dijon-Klon. Riesling, Pinot gris und Pinot blanc sauber und ausdrucksstark. Auch fruchtiger Merlot.
Amity Willamette ☆☆ **97 98 99 00** – Exzellenter Gewürztraminer, Riesling und Pinot blanc. Pinot noir ungleichmäßig.
Andrew Rich (Tabula Rasa) Willamette ☆☆ Kleiner Erzeuger mit großer Auswahl: Pinot noir, Cabernet Sauvignon aus Washington, Verschnittwein von Chenin blanc und Sauvignon blanc, Rosé sowie Gewürztraminer-Eiswein.
Archery Summit Yamhill County ☆☆☆☆ **93 94** **95′ 96** 97 **98′** 99′ 00′ – Auffälliger Schwesterbetrieb der Kellerei Pine Ridge im kalifornischen Napa Valley. Sehr eindrucksvoller Pinot noir mit Eichenton sowie Vireton, ein Pinot-gris-Verschnitt.
Argyle Yamhill County ☆☆☆ sch **89 91** **93 94 96 98** 99′ 00 – Der beste klassische Schaumwein im Nordwesten (auch oJ), zuverlässig gut bereitet. Auch feiner Riesling, Chardonnay und hochwertiger Pinot noir.
Beaux Frères Yamhill County ☆☆☆ **91** **92 93 94** **95** 96 97 98 99′ 00 – Exzellenter, strukturierter Pinot noir, der in den letzten Jahren an Finesse gewonnen hat. Teilweise im Besitz von Robert Parker.
Bethel Heights Willamette ☆☆☆ **91 92 93** **94 95** **96** **97 98** 99′ – Feiner Pinot noir aus einem Gut bei Salem; auch bemerkenswerter Chardonnay, Pinot blanc und Pinor gris.
Brick House Yamhill County ☆☆☆☆ **93 94 95 96** 97 **98** 99′ 00 – Dynamisches Gut mit ökologischem Anbau, betrieben von einem ehemaligen CBS-Reporter. Im Stil wie Burgunder. Kleine Mengen an sehr gutem Pinot noir, Gamay und fassvergorenem Chardonnay.
Cameron Yamhill County ☆☆☆ **93 94 95** 96 97 98′ 99′ – Anspruchsvoller Erzeuger von Pinot noir und Chardonnay; manche großartig, andere liefern Gesprächsstoff. Sehr guter Pinot blanc.
Chehalem Yamhill County ☆☆☆ **91 92 93 94 95 96** 97 **98** 99′ (w 00′) – Pinot noir, Chardonnay, Riesling und Pinot gris in Spitzenqualität. Für

den Pinot noir Reserve Zusammenarbeit mit dem Winzer Patrice Rion aus Burgund.

Cooper Mountain Willamette ☆☆ Pinot noir, Chardonnay, Pinot gris und Pinot blanc in stetig steigender Qualität. Das Gut betreibt Weinbau nach ökologischen Prinzipien und strebt die Anerkennung als biologisch-dynamisch arbeitender Betrieb an.

Cristom Nordwillamette ☆☆☆ **92′ 93 94 95** 96 97 98′ 99′ 00′ – Köstlicher Pinot noir, buttriger Chardonnay und wunderbarer, fassvergorener Viognier.

Domaine Drouhin Willamette ☆☆☆☆ **91 92 93′ 94 95 96 97 98′** 99′ 00′– Superber Gutswein Pinot noir von einer der ersten Familien Burgunds. Laurène Reserve ist seidig und elegant; ebenso fein der Chardonnay (**96 97 98 99′**).

Domaine Serene Willamette ☆☆☆ **98′** 99′ 00 Sehr volle, marmeladige Weine. Kleine Mengen; empfehlenswert sind der Evenstead Reserve Pinot noir und der neue Rockblock Syrah.

Elk Cove Vineyards Willamette ☆☆☆ **98** 99′ – Qualitätserzeuger mit einem Weinsortiment, das Pinot noir, Pinot gris, Chardonnay und Riesling umfasst. Exzellenter Dessertwein Ultima.

Erath Vineyards Yamhill County ☆☆☆ **93′ 94 95 96** 97 **98** 99 00 – Sehr guter Chardonnay, Pinot gris, Gewürztraminer und Pinot blanc. Besonders schöne alte Pinot-noir-Weine (**76**), aber auch der Riesling (**76**). Neuer Kellermeister 2002.

Spurensuche im Nordwesten

Portland Wildwood (1221 N. W., 21st Avenue, Tel. 503-248-9663). Das Restaurant der Restaurants im Nordwesten; das Angebot an Weinen von hier ist umwerfend.
Oregon Wines on Broadway (515 S.W. Broadway, Tel. 503-288-4655). Weingeschäft und Bar mit Schwerpunkt Pinot noir. Täglich wird eine Auswahl zur Verkostung bereitgestellt.
Dundee Ponzi Wine Bar (100, 7th Street, Tel. 503-554-1500). Sehr attraktiver Zwischenstopp im Zentrum des Weinlands (45 Autominuten von Portland). Natürlich kann man hier hauptsächlich Ponzi-Weine probieren und kaufen, doch es findet sich auch eine große Auswahl aktueller Jahrgänge von anderen Spitzenerzeugern.
Seattle McCarthy & Schiering Wine Merchants (2401-B Queen Anne Avenue N., Tel. 206-282-8500; 6500 Ravenna Avenue N. E., Tel. 206-524-9500). Das beste Weingeschäft in Seattle mit einer astronomischen Auswahl an Gewächsen aus dem Nordwesten. Der Eigentümer Dan McCarthy ist auch Co-Autor eines Taschenführers durch die Weinlandschaft von Washington, Oregon und Idaho.

Evesham Wood Bei Salem, Willamette ☆☆☆ Kleiner Familienbetrieb, erfolgreich mit feinem Pinot noir (**91 92 93 94 95** 96 97 **98** 99), Pinot gris und trockenem Gewürztraminer. Große Nachfrage nach der begrenzten Auflage von Cuvée J. Seit neuestem organischer Weinbau.

Eyrie Vineyards, The Willamette ☆☆☆ Pionierbetrieb (1965) mit burgundischen Überzeugungen. Die älteren Jahrgänge von Pinot noir sind wahre Schätze (**75′ 76′ 80 83 86 89 90**); Chardonnay und Pinot gris sind reichhaltig und dennoch frisch. Alle Weine halten sich wunderbar.

Firesteed ☆ Erzeuger von günstigem Pinot noir und einem feinen DOC Barbera d'Asti, der in Italien bereitet wird. Große Mengen.

Ken Wright Cellars Yamhill County ☆☆☆ **93 94 95 96** 97 **98′** 99 01 – Blumiger Pinot noir mit Kultstatus. Auch sehr guter Chardonnay und Melon de Bourgogne.

King Estate Südwillamette ☆☆ **94 95 96** 97 **98** 99′ – Großes, sehr schönes Napa-ähnliches Weingut. Sehr guter Pinot gris, Chardonnay und Pinot noir; werden noch besser. Das Rebgut wird im weiten Umkreis angekauft, auch Cabernet Sauvignon, Merlot und Zinfandel. Die neuen Gutsweine sind Spitzenklasse.

Lange Winery Yamhill County ☆☆ **98** 99′ – Kleiner Familienbetrieb; hervorragender Reserve Pinot noir; Pinot gris ist kompakt, aber der Reserve wird sehr stark mit Eiche behandelt.

Lemelson Yamhill County ☆☆☆ 99′ – Neue, finanziell gut ausgestattete Unternehmung mit feinen, schön strukturierten Weinen.

Panther Creek Willamette ☆☆☆ **91 92 93 94′ 95** 96 97 **98′** 99′ – Konzentrierter, fleischiger Pinot noir von einer Einzellage; gefälliger Melon de Bourgogne. Kauft Lesegut von Spitzenlagen, u. a. Shea.

Ponzi Vineyards Willamette ☆☆☆ **89 90 91 92 93 94 95 96 97 98′** 99′ – Kleiner Betrieb, fast in Portland; für Pinot gris, Chardonnay und Pinot noir bekannt. Gut gemachter Arneis und Dolcetto.

Rex Hill Willamette ☆☆☆ **91 92 93 94 95** 96 97 **98′** 99′ – Exzellenter Pinot noir, Pinot gris und Chardonnay von verschiedenen Weinbergen in Nordwillamette. Die Reserve-Weine zählen zu den besten Oregons; die Marke Kings Ridge ist sehr preisgünstig. Neuer Kellermeister 2002.

St Innocent Willamette ☆☆ **98** 99 – Steigendes Ansehen für üppigen, köstlichen, geradlinigen Pinot noir; gefällige, aber leicht bittere Weiße.

Sokol Blosser Willamette ☆☆ **93 94 95 96** 97 **98′** 99 – Erheblich verbesserter, jetzt sehr guter Pinot noir; bemerkenswert der Evolution oJ.

Torii Mor Yamhill County ☆☆☆ **93 94 95 96** 97 **98′** 99 – Etablierte Pinot-noir-Rebfläche in den Dundee Hills (1977 bepflanzt); guter Pinot gris. Mehrere gute Einzellagenabfüllungen von Pinot noir. 2000 neuer Kellermeister. Der erste Wein Oregons für 100 Dollar die Flasche.

Tyee Südwillamette ☆☆ Kleiner Familienbetrieb; besonders gut ist der trockene Gewürztraminer, Riesling und Pinot blanc. Der Pinot noir steigert sich.

Willakenzie Estate Yamhill County ☆☆☆ **98′** 99′ 00 – Erste Weine kamen 1996 auf den Markt; delikater Pinot gris, Pinot blanc, Chardonnay und Pinot noir. Gut finanzierter, hochmoderner Betrieb; der französische Besitzer ist auch Kellermeister.

Willamette Valley Vineyards Willamette ☆☆→☆☆☆ 94 **95 96** 97′ **98′** 99′ – Enorme Kellerei bei Salem. Chardonnay, Riesling, Pinot noir von mittlerer bis sehr hoher Qualität. Erstaunliche Bandbreite von kommerziellen bis zu Spitzenklasseweinen. Besitzt jetzt auch Griffin Creek und Tualatin und produziert sie als eigene (sehr gute) Marken.

Witness Tree Willamette ☆☆ Manchmal vorzüglicher, aber ungleichmäßiger Pinot noir und sehr guter, voller Chardonnay.

Yamhill Valley Vineyards ☆☆→☆☆☆ Zunehmend guter Pinot gris, Chardonnay, Pinot noir und Pinot blanc.

Washington / Idaho

Andrew Will Puget Sound ☆☆☆ **89 90 91 92 93 94 95 96 97 98'** 99' 00' – Außergewöhnlicher Cabernet Sauvignon, Merlot und fassvergorener Chardonnay von den besten Trauben aus Ostwashington. Auch feiner Pinot gris.

Arbor Crest Spokane ☆☆☆ 1999 zu neuem Leben erwachtes Gut, als die Tochter von ihrem Önologiestudium in den Betrieb zurückkehrte. Ihr enormes Talent macht sich bereits jetzt in den Weinen bemerkbar.

Barnard Griffin Pasco, Columbia Valley ☆☆→☆☆☆ Kleiner Erzeuger von gut bereitetem Merlot, Chardonnay (v. a. fassvergoren), Sémillon sowie Sauvignon blanc. Syrah der Spitzenklasse.

Eine Auswahl von Weinen des pazifischen Nordwestens für 2003

Ch. Ste Michelle Eroica Riesling Columbia Valley, Washington
Chinook Cabernet Franc Washington
Bookwalter Merlot Washington
Chehalem Pinot Gris Oregon
Cameron Abbey Ridge Pinot Noir Oregon
Rockblock Syrah von **Domaine Serene** Oregon

Bookwalter Columbia Valley ☆☆☆ 00' – Schon älteres Weingut, dank der Beratung durch Zelma Long wieder auf der Höhe. Reichhaltige, ausgewogene Weine zu guten Preisen.

Canoe Ridge Walla Walla, Columbia Valley ☆☆☆☆ Weingut im Besitz der kalifornischen Chalone-Gruppe. Eindrucksvoller Chardonnay (**93 94 95 96 97 98** 99) und Merlot, feiner Gewürztraminer.

Cayuse Walla Walla **98'** 99' – Beeindruckende Weine im Rhône-Stil, deren Ursprung man schmeckt.

Chinook Wines Yakima Valley ☆☆ Die Besitzer und Kellermeister kaufen vor Ort Trauben auf und produzieren daraus robusten Chardonnay, Sauvignon blanc, Merlot und Syrah. Herrlicher Cabernet franc.

Columbia Crest Columbia Valley ☆☆☆ Getrennt geführte Marke von Chateau Ste Michelle für gut bereitete, ansprechende und sehr preiswerte Weine. Cabernet Sauvignon, Merlot, Syrah und Sauvignon blanc sind am besten. Auch sehr gute Reserve-Weine.

Columbia Winery Woodinville ☆☆→☆☆☆ Cabernet Sauvignon **79 83 85 87 88 89 90 91 92 93** 94 95 **96** 97 **98** 99 – Pionierbetrieb, und noch immer führend. Ausgewogene, stilvoll verhaltene Einzellagenweine, v. a. Syrah und Viognier.

DeLille Cellars Woodinville ☆☆☆☆ **92** 93 94 95 96' 97 98' 99 – Interessanter Weinbaubetrieb mit sehr guten roten Bordeaux-Verschnitten: lagerfähiger Chaleur Estate und ein Wein namens D2 (schon weiter gediehen, erschwinglich). Exzellenter, im Fass vergorener Weißwein (Sauvignon blanc/Sémillon). Neuer Syrah Doyenne beachtenswert.

Dunham Cellars Walla Walla ☆☆☆☆ **95 96 97** 98' 99 – Junge, aufregende Weine von einem ehemaligen Assistenten des Kellermeisters von L'Ecole No 41. Cabernet Sauvignon und Sémillon/Chardonnay-Verschnitte sind alle sehr konzentriert und elegant geraten; hübscher Syrah.

Glen Fiona Walla Walla ☆☆☆ Rusty Figgins, der Bruder von Gary Figgins (bei Leonetti), erzeugt seit 1995 ausschließlich Syrah-Weine mit und ohne Eichenholzwürze.

Gordon Brothers Columbia Valley ☆☆→☆☆☆ Kleine Kellerei für beständig guten, ausgewogenen Chardonnay (Reserve **91**), Merlot und Cabernet Sauvignon. Neuer junger Kellermeister. Wird besser.

Hedges Cellars Yakima Valley ☆☆☆ Machte sich einen Namen als Weinexporteur für Europa und Skandinavien; jetzt mit eigenem gutem Rebberg (Red Mountain) und Kellerei im Château-Stil; delikater Cabernet Sauvignon, Merlot und Sauvignon blanc.

Hogue Cellars, The Yakima Valley ☆☆☆ Alteingesessener großer Erzeuger, bekannt für exzellente Weine (v. a. Riesling, Chardonnay, Merlot und Cabernet Sauvignon) zu günstigen Preisen. Erzeugt für Washington mustergültigen Sauvignon blanc.

Kiona Vineyards Yakima Valley ☆☆ Respektabler Erzeuger im Unterbereich Red Mountain (seit 1980). Lemberger, Syrah und Cabernet Sauvignon mit sehr gutem Preis-Leistungs-Verhältnis.

Leonetti Walla Walla ☆☆☆☆ **91 92 93** 94 95 **96′** 97 98′ 99′ 00′ – Die gefragteste Adresse in Washington – einer der wichtigsten Sammlerweine. Harmonischer, aber individualistischer Cabernet Sauvignon: fein und grobknochig zugleich. Der Merlot ist mächtig und langlebig.

L'Ecole No 41 Walla Walla ☆☆☆ **91 92 93 94 95 96′** 97 98′ 99′ 00′ – Die Rotweine sind echte Knüller (Verschnitt aus Merlot, Cabernet Sauvignon und Meritage) mit marmeladiger, lange haltbarer Frucht. Guter Sémillon in Fassgärung.

Matthews Cellars Woodinville ☆☆☆ **96′ 97** 98′ 99 – Kleinerer Erzeuger vollmundiger Bordeaux-Verschnitte. Gegründet 1993. Der neue Sémillon ist empfehlenswert.

McCrea Puget Sound ☆☆☆ Kleiner Weinbaubetrieb mit gutem Viognier, Syrah und Grenache. Experimente mit Rhône-Verschnitten werden fortgesetzt.

Quilceda Creek Vintners Puget Sound ☆☆☆☆ **87 88 89 90 91 92 93** 94 95 96′ 97 98′ 99 – Spezialität ist fachmännisch bereiteter, reifer, stark eichenholzwürziger Cabernet Sauvignon von Rebgut aus dem Columbia Valley. Von außergewöhnlicher Finesse und Lagerfähigkeit. Der Kellermeister ist der Neffe des legendären André Tchelistcheff.

Reininger Walla Walla ☆☆☆ 99′ – Kleiner, auf Spitzenweine konzentrierter Erzeuger.

Rose Creek Vineyards Südidaho ☆☆ Kleines Familienweingut; v. a. guter Chardonnay.

Ste Chapelle Caldwell, Idaho ☆☆ Gefälliger, geradliniger Chardonnay, Riesling, Cabernet Sauvignon, Merlot und Syrah von lokalen Weinbergen und Anbauflächen in Ostwashington. Ansprechender, günstiger Schaumwein; steigende Qualität.

Ste Michelle, Chateau Woodinville ☆☆☆ Der Gigant der Region ist allgegenwärtig und die größte Kellerei in Washington. Eigentümer von Columbia Crest, Northstar, Domaine Ste Michelle und Snoqualmie. Große Anbauflächen in Ostwashington, erstklassiges Equipment und erfahrene Kellermeister sorgen dafür, dass das breite Angebot an verschiedenen Weinen an der Spitze bleibt. Cabernet-Sauvignon-, Merlot- und Chardonnay-Weine sind nach ihren Lagen benannt. Erfolgreiche Joint Ventures mit Antinori (Colsolare) und Ernst Loosen (Eroica).

Washington Hills Cellars/Apex Yakima Valley ☆☆ Solide Weine, u. a. Sémillon, Fumé blanc, Cabernet Sauvignon, Chardonnay und Merlot sowie Riesling- und Gewürztraminer-Spätlesen. Die Marke Apex steht für höhere Qualität.

Waterbrook Walla Walla ☆☆☆ **89 90 91 92 93** 94 95 96 97 98 99 – Stilvoller, markanter Chardonnay, Sauvignon blanc, Cabernet Sauvignon und Merlot von einer jungen Kellerei, die ihren Weg gefunden hat.
Woodward Canyon Walla Walla ☆☆☆ **90 91 92 93 94 95 96** 97 98 99' 00' – Qualitätsbewusster Erzeuger mit treuer Kundschaft für reifen, intensiven und dennoch eleganten Cabernet Sauvignon, Chardonnay und Verschnittweine.

British Columbia

Der hiesige Weinbau, ein nicht unbedeutender Teil der kanadischen Weinindustrie, hat sich seit den 1970er-Jahren entwickelt. Die höchste Konzentration an Kellereien befindet sich im großartigen Okanagan Valley, etwa 230 km östlich von Vancouver, in einem Klima, das sich von dem im Osten des Staates Washington nicht sehr unterscheidet. 63 Kellereien verteilen sich auf 4 Appellationen: Okanagan Valley, Frasier Valley, Similkameen Valley und Vancouver Island.

Burrowing Owl 98' 99 00 01 – Ausgezeichneter Chardonnay und Pinot gris, vielversprechende Rote.
Calona Vineyards ☆☆ **98' 99 00 01** – Große Kellerei mit gut bereitetem Pinot blanc, Sémillon und Merlot.
Gray Monk ☆☆ **98' 99 00 01** – Guter Auxerrois aus Okanagan, Gewürztraminer und Pinot blanc.
Mission Hill ☆→☆☆☆ **98' 99 00 01** – Gefeierter Chardonnay Reserve sowie Pinot blanc.
Paradise Ranch ☆☆☆ Eindrucksvolle Eisweine.
Quails' Gate ☆☆ **98' 99 00 01** – Chardonnay, Chenin blanc, Pinot noir und Riesling-Eiswein.
Sumac Ridge ☆☆ **98' 99 00 01** – Gewürztraminer, Sauvignon blanc und Schaumwein zählen zu den Besten der Region. Beachtlicher Meritage und Merlot. Im Besitz von Vincor.

Östlich der Rocky Mountains und Ontario

Die Erzeuger in New York (es sind jetzt 160 in 7 AVA-Bereichen) und anderen Staaten im Osten sowie in Ohio (66 in 4 AVA-Bereichen), aber auch in der kanadischen Provinz Ontario (67) produzierten früher Wein von den widerstandsfähigen einheimischen Trauben und franko-amerikanischen Hybridreben. Inzwischen aber gehen sowohl der Geschmack der Konsumenten als auch die Technik in Keller und Weinberg weitgehend über diese Züchtungen hinweg, nur Seyval blanc, Chambourcin und Vidal ist eine treue Gefolgschaft geblieben. Chardonnay, Riesling und Cabernet Sauvignon sind jetzt fest etabliert. Mit Pinot noir wurden einige beachtliche Ergebnisse hervorgebracht und Cabernet franc sowie Merlot scheinen sich generell zu den vielversprechendsten Rotweintrauben des Nordostens zu entwickeln. Von Virginia bis Ontario werden rasche Fortschritte erzielt, und die Weine gewinnen an Ansehen.

Allegro ☆☆ **00 01** – Erzeugerbetrieb in Pennsylvania mit bemerkenswertem Chardonnay und Cabernet Sauvignon.

Andres Zweitgrößte kanadische Kellerei. Eigentümer von Hillebrand Estates und dem neuen Gut Peller Estates.

Antony Road Hat sich an die Spitze der Erzeuger von Finger Lakes emporgearbeitet. Feiner Riesling und hervorragende Spätlese Vignoles.

Bedell ☆☆☆ **98 00 01** – Weinbaubetrieb auf Long Island, bekannt durch ausgezeichneten Merlot und Cabernet Sauvignon.

Biltmore Estate ☆☆ **00 01** – Größter der 22 Weinbaubetriebe in North Carolina mit dem größten Vanderbilt-Haus in Amerika. Chardonnay und Schaumwein.

Canandaigua Wine Co. Die zweitgrößte Weinfirma der Welt mit Sitz in New York. Besitzt und leitet 12 verschiedene Erzeugerbetriebe in Kalifornien, Idaho, New York und im Staat Washington. Wird 2002 rekordverdächtige 45 Millionen Kisten à 9 Liter verkaufen. Komplettes Sortiment an Weinen im Sherry-Stil, außerdem Tafel- und Schaumweine (250 000 Kisten).

Cave Spring Cellars ☆☆☆☆ 00 01 – Boutique-Kellerei in Ontario: ausgefeilter Chardonnay, Riesling und Gamay. Beliebtes Touristenziel mit großem Restaurant und 28-Zimmer-Hotel.

Chaddsford ☆☆☆ **99 00 01** – Zuverlässiger Erzeugerbetrieb in Pennsylvania, seit 1982; v. a. Pinot gris und ein roter Verschnittwein im Bordeaux-Stil.

Chalet Debonné Vineyards ☆☆ **00** 01 – Beliebtes Weingut in Ohio (AVA Lake Erie); Hybriden, z. B. Vidal und Chambourcin, sowie *vinifera*, z. B. Chardonnay, Riesling und Pinot gris.

Chamard ☆☆ 99 **00 01** – Bester Weinbaubetrieb in Connecticut, im Besitz des Generaldirektors von Tiffany. Erstklassiger Chardonnay. AVA-Bereich ist Southeastern New England.

Charmes, Chateau des ☆☆☆ **99 00** 01 – Vorzeigebetrieb im Château-Stil in Ontario. Feiner Chardonnay, Viognier, Cabernet Sauvignon und Schaumwein.

Clinton Vineyards ☆☆ **00 01** – Betrieb am Hudson River mit sauberem, trockenem Seyval blanc und munterem Seyval-blanc-Schaumwein.

Finger Lakes Schöne historische Weinbaulandschaft im Staat New York mit kühlem Klima; Quelle der meisten Weine der Region. Hier wurde die »*vinifera*-Revolution« des Staates New York eingeleitet. Spitzenkellereien: Antony Road, Ch. La Fayette Reneau, Fox Run, Dr. Frank, Glenora, Kings Ferry, Red Newt Cellars, Shalestone Vineyard, Standing Stone, Swedish Hill und Herman Wiemer.

Firelands ☆☆ 00 01 – Weingut in Ohio (AVA Lake Erie) mit Chardonnay, Cabernet Sauvignon, Gewürztraminer, Pinot gris, Riesling-Schaumwein und Pinot noir.

Fox Run ☆☆☆ **98 99 00 01** – Ein gutes Beispiel der neuen Generation von Weinerzeugern in der Finger-Lakes-Region. Produziert dort einige der besten Gewächse: Chardonnay, Gewürztraminer, Riesling, Pinot noir und Rotweine im Bordeaux-Stil.

Der Geschmack von Eiche

Die Mode, Wein absichtlich mit Eichenholz zu würzen, kam in den 1960er-Jahren in Kalifornien auf und wird seitdem oft gewaltig übertrieben und missbraucht. Früher wurden Eichenfässer lediglich als robuste, transportable Behälter geschätzt, die dank ihrer Porosität eine überaus langsame Oxidation des Inhalts zuließen. Neue Fässer wurden für Transportzwecke gebraucht, für Lagerung von Wein wurden sie dagegen nur für die allerfeinsten, konzentriertesten Gewächse benutzt, deren Lebenserwartung sich nach Jahrzehnten bezifferte – bis dahin war dann jeder Eichenholzbeigeschmack verflogen. Je langsamer eine Eiche wächst, desto günstigere Eigenschaften besitzt ihr Holz und umso weniger scharf ist sein Eigenaroma. Amerikanische Eiche gibt im Gegensatz zu baltischer Eiche sehr kräftigen Geschmack ab. Von den berühmten Eichenwäldern Frankreichs liefern die im Westen (Limousin) relativ stark aromatisches, grobporiges Holz, das sich nur für Rotwein eignet; aus der Mitte stammt das delikateste, für Weiß- und Rotweine beste Fassholz (Allier, Nevers und als Spitzensorte Tronçais); im Osten (in Burgund, der Champagne und den Vogesen) wächst dazwischenliegende Qualität. Beim Fassbau wird das Holz über einem Feuer erhitzt, damit sich die Dauben biegen lassen. Wie stark dabei das Eichenholz angekohlt (»geröstet«) wird, hat ebenso sehr Einfluss auf den Wein wie die Herkunft. Gewiefte Winzer haben schon vor langer Zeit entdeckt, dass einige Eichenholzstücke im (Edelstahl-) Tank eine höchst profitable Angelegenheit sein können.

Frank, Dr. Konstantin (Vinifera Wine Cellars) ☆☆☆ 98 99 **00 01** – Kleiner, jedoch einflussreicher Weinbaubetrieb. Der inzwischen verstorbene Dr. Frank leistete Pionierarbeit mit dem Anbau europäischer Reben im Finger-Lakes-Distrikt. Guter Riesling, Gewürztraminer, Chardonnay, Cabernet Sauvignon und Pinot noir. Der Schaumwein Chateau Frank ist sehr gut.

Glenora Wine Cellars ☆☆ **00 01** – Betrieb an den Finger Lakes mit gutem Schaumwein, Chardonnay und Riesling. Hotelrestaurant mit schönem Blick auf den See. Dehnt seinen Einflussbereich aus und besitzt jetzt zwei neue Kellereien.

Hamptons, The (auch **South Fork**) AVA-Bereich auf Long Island. Bester und finanzstärkster Weinbaubetrieb: Wollfer Estate. Duck Walk ist groß im Kommen.

Henry of Pelham ☆☆☆ **98** 99 00 01 – Eleganter Chardonnay und Riesling aus Ontario, außerdem Cabernet Sauvignon/Merlot sowie ausgeprägter Baco noir.

Hillebrand Estates ☆→☆☆☆ **98' 99 00** 01 – Erzeuger in Ontario, erregt Aufmerksamkeit mit Riesling, Schaumwein und einem Rotweinverschnitt im Bordeaux-Stil. Nettes Restaurant.

Hudson River Region Amerikas ältestes Weinbaugebiet (28 Erzeuger) und New Yorks erster AVA-Bereich; auf beiden Flussufern, 2 Autostunden von Manhattan entfernt.

Inniskillin ☆☆☆☆ 98' **99 00** 01– Hervorragender Betrieb (im Besitz von Vincor), Speerspitze des modernen Weinbaus in Ontario. Ausgefeilter Chardonnay und Pinot noir im Burgunder-Stil sowie Rotwein im Bordeaux-Stil. Ferner sehr guter Riesling, Eiswein (auch schäumend) und Pinot gris.

New York hat eigene Weine – wo man sie findet

Nicht mehr ganz so eine Rarität wie einst, haben die New Yorker Weine mittlerweile einen Fuß in die Tür der Restaurants Manhattans bekommen. Folgende erste Adressen haben lokale Weine im Angebot:

Le Bernardin Erstklassiges Lokal für alles Essbare aus dem Meer mit dazu passenden Weinen von der Ostküste.

Home Gemütliches Lokal in Greenwich Village, wo Weine aus New York zu »American-Neighborhood«-Spezialitäten gereicht werden.

Gramercy Tavern Gemütliche Mixtur aus großstädtischem Chic und unaufdringlichem Charme.

Gustavino's Neues, sonnendurchflutetes Szene-Lokal unter der 59th Street Bridge.

Jean Georges Raffiniertes In-Lokal für New Yorker Feinschmecker mit einer Auswahl lokaler Weine.

Judson Grill Seriöse Weinkarte, ganz up-to-date mit saison- und marktabhängigen Preisen.

Savoy Geheimtipp in Soho mit New Yorker Weinen.

Zoe Umfassende Speisekarte mit zeitgenössischer amerikanischer Küche – und eine tolle Weinkarte.

Lake Erie Der größte Traubenanbau-Distrikt im Osten; 10 000 ha an der Küste des Eriesees, einschließlich Teilen von New York, Pennsylvania und Ohio. 90 % Concord (größtenteils für Saft und Gelee), in der Regel aus Chautauqua County (New York). Auch Bezeichnung für einen drei Staaten umfassenden AVA-Bereich: im New Yorker Teil liegen 8 Erzeugerbetriebe, in Pennsylvania 5 und in Ohio 26. Harpersfield in Ohio setzt Qualitätsmaßstäbe.

Lamoreaux Landing ☆☆☆ 97 98 99 **00 01** – Stilvolles Gut an den Finger Lakes; vielversprechender Chardonnay, Riesling und Cabernet franc aus einer eindrucksvollen, wieder aufstrebenden griechischen Kellerei.

Lenz ☆☆☆ 99 **00 01** – Erstklassiger Weinbaubetrieb im AVA-Bereich North Fork. Feiner, erhabener Chardonnay (Chablis-ähnlich) sowie Gewürztraminer, Merlot und Schaumwein.

Long Island Interessante Weinbauregion östlich der Rocky Mountains und ein riesiges Versuchslabor; derzeit fast 1100 ha nur *vinifera*-Reben (47 % Chardonnay) und 3 AVA-Bereiche (North Fork und The Hamptons). Die meisten der 29 Weinbaubetriebe liegen auf North Fork. Beste Rebsorten: Chardonnay, Cabernet franc, Merlot. Lange Wachstumsperiode, so gut wie frostfrei. Vielversprechende neue Kellereien, u. a. Leib, Galluccio (ehem. Gristina), Schneider, Raphael.

Michigan Zum Riesling, der in dem kühlen Klima dieser Region gut gedeiht, gesellen sich jetzt auch mehr und mehr Gewürztraminer, Pinot noir und Cabernet franc. 32 gewerbliche Kellereien und 4 AVA-Bereiche. Die besten sind: St-Julien Wine Co., Ch. Grand Traverse, Peninsula Cellars (Bull's Eye Pinot blanc) und Tabor Hill. Mawby Vineyards und Ch. Chantal sind bekannt für ihre Schaumweine von Chardonnay, Pinot noir und Pinot meunier. Fenn Valley und Good Harbour haben vor Ort einen großen Kundenstamm. Die Black Star Farms sind eine echte Attraktion mit angeschlossenem Hotel, Molkerei und Schnapsbrennerei.

Millbrook ☆☆☆ **00 01** – Erstrangiger Weinbaubetrieb am Hudson River. Großes Engagement im Weinbau und ein geschicktes Marketing haben den Betrieb in der großen, alten, weiß getünchten Scheune zur Spitzenstellung im Staat New York verholfen. Prachtvoller Chardonnay im Burgunder-Stil, oft köstlicher Cabernet franc.

North Fork Einer von 3 AVA-Bereichen auf Long Island. Beste Weinbaubetriebe: Bedell, Macari, Lenz, Palmer, Paumanok, Pellegrini, Pindar. Zweieinhalb Autostunden von Manhattan entfernt.

Ohio 66 Kellereien und 4 AVA-Bereiche; am bemerkenswertesten sind Lake Erie und Ohio Valley.

Ontario Wichtigste Weinbauregion in Ostkanada, auf der Niagara-Halbinsel, der Insel Pelee und am Nordufer des Lake Erie. 71 Kellereien. Thirty Bench, Malivoire und Thirteenth Street sind kleine, junge Erzeuger, die das Niveau der Region derzeit beträchtlich steigern. Riesling, Chardonnay, Cabernet franc und sogar Pinot noir zeigen bereits Potenzial für Langlebigkeit. Die Eisweine sind international das Paradepferd Ontarios; Gewürztraminer und Pinot gris vielversprechend.

Palmer ☆☆☆ **00 01** – Hervorragender Erzeuger auf Long Island (North Fork); in New York schon fast sprichwörtlich. Großes Ansehen durch unermüdliches Marketing. Süffiger Chardonnay, Sauvignon blanc und Cabernet franc, der einem Chinon von der Loire ähnelt.

Paumanok ☆☆☆ 99 **00** – Aufstrebender Betrieb auf Long Island (North Fork) mit eindrucksvollem Cabernet Sauvignon, Merlot, Riesling, Chardonnay, überragendem Chenin blanc und würziger Sauvignon-blanc-Spätlese.

Pellegrini ☆☆☆ 98 **99 00 01** – Long Islands hübschester Weinbaubetrieb (North Fork), 1993 eröffnet. Opulenter Merlot, stilvoller Chardonnay und Bordeaux-ähnlicher Cabernet Sauvignon. Hier sind begabte Winzer am Werk. Außerordentlich aromatische Weine.

Peninsula Ridge ☆☆☆ Die 2000 gegründete Kellerei in Ontario macht sich mit gutem Chardonnay, Merlot und Eiswein einen Namen. Restaurant mit Panoramablick über den Lake Ontario.

Pindar Vineyards ☆☆☆ **99 00 01** – Weitläufiges Unternehmen mit rund 116 ha in North Fork, Long Island; größter Erzeuger der Insel. Breite Auswahl an gefälligen Verschnitten und populären Sortenweinen, u. a. Chardonnay, Merlot, Schaumwein sowie ein besonders guter Verschnitt namens Mythology. Beliebtes Touristenziel.

Red Newt ☆☆☆ 1999 an den Finger Lakes gegründet, produziert der Betrieb bereits Chardonnay, Riesling, Cabernet franc und Merlot der Spitzenklasse. Ebenso gut der rote Verschnitt nach Bordeaux-Art. Angeschlossen ist auch ein beliebtes Bistro.

Sakonnet ☆☆☆ **00 01** – Der größte Weinbaubetrieb in Neuengland, mit Sitz in Little Compton, Rhode Island (AVA Southeastern New England). Sehr gut zu trinkende Weine, u. a. Chardonnay, Vidal und trockener Gewürztraminer, Cabernet franc und Pinot noir. Delikater Schaumwein Brut Cuvée.

Standing Stone ☆☆☆ 98 99 00 01 – Eine der feinsten Kellereien an den Finger Lakes mit sehr gutem Riesling und Gewürztraminer sowie einem Verschnitt im Bordeaux-Stil.

Tomasello ☆☆ 99 **00 01** – Etablierter Weinbaubetrieb in New Jersey. Guter Chambourcin; auch Cabernet Sauvignon und Merlot.

Unionville Vineyards ☆☆ 99 **00 01** – Einer der besten Erzeuger New Jerseys, 1993 gegründet. Vorzüglicher Riesling und guter Cabernet Sauvignon/Merlot-Verschnitt.

Vincor International ☆→☆☆ Der viertgrößte Weinbaubetrieb in Nordamerika. 2000 wurde der kalifornische Erzeuger R. H. Phillips dem Imperium einverleibt, die Hogue Cellars im Staat Washington folgten 2001. Weine der oberen Preisklassen, sowohl sortenrein als auch Verschnitte. Besitzt Jackson-Triggs, Inniskillin (Spitzen-Chardonnay und Cabernet Sauvignon) und Sumac Ridge in British Columbia.

Vineland Estates ☆☆☆☆ **98 00** 01 – Guter Erzeuger in Ontario mit viel bewundertem Riesling und Gewürztraminer, trocken und halbtrocken. Vidal Eiswein ist ebenfalls gut, auch Chardonnay, Cabernet Sauvignon, Sauvignon blanc und Rotwein im Bordeaux-Stil. Restaurant und Degustationsraum sind ausgezeichnet.

Vintners Quality Alliance, The Kanadas Institution für die Vergabe von Appellationen. Ursprünglich in Ontario gegründet, erstreckt sie sich inzwischen auch auf British Columbia. Die strengen Standards haben den kanadischen Weinen schnell viel Achtung und Beachtung eingebracht. Ist seit 2000 eine gesetzliche Institution in Ontario.

Wagner Vineyards ☆☆ **00 01** – Berühmter Weinbaubetrieb an den Finger Lakes. Fassvergorener Chardonnay, trockener und lieblicher Riesling sowie Eiswein. Anziehungspunkt für viele Besucher.

Westport Rivers ☆☆ **00 01** – Betrieb in Massachusetts, 1989 gegründet. Guter Chardonnay und eleganter Schaumwein. AVA Southeastern New England.

Wiemer, Hermann J. ☆☆→☆☆☆ 97' **98'** 99 **00 01** – Der kreative Weinerzeuger an den Finger Lakes ist gebürtiger Deutscher. Überragender Riesling, auch sehr gute Schaumweine und Spätlesen. Sehr guter Chardonnay.

Wolffer Estate ☆☆☆ 99 **00 01** – Seit 1987 in Betrieb; ist mit modischem Chardonnay, Merlot und Schaumwein des deutschstämmigen Kellermeisters in die Jahre gekommen. Der beste Beweis, dass auf Long Islands South Fork guter Wein erzeugt werden kann.

Wollersheim ☆☆ Betrieb in Wisconsin, spezialisiert auf verschiedene Maréchal-Foch-Sorten. Prairie Fumé (Seyval blanc) ist ein großer kommerzieller Erfolg.

Sonstige Staaten im Osten

Virginia

Der Staat Virginia ist seit 1972 zu einem wichtigen Erzeugerland geworden. 71 Weinbaubetriebe (in 6 AVA-Bereichen), 868 ha Rebfläche – ein Zuwachs von 51 % seit 1995. Weiße Spitzenweine: u. a. Chardonnay, Pinot gris und Viognier; die besten Roten sind Cabernet franc, Merlot und Cabernet Sauvignon. Bedeutendste Erzeuger: u. a. Barboursville, Breaux, Horton (mit Viognier und anderen Weinen im Rhône-Stil), Ingleside Plantation, Jefferson (bei Monticello), Linden, Piedmont, Prince Michel, Oakencroft, Rockbridge, Tarara, Whitehall, Williamsburg und Villa Appalaccia. Beeindruckende Neueinsteiger sind Chrysalis (eindrucksvoller Viognier) und Valhalla.

Missouri

Blühender Weinbau mit 41 Betrieben in 3 AVA-Bereichen: Augusta (erster Bereich in den USA), Hermann und Ozark Highlands. Der Absatz innerhalb des Staates wächst kräftig. Am besten sind die Seyval-blanc- und Vidal-Weine sowie die süßen und trockenen Vignoles. Die Spitze bildet Stone Hill (gegründet 1847) in Hermann mit einem vollmundigen Rotwein von der Norton-Rebe, mit der auch der Hermannhof (gegründet 1852) Aufsehen erregt. St James mit Vignoles und Norton; Mount Pleasant in Augusta erzeugt einen vollen Port-ähnlichen Wein und einen schönen Schaumwein. Beachtenswert: Adam Puchta, Augusta Winery, Blumenhof, Les Bourgeois, Montelle, Röbller Vineyards.

Maryland

Hier gibt es 11 Weinbaubetriebe und 2 AVA-Bereiche. Basignani produziert guten Cabernet Sauvignon, Chardonnay und Seyval blanc. Der bekannteste Erzeuger, Boordy Vineyards, sammelt mit Seyval blanc, Chardonnay und Cabernet Sauvignon Pluspunkte. Fiore erzeugt einen interessanten Chambourcin. AVA Catoctin ist der bedeutendste Bereich für Cabernet Sauvignon und Chardonnay. Der zweite AVA-Bereich ist Linganore.

Der Südwesten

Texas

Der als Weinproduzent fünftgrößte Staat der USA hat einen Verband mit 37 Erzeugern und weiteren 6 auf der Warteliste. Es gibt 7 AVA-Bereiche. Trotz der Sorgen über die Bedrohung durch Pierce's Disease (siehe Seite 327) wird ein Rebareal von etwa 1340 ha bewirtschaftet, v. a. *vinifera*-Reben. Die besten Tropfen können sich mit kalifornischen Weinen durchaus messen.

Becker Vineyards Stonewall ☆☆☆ Sehr guter Merlot und Claret (v. a. 99). Preisgekrönter Cabernet Sauvignon und Chardonnay, guter Wein im Port-Stil.
Buena Vida Vineyards, La ☆ Erzeuger von Tafelweinen unter den Marken Springtown, Walnut Creek Cellars (unter diesem Namen auch sehr gute Tropfen im Portwein-Stil, v. a. 96) und La Buena Vida. Degustationsraum in Grapevine bei Dallas.
Cap Rock Bei Lubbock ☆☆☆ Zuverlässig gute Sortenweine: Cabernet Sauvignon, Chardonnay, Merlot. Sauber bereitete Verschnitte, v. a. Cabernet Royale.
Fall Creek Vineyards Texas Hill Country – Guter Chardonnay und Riesling.
Hidden Springs Winery Pilot Point – Guter Merlot und Chardonnay.
Konzelmann ☆☆☆ Spitzen-Riesling, -Chardonnay und -Eiswein.
Llano Estacado Bei Lubbock ☆☆☆ Pionierbetrieb (seit 1976); weiterhin preisgekrönt mit Chardonnay, Chenin blanc und Zinfandel. Sehr gute Verschnittweine, v. a. die Signature-Reihe und Viviano.
Messina Hof Wine Cellars Bei Bryan ☆☆☆ Sehr gute Boutique-Weine. Exzellente Riesling Spätlese; von den Cabernet-Sauvignon-Tropfen ist besonders der 99er Barrel Reserve zu empfehlen. Jetzt auch mit Restaurant und komfortablem Bed & Breakfast.
Sainte-Geneviève Fort Stockton ☆ Größte texanische Kellerei, verbunden mit Cordier (Frankreich). Gut gemachte Weine, zumeist oJ; seit neuestem aber auch eine Premium-Reihe mit Chardonnay und Syrah unter dem Namen Escondido Valley.
Spicewood Guter Sauvignon blanc und Chardonnay.

Weitere Staaten

New Mexico bleibt vielverspechend. *Vinifera*-Trauben gewinnen an Bedeutung, auch wenn immer noch einige französische Hybridreben angebaut werden (die Tularosa Winery verwendet die historische Mission-Traube). 3 AVA-Bereiche und über 20 Erzeuger. Casa Rondeña (☆☆) erzeugt sehr guten Cabernet franc (v. a. **99**). Gruet Winery (☆☆☆) kann mit exzellentem Schaumwein, sehr gutem Chardonnay und Pinot noir aufwarten. Jory bietet sehr guten Sauvignon blanc und Zinfandel. La Chiripada (☆☆) hat sehr gute Verschnittweine, einige mit Hybridreben, sowie guten Riesling und Weine im Port-Stil. Milagro Vineyards ist ein kleiner Erzeuger mit nichtsdestoweniger sehr gutem Chardonnay. Ponderosa Valley (☆☆) erzeugt sehr gute Riesling-Weine und Verschnitte, v. a. Summer Sage. Santa Fe Vineyards (☆☆) produziert sehr guten Chardonnay und Zinfandel sowie ordentliche Verschnitte. La Viña (☆☆) liefert sehr guten Chardonnay und Zinfandel sowie gute Verschnittweine, v. a. Rojo Loco.

Colorado konzentriert sich weiterhin auf *vinifera*-Trauben, die etwa 160 ha Rebfläche bedecken, zumeist auf den westlichen Hängen. Es gibt 36 Erzeugerbetriebe und 2 AVAs. Carlson Cellars (☆): sehr gute Verschnittweine und guter Riesling, Chardonnay und Obstweine. Canyon Wine Cellars: guter Chardonnay und Merlot. Cottonwood Cellars: reichhaltiger Cabernet Sauvignon sowie guter Merlot und Chardonnay. Grande River: guter Chardonnay. Plum Creek: guter Chardonnay und Merlot. Terror Creek (☆☆): sehr guter Pinot noir, Riesling und Gewürztraminer. Trail Ridge ist eine neue Kellerei, die vielversprechende Verschnittweine produziert.

Arizona steigert weiterhin das Niveau auf breiter Front, ebenso wie die Anzahl der Kellereien – jetzt sind es 10. Erfolgreich sind vor allem mediterrane und Rhône-Sorten: Sangiovese, Syrah und Petit Sirah. Callaghan Vineyards (☆☆) produziert den hervorragenden Meritage-Verschnitt Buena Suerte Cuvée und sehr guten Syrah. Bei Dos Cabezas (☆) erhält man sehr guten Petit Sirah, Chardonnay und Sangiovese. Kokopelli, der größte Erzeuger in Arizona, produziert saubere Weine zu vernünftigen Preisen. Der neue Betrieb Echo Canyon konzentriert sich auf Traubensorten von der Rhône.

Achten Sie 2003 auf Oklahoma

Oklahoma hat große Schritte nach vorn getan und ist dabei, sich im Südwesten der USA eine Marktnische zu erobern. Das Interesse an Wein ist gestiegen, seit ein neues Gesetz den Erzeugern erlaubt, »Liquor Stores« und Restaurants direkt zu beliefern. Hier und da wird mit Markennamen wie Oklahoma Gold und Dust Bowl Red versucht, ein Fun-Image aufzubauen; insgesamt aber betreiben Winzer wie Erzeuger ihr Geschäft seriös und sind stolz auf ihr gutes Dutzend Kellereien. In den Weinbergen experimentiert man sowohl mit einheimischen Reben als auch mit franko-amerikanischen Hybriden und vinifera*-Stöcken. Ein vielversprechender Erzeuger ist etwa* ***Sparks Vineyard and Winery*** *mit Merlot, Chardonnay, Zinfandel und Vidal blanc. Das Familienunternehmen* ***Stone Bluff Cellars*** *nahe Tulsa hat sich auf Hybridreben verlegt und mit Cynthiana und Vignoles auch schon Preise gewonnen.*

Oklahoma ist auf 11 Kellereien angewachsen; **Utah** entwickelt sich weiter vielversprechend, hat aber auch nicht viele Kellereien. **Nevadas** Pahrump Valley Vineyard in der Nähe von Las Vegas bereitet sehr guten Chardonnay, Cabernet Sauvignon und Symphony.

Lateinamerika

Argentinien

Trotz der gegenwärtigen Wirtschaftskrise liegt noch nicht alles in Argentinien in Schutt und Asche. In Weinbau und Weinbereitung wird weiterhin an Verbesserungen gearbeitet, häufig mit Unterstützung ausländischer Investoren – wenngleich der Input aus dem Ausland nicht unbedingt immer positiv zu werten ist. Zu oft schmecken die Weine eher »international« als argentinisch. Das Auftauchen kleinerer Unternehmen unter einheimischer – und zwar durchaus fähiger – Führung ist ein viel willkommeneres Phänomen. Gute Beispiele sind etwa Benmarco, Susana Balbo, Tikal und Luca. Die erfolgreichste Traube ist weiterhin die Malbec. Es gibt auch ordentliche Cabernet-Weine, wenngleich viele der unverschnittenen Tropfen einen hohlen Eindruck hinterlassen können. Daneben fangen Weine von Rebsorten wie Syrah, Bonarda, Tempranillo und Sangiovese an, interessant zu werden. Bei den Weißen liefern Chardonnay und Sauvignon blanc gelegentlich respektable Ergebnisse, einige der originellsten Weine aber stammen von der würzigen Torrontés-Traube.

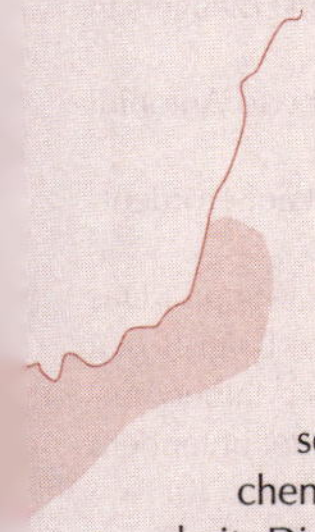

Ein warmes und trockenes Klima, in dem die Schneeschmelze aus den Anden für die Bewässerung sorgt, machen den Weinbau zu einer relativ einfachen Angelegenheit. Die Bedingungen werden mehr von der Höhenlage als vom Breitengrad diktiert. Die mit Abstand wichtigste Provinz ist Mendoza, doch die Bedingungen sind alles andere als einheitlich.

Neuere Jahrgänge

Weiße und billigere Rotweine sollten in der Regel so jung wie möglich getrunken werden.

2001 Unterschiedliche Qualität, aber einige sehr gute Rotweine.
2000 Ernteregen und Hagelschlag verursachten ein paar Probleme; dennoch sind einige ausgezeichnete Rotweine entstanden.
1999 Ein trockenes Jahr. Einige vollmundige, körperreiche Rote.
1998 In diesem Jahr tobte sich El Niño aus. Rotweine dünn und zum Teil unreif; einige aber gut.
1997 Große Erträge, aber Sturmschäden. Qualität sehr unterschiedlich. Spitzenrotweine mit guter Frucht.
1996 Die besten Roten mit guter Frucht, aber ohne die Tiefe und Klasse der 95er.

Agrícola, La ☆☆ Dynamisches Mendoza-Weingut mit der günstigen Reihe Santa Julia, v.a. dem neuen Verschnitt Magma, und dem hochwertigeren Label Familia Zuccardi Q (eindrucksvoller Verschnitt von Malbec, Merlot und Tempranillo). Die kürzlich unter dem Namen Terra Organica ins Programm aufgenommenen Bioweine sind gut, aber nicht überragend.

Alta Vista ☆☆☆→☆☆☆☆ Mendoza-Weingut in französischem Besitz. Die Spezialität ist Malbec; der dichte, würzige Alto gehört zu den Besten Argentiniens.

Altos las Hormigas ☆☆☆→☆☆☆☆ Das Unternehmen in italienischem Besitz ist auf Malbec spezialisiert; die Weine bereitet der Önologe Alberto Antonini, ehemals der technische Leiter bei Antinori in Italien. Spitzenwein: Viña las Hormigas.

Anita, Finca La ☆☆☆ Syrah, Malbec und Cuarto de Milla (Syrah/Malbec-Verschnitt) sind die besten Weine dieses exklusiven kleinen Erzeugers in Mendoza.

Anubis ☆☆☆ Neues Gemeinschaftsunternehmen von Alberto Antonini und Susana Balbo. Aufregende saftige Rote, v. a. Malbec.

Archaval Ferrer ☆☆☆→☆☆☆☆ Erzeuger in Mendoza mit außerordentlich konzentrierten Roten, v. a Gran Malbec.

Arizu, Leonico ☆☆→☆☆☆ Kleiner Erzeuger in Mendoza (Maipú). Das hohe Niveau garantieren drei Weinmarken: Viña Paraiso, Luigi Bosca und Finca Los Nobles. Besonders gut sind der Los Nobles (Malbec/Verdot) und der Cabernet Bouchet. Alberto Arizu Senior bereitet unter dem Namen Viña Alicia feinen Petit Verdot, Malbec und Nebbiolo.

Balbi, Bodegas ☆→☆☆☆ Erzeuger in San Rafael im Besitz der Firma Allied-Domecq; saftiger Malbec und Chardonnay sowie delikate Rot- und Roséweine von Syrah. Auch sehr gut: der rote Verschnitt Barbaro.

Bianchi, Valentin ☆→☆☆ Spezialist für Rotweine in San Rafael. Das exzellente Zugpferd ist Familia Bianchi (Cabernet Sauvignon); günstige Weine gibt es unter dem Etikett Elsa's Vineyard, u. a. einen fleischigen Barbera. Außerdem prägnanter Sauvignon blanc.

Bosca, Luigi Siehe Arizu.

Canale, Bodegas Humberto ★★ Ein erstklassiger Betrieb im Rio Negro, bekannt für seinen Sauvignon blanc und Pinot noir. Die eigentlichen Stars sind aber Merlot und Malbec, v. a. der Marke Black River.

Catena ★★→★★★★ Der dynamische Dr. Nicolas Catena überwacht die Produktion von Marken wie Argento und Alamos Ridge (in beiden günstiger Cabernet Sauvignon, Chardonnay und Malbec), Catena (sehr guter Cabernet Sauvignon, Chardonnay und Malbec), Catena Alta (Spitzen-Cabernet-Sauvignon, Malbec und Chardonnay von erstaunlicher Qualität) sowie dem neuen Zugpferd Nicolas Catena Zapata. Neu (2000 war der erste Jahrgang) ist auch der Cabernet Sauvignon/Malbec-Verschnitt CaRo, der zusammen mit den Rothschilds von Lafite (Frankreich) produziert wird.

Chandon, Bodegas ★→★★★ Erzeuger der Schaumweine Baron B. und M. Chandon in Lizenz von Moët & Chandon. Neuer vielversprechender Verschnitt von Pinot noir und Chardonnay. Wird hauptsächlich im Inland verkauft. Siehe auch Terrazas.

Colomé, Finca ★★★ Bodega in Salta, nun im Besitz der Hess Collection aus Kalifornien, mit einem Cabernet Sauvignon/Merlot-Verschnitt, der einem Rhône-Wein erstaunlich ähnelt.

Dona Paula ☆☆ Unternehmen in Luján de Cuyo (Mendoza) in Besitz von Viña Santa Rita (siehe Chile) mit dichtem, gut strukturiertem Malbec.

Etchart ☆☆→☆☆☆ Im Besitz von Pernod-Ricard. 2 Kellereien in Salta und Mendoza. Frischer, würziger Torrontés aus Cafayate in Salta; die Rotweine aus beiden Regionen sind gut, v. a. der pflaumenduftige Cafayate Cabernet Sauvignon.

Fabre Montmayou ☆☆☆ Bodega in Luján de Cuyo (Mendoza) in französischem Besitz. Feine Rotweine; Beratung durch Michel Rolland aus Bordeaux. Auch ordentlicher Chardonnay.

Flichman, Finca ☆☆ Altes Unternehmen in Mendoza, jetzt Eigentum von Sogrape aus Portugal. Verschiedene Sortenweine, Spitzenmarke ist der Cabernet Sauvignon Private Reserve. Auch günstiger Syrah. Spitzenwein ist der Verschnitt Dedicato.

Lurton, Bodegas J. & F. ☆☆→☆☆☆ Die Niederlassung von Jacques und François Lurton in Mendoza. Spitzenwein ist der saftige, konzentrierte Piedra Negra Malbec; außerdem ordentlicher Pinot gris, Malbec und Cabernet Sauvignon.

Mendoza Wichtigste Weinregion (über 70 % der Anbaufläche Argentiniens). Beste Anbaugebiete: Agrelo, Tupungato, Luján de Cuyo, Maipú.

Navarro Correas ☆☆→☆☆☆ Gute Rotweine, wenn auch manchmal mit zu starkem Eichenholzaroma, v. a. Cabernet Sauvignon Col Privada. Auch vernünftige Weißweine, z. B. der sehr eichenholzwürzige Chardonnay und der von Deutz inspirierte Schaumwein.

Nieto Senetiner, Bodegas ☆☆→☆☆☆ Bodega mit Sitz in Luján de Cuyo. Günstige Weine unter dem Etikett Valle de Vistalba, außerdem die vor kurzem eingeführten Rotweine der Spitzenserie Cadus. Berater ist Alberto Antonini (siehe Altos las Hormigas).

Norton, Bodegas ☆☆☆ Alte Bodega, jetzt in österreichischem Besitz. Gute Weiß- und sehr gute Rotweine, v. a. robuster, fruchtiger Malbec und der Merlot/Cabernet Sauvignon-Verschnitt Privada.

Patagonia, Viña ☆→☆☆ Erzeugerbetrieb im Besitz der chilenischen Firma Concha y Toro; produziert im Süden des Landes unter dem Namen Trivento Malbec, Syrah, Cabernet Sauvignon, Merlot und Chardonnay mit gutem Preis-Leistungs-Verhältnis, wenn auch recht »international« im Geschmack.

Peñaflor ☆→☆☆☆ Das größte Weinunternehmen Argentiniens und – wie es heißt – das drittgrößte der Welt. Massenware für den Inlandsmarkt wie Andean Vineyards und Fond de Cave (Chardonnay und Cabernet Sauvignon), doch auch bessere Weine wie Trapiche (besonders Medalla).

Retiro, Finca El ☆☆ Bodega in Mendoza mit guten Rotweinen, wird von Alberto Antonini geführt. Siehe auch Altos las Hormigas.

Rio Negro Zukunftsträchtige neue Gegend in Patagonien.

Salentein, Bodegas ☆☆→☆☆☆ Ambitionierte neue Bodega in Valle de Uco (Mendoza), schon erfolgreich mit Cabernet Sauvignon, Malbec, Merlot und (in der Primus-Reihe) Pinot noir. Das Einsteiger-Level decken die Marken Finca El Portillo und La Pampa ab.

Salta Weinregion im Norden Argentiniens mit den höchstgelegenen Anbauflächen der Welt. Der Unterbezirk Cafayate ist berühmt für Torrontés.

Santa Ana, Bodegas ☆→☆☆ Alteingesessener Mendoza-Familienbetrieb in Guaymallen. Die Malbec-Reserva ist der Höhepunkt einer zwar umfangreichen aber recht uninspirierten Angebotspalette.

San Telmo ☆☆→☆☆☆ Moderner Weinbaubetrieb im Besitz von Seagram mit frischem, vollaromatischem Chardonnay, Chenin blanc, Merlot und v. a. Malbec sowie Maipú-Cabernet-Sauvignon Cruz de Piedra.
Terrazas ☆☆→☆☆☆ Unternehmung von Chandon für stille Tafelweine von Malbec, Cabernet Sauvignon, Chardonnay und (in Kürze) Syrah. In nach Qualität und Preis aufsteigender Reihenfolge heißen die drei Weinserien Alto (mit einem saftigen Cabernet Sauvignon als Star), Reserva und – das Spitzenprodukt – Gran Terrazas.
Torino, Michel ☆☆→☆☆☆ Sich rasch steigerndes Unternehmen mit biologischen Anbaumethoden in Cafayate; ausgesprochen guter Cabernet Sauvignon.
Trapiche ☆☆→☆☆☆ Spitzenmarke von Peñaflor. Produzierte Weine in aufsteigender Reihenfolge: Astica, Trapiche (v. a. der eichenholzwürzige Oak Cask Syrah), Fond de Cave (gute Malbec-Reserva), Medalla (recht guter Cabernet Sauvignon mit Pflaumennote) und schließlich der feine, wenn auch teure rote Verschnitt Iscay.
Viniterra ☆→☆☆ Saubere, moderne Weine unter den Namen Omnium, Bykos und Viniterra. Der Pinot gris könnte in der Zukunft Aufmerksamkeit erreigen.
Vistalba, Viña y Cava ☆☆→☆☆☆ Siehe Nieto Senetiner.
Weinert, Bodegas ★★★ Malbec, Cabernet Sauvignon und der Verschnitt Cavas de Weinert (Cabernet Sauvignon/Merlot/Malbec) zählen zu den besten Rotweinen Argentiniens.
Yacochuya ☆☆☆☆ Umwerfender Malbec von alten Reben aus Salta.

Chile

Die chilenische Weinwirtschaft tat sich schon immer schwer, im allgemeinen Anstieg der Qualität, der in den 1990er-Jahren zu verzeichnen war, mitzuhalten. Vielfach entstand der Eindruck, das Land laufe Gefahr, vom Nachbarn Argentinien überholt zu werden. Doch von Stillstand kann keine Rede sein. Während früher einfache reinsortige Gewächse vorherrschten, kommen jetzt mehr und mehr interessante Verschnitte auf den Markt. Die Carmenère-Traube, lange Jahre fälschlicherweise als Merlot etikettiert, hat sich als ernst zu nehmende Sorte durchgesetzt, auch wenn deutlich geworden ist, dass ihre wahre Stärke in Verschnitten liegt.

Chiles Rebflächen, die alle bewässert sind, befinden sich auf einer Länge von etwa 500 km im Großen Längstal bis hin zum südlichen Rand der Hauptstadt Santiago. Die meisten liegen im flachen Land; erste Pflanzungen in Hanglagen werden gerade ausprobiert. Casablanca, zwischen Santiago und Valparaiso gelegen, bietet exzellentes Terroir für Chardonnay, Sauvignon blanc und Pinot noir; der Rotweinboom hat es aber mit sich gebracht, dass vermehrt Carmenère und sogar Cabernet Sauvignon angebaut werden.

Neuere Jahrgänge

Weiße und billigere Rotweine sollten in der Regel so jung wie möglich getrunken werden.

2001 Beinahe perfekte Bedingungen. Im Allgemeinen geringe Erträge; sehr hohe Qualität.

2000 Kühler Jahrgang, große Ernte. Wer im Weinberg Acht gab, konnte hervorragende aromatische Weine erzeugen.

1999 Kleiner Ertrag und Trockenheit ergaben konzentrierte Weine, einige Rote jedoch mit einem leicht »gebackenen« Geschmack.

1998 Kühles, von El Niño beeinträchtigtes Jahr. Ungleichmäßige Reifung; hoher Ertrag.

1997 Herrlicher warmer Jahrgang mit geringen Mengen aromatischer, konzentrierter Weine.

1996 Sommerregen und kühles Wetter zur Lese sorgten für uneinheitliche Reifung und gemischte Qualität.

Aconcagua Das nördlichste Anbaugebiet für Qualitätsweine, u. a. Casablanca und Panquehue.

Almaviva Siehe Rothschild, Baron Philippe de.

Antiyal ☆☆☆→☆☆☆☆ Neues Unternehmen in Maipo von Alvaro Espinoza (Kellermeister bei Viña Carmen), der feine, komplexe Rote aus biologisch angebauten Trauben erzeugt.

Bío-Bío Die südlichste Region für die Erzeugung von Qualitätswein. Potenzial vorhanden für gute Weißweine und Pinot noir.

Calina, Viña ☆☆ Unternehmen von Kendall-Jackson (siehe Kalifornien). Rotweine (v. a. Cabernet Sauvignon Selección de Las Lomas) besser als Weiße; Spitzenwein ist der Cabernet Sauvignon Elite. Als Einsteigerwein gut geeignet ist die Marke El Caliz.

Caliterra ☆☆→☆☆☆ Schwesterfirma von Errázuriz, jetzt zur Hälfte im Besitz von Mondavi (Kalifornien). Chardonnay und Sauvignon blanc werden besser (höherer Anteil an Casablanca-Trauben), die Rotweine vielschichtiger. Sehr gutes Reserva-Sortiment; fast besser noch die neue Reihe Arboleda mit Cabernet Sauvignon, Syrah, Carmenère, Merlot und Chardonnay. 1997 kam der erstklassige Verschnitt Seña (☆☆☆☆) heraus, der den Einfluss von Mondavi erkennen lässt.

Cánepa, José ☆☆→☆☆☆ Hat sich nach internen Streitigkeiten Mitte der Neunzigerjahre wieder gefangen. Traditionell gute Rotweine; auch ordentlicher Sémillon.

Carmen, Viña ★★★→★★★★ Kellerei in Maipo; derselbe Eigentümer wie Santa Rita. Erzeugt einen reifen, frischen Special Reserve aus Casablanca-Chardonnay sowie Spätlese aus Maipo-Sémillon, einen delikaten Weißwein der Spitzenklasse. Die Rotweine sind noch besser; v. a. Rapel-Merlot, Petite Sirah von Maipo-Trauben und Cabernet Sauvignon (besonders Gold Reserve). Jetzt auch sehr guter Maipo-Syrah und Ökoweine unter dem Etikett Nativa.

Carta Vieja ☆☆ Kellerei in Maule; seit sechs Generationen in einer Familie. Die Rotweine, v. a. Cabernet Sauvignon und Merlot sind besser als die Weißen, obwohl auch der Chardonnay Antigua Selección gut ist.

Casablanca Region zwischen Santiago und der Küste mit kühlem Klima. Sehr wenig Wasser, Tröpfchenbewässerung daher unumgänglich. Chardonnay und Sauvignon blanc der Spitzenklasse; vielversprechender Merlot und Pinot noir.

Casablanca, Viña ★★★ Schwester-Bodega von Santa Carolina. Herr über die Kelter ist nun Joseba Altuna von den spanischen Bodegas Guelbenzu. Einige Rotweine werden mit Lesegut aus Rapel und Maipo bereitet, die besseren Tropfen, etwa Merlot, Sauvignon blanc, Chardonnay und Gewürztraminer kommen vom Gut Santa Isabel in Casa-blanca. Achten Sie auf die neue Spitzen-Cuvée Fundo.

Casa Lapostolle ☆☆☆☆ Geld von der Familie, der Grand Marnier gehört, und das Expertenwissen von Michel Rolland aus Bordeaux wirken hier zusammen. Schöne Weine auf der ganzen Linie. Schon der Sauvignon blanc im Bordeaux-Stil ist gut, doch die Rotweine, angeführt von dem fantastischen (aber teuren) Clos Apalta auf Merlot-Basis, übertreffen ihn noch.

Casa Silva ☆☆ Weingut in Colchagua mit markigem Classic Sémillon und würzigem, stämmigem Merlot Reserva. Der Spitzenwein heißt Quinta Generación; er wird in Rot und Weiß angeboten. Vor allem der Weiße, ein Verschnitt von Chardonnay, Sauvignon gris und Viognier, ist wundervoll.

Concha y Toro ☆☆→☆☆☆ Mammutbetrieb mit Bodegas und Weinbergbesitz über ganz Chile verstreut. Spitzenweine: der vollmundige Casablanca-Chardonnay Amelia, der volle, schokoladige Merlot Marques de Casa Concha und der Cabernet Sauvignon Don Melchor (beide aus Rapel); außerdem die Reihe Trio Range, jetzt mit sechs Weinen. Das Explorer-Sortiment (u. a. Alicante Bouschet, Pinot noir, Cabernet Sauvignon/Syrah) bietet gute Qualität fürs Geld; die neuen Terrunyo-Weine konzentrieren sich auf bestimmte Terroirs. Siehe auch Baron Philippe de Rothschild.

Cono Sur ★★→★★★ Kellerei in Chimbarongo im Besitz von Concha y Toro. Sehr gute Pinot-Weine von Trauben aus lokalem Anbau und aus Casablanca. Auch strukturierter, fruchtiger Cabernet Sauvignon, köstlicher

Viognier und würziger Zinfandel. Spitzenweine werden unter dem Namen 20 Barrels angeboten. Zweitetikett ist Isla Negra.

Cousiño Macul ☆☆→☆☆☆ Vornehmes und schönes altes Maipo-Weingut. Bekannt für langlebigen Cabernet Sauvignon Antiguas Reservas (Spitzenwein: der Bordeaux-Verschnitt Finis Terrae); auch geschmeidiger Merlot, sehr trockener Sémillon im alten Stil und Chardonnay.

Dallas Conté ☆☆→☆☆☆ Frischer, nussiger Casablanca-Chardonnay und reifer, vollmundiger Cabernet Sauvignon sind die Spitzenprodukte dieser Partnerschaft zwischen Mildara-Blass aus Australien und Viña Santa Carolina.

Domus ☆☆☆ Gemeinschaftsunternehmen in Maipo von Ignacio Recabarren (siehe Viña Casablanca) und Ricardo Peña, das Einzellagenweine produziert. Guter Chardonnay und sehr guter Cabernet Sauvignon.

Echeverría ☆☆ Boutique-Kellerei in Curicó (Maule); produziert intensive, komplexe Cabernet Sauvignon Reserva, sehr guten Chardonnay mit und ohne Eichenton und Sauvignon blanc von steigender Qualität.

Edwards, Luis Felipe ☆☆ Kellerei in Colchagua (Rapel) mit zitronenduftigem Chardonnay und seidigem Cabernet Sauvignon Reserva. Weinbereitung jetzt durch einen ehemaligen Penfolds-Kellermeister.

Errázuriz ★★★→☆☆☆☆ Einzige Kellerei im Panquehue-Bereich des Aconcaguatals nördlich von Santiago. Erstklassige Weine, u. a. komplexer, vollmundiger Chardonnay Wild Ferment (dem jetzt auch ein Pinot noir zur Seite gestellt wurde), tiefer Syrah, Chiles bester Sangiovese, erdiger, pflaumiger Merlot und feiner Cabernet Sauvignon mit dem Spitzenwein Don Maximiano Reserve. Außerdem der neue Vinedo Chadwick (Cabernet Sauvignon/Carmenère), der 1999 zum ersten Mal herauskam.

Fortuna, Viña La ☆☆ Alteingesessene Kellerei im Lontuétal. Sortiment attraktiver sortenreiner Weine, v. a. robuster Malbec.

Francisco de Aguirre, Viña ☆☆ Vielversprechender Cabernet Sauvignon und Cabernet franc sowie Chardonnay unter dem Namen Palo Alto aus dem nördlichen Teil des Valle de Limari.

Gracia, Viña ☆☆→☆☆☆ Neuling mit Weinbergen von Aconcagua bis nach Bío-Bío. Am besten Cabernet Sauvignon Reserva R, auch guter Pinot noir und Chardonnay. Mourvèdre und Syrah sind geplant.

Haras de Pirque ☆☆☆ Neues Weingut in Pirque (Maipo). Rauchiger, einem Graves ähnelnder Sauvignon blanc, stilvoller Chardonnay und dichter, fruchtiger Cabernet Sauvignon/Merlot, alle bereitet von Alvaro Espinoza (siehe Antiyal).

Larose, Viña de ☆☆ Betrieb in Rapel im Besitz des Médoc-Château Larose-Trintaudon. Marken: Las Casas del Toqui und Viña Alamosa. Vielversprechend der Spitzen-Chardonnay Leyenda und der rote Verschnittwein.

Maipo Ältestes chilenisches Weinbaugebiet, nahe Santiago. Relativ warm. Von hier stammen die besten Cabernet-Sauvignon-Weine Chiles.

Maule Südlichstes Anbaugebiet des Großen Längstals. Umfasst die Täler Claro, Loncomilla und Tutuven.

Montes ☆☆→☆☆☆☆ Der Cabernet Sauvignon Alpha kann brillant sein; Merlot, Syrah und Malbec sind ebenfalls fein. Weißweine beständig. Der Bordeaux-Verschnitt Montes Alpha M wird mit jedem Jahrgang besser, der neue Folly Syrah ist schon der beste in Chile.

Mont Gras ☆☆→☆☆☆ Kellerei im Colchaguatal auf dem neuesten Stand, kann Merlot und Cabernet Sauvignon der Spitzenklasse produzieren. Die besten Weine unter der Marke Ninquen. Der Amerikaner Paul Hobbs fungiert als Berater.

Morande ☆☆ Breites Angebot, u. a. César, Cinsault, Bouschet und Carignan. Spitzenweine wie der würzige Syrah/Cabernet Sauvignon und der tintendunkle Malbec werden unter dem Namen Limited Edition verkauft.
Paul Bruno ☆☆→☆☆☆ Gemeinschaftsunternehmen in Maipo von Paul Pontallier und Bruno Prats aus Bordeaux mit dem Chilenen Felipe de Solminihac. Der Spitzenwein wird mit dem Alter langsam besser. Auch günstiger Cabernet Sauvignon Uno Fuera.
Porta, Viña ☆☆→☆☆☆ Kellerei in Maipo, im selben Besitz wie Viña Gracia, mit einer zuverlässigen Reihe von Weinen, z. B. geschmeidiger, würziger Cabernet Sauvignon.
Rapel Weinbauregion im Zentrum mit Weinen guter Qualität. Unterteilt in die Täler Colchagua und Cachapoal. Quelle für großartigen Merlot.
Rosa, Viña La ☆☆→★★★ Beeindruckende Rapel Chardonnay-, Merlot- und Cabernet-Sauvignon-Weine der Marken La Palmeria und Cornellana.
Rothschild, Baron Philippe de ☆☆☆→☆☆☆☆ Die berühmte Bordeaux-Firma erzeugt gute sortenreine Weine namens Mapa, den besseren Rotweinverschnitt Escudo Rojo und den teuren, klassischen Almaviva im Bordeaux-Stil, Letzterer ein in Maipo angesiedeltes Gemeinschaftsunternehmen mit Concha y Toro.
San Pedro ☆☆→☆☆☆ Großer Erzeuger mit Sitz in Curicó. Bestseller: Rote und Weiße der Marke Gato. Beste Weine: Castillo de Molina, die roten »1865«-Weine und Cabo de Hornas Cabernet Sauvignon.
Santa Carolina, Viña ☆☆→☆☆☆ Historische Bodega mit zunehmend eindrucksvollen und komplexen Weinen. Alle Maipo-Reserva-Weine sind gut, auch der volle, limonenfrische Sauvignon blanc. Sogar noch besser die Reihe Barrica Selection, u. a. mit erdigem Carmenère und süffigem Syrah. Der komplexe Trèbol von Cabernet Sauvignon, Merlot und Syrah ist äußerst günstig.
Santa Inés ☆☆ Erfolgreicher Familienbetrieb in Isla del Maipo mit reifem Cabernet Sauvignon Legado de Armida, der nach Schwarzen Johannisbeeren schmeckt. Auch unter der Marke De Martino im Handel.
Santa Mónica ☆☆☆ Rapel-Weinbaubetrieb in Rancagua. Spitzenmarke: Tierra del Sol. Riesling, Sémillon und Merlot der Marke Santa Mónica ebenfalls gut.
Santa Rita, Viña ☆☆→☆☆☆☆ Alteingesessene Bodega im Maipotal; die Weine werden von Jahr zu Jahr besser. Sortiment (in aufsteigender Qualität): 120, Reserva, Medalla Real, Florester (neu; auch feine rote Verschnitte), Casa Real. Am besten ist der Maipo-Cabernet-Sauvignon Casa Real, doch der Triple C (Cabernet Sauvignon/Cabernet franc/Carmenère) ist fast ebenso gut.
Selentia ☆☆→☆☆☆ Neues chilenisch-spanisches Unternehmen, das Chardonnay und Cabernet Sauvignon erzeugt. Der Reserve Special Cabernet Sauvignon ist ein feiner Verschnitt im Bordeaux-Stil.
Seña Siehe Caliterra.
Tarapacá, Viña ☆☆→☆☆☆ Die Kellerei in Maipo hat sich nach kürzlich erfolgten Investitionen verbessert, ihr Gleichgewicht aber immer noch nicht gefunden.
Terramater ☆☆→☆☆☆ Weine von Rebgut aus dem gesamten Großen Längstal, u. a. die sehr gute Reihe Altum.

Terranoble ☆☆ Kellerei in Talca; auf grasigen Sauvignon blanc und leichten, pfeffrigen Merlot spezialisiert. Das Angebot wurde mittlerweile ausgeweitet und enthält nun auch guten würzigen Carmenère Gran Reserva.

Torreón de Paredes ☆☆ Rapel-Bodega mit attraktiven, frischen Chardonnay- und Cabernet-Sauvignon-Reserva-Weinen, die überdurchschnittlich lange halten. Der Don Amedo Cabernet Sauvignon, das Aushängeschild des Unternehmens, lässt allerdings zu wünschen übrig.

Torres, Miguel ☆☆☆ Ein Pionier in Curicó, jetzt wieder gut in Form mit frischen Weißen und guten Roten. Der kräftige Manso del Velasco, ein Einzellagen-Cabernet-Sauvignon, und der Cordillera auf Cariñena-Basis sind führend. Siehe auch Spanien.

Undurraga ☆☆→☆☆☆ Traditioneller Betrieb in Maipo, bekannt für seinen Pinot noir. Die Spitzenweine sind: Chardonnay Reserva, erfrischender Gewürztraminer mit Limonenaroma sowie pfirsichduftige Sémillon-Spätlese.

Valdivieso ☆☆→☆☆☆ Großer Erzeuger mit neuer Kellerei in Lontué. Ganz oben im Programm stehen Einzellagenweine von Cabernet franc, Merlot, Malbec und der Verschnittwein Caballo Loco oJ. Gut auch die Reserve-Abfüllungen; auf den billigeren Plätzen ist die Qualität eher uneinheitlich.

Vascos, Los ☆☆ Im Besitz von Lafite Rothschild und Santa Rita, aber keines der Ersten Gewächse Chiles. Die Weine sind ordentlich, lassen aber Fruchtaromen vermissen. Der neue Spitzenverschnitt Le Dix hat noch nicht endgültig überzeugt.

Veramonte ☆☆☆ In Casablanca ansässiger Zweigbetrieb von Agustin Huneeus (ehemals von der kalifornischen Kellerei Franciscan). Weißweine von Trauben aus Casablanca, Rote aus dem Großen Längstal; alle gut. Spitzenwein ist der rote Verschnitt Primus.

Villard ☆☆→☆☆☆ Der französischstämmige Thierry Villard produziert raffinierte Weine. Gute Rote aus Maipo, v. a. alkoholstarker Merlot, Equis Cabernet Sauvignon und Weiße aus Casablanca. Von dort auch ein sehr attraktiver Pinot noir.

Viu Manent ☆☆ Die Kellerei in Colchagua ist auf dem Weg nach oben. Insgesamt gutes Angebot, v. a. Cabernet Sauvignon mit Pflaumenaroma, exotischer Merlot und dichter, vollmundiger Malbec. Der Syrah wird in Zukunft von sich reden machen.

Brasilien

Der brasilianische Wein erlebt durch die Anpflanzung besserer Rebsorten eine Verwandlung, sodass der wachsende Inlandsmarkt beliefert werden kann. Bedeutende internationale Investitionen, v. a. in Rio Grande do Sul und Santana do Liuramento, kommen insbesondere aus Frankreich (z. B. Moët & Chandon) und Italien (Martini & Rossi), was auf mögliche Exportgeschäfte deutet. Beachtenswert sind die neue Anbauregion Frontera auf Sandboden (an der Grenze zu Argentinien und Uruguay) und die Berge der Sierra Gaucha (Schaumweine im italienischen Stil). Der Export kommt in Gang. Weinberge am Äquator (z. B. bei Recife) können jährlich zwei Ernten liefern – oder sogar fünf in zwei Jahren. Das ist allerdings keine besondere Empfehlung. 95 % der Weine, die das Land verlassen, stammen von der alles beherrschenden Vinicola Aurora in Bento Gonçalves. Achten Sie auf das Etikett Amazon.

Mexiko

Der älteste Weinbau auf amerikanischem Boden erholt sich wieder aufgrund ausländischer Investitionen (z. B. Freixenet, Martell, Domecq) und kalifornischer Hilfestellung über U. C. Davis. Die besten Weine entstehen in Baja California (85 % der Gesamtproduktion), Querétaro und auf den Hochebenen von Aguascalientes und Zacatecas. Zu den besseren Erzeugern in Baja California gehören: Casa de Piedra (sehr eindrucksvoller Tempranillo/Cabernet Sauvignon), L. A. Cetto (in Valle de Guadeloupe, der größte Betrieb, v. a. Cabernet Sauvignon, Nebbiolo und Petite Sirah), Bodegas Santo Tomás (produziert zusammen mit den kalifornischen Wente Brothers aus Trauben von beiden Seiten der Grenze einen Wein namens Duetto), Monte Xanic (in Napa preisgekrönter Cabernet Sauvignon), Bodegas San Antonio und Cavas de Valmar. Premium Chardonnay und Cabernet Sauvignon der Casa Madero aus Monterrey sind ebenfalls gut. Marqués de Aguayo ist der älteste Betrieb (seit 1593), erzeugt aber nur noch Brandy.

Uruguay

Uruguays unverwechselbare Eigenart liegt in der Tannat begründet, jener robusten und tanninreichen Traube, aus der man in ihrer Heimat in Südwestfrankreich den Madiran keltert. Reinsortig bereitet ergibt sie robuste Rotweine mit Pflaumenaroma, die durchaus ihre Qualität haben, am besten aber ist sie in Verschnitten mit geschmeidigeren Varietäten wie Cabernet Sauvignon oder Merlot. Derzeit gibt es wenig jenseits der Tannat-Weine aus Uruguay zu berichten, auch wenn ein paar Erzeuger ansprechenden Gewürztraminer und Chardonnay im Angebot haben; der vielversprechende De Lucca produziert sogar Roussanne- und Syrah-Weine. 1992 wurden fünf verschiedene Weinbaubereiche ausgewiesen, aber in diesem Land zählt der Name des Erzeugers immer noch am meisten. Die Firma Carrau/Castel Pujol wird von Freixenet aus Spanien und Jacques Lurton aus Frankreich unterstützt; sie erzeugt auf dem Gut Cerro Chapeu im Norden des Landes den ebenso geschmeidigen wie saftigen Tannat Casa Luntro. Ihre Cuvées Amat, Gran Tradicion 1752 und Las Violetas Reserva bringen die duftigen Nuancen der Tannat-Traube zu voller Entfaltung. Weitere empfehlenswerte Kellereien sind u. a. Bruzzone & Sciutto, Castillo Viejo (v. a. die preisgünstige Reihe Catamayor), Los Cerros de San Juan (in Zusammenarbeit mit der gigantischen LVMH), Dante Irurtia, Juanicó (Gemeinschaftsunternehmen mit dem Bordeaux-Château Pape Clément), Pisano, Carlos Pizzorno sowie Stagnari. Auch Weine von *flying winemakers* unter dem Namen Bright Brothers sind einen Versuch wert.

Peru

Viña Tacama bei Ica (Spitzenregion) exportiert vielversprechende Weine, v. a. den weißen Gran Vino Blanco; ferner Cabernet Sauvignon und Schaumwein nach der klassischen Methode. Auch die Regionen Chincha, Moquegua und Tacha machen langsam Fortschritte. Schwere Reblausprobleme.

Bolivien

Mit seinem allgemein feucht-heißen Klima, einem Pro-Kopf-Verbrauch von gerade mal einer Flasche im Jahr, einer Gesamtrebfläche von 2000 ha (hauptsächlich für feurigen Aguardiente) und nur zehn Kellereien ist Bolivien nicht gerade ein bedeutender Weinproduzent. Trotzdem kann man die sehr guten Weine von Vinos y Viñedos La Concepción empfehlen, besonders die von Cabernet Sauvignon bereiteten – sie zeigen, was möglich ist. Die Reben wachsen auf einer Höhe von bis zu 2800 m in den höchstgelegenen Weingärten der Welt, 1000 km südlich von La Paz.

Australien

Die folgenden Abkürzungen werden im Text verwendet:

NSW	New South Wales
N Ter	Northern Territory
Qld	Queensland
SA	Südaustralien
Tas	Tasmanien
Vic	Victoria
WA	Westaustralien

Die dunklen Flächen bezeichnen die Weinbaugebiete

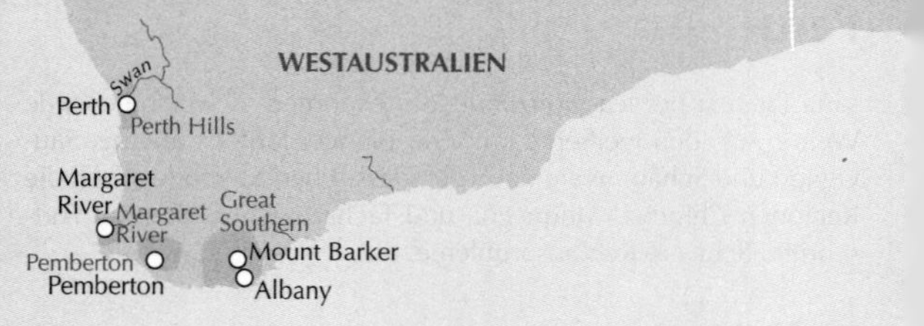

Der Einfluss Australiens in der Welt des Weins steht in keinem Verhältnis zur Größe seiner Anbauflächen. Der Wein vom fünften Kontinent erreicht kaum vier Prozent der Weltproduktion, doch jedem Weinliebhaber sind heute die Konzepte und die Namen der australischen Winzer geläufig. In den vergangenen 16 Jahren stieg ihr Export von acht auf über 350 Millionen Liter und die Zahl der Weinbaubetriebe wuchs auf über 1350 an. Sogar Weinbauern aus Südfrankreich schauen inzwischen wachen Auges nach Australien. Die Australier sind heute die Meister süffiger Tropfen und produzieren Weltklasseweine.

Shiraz, Semillon und Riesling sind die klassischen Rebsorten Australiens. In den 1970er-Jahren gesellten sich Cabernet Sauvignon, Merlot, Chardonnay, Pinot noir und andere Sorten hinzu, und in den 1990er-Jahren entdeckte man Grenache und Mourvèdre neu.

Zur selben Zeit führte der Übergang zur Kaltgärung und der Einsatz neuer Holzfässer zu einer Verlagerung des Weinbaus in kühlere Gegenden. Zu starker Eichengeschmack stellte eine Zeit lang ein allgemeines Problem australischer Weine dar. Mittlerweile geht man moderater vor – und hat als neue Errungenschaft zudem Schaumweine, deren Qualität in jeder Hinsicht überzeugt.

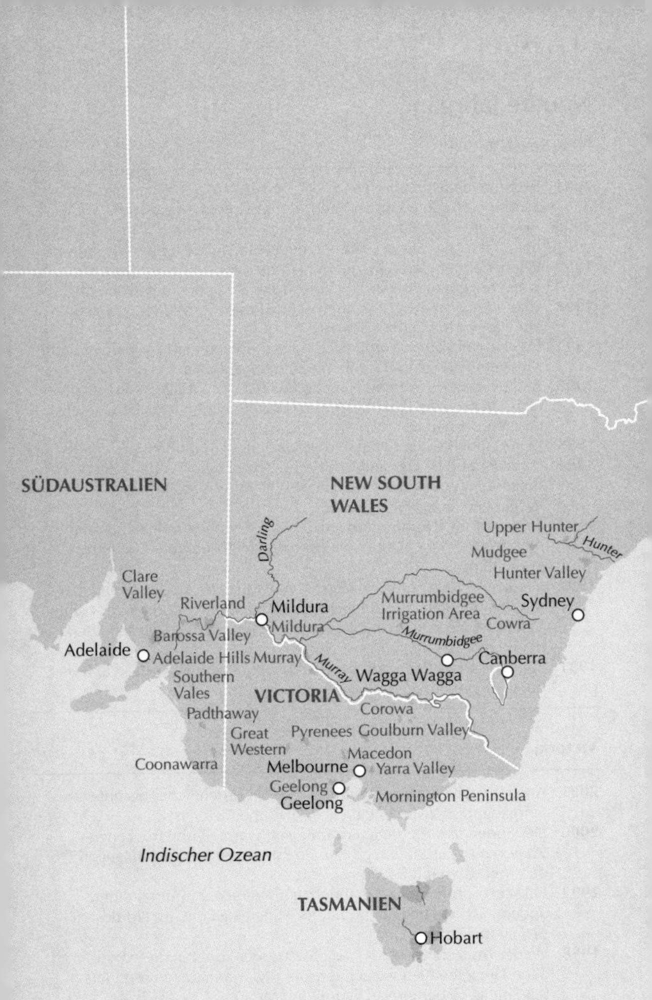

Sein chaotisches Wachstum unter Kontrolle zu bringen, ist eine Herausforderung, die Australien jetzt zu bewältigen hat. Es muss Wege finden, den Export in den nächsten zehn Jahren zu verdoppeln, ohne das eigene Ansehen zu beschädigen. In den 1980er- und 1900er-Jahren war Chardonnay das Aushängeschild für »Down under«, für das kommende Jahrzehnt setzt man offensichtlich auf Shiraz. In einem immer enger werdenden globalen Markt hat man sowohl in der Alten wie auch in der Neuen Welt ernsthafte Konkurrenten, doch auf dem fünften Kontinent gibt es die notwendigen menschlichen und natürlichen Ressourcen, um sich zu behaupten.

Neuere Jahrgänge

New South Wales

2001 Extreme Hitze im Sommer und Regen zur Unzeit gaben den Ton an. Semillon aus dem Hunter Valley konnte trotzdem glänzen.
2000 Ausgezeichnete Wachstumsbedingungen im Hunter Valley; miserabel im Rest des Staates. Auf extreme Hitze folgte Regen zur Ernte.
1999 Wieder ein erfolgreiches Jahr im Hunter Valley; der Regen kam, wenn er gebraucht wurde. Die anderen Regionen unterschiedlich.
1998 Überall gut bis ausgezeichnet; genug Regen im Winter und dann ein warmer trockener Sommer.
1997 Das Hunter Valley wurde von heftigem Regen zur Lese heimgesucht; Mudgee, Orange und Canberra konnten glänzen.
1996 Bedingt durch Frost und Hagel schwankende Erträge, aber das perfekte Wetter zum Ende der Saison brachte in den meisten Gebieten gute Weine hervor.
1995 Dürre ruinierte den Ertrag und strapazierte die Trauben; bestenfalls gut.
1994 Dass der Hitzewelle und den Bränden im Hunter Valley Regenfluten folgten, machte es um keinen Deut besser; anderswo, v. a. in Mudgee, gute Rotweine.
1993 Ungewöhnlich kühles und feuchtes Wetter im Frühling und Sommer drückte die Qualität; der herrliche Herbst rettete Canberra und Hilltops.
1992 Die Fortsetzung der Vorjahresdürre, gefolgt von kurzzeitigen Überschwemmungen der Weingärten, versauerte den Winzern in Hunter Valley, Mudgee und Cowra das Leben. Andere Gebiete schnitten deutlich besser ab.
1991 Ein klassisches Dürrejahr mit sehr reichhaltigen Weinen, v. a. Roten, bei geringen Erträgen.

Victoria

2001 Auch hier große Hitze. Für Rotweine ein ordentlicher bis guter Jahrgang, die Weißen fielen eher uneinheitlich aus.
2000 Der Süden und die Mitte erblühten im warmen und trockenen Wetter, hier entstanden großartige Rotweine. Schwach dagegen der Nordosten mit Regen zur Lese.
1999 Ein schizophrenes Jahr: grauenhaft (Ernteregen) in Yarra, einige andere Gebiete im Süden und der Mitte exzellent, im Nordosten mal so mal so.
1998 Weder Trockenheit noch Frost im Oktober konnten diesem in allen Gebieten herausragenden Jahr etwas anhaben; besonders gut Shiraz, Cabernet Sauvignon und Merlot.
1997 Dürre nach einem nasskalten Frühling; geringe Erträge ausgesprochen hochwertiger Trauben, v. a. Pinot noir im Süden.
1996 Extrem unterschiedlich. Gut für den äußersten Südwesten, Grampians und Bendigo.
1995 Im Allgemeinen unbefriedigend mit zu heißem Sommer und zu kühlem und feuchtem Herbst. Grampians (großartig) und Geelong waren die wichtigsten Ausnahmen.
1994 Die ungewöhnlich kühle und weitgehend trockene Wachstumsperiode wirkte sich mindernd auf die Erträge aus; der herrliche Spätsommer konnte wenigstens die Qualität retten. Allgemein gut bis ausgezeichnet.
1993 Feucht im Winter, Frühling und Sommer, nur der Altweibersommer und der schöne Herbst verschafften einen gewissen Ausgleich, vor allem in den kühleren Rotweinregionen.

1992 Hervorragend für Yarra; anderswo bei ähnlichen Bedingungen gut.
1991 Ein sehr warmer und trockener Sommer und Herbst erbrachte geringe Mengen von überragendem Rotwein im ganzen Bundesstaat. Gut, aber kurzlebig die Weißen.

Südaustralien

2001 Ein viel besseres Jahr als 2000. Regen im Winter half, mit der sengenden Sommerhitze fertig zu werden. Erstaunlicherweise ein Erfolg für Clare-Valley-Riesling.
2000 Der Höhepunkt einer vierjährigen Trockenheit wirkte sich sowohl auf den Ertrag als auch auf die Qualität aus. Am besten ging es noch der Limestone Coast.
1999 Die anhaltende Trockenheit wurde absurderweise zur Unzeit durch Märzregen unterbrochen. Rotweine von der Limestone Coast und dem Clare Valley waren die wenigen erfreulichen Erscheinungen.
1998 Sehr trockenes Jahr. Geringe Erträge, aber allgemein erstklassige Rotweine, v. a. südlich von Adelaide.
1997 Die Wetterkapriolen setzten Winzern und Reben gleichermaßen zu, ausgenommen den Riesling-Weinen aus Eden und Clare Valley. Überall kleine Ernte.
1996 Gutem Regen im Winter und Frühjahr folgte ein warmer und trockener Sommer: ein klassischer Jahrgang für süffige, langlebige Weine.
1995 Ein trockener Winter, ein frostiger Frühling und ein regnerischer Sommer drückten nicht nur das Niveau, sondern auch die Erträge – Letzteres allerdings wendete die drohende Katastrophe ab.
1994 Eine lange, kühle und trockene Wachstumsperiode brachte in ganz Südaustralien ausgezeichnete Weißweine und elegante Rote in überdurchschnittlichen Mengen hervor.
1993 Die zweitnässeste Wachstumsperiode seit Beginn der Wetteraufzeichnungen ließ Schlimmes fürchten; der warme und trockene März und unterdurchschnittliche Erträge hielten den Schaden aber in Grenzen.
1992 Das kühle, trockene Wetter versprach einen guten Jahrgang, doch außer in McLaren Vale und Langhorne Creek machte der Ernteregen alle Hoffnungen zunichte.
1991 Ein warmes und trockenes Jahr; zunächst schienen die Roten weniger weinig als im Traumjahr 1990 auszufallen, entwickelten sich dann aber gut in der Flasche.

Westaustralien

2001 Der beste Jahrgang in Great Southern seit 1995; anderswo gut.
2000 Ausgezeichnet am Margaret River, in anderen Gegenden unterschiedlich, unauffällig im Swan Valley.
1999 Ein überragender Jahrgang für Rotweine vom Margaret River und Swan Valley, der beste des Jahrzehnts. Die anderen Gebiete recht ordentlich, außer Great Southern.
1998 Das Swan Valley erneut Spitze; überall sonst wenig Sonne und Regen im März und April.
1997 Feuchter Winter und Frühling, perfekter Sommer. Gute Rote vom Margaret River, guter Riesling aus Great Southern. Der Norden hatte im Januar und Februar eine Hitzewelle auszuhalten.
1996 Im Swan Valley war es glühend heiß, aber für Margaret River und Great Southern war das warme Jahr ein Segen. Schöner Cabernet Sauvignon.

1995 Die sehr niedrigen Erträge wurden teilweise von der hervorragenden Qualität im Süden und am Margaret River ausgeglichen. Swan Valley Durchschnitt.

1994 Ein Bilderbuchjahrgang, ideale Bedingungen für Great Southern und Margaret River. Im Swan Valley wie üblich.

1993 Feuchte Kühle im Frühling und Sommer ließ im Swan Valley die besten Weißweine seit Jahrzehnten entstehen; auch anderswo ausgezeichnete Weiße und brauchbare Rote.

1992 Eine milde Wachstumsperiode, gestört nur durch Regen im Swan Valley, brachte gute Weiß- und Rotweine im Süden hervor.

1991 Trotz einiger durch Vögel verursachter Schäden ein großes Jahr für Rotweine vom Margaret River; überragend auch die Weißen aus dem Swan Valley. Sehr gute Rotweine in kleinen Mengen aus Great Southern.

Adelaide Hills SA – Unter der Führung von Petaluma; kühle Lagen auf 450 m Höhe in den Mt Lofty Bergen.

Alkoomi Mount Barker; r w ☆☆☆ Riesling **94'** **96'** 99 01' Cabernet Sauvignon **93'** **94'** 97 99 – 25 Jahre alter Weinbaubetrieb; produziert feinen, stahligen Riesling und kraftvolle, langlebige Rotweine.

Allandale Hunter Valley; r w ☆☆ Kleine Kellerei ohne eigenen Anbau; kauft ausgewählte Trauben aus der Umgebung und aus Hilltops. Qualität kann gut sein, v. a. Chardonnay.

Alpine Valleys Vic – Ähnliche Topographie und Klima wie im King Valley, auch ähnlicher Einsatz der Rebsorten.

Amberley Estate Margaret River; r w ☆☆→☆☆☆ Außerordentlich erfolgreicher, schnell expandierender Erzeuger einer ganzen Reihe von regionalen Stilrichtungen. Chenin blanc als Antriebsmotor ließ den Verkauf auf 90 000 Kisten ansteigen.

Angove's Riverland, SA; r w (br) ☆→☆☆ Alteingesessener großer Familienbetrieb im Murray Valley. Preiswerte Weißweine, v. a. Chardonnay.

Ashbrook Estate Margaret River; r w ☆☆☆ Unspektakulär arbeitender Betrieb; erzeugt beständig 8000 Kisten mustergültigen Semillon, Chardonnay, Sauvignon blanc, Verdelho und Cabernet Sauvignon.

Ashton Hills Adelaide Hills; r w; (sch) ☆☆☆ Stephen George bereitet feinen, rassigen, langlebigen Riesling und überzeugenden Pinot noir von 20 Jahre alten Reben.

Bailey's NO-Vic; r w br ☆☆→☆☆☆ Volle, altmodische Rotweine von großem Charakter, v. a. Shiraz (ehemals Hermitage) sowie vortreffliche Muskateller- (☆☆☆☆) und »Tokay«-Dessertweine. Im Besitz von Beringer Blass.

Balnaves of Coonawarra Coonawarra; r w ☆☆→☆☆☆ Hier wird seit 1975 Wein angebaut und seit 1996 selbst vinifiziert. Ein Höhepunkt folgt dem anderen; v. a. Shiraz und Cabernet Sauvignon.

Bannockburn Geelong; r w ☆☆☆ Chardonnay **96'** **97'** 98' 00 Pinot noir **92'** **94'** **96** **97'** 00 – Erzeugt mit Burgunder-Technik intensiven und komplexen Chardonnay und Pinot noir. 7000 Kisten.

Banrock Station Riverland, SA; r w ☆→☆☆ Insgesamt 1600 ha Besitz am Murray River, davon 243 ha Rebland im Besitz von BRL Hardy. Eindrucksvolle Weine zu günstigen Preisen.

Barossa SA – Der Bereich Australiens mit den bedeutendsten Kellereien, aber keinem eigenen Weinbau. Hier werden Trauben verschiedener Herkunft verarbeitet; dementsprechend fallen auch die Weine aus. Lokale Spezialitäten: Shiraz, Semillon, Grenache usw.

Barry, Jim Clare Valley; r w ☆→☆☆☆ Auf einigen hervorragenden Anbauflächen entsteht guter Riesling, McCrae Wood Shiraz und der überzeugende Grange-Herausforderer The Armagh.

Barwang Hilltops, NSW; r w ☆☆ Im Besitz von McWilliams. Stilvolle Gutsweine für den australischen Markt sowie eine Marke für Massenweine in Zusammenarbeit mit dem US-Erzeuger Brown Foreman.

Bass Phillip Gippsland, Vic; r ☆☆☆→☆☆☆☆ Pinot noir **91' 92' 94' 95 96'** 97' 98' 00' – Kleiner Erzeuger von stilvollen, sehr gefragten Pinot-noir-Weinen in drei Qualitätsstufen, vor allem im burgundischen Stil.

Bendigo/Ballarat Vic – Verstreute kleine Lagen, zum Teil bester Klasse. Betriebe u. a. Balgownie und Jasper Hill.

Beringer Blass Coonawarra, Barossa, Clare Valley, Hunter Valley u. a.; r w (br) ☆→☆☆☆ Der Konzern besitzt heute auch Bailey's, Balgownie, Blass, Krondorf, Rothbury, Saltram und Yellowglen; alle wurden 1996 von der Fosters Brewing Group übernommen und anschließend mit der kalifornischen Firma Beringer fusioniert. Siehe auch Blass.

Best's Grampians; r w ☆☆→☆☆☆ Shiraz **88 91 92' 93** 94' 96 97' 98' – Konservativer alter Familienbetrieb mit sehr gutem, mittelschwerem Rotwein und gar nicht so schlechtem Chardonnay. Der Thomson Family Shiraz von 120-jährigen Rebstöcken ist überragend.

Australische Erzeuger für 2003

Cheviot Bridge (Vic Mountain): Mit allen Wassern gewaschener Newcomer.
Cullen (Margaret River): Chardonnay und Merlot.
Greenock Creek (Barossa): Weine mit hohen Punktzahlen.
Margan Family (Hunter Valley): Extrem geschäftstüchtige Familie.
Palandri (Margaret River): Das Ziel zu hoch gesteckt? Abwarten.
Shadowfax (Geelong): Ein »angesagter« Erzeuger.
Taylors (Clare Valley): Hier haben umwerfende Verbesserungen stattgefunden.
Tower Estate (Hunter Valley): Das Ein und Alles von Len Evans.

Big Rivers Zone NSW und Vic – Die Verlängerung des südaustralischen Gebiets Riverland. Zur Big Rivers Zone gehören auch die Regionen Murray Darling Perricoota und Susan Hill.

Blass, Wolf (Bilyara) Barossa; r w (br); (s); (sch) ☆☆☆ Cabernet-Sauvignon-Verschnitt **90' 91' 93 94 96'** 97 98' – Gegründet von dem umtriebigen deutschen Winzer Wolf Blass, mittlerweile heißt die Firma Beringer Blass. Die brillanten jungen Kellermeisterinnen Wendy Stuckey (für Riesling) und Caroline Dunn (für Rotweine) bringen Blass-Weine wieder auf die Höhe.

Blue Pyrenees Estate Grampians/Avoca; r w; sch ☆☆ Im Besitz von Rémy Martin. Verlegt sich mehr und mehr von Schaum- auf Tafelweine.

Botobolar Mudgee; r w ☆☆ Wundervoll exzentrischer kleiner Betrieb mit organischem Anbau.

Bowen Estate Coonawarra; r w ★★★ Shiraz **90' 91' 94'** 95 96' 97 98' Cabernet Sauvignon **90' 91'** 96 98' 99 – Kleiner Betrieb; intensiver Cabernet Sauvignon und würziger Shiraz, beide reif und alkoholstark.

Brand's of Coonawarra Coonawarra; r w ☆☆☆ Shiraz **90 91' 93** 96' 97 98' 99 Cabernet Sauvignon **90' 91 93' 94'** 95' 98' 99 – Ehemaliger Familienbetrieb, jetzt im Besitz von McWilliam's. Schreitet von Höhepunkt zu Höhepunkt, v. a. mit den hervorragenden Spitzen-Reserve-Weinen von Shiraz und Cabernet Sauvignon.

Brangayne of Orange Orange, NSW; r w ☆☆→☆☆☆ Weingut, das das Potenzial dieser relativ neuen Weinregion widerspiegelt. Weine von großer Finesse, u. a. Chardonnay, Sauvignon blanc, Shiraz und Cabernet Sauvignon/Merlot. Hatte im Nu Erfolg.
Bridgewater Mill Adelaide Hills; r w ☆☆→☆☆☆ Zweitetikett von Petaluma; sanfte Weine, am besten Sauvignon blanc und Shiraz.
BRL Hardy Siehe Hardy's.
Brokenwood Hunter Valley; r w ★★★ Shiraz **87' 91' 93'** 94' 95' 98' 99' – Aufregender Cabernet Sauvignon und Shiraz seit 1973; hervorragend der Graveyard Shiraz. Der Semillon/Sauvignon-blanc-Verschnitt Cricket Pitch heizt das Wachstum an. Die Produktion ist auf 70 000 Kisten gestiegen. Siehe auch Seville.
Brookland Valley Margaret River; r w ☆☆→☆☆☆ Wunderbar gelegene Kellerei mit Restaurant, die u. a. mit Sauvignon blanc Großes leistet. Gehört zur Hälfte BRL Hardy.
Brown Brothers King Valley; r w br; tr s; sch ★→★★★ Noble Riesling **92' 94' 96'** 97 98 – Altes Familienunternehmen mit neuen Ideen; reiche Auswahl an delikaten reinsortigen Weinen, viele aus kühlen Berglagen. Chardonnay, Riesling und trockener weißer Muskateller ganz hervorragend. Cabernet-Sauvignon-Verschnitt ist der beste Rotwein.
Buring, Leo Barossa; r w ☆☆→☆☆☆ Riesling **73' 75' 79' 84' 91' 92 95' 97** 98 99' – Alter Riesling-Spezialist, heute im Besitz von Southcorp. Die Weine sind im (auch noch hohen) Alter großartig, v. a. Reserve-Ausgaben unter dem Etikett Leonay.

Jahrgangsempfehlungen gelten jeweils für den vorangestellten Wein. Rotgedruckte Jahrgänge sollten bevorzugt 2003 getrunken werden.

Cabernet Sauvignon 28 609 ha, 249 288 Tonnen – Wird in allen Regionen angebaut, gedeiht am besten in Coonawarra. Die Varianten reichen von kräuterwürzig und grünem Pfeffer in den kühlsten Gebieten über Schwarze Johannisbeere und Maulbeere bis zu dunkler Schokolade und roter Johannisbeere in den wärmeren Gegenden.
Campbells of Rutherglen NO-Vic; r (w) br ☆☆ Milde, reife Rotweine und gute, jugendlich fruchtige Dessertweine, mit Ausnahme von Merchant Prince Muscat.
Canberra District NSW – Sowohl qualitativ als auch mengenmäßig auf dem Weg nach oben; das Niveau der Weine hängt aber sehr vom Erzeuger ab.
Capel Vale Geographe, WA; r w ☆☆☆ Beständig wachsendes, sehr erfolgreiches Unternehmen; gute Weißweine, u. a. Riesling. Auch Shiraz und Cabernet Sauvignon der Spitzenklasse.
Cape Mentelle Margaret River; r w ☆☆☆→☆☆☆☆ Cabernet Sauvignon **82' 83' 90' 91' 93'** 94' 95' 96 99' – Eigenartiger, robuster Cabernet Sauvignon, kann großartig sein, Chardonnay sogar noch besser; ferner Zinfandel und sehr populärer Sauvignon blanc/Semillon. David Hohnen gründete auch Cloudy Bay in Neuseeland; beide wurden 1990 von Veuve Clicquot übernommen.
Central Ranges Zone NSW – Umfasst die Gebiete Mudgee, Orange und Cowra. Die hoch gelegenen Anbauflächen mit gemäßigt kühlem bis warmem Klima vergrößern sich immer noch.
Chain of Ponds Adelaide Hills; r w – Tadellos bereitete, körperreiche und vollmundige Weine aus dem Hause Penfolds, v. a. Semillon, Sauvignon

blanc und Chardonnay. Ebenfalls gut der elegante Cabernet Sauvignon Amadeus.

Chambers' Rosewood NO-Vic; (r) (w) br ★★→★★★ Gute preiswerte Tafel- und großartige Dessertweine, v. a. traditioneller »Tokay« und Muskateller.

Chandon, Domaine Yarra Valley; (r) (w); sch ★★★ Klassische Schaumweine (aus nur in kühlen Gegenden Australiens gewachsenen Trauben). Mit kräftiger Unterstützung der Besitzer Moët & Chandon. In England auf Anhieb Erfolg mit der Marke Green Point.

Chapel Hill McLaren Vale; r w ☆☆☆→☆☆☆☆ r **90' 91' 92' 93** 95' 98' 99 – Ein vormals kleiner, inzwischen expandierender Erzeuger von preisgekröntem Chardonnay, Shiraz und Cabernet Sauvignon der Kellermeisterin Pam Dunsford.

Chapoutier, M. Mount Benson (SA); r ☆☆ 40 ha biologisch-dynamisch bewirtschaftete Weinberge, in denen Rhône-Varietäten und Cabernet Sauvignon wachsen. Elegante Rotweine von jungen Reben.

Chardonnay 18 434 ha, 245 199 Tonnen – Ist vor allem für schnell reifende Weine mit Butter-, Pfirsich-, manchmal auch Sirup-Aroma bekannt; in kühleren Regionen können aber auch elegante, fest strukturierte, alterungsfähige Weine entstehen. Den Eichengeschmack hat man jetzt auch besser im Griff.

Cheviot Bridge Central Vic High Country; r w ☆☆→☆☆☆ Exportorientiertes Unternehmen mit einer Produktion von 50 000 Kisten; 1998 von alten Hasen der Weinindustrie gegründet.

Clarendon Hills McLaren Vale; r (w) ☆☆☆ Monumentale – und teure – Rotweine aus Trauben von kleinen Vertragsparzellen um Adelaide.

Clare Valley SA – Kleiner Bereich mit guten Lagen, rund 150 Kilometer nördlich von Adelaide; am bekanntesten durch Riesling, aber auch Anbau von Shiraz und Cabernet Sauvignon.

Coldstream Hills Yarra Valley; r w; (sch) ★★★ Chardonnay **88' 92' 94 96' 97** 98' 00 Pinot noir **91' 92' 96' 97'** 98 00' Cabernet Sauvignon **91' 92'** 93 94 97' 98' 00' – Bekannter Weinbaubetrieb, 1985 von dem Weinpublizisten James Halliday aufgebaut. Köstlicher Pinot noir, jung zu trinken, Reserve kann altern; führend in Australien. Außerdem sehr guter Chardonnay (v. a. Reserve), fruchtiger Cabernet Sauvignon und Cabernet Sauvignon/Merlot-Verschnitt und (seit dem Jahrgang 1997) Merlot. 1996 von Southcorp übernommen.

Coonawarra SA – Südlichster und großartigster Bereich von Südaustralien. Hier entsteht der größte Teil des besten australischen Cabernet Sauvignon. Erfolge auch mit Chardonnay, Riesling und Shiraz. Zu den neueren Kellereien zählen u. a. Gartner, Murdock und Reschke.

Coriole McLaren Vale; r w ☆☆→☆☆☆ Shiraz **90' 91' 92 94'** 95 96' 98' 99' – Shiraz Lloyd Reserve von alten Reben; am besten mit schöner Eichenholzwürze. Auch die übrigen Weine beachtenswert.

Craiglee Macedon; r w ☆☆☆ Shiraz **86' 88' 90' 91' 92 93 94'** 97' 98' (00') – Wieder aufgebautes, berühmtes Weingut aus dem 19. Jahrhundert mit duftigen, pfeffrigen Shiraz-Weinen und Chardonnay.

Cranswick Estates Riverina; r w ☆→☆☆ Aktiengesellschaft mit einem Ausstoß von 1 Mio. Kisten pro Jahr, v. a. Export; günstige Weine.

Cullen Wines Margaret River; r w ☆☆☆→☆☆☆☆ Chardonnay **94' 95' 96'** 97 98 99' Cabernet Sauvignon/Merlot **90' 91' 92'** 93' 94 95' 96 97 98' 99' – Ein Mutter-Tochter-Team erbrachte in der Region Pionierleistungen mit kräftig strukturiertem Cabernet Sauvignon/Merlot-Verschnitt (dem besten Australiens), gehaltvollem, aber subtilem Sauvignon blanc und ausdrucksvollem Chardonnay – alles echte Charaktere.

Dalwhinnie Pyrenees; r w ☆☆→☆☆☆ Chardonnay **93 94 96 98′** 99′ Cabernet Sauvignon **92′ 93** 94′ 95′ 96 98 99 – Erzeuger von 5500 Kisten konzentriertem, vollem Chardonnay, Shiraz und Cabernet Sauvignon, wohl dem besten in Pyrenees.

d'Arenberg McLaren Vale; r w (br); (s); sch ★★→★★★ Alter Betrieb, der einen neuen Aufschwung nimmt. Prachtvoller Shiraz, Grenache und feiner Chardonnay mit einer Unzahl neuer Etiketten.

Deakin Estate Murray Darling; r w ☆→☆☆ Teil der Katnook-Gruppe. Produziert über 500 000 Kisten sehr ordentlicher sortenreiner Tafelweine.

De Bortoli Griffith, NSW; r w (br); tr s ☆→☆☆☆ Noble Semillon **87′ 91′ 92 93′** 94′ 96 **98** 99′ – Weingut in einem Bewässerungsbereich. Einfache Rot- und Weißweine, aber herrlicher süßer botrytisierter Noble Semillon im Sauternes-Stil.

De Bortoli Yarra Valley; r w ★★→★★★ Chardonnay **93′ 94′ 96′** 97 98 99′ 00′ Cabernet Sauvignon **92′ 94′** 97 98 99 00′ – Das frühere Chateau Yarrinya wurde von De Bortoli übernommen und ist jetzt der größte Erzeugerbetrieb in Yarra. Die Hauptmarke ist mehr als angemessen, das Zweitetikett Gulf Station sowie die Drittmarke Windy Peak sind sehr preiswert.

Delatite Central Vic; r w; (sch) ☆☆☆ Riesling **92 93 96 97′** 99 00 – Rosalind Ritchie bringt aus einer sehr kühlen Berglage schön geschmeidigen und angemessen femininen Riesling, Gewürztraminer, Pinot noir und Cabernet Sauvignon hervor.

Devil's Lair Margaret River; r w ☆☆→☆☆☆ 40,5 ha Anbaufläche für opulenten, konzentrierten Chardonnay, Pinot noir und Cabernet Sauvignon/Merlot. Sehr in Mode ist derzeit das Zweitetikett Fifth Leg. Wurde Anfang 1997 von Southcorp übernommen.

Diamond Valley Yarra Valley; r w ★★→★★★ Pinot noir **94′ 96′ 97 98′** 99′ 00′ – Erzeuger von hervorragendem Pinot noir in bedeutenden Mengen. Die übrigen Weine sind gut, v. a. Chardonnay.

Dromana Estate Mornington Peninsula; r w ☆☆→☆☆☆ Chardonnay **97 98′ 99′** 00′ (01) – Unter der energischen Leitung von Gary Crittenden. Leichter, duftiger Cabernet Sauvignon, Pinot noir und Chardonnay. Plötzlich aufkommendes Interesse an italienischen Rebsorten (nicht aus eigenem Anbau).

Eden Valley SA – Jetzt unabhängig von Adelaide Hills und Barossa Valley. Beste Kellereien: Henschke und Mountadam.

Elderton Barossa; r w (br); (sch) ☆☆ Alte Weinberge bilden die Grundlage für auffälligen, reichen, eichenholzwürzigen Cabernet Sauvignon und Shiraz.

Evans and Tate Margaret River; r w ★★★ Cabernet Sauvignon **88 91′ 92′ 94′** 95′ 96′ 99′ – Feiner, eleganter Semillon, Chardonnay, Cabernet Sauvignon und Merlot aus den Bereichen Margaret River und Redbrook. Der kürzlich erfolgte Börsengang unterstreicht das fortgesetzte Wachstum.

Evans Family Hunter Valley; r w ☆☆☆ Chardonnay **95 96 98′ 99** 00′ 01 – Exzellenter, in neuen Eichenfässern vergorener Chardonnay aus dem kleinen Weinberg der Familie Len Evans. Lagerung macht sich bezahlt. Siehe auch Tower Estate.

Ferngrove Vineyards Great Southern; r w ☆☆ Der Rinderzüchter Murray Burton hat seit 1997 über 400 ha mit Reben bestockt. Produktion von 50 000 Kisten mit Tendenz nach oben.

Fox Creek McLaren Vale; r (w) ☆☆→☆☆☆ 20000 Kisten fülliger, vollmundiger Weine, die einigen Erfolg auf australischen Weinausstellungen haben.

Freycinet Tas; r w; (sch) ☆☆→☆☆☆ Pinot noir **88′ 90 91′ 94′** 95 96 97 98′ **99′** 00′ 01′ – Weinbaubetrieb an der Ostküste mit üppig-vollem Pinot noir und gutem Chardonnay.

Gapsfed Wines King Valley (Vic); r w ☆☆ Handelsmarke einer großen Kellerei, die das Rebgut von 50 Winzern verarbeitet.

Gartner Family Vineyards Coonawarra; r w ☆☆→☆☆☆ Über 400 ha Rebfläche, zum größten Teil in Coonawarra und Padthaway; neue Kellerei im Souterrain des Gebäudes.

Geelong Vic – Einst ein berühmter Bereich, durch die Reblaus vernichtet und in den 1960er-Jahren wiedererstanden. Ein sehr kühles, trockenes Klima bringt feste Tafelweine von erstklassigen Sorten hervor. Kellereien: u. a. Bannockburn, Idyll, Scotchman's Hill.

Giaconda Central Vic; r w ☆☆☆ Chardonnay **91 92′ 93 94′ 96′ 97′** 98 99′ 00′ Pinot noir **92′ 93 94 96′ 97′** 98 99′ (00′) – Sehr kleiner, aber äußerst modischer Betrieb bei Beechworth.

Wie stark ist er?

Der Alkoholgehalt von Wein schwankt zwischen 7 und 16 Vol. %, abhängig vom Zuckergehalt der Trauben (und eventueller Beigabe von Zucker – Chaptalisation – vor der Vergärung). Wenig Alkohol bedeutet nicht geringe Qualität und umgekehrt. Feinste Mosel-Rieslinge können geringen Alkoholgehalt mit brillanter und intensiver Fruchtsäure harmonisch vereinen. Andererseits wird ein überproduzierter Standardrotwein mit 10 oder 11 % Alkoholgehalt dünn schmecken. Die meisten Spitzenweine französischen Stils, rot oder weiß, enthalten zwischen 11,5 und 13 % Alkohol. Oberhalb dieser Grenze droht ein übertriebener Duft, wenn er nicht durch ein deutlich intensives Aroma oder eine starke Süße ausgeglichen wird. Gespritete Weine haben einen Alkoholgehalt von 17 oder 18 % (Fino Sherry) bis über 20 % (Jahrgangs-Port).

Goulburn Valley Vic – Sehr alte (Tahbilk) und relativ neue (Mitchelton) Betriebe im gemäßigten Klima Central Victorias erzeugen vollaromatische Tafelweine. Goulburn Valley Vineyard Co. ist ein vielversprechender neuer Erzeuger im unteren Preisbereich, empfehlenswert v. a. sein Verdelho.

Goundrey Wines Great Southern; r w ☆☆ Die kürzlich erfolgte Erweiterung scheint schwankende Qualität hervorgebracht zu haben.

Grampians Vic – Früher als Great Western bezeichnete Region mit gemäßigtem Klima im mittleren Westen des Staates. Hohe Qualität (v. a. bei Schaumweinen).

Granite Belt Qld – Hoch gelegene und relativ kühle Weinbauregion an der Grenze zu NSW. Spezialitäten: v. a. würziger Shiraz und voller Semillon/Chardonnay.

Grant Burge Barossa; r w (br); (s); (sch) ☆☆→☆☆☆ 110 000 Kisten seidig-zarter Rot- und Weißweine vom besten Lesegut aus großem eigenem Weinbergbesitz.

Great Southern WA – Abgelegene kühle Gegend; Goundrey und Plantagenet sind die größten Kellereien.

Greenock Creek Barossa; r ☆☆☆ Dank Mr. Parker und den Konsumenten in den USA ist der Shiraz zu einer Ikone aufgestiegen und erzielt exorbitante Preise.

Green Point Siehe Chandon.

Grenache 2427 ha, 22 563 Tonnen – Ergibt bei zu hohem Ertrag dünne Weine, kann aber auch wesentlich bessere Resultate erzielen. Wachsendes Interesse an der Grenache-Traube in allen Anbaugebieten des Barossa Valley und McLaren Vale.

Grosset Clare Valley; r w ★★★→★★★★ Riesling **90′ 92 93′ 94 95′ 97′** 98′ 99 00′ 01 Gaia **86 90 91 92 93** 94′ 95 96′ 98′ 99 – Anspruchsvoller Erzeuger; herausragender australischer Riesling, schöner Chardonnay, Pinot noir und Gaia Cabernet Sauvignon/Merlot.

Hanging Rock Macedon; r w; sch ☆→☆☆☆ Shiraz **90′ 91′ 92 93 94′** 97′ 98 99′ – Gut zusammengestelltes Programm, u. a. preiswerte Picknick-Weine, wuchtiger Heathcote Shiraz, komplexe Schaumweine.

Hardy's McLaren Vale, Barossa, Keppoch usw.; r w; (s); sch ☆☆→☆☆☆☆ Eileen Chardonnay **93 94 96′** 97 98 99′ 00 Vintage »Port« **46′ 51′ 54′ 56′ 58′ 75 77 82** 84′ 96′ – Historischer Betrieb mit Weinen aus verschiedenen Bereichen, auch in Verschnitten. Am besten sind die Serien Eileen Hardy und Thomas Hardy sowie die Vintage-»Port«-Weine (die großartigsten in ganz Australien). Die schön restaurierten Gebäude von Reynella sind jetzt Unternehmenssitz. Seit 1992 – nach Fusion mit Berry-Renmano und Umwandlung in eine AG (BRL Hardy) – das zweitgrößte Weinbauunternehmen Australiens.

Heggies Adelaide Hills; r w; tr (s) ☆☆ Riesling **92 95 98** 99 00 01′ – Lage in 500 m Höhe in den östlichen Barossa Ranges im Besitz von S. Smith & Sons; die Weine kommen getrennt auf den Markt.

Henschke Eden Valley; r w ☆☆☆☆ Shiraz **58′ 60 61′ 62 66 67′ 68′ 72 73 75 76 79 80′ 81′** 83 84′ 86′ 88′ **90′ 91′** 92′ 93′ 96′ 98′ 99 Cabernet Sauvignon **78 80 81 84 85** 86 **88 90′ 91′** 92 93 94′ 95 96′ 98′ – 125 Jahre alter Familienbetrieb, vielleicht der beste Australiens, bekannt für köstlichen Shiraz (v. a. Hill of Grace 59), sehr guten Cabernet Sauvignon und Rotweinverschnitte. Neue hoch gelegene Weinberge in Lenswood (Adelaide Hills) bringen Abwechslung und Vielfalt.

Hollick Coonawarra; r w; (sch) ☆☆ Cabernet Sauvignon/Merlot **90 91′ 92 93** 96′ 98′ – Guter Chardonnay und Riesling sowie viel bewunderte Rotweine, besonders der Reihe Ravenswood.

Houghton Swan Valley; r w ★→★★★ Der berühmteste alte Weinbaubetrieb in Westaustralien. Verkaufsschlager ist der weiche, reife, lagerfähige Supreme – ein nationaler Klassiker. Auch vorzüglicher Cabernet Sauvignon, Verdelho, Shiraz usw. aus den Bereichen Margaret River und Great Southern.

Howard Park Mount Barker; r w ☆☆☆ Riesling **88′ 90′ 91 93 94′ 95′ 96′** 97′ 98′ 99′ (nicht zu empfehlen, da übersäuert, sind 00 und 01) Cabernet Sauvignon **86 88 90′ 91 92 93 94′** 96′ 98′ 99′ – Aromatisierter Riesling, Chardonnay und würziger Cabernet Sauvignon. Eine Erweiterung sowohl in Maragaret River als auch in Great Southern ist im Gange und die Vertragsproduktion für andere Winzer läuft auf Hochtouren. Zweitetikett: Madfish Bay.

Hunter Valley NSW – Der große Name in NSW. Ausladender, milder, erdiger Shiraz und Semillon mit 30 Jahren Haltbarkeit. Cabernet Sauvignon nicht bedeutend, auch Chardonnay verliert immer mehr Einfluss.

Huntington Estate Mudgee; r w ★★★ Cabernet Sauvignon **89 91′ 93′ 94′** 95′ 97 99′ 00′ – Kleines Weingut, das beste in Mudgee. Feiner Cabernet Sauvignon und sehr guter Shiraz. Die Preise liegen immer unter dem Wert.

Jasper Hill Bendigo; r w ☆☆☆→☆☆☆☆ Shiraz **83′ 85′ 86′ 90′ 91′ 92′** 94 96′ 97′ 98′ 99′ – Emily Paddocks Shiraz/Cabernet-franc-Verschnitt und George Paddocks Shiraz aus trockenen Lagen sind intensiv, langlebig und sehr geschätzt. Das Beste in Bendigo.

Katnook Estate Coonawarra; r w; (s); (sch) ☆☆☆ Cabernet Sauvignon **86 90′ 91′** 92 93 97′ 98′ 99 – Vorzüglicher und teurer Cabernet Sauvignon und Chardonnay, ferner Riesling und Sauvignon blanc.

King Valley Vic – Alpine Region von zunehmender Bedeutung, erzeugt 10 000 Tonnen hauptsächlich für Händler außerhalb der Region; wenige eigene Kellereien.

Knappstein Lenswood Vineyards r w ☆☆☆ Tim Knappstein produziert hier subtilen Sauvignon blanc und kraftvollen Chardonnay sowie Pinot noir.

Knappstein Wines Clare Valley; r w ★★★ Zuverlässiger Riesling, Fumé blanc, Cabernet Sauvignon/Merlot und Cabernet franc; im Besitz von Petaluma.

Knight Granite Hills Macedon; r w ☆☆→☆☆☆ Das 30 Jahre alte Familienweingut hat seine alte Klasse mit feinen, eleganten Rieslingen und würzigem Shiraz wiedergefunden.

Lake Breeze Langhorne Creek, SA; r (w) ☆☆ Lange Zeit nur Traubenproduzent, erzeugt das Gut mittlerweile selbst saftige, weiche Weine von Shiraz und Cabernet Sauvignon.

Lake's Folly Hunter Valley; r w ☆☆☆☆ Chardonnay **92′ 93′ 94 95 96′** 97′ 98 99′ 00′ Cabernet Sauvignon **69 75 81 85 88 91′ 93′ 94** 97′ 98′ 99 – Kleines Familienweingut, gegründet von Max Lake, dem Pionier des Hunter-Cabernet-Sauvignon; inzwischen hat Sohn Stephen das Kommando inne. Sehr feiner und komplexer Cabernet Sauvignon, interessanter, haltbarer Chardonnay.

Lamont Swan Valley; r w ☆☆ Weinkellerei und erstklassiges Restaurant im Besitz von Corin Lamont (der Tochter des legendären Jack Mann) und ihrem Ehemann. Köstliche Weine.

Lark Hill Canberra District; r w ☆☆ Gleichmäßigster Erzeuger im Canberra-Gebiet, mit besonders ansprechendem Riesling, angenehmem Chardonnay und überraschendem Pinot noir.

Leasingham Clare Valley; r w ☆☆→☆☆☆ Bedeutender, mittelgroßer Qualitätsweinbaubetrieb, 1987 von Hardy's übernommen. Guter Riesling, Semillon, Chardonnay und Cabernet Sauvignon/Malbec-Verschnitt unter verschiedenen Markennamen.

Leeuwin Estate Margaret River; r w ☆☆☆☆ Chardonnay **82′ 83′ 85′ 86 87′ 89 90 91 92′ 94 95′** 96 97′ 98 – Hervorragend ausgestattetes Weingut. Vorzüglicher (und sehr teurer) Chardonnay, in Westaustralien führend, sehr guter Riesling, Sauvignon blanc und Cabernet Sauvignon.

Limestone Coast Zone SA – Wichtige Anbauzone, zu der auch Coonawarra, Padthaway, Wratton Bully, Mount Benson und Bordertown gehören; breitet sich schnell im südöstlichen Teil Südaustraliens aus.

Lindemans Ursprünglich Hunter Valley, jetzt überall; r w ★→★★★ Coonawarra Red **86′ 90′ 91′ 92** 96′ 97′ 98′ 99 – Eine der ältesten Firmen, heute ein Gigant in Besitz von Southcorp. Sehr gute Chardonnay- und rote Coonawarra-Weine (v. a. Limestone Ridge, Pyrus).

Macedon and Sunbury Vic – Zwei benachbarte Regionen. Macedon liegt erheblich höher als das nahe dem Melbourner Flughafen gelegene Sunbury. Kellereien u. a. Craiglee, Hanging Rock und Virgin Hills.

Margan Family Winemakers Hunter Valley; r w ☆☆→☆☆☆ Höchst erfolgreicher Erzeuger, u. a. mit faszinierenden Weinen der Marke House of Certain Views.

Margaret River WA – Anbaugebiet mit gemäßigtem Klima an der Küste, 280 km südlich von Perth, liefert elegante Weine. Australiens meistbesuchte Touristenweinregion.

McLaren Vale SA – Historische Region am südlichen Stadtrand von Adelaide. Große Rotweine mit schnell steigender Qualität; auch sehr guter Chardonnay.

McWilliam's Hunter Valley und Riverina; r w (br); (s) ★→★★★ Elizabeth Semillon **79' 82 84' 86' 87' 89' 91' 92 93 94' 95** 96 98 99' (00') – Berühmter Familienbetrieb in Mount Pleasant (Shiraz und Semillon). Pioniere in Riverina, u. a. Cabernet Sauvignon und Riesling. Jüngste Ausstellungen stellten den hohen Standard unter Beweis. Elizabeth (wird nach 5 Jahren verkauft) und Lovedale (nach 10 Jahren) sind jetzt die besten Semillon-Weine Australiens. Ehrliche Riverina-Weine zu niedrigen Preisen.

Melton, Charles Barossa; r w; (sch) ☆☆☆ Kleines Weingut mit kräftigen, üppigen Rotweinen, besonders Nine Popes, ein Verschnitt aus Grenache und Shiraz von alten Rebstöcken.

Merrill, Geoff McLaren Vale; r w ☆→☆☆☆ Cabernet Sauvignon **90' 93 96' 97** 98' 99 – Rühriger Erzeuger von Weinen namens Geoff Merrill, Mount Hurtle und Cockatoo Ridge. Ein unermüdlicher Enthusiast: Seine besten Weine sind exzellent, andere zielen als Massenware unverhohlen auf kommerziellen Erfolg. Zur Hälfte im Besitz von Tahbilk.

Miramar Mudgee; r w ☆☆ Mit die besten Weißweine der Gegend, v. a. Chardonnay; außerdem langlebiger Cabernet Sauvignon und Shiraz.

Miranda Riverina; r w; (s) ☆→☆☆ Die Weinberge und Kellereien in Riverina, King Valley und Barossa bilden die Grundlage des kontinuierlichen Wachstums dieses Großproduzenten.

Mitchell Clare Valley; r w ☆☆☆ Riesling **90' 92 94' 95 97** 00' 01' – Kleiner Familienbetrieb mit großartigem Cabernet Sauvignon und einem sehr stilvollen trockenen Riesling.

Mitchelton Goulburn Valley; r w; (s) ★★→★★★ Beachtlicher Betrieb, 1992 von Petaluma erworben. Reiche Auswahl, u. a. sehr guter fassgereifter Marsanne und Shiraz sowie klassischer Blackwood Park Riesling (einer der besten und preiswertesten Australiens) aus dem Goulburn Valley. Viele kühne Verschnitte und Marken.

Montrose Mudgee; r w ★★ Zuverlässiger, doch unterbewerteter Erzeuger von Chardonnay sowie Cabernet-Sauvignon-Verschnitten. Jetzt Teil der Orlando-Gruppe.

Moorilla Estate Tas; r w; (sch) ☆☆☆ Riesling **91' 93 94' 95' 97'** 98' 99 00 – Älterer Betrieb am Rand von Hobart am Derwent River, produziert sehr guten Riesling, Traminer und Chardonnay. Pinot noir jetzt im Aufwärtstrend.

Mornington Peninsula Vic – Anspruchsvolle Weine aus einer kühlen Küstengegend 40 km südlich von Melbourne. Insgesamt 1000 ha; Kellereien u. a. Dromana, Stoniers.

Morris NO-Vic; r w (br) ★★→★★★★ Alter Weinbaubetrieb in Rutherglen mit den besten Muskateller- und »Tokay«-Dessertweinen Australiens. Neuerdings auch sehr gute, preiswerte Tafelweine.
Moss Wood Margaret River; r w ☆☆☆☆ Semillon **86′ 87′ 92′ 94′ 95′** 96 97 98′ 99 **01′** Cabernet Sauvignon **80′ 86 87 90 91** 92 93′ 94′ 95′ 96 98′ 99′ – Für viele der beste Weinbaubetrieb dieser Gegend (mit nur 11,7 ha). Semillon, Cabernet Sauvignon, Pinot noir und Chardonnay mit reichem, fruchtigem Bukett – erstklassigen Kaliforniern nicht unähnlich.
Mountadam Eden Valley; r w; (sch) ☆☆☆ Chardonnay **90′ 92′ 93 94′ 96 97′ 98′** – Weinbaubetrieb von Adam Wynn in High Eden Valley. Üppiger, nachhaltiger Chardonnay. Weitere Marken u. a. David Wynn und Eden Ridge. 2000 von Cape Mentelle gekauft.
Mount Cotton Estate Queensland Coast; r w ☆☆ Beeindruckender 75 000-Kisten-Erzeugerbetrieb mit 100 ha Rebland und einem Restaurant mit 200 Plätzen. Von den zahlreichen neuen Unternehmen dieser Art das größte.

Geographische Bezeichnungen auf australischen Etiketten
Mehr und mehr werden die Weinregionen, Anbauzonen und Subzonen Australiens geographisch genau definiert. Diese so genannten Geographic Indications (GIs) sind als Parallele zu den amerikanischen AVAs oder dem französischen AC-System zu verstehen. Sie beinhalten, dass die Angaben auf dem Etikett eines australischen Weins genauen gesetzlichen Vorgaben entsprechen, die auch alle Anforderungen der EG vollständig erfüllen. Ein obligatorisches Analyse-Zertifikat und eine Expertenverkostung garantieren die Qualität eines jeden Weins, der aus Australien exportiert wird.

Mount Langi Ghiran Grampians; r w ☆☆☆ Shiraz **86′ 88 90′ 91 92 93′ 94** 95 96′ 98′ 99′ – Erzeuger von sehr feinem, pfeffrigem, Rhône-ähnlichem Shiraz, einem der besten aus Australiens kühleren Regionen.
Mount Mary Yarra Valley; r w ☆☆☆☆ Pinot noir **89′ 92′ 94 95 96′ 97′** 98 99′ **(00′)** Cabernet Sauvignon/Cabernet franc/Merlot **82 84′ 85′ 86′ 88′ 90′ 92′ 93′** 95′ 96′ 97′ 98′ 99 – Dr. John Middleton ist Perfektionist; er bringt in sehr kleinen Mengen sanften Chardonnay, lebhaften Pinot noir und vor allem feinsten Cabernet Sauvignon/Cabernet franc/Merlot-Verschnitt hervor, der von allen australischen Weinen einem Bordeaux am nächsten kommt. Alle altern makellos.
Mudgee NSW – Kleines, ziemlich abgelegenes Gebiet 270 km nordwestlich von Sydney. Große Rot- und vollmundige Chardonnay-Weine.
Murray Valley SA, Vic, NSW – Riesiges bewässertes Weinbaugebiet. Hauptsächlich »Fass«-Tafelweine. Liefert 40 % der Gesamterzeugung Australiens.
Nepenthe Adelaide Hills; r w – Seit 10 Jahren der erste Erzeugerbetrieb, der hier neu gegründet wurde (der letzte war Petaluma); hat harte Auflagen zu erfüllen, da er in einer Wassergewinnungszone liegt. Kellertechnik nach dem neuesten Stand, hervorragende Weinberge und großes Know-how in der Weinbereitung ergeben raffinierte Weine, v. a. Sauvignon blanc, Chardonnay und Semillon.
Ninth Island Siehe Piper's Brook.
Oakridge Estate Yarra Valley; r w ☆☆ Der Betrieb besitzt eine neue Kellerei und hat seine Anbauflächen erweitert. Merlot ist eine Spezialität.

O'Leary Walker Wines Clare Valley; r w ☆☆☆ Zwei Karriereknaben haben in ihrer Midlife-Crisis Beringer Blass verlassen, um ihren eigenen Laden aufzuziehen – und schlagen sich prächtig.

Orlando (Gramp's) Barossa; r w (br); (s); sch ★★→★★★ St Hugo Cabernet **86' 88 90' 96** 98' 99' – Großer Pionierbetrieb. War seit 1988 im Besitz des Managements, mittlerweile aber von Pernod-Ricard aufgekauft. Reiche Auswahl, vom Bestseller Jacob's Creek Claret bis zu ausgezeichnetem Jacaranda Ridge Cabernet Sauvignon aus Coonawarra. Siehe auch Wyndham Estate.

Padthaway SA – Großes Anbaugebiet, das als Ableger von Coonawarra entwickelt wird. Kühles Klima: gute Pinot-noir-Rotweine sowie exzellenter Chardonnay, v. a. von Lindemans und Hardy's, und Chardonnay/Pinot-noir-Schaumweine.

Palandri Wines Margaret River; r w ☆☆ Massive öffentliche Investitionen für die 210 ha Rebland in Great Southern, eine 2500-Tonnen-Kellerei und ein erbarmungsloser Werbefeldzug kennzeichnen diesen Erzeugerbetrieb.

Paringa Estate Mornington Peninsula; r w ☆☆☆ Erzeuger von ziemlich spektakulärem Chardonnay, Pinot noir und Shiraz (Spätlese). Viele Male preisgekrönt, und das bei einem Miniaturausstoß von nur 2000 Kisten.

Parker Estate Coonawarra; r ☆☆☆ Kleines Weingut mit sehr gutem Cabernet Sauvignon, v. a. Terra Rossa First Growth.

Pemberton WA – Rasch wachsende Region zwischen Margaret River und Great Southern; die anfängliche Begeisterung für Pinot noir und Chardonnay ist inzwischen auf Merlot und Shiraz übergegangen.

Penfolds Ursprünglich Adelaide, heute überall; r w (br); (sch) ☆☆→☆☆☆☆ Grange **52' 53' 55' 62' 63' 66' 67 71' 75 76 80 83 85 86' 88** 90' 91' 92 94' 95 96'; Bin 707 **64 65 66' 76' 78 80 83' 84 86' 88 90' 91** 92 94' 96' 98'; Bin 389 **66' 70' 71' 76' 83' 86' 88' 90' 91' 92 93** 94' 96' 98' – Weit verzweigte, ausgezeichnete Firma in Barossa, Clare, Coonawarra, Riverina usw. Beständig Australiens bester Rotweinerzeuger. Sein Grange (früher »Hermitage«) hat verdientermaßen ☆☆☆☆; Penfolds Yattarna Chardonnay, der lange erwartete »White Grange«, kam 1998 heraus. Der Cabernet Sauvignon Bin 707 steht ihm nicht viel nach und die übrigen Weine mit Fassnummern (z. B. Cabernet Sauvignon/Shiraz 389, Kalimna Bin 28 Shiraz) sind ebenfalls oft hervorragend. Auch der Grandfather-»Port« kann ganz exzellent sein; die Preise allerdings steigen.

Penley Estate Coonawarra; r w ☆☆☆ Anspruchsvoller, investitionsfreudiger Neuling; voller, substanzreicher, fruchtiger, eichenholzwürziger Cabernet Sauvignon; auch ein Verschnitt von Shiraz und Cabernet Sauvignon, ferner Chardonnay.

Perth Hills WA – Junges Weinbaugebiet 30 km östlich von Perth, mit einer größeren Anzahl Winzer in milden Berglagen.

Petaluma Adelaide Hills; r w; sch ☆☆☆☆ Riesling **80' 82 86' 94' 96'** 98 99 00' Chardonnay **90' 91 92' 93 94' 95' 96'** 98 99 00' Cabernet Sauvignon **79' 86' 88' 90' 91' 92' 93 94'** 95' 97' 98' – In den 1980er-Jahren Durchbruch mit Cabernet Sauvignon aus Coonawarra, Chardonnay aus den Adelaide Hills und Riesling aus dem Clare Valley, verarbeitet in einer Kellerei in den Adelaide Hills. Seit 1988 sind die Rotweine voller geworden. Der neue Chardonnay Tiers ist eine echte Herausforderung für das Leeuwin Estate, aber auch für den Yattarna von Penfolds. Weiteres Etikett: Bridgewater Mill. Besitzt auch Knappstein, Mitchelton, Smithbrook und Stonier Wines.

Peter Lehmann Wines Barossa; r w (br); (s); (sch) ★★→★★★ Hüter der Barossa-Tradition, erzeugt bedeutende Mengen Wein zu beständig guten Preisen. Jetzt eine blühende Aktiengesellschaft. Außerdem Stonewell Shiraz (schmeckt nach Brombeeren und Rum) und trockener Riesling.

Pierro Margaret River; r w ☆☆☆ Chardonnay **90 91′ 93′ 94 95′ 96′** 99 00′ – Hoch angesehener Erzeuger von teurem, aber geschmacksintensivem Semillon, Sauvignon blanc und sehr gutem fassgereiftem Chardonnay.

Pikes Clare Valley; r w ☆☆ Andrew Pike, ein Winzer wie er im Buche steht, produziert zusammen mit seinem Bruder Neil (als Kellermeister) 30 000 Kisten ehrlicher, kräftiger Weine.

Pinot noir 4142 ha, 29 514 Tonnen – Wird hauptsächlich für Schaumweine verwendet. Aufregend gute Tropfen stammen aus Südvictoria, Tasmanien und Adelaide Hills. Anbau wird ausgeweitet.

Terroir in Australien

Das Terroir hat in Australien eine ebenso große Bedeutung wie überall auf der Welt. Man fasst unter diesem Begriff alle Aspekte zusammen, die die Qualität eines Weinbergs ausmachen: also Beschaffenheit von Boden und Unterboden, Neigung, Ausrichtung, Höhe über dem Meeresspiegel und alle anderen mikroklimatischen Eigenschaften. Als ganzer Kontinent bietet Australien eine Vielzahl von verschiedenen Terroirs, wie man sie in keinem anderen Land der Erde findet, ausgenommen den USA. Alle Weinstile, von feinsten Schaumweinen mit Flaschengärung bis hin zu reichhaltigen gespriteten Dessertweinen, werden hier erzeugt. In den letzten fünf Jahren hat es eine Bewegung von den warmen in die kühleren Regionen gegeben, und mehr und mehr achtet man auf die passenden Rebsorten für das gegebene Terroir – Semillon im Hunter Valley, Pinot noir im Yarra Valley, Cabernet Sauvignon in Coonawarra, Grenache in Barossa und dem McLaren Vale, Riesling im Clare Valley.

Piper's Brook Tas; r w; sch ☆☆☆ Riesling **81′ 82′ 84′ 89 91 92′ 93′ 94′ 95′** 96′ 98′ 99′ 00′ 01′ Chardonnay **92′ 93′ 94′ 95′** 97 99′ 00′ – Pionier in einer kühlen Region mit sehr gutem Riesling und Pinot noir sowie zurückhaltendem Chardonnay aus dem Tamar Valley. Schöne Etiketten. Zweitetikett: Ninth Island. 1998 Erwerb von Heemskerk, Rochecombe; kontrolliert damit jetzt 35 % der tasmanischen Weinindustrie. Jetzt in belgischem Besitz.

Pirramimma McLaren Vale; r w ☆☆ Das distinguierte jahrhundertealte Familienunternehmen mit erstklassigen Lagen erzeugt preislich sehr günstige Weine, u. a. hervorragenden Petit Verdot.

Plantagenet Mount Barker; r w; (sch) ☆☆☆ Cabernet Sauvignon **92′ 93′ 94′** 95 98′ (99′) – Altehrwürdiger Erzeuger der Region mit großer Sortenauswahl, v. a. vollem Chardonnay, Shiraz und lebendigem, kräftigem Cabernet Sauvignon.

Portet, Dominique Yarra Valley; r w ☆☆ Nach einer 25-jährigen Karriere bei Taltarni betreibt Portet nun zum ersten Mal eine eigene Kellerei, an die hohe Erwartungen gestellt werden.

Primo Estate Adelaide Plains, SA; r w; tr (s) ☆☆☆ Joe Grilli muss ein Zauberer sein angesichts des Klimas. Erfolgreiche Weine: u. a. sehr guter Riesling mit Edelfäule, geschmacksintensiver Colombard, kräftiger Cabernet Sauvignon/Merlot-Verschnitt Joseph (auch bekannt als Moda Amarone).
Pyrenees Vic – Region in Central Victoria mit vollen, minzeduftigen Roten und einigen interessanten Weißweinen, v. a. Fumé blanc.
Red Hill Estate Mornington Peninsula; r w; sch ☆☆→☆☆☆ Eine der größeren und wichtigeren Kellereien; bemerkenswert elegante Weine.
Redman Coonawarra; r ☆→☆☆ Der berühmteste alte Name in Coonawarra; ein Rotweinspezialist mit Shiraz, Cabernet Sauvignon und Cabernet Sauvignon/Merlot. Die Weine werden der Güte ihrer Lagen immer noch nicht gerecht.

Experimente zur Herstellung alkoholarmer Weine haben in letzter Zeit Fortschritte gebracht – vor allem in Australien, wo Penfolds und Orlando mit einem destillationsähnlichen Separierverfahren arbeiten. Der Wein wird in eine Kolonne eingeleitet, die am oberen Ende mit kegelförmigen Zentrifugentellern versehen und unten mit Stickstoff gefüllt ist. Er sinkt dann in dünn zerstäubter Form nieder, wobei der Alkohol (und ein Teil der Geschmacksstoffe) abgeschieden und vom Stickstoff aufgenommen wird. Anschließend mischt der Kellermeister aus den beiden so gewonnenen Fraktionen – die eine mit Alkohol, die andere ohne – ein schmackhaftes Getränk mit der gewünschten Alkoholstärke. Die besten Resultate liegen um etwa 6 %. Der Geschmack hängt natürlich von den Trauben ab, Chardonnay bewährt sich gut. Da bekommt Cola Light Konkurrenz.

Reynell McLaren Vale; r w; (s) ☆☆→☆☆☆☆ Vintage »Port« **75' 77' 82 87** 88 90 – Historischer Weinbaubetrieb, heute Hauptquartier der BRL-Hardy-Gruppe. Sehr gute »korbgepresste« rote Tafelweine, vorzüglicher Vintage »Port«, jetzt unter dem Etikett Reynell.
Reynold's Orange NSW; r w ☆☆ Markenname der Cabonne Winery (900 ha, 20 000 Tonnen), die über ein Joint Venture mit dem kalifornischen Erzeuger Sutter Home 175 000 Kisten in die USA exportiert.
Richmond Grove Barossa; r w ☆→☆☆☆ John Vickery ist ein Kellermeister im wahrsten Sinne des Wortes, sein großartiger Riesling wird zu Schleuderpreisen verkauft. Die anderen Weine sind ordentlich. Besitzer ist Orlando Wyndham.
Riesling 3558 ha, 26 980 Tonnen – Von besonderer Bedeutung in den Tälern Barossa, Eden und Clare. Meist knochentrocken; kann nach bis zu 20 Jahren Flaschenreifung fantastisch werden. Neuere Botrytis-Rieslinge werden nur gelegentlich erzeugt, können aber ausgezeichnet sein.
Riverina NSW – Massenweinbauzone mit Bewässerung um Griffith; gute »Fass«-Weine, v. a. weiß, sowie großartiger süßer Semillon mit Edelfäule. Bei reduzierten Erträgen sollte eine höhere Qualität möglich sein.
Rockford Barossa; r w; sch ☆☆→☆☆☆☆ Kleiner Erzeuger mit einem reichhaltigen Programm an Weinen individuellen Stils, oft gewonnen von Trauben aus sehr alten, ertragsschwachen Weinbergen. Die Rotweine sind am besten. Schaumwein Black Shiraz hat Kultstatus.
Rosemount Estate Upper Hunter, McLaren Vale, Coonawarra; r w; (sch) ☆☆→☆☆☆ Der volle, ölige Hunter »Show«-Chardonnay ist ein inter-

nationaler Erfolg. Er steht mit McLaren-Vale-Syrah Balmoral, Mudgee Mountain Blue Cabernet Sauvignon/Shiraz und Coonawarra-Cabernet-Sauvignon an der Spitze des Programms, das jedes Jahr besser wird. Seit März 2001 mit Southcorp fusioniert.

Rosevears Estate N Tas; r w – Vor kurzem eröffneter Komplex mit Kellerei und Restaurant in spektakulärer Lage am Tamar River. Weine von Chardonnay, Pinot noir und Cabernet Sauvignon/Merlot unter den Namen Rosevears und Notley Gorge.

Rothbury Estate Hunter Valley; r w ☆☆ Ist 1996 Fosters/Mildara in die Hände gefallen, trotz erbitterten Widerstandes des ursprünglichen Gründers Len Evans, der daraufhin das Gut verließ. Bis dahin langlebiger Semillon und Shiraz sowie voller, buttriger und früh trinkreifer Cowra Chardonnay. Alte Evans-Fans sollten unter Evans Family nachschlagen.

Rutherglen and Glenrowan Vic – Zwei von fünf Regionen im Nordosten von Victoria; eine Zone, die zu Recht berühmt ist für ihre schweren Rotweine und die herrlichen gespriteten Dessertweine.

Rymill Coonawarra ☆☆ Die Nachkommen von John Riddoch führen das gute Werk des Gründers von Coonawarra fort. Besonders beachtenswert: starker, vollmundiger Shiraz und Cabernet Sauvignon.

St Hallett Barossa; r w ★★★ Old Block **84 86 88 90′ 91′ 92′ 93′** 94′ 95 96 97 98 – Verjüngter Weinbaubetrieb; über 60 Jahre alte Reben liefern den prachtvollen Old Block Shiraz. Das übrige Programm (z. B. Chardonnay, Sauvignon blanc/Semillon) zeichnet sich durch milde, stilvolle Art aus.

St Huberts Yarra Valley; r w ☆☆→☆☆☆ – Wiederholte Besitzerwechsel haben den Glanz etwas getrübt; das Weingut ist jetzt ein winziger Teil von Beringer Blass.

Saltram Barossa; r w – Seit 1994 mit Rothbury verschmolzen. Mamre Brook (Shiraz, Cabernet Sauvignon, Chardonnay) und No. 1 Shiraz sind die Spitzenweine. Metala ist die angeschlossene Stonyfell-Marke für Cabernet Sauvignon/Shiraz vom Langhorne Creek.

Sandalford Swan Valley; r w (br) ☆→☆☆☆ Schönes altes Weingut mit kontrastreichen Stilrichtungen reinsortiger Rot- und Weißweine vom Swan und Margaret River.

Sauvignon blanc 2706 ha, 21 487 Tonnen – Meist nicht so ausgeprägt wie in Neuseeland; wird in vielerlei Stilen verarbeitet – von mild bis pikant. Sandalera ist ein erstaunlicher, haltbarer süßer Weißwein.

Scotchman's Hill Geelong; r w ★★ Neuling mit stilvollem Pinot noir und gutem Chardonnay zu mäßigen Preisen und in großen Mengen.

Semillon 6803 ha, 88 427 Tonnen – Bis zur Einführung des Chardonnay war Semillon die Antwort des Hunter Valley auf den südaustralischen Riesling. Wird traditionell nicht in Eichenholzfässern ausgebaut und ist außerordentlich langlebig.

Seppelt Barossa, Grampians, Padthaway usw.; r w br; (s); sch ☆☆☆ Shiraz **71′ 85′ 86′ 90 91′ 92** 93′ 96′ 97′ 98′ – Überall anzutreffender Erzeuger des populärsten australischen Schaumweins (Great Western Brut) und eines großen Angebots von Tafelweinen aus Victoria. Der Spitzenschaumwein heißt Salinger. Ebenfalls Teil von Southcorp.

Sevenhill Clare Valley; r w (br) ☆☆ Seit 1851 im Besitz der Jesuitical Manresa Society, beständig guter Wein; Rote (v. a. Shiraz) können überragend sein.

Seville Estate Yarra Valley; r w ☆☆☆ Chardonnay **92 94′ 97** 98 00′ Shiraz **85 86 88 90 91 92 94** 97′ 98′ – Winziger Betrieb mit hervorragendem Chardonnay, Shiraz, Pinot noir und sehr gutem Cabernet Sauvignon. 1997 von Brokenwood übernommen.

Shadowfax Vineyard Geelong; r w ☆☆→☆☆☆ Stilvolle neue Kellerei, Teil des historischen Werribee Parks. Empfehlenswert ist der Pinot noir. Die Mansion-Gruppe betreibt auch ein Hotel.

Shaw & Smith McLaren Vale; (r) w ☆☆☆ Modisches junges Unternehmen des *flying winemaker* Martin Shaw und des ersten australischen Master of Wine, Michael Hill-Smith. Frischer Sauvignon blanc, sehr guter Chardonnay ohne Eichenholzwürze, komplexer, fassvergorener Chardonnay Reserve und neuer Merlot.

Shiraz 33 676 ha, 311 045 Tonnen – Sehr flexibel, reicht im Stil von samtig/erdig im Hunter Valley über würzig, pfeffrig und Rhône-ähnlich in Zentralaustralien und Südvictoria bis brombeerartig rumsüß und üppig in Barossa und Umgebung (v. a. Penfolds Grange).

Simon Gilbert Wines Mudgee; r w ☆☆ Kellerei im Wert von 10 Millionen australischen Dollar und wichtiger Vertragspartner der Traubenproduzenten in der Central Ranges Zone. Bereitet auch eigene Weine.

Smith & Sons, S. (alias **Yalumba**) Barossa; r w br; (s); sch ★★→★★★ Großes altes Familienunternehmen mit beträchtlichem Schwung. Volles Spektrum an hochwertigen Weinen (v. a. Hill-Smith Estate). Am besten sind Heggies und Yalumba Signature Reserve. Der preiswerte Schaumwein Angas Brut und der Chardonnay Oxford Landing sind heute Weltmarken.

Southcorp Der Gigant in Australien; besitzt Lindemans, Penfolds, Seppelt, Seaview, Wynns usw. und seit 2001 Rosemount.

Southern NSW Zone NSW, u. a. in Canberra, Gundagai, Hilltops, Tumbarumba, Stonehaven und Padthaway; r w ☆☆→☆☆☆ Die erste große Kellerei (20 Millionen australische Dollar) im Bereich Padthaway, gebaut von BRL Hardy, bedient die gesamte Limestone Coast.

Stonier Wines Mornington Peninsula; r w ★★★ Chardonnay **93′ 94′ 95 97 98** 00′ 01′ Pinot noir **93′ 94′ 95′ 97′** 99 00′ – Hat Dromana Estate den Spitzenplatz auf der Halbinsel abgenommen. Beständig sehr guter Chardonnay und Pinot noir; hervorragend sind Reserve-Abfüllungen. Seit 1988 zu 70 % im Besitz von Petaluma.

Swan Valley WA – Die Wiege des Weinbaus im Westen Australiens, nördlich von Perth. Sehr warmes Klima bringt starken Wein mit wenig Säure hervor. Gute Dessertweine. Sinkende Bedeutung.

Tahbilk Goulburn Valley; r w ☆☆→☆☆☆ Marsanne **92 95 96 97** 98′ 99 00 Shiraz **80 84′ 86 88 91′ 92** 98 99′ Cabernet Sauvignon **86 88 90** 92 94 97 98 – Schöner historischer Familienbesitz mit lagerfähigen Rotweinen; außerdem Riesling und Marsanne. Cabernet-Sauvignon-Reserve ist vorzüglich und preiswert. Auch seltene Shiraz-Reben von 1860.

Taltarni Grampians/Avoca; r w; (sch) ☆☆ Wuchtige, aber ausgewogene, sehr lange haltbare Rotweine; guter Sauvignon blanc sowie Clover-Hill-Schaumweine aus Tasmanien.

Tarrawarra Yarra Valley; r w ☆☆☆ Chardonnay **92′ 94′ 95 97 98′** 00′ Pinot noir **92′ 94′ 95 96 97′** 98 00′ – Investitionen in mehrfacher Millionenhöhe; erzeugt in begrenzten Mengen eigenwilligen, teuren Chardonnay und robusten, langlebigen Pinot noir. Zweitetikett: Tunnel Hill.

Tasmanien Gesamterzeugung von über 700 000 Litern. Großes Potenzial v. a. bei Chardonnay, Pinot noir und Riesling in kühlerem Klima.

Tatachilla McLaren Vale; r w ☆☆ Schloss sich Ende 2000 mit St Hallett zur Aktiengesellschaft Banksia Wines zusammen. Beachtliche Produktion von 250 000 Kisten hübscher Weißer und sehr guter Roter; die Mengen werden schnell steigen.

Taylors Wines Clare Valley; r w ☆☆→☆☆☆ Produktion von 200 000 Kisten stark verbesserter Riesling-, Shiraz- und Cabernet-Sauvignon-Weine unter dem Etikett St Andrews.

T'Gallant Mornington Peninsula; (r) w ☆☆ Die Firma mit dem eigenartigen Namen und den avantgardistischen Etiketten ist der Topproduzent von australischem Pinot grigio; außerdem duftiger Chardonnay ohne Holzaroma.

Tower Estate r w ☆☆☆→☆☆☆☆ Das neueste Unternehmen von Len Evans und seinen Partnern ist luxuriös ausgestattet. Sieben Weine von Rebgut aus verschiedenen Gegenden Australiens, die anderen ein Vorbild sein sollten.

Trentham Estate Murray Darling; (r) w ☆→☆☆ »Boutique«-Kellerei in Familienbesitz am Ufer des Murray mit 50 000 Kisten Wein zu guten Preisen; auch ein gutes Restaurant.

Tulloch, Keith Hunter Valley; r w ☆☆☆ Der ehemalige Kellermeister von Rothbury produziert penibel bereitete, elegante und doch komplexe Weine von Semillon, Shiraz u. a.

Turkey Flat Barossa; r rs ☆☆☆ Legendärer Erzeuger von Rosé, Grenache und Shiraz aus 150 Jahre alten Weinbergen. Edelste Tröpfchen.

Tyrrell Hunter Valley; r w ★★★ Semillon Vat 1 **87' 89' 90 91 92 94' 95'** 96 98' 99' 00' Chardonnay Vat 47 **96 97'** 98' 99' 00 Shiraz Vats **73' 75 79' 81' 83 87' 91'** 92' 94' 96' 97 98' 99' 00' – Erzeugt mit die allerbesten traditionellen Hunter-Weine, Shiraz und Semillon. Leistete mit seinem großen, vollmundigen Vat 47 – immer noch ein Klassiker – Pionierarbeit für Chardonnay. Auch Pinot noir.

Upper Hunter NSW – Besteht seit Anfang der 1960er-Jahre. Die bewässerte Rebfläche liefert hauptsächlich Weißwein, der leichter ist und sich schneller entwickelt als der aus dem Lower Hunter Valley.

Vasse, Felix Margaret River; r w ☆☆☆ Cabernet Sauvignon **85 88 89 91 92 94** 95' 96 97 99 – Neben Cullen Pionier am Margaret River. Eleganter, mittelschwerer Cabernet Sauvignon. Umfangreiche Erweiterung ist im Gange. Zweitetikett: Forest Hills (v. a. Riesling, Chardonnay).

Verdelho Alte Weißweinsorte, die in einigen leichten, aromatischen Tropfen und in Verschnitten mit Chardonnay ein Comeback feiert. Probierenswert.

Virgin Hills Bendigo/Ballarat; r ☆☆☆ **73' 74' 76' 81' 82 84 88 91' 92'** 95 97 98' (00') – Rotweinverschnitt (Cabernet Sauvignon/Shiraz/Malbec) in sehr kleinen Mengen, aber legendär. Kommt durch ständige Besitzerwechsel nicht zur Ruhe.

Voyager Estate Margaret River; r w ☆☆☆ 30 000 Kisten reichhaltiger, kräftiger Weine aus eigenem Anbau: Semillon, Sauvignon blanc, Chardonnay und Cabernet Sauvignon/Merlot.

Weaver, Geoff Adelaide Hills; r w ☆☆→☆☆☆ Der ehemalige Kellermeister bei Hardy's hat jetzt ein eigenes 8-ha-Gut in Lenswood. Ausgesprochen feine Weine von Sauvignon blanc, Chardonnay, Riesling und Cabernet Sauvignon/Merlot. Sehr schöne, neu gestaltete Etiketten.

Wendouree Clare Valley; r ☆☆☆☆ **78 79 83 86 89′** 90′ 91′ 92 93 94 96′ 98′ 99 – Hoch geschätzter Erzeuger eines der kraftvollsten, konzentriertesten Rotweine Australiens (in kleinen Mengen) auf der Basis von Shiraz, Cabernet Sauvignon, Mourvèdre und Malbec; immens langlebig.

Westfield Swan Valley; r w ★→★★ Die Cabernet-Sauvignon-, Chardonnay- und Verdelho-Weine von John Kosovich zeichnen sich trotz des heißen Klimas durch besondere Finesse aus. Jetzt baut er einen neuen Weingarten in der wesentlich kühleren Gegend um Pemberton auf.

Wignalls Great Southern; r w ☆☆ Im äußersten Südwesten Australiens (nahe Albany) gelegen. Bill Wignall produziert manchmal himmlischen, immer aber stilvollen Pinot noir.

Wirra Wirra McLaren Vale; r w; (s); (sch) ☆☆☆ Cabernet Sauvignon **86 90′ 91′ 92 95** 96′ 97 98′ – Hochwertige, schön präsentierte und sehr erfolgreiche Weine. Der vorzügliche Angelus Cabernet Sauvignon gehört zur Spitze, ebenso RSW Shiraz.

Woodstock McLaren Vale ☆☆ Immer zuverlässiger Erzeuger von robusten, äußerst aromatischen Rotweinen im typischen Stil der Region sowie köstlichen edelfaulen Weinen von speziellen Rebsorten. 20 000 Kisten.

Wyndham Estate Mudgee; r w; (sch) ★→★★ Rührige große Hunter- und Mudgee-Gruppe mit Craigmoor, Hunter Estate, Montrose, Richmond Grove und Saxonvale als Marken. 1990 Übernahme durch Orlando.

Wynns Coonawarra; r w ☆☆☆ Shiraz **55′ 63 65 85 86′ 88′ 90′ 91′ 93 94′** 96′ 98′ 99 Cabernet Sauvignon **57′ 60′ 62′ 82′ 85′ 86′ 90′ 91′ 94′** 96′ 97 98′ 99′ – Coonawarra-Klassiker im Besitz von Southcorp. Riesling, Chardonnay, Shiraz und Cabernet Sauvignon alle sehr gut, v. a. John Riddoch Cabernet Sauvignon und Michael »Hermitage«.

Yalumba Siehe Smith & Sons.

Yarra Burn Yarra Valley; r w; sch ☆☆→☆☆☆ Weinbaubetrieb mit Semillon, Sauvignon blanc, Chardonnay, Pinot-noir-Schaum- und Stillwein sowie Cabernet Sauvignon. 1995 von BRL Hardy übernommen. Mit Chardonnay und Pinot noir unter dem Etikett Bastard Hill hält man die Fahne hoch.

Yarra Ridge Yarra Valley; r w ☆☆→☆☆☆ Sehr erfolgreich mit Chardonnay, Cabernet Sauvignon, Sauvignon blanc und Pinot noir – alle mit Aroma und Finesse zu relativ mäßigen Preisen. Im Besitz von Beringer Blass.

Yarra Valley Historisches Weinbaugebiet bei Melbourne. Wachsende Erfolge mit Pinot noir und Schaumweinen.

Yarra Yering Yarra Valley; r w ☆☆☆→☆☆☆☆ Rotweine »Dry« **81′ 82′ 83 84 85 90 91′ 92** 93′ 94′ 95 96 97′ 98′ 99 – Die bekannteste der Lilydale-Boutique-Kellereien; v. a. rassiger, kraftvoller Pinot noir, tiefgründiger, kräuterwürziger Cabernet Sauvignon (Dry Red No. 1) und Shiraz (Dry Red No. 2). Üppige, gewagte Aromen in Rot- und Weißweinen. Auch gespritete »Port«-Sorten von den richtigen Trauben.

Yellowglen Bendigo/Ballarat; sch ☆☆→☆☆☆ Ehrgeiziger Schaumweinerzeuger, im Besitz von Mildara Blass. In jüngster Zeit Qualitätsverbesserung mit Spitzenmarken wie Vintage Brut, Cuvée Victoria und »Y«.

Yeringberg Yarra Valley; r w ★★★ Marsanne **91′ 92 94′ 95** 97 98 00′ Cabernet Sauvignon **74′ 75 76 79 80′ 81 82 84 86 88 90 91** 92 94′ 97′ 98′ 00′ – Traumhaftes historisches Weingut, noch immer im Besitz der Gründerfamilie; Marsanne, Roussanne, Chardonnay, Pinot noir und Cabernet Sauvignon in kleinen Mengen und bester Qualität.

Yering Station/Yarrabank Yarra Valley; r w; sch ☆☆☆ Neuanpflanzung an der Stelle, wo sich bis in die 1980er-Jahre der erste Weinberg Victorias befand. Ein außergewöhnliches Gemeinschaftsunternehmen: Yering Station steht v. a. für Reserves von Chardonnay, Pinot noir und Shiraz, Yarrabank v. a. für die feinen Champagne Devaux Schaumweine.

Zema Estate Coonawarra; r ☆☆→☆☆☆ Eine der letzten Bastionen in Coonawarra, in denen noch von Hand beschnitten wird. Seidig-kräftige, entwaffnend geradlinige Rotweine.

Neuseeland

Die dunklen Flächen bezeichnen die Weinbaugebiete

Die folgenden Abkürzungen werden im Text verwendet:

Marlb Marlborough
Martinb Martinborough

Seit Mitte der Achtzigerjahre hat sich Neuseeland vor allem mit Weißweinen von einer kaum für möglich gehaltenen Qualität profilieren können – Weine, die gegenüber australischen und kalifornischen, ja selbst französischen Erzeugnissen sehr wohl bestehen können. 1982 belief sich der Export Neuseelands auf 12 000 Kisten, 2001 waren es über 2,1 Millionen. Die für den Weinbau genutzte Fläche beträgt heute fast 16 000 ha.

Rote Rebsorten sind zwar im Kommen, aber immer noch herrschen die weißen vor. Die häufigsten sind Chardonnay und Sauvignon blanc, die zusammen mehr als 50 % der Anbaufläche belegen. Pinot noir, Merlot und Cabernet Sauvignon sind inzwischen gut etabliert; Riesling, Müller-Thurgau (ein Senkrechtstarter), Sémillon und der neuerdings modische Pinot gris erreichen recht respektable Werte.

Intensive Frucht, Geschmacksfülle und frische Säure sind die Kennzeichen der neuseeländischen Weine. Nirgendwo auf der Welt wächst so pikanter Sauvignon blanc wie in Marlborough. Chardonnay hat sich überall im Land durchgesetzt, Riesling wird schwerpunktmäßig auf der Südinsel angebaut. Marlborough hat auch durch exzellente Schaumweine seine Qualität unter Beweis gestellt. Rotweine (vor allem Cabernet Sauvignon/Merlot-Verschnitte) aus dem relativ warmen Klima der Hawkes Bay und den Gebieten um Auckland haben neuerdings mit den Weißen qualitativ gleichgezogen. Pinot noir – zurzeit sehr begehrt – gedeiht gut in den kühleren Gebieten von Martinborough und der Südinsel.

Neuere Jahrgänge

2001 Ein sehr trockenes Jahr im Süden, regnerisch im Norden. Winzige Erträge an der Hawkes Bay und in Gisborne. In Marlborough geriet der Sauvignon blanc unterschiedlich, meist aber gut. Wahrscheinlich hervorragender Pinot noir.

2000 Kühler, feuchter Frühling und Sommer; Rettung brachte der schöne Spätsommer. Geringe Erträge. Aromatische, intensive Weiße mit Biss. Pinot noir besser als Cabernet Sauvignon.

1999 Dem vielversprechenden trockenen und sonnigen Sommer folgte auf der Nordinsel ein warmer, feuchter Herbst. Durchschnitt in Gisborne und Hawkes Bay, trockener und besser in Marlborough.

1998 Dürre in den meisten Teilen des Landes, daher säurearme, alkoholstarke Weine. Sauvignon blanc aus Marlborough mit dem Duft tropischer Früchte; konzentrierte Rote von der Hawkes Bay.

1997 Geringe Erträge. Unterschiedliche Qualität, da es zur Erntezeit zwar trocken war, zuvor aber starke Niederschläge und hohe Feuchtigkeit Probleme verursacht hatten. Schwungvolle Sauvignon-blanc-Weine aus Marlborough.

1996 Rekordernte von gemischter Güte. Hervorragende Chardonnay-Weine und ausgereifte, fllotte Tropfen vonSauvignon blanc aus Marlborough; die Roten von der Hawkes Bay aber nicht rund genug.

Allan Scott Marlb ☆☆ Attraktiver Riesling, Chardonnay und Sauvignon blanc. Die Spitzenmarke heißt Prestige.

Ata Rangi Martinb ☆☆☆ Kleiner, aber höchst renommierter Weinbaubetrieb. Hervorragender Pinot noir (**96′ 97** 99 00′) und reichhaltiger, konzentrierter Craighall Chardonnay.

Auckland r **93′ 94′ 96** 99 00′ w **99** 00′ – Größte Stadt Neuseelands, Geschäftssitz bedeutender Kellereien; viele mittlere und kleine Weinbaubetriebe in der Umgebung, von denen ein Großteil Trauben aus anderen Gebieten kauft. Umfasst auch die Bereiche Clevedon, Henderson, Huapei, Kumeu, Matakana und die Insel Waiheke. Einige von Neuseelands Spitzenweinen auf Cabernet-Sauvignon-Basis.

Babich Auckland ★★→★★★ Mittelgroßer Familienbetrieb, gegründet 1916, wegen Qualität und preiswertem Angebot hoch angesehen. Weinberge in Auckland, an der Hawkes Bay und in Marlborough. Seltene Spitzenweine unter der Marke The Patriarch. Irongate Chardonnay (**95′ 96 98′** 99 00′) und der Einzellagenverschnitt aus Cabernet Sauvignon und Merlot sind von beständig feiner Qualität.

Black Ridge Central Otago ☆→☆☆ Das südlichste Weingut der Welt. Bekannt für vollen, weichen Pinot noir, aber auch guten Chardonnay, Riesling und Gewürztraminer.

Brancott Vineyards ☆☆→☆☆☆ Von Montana für den US-Markt verwendeter Markenname.

Brookfield Hawkes Bay ☆☆→☆☆☆ Einer der besten Weinbaubetriebe der Region: hervorragender Cabernet Sauvignon/Merlot, reichhaltiger Chardonnay, Pinot noir und Gewürztraminer.

Cairnbrae Marlb ☆☆ Kleine Kellerei, hochwertiger Sauvignon blanc, Chardonnay und Riesling.

Canterbury r **98′ 99′** 00 01′ w 01 – Fünftgrößte Weinbauregion Neuseelands. Anbauflächen vorwiegend in Waipara im Norden sowie um die Stadt Christchurch. Lange, trockene Sommer begünstigen vor allem Pinot noir, Chardonnay und Riesling.

Canterbury House Waipara ☆→☆☆ Ansehnliche Kellerei in North Canterbury; amerikanischer Besitz. Fester, würziger Pinot noir sowie Sauvignon blanc, Riesling und Chardonnay mit vollem Geschmack und Feuersteinnote.

Cellier Le Brun Marlb ☆☆ Kleiner Weinbaubetrieb, gegründet von dem Champagner-Erzeuger Daniel Le Brun, der 1996 ausschied. Sehr gute Schaumweine in Flaschengärung, v. a. Jahrgangsweine (96) und Blanc de Blancs (96). Die Tafelweine der Marke Terrace Road sind ordentlich.

Central Otago r **99′** 00 01′ w **99′** 01 – Kleine, kühle Bergregion im Süden der Südinsel. Riesling und Pinot gris sind vielversprechend; der Pinot noir kann sich mit den besten Weinen Martinboroughs messen.

Chard Farm Central Otago ☆☆ Guter Chardonnay und Riesling sowie duftiger, seidiger Pinot noir.

Church Road Hawkes Bay ★★→★★★ Gehört zu Montana. Unter anderem voller, reifer Chardonnay und eleganter Cabernet Sauvignon/Merlot im Bordeaux-Stil. Die Spitzenweine laufen unter dem Etikett Reserve.

Clearview Hawkes Bay ☆☆→☆☆☆ Sehr kleiner Erzeuger von stämmigem, aromareichem Chardonnay Reserve. Bemerkenswert dunkler, voller Cabernet franc Reserve, Merlot Reserve und Cabernet-Verschnitt Old Olive Block.

Cloudy Bay Marlb ☆☆☆→☆☆☆☆ Gegründet von Cape Mentelle aus Westaustralien, jetzt im Besitz der riesigen LVMH-Gruppe. Intensiver Sauvignon blanc (**01**) und kräftiger Chardonnay, beide anfangs höchst aufregend. Schaumwein Pelorus ebenfalls eindrucksvoll. Der Pinot noir (**99′**) gehört zu den besten in Neuseeland.

Collard Brothers Auckland ★★→★★★ Alteingesessener kleiner Familienbetrieb. Am erfolgreichsten mit Weißweinen, v. a. Chardonnay und Sauvignon blanc vom Rothesay Vineyard sowie Riesling und Sauvignon blanc aus Marlborough.

Coopers Creek Auckland ★★→★★★ Mittelgroßer Erzeuger mit exzellentem Chardonnay Reserve Swamp, Riesling von der Hawkes Bay und Sauvignon blanc aus Marlborough.

Corbans Auckland ★→★★★ Der 1902 gegründete Weinbaubetrieb, bis vor kurzem Neuseelands zweitgrößter, wurde 2000 von Montana geschluckt. Die führenden Marken sind u. a. Corbans (absolute Spitzenweine mit der Bezeichnung Cottage Block, gefolgt von Private Bin), Huntaway Reserve, Stoneleigh (Marlborough), Longridge (Hawkes Bay) und Robard & Butler. Spitzen-Chardonnay von Gisborne, Riesling von der Südinsel und die Schaumweine können überragend sein.

Craggy Range Hawkes Bay ☆☆ Neue Kellerei mit großen Rebflächen in Hawkes Bay und Martinborough. Tadelloser Sauvignon blanc und Chardonnay ab Jahrgang '99.

Cross Roads Hawkes Bay ☆→☆☆ Kleiner Betrieb mit zufrieden stellendem Chardonnay, Riesling, Cabernet Sauvignon und Pinot noir.

Delegat's Auckland ★★→★★★ Mittelgroßer Familienbetrieb; Besitz an der Hawkes Bay und in Marlborough. Die Sorte Proprietor's Reserve wurde vor kurzem eingestellt; nun Chardonnay, Merlot und Cabernet Sauvignon mit weniger Eichenholzaroma unter der Bezeichnung Reserve. Oyster Bay ist eine Marke für exzellenten, hocharomatischen Chardonnay und Sauvignon blanc aus Marlborough.

De Redcliffe Waikato ☆→☆☆ Mittlerer Betrieb in japanischem Besitz, dem ein »Hotel du Vin« angegliedert ist; guter Chardonnay, Riesling, Sauvignon blanc und einfache Rotweine. Die neue Reihe mit dem Namen Firstland ist ausgezeichnet.

Deutz Auckland ★★★ Der Name und die technische Unterstützung für feine Schaumweine, die in Marlborough von Montana produziert werden, kommt vom Champagnerhaus. Der lebhafte, hefige Wein mit Feuersteinaroma wird ohne Jahrgangsangabe verkauft; der Jahrgangs-Blanc-de-Blancs ist voll und cremig.

Domaine Georges Michel Marlb ☆→☆☆ Französisch geführte Kellerei in den Räumen der ehemaligen Merlen Winery. Stilvoller, vollmundiger, runder Sauvignon blanc und lebhafter, Chablis-ähnlicher Chardonnay mit Apfelaroma.

Dry River Martinb ☆☆☆ Winziger Betrieb, der eine Reihe durchdringend aromatischer, langlebiger Weine erzeugt: Chardonnay, Riesling, Pinot gris (der feinste in Neuseeland), Gewürztraminer (ebenfalls Landesbester) und ein bemerkenswert kraftvoller Pinot noir (**94′ 96′ 97′** 99′ 00′).

Esk Valley Hawkes Bay ★★→★★★ Großes ehemaliges Familienunternehmen, jetzt im Besitz von Villa Maria. Einige von Neuseelands sinnlichsten Rotweinen auf Merlot-Basis (v. a. Reserve **95′ 96′ 98′ 99** 00′), sehr guter trockener Merlot Rosé, vielversprechender eichenfassgereifter Chenin blanc und zufrieden stellende Chardonnay- und Sauvignon-blanc-Weine.

Eine Auswahl neuseeländischer Weine für 2003

Merlot Esk Valley Reserve (99), Villa Maria Reserve (99), Unison Selection (99)

Pinot noir Martinborough Vineyard (99), Gibbston Valley Reserve (99), Isabel (00)

Chardonnay Clearview Reserve (00), Kumeu River Mate's Vineyard (00), Ata Rangi Craighall (00)

Sauvignon blanc Palliser (01), Babich Winemaker's Reserve (01), Seresin (01)

Schaumwein mit Flaschengärung Nautilus Cuvee Marlborough oJ, Elstree Cuvee Brut (97), Lindauer Grandeur

Süßweine Dry River Chardonnay Botrytis Berry Selection (00), Cloudy Bay Late Harvest Riesling (99), Virtu Noble Semillon (98)

Fairhall Downs Marlb ☆☆ Reichhaltige, vollfruchtige Weiße, erstaunlich kräftiger Pinot gris mit Pfirsich- und Kräuternoten sowie duftiger, reiner Sauvignon blanc mit intensivem Geschmack.

Felton Road Central Otago ☆☆☆ Neue Starkellerei in der warmen Region Bannockburn. Pinot noir Block 3 und Riesling überragend; exzellenter Chardonnay, kräftiger Pinot noir.

Forrest Marlb ☆☆ Kleine Kellerei mit duftigem, reif-aromatischem Chardonnay, dazu Sauvignon blanc und Riesling sowie stilvoller Cabernet Sauvignon/Merlot der Marke Cornerstone Vineyard von der Hawkes Bay.

Framingham Marlb ☆☆ Spezialisiert auf aromatische Weißweine, v. a. Riesling. Der klassische Riesling ist leicht süß, intensiv im Geschmack und schwungvoll, der trockene noch feiner.

Fromm Marlb ☆☆ Kleiner, von Schweizer Einwanderern gegründeter Betrieb, der sich auf Rotweine spezialisiert hat. Beständig feiner Pinot noir, v. a. die Marke Fromm Vineyard.
Gibbston Valley Central Otago ☆☆ Pionierkellerei mit beliebtem Restaurant. Aushängeschild ist der Pinot noir, v. a. der füllige, feste Reserve (**99′** 00). Rassige Weißweine von lokalen Winzern (Chardonnay, Riesling, Pinot gris, Sauvignon blanc).
Giesen Estate Canterbury ☆→☆☆ Weinbaubetrieb einer deutschen Familie, nun der größte der Region. Der Riesling genießt einen guten Ruf, u. a. der honigsüße Late Harvest. Sauvignon blanc und Chardonnay kommen aus Marlborough, alle anderen Trauben aus Canterbury. Ebenfalls guter Chardonnay und Pinot noir, v. a. Reserve.
Gillan Marlb ☆→☆☆ Kleiner Betrieb, der frischen, lebhaften Sauvignon blanc und Chardonnay produziert; vielversprechender Schaumwein und nach Laub duftender Merlot.
Gisborne r **98′** 00 w **00′** – Neuseelands drittgrößte Region, deren Stärke Chardonnay (typisch duftige, reife und sehr ansprechende Weine in der Jugend) und Gewürztraminer (äußerst duftig und pfeffrig) sind. Ausgiebiger Regen und fruchtbare Böden eignen sich ideal für ertragreiche Sorten, v. a. Müller-Thurgau. Die Rotweine sind zumeist leicht, der Merlot verspricht mehr.
Goldwater Waiheke Island ☆☆☆ Der erste Cabernet Sauvignon/Merlot (**96 97** 99′) mit seiner Médoc-artigen, pikanten Konzentration und Struktur zählt noch immer zu den feinsten Neuseelands. Ebenfalls gut der lebhafte, zitrusfruchtige Chardonnay und der pikante Sauvignon blanc, beide in Marlborough angebaut.
Greenhough Nelson ☆☆ Einer der Spitzenerzeuger der Region. Zuverlässig tadelloser Riesling, Sauvignon blanc, Chardonnay und Pinot noir voller Geschmackstiefe. Spitzenmarke: Hope Vineyard.
Grove Mill Marlb ☆☆→☆☆☆ Attraktive Weißweine, darunter der kräftige Marlborough Chardonnay, exzellenter Riesling, Sauvignon blanc und leicht süßlicher Pinot gris.
Hawkes Bay r **95′** 98′ 99 00 w **98′ 00** ′– Die zweitgrößte Region Neuseelands mit langer Weinbautradition für Tafelweine, die in warmem, sonnigem Klima auf kiesigen und schwereren Böden erzeugt werden. In guten Jahren volle, reiche Rotweine, entweder von Cabernet Sauvignon oder auf Merlot-Basis; kräftiger, aromatischer Chardonnay; reifer, abgerundeter Sauvignon blanc.
Highfield Marlb ☆☆ Nach zögerlichem Start jetzt hochwertiger Riesling, Chardonnay, Sauvignon blanc und Pinot noir, dazu hefiger Schaumwein Elstree mit durchdringendem Feuersteinaroma. Jetzt in japanischem Besitz.
Huia Marlb ☆☆ Vollmundige, hintergründige Weine mit gutem Alterungspotenzial, z. B. der schmackhafte, runde Chardonnay und der duftende, würzige Gewürztraminer.
Hunter's Marlb ★★★ Einer der großen Namen der Region. Produziert intensiven, makellosen Sauvignon blanc mit und ohne Fassausbau. Der Chardonnay ist delikat und fein. Exzellenter Riesling- und Gewürztraminer-Schaumwein, leichter, eleganter Pinot noir.
Huthlee Hawkes Bay ☆☆ Kleine, eher zurückhaltende Kellerei mit lebhaftem, schwungvollem Sauvignon blanc und Pinot gris; außerdem konzentrierte Rote im Bordeaux-Stil, v. a. Merlot und Cabernet Sauvignon/Merlot.

Isabel Estate Marlb ☆☆→☆☆☆ Kleines Familiengut; kalkiger Tonboden. Überragender Pinot noir, Sauvignon blanc und Chardonnay, alle mit beeindruckender Tiefe und Raffinesse.

Jackson Estate Marlb ☆☆→☆☆☆ Großer Weinbaubetrieb ohne eigene Kellerei. Reichhaltiger Sauvignon blanc, guter Chardonnay (v. a. der gewichtige Reserve). Voller, komplexer Schaumwein und großartige süße Weißweine.

Kemblefield Hawkes Bay ☆→☆☆ Große Kellerei in amerikanischem Besitz. Leichte Rotweine, buttriger, in Eiche ausgebauter Sauvignon blanc mit Kräuternote und weicher, pfeffriger Gewürztraminer sowie voller, saftiger Chardonnay.

Kim Crawford Hawkes Bay ☆☆ Eigenes Etikett des ehemaligen Kellermeisters von Coopers Creek, erstmalig 1996. Reichhaltiger, eichenholzwürziger Chardonnay aus Gisborne, fester Chardonnay ohne Holznote und vollmundiger Sauvignon blanc aus Marlborough sowie lebhafter, süffiger Cabernet franc von der Hawkes Bay.

Kumeu River Auckland ☆☆☆ Hier werden ausschließlich Trauben aus Auckland verarbeitet. Berühmt für den sehr reichhaltigen, mehligen Kumeu Chardonnay (**99 00'**); der Einzellagen-Chardonnay Mate's Vineyard ist noch üppiger. Die anderen Weine sind ordentlich, u. a. frischer, reiner Pinot gris und schmackhafter, eichenholzwürziger Pinot noir. Zweitetikett: Brajkovich.

Lake Chalice Marlb ☆→☆☆ Kleiner Erzeuger mit fettem, cremigem, weich strukturiertem Chardonnay und kraftvollen Cabernet-Sauvignon- sowie Merlot-Weinen. Guter Riesling und Sauvignon blanc. Spitzenetikett: Platinum.

Lawson's Dry Hills Marlb ☆☆→☆☆☆ Hier werden gewichtige Weine mit reichen, intensiven Aromen produziert. Vornehm vor allem der Sauvignon blanc, aber auch Gewürztraminer und Riesling.

Lincoln Auckland ☆ Alteingesessener, mittelgroßer Familienbetrieb. Tadellose preiswerte sortenreine Weine; besondere Stärke: reichhaltiger, buttrig-weicher Chardonnay aus Gisborne (President Selection).

Lindauer Siehe Montana.

Linden Hawkes Bay ☆→☆☆ Ziemlich kleiner Erzeuger von weichem, buttrigem Chardonnay, solidem, aber nicht aufregendem Sauvignon blanc sowie sanftem beerenfruchtigem Merlot und Cabernet Sauvignon.

Longridge Siehe Corbans.

Margrain Martinb ☆☆ Kleine Kellerei mit festem, konzentriertem Chardonnay, Riesling, Pinot gris, Merlot und Pinot noir. Alle Weine profitieren von ein paar Jahren Flaschenlagerung.

Marlborough r **98' 99 00** 01' w **01** – Das größte Weinbaugebiet Neuseelands. Warme Tage und kühle Nächte führen zu lebhaften Weißweinen mit intensivem Aroma. Außergewöhnlich starker Sauvignon blanc, dessen Geschmacksnote von scharfer, grüner Paprika bis zu reifen Tropenfrüchten variieren kann. Limonenfrischer Riesling; Schaumweine von hoher Güte. Zu kühl für Cabernet Sauvignon, Pinot noir gerät jedoch sehr vielversprechend.

Martinborough r **98 99'** 00 01 w **00** 01 – Kleines Gebiet mit Spitzenqualität im Süden Wairarapas (Nordinsel). Im Sommer warm, im Herbst trocken; kieshaltige Böden. Erfolg mit weißen Trauben (Chardonnay, Sauvignon blanc, Riesling, Gewürztraminer, Pinot gris); berühmt wurde das Gebiet jedoch durch den Pinot noir.

Martinborough Vineyard Martinb ☆☆☆ Vornehme kleine Kellerei, deren Pinot noir (**98' 99'** 00') zu den Spitzenweinen Neuseelands zählt; außerdem voller, biskuitartiger Chardonnay. Auch eindringlicher Riesling und Sauvignon blanc.

Matakana Estate Auckland ☆☆ Der größte Erzeuger im Bereich Matakana. Seit 1998 erstklassiger Chardonnay, Pinot gris, Sémillon und Merlot/Cabernet-Sauvignon-Verschnitt. Unter dem Etikett Goldridge wird Massenwein verkauft.

Matariki Hawkes Bay ☆☆ Stilvolle, konzentrierte Weiß- und Rotweine von den ausgedehnten Weinbergen im steinigen Gimblett Road. Reichhaltig und reif der Sauvignon blanc mit Eichennote, würzig und robust der Rotweinverschnitt Quintology.

Matawhero Gisborne ☆→☆☆ Ehemals Spezialist für Neuseelands beste Gewürztraminer. Neuerdings mit größerem Sortiment von wechselnder, aber meist guter Qualität, u. a. Gewürztraminer, Chardonnay, Sauvignon blanc, Cabernet Sauvignon/Merlot.

Matua Valley Auckland ★★→★★★ Sehr renommierter, mittelgroßer Weinbaubetrieb mit weitläufigen eigenen Anbauflächen, jetzt im Besitz von Beringer Blass. Erzeugt exzellenten, in Holz ausgebauten Matheson Sauvignon blanc. Spitzenweine unter der Marke Ararimu sind u. a. ein voller, würziger Chardonnay und ein dunkler, reicher Merlot/Cabernet Sauvignon. Viele attraktive Weine zu guten Preisen aus Gisborne (v. a. der Chardonnay Judd), von der Hawkes Bay und aus Marlborough, Letzterer wird unter dem Etikett Shingle Peak vertrieben.

Mills Reef Bay of Plenty ☆☆→☆☆☆ Die Familie Preston erzeugt eindrucksvolle Weine aus Trauben von der Hawkes Bay. Das Spitzensortiment Elspeth umfasst saftigen, fassgereiften Chardonnay und dichte, reichhaltige Rotweine im Bordeaux-Stil. Die Reserve-Weine mittlerer Qualität sind beeindruckend. Ferner zwei Qualitätsschaumweine: Mills Reef und Charisma.

Die besten Pinot-noir-Weine aus Neuseeland

Pinot noir ist der neue Schlager von den Inseln im Südpazifik: verführerisch duftende, süffige, volle sortenreine Weine aus Martinborough, aber auch etlichen Gegenden der Südinsel, vor allem Central Otago und (seit kurzem) Marlborough. Bisher wurden nur geringe Mengen erzeugt, die Produktion wächst aber schnell an. Die besten dieser Weine sind von verblüffender Qualität. Spitzenetiketten sind u. a.: Ata Rangi, Martinborough Vineyard, Dry River, Palliser, Walnut Ridge (alle Martinborough), Cloudy Bay, La Strada Fromm Vineyard, Neudorf, Pegasus Bay, Gibbston Valley Reserve und Felton Road Block 3.

Millton Gisborne ☆☆→☆☆☆ Der kleine Spitzenerzeuger in Gisborne produziert meist ökologisch. Bestes Produkt ist der halbtrockene Riesling Opou Vineyard. Weicher, saftiger Chardonnay Opou Vineyard und kräftiger, komplexer Chenin blanc Dry.

Mission Hawkes Bay ★→★★ Ältester Weinbaubetrieb Neuseelands, 1851 gegründet von französischen Missionaren und noch immer unter der Leitung der Catholic Society of Mary. Starke sortenreine Weine; der süßliche Riesling mit intensivem Duft ist besonders preiswert. Die neue Reserve-Serie umfasst u. a. ausgezeichnete Rote im Bordeaux-Stil, Sémillon, Riesling und Chardonnay.

Montana Auckland ★→★★★ Neuseelands Weingigant; seit der Übernahme von Corbans im Jahr 2000 über 60 % Marktanteil. Kellereien in Auckland, Gisborne und Marlborough sowie an der Hawkes Bay (siehe Church Road). Ausgedehnte Anbauflächen in Gemeinschaftsbesitz. Berühmt für Weißweine aus Marlborough, u. a. außerordentlich preiswerter Sauvignon blanc, Riesling und Chardonnay (besonders gut: die neue Reserve-Reihe). Stark bei Schaumweinen, u. a. Deutz sowie der stilvolle, feine und preiswerte Lindauer. Elegante Rotweine der Marke Church Road von der Hawkes Bay und hochwertiger Chardonnay. Im August 2001 von der britischen Firma Allied-Domecq gekauft.

Morton Estate Bay of Plenty ★★→★★★ Angesehener, mittelgroßer Hersteller mit Anbauflächen an der Hawkes Bay und in Marlborough. Der edle, reichhaltige Black Label Chardonnay zählt zu den besten Neuseelands (**98'**), aber der Mittelklasse-Chardonnay White Label ist ebenfalls sehr gut. Mit dem herrlichen Coniglio Chardonnay erzeugt das Morton Estate den teuersten Wein der Doppelinsel.

Die besten Sauvignon-blanc-Weine aus Neuseeland

In Marlborough produziert man unnachahmlich beschwingten Sauvignon blanc mit enormer Geschmacksfülle, der am besten jung, zwischen sechs und 18 Monaten, getrunken wird. Weine von der Hawkes Bay sind kräftiger, kräuterwürziger und abgerundeter, weniger schwungvoll, dafür aber besser zur Fassreifung geeignet. Zu den Klassikern zählen Cloudy Bay, Hunter's, Grove Mill, Palliser, Vavasour, Villa Maria Reserve, Montana Reserve, Wither Hills, Lawson's Dry Hills, Isabel und Seresin.

Mount Difficulty Central Otago ☆☆ Neuer Erzeuger in dem relativ heißen Bannockburn-Gebiet. Kraftvoller, fester, toastwürziger Chardonnay und raffinierter, eindringlicher Pinot noir.

Mount Riley Marlb ☆→☆☆ Schnell wachsende Firma mit ausgedehntem Weinbergbesitz, aber ohne eigene Kellerei. Wundervoll ausgewogener, ansprechender Chardonnay, durchdringender Riesling, schwungvoller Sauvignon blanc und dunkler, voller Cabernet Sauvignon/Merlot. Alle preiswert.

Muddy Water Waipara ☆☆ Kleiner Erzeuger (seit 1996) auf hohem Niveau mit wunderbar intensivem, ausgewogenem Riesling, vor Saft und Kraft strotzendem Chardonnay und enorm wuchtigem Pinot noir.

Nautilus Marlb ☆☆ Kleine Händlergruppe in Neuseeland im Besitz von S. Smith & Son (Eigentümer von Yalumba) aus Australien. Spitzengewächse sind u. a. der Sauvignon blanc und ein duftig hefiger, weicher Schaumwein. Weitere Weine unter dem Etikett Twin Islands.

Nelson r **99** 00 01' w **00 01'** – Kleine Region westlich von Marlborough mit ähnlichem, aber etwas feuchterem Klima. Anbauflächen auf Lehmböden in den Upper-Moutere-Hügeln und der schlammigen Waimea-Ebene. Gute erprobte Weißweine, v. a. Riesling, Sauvignon blanc und Chardonnay. Bester Rotwein: Pinot noir.

Neudorf Nelson ☆☆☆ Eine von Neuseelands Spitzenweinboutiquen mit nur etwa 6 ha bepflanzter Fläche. Neben dem stämmigen, cremig-vollen Chardonnay (**99' 00**), einem der großartigsten des Landes, gibt es beständig feinen Pinot noir, Sauvignon blanc und Riesling.

Ngatarawa Hawkes Bay ☆☆→☆☆☆ Mittelgroße Kellerei. Spitzensortiment Alwyn Reserve, u. a. mit kräftigem Chardonnay und einem drallen Cabernet Sauvignon/Merlot. Glazebroock ist die mittlere Qualität.

Nga Waka Martinb ☆☆→☆☆☆ Erzeuger von trockenen, stahligen Weißweinen sehr hoher Qualität: überragender Sauvignon blanc, Riesling mit durchdringendem Aroma, kräftiger, saftiger Chardonnay.

Nobilo Auckland ★→★★ Die drittgrößte Kellerei Neuseelands erwarb 1998 Selaks und ist jetzt im Besitz von BRL Hardy. Die Rotweine genossen einen guten Ruf, sind heute aber nicht mehr beeindruckend. Der Sauvignon blanc aus Marlborough ist gut, hat aber seinen Preis. Spitzenmarke für sortenreine Weine: Icon. Sehr gut der Drylands Sauvignon blanc. In der unteren Preisklasse findet man die Etiketten Fernleaf und Fall Harvest.

Okahu Estate Northland ☆→☆☆ Neuseelands nördlichste Kellerei in Kaitaia. Feuchtwarmes Klima. Die fülligen Rotweine verfügen über ein warmes, reifes Aroma. Der 94er Kaz Shiraz ist der erste Shiraz Neuseelands mit einer Goldmedaille. Schmackhafter, komplexer Clifton Chardonnay Reserve.

Omaka Springs Marlb ☆ Kleiner Erzeuger mit kräftigem Sauvignon blanc, Riesling, Chardonnay und Merlot. Eindrucksvollere neue Reserve-Weine: Chardonnay und Pinot noir.

Oyster Bay Siehe Delegat's.

Palliser Estate Martinb ☆☆→☆☆☆ Eine der größten und besten Kellereien der Gegend; überragender Sauvignon blanc mit dem Aroma von tropischen Früchten, exzellenter Chardonnay, Riesling und Pinot noir. Spitzenweine werden unter dem Etikett Palliser Estate verkauft, die anderen sind unter der Bezeichnung Pencarrow erhältlich.

Pask, C. J. Hawkes Bay ☆☆ Mittlere Kellerei mit ausgedehnten Rebflächen. Guter, manchmal exzellenter Chardonnay (v. a. Reserve). Die Rotweine von Cabernet Sauvignon und auf Merlot-Basis werden rasch besser; als Reserve können sie reichhaltig und komplex sein.

Pegasus Bay Waipara ★★→★★★ Kleines, edles Sortiment von bemerkenswert straffem Chardonnay aus kühleren Breiten, saftigem, komplexem Sauvignon blanc/Sémillon, der im Holzfass reift, sowie schwungvollem, hocharomatischem Riesling. Die Rotweine auf Cabernet-Sauvignon-Basis zählen zu den feinsten der Region und der Pinot noir ist üppig und seidig.

Peregrine Central Otago ☆☆ Angehender Spitzenerzeuger; startete mit einem umwerfend guten Sauvignon blanc (98); außerdem stahliger, schneidender Riesling sowie voller, reichhaltiger Pinot gris und Gewürztraminer.

Quartz Reef Central Otago ☆☆ Qualitätsbewusster Erzeuger mit gewichtigem, feuersteinwürzigem Pinot gris, stattlichem, festem Pinot noir von großer Geschmacksfülle sowie dem hefigen, einem Champagner ähnelnden Schaumwein Chauvet mit langem Abgang.

Rippon Vineyard Central Otago ☆→☆☆ Verblüffender Weingarten, von dem feiner, äußerst duftiger, vollfruchtiger Pinot noir stammt. Außerdem Weißweine, die sich langsam entwickeln, u. a. stahliger Chardonnay mit Apfelaroma.

Robard & Butler Siehe Corbans.

Rongopai Waikato ☆→☆☆ Kleine Kellerei, die neben örtlichen Trauben auch Lesegut aus Auckland und Gisborne verwendet. Zart vollmundiger, reifer Sauvignon blanc und Chardonnay. Bekannt für süße edelfaule Weißweine, v. a. Riesling Reserve.

Sacred Hill Hawkes Bay ★★ Produziert unter der Marke Whitecliff saubere sortenreine Weine und gute, eichenfassgereifte Sauvignon blanc Reserve unter den Namen Barrel Fermented und Sauvage. Guter Basket Press Cabernet Sauvignon und Merlot/Cabernet Sauvignon. Ein sehr vornehmer Wein ist der kraftvolle, cremige Rifleman's Reserve Chardonnay.

Saint Clair Marlb ☆☆ Schnell wachsender, exportorientierter Erzeuger mit beträchtlichen Anbauflächen. Duftiger, vollaromatischer Riesling und Sauvignon blanc, frischer, unkomplizierter Chardonnay sowie pflaumenduftiger Merlot, der jung getrunken werden sollte. Reichhaltig und konzentriert die Reserve-Weine von Sauvignon blanc und Chardonnay sowie Merlot.

St Helena Canterbury ☆→☆☆ Die älteste Kellerei der Region, 1978 in der Nähe von Christchurch gegründet. Leichter, geschmeidiger Pinot noir (der Reserve ist kräftiger). Der Chardonnay ist etwas ungleichmäßig, in besseren Jahren aber gut. Ein guter Kauf ist der günstige, erdige, saftige Pinot blanc.

Seifried Estate Nelson ★→★★ Die einzige mittelgroße Kellerei der Region, gegründet von einem Australier. Bekannt für preisgünstigen Riesling und Gewürztraminer, produziert sie jetzt auch preiswerten, oft exzellenten Sauvignon blanc und Chardonnay. Auch leichte Rotweine. Die besten Weine gibt es unter dem Namen Winemaker's Collection.

Selaks Kumeu ★★→★★★ Mittelgroßer Familienbetrieb; 1998 von Nobilo gekauft. Seine Stärke ist der Sauvignon blanc, die Roten fallen dagegen recht einfach aus.

Seresin Marlb ☆☆→☆☆☆ Neugründung des im Ausland lebenden neuseeländischen Filmproduzenten Michael Seresin. Der erste Jahrgang war 1996. Stilvoller, makelloser Sauvignon blanc und Chardonnay (v. a. Reserve), Pinot gris, Pinot noir, Riesling und Noble Riesling.

Sherwood Canterbury ☆→☆☆ Vornehmer, strenger Riesling und Chardonnay sowie zwei Pinot-noir-Varianten. Vor allem der Reserve ist vorbildlich: bemerkenswert frisch mit Pflaumen- und Beerennoten. Außerdem ein markanter Reserve Chardonnay mit Anklängen an Pfirsich und Nüsse.

Shingle Peak Siehe Matua Valley.

Sileni Hawkes Bay ☆☆ Große neue Kellerei (seit 1998) mit ausgedehnten Weinbergen und erstklassigen Weinen von Merlot/Cabernet Sauvignon, Chardonnay und Sémillon.

Soljans Auckland ☆ Alteingesessene kleine Familienkellerei; erzeugt guten, geschmeidigen Pinotage.

Spencer Hill Nelson ☆☆ Bekannt für vollen cremigen, weichen Chardonnay; erster Jahrgang 1994. Außerdem größere Mengen der Marke Tasman Bay; die Spitzenauswahl namens Spencer Hill konzentriert sich eher auf einzelne Lagen und hat leichtes Eichenaroma.

Stonecroft Hawkes Bay ☆☆→☆☆☆ Kleine Kellerei, am bekanntesten der dunkle, konzentrierte, außerordentlich vielversprechende Shiraz, der eher an die Rhône als an Neuseeland erinnert. Auch exzellenter Cabernet Sauvignon/Syrah/Merlot-Verschnitt (Ruhanui), Chardonnay, Gewürztraminer und Sauvignon blanc.

Stoneleigh Siehe Corbans.

Stonyridge Waiheke Island ☆☆☆☆ Boutique-Kellerei mit zwei Rotweinen im Bordeaux-Stil: dem außergewöhnlichen Larose (**93 94′** 96 97 99 00′) und dem Airfield als Zweitetikett.

Te Awa Farm Hawkes Bay ☆☆ Neuere Kellerei mit großen eigenen Anbauflächen. Erstklassiger Chardonnay, Cabernet Sauvignon/Merlot und Merlot unter den Etiketten Boundary (Topqualität), Frontier und Longlands (größere Mengen).

Te Kairanga Martinb ☆☆ Eine der größeren Kellereien in diesem Gebiet. Es gibt vollaromatischen Chardonnay mit Feuersteinaroma (der Reserve ist reichhaltiger) und geschmeidigen Pinot noir mit ansprechendem Duft (der Reserve ist kräftiger und komplexer).

Te Mata Hawkes Bay ☆☆☆→☆☆☆☆ Renommiertester Erzeuger der Region mit dem beständig feinen, kraftvollen, langlebigen Chardonnay Elston, dem sehr guten, eichenfassgereiften Sauvignon blanc Cape Crest und dem außerordentlich stilvollen Cabernet Sauvignon/Merlot Coleraine (**91′ 95** 98′). Ebenfalls sehr gut ist der Cabernet Sauvignon/Merlot unter der Zweitmarke Awatea mit geringerem Anteil neuer Eiche.

Te Motu Waiheke Island ☆☆ Spitzenwein von Rebflächen der Familien Dunleavy und Buffalora auf Waiheke Island. Dunkler, konzentrierter, brombeerfruchtiger Rotwein auf sehr gutem Qualitätsniveau, erster Jahrgang 1993. Dunleavy Cabernet Sauvignon/Merlot ist die Zweitmarke.

Torlesse Waipara ★→★★ Kleiner Erzeuger in Canterbury mit gutem Preis-Leistungs-Verhältnis. Gewichtiger, konzentrierter Sauvignon blanc, frischer Riesling mit Feuersteinnote und fester, toastwürziger Chardonnay mit Anklängen an Zitrusfrüchte.

Trinity Hill Hawkes Bay ☆☆→☆☆☆ Teilweise in Besitz von John Hancock (ehemals Morton Estate). Seit 1996 eindrucksvolle dunkle, feste, konzentrierte Rotweine sowie straffer, eleganter Chardonnay.

Unison Hawkes Bay ☆☆ Rotweinspezialist mit dunklen, würzigen, überaus vollmundigen Verschnitten auf der Basis von Merlot, Cabernet Sauvignon und Syrah. Die eichenholzwürzigen Selection-Weine halten am längsten.

Vavasour Marlb ☆☆→☆☆☆ Kellerei im Awatere Valley, die makellosen Chardonnay und Sauvignon blanc mit intensivem Aroma erzeugt. Außerdem äußerst vielversprechender Pinot noir. Dashwood ist die Zweitmarke.

Vidal Hawkes Bay ★★→★★★ Der Betrieb wurde 1905 von einem Spanier gegründet und gehört heute zum Villa-Maria-Imperium. Das Reserve-Sortiment (Chardonnay, Cabernet Sauvignon/Merlot) hat einen gleichmäßig hohen Qualitätsstandard. Andere sortenreine Weine sind ebenfalls gut.

Villa Maria Auckland ★★→★★★ Neuseelands zweitgrößte Weinfirma, zu der auch Vidal und Esk Valley gehören. Im Besitz von George Fistonich. Die Spitzenweine laufen unter der Bezeichnung Reserve (Noble Riesling ist der mit den meisten Preisen ausgezeichnete süße Weißwein Neuseelands). Zur Mittelklasse gehört Cellar Sel, mit weniger Eichenholzeinfluss, und auch die Weine der dritten Marke Private Bin können exzellent und äußerst preisgünstig sein (v. a. Riesling, Sauvignon blanc und Gewürztraminer).

Waipara Springs Canterbury ☆☆ Kleiner Erzeuger im Norden Canterburys mit lebendigem Riesling, Sauvignon blanc und Chardonnay aus kühleren Gebieten; die Rotweine sind vielversprechend.

Waipara West Canterbury ☆☆ Miteigentümer ist der aus Neuseeland stammende Weinhändler Paul Tutton mit Sitz in London. Fein duftender, lebhafter Riesling, frisch-säuerlicher, kräuterwürziger Sauvignon blanc, fester Chardonnay mit Zitrusaroma und zunehmend reifer, gehaltvoller Pinot noir.

Wairarapa Neuseelands sechstgrößte Weinregion. Siehe Martinborough.

Wairau River Marlb ☆☆ Kraftvoller Sauvignon blanc und üppiger, toastiger Chardonnay.

Wellington Hauptstadt und offizieller Name der Region, zu der auch Wairarapa, Te Horo und Martinborough gehören.

West Brook Auckland ★★ Alteingesessener, unterbewerteter Erzeuger von makellosem, hocharomatischem Chardonnay, Sauvignon blanc und Riesling. Spitzenweine unter dem Label Blue Ridge.

Whitehaven Marlb ★★ Im Aufbau befindlicher Betrieb (erster Jahrgang 1994), der exzellente Weine herstellt: rassigen Riesling, duftigen, feinen, lebendigen Sauvignon blanc und aromatischen, süffigen Chardonnay.

Wither Hills Marlb ☆☆☆ Weinberg im Besitz von Brent Marris, dem ehemaligen Kellermeister von Delegat's. Außergewöhnlicher Chardonnay und Sauvignon blanc sowie ernst zu nehmender, konzentrierter, würziger Pinot noir.

Südafrika

In den Kellereien am Kap übernimmt mehr und mehr eine jüngere Generation, die in der Weinwelt herumgekommen ist und sich auskennt, das Ruder – erste Auswirkungen sind schon zu spüren.

Kaum mehr als ein Jahrzehnt ist vergangen, seit das Land die Apartheid überwunden und sich aus der Isolation und von den internationalen Sanktionen befreit hat – und mit einem in der Zwischenzeit stark veränderten Weltmarkt konfrontiert wurde. Anfangs erwies sich die 350 Jahre alte Weinbautradition Südafrikas als Hemmnis für einen Wandel. Das Wein-Establishment brauchte Jahre, um sein System der Preisabsprachen und monopolähnlichen Produktionsquoten abzuschaffen. Und mit Ausnahme einer kleinen Minderheit kümmerte es sich nicht weiter um die grassierende Virusgefahr und die Schlamperei in den Weinbergen. Aber all das fängt an, anders zu werden.

Die Pinotage-Traube ist nicht länger die unangefochtene Königin der Rebflächen am Kap. Etliche der fortschrittlichen Winzer heutzutage ziehen sie überhaupt nicht mehr in Betracht. Stattdessen kümmern sie sich intensiv um ihre Weinstöcke – und zwar aller Sorten. Ihre Bemühungen um Lesegut allerersten Güte haben der ganzen Weinindustrie den Schub nach vorn versetzt, der unweigerlich hatte kommen müssen.

Die Vielfalt der südafrikanischen Weinlandschaft ist eine ihrer großen Stärken. Ihre Rebgärten, verstreut in der atemberaubenden Landschaft an der Spitze Afrikas zwischen Bergen und entlang der Küsten, umgeben von einer wilden Pflanzen- und Tierwelt, die einzigartig in der Welt ist, sind eine andere. Noch eine ganze Zeit lang werden von hier eine Menge sauberer, billiger, meist weißer Supermarktweine kommen. Doch die neuen Macher in Südafrika haben sich nicht vorgenommen, auf Dauer in den unteren Etagen hängen zu bleiben. Ihre Ziele sind weit höher gesteckt.

Neuere Jahrgänge

2001 Trockenheit im Sommer und Winter brachte unterdurchschnittliche Erträge und konzentrierte Frucht. Könnte eines der besten Jahre für Rote werden. Die mächtigen, tieffarbigen Weine sollten lange halten.

2000 Ein schwieriges Jahr; zum dritten Mal in Folge sehr heiß. Feuer in vielen Weinbergen. Später vereinzelt Unwetter mit Hagel. Die allgemeinen Verbesserungen in der Pflege der Rebflächen tragen Früchte. Es sind vielversprechende Rotweine entstanden, für frische, fruchtige Weiße war die Hitze aber ungünstig.

1999 Wetterkapriolen zu Beginn der Wachstumsperiode wirkten sich verheerend auf die Blüte aus und schädigten die Erträge der frühen Sorten erheblich. Die lange Hitzewelle vor der Lese erhöhte den Alkoholgehalt und brachte einige überaus massive Weine für lange Lagerung hervor.

1998 Von Anfang an sengend heiß und trocken; verkürzte Wachstumsperiode. Geringe Erträge hielten die Qualität hoch. Mächtige, alkoholstarke Rotweine zum Einlagern.

1997 Die längste und kühlste Saison seit Jahrzehnten ermöglichte eine allmähliche Reifung der Trauben. Bestes Rotweinjahr der Neunzigerjahre, v. a. für Winzer, die sich von ein paar Regenschauern nicht ins Bockshorn jagen ließen.

1996 Insgesamt kühler mit einigen Schauern, aber Rekorderträge. Qualität allgemein ungleichmäßig, v. a. bei Erzeugern, die nicht rechtzeitig Maßnahmen zur Ertragsbegrenzung trafen.

African Terroir Wines ☆→☆☆ Die große, neu renovierte Kellerei in Stellenbosch und Paarl hieß früher Sonop Wines. Aus Lesegut, das man von überall her in Südafrika bezieht, werden einige Weinreihen mit gutem Preis-Leistungs-Verhältnis bereitet: Azania Range mit Shiraz (01), Big Five Collection mit gutem Cabernet Sauvignon, Pinotage und Merlot (alle 01), Diemersdal mit Cabernet Sauvignon und Pinotage sowie Out of Africa mit exzellentem Shiraz (01).

Allesverloren r ☆☆ Altes Familiengut in Swartland westlich von Kapstadt, am bekanntesten für »Port« (**89 90 93 96** 97), aber auch kerniger Cabernet Sauvignon (**95 96 98**) und Shiraz (**94 96 99**).

Amani Stellenbosch; r w ☆☆ Cleverer, zielstrebiger Newcomer mit ausladendem, fettem Chardonnay (00 **01**) und kernigem Merlot (**99** 00).

Avontuur Stellenbosch; r w; s ☆☆ Mehrfach preisgekrönter Erzeugerbetrieb mit vollem, zitronenfruchtigem Chardonnay Reserve (**00**) und kompaktem, fruchtigem Pinotage Reserve (**99 00**). Daneben guter Brut-Schaumwein oJ von Pinot noir, Chardonnay sowie in Eiche ausgebauter edelfauler Riesling mit dem Namen Above Royalty (**99**).

Axe Hill r; s ☆☆☆ Herausragender winziger Spezialist von Jahrgangs-»Port« in Calitzdorp: Touriga Nacional und Tinta Barocca (**97** **98** **99**).

Backsberg r w; s ☆→☆☆ 160-ha-Weingut in Paarl, das gerade eine tief greifende Erneuerung in Weinberg und Keller durchmacht – einschließlich der Umstellung auf biologische Produktion. Attraktive Preise; fester Kundenstamm in Südafrika. Führend der Verschnitt Klein Babylonstoren (**97** **98**) im Bordeaux-Stil, dazu Shiraz (**99**), in Eiche vergorener Chardonnay, Sauvignon blanc, Rosé, trockener Schaumwein sowie ein hervorragender fassgereifter Brandy von Chenin blanc mit dem Namen Sydney Back.

Eine Auswahl südafrikanischer Weine für 2003

Cabernet Sauvignon Kanu, Rustenberg, Peter Barlow, Thelema, Neil Ellis Vineyard Selection, Boekenhoutskloof

Merlot Thelema Reserve, Veenwouden, Spice Route Flagship, Steenberg

Shiraz Graham Beck The Ridge, Neil Ellis Vineyard Selection, Waterford Kevin Arnold, Delheim Vera Cruz, De Trafford, HAvana Hills, Fairview Cyril Black

Pinotage Fairview Primo, Uiterwyk Top of the Hill, Simonsig Red Hill, L'Avenir

Pinot noir Newton-Johnson, Bouchard-Finlayson Tête de Cuvée, Glen Carlou, Hamilton Russell, Meerlust

Chardonnay Seidelberg, Eikendal, Kanu, Fairview Akkerbos, De Wetshof D'Honneur. Immer erstklassig: Thelema, Vergelegen Reserve, Glen Carlou Reserve, L'Avenir

Sauvignon blanc (BV) Mulderbosch, Steenberg Reserve, Vergelegen Reserve, Neil Ellis Groenekloof

Chenin blanc Kanu, Cederberg, Villiera, Mulderbosch Steen op Hout, L'Avenir, Seidelberg, Ken Forrester

Dessertwein Constantia Vin de Constance, Avontuur Above Royalty, Vergelegen Sémillon Noble Late Harvest

Schaumwein Villiera Brut Natural Chardonnay, J. C. le Roux Pinot Noir, Graham Beck Brut

Beaumont Walker Bay; r w ☆☆ Rustikaler Familienbetrieb mit sehr gutem Pinotage Reserve (**97** 99), Chardonnay und Chenin blanc (**99** **00**). Vielversprechender dichter, dunkler Mourvèdre.

Bellingham r w ☆→☆☆ Tadellose Rotweine der Premium-Reihe Spitz. Cabernet franc (**98** **99**), Pinotage (**97** **99**), Shiraz (**98** **99** **00**). Populäre Weißweine (alle BV), v. a. lieblicher, milder Johannisberger (im Export Cape Gold) auf Cape-Riesling-Basis, Chardonnay, Sauvignon blanc und Sauvenay, ein Verschnitt aus Chardonnay und Sauvignon blanc.

Bergkelder Weinfirma in Stellenbosch, die einige Güter besitzt oder für sie den Vertrieb übernimmt, etwa Le Bonheur, Uiktyk oder Alto. Marken sind u. a. J. C. le Roux (Schaumwein) und Fleur de Cap (rot, weiß, rosé). Siehe auch Distel.

Beyerskloof Stellenbosch; r ☆☆→☆☆☆ Kleines Gut mit großer Anhängerschaft. Cabernet Sauvignon/Merlot (**95** **97** 98 99) mit Geschmackstiefe sowie Pinotage (**98** **99** **00**). Dasselbe Team produziert auch Wein unter dem Namen Bouwland: guter Pinotage Reserve (**98**) und Cabernet Sauvignon/Merlot-Verschnitt (**99** 00).

Boekenhoutskloof r w ☆☆ Führender Erzeuger in Franschhoek von würzigem, energischem Shiraz (97 98 99), Cabernet Sauvignon (**97** **98** 99) und Sémillon (99 **00**). Günstige Zweitmarke: Porcupine Ridge.

Boland Kelder Paarl; r w; s ☆☆ 2001 als »winemaker of the year« ausgezeichnet. Guter Cabernet Sauvignon (99 00), Pinotage (97 99 00), körperreicher Shiraz (98 00) sowie gespriteter weißer Muscadel.

Boplaas r w; s ☆→☆☆ Weingut im trockenen, heißen Bereich Karoo. Erdiger, tiefer Cape Vintage Reserve im Port-Stil (**91** **94** **96** 97 99), gespriteter Muscadel sowie »Cape Tawny Port« oJ.

Boschendal r w; sch ☆☆ 250-ha-Gut bei Franschhoek; bekannt für gute Weißweine und Chardonnay Reserve Schaumwein (**99** **00**). Auch sehr guter Shiraz (**97** **98** 99), Bordeaux-Verschnitt Grand Reserve (**97** **98** 99) und Merlot (**95** **97** **98** **99**).

Bouchard Finlayson Walker Bay; r w ☆☆→☆☆☆ Führender Erzeuger von Pinot-noir-Weinen: Galpin Peak (**96** **97** **99** 00) und Tête de Cuvée (**99**). Dazu exzellente Schaumweine von Chardonnay, v. a. die Marken Missionvale und Kaaimansgat (beide **99** **00** 01). Auch sehr guter Sauvignon blanc (BV).

Bredell, J. P. ☆☆→☆☆☆ Weinbaubetrieb in Stellenbosch. Voller, dunkler, tiefer Vintage Reserve im Portwein-Stil von Tinta-Barocca- und Souzão-Trauben (**91** **95** 97 98). Reichhaltige Weine von Pinotage (**96** 98) und seit neuestem auch Merlot (**98**) und Shiraz (**97** **98**).

Breede River Valley Bereich mit gespriteten und Weißweinen östlich vom Drakensteingebirge.

Buitenverwachting r w; sch ☆☆→☆☆☆ In deutschem Besitz befindliches Weingut in Constantia, einem Vorort von Kapstadt. Überragender Sauvignon blanc (**99** **00**), Chardonnay (**99** **00**), Rotweinverschnitt Christine im Bordeaux-Stil (**92** **95** **96**), Cabernet Sauvignon (**91** **92** 95) und Merlot (**95** 99).

Cabrière Estate Franschhoek ☆☆ Guter Cap Classique oJ unter dem Namen Pierre Jordan (Brut Sauvage, Chardonnay/Pinot noir und Belle Rose Pinot noir).

Cape Point Vineyards Cape Point; r w ☆☆ Der Atlantik ist auf beiden Seiten der Weingärten dieses Guts auf der Kaphalbinsel. Herausragender Sauvignon blanc und Sauvignon blanc/Sémillon-Verschnitt (**00**). Guter Chardonnay (**00**).

Cederberg Wines Cederberg; r w ☆☆→☆☆☆ Kellerei mit den höchstgelegenen Weinbergen Südafrikas. Vor Frucht strotzende knackige Weiße von Sauvignon blanc und Chenin blanc (beide **00** **01**). Herrlicher roter Verschnitt auf Cabernet-Basis.

Jahrgangsempfehlungen gelten jeweils für den vorangestellten Wein. Rotgedruckte Jahrgänge sollten bevorzugt 2003 getrunken werden.

Chateau Libertas Viel verkaufter Verschnittwein der Firma SFW, vorwiegend von Cabernet Sauvignon.

Chenin blanc Weit verbreitete Weißweinrebe am Kap. Anpassungsfähig, manchmal vorzüglich; wird von führenden Erzeugern erheblich verbessert, es gibt sogar fassvergorene Weine davon. Der trockene, fruchtige Stil sollte jung genossen werden, süße Weine sind meist langlebiger. Wird auch Steen genannt.

Clos Malverne ☆☆ Kleines Gut in Stellenbosch mit eingeführtem gutem Ruf für Pinotage Reserve (**96** **97** **98**) und den Cabernet Sauvignon/Merlot/Pinotage-Verschnitt Auret (**95** **97** **98**).

Constantia Der einst berühmteste süße Wein auf Muskateller-Basis (rot und weiß) kommt vom Kap. Siehe Klein Constantia.

Constantia Uitsig r w ☆☆ Chardonnay Reserve (**01**), Sémillon Reserve (**99 00 01**) sowie Cabernet Sauvignon von Rebflächen in Constantia; Weinbereitung im benachbarten Steenberg.

Cordoba r w ☆☆→☆☆☆ Hoch angesehenes Weingut im Helderberg-Hochland, Stellenbosch. Stilvoller Bordeaux-Verschnitt auf der Basis von Cabernet franc mit der Bezeichnung Crescendo (**95 97** 98 99). Außerdem vollreifer Merlot (**95 96 97** 98).

Darling Cellars r w; s ☆→☆☆ An der Atlantikküste westlich von Kapstadt gelegen. Die Reihe Onyx führt mit Pinotage/Shiraz (**99**) und Pinotage (**98** 99) die umfangreiche Weinauswahl an; außerdem guter Shiraz Groenekloof (**98** 99). Preisgünstig die DC-Reihe.

Delaire Winery r w ☆☆→☆☆☆ Hoch gelegene Weinberge am Helshoogte Pass oberhalb von Stellenbosch. Voller Chardonnay (**97 98 99 00**), mächtiger Cabernet Sauvignon Botmaskop (**98**) eindringlicher Merlot (**98** 00) und Cabernet Sauvignon/Merlot (00).

Delheim r w; tr s ☆→☆☆☆ Große Kellerei mit hoch gelegenen Weinbergen bei Stellenbosch. Gefeierter Vera Cruz Shiraz (**98** 00), der Bordeaux-Verschnitt (Merlot/Cabernet Sauvignon/Cabernet franc) Grand Reserve mit Pflaumennoten (**95 96** 97 98 99), guter Cabernet Sauvignon (**95 97 98** 99) und beständiger Pinotage (**98 99**); auch Chardonnay, Sauvignon blanc und Süßweine, v. a. Gewürztraminer und hervorragender Steen Edelspatz mit Edelfäule (**00**).

De Toren Stellenbosch; r ☆☆☆ Ganz neu auf dem Markt ist Fusion V von Cabernet Sauvignon, Cabernet franc, Merlot, Petit Verdot und Malbec. Eine minutiöse Traubenauslese garantiert elegante, komplexe Weine.

De Trafford Winery r w ☆☆☆ Kleiner Betrieb in Stellenbosch, der wie ein Kunsthandwerker ungefilterte, mit natürlichen Hefen vergorene Weine bereitet. Bordeaux-Verschnitt Reserve (**98** 99), Cabernet Sauvignon (**97** 98 99 00), Shiraz (**98** 00), Merlot (**97 98 99** 00). Auch trockener, in Eiche ausgebauter Chenin blanc (**00**) und der Dessertwein Vin de Paille (**97 98 99**) von Chenin blanc.

Devon Hill Stellenbosch; r w ☆☆ Neue Kellerei in Schweizer Besitz im Devon Valley. Reichhaltiger preisgekrönter Cabernet Sauvignon (00), Merlot (00) und Pinotage Bluebird (00).

De Wetshof Robertson; w; s ☆☆ Chardonnay-Weine unterschiedlicher Stilrichtungen. Spitzenprodukte sind die Fassauslese Bataleur (**98 99 00**) und D'Honneur (**00**). Ferner Sauvignon blanc, Gewürztraminer, der Rheinriesling Danie de Wet und der Edoloes (99 **00**). Für den Export nach Großbritannien gibt es einen Hausmarken-Chardonnay.

Die Krans Estate ☆→☆☆ Weinbaubetrieb in der Karoosteppe mit gehaltvollem Vintage Reserve im Port-Stil (**91 94 95** 97). Außerdem traditionelle, süße, gespritete rote und weiße Muscadel-Weine.

Distel Neu formierter Zusammenschluss einiger der größten südafrikanischen Weinbauunternehmen wie Bergkelder, Distillers und Stellenbosch Farmers' Winery. Die Firma betreibt – unter Verzicht auf spektakuläre Schnellschüsse – in großem Maßstab die Vermarktung der Marken Fleur du Cap, Zonnebloem, Grundberger, Nederburg u. a.

Durbanville Hills r w ☆☆ Feine, elegante Rotweine von Rebgut aus den kühleren Küstenlagen in Durbanville: Cabernet Sauvignon, Merlot und Pinotage (alle **99** 00). Außerdem Chardonnay (00 **01**) und verführerischer Sauvignon blanc (**00**).

Edelkeur ☆☆☆ Ausgezeichneter, intensiv süßer Weißwein von Nederburg aus edelfaulen Chenin-blanc-Trauben. Wie alle voll entwickelten botrytisierten Dessertweine trägt er die offizielle Bezeichnung Noble Late Harvest.

Eikendal Vineyards r w; s ☆→☆☆ 40-ha-Weingut und Kellerei in Stellenbosch, in Schweizer Besitz. Merlot (**96 97 98** 99), sehr guter Chardonnay (98 99 **00 01**) sowie Cabernet Sauvignon Reserve (**94 96** 99).

Estate Wine Amtliche Bezeichnung für Weine, die ausschließlich auf registrierten Gütern angebaut und produziert (aber nicht unbedingt abgefüllt) werden müssen. Keine Qualitätsbezeichnung.

Fairview r w; tr s ☆☆→☆☆☆ Das unternehmungsfreudige Gut in Paarl steht an der Spitze von Südafrikas Bewegung hin zu einem modernen, fruchtigen Weinstil. Große Bandbreite an Weinen: schmackhafter Viognier (**98 99 00**), Shiraz Reserve (**97 98** 00), Shiraz Cyril Black (**98** 99), Amos Pinotage (**98** 99), Primo Pinotage (**00**), ein Verschnitt im Rhône-Stil mit dem frechen Namen Goats do Roam, voller Sémillon Oom Pagal (**00**), Chardonnay Akkerbos (**00**) sowie fassvergorener Chenin blanc. Außerdem Malbec, Gamay, Carignan und Mourvèdre.

Flagstone Kapstadt; r w ☆☆ Draufgängerischer Kellermeister aus Australien, der sich das Rebgut aus 39 Weinbergen herankarren lässt. Der beste Wein bisher ist der Music Room Cabernet Sauvignon (00).

Fleur du Cap r w; s ☆→☆☆ Preiswerte Serie von Bergkelder in Stellenbosch; u. a. die Reihe Unfiltered Collection. Guter Cabernet Sauvignon (**96** 98), Merlot (**96** 98), feiner Gewürztraminer, Chenin blanc mit Edelfäule, Chardonnay (**00**) sowie guter Sauvignon blanc (BV).

Glen Carlou r w ☆☆→☆☆☆ Spitzenweingut am Kap mit Anbauflächen in Paarl. Verbindung mit Donald Hess in Napa, Kalifornien. Herausragender Chardonnay Reserve (**98 99 00**), Bordeaux-Verschnitt Grand Classique (**95 97** 98), voller Pinot noir (96 **98** 00) und würziger neuer Shiraz (**00**). Mit der beste halbtrockene Chenin blanc vom Kap: Devereux (**99 00**). Außerdem Vintage »Port« (**96 97** 98).

Graham Beck Winery r w; sch ☆☆→☆☆☆ Zwei avantgardistische Weingüter in Robertson, die drei erstklassige Schaumweine Méthode Cap Classique produzieren: Brut RD oJ, ein Blanc de Blancs reinsortig von Chardonnay (**93 96**), Cuvée 2000 oJ mit leichtem Rosaschimmer, vorwiegend von Pinot noir (seit dem Jahr 2000 auf dem Markt) sowie ein angesehener Chardonnay (99 **00**). Der Shiraz The Ridge (**97 98** 99) hat schon Kultstatus. Der neue Ableger an der Küste erzeugt Cornerstone Cabernet Sauvignon (**99**) und Old Road Pinotage (**98** 99). Außerdem Estate Blend (**99**) im Claret-Stil.

Grangehurst r ☆☆→☆☆☆ Kleiner, auf Rotweine spezialisierter erstklassiger Betrieb in Stellenbosch, der Trauben ankauft. Hervorragender Verschnitt Nikela (**97 98**) im »Südafrika-Stil« (Cabernet Sauvignon/Pinotage/Merlot), aber auch guter Pinotage (**95 97** 98) und konzentrierter Cabernet Sauvignon/Merlot Reserve (**95 96 97** 98).

Groot Constantia r w ☆→☆☆ Historisches Gut nahe Kapstadt in Staatsbesitz. War Anfang des 19. Jahrhunderts der Herkunftsort überragender roter und weißer Muskateller-Dessertweine. Guter Cabernet Sauvignon/Merlot-Verschnitt Gouverneur's Reserve (**92 94 95 97** 99), Pinotage (**97 99** 00), Chardonnay Reserve (**00 01**), Shiraz (99) sowie Schaumwein aus edelfaulen Rheinriesling- und Gewürztraminer-Trauben (**98 99**). Auch guter Sauvignon blanc (BV).

Hamilton Russell Vineyards Walker Bay; r w ☆☆→☆☆☆ Der südafrikanische »Burgunder«-Spezialist in Hermanus. Feiner Pinot noir (**96 97** 98 99 00) und erstklassiger, geschliffener Chardonnay (**97 98 99**). Kleine Erträge, französisch inspirierte Kellertechnik und sorgfältige Fassabfüllung. Die Marke Ashbourne ist eingestellt worden.

Hartenberg Stellenbosch; r w ☆☆→☆☆☆ Angesehener Erzeuger von in der Regel lange gereiftem Rotwein. Shiraz (**93 95 96 97**), Merlot (**95 96 97**) und Cabernet Sauvignon (94 96 **97**). Sehr individueller Pontac (**93** 98), Zinfandel (**95 97**), Chardonnay Reserve (**00 01**) und süßer »Weisser Riesling« (Rheinriesling).

Havana Hills Durbanville; r w ☆☆ Die neue Kellerei hinter Kapstadt hat ein glänzendes Debut gegeben. Ganz oben steht die Reserve-Reihe Du Plessis: tiefer, schwer lastender Cabernet Sauvignon/Merlot-Verschnitt (00), Merlot (00) und Shiraz (00).

Hazendal r w ☆→☆☆ Altes Weingut in Stellenbosch in russischem Besitz. Guter Chardonnay (**00 01**) und als Aushängeschild Cabernet Sauvignon/Shiraz (**97 98** 99 00). Außerdem Schaumwein, Pinotage und Steen.

Hidden Valley r ☆☆☆ Kleiner Winzer im Devon Valley bei Stellenbosch mit ausgezeichnetem Pinotage (**96 97** 99 00) und neuem Cabernet Sauvignon im klassischen Stil (99 00).

Jordan Vineyards Stellenbosch; r w ☆☆ Gary und Cathy Jordan, ein Ehepaar, das in Kalifornien gelernt hat, erzeugt Cabernet Sauvignon/Merlot Reserve Cobbler's Hill (**97 98** 99), Cabernet Sauvignon (**95 96 97** 98), sehr guten Sauvignon blanc (BV) und Chardonnay (**99 00 01**).

Kaapzicht Estate Stellenbosch; r w ☆☆→☆☆☆ Der Pinotage Steytler (**98** 99) und der Pinotage/Cabernet Sauvignon/Merlot-Verschnitt Vision (00) stehen ganz oben auf der Liste der lokalen Weine. Außerdem gut bereiteter Cabernet Sauvignon (**96 97** 98 99).

Kanonkop Stellenbosch; r ☆☆→☆☆☆ Weingut mit großartigem regionalem Renommee. Gibt den Takt vor für in Eiche ausgebauten Pinotage (**89 91 94 97** 98 99). Ebenso charakterstark der eindringliche Paul Sauer (**89 91 94 95** 97 98 99), ein Verschnitt im Bordeaux-Stil. Außerdem individueller, kraftvoller Cabernet Sauvignon (**89 91 94 95 97 98** 99).

Kanu Wines Stellenbosch; r w; s ☆→☆☆ Prominenter Newcomer mit Cabernet Sauvignon Limited Release (98 99), Merlot (**98** 99), Chenin blanc mit Fassausbau im neuen Stil, Chardonnay (**99 00**) und überragendem Sauvignon blanc (BV). Auch edelfauler Hárslevelű.

Ken Forrester Vineyards ☆☆ Innovativer Erzeuger in Helderberg, Stellenbosch (und Betreiber der Winzer-Stammkneipe »96 Winery Road«). Voller Grande Chenin im neuen Stil von über 25 Jahre alten Buschreben (**97 98 00**); außerdem ein ungewöhnlicher, schmackhafter, leicht strukturierter Grenache-Shiraz-Verschnitt (**99** 00) von einem über 35 Jahre alten Weinberg.

Klein Constantia Estate r w; s ☆☆→☆☆☆ Unmittelbarer Nachbar des historischen Weinguts Groot Constantia. Stets überragender, kräftiger, lebhafter Sauvignon blanc, der jahrelang hält. Daneben fester Chardonnay (**97 98 99**), straffer Cabernet Sauvignon, Bordeaux-Verschnitt Marlbrook (**94 95 96** 97) und üppiger Shiraz (**94 95 97 99**). Der Vin de Constance, ein Dessertwein aus der Muscat-de-Frontignan-Traube mit Aromen von Minze, Limone und Kaffee, lässt seit 1986 die Tradition des legendären Constantia aus dem 18. Jahrhundert wieder aufleben (**93 94 95 96 97** 98).

Kleine Zalze Stellenbosch; r w ☆→☆☆ Kellerei auf dem Weg zum Comeback. Cabernet Sauvignon (**98** 99), vollreifer Shiraz (**00**) und fassvergorener Chenin blanc (**99** **00**).

Kumala r w; sch ☆→☆☆ Weine mit gutem Preis-Leistungs-Verhältnis der englischen Firma Western Wines; mit 1,2 Millionen Kisten jährlich der größte Importeur südafrikanischer Tropfen im Vereinigten Königreich. Sauberer Cabernet Sauvignon Reserve, Merlot Reserve (**99** 00) und Chardonnay Brut (Méthode Cap Classique).

KWV International Paarl; r w; s ☆→☆☆☆ Die Kooperatieve Wijnbouwers Vereniging, ehemals Südafrikas nationale Winzergenossenschaft, kontrollierte bis zu ihrer umstrittenen Privatisierung 1997 den südafrikanischen Weinbau. Heute erzeugt sie in großen, hervorragend ausgerüsteten Anlagen in Paarl eine Reihe guter bis exzellenter Weine, v. a. die Roten der Marke Cathedral Cellar: Cabernet Sauvignon (**94 95 96 97**), Merlot (**94 95 96 97** 98), Pinotage (**94 95 96 97**), Bordeaux-Verschnitt Triptych (**94 95** 96 97 98), Shiraz (**96 97 98**) sowie Chardonnay (**00**). Es gibt auch ein reguläres KWV-Angebot, u. a. einen traditionellen Verschnitt von Shiraz, Merlot und Cabernet Sauvignon mit dem in Südafrika legendären Namen Roodeburg (**96 97 98**) sowie eine große Anzahl trockener Weißweine. Auch der Port-Stil wird gepflegt: Vintage »Port« (**97**), Millennium Vintage »Port« (99) und Full Ruby oJ. Zusätzlich produziert KWV den Cabernet Sauvignon La Borie Estate (**96 97 98**) und einen reichhaltigen Luxusdessertwein von Pinotage namens Pineau de Laborie.

La Motte r w ☆☆ Verschwenderisch eingerichtetes Weingut der Familie Rupert bei Franschhoek mit mageren, aber stilvollen Roten: Verschnitt Millennium (**95 97 98**) im Bordeaux-Stil und guter Shiraz (**95 96 97 98**).

Landskroon Estate r w ☆→☆☆ Solides altes Gut in Paarl, seit über acht Generationen (ohne Unterbrechung) im Besitz derselben Familie. Mit dem Cabernet Sauvignon Paul de Villiers (99) und dem Shiraz (00) ist kürzlich ein weiterer Schritt nach oben auf der Qualitätsleiter gelungen, und auch die anderen Rotweine von Cabernet Sauvignon und Merlot sind gut. Ausgezeichneter »Port« (**96** 97 99).

L'Avenir ☆☆→☆☆☆ Exzellentes Weingut in Stellenbosch; einer der führenden Erzeuger von Pinotage (**97 98 99**) und vollem, kräftigem Chenin blanc (98 99 00 **01**). Außerdem eindrucksvoller Cabernet Sauvignon (**95 97** 99), Chardonnay (00 **01**), gewichtiger, intensiv schmeckender Sauvignon blanc (**00 01**) sowie edelfauler Dessertwein Vin de Meuveur (**97** 00).

Le Bonheur Estate Stellenbosch; r w ☆☆ Weingut mit feinem mineralischem Bordeaux-Verschnitt Prima (**95 96 97** 98 99), Cabernet Sauvignon (**95 97** 98) und körperreichem Sauvignon blanc (**99 00 01**).

Le Riche Wines Stellenbosch; r ☆☆→☆☆☆ Der angesehene Kellermeister Etienne Le Riche bereitet in dieser Boutique-Kellerei überragende Weine: Cabernet Sauvignon Reserve (**97 98** 99 00), Cabernet Sauvignon (**97 99**) und Cabernet Sauvignon/Merlot (**99** 00).

Linton Park r w ☆☆ Große Kellerei in Wellington in britischem Besitz. Gute erste Jahrgänge des Shiraz Summer Hill (**99 00**). Die Zweitmarke heißt Capell's Court.

Long Mountain Wine ☆→☆☆ Marke von Pernod-Ricard; unter der Leitung des reisenden Australiers Robin Day und des Einheimischen Jacques Kruger. Traubenankauf bei Winzergenossenschaften am Kap. Guter und günstiger Cabernet Sauvignon, Ruby Cabernet Sauvignon, Cabernet Sauvignon/Merlot Reserve sowie Chardonnay und Chenin blanc. In britischen Supermärkten omnipräsent.

L'Ormarins Estate r w; s ☆☆ Eines von zwei schönen Weingütern der Familie Rupert bei Franschhoek. Am besten sind der Bordeaux-Verschnitt Optima (94 95 96 **97**), der Cabernet Sauvignon (**91 94 95**) und der in Eiche ausgebaute, früh trinkreife Sauvignon blanc (**01**).
Meerendal Estate r ☆☆ Herrlich gelegenes Weingut in Durbanville, das sich gerade aus einem Tief herausarbeitet. Die Weine von Cabernet Sauvignon, Pinotage, Shiraz und der Bordeaux-Verschnitt Cabochon (alle **98**) sind stark und von intensivem Geschmack.
Meerlust Estate r w ☆☆→☆☆☆ Renommierter alter Familienbesitz nahe Stellenbosch – der gegenwärtige Eigentümer, Hannes Myburgh, verkörpert die achte Generation. Kellermeister ist Giorgio dalla Cia aus dem Friaul, seit langem der einzige italienische Weinexperte am Kap. Schöner, eher eleganter als wuchtiger Bordeaux-Verschnitt Rubicon (**91 92 95 97**), Merlot (**91 95 96 97**) und Pinot noir Reserve (**96 97 98** 99). Reifer, gewichtiger Chardonnay (**97 98 99**). Außerdem herzhafter südafrikanischer Guts-»Grappa« von Cabernet Sauvignon.
Méthode Cap Classique In Südafrika gebräuchlicher Ausdruck für das klassische Flaschengärungsverfahren zur Schaumweinherstellung.
Middelvlei Estate Stellenbosch; r ☆☆ Gut geführter Familienbetrieb mit sehr guten Roten: Shiraz-Schaumwein (**95 96 97 98** 99), Pinotage (**94 95 96 97** 98) und Cabernet Sauvignon (**91 94 95** 96). Auch Chardonnay (**00**).
Morgenhof Estate r w; s ☆☆→☆☆☆ In französischer Hand befindliches Weingut in Stellenbosch mit anhaltendem Erfolg. Hervorragender Merlot Reserve (**98**), Merlot (**96 97** 98), Bordeaux-Verschnitt Premiere Sélection (**95 96** 97), Cabernet Sauvignon Reserve (**98**), ausgezeichneter Sauvignon blanc (**00 01**) und Chardonnay (**99 01**). Ferner LBV (**95**) und Vintage (**98**), zwei dunkle, volle Weine im Port-Stil, sowie guter trockener Chenin blanc (**96 99** 00).
Mulderbosch Vineyards Stellenbosch; r w ☆☆ Eins der besten Weingüter am Kap: durchdringender Sauvignon blanc (**97 99 00** 01) aus Berglagen. Chardonnay-Weine: einer in Eiche vergoren (**98 99 00** 01), die anderen frisch und ausdrucksstark ohne Holzeinfluss (**98 00**). Auch sehr guter fassvergorener Chenin blanc Steen op Hout (**97 98 99** 00) sowie der einfache Bordeaux-Verschnitt Faithful Hound (**94 95** 97 98).
Muratie Estate r ☆☆ Altes Gut in Stellenbosch, wieder zum Leben erwacht zunächst mit seinem Bordeaux-Verschnitt Ansela (**94 95 96** 97), jetzt auch mit äußerst vielversprechendem Cabernet Sauvignon (00). Außerdem Pinot noir (**97** 98). Der üppige, dunkle Jahrgangs-»Port« (**98**) und der rauchige »Port« oJ im Ruby-Stil werden von portugiesischen Sorten bereitet; der gespritete Muskateller Amber hat seit 1925 einen festen Anhängerkreis. Guter Chardonnay Isabella (**00**).
Nederburg r rs w; tr lbl s; sch ☆→☆☆ Großer und moderner Weinbaubetrieb in Paarl (Jahresproduktion 600 000 bis 700 000 Kisten von 50 verschiedenen Weinen). 1937 gegründet. Verarbeitet werden Trauben verschiedenster Lieferanten sowie aus eigenen Weinbergen. Guter Cabernet Sauvignon Reserve (**97 98** 99) und Cabernet Sauvignon/Merlot-Verschnitt Edelrood (**97** 98); daneben Chardonnay, Sauvignon blanc, Riesling und Schaumwein. Die in kleinen Mengen für Versteigerungen erzeugten Weine Limited Vintage und Private Bin sind manchmal hervorragend – seit neuestem gibt es Private Bin Pinotage (**97** 99) und edelfaule Dessertweine. War in den 1970er-Jahren ein Wegbereiter für botrytisierte Süßweine. Veranstalter des größten jährlichen Weinmarkts am Kap, der Nederburg Auction. Siehe auch Edelkeur.

Neethlingshof r w; s ☆☆ Großes Weingut in Stellenbosch mit vielen Marken: Lord Neethling Cabernet Sauvignon (**97** 98), Cabernet Sauvignon (**94 96** 97 98), Pinotage (**97** 98), Shiraz (**95 96 97** 98), Chardonnay (00 **01**), Sémillon Reserve (**98** 99), exzellenter Gewürztraminer und zartrosa Blanc de Noirs. Seit den 1990er-Jahren regelmäßig preisgekrönter, sehr guter Rheinriesling NLH. Auch Schaumwein (**98**).

Neil Ellis Wines r w ☆☆→☆☆☆ Einer der renommiertesten Namen am Kap. Volle, geradlinige Weine aus Trauben von weit auseinander liegenden Weinbergen, produziert im Jonkershoek Valley, Stellenbosch. Hervorragendes Preis-Leistungs-Verhältnis bei der Spitzenreihe Reserve Vineyard Selection: Cabernet Sauvignon (**97 98 99**) und Shiraz (**97 98** 99). In der Stellenbosch-Serie gibt es Cabernet Sauvignon (**94 96 97** 99), Pinotage (**98** 99 00), Shiraz (**97 98** 99) und Cabernet Sauvignon/Merlot (**97** 98 99). Stets exzellenter Sauvignon blanc von verschiedenen Lagen, Schaumwein Groenkloof (**99 00 01**) sowie vollmundiger, ausdrucksstarker Chardonnay aus Stellenbosch (**99** 00 01). Die Serie im unteren Preissektor heißt Inglewood.

Nelson Wine Estate r w ☆→☆☆ Kellerei und Anbauflächen in Paarl; guter Cabernet Sauvignon (**95** 98 99), Pinotage (**98** 99) und Chardonnay (**99**). Eine der ersten Partnerschaften zwischen Erzeugern und Arbeitern am Kap. Markenname: Klein Begin (Neuer Anfang) mit Pinotage und Cabernet Sauvignon.

Newton-Johnson Wines r w ☆☆→☆☆☆ Familienunternehmen an der Walker Bay, das ihr Rebgut aus der weiteren Umgebung bezieht, aber auch selbst erntet. Gehört jetzt zu den wenigen Erzeugern am Kap, die sehr guten Pinot noir (**00**) produzieren. Außerdem Cabernet Sauvignon (**98** 99), Pinotage (**98** 00), zitronenfrischer Chardonnay (**99 00**) und Sauvignon blanc (**00 01**). Günstige Weine der Marke Cape Bay.

Overgaauw Estate r w ☆☆ Seit 1783 bestehendes Familiengut nahe Stellenbosch; exzellenter Merlot (**95 97 98** 99), Verschnitt im Bordeaux-Stil Tria Corda (**95 97 98** 99) und sehr guter Cabernet Sauvignon (**95 97** 98). Auch Cape Vintage im Port-Stil (**88 89 90 98**) sowie seit 1994 Südafrikas erster Touriga Nacional.

Paarl Stadt, 50 km nordöstlich von Kapstadt, und das sie umgebende Weinbaugebiet.

Paul Cluver Estate r w ☆☆ Erzeuger in der Küstenregion bei Elgin, östlich von Kapstadt, mit gutem Ruf für den halbtrockenen Rheinriesling, den man hier »Weisser Riesling« nennt (**97 98 00** 01). Gute Kritiken für den neueren Pinot noir (**98**), und der Cabernet Sauvignon (**97 98**) wird auch immer besser.

Pinotage Südafrikanische Rotweintraube aus einer 1926 erfolgten Kreuzung zwischen Pinot noir und Cinsaut. Der Wein ist oft köstlich, mit Noten von warmen Süßspeisen und Bananen, und hat bei sorgfältigem Fassausbau gute Möglichkeiten bewiesen. Es können aber auch grobe, aufdringliche Ester vorherrschen.

Plaisir de Merle r w ☆☆ Große Kellerei im Besitz von SFW mit Weinbergen bei Paarl. Guter, in einem leicht zugänglichen modernen Stil bereiteter Cabernet Sauvignon (**95 98** 99), Merlot (**95 98** 99), Chardonnay (**99 00**) und Sauvignon blanc (BV).

Rickety Bridge r w ☆☆ In Franschhoek. Sehr guter Shiraz (**96 97** 98), Merlot (**97 98** 99) und der Paradeverschnitt Paulinas Reserve (**96**) von Cabernet Sauvignon und Merlot. Auch guter Chardonnay, Sémillon und Sauvignon blanc (**99**).

Robertson District Bezirk landeinwärts vom Kap. Desserweine (v. a. Muscat) und Weiße geben den Ton an; seit kurzem werden auch größere Anstrengungen unternommen, die Rebflächen mit roten Sorten auszuweiten.

Roux, J. C. le ☆→☆☆ Gutes Schaumweinhaus in Stellenbosch mit einem Ausstoß von 620 000 Kisten im Jahr. Am besten ist der Pinot noir (**98**); daneben 5 bis 9 Jahre in der Flasche gereifter Blanc de Blancs von Chardonnay sowie günstiger Pongràcz oJ von Pinot noir/Chardonnay, sämtlich nach der Méthode Cap Classique bereitet.

R. & R. r w ☆☆→☆☆☆ Spitzenlagen in Fredericksburg, Keller in Simondium, Paarl. Die Initialen stehen für das Joint Venture von Rothschild und Rupert, zwei alten Winzerfamilien aus Frankreich und Südafrika. Der Cabernet Sauvignon/Merlot-Verschnitt, mit dem 1997 begonnen wurde, war nicht berauschend; der in Eiche gereifte Bordeaux-Verschnitt Baron Edmond (**98** 99) ist erheblich besser. Große Geschmackstiefe bekundet der klassische Chardonnay Baroness Nadine (98 **99**).

Rustenberg Wines r w ☆☆☆→☆☆☆☆ Berühmtes altes Gut in Stellenbosch, gegründet vor 300 Jahren, erzeugt kontinuierlich Wein seit über 100 Jahren. Neuorientierung in Keller und Weinberg seit Mitte der 1990er-Jahre. Das Aushängeschild, der Einzellagen-Cabernet-Sauvignon Peter Barlow (**96 97 98 99**) ist einfach umwerfend, der 99er gehört zu den besten südafrikanischen Cabernet-Sauvignon-Weinen aller Zeiten. Sehr gut auch der Rustenberg-Bordeaux-Verschnitt John X. Merriman (**96 97** 98 **99**), überragend der Chardonnay Five Soldiers (**98 99 00**). Unter dem Zweitetikett Brampton ebenfalls Spitzenweine, v. a. Cabernet Sauvignon/Merlot (**97 98 99′**), Chardonnay und Sauvignon blanc.

Rust en Vrede Estate r ☆☆☆ Gut östlich von Stellenbosch, am besten für seinen kräftigen, individuellen Verschnitt Rust en Vrede Estate Wine auf Cabernet-Sauvignon-Basis bekannt (**91 94 96** 97 **98**); die letzten auf den Markt gekommenen Jahrgänge sind superb geraten. Ordentlicher Cabernet Sauvignon (**91 94 96** 98) und Shiraz (**94 96 97′ 98**); auch Merlot und Tinta Barocca.

Savanha r w ☆☆ Etikett der neuen Erzeugerfirma Wine Corp in Stellenbosch. Attraktiv der mittelschwere Sejana Merlot (99) und der Naledi Cabernet Sauvignon (**99**); auch Shiraz, Chardonnay, Sémillon und Sauvignon blanc.

Saxenburg Wines r w; tr s; sch ☆☆→☆☆☆ Weinbaubetrieb in Stellenbosch in Schweizer Besitz, gemeinsam geführt mit Ch. Capion (bei Montpellier/Frankreich). Spezialisiert auf Syrah/Shiraz. Ausgeprägte, kraftvolle Rotweine vom Kap: (PC = Private Collection) Shiraz PC (**91 94 95 96 97 98**) und Shiraz Saxonburg Select (**97 98**); robuster Pinotage PC (96 **98** 99) mit großer Geschmackstiefe, Cabernet Sauvignon PC (**91 92 94 95 97** 99) und Merlot (**94 95 97 98**). Dazu Chardonnay, Sauvignon blanc und süßer Gewürztraminer.

Seidelberg Estate Paarl; r w ☆☆ Das aus einer tief greifenden Umstrukturierung von herrlich gelegenem Weinbergbesitz (ehemals De Leuwen Jagt) hervorgegangene Gut hat einen ausgesprochen vielversprechenden Start hingelegt: Chardonnay (**99**), Chenin blanc (**01**) und Merlot (99).

SFW – Stellenbosch Farmers' Winery Der fünftgrößte Weinbaukonzern der Welt, jetzt Teil des riesigen Distel-Konsortiums, ist nach KWV der größte Erzeuger in Südafrika und vertreibt jährlich 14 Millionen Kisten. Mehrere Markenweine, u. a. Nederburg; Spitzenmarke ist Zonnebloem. Große Auswahl an Weinen der unteren und mittleren Preisklasse.

Simonsig Estate r w; s; sch ☆☆ Kellerei der Familie Malan in Stellenbosch mit sehr großer Weinauswahl, u. a. der Cabernet Sauvignon/Merlot-Verschnitt Tiara (**91 94 95 97 98** 99). Große Bemühungen gelten dem neuen Kap-Verschnitt Frans Malan Reserve auf Pinotage-Basis mit Merlot und Cabernet Sauvignon (**98** 99). Dazu voller Pinotage Red Hill (**97 98** 99), Shiraz Reserve Merindol (**97** 98 99), sehr guter Chardonnay (**98 99 00**) und Gewürztraminer im Dessertweinstil. Hier wurde vor 30 Jahren der erste Schaumwein Méthode Cap Classique bereitet, der immer noch erzeugte Kaapse Vonkel brut (**96**) von Pinot noir und Chardonnay.
Simonsvlei International r rs w; s; sch ☆ Eine der bekanntesten Genossenschaftskellereien Südafrikas nahe bei Paarl. Qualität auf allen Ebenen, von den Hercules-Paragon-Weinen (Merlot) bis zur Reihe Mount Marble.
Spice Route Wine Company r w ☆☆→☆☆☆ Kellerei in Malmesbury, an der neuerdings im Trend liegenden Westküste. Der Spitzenwein ist der sehr intensive, dunkle, zupackende Shiraz (**98** 99), dazu Merlot (**98** 99), Pinotage (**98** 99) sowie der vollständig fassvergorene Chenin blanc (**98 99 00**).
Spier Cellars r w ☆☆ Kellerei in Stellenbosch, Marke der Wine Corp. Neuere Weine: Private Collection Cabernet Sauvignon (98) und Merlot (**98** 99). Im Standardangebot außerdem Pinotage (99), Chenin blanc (**00**), ein Dessertwein aus edelfaulen Trauben (**98**) und frischer Sauvignon blanc (**01**).
Springfield Estate Robertson ☆☆ Das Gut in Robertson ist für seine spezielle Methode der Rotweinbereitung bekannt, bei der ganze Weinbeeren vergoren werden. Heraus kommt ein saftiger Cabernet Sauvignon (**98 99**); daneben spritziger Sauvignon blanc (BV) und voller, mit wilden Hefen bereiteter Chardonnay namens Méthode Anciénne (**97 98 99 00**).
Steen Siehe Chenin blanc.
Steenberg Vineyards Constantia; r w ☆☆→☆☆☆ Seriöse neuere Kellerei mit Anbauflächen auf einem Kapstadter Golfplatz. Bisher exzellenter Merlot (**97 98 99** 00), gleichermaßen vornehmer, nachhaltiger Sauvignon blanc Reserve (99 00 **01**) und Sémillon (**00** 01). Dazu ein guter, schlankerer Cabernet Sauvignon, Chardonnay sowie trockener Schaumwein 1682 oJ von Chardonnay und Pinot noir.
Stellenbosch Stadt und Weinbaugebiet rund 50 km östlich von Kapstadt. Die zweitälteste Stadt Südafrikas ist Sitz einer Universität und das Herz des Weinbaus am Kap. Viele Spitzenweingüter, besonders für Rotwein, liegen in den zur Region gehörenden Vorgebirgen. Ausgedehnte Weinstraßen, zahlreiche Restaurants.
Stellenbosch Vineyards ☆→☆☆ Dynamisches regionales Unternehmen in Stellenbosch, in dem rund 150 Erzeuger der ehemaligen Genossenschaften Welmoed, Eersterivier, Helderberg und Bottelary ihre Kräfte bündeln. Spitzenmarke ist Genesis: ausladender, saftiger Merlot (**99**), sehr guter Shiraz (**97 98** 99) und Chardonnay (**99 00**). Unter dem Etikett Kumkani ein hervorragender Sauvignon blanc (**99**) mit Noten von tropischen Früchten. Gutes Preis-Leistungs-Verhältnis, u. a. der trockene Weißwein Versus auf Chenin-blanc-Basis.
Stellenryck Collection r w ☆☆ Gute Marke von Bergkelder: Cabernet Sauvignon (**94 98**), Chardonnay (**98** 99 00), Rheinriesling, Fumé blanc.
Stellenzicht ☆☆→☆☆☆ Moderne Kellerei in Stellenbosch mit gepflegten Rebflächen in den Bergen. Überragender Syrah (**94 95 97 98** 99), attraktiver Bordeaux-Verschnitt Stellenzicht (**94 95 97** 98), Pinotage (**98** 99), Sauvignon blanc (BV), Sémillon Reserve (**98 99 00**), Chardonnay (**98 99**

00) und schließlich bemerkenswerte spät gelesene Dessertweine von Rheinriesling mit Edelfäule (**96 98**).

Swartland Wine Cellar r w; tr lbl s; sch ☆→☆☆ Große Auswahl an viel verkauften, preisgünstigen Weinen aus dem heißen, trockenen Weizenanbaugebiet: v. a. Chenin blanc und trockener, halbtrockener oder süßer, neuerdings auch eindringlicher Sauvignon blanc; daneben mächtiger, reifer Cabernet Sauvignon/Merlot-Reserve (**97** 99 00), Shiraz (99 **00**), Chardonnay (**01**) und weicher Pinotage (**99** 00). Sehr guter Vintage »Port« (**97**) und andere gespritete Dessertweine von Muscat-Varietäten.

Thelema Mountain Vineyards r w ☆☆☆→☆☆☆☆ Der Betrieb in den Bergen von Stellenbosch produziert seit 1987. Gyles Webb, der Kellermeister, und Thelema, das sind seit fast einem Jahrzehnt Namen von internationalem Ruf. Herausragende, charaktervolle Rote mit Aromen von reifen Früchten und Minze und frisch-fruchtige Weiße sind hier zu finden: Cabernet Sauvignon (**91 92 93 94 95 97** 98 99), Merlot (**94 95 97** 98 99) – auch der enorm reichhaltige Merlot Reserve (99) –, Chardonnay (**93 97 98 99 00**) und Sauvignon blanc (**01**). Ed's Reserve ist ein individueller, würzig-reicher Chardonnay (**98 99 00**). Tadellose Rebflächen.

Twee Jonge Gezellen Estate Old Tulbagh; w; s; sch ☆→☆☆ Das Gut ist noch immer im Besitz der Familie Krone, die es im 18. Jh. gründete. Sehr zu empfehlen ist der Schaumwein Cuvée Krone Borealis Brut nach der Méthode Cap Classique von Chardonnay und Pinot noir. Gute trockene und süße Weißweinverschnitte, viele auf Muskateller-Basis; besonders beliebt ist der TJ 39, in dem ein Dutzend Rebsorten verarbeitet sind.

Uiterwyk Estate r w ☆☆ Altes Gut südwestlich von Stellenbosch. Überzeugender Einzellagen-Pinotage namens Top of the Hill (**96 97** 98). Außerdem sehr guter Verschnitt auf Cabernet-Sauvignon-Basis mit einem Zusatz von Pinotage (**94 96 97** 98) und Shiraz (99). Auch süße Weißweine, u. a. Viognier, Chardonnay und Sauvignon blanc.

Veenwouden r ☆☆☆ Tadellos geführtes Familienunternehmen in Paarl; im Besitz des Genueser Opernsängers Deon van der Walt. Überragender Merlot (**95 96 97 98** 99 00) und Bordeaux-Verschnitt Veenwouden Classic (**95 96 97** 98).

Vergelegen Stellenbosch-Helderberg; r w ☆☆☆→☆☆☆☆ Eine der ältesten Weinbaufirmen (gegründet 1700) und dank des talentierten Kellermeisters Andre van Rensberg gegenwärtig einer der heißesten Tipps am Kap. Brillant und komplex wie van Rensberg selbst sind auch seine Weine: Cabernet Sauvignon (**97 98**), als Aushängeschild der Bordeaux-Verschnitt Vergelegen (**98** 99), Merlot (**95 98**), ausgezeichneter Chardonnay Reserve (**97 98 99** 00) und rassiger, aufregender Sauvignon blanc Reserve Schaapenberg (**98 99 00**). Auch der Noble Late Harvest Sémillon Dessertwein (98 **99**) ist ein echter Knüller.

Vergenoegd r w; s ☆☆ Alter Familienbesitz in Stellenbosch mit einem Bordeaux-Verschnitt Reserve (**94 95** 97 98 99), Cabernet Sauvignon (**94 95** 98) und Shiraz (**96 97** 98). Außerdem Vintage »Port« (**93 94 95** 96 97).

Villiera Wines r w; sch ☆☆→☆☆☆ Große Kellerei in Paarl mit breitem, gutem Angebot, darunter 4 Schaumweine nach der Méthode Cap Classique: der neue Brut National Chardonnay, ein echter Biowein, Tradition Brut und Tradition Brut Rosé (beide oJ) sowie die von Pinot noir und Chardonnay gekelterte Monro Brut Première Cuvée (**95 96**). Saubere Rotweine wie der Bordeaux-Verschnitt Cru Monro (**95 96 97** 98 99), Merlot (**98 99**), Merlot Reserve (**98**) und der neue, von einer Einzellage stammende Shiraz (**99** 00) mit Noten von Gewürzen und Pilzen. Erstklassiger Sauvignon blanc Bush Vine (99 **00**), beständig guter (und günstiger) trockener Chenin blanc (**98 99 00 01**) sowie ein botrytisierter Dessertwein aus derselben Traube (**00**); außerdem »Port« (**95** 97).

Vredendal Cooperative r w; tr s ☆ Die größte Genossenschaftskellerei Südafrikas, in der warmen Region Olifants River. Die Rotweine machen gute Fortschritte, v. a. der Shiraz Mt. Maskam (**98** 99). Das enorm umfangreiche Angebot enthält allerdings meist Weiße. Großexporteur von verschiedenen Supermarktweinen.

Vriesenhof-Talana Hill r w ☆☆ Hoch geschätzter Weinbaubetrieb in Stellenbosch, der von einer der beliebtesten Persönlichkeiten aus Südafrikas Wein- (und Rugby-) Welt geführt wird, von Jan Boland Coetzee. Der neue Pinot noir (00) zieht einige Aufmerksamkeit auf sich. Aushängeschild ist der fest strukturierte Bordeaux-Verschnitt Kallista (**93 94 95** 97 98); außerdem Cabernet Sauvignon (**94 95** 97 98), eindringlicher Pinotage (**97** 98 99) und guter Chardonnay (**98 99 00**). Günstiges Schwesteretikett Paradyskloof.

Warwick Estate r w ☆☆ Weinbaubetrieb in Stellenbosch. Konstant guter Bordeaux-Verschnitt Trilogy (**92 94 95 97** 98), individueller Cabernet franc (**94 95** 97 98), hervorragender Pinotage Old Bush Vine (**95 96 97** 98 99) von 25 Jahre alten Reben sowie ein roter Cabernet Sauvignon/Cabernet franc/Pinotage-Verschnitt Three Cape Ladies (**97** 98). Sehr guter Chardonnay (**98 99 00** 01).

Waterford Stellenbosch; r w ☆☆ Junge Musterkellerei mit neuen Anpflanzungen; das gefeierte Debüt gelang mit zugekauftem Rebgut: Kevin Arnold Shiraz (**98** 99), Cabernet Sauvignon (98 99), sehr guter Sauvignon blanc (00 **01**), Chardonnay (00 01).

Welgemeend Estate r ☆☆ Sehr kleines Weingut in Paarl mit einem Verschnitt nach Médoc-Art (**94 95 96 97** 98) sowie Duelle (**96 97 98**), einem Verschnitt vorwiegend auf Malbec-Basis.

Whale Haven Wines Walker Bay; r w ☆☆ Erzeuger mit lokaler Bedeutung für Pinot noir Oak Valley (**95 96 97** 98 99) und ausgezeichneten Chardonnay (**99 00**), dem die zitronige Frische des kühlen Klimas eignet. Auch eine schöne Reihe von Cabernet franc, Merlot, Sauvignon blanc sowie Baleine Noir, ein leicht moussierender Rosé.

Wine Corp Im Jahr 2000 gegründete neue Dachorganisation in Stellenbosch, zu der Spier Cellars, Longridge, Savanha und Capelands gehören. 2001 schon wieder unter neuer Leitung. Einige Etiketten werden gehalten, andere verschwinden wohl vom Markt.

Wine of Origin Das südafrikanische Gegenstück zur Appellation Contrôlée, jedoch ohne die französischen Ertragsbeschränkungen. Bescheinigt werden mit diesem Siegel der Jahrgang, die Rebsorte(n) und das Herkunftsgebiet des Weins.

Worcester Amtlich abgegrenzter Weinbaubereich um die Flusstäler von Breede und Hex, östlich von Paarl. Viele Genossenschaftskellereien erzeugen hauptsächlich Dessertwein, Brandy und trockene Weißweine.

Zonnebloem r w; s ☆☆ Die Spitzenweine der SFW mit neuen, künstlerisch gestalteten Etiketten für Cabernet Sauvignon, Merlot (**99** 00), Shiraz (**99**) und Sauvignon blanc (**00**). Das gute Standardangebot enthält Cabernet Sauvignon (**94 95 98**), Merlot (95 97 **98**), den Bordeaux-Verschnitt Laureat (**91 93 94 96 97** 98), Shiraz (**96 97 98**), Pinotage (**95 98 99**), Sauvignon blanc (BV) und Chardonnay (**00** 01). Blanc de Blancs zählt zu den besten trockenen Chenin-blanc-Weinen (mit einem Schuss Sauvignon blanc), den man am Kap bekommen kann.

Die Weinbibliothek

Hallwag

Hallwag

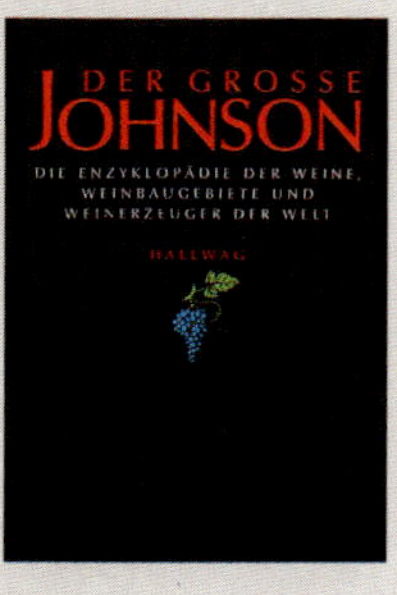

Hugh Johnson

Wein genießen

128 Seiten, durchgehend farbig illustriert mit 62 Farbfotos, Glossar, Paperback, 4., vollständig überarbeitete und neubebilderte Auflage 1999
€ [D] 18,90/€ [A] 19,50/sFr 32,10
ISBN 3-7742-5166-5

Das Passepartout zum verwirrend großen Weinangebot unserer Zeit: Alles, was angehende Weinfreunde wissen sollten, vermittelt dieser kompetente Ratgeber – unterhaltsam und ohne viel theoretischen Ballast. Leicht verständlich, aufmunternd und persönlich ist dieses kleine Buch gehalten – es eignet sich daher auch hervorragend als Geschenk für jede Jahreszeit und für alle, die Wein mögen.

Hugh Johnson

Der große Johnson

Die Enzyklopädie der Weine, Weinbaugebiete und Weinerzeuger der Welt

696 Seiten, durchgehend illustriert mit mehreren Farbtafeln und zahlreichen Abbildungen, Karten und Zeichnungen, Linson, 16. Auflage, 2002
€ [D] 49,90/€ [A] 51,30/sFr 86,-
ISBN 3-7742-5151-7
Silbermedaille GAD

Wer diese Enzyklopädie zu Rate zieht, wird nicht nur die schönsten Ausflüge und Reisen in alle Weingegenden der Welt planen und im Geiste nachvollziehen können, sondern wird auch sicher Wege finden, einzelne Flaschen aus bevorzugten Regionen in seinen Keller zu bringen.

„Es sind die Wissbegierigen, die den meisten Genuss am Wein haben. Das Schönste an der Sache ist ja die Abwechslung: Man könnte ein ganzes Leben lang jeden Tag einen anderen Wein probieren und würde doch immer noch dazulernen."

Hugh Johnson

Hallwag

Hugh Johnson/Jancis Robinson

Der Weinatlas

352 Seiten, Hardcover mit Schutzumschlag
€ [D] 69,90 / € [A] 71,90/sFr 113,–
ISBN 3-7742-0775-5

Hugh Johnson und Jancis Robinson, die berühmten und weltweit führenden Weinautoren, veröffentlichen bei Hallwag in diesem Herbst die fünfte Ausgabe des 1972 erstmals erschienenen Standardwerks **Der Weinatlas**, das Weinexperten in aller Welt zu begeisterten Kritiken hinriss. Das Buch illustriert und beschreibt alle Weinanbaugebiete der Welt – mit Lagenkarten, Informationen zu den Weinen, Winzern und zum Terroir. Der Weinatlas bietet zudem eine umfassende Einführung in die Welt des Weins mit Informationen zu Rebsorten, Degustation und Lagerung. Das Buch ist ein ideales Geschenk und unverzichtbar im Buchregal jedes Weinliebhabers und -kenners.

Hugh Johnson ist unumstritten einer der führenden Weinautoren der Welt. 1998 wurde ihm die höchste Auszeichnung der Gastronomischen Akademie Deutschlands (GAD), der Carl-Friedrich-von-Rumohr-Ring, als Anerkennung für sein Gesamtwerk verliehen. **Jancis Robinson**, Master of Wine, ist eine international renommierte und vielfach preisgekrönte Weinexpertin und gefragte Referentin. Sie ist Weinkorrespondentin der „Financial Times" und Verfasserin einer Weinkolumne, die in Magazinen und Zeitungen in allen fünf Kontinenten erscheint.

„Das beste Autorenduo seit Lennon und McCartney."

Washington Post

„Wunderschön gestaltet, meisterhaft geschrieben: Dieser Klassiker bietet einfach alles."

Washington Post

„Diese wunderschöne Ausgabe ist ein exzellentes Geschenk für jeden Weinliebhaber."

Philadelphia Enquirer

Hallwag

Gerhard Eichelmann

Eichelmann Deutschlands Weine 2003

617 Weingüter und 5.909 Weine
852 Seiten, Hardcover
€ [D] 24,90 /€ [A] 25,60 / sFr 42,–
ISBN 3-7742-0782-8
Erscheint im November 2002

Gerhard Eichelmann bietet eine Einführung in die 13 deutschen Anbaugebiete, alphabetisch geordnete Einträge zu den besten Erzeugern und ihren Weinen und praktischen Hinweisen (Adresse, Besuchszeiten usw.) sowie eine ausführliche Bewertung der Weine. Preisangaben, ein Rebsorten-Glossar und Register runden den Weinführer ab. Für die Ausgabe 2003 hat Gerhard Eichelmann wieder über **7.000 Weine von fast 1.000 Winzern** verkostet und davon rund 600 Erzeuger und weit über 5.000 Weine in den aktualisierten Weinführer aufgenommen.

„Der beste Deutschland-Weinführer, den es je gab."

www.sueddeutsche.de

Bernd Kreis

500 Weine unter 10 €

Weineinkaufsführer 2003

336 Seiten, Paperback
€ [D] 17,90 / € [A] 18,40 / sFr 30,50
ISBN 3-7742-0781-X

Guter Wein muss nicht teuer sein! In der fünften Ausgabe seines jährlich erscheinenden Einkaufsführers **500 Weine unter 10 €** empfiehlt der Sommelier Bernd Kreis wieder 500 preisgünstige Rot-, Rosé-, Weiß-, Schaum- und Perlweine unter 10 € aus aller Welt. Weinliebhaber können mit diesem Buch gute, aber bezahlbare Weine in ihrer unmittelbaren Umgebung finden – Einkaufsspaß mit Erfolgsgarantie:

„Dieses Buch verführt. Es flüstert beim Blättern ständig ‚Bestelle diesen, kaufe jenen...' So feine Weine, so preisgünstig, man könnte arm davon werden."

Tagesspiegel Online Dienste

Hallwag

Gambero Rosso/Slow Food

Vini d'Italia 2002

1.777 Produzenten und 12.610 Weine

792 Seiten, durchgehend zweifarbig, Paperback
€ [D] 29,90/€ [A] 30,80/sFr 50,20
ISBN 3-7742-0760-7
Silbermedaille GAD

Die Ausgabe 2002 dieses unangefochtenen Standardwerks zum Thema italienischer Wein ist wie jedes Jahr vollständig neu geschrieben und gibt ein unbestechliches Bild von dessen Vielfalt und Qualität. Der **Gambero Rosso** bietet das reichhaltigste Panorama des italienischen Weins überhaupt. Es umfasst die internationalen Spitzengewächse ebenso wie die immer breiter werdende Basis sauber und korrekt gemachter Alltagsweine. Dieses Jahr wurden 241 Weine mit drei Gläsern prämiert.

„Gute Präsentation italienischer Weine, Informatives zur Qualitätsphilosophie und übersichtlich in der Handhabung"

Gastronomische Akademie Deutschlands e.V.

„Die Bibel für Weinschmecker"

SZ

Hachette

Weinführer Frankreich 2003

1.436 Seiten, Hardcover
€ [D] 29,90 / € [A] 30,80 / sFr 50,20
ISBN: 3-7742-0889-1
Erscheint im Januar 2003

Das führende Standardwerk zu französischen Weinen erscheint im Januar 2003 in der neuen Ausgabe. Mit über 30.000 getesteten Weinen, mehr als 9.000 davon ausgewählt, kommentiert und bewertet, ist der jedes Jahr komplett neu geschriebene **HACHETTE Weinführer Frankreich 2003** das umfassendste, unabhängige Nachschlagewerk zum Thema französischer Wein. Trotz seiner gewaltigen Informationsfülle ist der **HACHETTE Weinführer Frankreich 2003** einfach und klar gegliedert.
Die Anbauregionen sind alphabetisch geordnet und werden einleitend ausführlich beschrieben.

„Unverzichtbar für alle Frankreich-Freunde"

Wein Gourmet

Hallwag

David Peppercorn

Bordeaux 2002/03

1.000 Châteaux und ihre Weine

224 Seiten, 4 Karten, Pappband
€ [D] 17,90 /€ [A] 18,40/sFr 31,90
ISBN 3-7742-0765-8
Silbermedaille GAD

Der Autor beschreibt kritisch Eigenheiten, Vorzüge und Spitzenweine der einzelnen Lagen und verblüfft dabei mit einer Fülle wissenswerter Details. Peppercorns Bordeaux-Taschenführer wurde dieses Mal nicht nur inhaltlich, sondern auch äußerlich auf Vordermann gebracht: neues Format, neue Gestaltung, neuer Umschlag. Ein rundum verjüngter, zuverlässiger Begleiter, den man noch lieber als bisher in die Tasche steckt, um sich auf Reisen ins Bordeaux-Gebiet, beim Weineinkauf oder im Restaurant rasch und diskret über die entsprechenden Weine zu informieren.

Burton Anderson/Andreas März

Italiens Weine 2002/03

Über 2.000 Weine und Produzenten

Vorwort von Hugh Johnson
286 Seiten, 16 Karten, Pappband,
10., vollständig überarbeitete und aktualisierte Auflage, 2002
€ [D] 17,90/€ [A] 18,40/sFr 31,90
ISBN 3-7742-0766-6
Silbermedaille GAD

Ein hervorragender Führer zu Italiens Weinen, der in geraffter Form alles Wissenswerte über die interessantesten und beliebtesten Weine vermittelt. Mit Hinweisen auf gastronomische Spezialitäten, Vinotheken und Restaurants. Wieder auf den neuesten Stand gebracht und ergänzt: das Panorama des vielfältigen italienischen Weins und seiner interessantesten Sorten im Taschenführerformat. Alles Wissenswerte über den italienischen Wein im Allgemeinen und die interessantesten Sorten im Speziellen.

Hinweis

Neu im Frühjahr 2003: Die Taschenführer Spanien und Burgund 2003/04.

Hallwag

Hugh Johnson/Hubrecht Duijker

Atlas der französischen Weine

Lagen, Produzenten, Weinstraßen

264 Seiten, 187 Farbfotos, über 60 Karten, Linson mit Schutzumschlag, 5., vollständig überarbeitete und aktualisierte Auflage, 1998
€ [D] 49,90/€ [A] 51,30/sFr 81,50
ISBN 3-7742-5162-2

Souverän und unbestechlich im Urteil, exakt bis ins kleinste Detail, sachkundig, informativ und doch amüsant. Dieser Atlas der französischen Weine erschließt dem Reisenden unser großes westliches Nachbarland. Die Autoren führen zu den großangelegten Gewächsen Burgunds, zu den berühmten Châteaux des Bordelais, ermuntern den Leser aber auch zu eigenen Entdeckungen: Denn auch ein unbekannter Vin de pays aus den verlorenen Weinbergen des Departements Hérault kann einen Kenner in helles Entzücken versetzen – in diesem Wunderland ist es möglich.

Carlo Petrini (Hg.)

Barolo • Barbaresco

Atlas der Lagen, Weine, Produzenten

358 Seiten, durchgehend farbig illustriert, Lagenkarten, Linson
1. Auflage, 2000
€ [D] 39,90/€ [A] 41,10/sFr 67,-
ISBN 3-7742-5275-0

Wenn von Barolo und Barbaresco, jenen legendären Weinen aus den Langhe-Bergen im Piemont, die Rede ist, geraten Weinliebhaber ins Schwärmen. Dank Spitzenwinzern wie Angelo Gaja oder Giacomo Conterno sind diese Weine in den letzten 20 Jahren zu Weltruhm gelangt und gehören heute zum Besten, was Italien zu bieten hat. Der vorliegende Atlas dokumentiert Geschichte und Entwicklung einer einzigartigen Weinregion und stellt ihre besten Weinlagen und Erzeuger vor.

„Slow Food-Chef Carlo Petrini hat einen wirklich sensationellen Lagen-Atlas (...) herausgegeben."

Wein Gourmet

Hallwag

Daniele Cernilli/Marco Sabellico

Weinlandschaft Italien

Tradition und Aufbruch

224 Seiten, 202 Farbfotos, 21 farbige Karten, Linson , 1. Auflage, 2000
€ [D] 34,90/€ [A] 35,90/sFr 57,70
ISBN 3-7742-5289-0

In einer Welt, in welcher der Trend zum Einheitsgeschmack anhält, kann Italien mit Weinen von unverwechselbarem Charakter aufwarten. **Weinlandschaft Italien** zeichnet die wichtigsten Stationen dieser eindrücklichen Entwicklung nach und stellt jedes einzelne Anbaugebiet mit seinen besten Weinen, Lagen und Produzenten vor.

„Stimmungsvolle Fotos und übersichtliche Karten machen dieses Weinbuch zu einem schönen und nützlichen Nachschlagewerk für sämtliche Weinregionen des ‚Wein-Stiefels' von der Stulpe bis zum Absatz."

Vinum

John Radford

Weinlandschaft Spanien

Tradition und Aufbruch

224 Seiten, durchgehend vierfarbig illustriert, 28 farbige Karten, Linson, 1. Auflage, 1999
€ [D] 39,90/€ [A] 41,10/sFr 67,-
ISBN 3-7742-5205-X

Kaum ein Weinland hat in jüngster Zeit eine so atemberaubende Entwicklung zu verzeichnen wie Spanien. Auch die Weinliteratur setzt alles daran, mit diesem Tempo Schritt zu halten. Einer, der dabei die Nase ganz vorn hat, ist John Radford mit seinem aktuellsten Werk über die neuen Weine und Weinstile Spaniens: eine kompetente Bestandsaufnahme der spanischen Anbaugebiete, Produzenten, Rebsorten und Weine.

Hallwag

Slow Food

Unterwegs zu Wein und Kultur
Piemont: Barolo und Barbaresco

160 Seiten, 20 Karten, durchgehend vierfarbig illustriert, Paperback
€ [D] 14,90 / € [A] 15,40 / sFr 25,80
ISBN 3-7742-0762-3

Wer auf Weinreisen unterwegs ist, kann auf Tipps und Informationen nicht verzichten.
Die neue Reihe **Unterwegs zu Wein und Kultur**, herausgegeben von Slow Food, ist der ideale Reisebegleiter für Weinliebhaber und Genießer. Der Band **Piemont: Barolo und Barbaresco** führt auf vier Routen, illustriert durch umfangreiches Kartenmaterial, durch das Anbaugebiet.
Adressen zu Restaurants, Osterien, Weingütern, Enotechen, Museen und Sehenswürdigkeiten versprechen kulinarische und kulturelle Genüsse.

Slow Food

Unterwegs zu Wein und Kultur
Südtoskana: Montalcino und Montepulciano

168 Seiten, 20 Karten, durchgehend vierfarbig illustriert, Paperback
€ [D] 14,90 / € [A] 15,40 / sFr 25,80
ISBN 3-7742-0763-1

Wer kennt sie nicht, die zwei berühmten italienischen Spitzenrotweine „Brunello di Montalcino" und „Vino Nobile di Montepulciano" aus der Südtoskana? Weinliebhaber auf der Suche nach Kunst, Wein, Natur und gutem Essen finden in diesem Wein-Reiseführer die besten Tipps und Adressen. Drei ausgewählte Routen, die das Team von Slow Food zusammengestellt hat, führen durch das Gebiet südlich von Siena. Die kurzweilig geschriebenen Texte weisen auf die wichtigsten Sehenswürdigkeiten hin und liefern die nötigen Hintergrundinformationen.

Hallwag

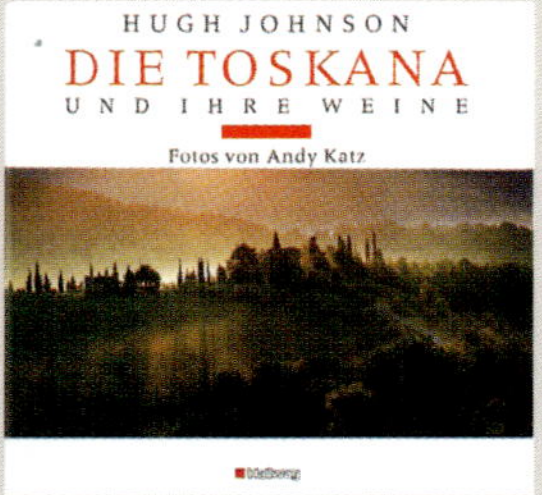

Hugh Johnson

Die Toskana und ihre Weine

Fotos von Andy Katz
144 Seiten, 114 Fotos, Pappband,
1. Auflage, 2000
€ [D] 24,90/€ [A] 25,60/sFr 42,-
ISBN 3-7742-5277-7

Eine Wiege der Kreativität und ein Schmelztiegel von Kunst und Kultur ist die Toskana. In diesem Land, in dem nicht nur die Zitronen blühen, bilden Öl und Wein den Mittelpunkt gastronomischer Glückseligkeit. Mit diesem durchgehend mit faszinierenden Fotos von Andy Katz illustrierten Werk erweist Hugh Johnson, der erfolgreichste Weinschriftsteller unserer Zeit, der berühmten Weinregion seine Reverenz. In den Fußspuren berühmter Vorfahren – von Vergil über Michelangelo und den Medici bis zu Goethe, Montaigne und Dickens – ist hier ein sensibles Porträt dieser zauberhaften Weinlandschaft und ihrer klangvollen Städte entstanden: Florenz, Siena, San Gimignano, Lucca ...

Nicholas Faith, Fotos: Andy Katz

Burgund und seine Weine

Mit einem Vorwort von
Robert M. Parker, Jr.
144 Seiten, Hardcover mit
Schutzumschlag
€ [D] 24,90 / € [A] 25,60 / sFr 42,–
ISBN 3-7742-0778-X

Burgund ist mit seinen historischen Städten und Rebbergen eine einzigartige Weinregion. Aus dieser Region stammen einige der besten Weine Frankreichs. Von Nicholas Faith, einem der größten Weinkenner Frankreichs geschrieben, liefert **Burgund und seine Weine** reiches Hintergrundwissen zu den Weinen, ihren Erzeugern und Rebflächen. Ergänzt wird das Buch um persönliche Weintipps des Autors und Porträts ihrer Winzer. Aus den großartigen Fotos von Andy Katz spricht eine besondere Liebe zu den Menschen, Landschaften und Städten Burgunds. Für alle, die Burgund, seine Weine und seine Kultur lieben!

Hallwag

Cornelius und Fabian Lange

Keine Angst vor Wein Bella Italia

128 Seiten, durchgehend farbig illustriert, Paperback mit Klappen
1. Auflage, 2001
€ [D] 12,90/€ [A] 13,30/sFr 22,60
ISBN 3-7742-0033-5

Italien hat in den letzten 20 Jahren die turbulenteste Entwicklung im europäischen Weinbau hingelegt. Weil dabei fast nur noch in den Kategorien Marketing und Wettbewerb gedacht wurde, blieben oft Authentizität und Identität auf der Strecke. In diesem Buch belegen die Brüder Lange, was aus Klassikern wie Barolo, Chianti oder Soave geworden ist und berichten über Sein und Schein des italienischen Weins.

„Lustvoll, kritisch und klar – so müssen Weinbücher sein."

Merum

Cornelius und Fabian Lange

Keine Angst vor Wein Stile, Trends und Moden

128 Seiten, durchgehend farbig illustriert, Paperback mit Klappen
1. Auflage, 2001
€ [D] 12,90/€ [A] 13,30/sFr 22,60
ISBN 3-7742-0004-1

Auch beim Wein gibt es Stile und Moden. Anhand griffiger Beispiele klären die Brüder Lange auf über die neuesten Entwicklungen im internationalen Weingeschäft, den Weinkrieg zwischen Alter und Neuer Welt und die Möglichkeiten, der Geschmacksdiktatur im Weinbusiness aus dem Weg zu gehen. Ein cleverer Parcours bietet Orientierung im Weinlabyrinth und reduziert die kompliziert gewordene Weinwelt auf wenige griffige Stile.

„Stilberatung ohne Schminke. Vertrauen Sie Ihrem eigenen Geschmack. Trinken Sie gegen den Trend."

Die Rheinpfalz

Hallwag

Hachette

Lexikon der französischen Weine

Sämtliche Appellationen Frankreichs

384 Seiten, Integralbindung
€ [D] 29,90 / € [A] 30,80 / sFr 50,20
ISBN 3-7742-0776-3

Das **Lexikon der französischen Weine** vermittelt, nach Regionen und streng alphabetisch geordnet, einen lückenlosen aktuellen Überblick über den Weinanbau und die Qualitätsweine Frankreichs. Auf 384 Seiten werden die Regionen und Weine dargestellt und ihre wichtigsten Charaktermerkmale erläutert. Zu jeder Appellation erfährt der Benutzer Wissenswertes zu Rebfläche und Produktionsmenge, Eigenschaften des Bodens und die besonderen Verkostungsmerkmale der Weine. Ein „Muss" für alle, die französischen Wein lieben.

Enoteca Italiana/DeAgostini

Lexikon der italienischen Weine
Sämtliche DOC- und DOCG-Weine

334 Seiten, durchgehend zweifarbig, 20 ganzseitige Karten, Integralbindung
€ [D] 29,90/€ [A] 30,80/sFr 50,20
ISBN 3-7742-0756-9

Das **Lexikon der italienischen Weine** gilt in Italien seit Jahren als offizielles Referenzwerk für alle jene, die in irgendeiner Weise, sei es beruflich oder privat, mit dem Wein zu tun haben. Die vorliegende, auf den neuesten Stand gebrachte und erstmals in deutscher Sprache erscheinende Ausgabe gibt, nach Regionen geordnet, einen lückenlosen, aktuellen Überblick über die gut 300 italienischen DOC- und DOCG-Bereiche und ihre mehr als 1.400 Weine, welche die qualitative Spitze der quantitativ beeindrukkenden Weinproduktion Italiens darstellen.

Hallwag

Michael Schuster

Der Weinkenner

Eine praktische Wein- und Degustationskunde

192 Seiten, durchgehend vierfarbig illustriert, Paperback mit Klappen
1. Auflage, 2001
€ [D] 29,90/€ [A] 30,80/sFr 50,20
ISBN 3-7742-0037-8

Die außerordentlich vielfältigen Geschmacksnoten des Weins wecken immer wieder neu das Interesse von Kennern und Laien. Dieses neue Einführungsbuch liefert einen Schlüssel zum fundierten Beschreiben, Vergleichen und Bewerten aller bedeutenden Weine. Schritt für Schritt kann man beim Lesen und Probieren sein Wissen ausbauen und typische Geschmacksmuster erkennen lernen. Das führt zu einem vertieften Verständnis von Wein. Zugleich ist dieses Buch ein klug konzipiertes Nachschlagewerk, in dem man sich gezielt informieren kann.

„Ein gar nicht trockenes Lehrbuch und Nachschlagewerk, das Lust aufs Entkorken macht."

Diners Club Magazin

Michael Broadbent

Broadbents Weinnotizen

Michael Broadbent beschreibt und bewertet große Weine und Jahrgänge aus drei Jahrhunderten

Vorwort und deutsche Bearbeitung: Hanspeter Reichmuth
776 Seiten, mit Originalskizzen des Autors, ausführlichem Glossar und detailliertem Register, Leinen
1. Auflage, 1994
€ [D] 75,-/€ [A] 77,10/sFr 120,-
ISBN 3-7742-5111-8

Seit vier Jahrzehnten zeichnet Michael Broadbent die Sinneseindrücke seiner Weinproben nach immer der gleichen Methode in speziellen kleinen Notizbüchern auf.
Diese disziplinierten vergleichenden Wahrnehmungen trugen ihre Früchte: präzise und lebendig beschriebene, dem zeitlichen Verblassen entrissene Erinnerungen von Zehntausenden bei den unterschiedlichsten Gelegenheiten verkosteten Weinen.

„Die ‚Weinnotizen' sind ein Gedächtnis des Geschmacksempfindens, auch dem Nichtfachmann zugänglich, ein schönes Geschenk für jeden Weinfreund und der ideale Begleiter zur Lieblingsflasche."

Die Zeit

Hallwag

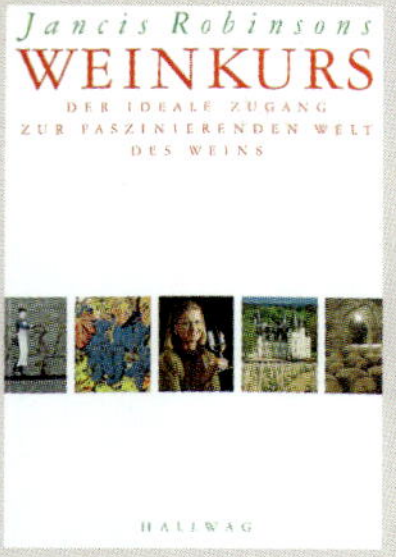

Jancis Robinsons

Weinkurs

Der ideale Zugang zur faszinierenden Welt des Weins

320 Seiten, 135 Farbfotos, geografische Skizzen, Tabellen, Schemata und Weinetiketten, Linson, 4. Auflage, 2001
€ [D] 29,90/€ [A] 30,80/sFr 50,20
ISBN 3-7742-5245-9

Jancis Robinsons **Weinkurs** bietet eine großartige Einführung in das gesamte Gebiet des Weins, verfasst in einer fachkundigen, aber doch leicht verständlichen, unterhaltsamen Sprache, denn dabei „ist tierischer Ernst unangebracht. Der Wein bildet vielmehr eines der Glanzlichter in unserem Leben, einen Genuss, der die Stimmung hebt und gesellschaftliche Steifheit lokkert. Die Hauptsache am Wein ist, dass er Vergnügen bereitet, und zwar so viel wie möglich."

„Eine rundum gelungene Einführung in die Welt des Weines von der international hoch angesehenen Weinexpertin. Nicht belehrend, sondern verständlich und höchst unterhaltsam."

Westfälischer Anzeiger

Jancis Robinson

Rebsorten und ihre Weine

Fotos von Peter Oberleithner

248 Seiten, 62 Farbtafeln, Linson
2. Auflage, 1998
€ [D] 24,90/€ [A]25,60/sFr 42,-
ISBN 3-7742-5210-6
Silbermedaille GAD

Immer mehr Weinliebhaber interessieren sich nicht nur für den Wein im Glas, sondern auch für die Trauben, aus denen er bereitet wurde. Jancis Robinson vermittelt einen umfassenden Überblick über dieses Thema: Detaillierte Einträge zu über 800 Rebsorten, von A wie Abouriou bis Z wie Zweigelt – Aussehen, Geschmack, Anbau, Verbreitung, Weineigenschaften, Qualitätsskala.

„Ein unentbehrliches Lexikon für alle Weinfreunde."

DER FEINSCHMECKER

„Wer sich richtig in das Thema Wein einlesen will, kann aus diesem Buch eine ganze Menge lernen."

Wiesbadener Kurier

Hallwag

Kurt Gibel

Weine degustieren

leicht & spielend

72 Seiten, durchgehend vierfarbig illustriert, mit über 100 Abbildungen von Flavia Travaglini, Paperback mit Klappen, 5., vollständig überarbeitete Auflage, 2001
€ [D] 9,90/€ [A] 10,20/sFr 17,40
ISBN 3-7742-5302-1

Das kleine Buch ist ein völlig neuer Ansatz zur Weinverkostung. Man büffelt keine graue Theorie, sondern aktiviert mit Hilfe der bildlichen Darstellungen auf den ausklappbaren Wine Maps beide Hirnhälften gleichzeitig. Diese ganzheitliche Methode hilft dem Gedächtnis auf die Sprünge und die Kunst des Degustierens wird mit Spaß und ohne Anstrengung angeeignet. Die 120 wichtigsten Verkostungsbegriffe und rund 120 Aromen werden dem Benutzer des Werks schnell geläufig. Wie es kommt, dass Weine so verschieden funkeln, riechen und schmecken, erfährt man im zweiten Kapitel. Weitere Buchteile befassen sich mit Essen und Wein sowie Weintemperaturen.

Michael Broadbent

Weine prüfen – kennen – genießen

384 Seiten, 31 Farbtafeln, Strichzeichnungen, verschiedene Grafiken, Diagramme und Musterseiten, ausführliche Weinbibliographie und Register, Linson, 8., überarbeitete und ergänzte Auflage, 1999
€ [D] 24,90/€ [A] 25,60/sFr 42,-
3-7742-5110-X
Silbermedaille GAD

Andere Bücher zur Weinverkostung kommen und gehen. Broadbents Klassiker bleibt. Die Quintessenz eines Lebens mit Wein.

„Je mehr und je öfter man Wein probiert, desto mehr Eigenschaften und Nuancen bemerkt man. So gesehen ist Weinkennerschaft eine Sache, die sich mit der Zeit entwickelt."

Michael Broadbent

„Broadbent informiert, plaudert und gewährt Einblicke in seine reichen Erfahrungen, er wird nie langweilig, er vermeidet jedes überflüssige Geschwätz."

FAZ

Hallwag

Michael Klonovsky / Uli Martin

Welcher Wein zu welcher Frau?

Ein politisch unkorrekter Ratgeber

Farbig illustriert von Stefanie Harjes
128 Seiten, durchgehend vierfarbig illustriert, Linson
1. Auflage, 2001
€ [D] 17,90/€ [A] 18,40/sFr 30,50
ISBN 3-7742-0044-0

Dieser Ratgeber der etwas anderen Art will ein bedauerliches Versäumnis beenden: die skandalöse Unterschätzung der Frau als ideale Weinbegleiterin. Er führt durch die Welt der Weine und die Welt der Frauen. Er untersucht, welche Gewächse sich mit bestimmten Nationalitäten und Berufsgruppen kombinieren lassen und liefert spezielle Weintipps zu ausgewählten weiblichen Prominenten. Wer dieses Buch gelesen hat, wird beim nächsten Rendezvous im Restaurant sein Gegenüber mit anderen Augen betrachten.

Stuart Pigott

Meine Weinheimat – Die großen Weißweine Deutschlands

224 Seiten, farbig illustriert, Linson
1. Auflage, 2001
€ [D] 24,90/€ [A] 25,60/sFr 42,-
ISBN 3-7742-0039-4

In diesem Buch setzt Pigott den großen deutschen Weißweinen und ihren Erzeugern ein eindrückliches Denkmal. Er schildert Begegnungen mit Weinen und Menschen, die sein Leben geprägt haben und ihn immer wieder in Staunen versetzten. Natürlich wird er auch seinem Ruf als Mahner vollauf gerecht, indem er all jenen Praktiken und Gesetzesparagraphen den Kampf ansagt, welche die Eigenständigkeit und Geschmacksvielfalt deutscher Gewächse aufs Spiel setzen.

EINE SCHÖNE BEILAGE.
Österreich € 5,70 · Schweiz sfr 9,80
Deutschland € 5,00
MECKER
GOURMET-JOURNAL
Bodensee
Deutschland, Schweiz, Österreich: Top-Restaurants an jedem Ufer
Witzigmanns Spanische Küche
gria-Gelee. Und Paella!
20325
DER FEINSCHMECKER
DAS INTERNATIONALE GOURMET-JOURNAL